上海建设年鉴

中共上海市城乡建设和交通工作委员会
上海市住房和城乡建设管理委员会 编

文匯出版社

图书在版编目（CIP）数据

上海建设年鉴．2023 / 中共上海市城乡建设和交通工作委员会，上海市住房和城乡建设管理委员会编．-- 上海：文汇出版社，2024.1

ISBN 978-7-5496-4195-6

Ⅰ．①上… Ⅱ．①中… ②上… Ⅲ．①城市建设－上海市－2023－年鉴 Ⅳ．①F299.275.1-54

中国国家版本馆CIP数据核字(2024)第018779号

上海建设年鉴（2023）

编　　著 / 中共上海市城乡建设和交通工作委员会
上海市住房和城乡建设管理委员会
责任编辑 / 乐渭琦　周卫民
图片、美术编辑 / 仲　炜
封面设计 / 邵　竞　胡　鹰

出 版 人 / 周伯军

出版发行 / 文匯出版社
上海市威海路755号
（邮政编码 200041）
经　　销 / 全国新华书店
照　　排 / 上海未寅文化传播有限公司
印刷装订 / 浙江经纬印业股份有限公司
版　　次 / 2024年1月第1版
印　　次 / 2024年1月第1次印刷
开　　本 / 889×1240　1/16
字　　数 / 600千字
印　　张 / 25.375（插页14）

书　　号 / ISBN 978-7-5496-4195-6
定　　价 / 258.00元

▼ 2022 年上海市卫星影像图（1：220000）

▼ 夕阳余晖映申城

徐家汇体育公园

徐家汇体育公园围绕上海建设“国际赛事之都”的总体目标，通过场馆功能升级和户外环境改造，建设成为“体育氛围浓厚、赛事举办一流、群众体育活跃、绿化空间宜人”的市级公共体育活动集聚区。主要承担承办国内外顶级体育赛事、满足市民健身休闲要求、开展青少年业余训练和引领体育产业发展四项功能。徐家汇体育公园地处上海城市核心区，项目占地面积 35.96 公顷，总建筑面积 30 万平方米，区域内包含了上海八万人体育场、上海万人体育馆、上海游泳馆和东亚大厦四栋改造建筑，以及一个新建体育综合馆。

徐家汇
体育公园
XUJIAHUI
SPORTS
PARK

Wilson

武宁路地道
WU NING ROAD TUNNEL

中环路 大渡河路
匝道 40

武宁路地道
WU NING ROAD TUNNEL

60 中环路 大渡河路 500m
60

武宁路快速化改造工程

2022 年 12 月 9 日，武宁路快速化改建工程主线地道正式通车。这条西部中心城区向外延伸的快速通道，不仅串联起内环和外环，更是衔接 G2 京沪高速公路入城段的一条内外交通转换的重要快速通道，对提升区域交通出行环境、分流过境交通、缓解地面交通压力等方面有重要作用。武宁路地道的建成通车，也意味着武宁路快速化改建工程迈入最后冲刺阶段，于 2023 年 6 月底完成地面道路建设，实现全线通车，进一步完善上海中心城西北部快速路网体系，提升武宁路道路容量。

▲ 上海光源二期（线站工程）

1 平申线航道整治工程

2 大卢线航道整治二期工程

3 崇明北沿四闸堡镇港北闸

4 南新泾泵闸

5 苏州河西闸

6 张泾河泵闸

1

2

4

3

5

1 口袋公园——浦东新区柳园公园

2 口袋公园——徐汇区上音公园

3 口袋公园——虹口区汶景园

4 口袋公园——静安区拾影花园

5 口袋公园——宝山区郝桥港小游园

桃浦中央绿地

桃浦中央绿地是上海桃浦智创城的一道"疗愈之肺"，其设计以中国传统文化中优雅的流动之美为灵感，借助步道、水道与地形构成的动态网络，来改善水质、管理雨水，并提供精巧细致的土壤修复策略，同时创造了新的连接，将原先的工业用地转变为充满活力的生态系统和新型的城市生态公园。

桃浦中央绿地打破了国内许多公园的固有模式，陆桥和隧道在满足基础道路设施需求的同时，还创造出一个庞大且连续的公园。设计将行人安全放在首要位置，致力于加强邻里互动，并在此基础上创造了栖息地和野生动物走廊。最终这座规模宏大、面积达到 237 英亩（约 959,105 平方米）的公园以令人瞩目的方式，重新定义了城市与水的关系，在密集的城市背景下营造出大自然般的体验，通过一系列栖息地、水体、活动空间和展示空间，来为 21 世纪的都市生活提供休闲娱乐场所。

杨树浦路改建工程

杨树浦路始建于 1869 年，自 1927 年以来，其道路未进行过彻底的扩建改造。杨树浦路是上海最早拥有完善市政配套管网的道路，曾被誉为“沪东第一路”。150 多年间，百年工业兴盛退去，留下杨树浦路完整的街道空间与风貌，也留下得天独厚的历史印记。如今，杨浦滨江开发注入新动能，老工业区焕发新活力。随着杨浦滨江开发进程加速，“百年工业锈带”向“多彩生活秀带”转型，杨树浦路道路通行能力及市政管线等配套基础设施已无法满足区域发展需要，提升能级迫在眉睫，综合改造工程随之展开。

杨树浦路（大连路—黎平路）综合改造工程全线 4.9 千米，路幅宽度为 19.5 米到 22.5 米，原状为双向两车道机非混行，改造后拓宽至 28 米到 32 米的双向四车道，并设置非机动车专用车道，全线架空线入地和杆箱整治结合工程同步实施。

G 15 03 凌海路收费站
ETC
ETC
安亭方向
To Anting

客 客 客
货 货
车 车 车
郊环隧道 3km
Suburb Ring Tunnel
S20 9km
浦东 Pudong 45km

东西通道（浦东段）扩建工程

东西通道（浦东段）扩建工程全长 7.8 千米，按规划红线宽度 50 米至 55 米实施，西起延安东路隧道浦东出口，沿世纪大道至陆家嘴东路，向东折向浦东大道至金桥路。作为延安路高架在浦东的延伸，浦东大道地道（东西通道）建成后，成为浦东地区重要的交通走廊，极大改善了浦东的交通路网功能。通过分离核心区过境交通，将为小陆家嘴 CBD、陆家嘴功能区及金桥功能区的发展，创造必要的基础设施条件。

1 上海 LNG 储罐扩建工程

2 上海海尔洗涤电器有限公司

3 上海少年儿童图书馆

4 复旦大学附属中山医院医疗科研综合楼

5 城市更新项目——张园

6 万象天地新建石库门

▼上海第二届“美丽河湖”部分河道展示

1

2

3

4

1 虹口区沙泾港

2 长宁区许渔河

3 嘉定区金昌河

4 静安区先锋河

5 杨浦区经一河

▼ 李政道研究所

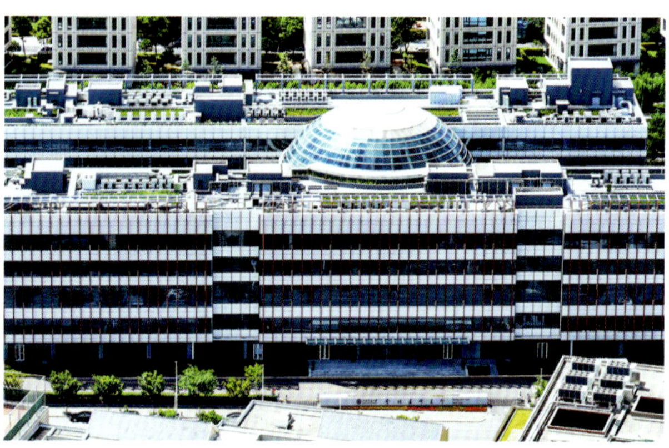

《上海建设年鉴（2023）》
编辑委员会

编写说明

一、《上海建设年鉴》是中共上海市城乡建设和交通工作委员会、上海市住房和城乡建设管理委员会组织编写，上海市、区两级建设交通系统各局、直属单位及相关政府部门协作参与，以记录上一年度上海城乡建设、城市管理、交通运输及相关行业、企业发生的重大事件及重要情况为主要内容，对外公开发行的大型资料性、工具性年刊。

二、本书编写采用年鉴的体例和风格。全书由特载、主体和附录三部分组成。特载刊载上海当年年度政府工作报告、统计公报及其他重要内容。主体部分基本按城乡建设、城市管理、交通运输及综合管理等相关内容，分门别类予以排列、记载。附录部分包含大事记、相关法律法规政策选编目录等相关资料。

三、本书主体部分由栏目、分目和条目三个结构层次组成，主要记载形式为条目，以事件设，一事一条。同时辅以图片、表格及相关资料。

四、本书编写坚持对历史负责、对后人负责和客观记载、不做评价的原则，对年度发生的重大事件，尽可能如实、公正地记载，避免不确定因素和不确切数据。

五、本书以赠阅为主。基于诸多原因，全书编写周期较长，其中部分内容转引自有关资料、文献、书刊。原作者如未收到稿酬，可直接与《上海建设年鉴》编辑部联系。

六、本书编写过程中得到上海市、区各级领导和上海建设交通系统各局、直属单位，以及广大热心人士的大力帮助，在此一并表示感谢。

目录 Contents

◎特载

上海市政府工作报告……………………………1
2022 年上海市国民经济和社会发展统计公报…17
上海市住房和城乡建设管理委员会工作总结…30

◎城乡规划

（一）城乡规划管理……………………………37
（二）重要专项规划……………………………39

◎城乡建设

（一）综述……………………………………41
（二）城市基础设施类项目建设……………51
（三）科技产业类项目建设…………………56
（四）社会民生类项目建设…………………57
（五）生态文明类项目建设…………………58
（六）城乡融合与乡村振兴类项目建设……59
（七）一江一河公共空间建设………………59
（八）海绵城市建设…………………………61

◎绿化市容

（一）综述……………………………………65
（二）绿化林业…………………………………66
（三）生活垃圾…………………………………70
（四）市容景观…………………………………71
（五）行业发展…………………………………73

◎环境保护

（一）综述……76
（二）污染防治……76
（三）法规政策……76
（四）环境质量……77

◎房屋管理

（一）综述……96
（二）房地产市场监管……97
（三）住房保障……98
（四）两旧一村改造……101
（五）物业管理……104
（六）城镇房屋安全管理……106
（七）优秀历史建筑保护……106

◎水务海洋管理

（一）综述……80
（二）防汛防台……83
（三）河长制湖长制……85
（四）城市供水……87
（五）城市排水……88
（六）水利建设……89
（七）水政管理……90
（八）海洋管理……92

◎民用航空

（一）综述……109
（二）行业管理……110
（三）华东民航……111

◎铁路运输

（一）综述……116
（二）客货运输……118
（三）经营开发与节支降耗……123
（四）铁路建设……124
（五）新冠肺炎疫情防控与公共卫生管理…127

◎海事管理

（一）综述……143
（二）水上交通保障……143
（三）水上安全治理……144
（四）行业发展……144

◎邮政管理

（一）综述……130
（二）规划和政策……130
（三）邮政建设……131
（四）普遍服务……132
（五）快递服务……134
（六）精神文明和科技文化……137

◎建筑建材业管理

（一）综述……149
（二）工程建设领域营商环境改革……151
（三）招标投标管理……153
（四）设计文件审查……154
（五）资质资格管理……155
（六）建筑行业专项整治……156
（七）建筑信息模型技术应用推广……157
（八）标准定额造价管理……158
（九）建筑节能和建筑材料管理……161
（十）质量安全监管……163

◎城市管理

（一）综述……167
（二）城管执法……168
（三）数字化转型……173
（四）设施管理……175
（五）燃气管理……177
（六）住房公积金管理……178
（七）世界城市日平台建设……182

◎科研工作

（一）综述……187
（二）政策研究……188
（三）科学技术……189
（四）教育考培……194

◎政策法规

政策法规目录……197

◎区域建设

（一）浦东新区……311
（二）黄浦区……314
（三）静安区……319
（四）徐汇区……324
（五）长宁区……328
（六）普陀区……335
（七）虹口区……338
（八）杨浦区……343
（九）宝山区……349
（十）闵行区……352
（十一）嘉定区……355
（十二）金山区……361
（十三）松江区……369
（十四）青浦区……372
（十五）奉贤区……380
（十六）崇明区……382

◎附录

大事记……390
上海市住房和城乡建设管理文件选编目录…395

特 载

FEATURE

上海市政府工作报告

——上海市第十六届人民代表大会第一次会议

上海市市长 龚 正

各位代表：

现在，我代表上海市人民政府，向大会报告工作，请予审议。请各位政协委员和其他列席人员提出意见。

一、过去五年工作回顾

市第十五届人民代表大会第一次会议以来的五年，是我们牢记习近平总书记的嘱托，沿着习近平总书记指引的方向砥砺奋进的五年。面对百年变局和世纪疫情交织叠加的考验，我们坚持以习近平新时代中国特色社会主义思想为指导，把学习贯彻习近平总书记考察上海重要讲话精神作为全部工作的鲜明主题和贯穿始终的突出主线，坚决贯彻落实党中央、国务院的决策部署，在中共上海市委的坚强领导下，弘扬伟大建党精神，践行人民城市理念，努力当好改革开放排头兵、创新发展先行者，稳中求进、锐意进取、攻坚克难，全面建成更高水平小康社会，基本建成国际经济、金融、贸易、航运中心，形成具有全球影响力的科技创新中心基本框架，胜利完成“十三五”规划，顺利实施“十四五”规划，有力、有效地推进了本届政府各项目标任务的实现。

——城市综合实力跃上新台阶。全市生产总值突破4万亿元大关，2022年预计达到4.45万亿元，人均生产总值达到17.8万元左右。地方一般公共预算收入达到7608.2亿元。金融市场交易总额从2017年的1428.4万亿元增加到近3000万亿元。口岸贸易总额突破10万亿元，占全球比重提高到3.6%左右，保持世界城市首位。上海港集装箱吞吐量达到4730.3万标准箱，连续13年排名世界第一。全社会研发经费支出相当于全市生产总值的比例提高到4.2%左右，每万人口高价值发明专利拥有量达到40件左右。

——改革开放迈出重大步伐。浦东打造社会主义现代化建设引领区高起点推进，自贸试验区临港新片区形成全国首创案例36个，长三角一体化发展上升为国家战略并不断走深走实，中国国际进口博览会连续成功举办五届。外贸进出口总额连续两年超过4万亿元，实际使用外资五年累计达到1030亿美元左右，比上个五年增长15.8%左右，跨国公司地区总部、外资研发中心分别新增266家和105家，累计分别达到891家和531家。

——发展新动能加速壮大。“四大品牌”持续打响，“五型经济”全面发力。工业战略性新兴产业总产值占规模以上工业总产值的比重从2017年的30.8%提高到42%左右，集成电路、生物医药、人工智能三大先导产业规模达到1.4万亿元。五年累计新设各类市场主体225.1万户，比上个五年增长52.7%，每千人企业数量增加到111.1户，位居全国第一。

——人民生活水平持续提升。居民人均可支配收入从2017年的5.9万元增加到7.9万元左右。居民消费价格保持平稳，年均上涨1.9%。年均新增就业岗位58.8万个，年均城镇调查失业率4.7%左右。五年完成283.7万平方米中心城区成片二级旧里以下房屋改造，历史性地为这项持续30年的民心工程、民生实事画上圆满句号。

——生态环境质量显著改善。PM2.5年均浓度从2017年的39微克/立方米下降到25微克/立方米，如期消除劣V类水体。垃圾分类成为新时尚，原生生活垃圾实现零填埋。全市公园从2017年的243座增加到670座。单位生产总值能耗五年累计下降20%左右。

五年来，我们主要做了以下工作。

（一）坚持以落实国家重大战略任务为牵引，推动改革开放向纵深发展。浦东引领区“王牌”作用更加凸显。全面落实中央支持意见，生物医药特殊物品入境便利化、大飞机制造“一司两地”监管模式、集成电路产业发展监管创新等重大支持政策落地实施，市场准营承诺即入制、商事登记确认制等重大改革举措深入推进，场内全国性大宗商品仓单注册登记中心、私募股权和创业投资份额转让、自贸试验区“离岸通”等重大功能平台建成运行，配合市人大及其常委会创制性制定15部浦东新区法规。“三大任务”全面落实。临港新片区总体方案的重点任务基本完成，以“五自由一便利”为核心的制度型开放体系加快形成，洋山特殊综合保税区封关运作，新片区挂牌以来规模以上工业总产值、全社会固定资产投资分别年均增长

40.2% 和 43%。上海证券交易所科创板和注册制效应不断放大，有力支持科技创新，科创板上海上市公司首发募资额、总市值均居全国首位。长三角一体化发展规划纲要全面落实，科技创新共同体加快建设，交通、能源等基础设施互联互通水平持续提升，群众跨区域办事、就医更加便捷。双向开放“三大平台”加快打造。进博会成为我国构建新发展格局的窗口、推动高水平开放的平台、全球共享的国际公共产品，五届累计意向成交金额 3458 亿美元，虹桥国际经济论坛浦东、虹桥分论坛和上海城市推介大会成功主办。长三角生态绿色一体化发展示范区形成 112 项制度创新成果，38 项成果已向全国复制推广。虹桥国际开放枢纽建设扎实推进。对口帮扶力度不断加大，助力对口地区如期打赢脱贫攻坚战。

（二）坚持以强化“四大功能”、建设“五个中心”为主攻方向，凝心聚力提升城市核心功能。全球资源配置功能持续强化。原油期货、“沪伦通”、债券通“南向通”、公募不动产投资信托基金等创新产品和业务推出，全国首家外资独资证券公司、公募基金公司、保险公司等一批金融业开放项目落地，新增持牌金融机构近 300 家，跨境人民币业务结算量保持全国领先，“上海金”“上海油”“上海铜”“上海胶”等价格影响力日益扩大。跨境电商、离岸贸易、国际分拨、保税维修等外贸新业态、新模式加快发展，千亿级、百亿级商品交易平台各增加 5 家。浦东国际机场卫星厅投入使用，北外滩国际航运论坛成功举办，沿海捎带、国际航行船舶保税油气加注等重大航运政策实现新突破。科技创新策源功能持续增强。3 家国家实验室成立运行，新型研发机构、研发与转化功能型平台分别达到 17 家和 15 家。4 个国家重大科技基础设施开工建设，5 个设施建成投用，全球规模最大、种类最全、综合能力最强的光子大科学设施群已现雏形。世界首个体细胞克隆猴、千米级高温超导电缆等一批重大创新成果持续涌现。世界顶尖科学家论坛连续 5 年成功举办，首个由上海发起的国际科技大奖向全球颁发。张江科学城扩区增能。国际知识产权保护高地加快建设。人才引领发展战略、人才高峰工程等政策深入实施，人才发展环境更加优化，高层次人才规模持续扩大，人才创新活力全面增强。高端产业引领功能持续提升。初步形成以三大先导产业为引领、六大重点产业为支撑的新型产业体系，工业总产值迈上 4 万亿元新台阶。新能源汽车、高技术船舶、新材料、机器人等新兴产业发展壮大，首架 C919 大飞机正式交付，第三艘航空母舰、梦天实验舱等重大任务有力保障。国家新型工业化产业示范基地达到 20 家，高新技术企业、专精特新企业分别从 2017 年的 7642 家、1665 家增加到 2.2 万家、4942 家。开放枢纽门户功能持续完善。高质量落实区域全面经济伙伴关系协定，外高桥、虹桥国家进口贸易促进创新示范区加快建设，数字服务、文化贸易等 8 个国家级特色服务出口基地成功创建，“一带一路”综合服务中心高效运作，中欧班列“上海号”开通运行，亚太示范电子口岸网络拓展至 24 个成员口岸。

（三）坚持以供给侧结构性改革为主线，坚定不移推动经济高质量发展。经济保持平稳健康发展。把稳增长摆在更加突出的位置，制定实施抗疫助企等一系列稳增长措施。率先建设国际消费中心城市，成功举办三届“五五购物节”，新增各类首店 4881 家。五年累计完成重大工程投资 8645.7 亿元，是上个五年的 1.4 倍，建设 20 多个 100 亿级以上、400 多个 10 亿级以上的重大产业项目，14 号线、15 号线等一批轨道交通线建成运营，轨道交通运营线路总长从 2017 年的 666 千米增加到 831 千米，继续保持全球城市第一。深入开展跨境贸易便利化专项行动，口岸整体通关时间压缩50%以上，外贸进出口总额五年累计达到18.6万亿元左右，比上个五年增长28.1%左右。城市数字化转型全面推进。率先建成5G和固定宽带“双千兆”城市。聚力打造“张江在线”“长阳秀带”“虹桥之源”等在线新经济生态园，培育4家国家级标杆智能工厂、8家国家级智能制造示范工厂、30个工业互联网平台，稳步推进数字人民币、资本市场金融科技创新等试点，形成便捷就医服务、为老服务一键通、出行即服务（MaaS）等一批数字生活场景，成为首个荣获世界智慧城市大奖的中国城市。城市空间格局优化重塑。五个新城建设全面推进，完成新城总体城市设计，开工建设544个产业、交通、公共服务等重大项目，总投资8415.6亿元，一批重大功能导入项目启动实施。南北转型迈入快车道，吴淞创新城、乐高乐园度假区等项目加快推进。重点领域改革持续深化。全面完成区域性国资国企综合改革试验和国企改革三年行动，新兴产业、民生保障等领域一批国企集团组建成立，上海国有资本投资母基金设立运作。中国船舶集团、中国电气装备集团总部落户，中国国企混改基金、国家绿色发展基金、国家中小企业发展基金设立运作。“政会银企”四方合作机制全面深化，新增民营企业总部501家。新推出“上海标准”31项。要素市场化配置体制机制加快完善，公共资源“一网交易”服务能级和水平位居全国前列。乡村振兴战略深入实施。建成90个乡村振兴示范村，完成农民相对集中居住5.2万户，农村人居环境整治实现全覆盖。打造13个绿色田园先行片区，地产农产品绿色食品认证率从2017年的8.1%提高到30.9%。完成新一轮农村综合帮扶，6.5万户生活困难农民受益。

（四）坚持人民城市理念，倾心倾力保障和改善民生。民心工程、民生实事扎实推进。五年新增养老床位2.65万张、社区综合为老服务中心321家、助餐场所926个，社区嵌入式养老设施网络基本形成，长期护理保险试点全面推行。各类托育机构达到1277个，是五年前的3.6倍，58.9%的幼儿园开设托班。完成40个城中村改造项目，为既有多层住宅加装电梯4343台，建设筹措24.8万套（间）保障性租赁住房。新建10.1万个电动汽车公共充电桩，加装49座人行天桥无障碍电梯，新一轮早餐工程新增网点3676个、示范点326个。新建改建市民健身步道512条、多功能运动场419片、益智健身苑点2627个。基本民生保障网织密织牢。深入实施鼓励创业带动就业、职业技能提升等行动，帮扶32.8万就业困难群众实现就业，高校毕业生就业率保持全国领先。养老金、医保、低保等民生保障待遇标准稳步提高，面向困难群众的社会救助和物价补贴机制不断完善。残疾人服务保障水平显著提升。社会事业改革发展全面深化。完成教育综合改革、高考综合改革等国家试点任务，“双减”长效机制加快健全，现代职业教育体系持续优化，15所高校、64个学科进入国家“双一流”建设行列。公共卫生体系不断健全，国家医学中心、区域性医疗中心分别达到6家和43家，社区卫生服务中心服务能力持续提升，组织实施7批次国家药品集中带量采购。妇女儿童工作取得新进展，民族宗教、港澳台、外事侨务工作不断加强。国际文化大都市加快建设。现代公共文化服务体系、文创产业体系不断完善，中共一大纪念馆建成开放，上海天文馆、上海图书馆东馆、少儿图书馆新馆、上海档案馆新馆等重大文化设施建成投用，建筑可阅读、演艺新空间、城市微旅行等文旅服务打响品牌。全民健身发展水平位居全国前列，上海体育健儿在奥运会、全运会等重大赛事上再创佳绩。军政军民团结巩固发展。军民融合发展深入推进，国防教育、国防动员和国防后备力量建设不断加强，退役军人事务和双拥共建等工作成果丰硕。

（五）坚持科学化、精细化、智能化“三化联动”，扎实有力推动城市治理体系和治理能力现代化。城市精细化管理水平不断提升。黄浦江45千米、苏州河42千米岸线贯通开放，品质不断提升，北外滩世界会客厅、苏州河华东政法大学滨水区域等一批新景观相继建成，昔日的“工业锈带”变成今天的“生活秀带”“发展绣带”。完成801.6千米架空线入地和杆箱整治，中山公园、和平公园等一批公园拆墙透绿，建成“美丽街区”554个。2022年世界城市日全球主场活动暨第二届城市可持续发展全球大会成功举办。城市运行“一网统管”“三级平台、五级应用”架构基本建成，超大城市运行数字体征系统初步构建，道路交通管理、防汛防台等应用场景在实战中发挥作用。社会治理效能持续增强。持续为基层减负、增能、赋权，街镇管理体制机制优化调整。信访服务、人民建议征集和“12345”市民服务热线等工作机制更加健全。安全生产专项整治扎实开展。新型现代警务机制基本成形，社会治安整体防控能力显著增强，扫黑除恶专项斗争取得阶段性成果，公众安全感、满意度连续10年实现“双提升”。生态文明建设成效显著。碳达峰碳中和有力推进，全国碳排放权交易系统在沪上线运行。污染防治攻坚战阶段性目标全面实现，在国家考核中连续三年保持优秀。完成钢铁企业超低排放改造和新一轮工业挥发性有机物治理，建成白龙港污水厂提标改造、泰和污水厂等工程，基本形成生活垃圾分类收集、运输、处理体系，新增森林30.1万亩、绿地5917公顷、绿道1072千米。河长制、湖长制、林长制全面落实。崇明世界级生态岛建设扎实推进，第十届中国花卉博览会成功举办。

（六）坚持简政放权、放管结合、优化服务，持之以恒加强政府自身建设。政府职能加快转变。优化营商环境改革成效显著，五年累计减税降费超8000亿元，“证照分离”改革全覆盖和“一业一证”改革深入开展，证明事项告知承诺制全面推行，“双随机、一公开”监管、综合监管和信用监管等深入推进。首创并持续打响政务服务“一网通办”品牌，总门户累计接入服务事项3588项，累计办件量2.97亿件，网办率达到84%。完成一批市与区财政事权和支出责任划分改革，全面实施预算绩效管理，部门一般性支出持续压减。法治政府加快建设。配合市人大及其常委会出台地方性法规78件，制定政府规章77件。率先实施重大行政决策事项目录管理。建成全市统一的综合执法系统，街道乡镇全面成立综合行政执法队伍，下沉行政执法事项434项。基本完成行政复议体制改革，审计质效持续提升。坚持向市人大及其常委会报告工作、向市政协通报情况，办理市人大代表建议4983件、市政协提案4489件。政府作风持续改进。扎实开展“不忘初心、牢记使命”主题教育、党史学习教育和“四史”学习教育。严格落实中央八项规定精神，深入纠治“四风”，特别是形式主义、官僚主义。一体推进不敢腐、不能腐、不想腐，廉政建设进一步加强。

2020年以来，我们坚持统筹疫情防控和经济社会发展，与新冠疫情作了顽强斗争。面对突如其来的新冠疫情，坚持人民至上、生命至上，坚决打好超大城市抗击疫情的人民战争、总体战、阻击战，坚决服务全国疫情防控大局，全力保护人民生命安全和身体健康。我们强化使命担当守卫国门，构建人、物、环境同防全流程闭环管理体系，最多的时候上海承担了全国62%的入境航班、53%的航空入境旅客、46%的进口冷链货物，为疫情条件下畅通国内外经济循环和人员往来作出了重要贡献。我们始终保持应急指挥体系处于激活状态，抓牢关键点关节点，不断健全常态化防控体系，以快制快开展疫情处置，精心做好患者救治，努力保障城市正常生产生活秩序。2022年3月，上海遭遇空前严峻复杂疫情，我们坚决贯彻落实习近平总书记重要指示和党中央决策部署，在中央有关部门、全国各地和人民军队的大力支持下，紧紧依靠全市人民，全面强化应急指挥体系，刻不容缓地推进“四应四尽”，全力突破资源极限挑战，迅速将核酸检测能力从每日102万管左右提升至938万管以上，先后建成42万张方舱床位、扩充44家定点医院、设置12.4万间隔离房，有效遏制了疫情指数级上升势头，有力阻断了病毒快速传播的危险进程，打赢了大上海保卫战。我们持续巩固来之不易的疫情防控成果，深入贯彻落实中央疫情防控优化措施，不断提升疫情防控科学精准水平，全力做好医疗救治特别是重症救治工作，进一步提升重点场所和机构的防疫能力，加快推动老年人疫苗接种，持续完善诊断、检测、救治和入境人员隔离等措施，最大限度保护人民生命安全和身体健康，最大限度减少疫情对经济社会发展的影响。

各位代表，五年勤耕不辍，五年春华秋实。我们取得的一切成就，是习近平总书记作为党中央的核心、全党的核心领航掌舵的结果，是习近平新时代中国特色社会主义思想科学指引的结果，是党中央、国务院坚强领导的结果，是中共上海市委团结带领全市人民顽强拼搏的结果。在这里，我代表上海市人民政府，向全市人民尤其是在抗疫大战中做出重要贡献的广大医务人员和其他各条战线工作人员，向给予政府工作大力支持的人大代表和政协委员，向各民主党派、工商联、各人民团体和社会各界人士，向中央各部门、兄弟省区市和驻沪人民解放军指战员、武警官兵，向关心和支持上海发展的香港、澳门特别行政区同胞及台湾同胞、海外侨胞和国际友人，表示崇高的敬意和诚挚的感谢！

我们也清醒地看到，前进道路上还有不少困难和挑战，政府工作中仍存在一些不足。主要是：经济发展面临的需求收缩、供给冲击、预期转弱三重压力仍然较大，消费和投资须进一步提振，稳出口难度增大，部分企业特别是小微企业生产经营困难较多。创新发展动能还不够强，关键核心技术突破需要下更大力气，产业链供应链稳定性和竞争力亟待提高。全面深化改革仍须向纵深推进，重点领域改革还有不少硬骨头要啃。超大城市治理存在不少短板，建设安全韧性城市任重道远。群众在就业、教育、医疗、养老、托育、安居等方面面临不少难题，生态环境质量仍须持续提升。政府服务管理效能需要进一步提高，政府作风建设需要进一步加强。特别是在重大疫情应对工作中，反映出我们对重大风险预警预判不够，社会迅速高效组织动员能力有待提升，极端情况下城市运行保障和应急管理体系亟须加强，城市数字化转型特别是治理数字化还要在实战检验中提高水平。我们要直面这些问题和挑战，以更扎实的举措，尽心竭力改进工作，不辜负全市人民期待！

五年的砥砺实践，我们深切体会到，做好政府工作，必须深刻领悟“两个确立”的决定性意义，坚决做到“两个维护”，把习近平总书记的嘱托作为做好工作的根本遵循和行动指南；必须坚持以人民为中心的发展思想，更好满足人民对美好生活的向往，努力使人民群众获得感、幸福感、安全感更加充实、更有保障、更可持续；必须把新发展理念贯穿上海发展全过程和各领域，更好地服务构建新发展格局，加快推进高质量发展；必须更加坚定地走解放思想、深化改革之路，面向世界、扩大开放之路，打破常规、创新突破之路，持续增强发展的动力和活力；必须统筹好发展和安全，发扬斗争精神，增强斗争本领，强化忧患意识和底线思维，防范化解各类风险挑战；必须坚持系统观念，努力在多重目标中把握动态平衡、在多重约束中取得最优突破，更好破解“两难、三难、多难”问题，实现“既要、又要、还要”目标，不断开创上海发展新局面。

二、今后五年工作的总体要求和主要目标

党的二十大吹响了全面建设社会主义现代化国家的进军号，发出了以中国式现代化全面推进中华民族伟大复兴的动员令。加快建设具有世界影响力的社会主义现代化国际大都市，是习近平总书记对上海发展的战略定位，是上海投身全面建设社会主义现代化国家宏伟事业的使命担当。当前，世界百年未有之大变局加速演进，新一轮科技革命和产业变革深入发展，世纪疫情影响深远，逆全球化思潮抬头，不确定、难预料因素增多。我国发展面临新的战略机遇，但战略机遇和风险挑战并存。上海拥有一系列国家重大战略任务汇聚的优势，但仍处在培育城市核心功能和发展新动能爬坡过坎的攻坚阶段。我们必须增强识变之智、应变之方、求变之勇，以自身努力的确定性有效应对外部环境的不确定性，把国家战略综合优势更好转化为上海改革发展胜势，奋力当好全面建设社会主义现代化国家的排头兵，谱写上海社会主义现代化建设新篇章。

做好今后五年工作，必须坚持以习近平新时代中国特色社会主义思想为指导，全面贯彻落实党的二十大精神，深入贯彻习近平总书记考察上海重要讲话精神，深刻领悟“两个确立”的决定性意义，增强“四个意识”、坚定“四个自信”、做到“两个维护”，弘扬伟大建党精神，扎实推进中国式现代化，坚持稳中求进工作总基调，坚持“四个放在”，完整、准确、全面贯彻新发展理念，服务构建新发展格局，着力抓好高质量发展这个首要任务，着力深化改革开放创新，以实施国家重大战略任务为牵引，持续提升城市能级和核心竞争力，全面提升城市软实力、城市韧性和抗风险能力，在新征程上继续当好改革开放排头兵、创新发展先行者，不断开创人民城市建设新局面，加快建设具有世界影响力的社会主义现代化国际大都市，为全面建设社会主义现代化国家作出新贡献。

根据市第十二次党代会部署，今后五年，我们要促进“世界影响力”的能级显著提升、“社会主义现代化”的特征充分彰显、“国际大都市”的风范更具魅力，在推动高质量发展、创造高品质生活、实现高效能治理上迈出坚实步伐、取得重大突破。

第一，推动高质量发展取得新进展。现代化经济体系基本形成，经济实现质的有效提升和量的合理增长，国内大循环中心节点和国内国际双循环战略链接的作用更加凸显。高水平改革开放走出新路，浦东引领区建设等国家重大战略任务取得显著成果，重点领域、关键环节改革持续深化，开放型经济新优势持续增强，营商环境市场化、法治化、国际化水平持续提升。“五个中心”建设深入推进，“四大功能”大幅跃升，“四大品牌”持续打响，全球高端要素资源加速集聚、高效配置，全社会研发经费支出相当于全市生产总值的比例达到4.5%以上，原创性、引领性、战略性科技成果持续涌现，三大先导产业规模实现倍增，工业战略性新兴产业总产值占规模以上工业总产值的比重达到45%，跨国公司地区总部达到1200家。城市数字化转型纵深推进，数字经济核心产业增加值占全市生产总值的比重提高到18%，数据要素全域赋能、生产生活全面转变初步实现，国际数字之都建设形成基本框架。空间布局进一步优化，主城区辐射带动效应不断增强，临港新片区、长三角生态绿色一体化发展示范区、虹桥国际开放枢纽的对内对外开放两个扇面枢纽作用持续提升，五个新城基本建成独立综合性节点城市，南北地区整体转型

发展取得明显成效，崇明世界级生态岛品质稳步提升，乡村振兴全面推进，城乡融合发展格局基本形成。

第二，创造高品质生活彰显新成效。共同富裕迈出坚实步伐，居民收入增长与经济增长基本同步，劳动报酬提高与劳动生产率提高基本同步，基本公共服务的均衡性和可及性进一步增强，“15分钟社区生活圈”基础保障类服务实现全覆盖。基本民生保障水平稳步提高，就业更加充分、更高质量，社会保障体系更加公平、更可持续，各项待遇水平保持全国前列，居家养老、社区养老、机构养老相协调和医养、康养相结合的养老服务体系更加完善。多主体供给、多渠道保障、租购并举的住房制度基本建立，“两旧一村”改造取得阶段性成果，中心城区零星二级旧里以下房屋改造、小梁薄板房屋改造、中心城区周边城中村改造全面完成，郊区旧城区改建加快推进。社会事业改革发展深入推进，高质量教育体系总体建成，教育事业发展和人力资源开发主要指标达到或接近全球城市先进水平，居民主要健康指标保持世界先进水平。城市文化软实力全面提升，红色文化、海派文化、江南文化魅力进一步彰显，公共文化服务体系和重大文化体育设施布局更加完备，国际文化大都市建设取得新突破。

第三，实现高效能治理开创新局面。共建共治共享的社会治理制度更加健全，党建引领基层治理水平持续提升，法治政府建设取得新进展，“一网通办”“一网统管”迭代升级，人人都能有序参与的社会治理格局不断完善。城市精细化管理水平持续提升，街区环境更加干净有序，居住小区更加舒适和谐，城市景观更具特色魅力。城市安全韧性全面增强，“四早五最”风险防范处置机制更趋完善，应对自然灾害、突发事件的能力显著提升，上海始终位于全球最安全城市前列。美丽上海建设成效显著，单位生产总值能耗、单位生产总值二氧化碳排放量持续下降，PM2.5 等六项大气常规污染物年均浓度全面稳定达到国家二级标准、部分指标优于国家一级标准，水环境质量持续改善，“无废城市”建设高标准推进，公园数量达到千座以上，绿色低碳生产生活方式成为全社会的新风尚。

各位代表，上海是一座光荣之城，是党的诞生地、初心始发地、伟大建党精神孕育地，绘就了波澜壮阔的革命、建设、改革画卷，有令人自豪的光辉历史，也必将有更加灿烂的美好未来；上海是一座奋斗之城，2500 万勤劳、勇敢、善良的上海人民是这座城市最宝贵的财富、最坚实的根基、最深厚的力量源泉，充分发挥全市人民的创新活力、奋斗伟力，定能战胜前进道路上的一切艰难险阻；上海是一座梦想之城，建成具有世界影响力的社会主义现代化国际大都市是矢志不渝的目标，我们要勇担伟大时代赋予的光荣使命，先行探索社会主义现代化的路径和规律，生动演绎中国式现代化的内涵和特征，更好地向世界展示中国式现代化的光明前景！

三、2023 年主要任务

2023 年是全面贯彻落实党的二十大精神的开局之年，是实施“十四五”规划承上启下的关键一年，也是新一届政府各项工作的开局之年。做好 2023 年工作，必须深入贯彻落实中央经济工作会议精神和市委全会精神，坚持稳字当头、稳中求进，着力推动高质量发展，更好统筹疫情防控和经济社会发展，更好统筹发展和安全，全面深化改革开放，大力提振市场信心，把实施扩大内需战略同深化供给侧结构性改革有机结合起来，突出做好稳增长、稳就业、稳物价工作，有效防范化解重大风险，努力实现经济运行整体好转和社会大局稳定。

综合各方面因素，建议今年全市经济社会发展的主要预期目标是：全市生产总值增长 5.5% 以上，地方一般公共预算收入增长 5.5%，全社会研发经费支出相当于全市生产总值的比例达到 4.3% 左右，城镇调查失业率 5% 以内，居民人均可支配收入增长与经济增长基本同步，居民消费价格涨幅 3% 左右，环保投入相当于全市生产总值的比例保持在 3% 左右，单位生产总值能耗、单位生产总值二氧化碳排放量进一步下降，主要污染物重点工程减排量完成国家下达目标。

今年重点做好以下工作。

（一）着力实施国家重大战略任务，勇当推进中国式现代化的开路先锋。坚持对标最高标准、最好水平，深化建设“五个中心”，着力强化“四大功能”，持续做强“五型经济”，更好发挥全国改革开放试验田作用。

全力推进浦东引领区建设。聚焦“两特四区一中心一样板一保障”，加强改革系统集成协同高效，稳步扩大规则、规制、管理、标准等制度型开放。推动实施综合改革试点，配合制定浦东放宽市场准入特别措施清单，率先建立行业综合许可和综合监管制度。推动洋山特殊综合保税区政策在浦东特定区域复制推广，发展人民币离岸交易、跨境贸易结算和海外融资服务，促进保税区内外贸一体化转型发展，推动一批航运公共服务平台做强做优，新增 25 家大企业开放创新中心，打造国际先进技术应用中心、国际人才发展引领区。围绕新兴产业等领域，配合市人大及其常委会出台新一批浦东新区法规。

深入实施“三大任务”。推动实施自贸试验区及临港新片区建设行动方案，实行更大程度开放压力测试，深化跨境贸易投资高水平开放外汇管理改革试点，全面落实加快建设滨海城市的 23 条市级专项支持政策，推动更多优质项目向动力之源、国际氢能谷等特色产业园集聚。积极配合深化科创板注册制、市场交易机制等制度创新，深入推进“浦江之光”行动，加强企业孵化培育，支持更多优质科创企业做大做强。全面完成长三角一体化发展第二轮三年行动计划，推动科创产业、基础设施、生态环境、公共服务等方面的重点合作事项和重大项目落实落地，推进上海大都市圈建设，持续提升G60科创走廊策源功能，推进沿沪宁产业创新带发展。

持续推动“五个中心”功能升级。强化国际经济中心产业支撑，坚持把发展经济的着力点放在实体经济上，加快建设现代化产业体系，深化提升三大先导产业“上海方案”，提高集成电路装备、材料和设计创新发展能力，促进生物医药创新产品应用推广，优化人工智能自主可控软硬件生态，加快六大重点产业创新突破，持续推进新能源汽车、民用航空、空间信息等产业补链固链强链，加快长兴岛海洋产业发展，大力发展数字经济、绿色低碳、元宇宙、智能终端四大新赛道，在未来健康、未来智能、未来能源、未来空间、未来材料五大领域加速布局。强化国际金融中心资源配置能力，深化全球资产管理中心、国际再保险中心建设，加快打造国际金融资产交易平台，推动更多商品期货和金融衍生产品创新，支持设立更多总部型、功能性金融机构，推进绿色金融、金融科技等改革创新，建设科创金融改革试验区。完善地方金融监管制度，牢牢守住不发生区域性系统性金融风险的底线。强化国际贸易中心集聚辐射能级，落实新一轮跨国公司地区总部支持政策，积极创建服务贸易创新发展示范区。强化国际航运中心枢纽地位，加快推进小洋山北侧开发、罗泾港区改造一期、大芦线航道东延伸、浦东国际机场四期等重大项目，启动建设东方综合交通枢纽上海东站，发展高端航运服务业。强化国际科技创新中心创新策源功能，深入推进张江综合性国家科学中心建设，强化在沪国家实验室服务保障，加快培育一批国家实验室上海基地，配合推进全国重点实验室重组，大力发展新型研发机构，完善科研基地平台体系，开工建设磁惯性预研项目等国家重大科技基础设施，持续构建光子、生命科学、海洋等领域设施集群。

聚力建设双向开放“三大平台”。精心办好第六届进博会，提升“6天+365天”长年展示交易服务平台能级，持续放大溢出带动效应。深化长三角生态绿色一体化发展示范区制度创新，全力推进水乡客厅、西岑科创中心等一批重大项目建设。深化落实虹桥国际开放枢纽建设总体方案，大力提升国际商务人才港、国际友城港等平台功能，加快培育发展民营企业总部、贸易型总部，强化大会展、大商务、大交通、大科创功能。积极参与共建“一带一路”高质量发展，创建“丝路电商”合作先行区，开展长三角区域性“一带一路”综合服务平台建设试点，高水平建设一批专业贸易平台和国别商品交易中心。做好对台、港澳、外事、侨务工作。深化对口帮扶，助力对口地区巩固拓展脱贫攻坚成果、全面推进乡村振兴，加强与东北地区、革命老区相关重点城市对口合作。

（二）着力强化教育科技人才支撑，塑造发展新动能新优势。坚持科技是第一生产力、人才是第一资源、创新是第一动力，深入推进教育、科技和人才资源融合集成，进一步厚植创新驱动根基。

加快建设高质量教育体系。落实立德树人根本任务，全面推进“大思政课”建设，大力发展素质教育。提高基础教育优质均衡发展水平，新建一批九年一贯制示范校、普通高中特色校，启动新一轮公办初中强校提质工程，加强拔尖创新人才早期培养，完善校外培训综合监管、行业自律等机制。统筹职业教育、高等教育、继续教育协同创新，打造一批产教融合育人基地、高校科研基地，深化高校“双一流”建设，支持高校加强基础研究和重大科研攻关，做强做优职业教育，扩大职工继续教育“双元制”试点。提升特殊教育质量。健全学校家庭社会协同育人机制。

持续增强科技创新能力。深入实施基础研究特区计划、“探索者”计划，启动新一批市级重大科技专项，加快实施产业基础再造工程和重大技术装备攻关工程。大力发展研发经济，引进和培育一批具备研发、销售、结算等复合功能的创新型总部，加快发展科技服务业。深入推进全面创新改革试验，进一步为创新主体放权松绑，开展高校院所综合授权改革试点，实施领军企业培育工程，持续推动高新技术企业和专精特新企业扩容提质。健全技术转移体系，提升科技企业孵化器服务能级，探索设立科技成果转化引导基金。高标准推进知识产权强市建设，强化知识产权法治保障。

大力推进高水平人才高地建设。加快建设战略人才力量，强化国家实验室、重大科技基础设施、世界一流大学、高水平研发机构、行业领军企业等平台的人才集聚效应，聚焦“高精尖缺”，实施海内外顶尖人才引育、科技领军人才队伍提升、青年科技人才队伍锻造、卓越工程师和高技能人才振兴等工程，持续壮大科技创新“四支队伍”。深化人才发展体制机制改革，实施更加积极、更加开放、更加有效的人才政策，开展国家科技人才评价综合改革试点，推动落实海外人才出入境、停居留等保障措施，开展青年发展型城市建设试点，营造高品质的人才生态。

各位代表，创新是一座城市兴旺发达的不竭动力。上海要走好创新发展之路，一定要持续激活教育“源动力”、点燃科技“新引擎”、筑牢人才“引凤巢”，不断开辟新领域新赛道，让创新浪潮澎湃不息、奔腾向前！

（三）着力扩内需稳外需，促进经济平稳健康发展。顺应国内外市场需求新变化，深入实施扩大内需战略，促进内外需协调发展，保持经济运行在合理区间。

增强消费对经济发展的基础性作用。把恢复和扩大消费摆在优先位置，深化国际消费中心城市建设。推进实施新一轮城市商业空间布局规划，全力打造东、西两片国际级消费集聚区，办好“五五购物节”等重大促消费活动，大力发展首发经济、夜间经济、直播经济，加快形成一批特色商业地标。丰富红色旅游、古镇旅游、工业旅游、邮轮旅游、康养旅游等消费场景，促进文化体育、交通信息等服务消费，释放综合带动效应。

增强投资对优化供给结构的关键作用。持续推进重大工程建设，全年完成投资2150亿元。加快高端制造业和现代服务业扩投资、提产能、增效益，推动一批引领性强、带动性大、示范性好的高能级产业项目落地。开工建设13号线东延伸、21号线东延伸等轨道交通线，加快建设上海示范区线、崇明线、机场联络线等轨道交通线，推进沪苏湖铁路上海段、沪渝蓉铁路上海段、北横通道东段等重要基础设施建设。启动建设原水西环线，推进杨树浦、长桥等水厂深度处理改造。低效建设用地减量15平方千米。

全力稳住外贸外资基本盘。综合运用财政税收、金融保险、物流保障等政策措施，深化国际贸易“单一窗口”建设，扩大政策性出口信用保险覆盖面，帮助企业降低经营成本和业务风险。加快培育一批跨境电商、离岸贸易、数字贸易、外贸综合服务等新型国际贸易标杆企业。落实新版鼓励外商投资产业目录，引导外资更多投向先进制造业、现代服务业、高新技术、节能环保等领域。推动海关特殊监管区域高质量发展。建立健全国际经贸风险防范和应对体系。

充分激发各类市场主体活力。狠抓助企纾困政策落地见效，开展清费减负系列行动。持续深化国资国企改革创新，实施建设世界一流企业六大强企计划，优化国有投资运营公司功能，实施新一轮提高国有上市公司质量行动，深化职业经理人薪酬制度改革，完善“1+3+N”监管体系。深化央地全面战略合作。坚持“两个毫不动摇”，落实促进民营经济发展的各项政策举措，健全多层次政企沟通协商机制，开展中小企业质量提升帮扶行动，完善优质中小企业梯度培育体系，深化普惠金融顾问服务。深入推进“一网交易”改革，加快全要素、全资源市场化配置“一张网”建设。扎实推进公平竞争审查，加强反垄断和反不正当竞争，平等保护各类市场主体的合法权益。

（四）着力推动城市数字化转型，加快建设具有世界影响力的国际数字之都。牢牢把握数字化、网络化、智能化方向，加快数字技术应用步伐，持续驱动生产方式、生活方式和治理方式变革。

深化经济数字化转型。促进数字经济和实体经济深度融合，加快工业软件攻关突破，实施智能工厂领航行动，培育一批制造业数字化转型示范标杆，推进数字商圈、数字商店建设，提升中小企业数字化转型公共服务效能，努力打造具有国际竞争力的数字产业集群。系统化构建城市数字底座，推动空间信息数据应用，推进数字孪生城市建设，完善数据安全保障体系，强化个人信息保护，加快建设国家级数据交易所、国际数据港和一批数据中心、算力平台等新型基础设施。

深化生活数字化转型。推动构建精准、普惠的数字生活服务体系，新增生活类重点场景10个，提升社区便民服务数字化水平。建设一批数字化赋能示范校，优化升级“便捷就医服务”应用场景，推广“养老院＋互联网医疗”服务模式，打造博物馆、美术馆数字文化体验空间，完善出行即服务体系。着力消除“数字鸿沟”，推进数字服务适老化改造。

深化治理数字化转型。推进“一网通办”，推动“随申办”为民为企服务迭代升级，深化拓展“高效办成一件事”，深入推行免申即享、“好差评”和帮办制度，打造线上线下“泛在可及”全方位服务体系。推进“一网统管”，强化数据动态更新和相互赋能，推出一批实战中管用、基层干部爱用、群众感到受用的应用场景。

（五）着力推动绿色低碳转型，高水平建设人与自然和谐共生的现代化。坚持绿水青山就是金山银山的理念，统筹产业结构调整、污染治理、生态保护、应对气候变化，坚定不移走生态优先、绿色低碳发展道路。

积极稳妥推进碳达峰碳中和。实施煤电节能降碳改造，推进LNG站线扩建、分布式光伏建设，规划建设深远海海上风电示范、外电入沪等重大项目，推动电动汽车充换电设施建设，加快构建新型电力系统。发展绿色园区、绿色工厂、绿色产品、绿色供应链，坚决遏制高耗能、高排放、低水平项目盲目发展，淘汰落后产能450项。推动海铁联运、江海联运等多式联运发展。实施超低能耗建筑项目200万平方米、公共建筑节能改造400万平方米。推进碳普惠制度建设，倡导绿色低碳生活方式。

深入打好污染防治攻坚战。启动实施新一轮清洁空气行动计划，强化臭氧污染防治，加强挥发性有机物治理，淘汰国三柴油车1万辆。开工建设52座雨水调蓄池，加快建设白龙港污水厂扩建三期，建成竹园污水厂四期。加快苏州河环境综合整治四期、吴淞江工程建设，全面开展入河入海排污口排查整治。推进固体废物减量化、资源化，加快生物能源再利用三期等一批湿垃圾处置设施建设。完成第三轮金山地区环境综合整治。深入推进中央生态环保督察整改、长江经济带生态环境突出问题整改。

建设绿色生态空间。持续推进“一江一河一带”建设，推动黄浦江共青森林公园段等滨水公共空间贯通开放，加快建设环城生态公园带，营造宜业宜居宜乐宜游的良好环境。着力打造公园城市，加快建设世博文化公园南区、三林楔形绿地，新建公园120座，新增森林4万亩、绿地1000公顷、绿道200千米、立体绿化40万平方米。全面实施崇明世界级生态岛第五轮三年行动计划。细化落实长江十年禁渔工作。

（六）着力优化城市空间格局，打造城市发展新的增长极。围绕增强城市核心功能，统筹生产、生活、生态需要，促进资源要素科学配置，加快形成多点支撑、多极发力的发展态势。

强化主城区中心辐射功能。提升中心城区综合服务和特色功能，促进现代服务业高起点集聚发展。加强中央活动区功能复合，加快外滩、北外滩、世博前滩等高端商务载体建设，推动徐汇滨江、杨浦滨江、苏河湾等打造世界级滨水区。加快桃浦智创城、虹桥智谷、大零号湾等重点区域建设，构筑创新发展新空间。

全面推进五个新城建设。加大功能导入力度，加快集聚一批企业总部、研发机构和要素平台。全力打造新城中心、产业社区、老城社区等示范样板区。深化“一城一名园”建设，鼓励更多科技企业落户新城，培育特色优势产业集群。加快构建松江枢纽等“一城一枢纽”，推进12号线西延伸、嘉闵线等轨道交通线建设，提高中运量等骨干公交网络密度。持续提升公共服务能级和水平，新建15所中小学、幼儿园，推进新城绿环、体育公园、文化新空间建设。

加快推进南北转型发展。全力推动产业转型，促进产业向高端、智能、精细、绿色方向发展，打响特色产业园区品牌。全力推动空间转型，加强内外交通衔接，加快宝山吴淞和南大地区、金山滨海地区等重点区域开发建设。全力推动治理转型，增加教育、医疗等优质公共服务资源供给。

（七）着力实施乡村振兴战略，深入推进农业农村现代化。坚持农业农村优先发展，推动更多政策、资源和力量向乡村倾斜，持续实施“三园”工程，充分彰显乡村经济、生态、美学价值，努力建设宜居宜业和美乡村。

发展都市绿色现代农业。深化落实粮食安全责任制，抓好粮食蔬菜生产。加强耕地保护和质量建设，新建3万亩高标准农田。推动现代种业发展，建设2000亩高标准良种繁育基地。强化农业科技和装备支撑，新建1万亩粮食生产无人农场，持续提升蔬菜生产机械化水平。推进农业与现代服务业深度融合，促进乡村民宿等特色文旅休闲产业发展。加快横沙新洲现代农业产业园建设，推动域外农场高质量发展，为市民提供更多安全优质的农副产品。

实施乡村建设行动。推进24个乡村振兴示范村建设，加强特色风貌塑造和乡村产业培育。继续推动农民相对集中居住，试点建设高品质农民平移集中居住区。持续优化提升农村人居环境，推进200千米农村公路提档升级改造，打造10万户“美丽庭院”。

拓宽农民增收空间。持续深化农村改革，搭建区级农村集体经济发展平台，促进农村集体经济高质量发展。开展全域土地综合整治试点，稳妥推进农村集体经营性建设用地入市。实施第三轮农村综合帮扶。加大农民教育培训力度，培育高素质农民2400人以上，促进农民收入多途径增长。

（八）着力弘扬城市精神品格，提升国际文化大都市软实力。围绕举旗帜、聚民心、育新人、兴文化、展形象，推进文化自信自强，持续提升城市文化创造力、传播力、影响力。

提升城市文明程度和市民文明素质。广泛践行社会主义核心价值观，统筹推进文明培育、文明实践、文明创建，开展“新时代文明新风尚”等主题活动。推动哲学社会科学繁荣发展。完善志愿服务制度和工作体系。持续加大普法宣传力度。健全诚信建设长效机制。

繁荣发展文化事业和文化产业。加快建设公共文化服务高质量发展先行区，建成上海博物馆东馆、世界技能博物馆等重大文化设施，规划建设上海工业博物馆，促进基层公共文化设施更新与功能提升，升级打造一批家门口的演艺新空间、人文新景观、休闲好去处。加强国际传播能力建设。深入实施文艺创作精品、优品、新品扶持计划。传承城市历史文脉，推进长江口古船考古发掘工程，完成国家社会文物管理综合改革试点。实施重大文化产业项目带动战略，持续打响“演艺大世界”、国际艺术品交易等文创品牌，推动网络视听产业升级，加快建设具有国际影响力的世界设计之都。

推进文化和旅游深度融合发展。新增一批国家级旅游度假区和5A级景区，推进长江国家文化公园上海段建设，推动国际旅游度假区核心区功能提升。加快建设都市旅游首选城市，打造“一江一河游览”“海派城市考古”等文旅精品。

促进群众体育和竞技体育全面发展。构建更高水平全民健身公共服务体系，完善体教融合机制，建成开放徐家汇体育公园，举办上海网球大师赛等国际赛事，办好上海马拉松、上海赛艇公开赛等自主品牌赛事。支持上海体育健儿在亚运会等重大赛事上创造佳绩。

（九）着力提高城市治理现代化水平，建设安全韧性城市。树立全周期管理意识，以“时时放心不下”的责任感，不断提升对各类风险预警防范化解的能力，筑牢城市安全屏障。

持续优化疫情防控工作。准确把握疫情防控新阶段新形势新任务，坚持科学防治、精准施策，优化防控措施。加强医疗资源储备和诊治能力提升，完善分级分类诊疗体系，做好重点人群健康调查和健康服务，全力保健康、防重症。持续扩大疫苗接种覆盖面，引导市民当好个人健康第一责任人，强化重点机构防控，切实保护好脆弱人群。加快新

疫苗、新药物研发转化，为疫情防控提供科技支撑。

提升社会治理效能。持续推进重心下移、力量下沉，划小做实基层治理单元，优化社区网格运行机制，加强基层治理队伍建设。支持工会、共青团、妇联等群团组织有效发挥桥梁纽带作用。加强和改进民族、宗教工作。优化人口服务管理。扎实做好家门口信访服务、人民建议征集、“12345”市民服务热线等工作，完善社会治安防控体系，常态化开展扫黑除恶斗争，提升公共安全风险防控能力，深入推进更高水平的平安上海建设。

深化城市精细化管理。坚持能开尽开，推动机关、企事业单位附属空间对外开放、为民所享。全面推进“15分钟社区生活圈”建设。完成100千米架空线入地和杆箱整治，设置优化5000处公共空间休憩座椅，完成徐家汇等商圈景观灯光提升改造，建成100个“美丽街区”。改造22个易积水小区、11条道路积水点。健全城市管理标准体系。

守牢城市安全底线。坚持源头管控、预防为先，统筹灾害事故综合防范治理，聚焦危化品、燃气、自建房、消防、交通、食品药品、特种设备、人员密集场所等重点行业、重点领域、重点区域，层层压实安全生产责任，深入开展风险隐患排查，从严从快狠抓问题整改，坚决防范遏制较大及以上事故发生。构建平战结合的应急管理体制机制，加强粮食、能源和战略应急物资储备，开展应急演练，提升全民防灾减灾意识和自救互助能力。

（十）着力实施民心工程办好民生实事，持续增进民生福祉。坚持在发展中保障和改善民生，把最好的资源留给人民，用优质的供给服务人民，提高人民生活品质。

促进高质量充分就业和市民持续增收。健全就业促进机制，强化创业带动就业，新增就业岗位55万个以上。完善高校毕业生、退役军人等重点群体就业支持体系，加强就业困难群体帮扶和灵活就业、新就业形态劳动者权益保障，健全职业技能培训政策体系。推进体现效率、促进公平的收入分配体系建设。

强化养老托幼服务和社会保障。适应“一老一小”人口分布和结构变化，坚持普惠安全、方便可及，新增养老床位5000张、居家环境适老化改造5000户、社区长者食堂40个、社区托育托额3200个，提高养老护理员、育婴员等服务队伍职业化、专业化水平，优化长护险服务。健全社会保障体系，落实基本养老保险全国统筹等制度改革，统筹提高养老金、医保、低保等社保待遇标准。保障妇女儿童合法权益，推进儿童友好城市建设。进一步健全残疾人社会保障制度和关爱服务体系，营造无障碍友好环境。

深入推进健康上海建设。深化公立医院高质量发展试点，推动国家医学中心建设，加快高水平医院“一院多区”建设，推进区域性医疗中心服务能力标准化工作，打造一批社区卫生服务标杆机构。优化医保支付与药品集中采购协同机制。实施新一轮公共卫生体系建设行动计划，深入开展爱国卫生运动，创新医防协同、医防融合机制。加快打造国家中医药综合改革示范区。

进一步改善市民居住条件。实施城市更新行动，全面推进“两旧一村”改造，完成12万平方米中心城区零星二级旧里以下房屋改造、28万平方米小梁薄板房屋等不成套旧住房改造，启动10个城中村改造项目，完成既有多层住宅加装电梯3000台。建设筹措7.5万套（间）保障性租赁住房。坚持房子是用来住的、不是用来炒的定位，促进房地产市场平稳健康发展。

各位代表，我们要更大力度支持国防和军队现代化建设，加强军地协同，更好服务一体化国家战略体系和能力建设，提升国防科技工业水平，深化全民国防教育、国防动员和后备力量建设、退役军人服务保障等工作，发扬拥军优属光荣传统，巩固发展坚如磐石的军政军民团结。

道阻且长，行则将至。我们要营造干部敢为、基层敢闯、企业敢干、群众敢实践的浓厚氛围，激发全社会干事创业活力，真抓实干、奋力前行，在新的赶考路上努力创造令人刮目相看的新奇迹！

四、深入推进政府治理现代化

做好今年和今后五年工作，关键要牢记“三个务必”，忠诚干净担当，高效规范服务，着力提高政府治理现代化水平，加快建设人民满意的服务型政府。

*以政治建设锤炼忠诚品格。*把忠诚拥护“两个确立”、坚决做到“两个维护”作为最根本的要求摆在首位，坚持不懈用习近平新时代中国特色社会主义思想凝心铸魂，不断提高政治判断力、政治领悟力、政治执行力，始终在思想上政治上行动上同以习近平同志为核心的党中央保持高度一致，不折不扣贯彻落实党中央、国务院大政方针和市委决策部署。

*以法治建设规范权力运行。*深入践行全过程人民民主重大理念，推进政府机构、职能、权限、程序、责任法定化和各方面工作法治化。扎实做好法治政府建设示范创建工作，深入推进重大行政决策程序制度实施，开展“十四五”规划实施情况中期评估，加强重点领域和新兴领域政府立法。深化综合行政执法体制改革，完善行政执法程序，加强行政执法监督，全面推进严格规范公正文明执法。加快打造亚太仲裁中心，建设更加完备的公共法律服务体系。拓展政民互动，构建发布、解读、回应、参与“四位一体”的政务公开工作格局。政府要依法接受市人大及其常委会的监督，自觉接受市政协的民主监督，主动接受社会和舆论监督。更好发挥统计和审计监督作用。政府工作人员要自觉接受法律监督、监察监督和人民监督。

*以效能建设提高服务质量。*巩固拓展营商环境创新成果，实施新一轮营商环境高水平对标改革，全力打造政务服务升级版。推进全链条优化审批，全面实行行政许可事项清单管理，探索极简审批。推进全过程公正监管，建成全市统一的综合监管系统，持续加强重点领域监管。推进全周期提升服务，全面推行政务服务标准化、规范化、便利化和就近办、集成办、马上办。开展第五次经济普查。深化预算管理制度和税收征管改革，加快建立现代财税体制。坚持过紧日子，推进预算绩效管理提质增效，确保把宝贵资金用在发展紧要处、民生急需上。

*以作风建设激励担当作为。*强化全面从严治党“四责协同”机制，贯彻中央八项规定精神，久久为功整治形式主义、官僚主义。加强廉政风险防控和廉政文化建设，深化整治权力集中、资金密集、资源富集领域的腐败，把严的基调落到实处。坚持严管和厚爱相结合，推动公务员队伍实干争先。人民所急所需所盼就是政府所系所担所办。我们要坚持人民至上，强化为民意识，始终与人民同甘共苦，心连心为民造福，实打实为民办事，努力创造不负时代、不负人民的新业绩。

各位代表，实干成就梦想，奋斗创造未来。让我们更加紧密地团结在以习近平同志为核心的党中央周围，在中共上海市委的坚强领导下，自信自强、守正创新，踔厉奋发、勇毅前行，加快建设具有世界影响力的社会主义现代化国际大都市，为全面建设社会主义现代化国家、全面推进中华民族伟大复兴做出新的贡献！

2022年上海市国民经济和社会发展统计公报

2022年，面对国内外复杂严峻经济环境和疫情冲击等超预期因素的多重挑战，全市坚持以习近平新时代中国特色社会主义思想为指导，把学习贯彻习近平总书记考察上海重要讲话精神作为全部工作的鲜明主题和贯穿始终的突出主线，坚决贯彻落实党中央、国务院和中共上海市委、市政府的决策部署，统筹疫情防控和经济社会发展，加力落实稳经济各项政策举措，经济新动能持续发力，人民生活水平持续提升，创新驱动深入推进，城市核心功能稳定运行。

一、综合

初步核算，全年实现地区生产总值（GDP）44652.80亿元，比上年下降0.2%（见图1）。其中，第一产业增加值96.95亿元，下降3.5%；第二产业增加值11458.43亿元，下降1.6%；第三产业增加值33097.42亿元，增长0.3%。第三产业增加值占地区生产总值的比重为74.1%。

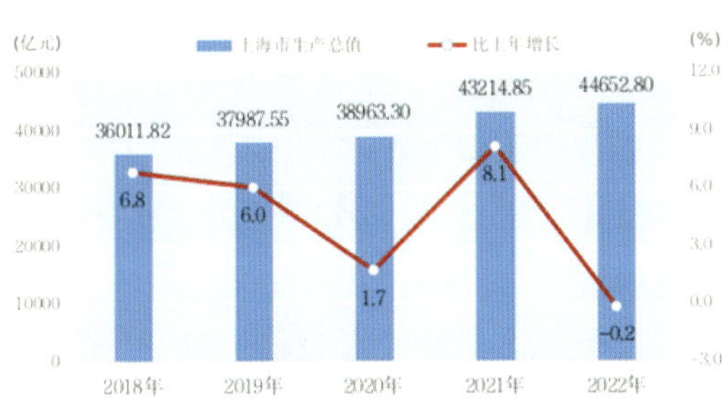

图1　2018—2022年上海市生产总值及增长速度

在地区生产总值中，公有制经济增加值20715.29亿元，比上年增长2.3%；非公有制经济增加值23937.51亿元，下降2.3%。非公有制经济增加值占地区生产总值的比重为53.6%。

全年战略性新兴产业增加值10641.19亿元，比上年增长8.6%。战略性新兴产业增加值占上海市生产总值的比重为23.8%（见表1）。

表1　2022年战略性新兴产业增加值及增长速度

指标	绝对值（亿元）	比上年增长（%）
战略性新兴产业增加值	10641.19	8.6
工业战略性新兴产业增加值	3741.92	6.6
服务业战略性新兴产业增加值	6899.27	9.8

全年新设市场主体41.46万户，比上年减少21.4%，新设市场主体注册资本（金）总量1.85万亿元，减少32.8%。其中，新设企业37.01万户，减少21.5%；新设个体工商户4.43万户，减少20.3%；新设农民专业合作社270户，减少16.4%。截至2022年12月31日，全市共有各类市场主体328.39万户，比上年增长2.8%，市场主体注册资本（金）总量40.45万亿元，增长4.0%。其中，企业276.45万户，增长3.3%；个体工商户50.89万户，增长0.2%；农民专业合作社1.04万户，减少0.1%。

全年地方一般公共预算收入7608.19亿元，比上年下降2.1%；非税收入占全市地方一般公共预算收入比重为16.5%。地方一般公共预算支出9393.16亿元，增长11.4%（见表2）。全年税务部门组织的税收收入完成15473.60亿元（不含关税及海关代征税），增长1.0%。

表 2　2022 年地方一般公共预算收支及增长速度

指 标	绝对值（亿元）	比上年增长（%）
地方一般公共预算收入	7608.19	-2.1
增值税	1907.21	-23.3
个人所得税	949.98	10.4
企业所得税	1917.80	13.2
契 税	320.14	-22.0
地方一般公共预算支出	9393.16	11.4
一般公共服务支出	452.60	18.3
公共安全支出	476.35	5.0
教育支出	1122.57	8.0
科学技术	386.25	-8.6
社会保障和就业支出	1120.47	9.4
卫生和健康支出	1308.26	106.6
节能环保支出	203.81	27.9

全年全社会固定资产投资总额比上年下降 1.0%。其中，第二产业投资增长 0.6%；外商投资经济投资增长 24.8%（见表 3）。

表 3　2022 年全社会固定资产投资及增长速度

指 标	比上年增长（%）
全社会固定资产投资总额	-1.0
按经济类型分	
国有经济	0.8
非国有经济	-19.8
个体私营经济	-4.9
港澳台商投资经济	-9.9
外商投资经济	24.8
按产业分	
第一产业	-61.5
第二产业	0.6
第三产业	-1.2
按行业分	
工 业	0.6
交通运输、仓储和邮政业	-1.3
信息传输、软件和信息技术服务业	22.7
金融业	-0.3
教育	0.8
卫生和社会工作	-11.9
文化、体育和娱乐业	-6.6

以上年价格为 100，全年居民消费价格指数为 102.5。其中，食品烟酒类价格指数为 104.5，居住类价格指数为 101.0，医疗保健类价格指数为 102.1（见表 4）；工业生产者出厂价格指数为 102.6，工业生产者购进价格指数为 104.9。

以上年价格为 100，全年新建商品住宅销售价格指数为 103.8，二手住宅销售价格指数为 103.7。

表 4　2022 年居民消费价格指数

指 标	指 数（以上年价格为100）
居民消费价格指数	102.5
食品烟酒	104.5
衣 着	99.0
居 住	101.0
生活用品及服务	102.0
交通通信	104.4
教育文化娱乐	103.5
医疗保健	102.1
其他用品和服务	100.6

二、农业

全年全市实现农业总产值 265.93 亿元，比上年下降 5.0%。其中，种植业 144.69 亿元，下降 4.7%；林业 6.87 亿元，下降 26.1%；牧业 45.11 亿元，增长 1.0%；渔业 51.25 亿元，增长 2.0%；农林牧渔专业及辅助性活动 18.01 亿元，下降 16.5%。

全年全市农作物播种面积 27.18 万公顷，比上年增长 1.9%。其中，粮食播种面积 12.28 万公顷，增长 4.6%；蔬菜播种面积 8.75 万公顷，增长 2.6%。全年全市粮食产量 95.57 万吨，比上年增长 1.7%；地产蔬菜产量 255.36 万吨，增长 4.4%；生猪出栏 99.24 万头，增长 9.9%；鲜奶产量 30.22 万吨，增长 2.9%；水产品产量 25.89 万吨，下降 0.1%（见表 5）。

至年末，全市有效期内绿色食品企业数共 987 家，产品 1902 个，全年获证产量

124.83万吨；地产农产品绿色食品认证率达30.9%；农产品地理标志16个。

全年新增建设高标准农田2200公顷；至年末，纳入统计范围的农民专业合作社2538家，其中市级农民合作社示范社240家，国家级农民合作社示范社90家；各类农业产业化重点龙头企业190家，其中市级以上龙头企业113家，国家级龙头企业26家；经农业农村部门认定的家庭农场3781家，其中市级示范家庭农场115家。

表5 2022年主要农副产品产量

产品名称	单位	全市产量	比上年增长（%）
粮食	万吨	95.57	1.7
地产蔬菜	万吨	255.36	4.4
生猪出栏	万头	99.24	9.9
鲜奶	万吨	30.22	2.9
家禽出栏	万羽	454.04	-25.1
水产品	万吨	25.89	-0.1

三、工业和建筑业

全年实现工业增加值10794.54亿元，比上年下降1.5%。全年完成工业总产值42505.68亿元，下降2.2%。其中，规模以上工业总产值40473.68亿元，下降1.1%。在规模以上工业总产值中，国有控股企业总产值14600.90亿元，增长0.4%。

全年新能源、高端装备、生物、新一代信息技术、新材料、新能源汽车、节能环保、数字创意等工业战略性新兴产业完成规模以上工业总产值17406.86亿元，比上年增长5.8%（见表6），占全市规模以上工业总产值比重达到43.0%。

全年规模以上工业产品销售率为99.6%。规模以上工业企业主要产品中，太阳能电池产量36.19万千瓦，增长1.2倍；发电机组产量2618.08万千瓦，增长70.3%；新能源汽车产量98.86万辆，增长56.5%；电站用汽轮机产量1735.60万千瓦，增长40.6%（见表7）。

表6 2022年规模以上工业战略性新兴产业总产值及增长速度

指标	绝对值（亿元）	比上年增长（%）
工业战略性新兴产业总产值	17406.86	5.8
新能源	571.48	-4.9
高端装备	2532.10	-0.4
生物	1727.50	5.9
新一代信息技术	5992.03	4.7
新材料	2998.93	-8.5
新能源汽车	2888.25	56.9
节能环保	895.43	-10.4
数字创意	106.10	-21.4

表7 2022年规模以上工业企业主要产品产量及增长速度

产品名称	单位	产量	比上年增长(%)
钢材	万吨	1920.90	-4.5
电站用汽轮机	万千瓦	1735.60	40.6
工业机器人	万套	7.67	7.1
汽车	万辆	302.45	6.8
新能源汽车	万辆	98.86	56.5
发电机组（发电设备）	万千瓦	2618.08	70.3
太阳能电池	万千瓦	36.19	1.2倍
笔记本计算机	万台	1994.18	2.1
服务器	万台	37.68	-21.0
智能手机	万台	3203.99	10.8
集成电路圆片	万片	981.32	5.5

全年规模以上工业企业实现利润总额2788.19亿元，比上年下降11.7%；实现税金总额1841.67亿元，增长0.5%。规模以上工业企业亏损面为25.3%。

全年实现建筑业总产值9273.90亿元，比上年增长0.4%；房屋建筑施工面积58203.12万平方米，增长6.2%；竣工面积8759.23万平方米，下降5.1%。

四、国内贸易

全年实现批发和零售业增加值5068.50

亿元，比上年下降 9.7%。

全年实现商品销售总额 16.45 万亿元，比上年下降 7.1%。其中，零售业销售额 1.26 万亿元，下降 6.8%。

全年实现社会消费品零售总额 16442.14 亿元，比上年下降 9.1%（见表 8）。其中，无店铺零售额 3663.66 亿元，下降 4.5%。网上商店零售额 3461.40 亿元，下降 3.9%，占社会消费品零售总额的比重为 21.1%。

表 8　2022 年社会消费品零售总额及增长速度

指 标	绝对值（亿元）	比上年增长（%）
社会消费品零售总额	16442.14	-9.1
批发零售贸易业	15312.60	-7.9
住宿餐饮业	1129.54	-22.4
国 有	181.75	-15.5
私 营	3340.73	-12.5
股份有限公司	619.29	-12.4
港澳台商投资	4889.10	-6.9
外商投资	3597.22	-6.9
无店铺零售额	3663.66	-4.5
网上商店零售额	3461.40	-3.9

全年完成电子商务交易额 3.33 万亿元，比上年增长 2.7%。其中，B2B 交易额 2 万亿元，增长 3.7%；网络购物交易额 1.33 万亿元，增长 1.3%。网络购物交易额中，商品类网络购物交易额 8359.8 亿元，增长 6.8%；服务类网络购物交易额 4971.8 亿元，下降 6.8%。

五、交通和邮电

全年实现交通运输、仓储和邮政业增加值 1914.53 亿元，比上年下降 8.1%。

全年各种运输方式完成货物运输量 141373.64 万吨，比上年下降 8.9%。旅客发送量 8629.55 万人次，下降 38.6%（见表 9）。

表 9　2022 年货物运输量与旅客发送量及增长速度

指 标	单 位	绝对值	比上年增长(%)
货物运输量	万吨	141373.64	-8.9
铁 路	万吨	496.65	0.1
水 运	万吨	95700.53	-5.6
公 路	万吨	44846.30	-15.2
航空	万吨	330.17	-24.4
旅客发送量	万人次	8629.55	-38.6
铁 路	万人次	4312.65	-53.5
水运	万人次	1.54	84.8
公 路	万人次	2859.95	93.3
航 空	万人次	1455.41	-55.5

全年完成港口货物吞吐量 73227.16 万吨，比上年下降 5.7%；集装箱吞吐量 4730.30 万国际标准箱，增长 0.6%。集装箱水水中转比例达 53.9%，国际中转比例 12.0%，分别比上年提高 4.3 个百分点和下降 1.0%。上海浦东、虹桥两大国际机场全年共起降航班 32.70 万架次，下降 43.7%；实现进出港旅客 2889.00 万人次，下降 55.8%。其中，国内航线进出港旅客 2754.56 万人次，下降 56.8%；国际及地区航线进出港旅客 134.44 万人次，下降 19.9%。

东西通道、武宁路快速化（主线）、沿江通道浦西段高速、安远路苏州河桥等项目建成。至 2022 年年末，全市轨道交通运营线路 20 条，长度达到 831 千米，运营车站 508 个。至 2022 年年末，地面公交运营车辆达 1.73 万辆。其中，国 V 及以上和零排放公交车 1.71 万辆，占全部公交运营车辆的 98.9%。公交运营线路达 1589 条，运营线路长度 24886 千米；巡游出租车 2.75 万辆，全年载客车次 1.11 亿次。全年公共交通客运总量 31.13 亿人次，日均 852.96 万人次，比上年下降 38.8%。其中，轨道交通客运量 22.79 亿人次，下降 36.2%；公共汽电车客运量 8.19 亿人次，下降 45.2%；轮渡客运量 1524.40 万人次，下降 32.8%。

全年完成邮政业务总量 1849.85 亿元，

比上年增长 9.3%；电信业务总量 575.43 亿元，增长 13.2%。邮政业全年完成快递业务 28.58 亿件，快递业务收入 1845.43 亿元。

六、金融业

全年实现金融业增加值 8626.31 亿元，比上年增长 5.2%。

至 2022 年年末，全市中外资金融机构本外币各项存款余额 192293.06 亿元，比年初增加 16463.21 亿元；贷款余额 103138.91 亿元，比年初增加 7106.78 亿元（见表 10）。

表 10　2022 年中外资金融机构本外币存贷款情况

指标	绝对值（亿元）	比年初增减额（亿元）
各项存款余额	192293.06	16463.21
住户存款	52637.59	9984.98
非金融企业存款	73479.81	4747.96
财政性存款	4689.55	-47.81
机关团体存款	18509.16	1806.21
非银行业金融机构存款	33970.04	57.16
各项贷款余额	103138.91	7106.78
住户贷款	29730.66	1173.21
企（事业）单位贷款	67491.75	5728.36
非银行业金融机构贷款	552.98	163.26

全年金融市场交易总额达到 2932.98 万亿元，比上年增长 16.8%（见图 2）。上海证券交易所总成交额 496.09 万亿元，增长 7.6%。其中，股票成交额 96.26 万亿元，下降 15.6%；债券成交额 21.83 万亿元，增长 29.1%。全年通过上海证券市场股票筹资 8477.18 亿元，比上年增长 1.7%；发行公司债和资产支持证券共 43217.07 亿元，下降 14.0%。至年末，上海证券市场上市证券 30110 只，比上年末增加 3121 只。其中，股票 2213 只，增加 134 只。

全年上海期货交易所总成交金额 181.30 万亿元，比上年下降 15.5%。中国金融期货交易所总成交金额 133.04 万亿元，增长

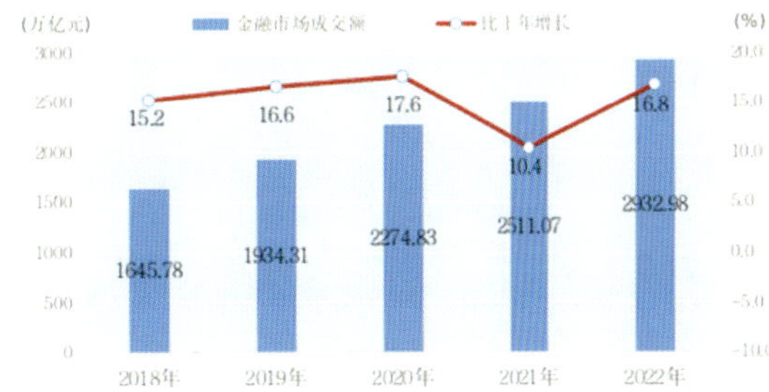

图 2　2018—2022 年金融市场交易总额及其增长速度

12.6%。银行间市场总成交金额 2114.04 万亿元，增长 23.8%。上海黄金交易所总成交金额 8.52 万亿元，下降 17.0%。

全年保险公司原保险保费收入 2095.01 亿元，比上年增长 6.3%。其中，财产险公司原保险保费收入 663.05 亿元，增长 4.9%；人身险公司原保险保费收入 1431.96 亿元，增长 7.0%。全年原保险赔付支出 654.55 亿元，下降 11.3%。

七、对外经济

全年上海关区货物进出口总额 77152.32 亿元，比上年增长 1.9%。其中，进口 31625.05 亿元，下降 1.4%；出口 45527.27 亿元，增长 4.3%。

全年上海市货物进出口总额 41902.75 亿元，比上年增长 3.2%。其中，进口 24768.53 亿元，下降 0.5%；出口 17134.21 亿元，增长 9.0%（见图 3、表 11）。高新技术产品出口占全市比重为 36.4%。按市场分，对欧盟进口 5112.93 亿元，下降 6.4%，出口 3146.68 亿元，增长 20.8%；对美国进口 2078.99 亿元，增长 4.3%，出口 3145.15 亿元，增长 1.9%；对东盟进口 3541.21 亿元，增长 1.6%，出口 2118.93 亿元，增长 11.7%；对日本进口 2593.01 亿元，下降 7.7%，出口 1344.11 亿元，增长 2.8%（见表 12）。

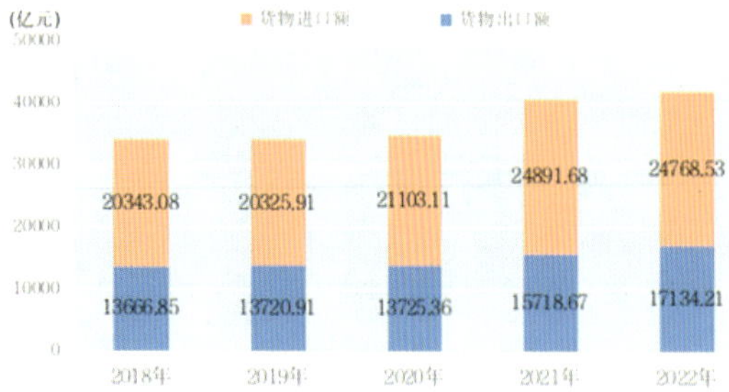

图 3　2018—2022 年上海市货物进出口总额

表 11　2022 年上海市货物进出口总额及增长速度

指 标	绝对值（亿元）	比上年增长（%）
上海市货物进出口总额	41902.75	32
上海市货物进口总额	24768.53	-0.5
国有企业	2483.38	-12.0
外商投资企业	16198.98	1.8
私营企业	6039.75	-0.7
一般贸易	15341.84	-0.2
加工贸易	2320.80	-4.0
机电产品	10895.84	-28
高新技术产品	7446.64	0.1
上海市货物出口总额	17134.21	9.0
国有企业	1467.75	-13.2
外商投资企业	9385.41	3.0
私营企业	6182.60	29.3
一般贸易	9277.09	17.4
加工贸易	4674.54	-3.0
机电产品	11735.75	87
高新技术产品	6234.50	30

表 12　2022 年上海对主要国家和地区货物进出口总额及增长速度

国家和地区	出口额（亿元）	比上年增长(%)	进口额(亿元)	比上年增长(%)
欧 盟	3146.68	20.8	5112.93	-6.4
美 国	3145.15	1.9	2078.99	4.3
东 盟	2118.93	11.7	3541.21	1.6
日 本	1344.11	2.8	2593.01	-7.7
中国香港	1320.68	-16.9	97.70	31.7
中国台湾	880.77	13.8	1875.81	0.5
韩 国	665.49	-2.6	1522.34	2.0
俄罗斯	223.68	6.1	385.21	28.1

全年新设外商投资企业 4352 家，比上年下降 35.1%；合同金额 402.26 亿美元，下降 33.4%；全年外商直接投资实际到位金额 239.56 亿美元，增长 0.4%。全年制造业外商直接投资实际到位金额 8.75 亿美元，下降 9.3%，占全市实际利用外资比重为 3.7%；第三产业外商直接投资实际到位金额 230.73 亿美元，增长 1.0%，占比为 96.3%。至年末，在上海投资的国家和地区达 192 个，上海市累计认定跨国公司地区总部 891 家，外资研发中心 531 家。年内新增跨国公司地区总部 60 家，外资研发中心 25 家。

全年备案对外直接投资项目 658 个；对外直接投资中方投资额 86.2 亿美元，下降 56.1%。新签对外承包工程合同金额 91.6 亿美元，增长 15.5%；完成营业额 93.8 亿美元，下降 9.6%。累计派出各类劳务人员 20648 人次，下降 32.5%。

全年全市共举办各类展览及活动 21 个，展览面积 104.9 万平方米。其中，举办国际展 7 个，展览面积 93.2 万平方米；举办国内展 4 个，展览面积 5.7 万平方米；举办活动 10 个，举办面积 6 万平方米。

成功举办第五届中国国际进口博览会。共有 145 个国家、地区和国际组织参展。按一年计意向成交金额 735.2 亿美元，比上届增长 3.9%。

八、中国（上海）自由贸易试验区建设

2022 年，中国（上海）自由贸易试验区贯彻《中共中央国务院关于支持浦东新区高水平改革开放打造社会主义现代化建设引领区的意见》，贯彻新发展理念、构建新发展格局，克服疫情及国际大环境不利因素影响，首创性改革、引领性开放、集成化创新取得新进展，在上海及全国进一步发挥引领作用。

科技创新引擎功能更加凸显。上海光源二期光束线站基本建成，软 X 射线自由电子

激光用户装置实现开放。交大张江科学园、张江数学研究院等一批重点项目启动运营。C919 大飞机取证交付，国内唯一由中国企业研发并获准上市的四臂腔镜手术机器人在自贸区诞生，中国首艘全球最大 24000TEU 超大型集装箱船交付。

改革系统集成全面推进。准入领域各项改革试点落地落实，“一业一证”改革 31 个试点行业已发放 3200 余张行业综合许可证，市场主体登记确认制试点已受理企业设立登记超 1 万户次，企业变更登记、备案、自主公示超过 2.5 万余户次。率先试点以企业信用信息报告代替行政合规证明新机制，目前已办理 291 家企业的信用报告申请。引领区建设法治保障更加完善，在绿色金融、新型研发机构、智能网联汽车等领域出台 9 部浦东新区法规，累计达到 15 部；在商事调解、特色产业园区、存量产业用地等领域发布 12 部管理措施，累计达到 13 部。

开放型经济新体制进一步完善。推动外资设立理财子公司、证券、期货等金融机构，引入浦银理财、高盛工银理财等一批标志性项目。外高桥 RCEP 企业服务咨询站正式启用。上海自贸试验区“一带一路”技术交流国际合作中心东南亚分中心、东亚分中心相继揭牌。上海市技术性贸易措施公共服务平台正式上线启动。上海国际贸易“单一窗口”上线 RCEP 最优关税查询系统、“海运电放提单在线交单系统”及“进口危险品信息备案系统”。

全球资源配置功能不断增强。上海股权托管交易中心开展私募股权和创业投资份额转让试点，共计成交总金额约 13.11 亿元。上交所开展科创板做市交易业务，标的内容快速扩容至 83 只。截至 2022 年年末，监管类金融机构达 1008 个，比上年增长 2.6%（见表 13）。

表 13　2022 年中国（上海）自由贸易试验区（浦东部分）主要经济指标及增长速度

指标	单位	绝对值	比上年增长(%)
外商直接投资实际到位金额	亿美元	95.72	13.5
全社会固定资产投资总额	亿元	1899.60	12.5
规模以上工业总产值	亿元	7453.71	7.6
社会消费品零售额	亿元	2374.13	-6.2
商品销售总额	亿元	62958.73	-4.3
服务业营业收入	亿元	8664.33	3.4

九、城市基础设施和房地产

全年城市基础设施建设投资比上年下降 7.9%。其中，电力建设投资下降 9.7%，交通运输投资持平；邮电通信投资增长 4.2%，公用事业投资下降 3.0%，市政建设投资下降 17.3%（见表 14）。

表 14　2022 年城市基础设施投资增长速度

指标	比上年增长(%)
城市基础设施投资	-7.9
电力建设	-9.7
交通运输	0.0
邮电通信	4.2
公用事业	-3.0
市政建设	-17.3

至 2022 年年末，全市公交专用道路长度 491.7 千米（不含有轨电车长度）。完成架空线入地 233.3 千米。完成燃气老旧立管改造 9.4 万户，完成隐患管道改造 53 千米和老化管道更新 253.8 千米，完成智能燃气表置换 44.1 万台。

全市自来水供水能力为 1229 万立方米 / 日。全年供水总量为 29.23 亿立方米，比上年下降 2.8%；售水总量为 23.89 亿立方米，比上年下降 3.6%。其中，工业用水量为 3.97 亿立方米，比上年下降 2.0%；居民生活用水量为 11.87 亿立方米，增长 2.6%。全年全市用电量 1745.55 亿千瓦时，比上年下降 0.2%

（见表 15）。至 2022 年年末，全市家庭液化气用户 196 万户，比上年下降 12.3%；家庭天然气用户 785 万户，增长 2.3%。

表 15 2022 年公用事业主要指标及其增长速度

指标	单位	绝对值	比上年增长(%)
自来水日供水能力	万立方米	1229	平
自来水供水总量	亿立方米	29.23	-2.8
自来水售水总量	亿立方米	23.89	-3.6
工业用水	亿立方米	3.97	-2.0
用电量	亿千瓦时	1745.55	-0.2
城乡居民生活用电	亿千瓦时	320.93	15.5
液化气销售总量	万 吨	22.0	-20.3
天然气销售总量	亿立方米	89.3	-4.1

全年完成房地产开发投资额比上年下降 1.1%。其中，住宅投资增长 3.7%；办公楼投资下降 9.4%；商业营业用房投资下降 18.6%。全年商品房施工面积 16678.19 万平方米，增长 0.3%；竣工面积 1676.40 万平方米，下降 38.8%。全年商品房销售面积 1852.88 万平方米，下降 1.5%。其中，住宅销售面积 1561.51 万平方米，增长 4.8%。全年商品房销售额 7467.53 亿元，增长 10.0%。其中，住宅销售额 6937.77 亿元，增长 13.6%。全年二手存量房买卖登记面积 1613.96 万平方米，比上年下降 44.0%。

全年完成剩余二级旧里以下房屋改造 20 万平方米，受益居民 1.1 万户。至年末，开工实施旧住房更新改造 1295 万平方米；完成既有多层住宅加装电梯 2303 台；新增建设筹措保障性租赁住房 18 万套（间）。

十、城市信息化

至 2022 年年末，千兆光网接入能力已覆盖 961 万户家庭。家庭宽带用户平均接入带宽达 377.84Mbps；互联网省际出口带宽 56800Gbps，比上年末增加 26220Gbps；互联网国际出口带宽 9257.32Gbps，比上年末增加 355Gbps。IPTV 用户数 560.82 万户，比上年末增加 1.29 万户。5G 用户数 1523.88 万户，比上年末增加 495.47 万户。至年末，累计建设超 6.8 万个 5G 室外基站、27 万个室内小站，实现全市域 5G 网络基本覆盖。在智能制造、健康医疗、智慧教育等十大领域累计推进 800 余项 5G 应用项目。

至 2022 年年末，“一网通办”总门户已接入 3600 项服务事项，其中 2934 项可实现全程网办。全年日均办事 29 万件，实际网办率达 84.01%，实际全程网办率达 72.08%，分别比上年提升 6.98 个和 2.78 个百分点。“一网通办”实名用户数达 7884 万，同比增长 27.2%；法人用户超 301 万。总客服解决率和满意率分别达到 99.03% 和 80.08%。推出“随申码”支持疫情防控，用码人数超 7818 万，累计使用超 185.6 亿次。推进长三角三省一市 30 类电子证照共享互认，实现 140 项服务事项跨省通办。拓展长三角“一网通办”线下专窗，开通 895 个线下专窗办理点，全程网办办理 642.29 万余件。

十一、教育和科学技术

2022 学年，全市共有研究生培养单位 49 家，研究生在校生 24.49 万人；普通高等学校 64 所，普通本专科在校生 55.48 万人；普通中学 888 所，普通高中在校生 19.29 万人，普通初中在校生 52.44 万人；普通中等职业学校 75 所，中职在校生 11.26 万人；普通小学 671 所，普通小学在校生 91.70 万人；特殊教育学校 31 所，特殊教育在校生 0.54 万人（见表 16）。

全市共有独立设置成人高校 12 所，成人本专科在校生 13.51 万人。共有网络（开放）本专科在校生 14.47 万人。成人职业技术培训机构 426 所，结业生 62.54 万人次。老年教育机构 289 所。

2022 学年，全市共有民办普通高校 19

所，在校学生 13.48 万人；民办普通中学 131 所，在校学生 9.49 万人；民办小学 57 所，在校学生 9.77 万人。

表 16　2022 学年各级各类学校学生情况及其增长速度

类别	在校学生数(万人)	比上学年增长(%)	毕业学生数(万人)	比上学年增长(%)
研究生培养单位	24.49	50	6.27	11.8
博士	5.13	9.1	0.75	15.4
硕 士	19.36	3.9	5.52	11.5
普通本专科	55.48	1.1	14.73	8.5
普通中等学校	82.99	6.3	19.88	12.2
普通中学	71.73	6.7	16.24	11.8
高中	19.29	10.5	5.35	3.5
初中	52.44	5.4	10.89	16.3
中等职业学校	11.26	3.4	3.64	14.1
普通小学	91.70	27	15.47	3.9
特殊教育学校	0.54	1.9	0.08	-11.1

全年研究与试验发展（R&D）经费支出相当于地区生产总值的比例为 4.2% 左右（见图 4）。

图 4　2018—2022 年 R&D 经费支出相当于上海市生产总值的比例

全市新增科技“小巨人”企业和“小巨人”培育企业 155 家，累计超 2600 家。年内新认定高新技术企业 9956 家，有效期内高新技术企业数突破 2.2 万家。全年共落实研发费用加计扣除上年度减免税额 2622.14 亿元，享受企业数 35686 家；落实高新技术企业减免所得税额 243 亿元，享受企业数 3221 家；新认定技术先进型服务企业 186 家，有效期内 211 家。落实技术先进型企业减免所得税额 10.19 亿元，享受企业数 143 家。全年共认定高新技术成果转化项目 751 项，其中，电子信息、生物医药、新材料、先进制造与自动化等重点领域项目占 84.3%。至 2022 年末，累计认定高新技术成果转化项目 15092 项。

全年专利授权量为 17.83 万件。其中，发明专利授权 3.68 万件，比上年增长 12.0%；实用新型专利授权 11.85 万件，下降 2.0%；外观设计专利授权 2.31 万件，下降 9.9%。全年 PCT 国际专利申请量为 5591 件，比上年增长 15.8%。至 2022 年末，全市有效专利达 80.11 万件。其中，有效发明专利 20.20 万件，比上年增长 17.4%；有效实用新型专利 49.37 万件，增长 19.9%；有效外观设计专利 10.55 万件，增长 13.5%。每万人口高价值发明专利拥有量达 40.9 件，较上年增加 6.7 件。

全年商标申请量为 40.31 万件，比上年下降 27.9%；商标注册量为 35.07 万件，下降 16.7%；商标活跃度（每新增 1 户市场主体同时新增注册商标）达到 0.85 件，增长 6.3%。至年末，有效注册商标量为 242.75 万件，比上年增长 14.7%；商标集聚度（每万户市场主体的平均有效注册商标拥有量）为 7392 件，增长 11.4%。至年末，全市共有地理标志商标 18 件，地理标志产品 8 件。

全年经认定登记的各类技术交易合同 38265 件，比上年增长 3.4%；合同金额 4003.51 亿元，增长 45.0%。

深入推进科创板注册制试点，至年末累计上市企业 501 家，共募集资金 7800 亿元。科创板上海上市企业 78 家，融资额 2033.40 亿元，总市值 1.42 万亿元。

十二、文化旅游、卫生健康和体育

至 2022 年末，全市共有市、区级公共图书馆 20 个，总流通人次 580 万人次；文化馆 19 个；备案博物馆 159 个。全年实现旅游产业增加值 874.02 亿元，比上年下降

42.3%。

至2022年末，全市共有星级宾馆165家，旅行社1885家，A级旅游景区134个，红色旅游基地34个（见表17）。

表17　2021年旅游设施情况

指标	单位	绝对值
星级宾馆	家	165
五星级	家	61
四星级	家	55
旅行社	家	1885
经营出境旅游业务的旅行社	家	294
A级旅游景区（点）	个	134
5A级景区（点）	个	4
4A级景区（点）	个	68
红色旅游基地	个	34
全国红色旅游基地	个	12
旅游咨询服务中心	个	61

全年接待来沪入境旅游者63.18万人次，比上年减少38.8%。其中，入境外国人38.69万人次，减少31.7%；港、澳、台同胞24.49万人次，减少47.5%。在入境旅游者中，入境过夜旅游者62.58万人次，减少39.1%。全年接待国内旅游者18816.17万人次，减少36.0%，其中外省市来沪旅游者7569.00万人次，减少46.8%。全年入境旅游外汇收入17.22亿美元，减少52.0%；国内旅游收入2080.14亿元，减少41.2%。

至2022年末，全市共有卫生机构6421所，卫生技术人员24.62万人（见表18）。全年全市医疗机构共完成诊疗人次数2.32亿人次。上海地区婴儿死亡率2.26‰，上海地区孕产妇死亡率3.42/10万。全市危重孕产妇、危重新生儿抢救成功率分别为99.1%和93.0%。

至2022年末，全市社区卫生服务中心新增输液位1905个、吸氧位1416个、心电监护217台。全市145家二级以上医院均开设发热门诊，社区卫生服务机构2594间发热诊间全部启用。

至年末，全市家庭医生签约居民累计超过920万人，市级“互联网＋家庭医生签约服务”信息平台功能逐步完善。

表18　2021年卫生机构基本情况

指标	单位	绝对值
卫生机构数	所	6421
医院	所	455
门诊部	所	1430
社区卫生服务中心（不含分支机构）	所	249
疾病预防控制中心	所	19
卫生监督所	所	17
卫生技术人员数	万人	24.62
执业（助理）医生	万人	8.51
医院执业（助理）医生	万人	5.44
注册护士	万人	11.13

注：卫生机构数中含部队医院、医疗卫生机构的分支机构。

筹建两个市职业病危害工程防护技术指导中心。遴选建设4个示范健康园区，成功创建34家健康企业，选树市级“职业健康达人”100人。顺利完成100家中小微型企业职业健康帮扶工作。

年内成功举办上海马拉松、上海赛艇公开赛、“上海杯”象棋大师公开赛、第四届MAGIC3上海市青少年三对三超级篮球赛和上海明日之星冠军杯足球赛等自主品牌赛事。申办获得2024年四大洲花样滑冰锦标赛、2025年世界赛艇锦标赛、2026年国际自盟场地自行车世界锦标赛等世界顶级赛事举办权。上海城市业余联赛线上线下共举办赛事活动6320场，830万人次参与。3名运动员入选北京冬奥会，12人次获世界三大赛冠军，在全国最高级比赛中夺得28枚金牌。

全年新增体育场地面积149.3万平方米，全市人均体育场地面积达到2.5平方米。新建和改建市民健身步道92条、市民益智健身苑点612个、市民多功能运动场77片、市民健身驿站92个。都市运动中心新型体育服务综合体达到17个。

十三、人口和就业

至 2022 年末，全市常住人口为 2475.89 万人。其中，户籍常住人口 1469.63 万人，外来常住人口 1006.26 万人。全年常住人口出生 10.8 万人，出生率为 4.35‰；死亡 14.8 万人，死亡率为 5.96‰；常住人口自然增长率为 -1.61‰；常住人口出生性别比为 107.81。

全市户籍人口平均期望寿命达到 83.18 岁。其中，男性 80.84 岁，女性 85.66 岁。

全年城镇新增就业岗位 56.35 万个（见图 5），全年帮助就业困难人员实现就业 66425 人，新消除零就业家庭 57 户。全年帮扶引领成功创业 12963 人，帮助 10167 名长期失业青年实现就业创业。全年共完成补贴性职业技能培训 162.13 万人次，共支持企业开展新型学徒制培训 14769 人，新增取得高级工以上职业资格证书和技能等级证书 31190 人。至 2022 年末，全市户籍城乡登记失业人数 14.56 万人。

至 2022 年末，累计核发“外国人工作许可证”约 38 万份，其中外国高端人才（A 类）约 7 万份，约占 19%。共为 1420 位外国人才办理了《外国高端人才确认函》。

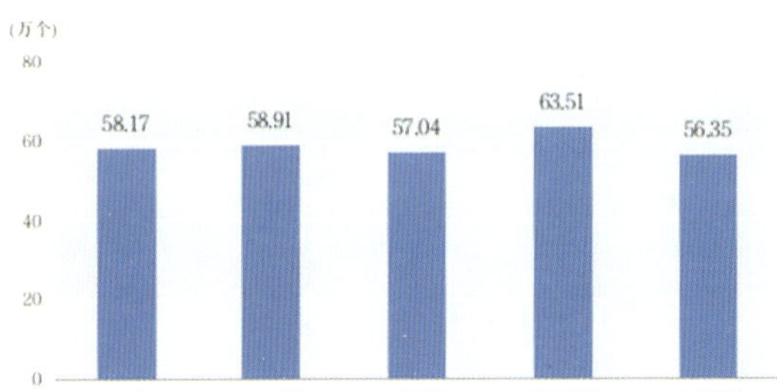

图 5　2018—2022 年新增就业岗位情况

十四、人民生活和社会保障

据抽样调查，全年全市居民人均可支配收入 79610 元，比上年增长 2.0%（见图 6）。其中，城镇常住居民人均可支配收入 84034 元，增长 1.9%；农村常住居民人均可支配收入 39729 元，增长 3.1%。全市居民人均消费支出 46045 元，比上年下降 5.8%。其中，城镇常住居民人均消费支出 48111 元，下降 6.2%；农村常住居民人均消费支出 27430 元，增长 0.8%。月最低工资标准为 2590 元，小时最低工资标准为 23 元。

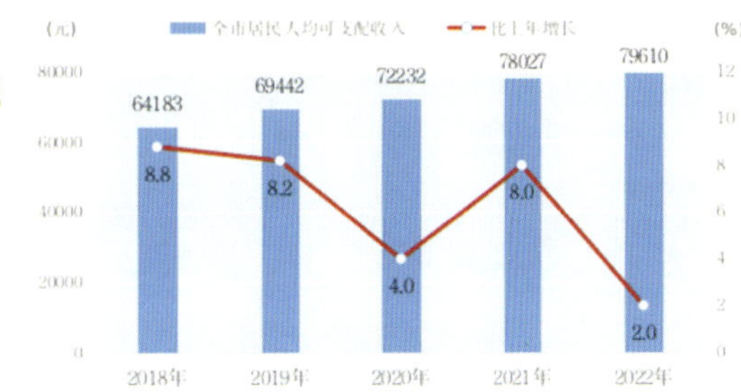

图 6　2018—2022 年全市居民人均可支配收入及其增长速度

至 2022 年末，城镇居民人均住房建筑面积 37.46 平方米。

至 2022 年末，全市共有 1659.38 万人（包括离退休人员）参加城镇职工基本养老保险，有 73.14 万人参加城乡居民基本养老保险。

至 2022 年末，全市共有 1624.75 万人（包括离退休人员）参加职工基本医疗保险，有 365.81 万人参加城乡居民基本医疗保险。

年内新增社区综合为老服务中心 57 家、老年助餐服务场所 200 个、养老床位 5781 张，改造老年认知障碍照护床位 2136 张。至 2022 年末，全市建有社区综合为老服务中心 428 家，老年助餐服务场所 1608 个。全市共有养老机构 729 家，床位 16.36 万张。其中，由社会投资开办的 348 家，床位 6.83 万张。

最低生活保障标准从每人每月 1330 元调整为每人每月 1420 元，同步调整特困人员供养标准等社会救助标准。全年各级政府支出最低生活保障资金 24.56 亿元、特困人员救助供养资金 1.35 亿元、支出型贫困生活救助资金 0.06 亿元、临时救助资金 0.14 亿元、粮油帮困资金 0.82 亿元。

全年全市共发放残疾人两项补贴约 9.22

亿元。其中，困难残疾人生活补贴 3.94 亿元，累计惠及近 9.19 万残疾人；重度残疾人护理补贴约 5.28 亿元，累计惠及近 22.49 万残疾人。落实残疾人集中就业企业社会保险费补贴政策，对申请 2021 年度社保补贴的 562 家企业经市、区两级审核后发放 9772.52 万元社保补贴，惠及残疾职工 10865 人。

至年末，全市共有 108 名社会散居孤儿、1243 名困境儿童享受基本生活保障，87 名在学在读孤儿享受“孤儿助学”补助资金。

十五、环境保护

全年全社会用于环境保护的资金投入约 1022.27 亿元，相当于地区生产总值的比例为 2.3% 左右。

全年环境空气质量（AQI）优良率为 87.1%，比上年下降 4.7 个百分点；二氧化硫年日均值 6 微克 / 立方米，与上年持平；可吸入颗粒物（PM10）年日均值 39 微克 / 立方米，同比下降 9.3%；细颗粒物（PM2.5）年日均值 25 微克 / 立方米，同比下降 7.4%；二氧化氮年日均值 27 微克 / 立方米，同比下降 22.9%；一氧化碳年日均值 0.7 毫克 / 立方米，同比上升 16.7%；臭氧日最大 8 小时滑动平均值达标率 88.8%，同比下降 5.7 个百分点。2022 年末，城市污水处理厂日处理能力达 896.75 万立方米，比上年末提高 4.6%。

全年新增森林面积 5.1 万亩，新建绿地 1055.3 公顷（其中公园绿地 512.8 公顷）、绿道 232 千米、立体绿化 44.6 万平方米，森林覆盖率达到 18.5%。全年新建公园 138 座，全市城乡公园数量达到 670 座。

十六、生产安全和食品药品安全

全年共发生工矿商贸、生产经营性道路交通、生产经营性火灾、水上交通、农业机械、铁路运输、航空运输、渔业船舶等八大类生产安全死亡事故 371 起、死亡 400 人（含 12 人下落不明），比上年分别下降 13.7% 和 12.5%。其中，工矿商贸死亡事故 182 起、死亡 193 人；生产经营性道路交通死亡事故 172 起、死亡 173 人；水上交通死亡事故 11 起、死亡（含下落不明）28 人；铁路运输死亡事故 3 起、死亡 3 人；生产经营性火灾死亡事故 2 起、死亡 2 人；渔业船舶死亡事故 1 起、死亡 1 人。全年亿元生产总值生产安全事故死亡人数为 0.009 人。

全年全市食品安全总体监测合格率为 99.6%。市民食品安全基本知识知晓度评分为 90.6 分，比上年提高 3.3 分；市民食品安全状况总体满意度评分为 90 分，提高 1.1 分。全年未报告发生集体性食物中毒事件，未发生重大食品安全事故。全年完成药品、医疗器械、化妆品监督抽检共计 1.1 万余批次，药械化抽检合格率分别为 99.8%、97.0% 和 97.7%。

上海市统计局
国家统计局上海调查总队
2023 年 3 月 22 日

说明：

1. 本公报数据为初步统计数。部分数据因四舍五入问题，存在总计与分项合计不等的情况。

2. 地区生产总值、各产业增加值和总产值绝对数按当年价格计算，增长速度按可比价格计算。

3. 所有制经济增加值按控股法核算，其中公有制经济包括国有经济和集体经济；非公有制经济包括私人经济和外资经济。

4. 自2019年起，上海证券交易所单列的股票、债券成交金额仅指现货，不再包含回购；公司债发行金额包含资产支持证券。

5. 电信业务总量按2020年不变价格计算。

6. 根据国家邮政管理总局有关规定，邮政行业业务总量按2020年不变单价计算，同比增速按可比口径计算。

7. 旅游产业增加值依据若干行业的有关资料进行跨行业核算，不能将其与地区生产总值中其他行业的增加值进行简单加总，否则会造成重复计算。

8. 银行间市场成交额包括银行间本币市场和外汇市场成交额。自2017年起，各市场成交额按单边计算。

9. 中国（上海）自由贸易试验区数据按注册地口径统计，统计范围包括保税片区、陆家嘴片区、世博片区、张江片区、金桥片区（120.72平方千米）和临港新片区产城融合区（386区域）浦东部分（341平方千米）。

10. 学年是指教育年度，即从一年的9月1日（学年初）至第二年的8月31日（学年末）。

11. 环境空气质量（AQI）优良率是国家发布的环境空气质量评价标准。AQI监测体系包括二氧化硫、二氧化氮、可吸入颗粒物(PM10)、细颗粒物(PM2.5)、一氧化碳和臭氧六项污染物指标。2019年起，环境空气质量监测状态执行《环境空气质量标准》（GB3095-2012)修改单，监测数据与历年已发布数据不具有可比性。

12. 商标申请量、注册量指2021年12月16日至2022年12月15日的商标统计情况，有效注册量截至2022年12月15日。

上海市住房和城乡建设管理委员会工作总结

2022年工作极不平凡、极具挑战。在市委市政府的坚强领导和住房城乡建设部的指导下，市住房城乡建设管理委深入学习贯彻党的二十大精神和上海市第十二次党代会精神，顺利完成城乡建设、住房发展、城市管理、行业转型、城市安全和党建工作等领域重点年度目标任务。

一、城乡建设协调发展取得新进展

全面落实“疫情要防住、经济要稳住、发展要安全”总体工作要求，有效应对疫情冲击，快速实现复工达产，充分发挥城乡建设在稳增长、促投资方面的牵引和支撑功能。一是重大工程建设投资总额实现新高。出台市级政府投资重大工程建设涉及资源性指标统筹使用实施办法，建立土地、林地、房屋、绿化、水面、渣土等指标“六票”统筹及跨年度平衡机制。做深做实重大工程项目储备库、实施库，稳妥推进项目集中开工和“潮涌浦江”系列活动。条块联动、多措并举，协调物资供应、跨省运输、渣土处置等方面难题瓶颈，全年市重大工程新开工33项、建成16项，完成投资2099亿元，同比增长7.2%，再创历史新高。提前完成29项为民办实事项目，其中19个项目超额完成全年计划。

二是重点区域建设高标准高水平推进。发布五个新城绿色低碳试点区建设导则，完成海绵城市建设示范区系统方案编制，印发滨水空间、燃气发展等指导性文件。联合印发五个新城数字化转型规划建设导引，临港新片区入选国家级数字家庭建设试点。扩大“一江一河”贯通红利，推动黄浦江两岸公共空间南拓北延、苏州河滨水岸线断点辟通和品质提升，加快外滩历史风貌区、华东政法大学历史建筑等更新改造工作，完成苏州河旅游码头建设并通航运营。建设完成100个海绵城市示范性样板工程，全市建成区累计约358.9平方千米达到海绵城市建设要求。

三是“两旧一村”改造工作全面启动。出台加快推进旧区改造、旧住房成套改造和“城中村”改造工作的实施意见及支持政策，成立市级工作专班，提速扩容推进“两旧一村”改造。完成中心城区零星旧改约5万平方米、0.2万户，小梁薄板房屋等不成套职工住宅改造约24.5万平方米、0.6万户，新启动8个“城中村”改造项目。承担市城市更新领导小组办公室职能，加强工作机制顶层设计，组建城市更新专家委员会，成立城市更新促进会、城市更新研究院，研究制订上海市城市更新行动方案（2023—2025）。

四是城乡建设补短板取得积极成效。完成290千米村内严重破损道路、190座沿线危桥达标改造年度任务，全市行政村告别成段严重破损道路及危桥。探索建立村内路桥管理信息系统，试点开展路桥设施可视化管理。建立乡村建筑师名录动态管理制度、乡村建设工匠常态化培训制度，优选96名乡村建筑师对口服务，培训合格乡村建设工匠860名；完善农房风貌设计评估制度，设计建成美丽现代宜居农房项目59个。制定名镇名村保护更新利用消防技术导则。加快方案会审和资金拨付，全市农民相对集中居住完成农户签约1.1万余户，本轮（2019—2022年）累计签约5.2万余户。

二、市民居住生活品质实现新提升

坚持稳地价、稳房价、稳预期，推动风险防范化解和“保交楼、稳民生”工作，持续办好居住民生实事、改善居住环境。

一是保障性租赁住房加快建设筹措。出台项目认定、土地供应、建设管理、改建纳管、园区配套、税费优惠及租金定价、供应管理、租赁服务等方面配套政策，构建完善本市保障性租赁住房发展政策体系。编制完成保障性租赁住房专项规划，市、区国企投资新建的全自持租赁住房既有项目认定纳管工作基本完成。以“小户型、全功能、悦生活”为理念，优化保障性租赁住房设计。全年保障性租赁住房建设筹措约18万套（间），近两年累计约25万套（间），超过“十四五”目标的一半。

二是住房保障受益覆盖面不断扩大。调整廉租住房准入和补贴标准，确保补贴资金及时足额发放；全年新增配租家庭4913户，历年累计受益家庭约14.2万户。分批启动共有产权保障住房户籍家庭第十批次及非沪户籍家庭第四批次申请受理，完成签约8400户；历年累计签约家庭约14.3万户。加大旧改征收基地收尾力度，完成115项大型居住社区配套建设任务，加强对征收安置住房的统筹和监管。

三是房地产市场保持平稳健康发展。供需两侧精准发力，多种举措助企纾困，全年房地产业增加值3619.21亿元，增长0.9%。完成《上海市住房租赁条例》立法工作。强化住房租赁公共服务平台功能，上线运行“我要租房”应用场景。加大住房公积金对租房支持力度，市场化租赁月提取限额由2500元提高至3000元，保障性租赁住房提取限额提高至4500元，高层次急需人才“实缴实提”。深化长三角住房公积金管理服务一体化，离退休职工提取等7个服务事项上线长三角“一网通办”平台。

四是居住类民生实事项目持续推进。完成中心城区成片旧改约20.3万平方米、1.1万户。历经30年持续推进，困扰上海多年的民生难题得到历史性解决，历史建筑保留保护不断加强。规模化推进既有多层住宅加装电梯，全年完工2303台。实施老旧小区改造1295万平方米。推进住宅小区“美丽家园”建设三年行动计划，完成726个小区电动自行车充电设施建设、35个易积水小区改造，实施1948个小区雨污混接改造，推动老旧住宅电梯安全评估和修理、改造、更新。加强物业服务监管，规范住宅小区公共收益管理和维修资金续筹。

三、城市管理精细水平迈上新台阶

推动落实部市合作框架协议，以绣花般的细心、耐心、巧心持续推进城市治理体系和治理能力现代化，精心打造更干净、更有序、更安全的城市环境。

一是城市日全球主场活动成功举办。活动以“行动，从地方走向全球”为主题，形成“上海奖”“上海指数”、2022版《上海手册》、2022版《上海报告》、《新时代上海“人民城市”建设的探索与实践》丛书旧区改造卷和绿色发展卷等一系列成果，举办了“旧区改造三十年主题展”“城市优秀案例展”。习近平总书记向活动致贺信，市委主要领导宣读贺信并作重要讲话，市政府主要领导发布公开信向社会专题推荐《上海手册》。此次活动为实现全球可持续发展目标贡献了上海样本和中国方案。

二是城市治理数字化转型夯实基础。初步建成上海城市信息模型（CIM）住建行业市级平台，组建“上海市CIM底座建设与应用联盟”，实现与嘉定汽车城园区级 CIM 平台对接，完成城市维护设施评估系统、地下市政基础设施管理平台等“CIM+”示范应用建设。编制《上海市城市运行管理服务平台建设方案（第一版）》，组织混凝土搅拌站管理、马路拉链、数字化小区、智慧楼宇等重点场景开发应用，推进防汛防台、房屋安全、雨雪冰冻等应急管理领域数字化转型工作。推动城市体检工作，形成“69（部指标）+N（市指标）+X（区指标）”指标体系和市、区、街镇三级工作体系。

三是城市管理精细化工作扎实推进。出台新一轮城市管理精细化提升行动计划，修订网格化综合管理评价方案和管理标准，编制城市管理精细化示范区创建导则，研究城市管理精细化工作短板弱项发现及处置机制。配合完成《上海市无障碍环境建设条例》立法，开展杨浦滨江公共空间无障碍示范区创建。遏制增量、去除存量，全市拆除违法建筑 12757 处 247.26 万平方米；实施河湖沿岸违法建筑专项整治，开展第二批无违建示范街镇创建。完成 102 个“美丽街区”创建、101 处社区点位微更新和 30 个桥下空间品质提升项目，架空线入地和杆箱整治工程竣工 233 千米，南京东路、新昌路路口等“遮阳设施”建设落地，全市累计创建完成 4033 个绿色社区，“家门口的蝶变”效果初现。“马路拉链”治理、“群租”治理、二次供水设施改造、“内部道路”治理等专项工作有序推进。

四是城市管理综合执法彰显新实效。贯彻执行“一清单、两意见”要求，统筹协调街镇综合行政执法工作。开展生态环境、小区环境、街面环境、营商环境“四个环境”专项执法行动，依法查处城市管理领域违法违规案件 10.83 万起。完成街面、社区和口岸防疫监督检查等防疫任务。深化长三角一体化城管执法协作，发布长三角生态绿色一体化发展示范区跨省毗邻区域城管执法协作指导意见和若干规定。加快“智慧城管”信息系统建设应用，推行非现场执法、分级分类监管、“双随机、一公开”等执法模式。坚持城管队伍革命化、正规化、专业化、职业化发展方向，统筹推进教育培训、执法监督等基础建设，高素质综合执法队伍建设展现新气象。

五是行政管理服务效能进一步提升。完成房屋买卖、水电气通联合报装、既有多层住宅加装电梯、保障性租赁住房申请等“一件事”服务上线，“一网通办”工作年度考核评估位居市级工作部门前列。深化城维工作改革，制订《关于推动本市城市维护管理工作高质量发展的实施方案》和市级项目、平台管理、绩效管理、应急抢修等配套实施细则。完善热线制度建设，强化岗位培训和日常监督，住建领域热线服务水平有效提升。加强立法工作，推进严格、规范、公正、文明执法，提升法治政府建设水平。

四、建筑行业发展取得新突破

着力打造国际一流营商环境，深入推动城乡建设绿色发展，全面落实建筑业稳增长工作，不断提升上海建筑业可持续发展能力。

一是建设营商环境持续优化。出台工程建设审批制度改革 5.0 版，细化世界银行宜商环境评估工作。推动工程建设审批审查中心实体化运作，审批管理系统增加“加装电梯一件事”“中介服务超市”等功能，“一站式”审批服务体系不断完善。制定《关于加快本市建筑业恢复和重振的实施意见》《加大本市建筑业援企稳岗力度进一步关心关爱建筑工人群体的指导意见》，高效统筹工地疫情防控和复工复产。推行“容缺受理、并联审批、远程开评标、桩基先行”等措施，加快项目开工建设和竣工交付。全年建筑业产值达到 9274 亿元，同比增长 0.4%。

二是绿色低碳发展持续推进。发布城乡建设领域碳达峰实施方案，协调推进城乡建

设绿色发展重点任务。建立绿色建筑管理办法配套机制，修订《上海绿色生态城区评价标准》，本市绿色建筑累计达到 3.27 亿平方米，创建绿色生态城区 21 个，占地 58.6 平方千米。推进新建建筑执行国家建筑节能和可再生能源通用规范，开展超低能耗建筑项目示范及光伏建筑一体化等技术研究，累计审核通过的超低能耗建筑面积达到 1030 万平方米。完成国家公共建筑能效水平提升重点城市建设任务，推进建筑碳排放智慧监管平台建设，年度实施公共建筑节能改造 440 万平方米。推广绿色低碳建材使用，废弃混凝土固化集中处置能力超过 600 万吨 / 年。推进道路照明设施节能改造三年行动计划，累计完成 25 万盏 LED 灯具更换。

三是标准造价管理持续完善。完成年度工程建设地方标准征集、复审工作。全年发布《保障性租赁住房设计标准（新建、改建分册）》等工程建设地方标准和图集 55 项。出版发行《上海工程标准国际化海外实践案例研究》；完成国内首部自动化码头领域的外文版标准编制。全年发布《上海市轨道交通工程概算定额》等 9 本定额。联合发布《长三角区域工程造价管理一体化发展工作方案》，推动工程造价咨询市场统一开放、竞争有序。指导和规范疫情期间建设工程履约相关工作。

四是创新转型动能持续增强。出台建筑师负责制扩大试点实施办法。完善建筑信息模型（BIM）应用规则体系，建设基于 BIM 的智能审查和监管系统，深化 BIM 技术在保障房和重点区域项目中的试点应用。推进装配式建筑产业基地建设，加强构件质量监管和示范项目培育，新开工项目中装配式建筑占比超过 90%。深化建筑市场准入改革。实现电子招投标在建设工程类别、招标类型和招标流程等领域的全覆盖。举办上海市住建行业科技大会和行业职业技能大赛，发布推进住建领域科技创新的实施意见和“十四五”重点推广应用新技术目录。成立上海建设管理职业技术学院，制定上海市工程勘察设计大师培育选树管理办法。

五、城市运行整体安全平稳

认真贯彻落实疫情防控工作要求，坚持安全第一、预防为主、防治结合，注重从源头上防范化解安全风险，确保行业质量安全和城市平稳运行。

一是助力打赢大上海保卫战。牵头全市方舱医院和隔离用房建设，负责市级项目的选址、筹备、建设、交付等工作，累计提供约12.9万个救治床位和8500套隔离用房。牵头推进环境整治消杀，实现终末消毒“即转即消”、重点场所“应消尽消、不留死角”。构建“横向到边、纵向到底”的建筑工地疫情防控体系，推进全市建筑工地、物业服务等行业重点人群疫苗接种工作。发动系统23362名在职党员到社区报到；抽调832名党员干部职工，下沉44个街镇、723个居（村）委，支援抗疫一线。推动落实“加快经济恢复重振50条措施”，帮助各类市场主体纾困解难；保障本市重大工程于6月中旬全面复工。

二是加强施工安全质量管理。压实工地各方责任，全面构建以建设单位为首要责任的质量安全主体责任体系。修订建筑施工安全生产标准化考评实施细则，加强施工安全重点环节管理。全面推行建设工程安全生产责任保险制度，限额以上房屋建筑工程基本实现应保尽保。部署开展房屋市政工程安全生产治理行动，检查在建项目12906个（次），消除各类隐患23668个。统一平台、统一培训、统一教材，完成一线建筑工人安全生产和工伤预防教育培训14.8万人（次）。编制市住宅工程预看房项目清单，推动预看房制度有效落实。加大对重要建筑原材料和构（配）件抽查、主体结构安全实体质量抽查、住宅分户验收抽查及竣工验收等监督处置力度，修订施工单位项目经理和总监理工程师违法违规计分管理办法。加强超高层建筑消防安全源头管控。研究制定智慧工地建设指引。

三是推进房屋安全隐患排查整治。强化条块协同联动，统筹推进全市房屋安全隐患排查整治各项工作。完成自建房安全专项整治“百日行动”及“回头看”工作，累计排查169592栋自建房（含经营性自建房99683栋），对初判存在安全隐患的经营性自建房全部落实管控措施，在部级现场考核中居全国前列。完成全市自然灾害综合风险普查房屋建筑调查任务，累计排查701628幢城镇房屋和1607665栋农村房屋。扎实推进农村房屋安全隐患排查整治，对初步判断存在安全隐患的房屋落实评估鉴定，对存在严重安全隐患的房屋组织开展全面整治工作。

四是严守城市安全有序运行底线。安全应对“轩岚诺”“梅花”等台风过境，防范化解住宅小区、地下空间等领域安全风险，探索实施玻璃幕墙无人机巡查、张贴楼宇码等“互联网+”举措。全市完成380千米隐患管线整治，其中完成53千米燃气隐患管道整治。部署开展城镇燃气安全检查，加强燃气用户端安全管理，居民户累计完成更新安装2.0版智能表29.4万台、远传智能表42.6万台；液化气餐饮用户可燃气体泄漏报警装置安装率达到95%以上。完成专项应急预案编修，增强应急物资储备和市级应急救援力量，持续夯实应急管理工作基础。

六、党的建设开创新局面

把落实管党治党作为最根本的政治责任和担当，抓严抓实各项主体责任，为确保中央和市委重大决策部署落地落实提供坚强有力的政治保障。

一是把迎接、学习、宣传、贯彻党的二十大和市第十二次党代会作为重要政治任务。高质量做好代表推荐选举，确保系统推荐提名的党的二十大代表、市第十二次党代会代表素质优良、结构合理、分布广泛、党员拥护。组织开展“奋进新征程，建功新时代”主题活动，全面展示党的十八大以来行业建设人民城市、创造美好生活、推动高质量发展成果。围绕党的二十大精神、习近平总书记考察上海重要讲话精神、市第十二次党代会精神等重大专题，组织开展专题学习和研讨交流，迅速兴起学习宣传贯彻热潮。在自媒体平台推出宣传专栏，全面展示系统各级党组织学习贯彻落实的生动实践。

二是深化探索党建引领基层治理。深入实施“先锋行动”“联建行动”“强基行动”。梳理市委党建引领基层治理“六大工程”20项任务，全面完成市委党建办确定的系统24项年度举措。深入完善党建引领行业高质量发展工作机制。深入总结近年来行业党建推动旧区改造、加装电梯、停车难治理等党建引领重大任务协同落实的成功经验，加强课题研究，持续推动基层治理工作取得新突破。

三是着力锻造符合超大城市发展和治理需要的高素质专业化干部人才队伍。扎实开展优秀干部专项调研，统筹用好各层次、各年龄段干部，有序推进干部交流。用好“五个一批”等市级重要平台，选派优秀年轻干部跨条线、跨区域挂职锻炼，安排年轻干部到关键吃劲岗位实践锻炼。健全完善干部座谈、支部学习及漫步城市系列活动等经常性谈心谈话制度。启动建设交通行业人才选拔专项工程，开展“1+1+2+8”工作项目。持续抓好人才安居制度建设、房源筹集、专项供应和平台建设，积极服务和保障高水平人才高地建设。

四是纵深推进全面从严治党。严格落实中央八项规定精神，驰而不息纠“四风”树新风。深化党风廉政建设，形成全面从严治党“三张清单”，细化“四责协同”机制，强化监督联动协同。制定党委巡察工作规划，扎实做好巡察“回头看”，督促落实整改责任。深化模范机关创建，举办机关“处长大讲堂”，推进清洁机关建设。深化“建设先锋”党组织建设示范点创建，持续加大社会组织党组织有效覆盖力度，全面夯实基层党建基础。压紧压实意识形态工作责任制，守牢意识形态安全底线。培育选树行业先进典型，成功举办第17届“夏令热线”活动。

五是积极做好服务发展各项工作。强化重大节点、关键时期信访维稳保障，确保党的二十大、市第十二次党代会期间“三个不发生”。扎实做好机场噪声治理等专项工作，推进人民建议征集和信息技术赋能信访工作，深化系统平安建设，巩固维护行业和谐稳定。加大党外干部服务、培养、使用力度，扎实推进立功竞赛和技能竞赛，继续提升劳模创新工作室创建等级。发挥行业团建引领作用，整合系统资源推出团组织“共享计划”。用好行业资源主动为老干部提供精细精准服务。切实保障女职工权益，深化巾帼建功行动。

CHAPTER ONE Ⅰ

城乡规划

⊙ 城乡规划管理

⊙ 重要专项规划

（一）城乡规划管理

【建立上海市国土空间规划体系并监督实施】 2022年，完成《上海市国土空间规划技术准则》（以下简称《技术准则》）的组织编制工作，在制定过程中，始终坚持价值引领，强化新理念、新要求、新方法的落实，突出高点定位，总结提炼形成“开放创新、绿色生态、健康人文、韧性安全、智能高效、协同共治”作为价值导向，并以此作为逻辑组织的主线，一以贯之地传导落实到各章节的目标理念、内容要求、技术方法等各个方面。一是坚持全面统筹，突出系统集成和优化提升相结合。落实国家关于国土空间规划体系改革及“上海2035”和沪委发〔2020〕13号文要求，结合上海已有工作实践特色和亮点，将涵盖国土空间全域全要素的规划编制技术要求落实到各层级各类规划，实现技术准则整体框架和内容体系的完整性。二是立足存量发展阶段，提高空间治理的精细化水平。聚焦上海进入存量发展阶段及作为高密度超大城市的特点，通过多种方式，以有限的空间资源供给实现资源配置的最优化，以精细化的管理水平来实现高质量发展。三是坚持差异化管控，突出刚性和弹性相结合。针对全市不同地区资源特色、现状问题、发展目标的差异性，以及不同自然资源要素管控的差异性，设置具有针对性的技术标准和管控要求。

【在国土空间规划体系下推进各层次规划编制】一是在主城区单元规划方面，将中心城和主城片区单元规划定位为推动落实“十四五”市域空间新格局、体现“中心辐射”战略的重要举措和抓手，统筹推进社会、经济、民生等重要工作的空间治理平台。2022年10个中心城单元规划、2个宝山主城片区单元规划获得市政府批复，为指导主城区规划建设管理提供了基本依据。二是在新城单元规划方面，全面落实新城总体城市设计成果的各项要求，启动新城单元规划编制工作。已印发《关于高质量按时完成各新城单元规划编制工作任务的通知》（沪规划资源总〔2022〕197号），明确要求各区局要充分认识新城单元规划工作的重要性，加强保障，加快推进。五个新城单元规划均按照计划顺利推进，2022年均完成规划公示、部门意见征询和市规委会审议。三是在新市镇国土空间总体规划方面，按照市政府城乡一体化工作部署，逐步实现新市镇国土空间总体规划全覆盖。2022年，有5个新市镇国土空间总体规划获得批复，有31个新市镇国土空间总体规划形成规划草案。

【推进长三角一体化相关规划编制工作】一是长三角生态绿色一体化发展示范区国土空间总体规划编制。推动长江三角洲区域一体化发展，是习近平总书记亲自谋划、亲自部署、亲自推动的重大战略。建设由上海市青浦区、江苏省苏州市吴江区、浙江省嘉兴市嘉善县组成的长三角生态绿色一体化发展示范区，是实施长三角一体化发展战略的先手棋和突破口。2022年，按照自然资源部最新工作要求，衔接“三区三线”划定成果，两省一市进一步修改完善《长三角生态绿色一体化发展示范区国土空间总体规划》成果，于12月初上报国务院审批。二是上海大都市圈空间协同规划编制。2022年1月26日，上海市人民政府、江苏省人民政府、浙江省人民政府联合印发《上海大都市圈空间协同规划》。这是上海市与苏州市、无锡市、常州市、南通市、嘉兴市、湖州市、宁波市、舟山市“1+8”城市平等协商、共同编制、共同认定、共同实施的全国第一个跨行政区的国土空间规划。9月27日，沪苏浙两省一市联合召开上海大都市圈空间协同规划实施

推进会，并印发《上海大都市圈空间协同近期计划》。

【加快推进新城规划建设工作】按照市委、市政府关于把“推进新城高水平建设作为‘十四五’规划战略命题来谋划”的决策部署，2022年，市新城推进办协同五个新城所在区（管委会）及市相关部门，落实新城“1+6+5”总体政策框架，乘势而上、全面发力，工作重心从规划政策设计阶段向大规模开发建设实施阶段转变。一年来，新城工作呈现市区协同、整体推进、快速发展的良好态势。一是推进十大专项行动落地见效，加快功能集聚和产业发展方面。出台《关于推动向新城导入功能的实施方案》，第一批25个重大功能性事项全面导入新城。持续打造“一城一名园”，推进中芯国际、联影医疗等一批头部企业、重大产业项目加快建设。筑牢交通和生态底座方面。各新城“一城一枢纽”建设方案和新城综合交通规划基本稳定，其中青浦枢纽和松江枢纽已启动开工建设，嘉闵线、示范区线等一批重大交通项目正抓紧建设。二是推动10个示范样板区早出形象。高起点规划，形成“一张蓝图”。完成10个示范样板区控规批复，将站城融合、智慧城市、低碳城市等新理念、新技术在示范样板区中充分运用、系统集成，形成“五城十区、示范引领”的规划蓝图。高标准建设，加强示范样板区开发的整体统筹，五个新城均已建立规划实施平台并制订实施计划，有序推进示范样板区建设。三是重大项目加快实施，重大活动营造良好氛围。351项年度重大项目中，超过80%的实体项目已开工建设。市、区共同推动180余个新城产业项目签约，总投资额超过1200亿元。2022年上海新城设计展以“设计赋能，未来之城”为主题，集中展示新城多项优秀设计成果，并举办专题论坛，受到业界和社会广泛关注和好评。

【加强乡村规划支撑，提升村庄设计水平】为实施全域、全地类、全过程的乡村资源精细化管理，有序开展全域土地综合整治，科学指导上海市郊野单元村庄规划的编制和审批，充分发挥郊野单元村庄规划在上海乡村地区的空间统筹和行动平台作用，上海市规划和自然资源局编制印发了《上海市郊野单元村庄规划管理操作规程（试行）》和《上海市郊野单元村庄规划编制技术要求和成果规范（试行）》，优化管理程序，固化成果形式和内容，加强分类指导，提升管理效能，明确约束底线和工作界面，指导村庄规划工作开展，落实乡村振兴战略。

（二）重要专项规划

【上海市环境卫生设施专项规划】为落实“上海2035”总体规划“安全韧性”的发展目标，构建与全球城市建设要求相适应的环境卫生设施体系，上海市规划和自然资源局会同上海市绿容局组织编制了《上海市环境卫生设施专项规划》，并于2022年5月10日获市政府批准。规划提出到2035年全面实现垃圾源头分类、无害化处置和资源化利用的目标，构建与全球城市相适应的安全可靠、合理有序、节能环保的全过程、全物流垃圾分类收运处置体系。

【上海市养老服务设施布局专项规划】提高养老服务资源配置、推动养老设施高质量发展，上海市规划和自然资源局和上海市民政局联合编制了《上海市养老服务设施布局专项规划》，并于2022年8月9日获市政府批准。规划根据人口发展趋势和老年人口峰值，研究确定了全市养老服务设施规模和布局，引导新增养老服务设施向需求集中区域配置，鼓励设施综合设置和功能复合利用。

【上海市消防专项规划】为实现“上海2035”韧性生态之城发展目标，保障城市安全、提高城市运行服务水平，上海市规划和自然资源局和市消防救援总队联合编制了《上海市消防专项规划》，并于2022年12月18日获市政府批准。规划研判了近年来消防救援体系的发展新趋势，聚焦全市空间发展新格局下的救援需求变化，提出了新时代消防救援体系的发展目标、能力建设与空间格局。

（符颢）

CHAPTER TWO Ⅱ

城乡建设

- 综述
- 城市基础设施类项目建设
- 科技产业类项目建设
- 社会民生类项目建设
- 生态文明类项目建设
- 城乡融合与乡村振兴类项目建设
- 一江一河公共空间建设
- 海绵城市建设

（一）综述

2022年，是党的二十大胜利召开之年，在市委、市政府正确领导下，市重大工程建设紧紧围绕“疫情要防住、经济要稳住、发展要安全”的总体要求，各相关部门紧密配合，各参建单位全力以赴，通过统筹谋划、综合施策、全面加力，市重大工程建设稳中提速，超额完成全年目标和任务，充分发挥市重大工程建设稳增长、促投资、惠民生的重要作用。年初，市重大工程共安排正式项目173项，计划新开工14项，基本建成10项，全年计划投资2000亿元。

全市重大工程建设按照“六稳、六保”要求，积极抓开局、促投资，统筹推进疫情防控和社会经济发展，加快项目复工复产工作，全力做到“两手抓、两手硬、两手都要赢”，年度投资呈现V形反转，11月实现同比“正增长”，全年投资完成总量再创历史新高。截至12月底，市重大工程全年完成投资2099亿元，完成年初计划的104.9%，同比增长7.2%（2021年完成1957.5亿元）；开竣工方面，33个项目开工建设（超年初计划19个），16个项目基本建成（超年初计划6个）。

联影医疗生产研发基地一期、白龙港污水处理厂扩建三期工程、泰和污水处理厂扩建工程、浦东国际机场四期扩建及配套项目、浦东综合交通枢纽、金发科技汽车材料全球创新研发中心及产业化项目、宁德时代未来能源技术研发及产业化基地项目、榕融新材料先进制造基地项目、上海电子信息职业技术学院四期、中国石化高性能弹性体项目、市域线上海示范区线、合流污水一期干线复线工程、油墩港航道整治工程、虹桥商务区交通配套工程（71路西延伸、申长路－金园一路、金运路－申昆路）、G318沪青平公路改建工程、上海大学宝山校区扩建四期、合成气装置三期扩建项目、英威达聚合物三期扩建项目、延锋国际临港智能座舱配套项目、盛美半导体设备研发与制造中心、上海市公共卫生临床中心应急医学中心项目、中科院上海药物所原创新药发现能力提升项目、上海临床研究中心新建工程、东软上海科技中心项目、上海至南京至合肥高速铁路、上海LNG站线扩建项目、上海生物能源再利用项目三期、小洋山北侧开发、上海超硅生产研发及配套设施建设项目、大芦线东延伸、轨道交通20号线一期工程西段、隆昌路越江隧道、轨道交通12号线西延伸（七莘路站－洞泾站）等33个项目开工建设（超计划19项）；武宁路快速化改造工程、上海光源二期（线站工程）、李政道研究所（实验楼、基础实验设施）、上海LNG储罐扩建工程、上海闵行燃气电厂项目、平申线航道整治工程、大芦线航道整治二期工程、东西通道（浦东段）扩建工程、杨树浦路改建工程、徐家汇体育公园（上海体育馆、上海游泳馆改造及新建体育综合体项目）、英威达尼龙化工项目、中国商用飞机公司民用飞机试飞中心、海尔卡萨帝洗涤设备制造、复旦大学附属中山医院医疗科研综合楼、桃浦中央绿地、地下综合管廊项目等16个项目基本建成（超计划6项）。

【结构与规模】年初，市重大工程共安排正式项目173项，计划新开工14项，基本建成10项，全年计划投资2000亿元。

一是科技产业类项目67个，占项目总数的38.7%，全年计划投资767.2亿元，占全年计划总投资的38.4%。主要有上海硬X射线自由电子激光装置项目、张江复旦国际创新中心（微纳电子与量子科技融合创新大楼、生物与医学科技融合大楼、3号科研楼）、张江实验室研发大楼、同济大学上海自主智能无人系统科学中心、中国商用飞机公司总装制造中心浦东基地建设项目、CR929宽体客机研发保障建设项目、中船长兴造船基地二期、中芯国际12英寸芯片项目、中芯国际临港12英寸晶圆代工生产线项目、积塔半导体特色工艺生产线项目、格科半导体12英寸CIS集成电路研发与产业化项目、鼎泰半导体12英寸自动化晶圆制造中心项目、商汤科技上海新一代人工智能计算与赋能平台项目、英威达尼龙化工项目、华为上海研发基地（青浦）等项目。

二是社会民生类项目24个，占项目总数的13.9%，全年计划投资70.4亿元，占全年计划总投资的3.5%。主要有立信会计金融学院浦东新校区、上海交通大学医学院浦东校区、上海电子信息职业技术学院四期、五个新城三级综合性医院（瑞金北院二期、市一南院二期、新华奉贤院区、市六临港二期、中山青浦新城院区等）、上海市疾病预防控制中心新建工程、国家儿童医学中心（上海）、上海市第六人民医院骨科临床诊疗中心、上海交通大学医学院附属第九人民医院祝桥院区、上海长征医院浦东新院、上海市中医医院嘉定院区、上海养志康复医院、文化软实力支撑提升项目（上海大歌剧院、上海博物馆东馆、上海越剧演艺传习中心）、徐家汇体育公园（上海体育馆、上海游泳馆改造及新建体育综合体项目）等项目。

三是生态文明类项目17个，占项目总数的9.8%，全年计划投资140.8亿元，占全年计划总投资的7.0%。主要有竹园污水处理厂四期（竹园第一、第二污水处理厂提标改造、四期污水厂工程、竹园－石洞口污水连通管）、泵站初期雨水调蓄工程项目（新延安东、北翟路车辆段、临汾、新蒲汇塘、西北物流、岚皋南、桃浦新村、虹南、龙阳等）、白龙港污水处理厂扩建三期工程、泰和污水处理厂扩建工程、合流污水一期干线复线工程、世博文化公园、桃浦中央绿地、黄浦江、苏州河两岸地区公共空间建设（黄浦江东岸滨江公共空间南延伸段贯通、外萃丰弄新建绿化、世界技能博物馆修缮、普陀岸线公园、安远路桥、真光路桥等）等项目。

四是城市基础设施类项目56个，占项目总数的32.4%，全年计划投资880.0亿元，占全年计划总投资的44.0%。主要有上海油气主干管网工程（崇明－五号沟天然气管道、五号沟－临港天然气管道、沪苏天然气联络线、上海石化－闵行油库成品油管道、金虹航油管道）、华能石洞口第一电厂2×65万千瓦等容量煤电替代项目、220千伏输变电工程[妙香（重一）输变电、新泽（崧泽）输变电、胜辛输变电等]、浦东国际机场三期扩建工程、浦东国际机场四期扩建及配套项目、沪通铁路（太仓－四团）上海段、沪苏湖铁路上海段、上海至南京至合肥高速铁路、G228公路（上海浙江省界－南芦公路）、吴淞江工程（省界－油墩港航道工程、新川沙河段、苏州河西闸）、市域线机场联络线、市域线嘉闵线、轨道交通崇明线（金吉路站－裕安站）、轨道交通13号线西延伸（金运路站－诸光路站）、轨道交通18号线二期（长江南路站－大康路站）、轨道交通21号线一期（东靖路站－六陈路站）、轨道交通23号线一期（上海体育场站－闵行开发区站）、北横通道新建工程、东西通道（浦东段）扩建工程、漕宝路快速路新建工程、杨高路改建工程等项目。

五是城乡融合与乡村振兴类项目9个，占项目总数的5.2%，全年计划投资142.0亿元，占全年计划总投资的7.1%。主要有保障房和租赁房建设、大型居住社区外围市政配套项目、郊区垃圾资源化利用项目（宝山、闵行、崇明、奉贤、嘉定、松江、青浦等湿垃圾集中处理设施）、崇明世界级生态岛建设（环岛景观道、公共码头、反帝圩泵闸、上实东滩基础设施开发等）、沪南公路（G1503－康花路）改建工程、大叶公路－叶新公路等项目。

年底，经市发改委计划调整后，安排正式项目192项，计划全年完成投资2076亿元。

表1 2022年调整后市重大工程建设项目结构和投资规模

项目类别	项目数（个）	占总数比重（%）	计划投资数（亿元）	占总投资比重(%)
科技产业类	72	37.5	806.9	38.9
社会民生类	27	14.1	72.4	3.5
生态文明类	18	9.4	162.8	7.8
城市基础设施类	66	34.4	905.5	43.6
城乡融合与乡村振兴类	9	4.7	152.2	7.3
合　计	192		2076	

表2 2022年重大工程正式实施项目一览表

序号	项目名称
1	上海光源二期（线站工程）
2	上海硬X射线自由电子激光装置项目
3	高效低碳燃气轮机试验装置国家重大科技基础设施
4	国家海底长期科学观测系统
5	张江复旦国际创新中心（微纳电子与量子科技融合创新大楼、生物与医学科技融合大楼、3号科研楼）
6	张江实验室研发大楼
7	同济大学上海自主智能无人系统科学中心
8	中科院上海药物所原创新药发现能力提升平台项目
9	李政道研究所（实验楼、基础实验设施）
10	中航商用航空发动机公司产业基地建设项目
11	中国商用飞机公司民用飞机试飞中心
12	中国商用飞机公司总装制造中心浦东基地建设项目
13	CR929宽体客机研发保障建设项目
14	民用飞机航电系统集成平台
15	上海外高桥造船有限公司邮轮总装建造总体规划项目
16	中船长兴造船基地二期
17	华域汽车技术研发中心建筑工程项目
18	金发科技汽车材料全球创新研发中心及产业化项目
19	延锋国际临港智能座舱配套项目
20	宁德时代未来能源技术研发及产业化基地项目
21	中芯国际12英寸芯片项目
22	中芯国际临港12英寸晶圆代工生产线项目
23	积塔半导体特色工艺生产线项目
24	超硅半导体300mm集成电路硅片全自动智能化生产线
25	上海超硅生产研发及配套设施建设项目
26	顺络电子高端电子元器件与精密陶瓷研发及先进制造配套基地
27	和辉光电第六代AMOLED生产线产能扩充项目
28	格科半导体12英寸CIS集成电路研发与产业化项目
29	鼎泰半导体12英寸自动化晶圆制造中心项目
30	新昇半导体300mm集成电路硅片研发与先进制造新建项目
31	上海临港化合物半导体4英寸、6英寸量产线项目
32	上海天岳碳化硅半导体材料项目

续表

序号	项目名称
33	盛美半导体设备研发与制造中心
34	中微临港产业化基地
35	修正生物制药医药产业园
36	药明生物全球创新生物药研发制药一体化中心
37	复宏汉霖生物医药产业基地
38	上海医药集团生物医药生产基地
39	昊海生物科技国际医药研发及产业化基地
40	信达生物制药集团全球研发中心项目
41	中国生物抗体产业化基地建设项目一期
42	华领医药产业化发展基地
43	新开源精准医疗全球研发转化生产松江基地项目
44	斯微生物mRNA疫苗生产线项目
45	联影医疗生产研发基地一期
46	国盛生物医药产业园
47	东软上海科技中心项目
48	商汤科技上海新一代人工智能计算与赋能平台项目
49	上海发那科智能工厂三期
50	ABB机器人超级工厂
51	金阅科技智能机器人产业基地
52	海尔卡萨帝洗涤设备制造
53	榕融新材料先进制造基地项目
54	英威达尼龙化工项目
55	英威达聚合物三期扩建项目
56	合成气装置三期扩建项目
57	中国石化国产万吨级大丝束产业化装置项目
58	中国石化高性能弹性体项目
59	宝武集团无取向硅钢产品结构优化项目
60	华为上海研发基地（青浦）
61	西岸传媒港、西岸智慧谷（网易、梦响强音、腾讯、阿里零售、金融城）
62	大型绿色数据中心（中国移动、腾讯、阿里巴巴）
63	虹桥商务区核心区基础设施配套项目二期
64	SMG全媒体创新平台
65	金山乐高乐园
66	中国核建上海科创园建设项目
67	中核集团上海总部园
68	中交集团上海总部基地
69	网易上海国际文创科技园项目（青浦）
70	美的集团第二总部项目
71	美团科技中心
72	张江“科学之门”项目
73	上海立信会计金融学院浦东新校区（一期东区）项目
74	上海出版印刷高等专科学校奉贤校区一期
75	上海交通大学医学院浦东校区工程
76	上海理工大学军工路516号校区改扩建工程

续表

序号	项目名称
77	上海电子信息职业技术学院四期
78	上海大学宝山校区扩建四期
79	上海第二工业大学三期工程
80	上海第二工业大学金海路校区拓展工程
81	上海交通大学医学院附属瑞金医院北部院区二期扩建项目、上海市第一人民医院南部院区二期扩建工程、上海交通大学医学院附属新华医院奉贤院区项目、上海市第六人民医院临港院区二期扩建工程
82	上海市疾病预防控制中心新建工程
83	国家儿童医学中心（上海）
84	上海市第一人民医院眼科临床诊疗中心
85	仁济医院肝脏泌尿外科临床诊疗中心
86	上海交通大学医学院附属瑞金医院消化道肿瘤临床诊疗中心
87	上海市第六人民医院骨科临床诊疗中心
88	复旦大学附属中山医院医疗科研综合楼
89	上海交通大学医学院附属第九人民医院祝桥院区
90	上海长征医院浦东新院
91	上海市中医医院嘉定院区
92	岳阳医院门诊综合楼改扩建工程
93	龙华医院浦东分院新建项目
94	上海养志康复医院
95	上海市公共卫生临床中心应急医学中心项目
96	上海临床研究中心新建工程
97	上海市医疗器械检验研究院整体迁建
98	上海博物馆东馆新建工程项目、上海越剧艺术演艺传习中心新建工程、上海大歌剧院项目
99	徐家汇体育公园（上海体育馆、上海游泳馆改造及新建体育综合体项目）
100	竹园污水处理厂四期（竹园第一和第二污水处理厂提标改造、四期污水厂工程、竹园–石洞口污水连通管）
101	污水南干线改造工程
102	竹园–白龙港污水连通管工程
103	元荡、淀山湖生态环境整治
104	泵站初期雨水调蓄工程项目（新延安东、北翟路车辆段、临汾、新蒲汇塘、西北物流、岚皋南、桃浦新村、虹南、龙阳等）
105	上海市太湖流域水环境综合治理工程（青浦北庄泵站和富阳港泵闸、青浦蓝色珠链水环境综合整治）
106	白龙港污水处理厂扩建三期工程
107	泰和污水处理厂扩建工程
108	合流污水一期干线复线工程
109	苏州河环境综合整治四期工程（苏州河深层排水调蓄管道工程试验段、桃浦、曲阳等初期雨水调蓄工程）
110	世博文化公园及地下空间预留工程
111	重点绿化项目（闵行前湾公园一期、闵行科创公园、普陀金光绿地等）
112	桃浦中央绿地
113	三林楔形绿地
114	上海植物园北区改扩建工程

续表

序号	项目名称
115	上海市固体废物处置中心项目二期
116	上海生物能源再利用项目三期
117	黄浦江、苏州河两岸地区公共空间建设（黄浦江东岸滨江公共空间南延伸段贯通、外萃丰弄新建绿化、世界技能博物馆修缮、普陀岸线公园、安远路桥、真光路桥等）
118	上海LNG储罐扩建工程
119	上海LNG站线扩建项目
120	上海油气主干管网工程（崇明–五号沟天然气管道、五号沟–临港天然气管道，沪苏天然气联络线，上海石化–闵行油库成品油管道，金虹航油管道）
121	上海闵行燃气电厂项目
122	华能石洞口第一电厂2×65万千瓦等容量煤电替代项目
123	500千伏输变电工程（新余扩建、静安扩建、黄渡主变增容、崇明输变电、杨行主变增容等）
124	220千伏输变电工程[妙香（重一）输变电、新泽（崧泽）输变电、胜辛输变电等）]
125	浦东国际机场三期扩建工程
126	浦东国际机场四期扩建及配套项目
127	浦东综合交通枢纽
128	虹桥商务区东片区综合改造市政配套二期
129	沪通铁路（太仓–四团）上海段
130	沪苏湖铁路上海段
131	沪杭客专上海南联络线
132	上海至南京至合肥高速铁路
133	G15公路嘉浏段扩建工程
134	G320公路（上海浙江省界–北松公路）
135	G228公路（上海浙江省界–南芦公路）
136	G318沪青平公路改建工程
137	省界断头路项目（外青松公路、金商南延–嘉善大道等）
138	上海国际航运中心洋山深水港区小洋山北作业区集装箱码头及配套工程
139	平申线航道整治工程
140	大芦线航道整治二期工程
141	油墩港航道整治工程（北青公路桥–朱家浜）
142	大芦线东延伸
143	吴淞江工程（省界–油墩港航道工程、新川沙河段、苏州河西闸）
144	市域线机场联络线（申昆路停车场）
145	市域线嘉闵线
146	市域线上海示范区线
147	南汇支线（两港市域铁路）
148	轨道交通崇明线（金吉路站–裕安站）
149	轨道交通2号线西延伸（徐泾东站–蟠祥路站）
150	轨道交通12号线西延伸（七莘路站–洞泾站）
151	轨道交通13号线西延伸（金运路站–诸光路站）
152	轨道交通17号线西延伸（东方绿舟站–西岑站）
153	轨道交通18号线二期（长江南路站–大康路站）
154	轨道交通20号线一期工程西段
155	轨道交通21号线一期（东靖路站–六陈路站）
156	轨道交通23号线一期（上海体育场站–闵行开发区站）

续表

序号	项目名称
157	轨道交通补短板项目（增购车辆、轨道交通3/4线改造）
158	北横通道新建工程
159	东西通道（浦东段）扩建工程
160	漕宝路快速路新建工程
161	军工路快速化改造工程
162	武宁路快速化改造工程
163	浦业路新建工程
164	杨高路改建工程
165	杨树浦路改建工程
166	交通路金昌路新建改建工程
167	银都路越江隧道
168	龙水南路越江隧道
169	隆昌路越江隧道
170	浦星公路（南行港路–人民塘路）改建工程
171	G1503贯通工程[沿江通道（江杨北路–牡丹江路）新建工程、沿江通道西延伸（江杨北路–富长路）改建工程、沿江通道浦东段（越江段–五洲大道）新建工程]
172	S4公路（奉浦东桥和接线工程）
173	S3公路（周邓公路–G1503两港大道立交）
174	虹桥商务区交通配套工程（71路西延伸、申长路–金园一路、金运路–申昆路）
175	S32公路昆阳路立交东侧匝道新建工程、浦星公路匝道工程
176	国家会展中心与虹桥枢纽间快速车行联系工程
177	S4公路闵行段抬升
178	S2公路新元南路立交工程
179	沪嘉高速–嘉闵高架联络线
180	临港新片区水务工程[临港水厂原水管、泐马河（老里塘河–出海闸）及出海闸、临港河道整治、临港污水厂三期一阶段等]
181	公共消防站建设（中新泾、川南、鲁汇、新寺、双阳、同三、龙华机场、庙行、南大、头桥、金都、芦三等）
182	架空线入地和杆箱整治工程
183	地下综合管廊项目
184	保障房和租赁房建设
185	大型居住社区外围市政配套项目
186	郊区污水处理污泥处置工程（安亭、南翔、西岑、堡镇、新河、松江西部污水处理、嘉定污泥处理处置）
187	郊区垃圾资源化利用项目（宝山、闵行、崇明、奉贤、嘉定、松江、青浦等湿垃圾集中处理设施）
188	环岛景观道、公共码头、反帝圩泵闸等，上实东滩基础设施开发
189	墨玉路–山周公路–千新公路
190	嘉松公路越江新建工程
191	沪南公路（G1503–康花路）改建工程
192	大叶公路–叶新公路（奉贤段、松江段）

【计划投资全面完成】2022年，市重大工程在年度投资计划调整为2076亿元的基础上，实际共完成投资2099亿元，创历史完成投资量新高。

表3 2022年市重大工程建设项目完成投资情况

项目类别	项目数（个）	完成投资额（亿元）
科技产业类	72	806.1
社会民生类	27	72.4
生态文明类	18	162.8
城市基础设施类	66	905.5
城乡融合与乡村振兴类	9	152.2
合　计	192	2099

【计划开工项目全面启动】2022年市重大工程计划新开工14个项目，实际新开工33个项目。主要有联影医疗生产研发基地一期、白龙港污水处理厂扩建三期工程、泰和污水处理厂扩建工程、浦东国际机场四期扩建及配套项目、浦东综合交通枢纽、金发科技汽车材料全球创新研发中心及产业化项目、宁德时代未来能源技术研发及产业化基地项目、榕融新材料先进制造基地项目、上海电子信息职业技术学院四期、中国石化高性能弹性体项目、市域线上海示范区线、合流污水一期干线复线工程、油墩港航道整治工程、虹桥商务区交通配套工程（71路西延伸、申长路－金园一路、金运路－申昆路）、G318沪青平公路改建工程、上海大学宝山校区扩建四期、合成气装置三期扩建项目、英威达聚合物三期扩建项目、延锋国际临港智能座舱配套项目、盛美半导体设备研发与制造中心、上海市公共卫生临床中心应急医学中心项目、中科院上海药物所原创新药发现能力提升项目、上海临床研究中心新建工程、东软上海科技中心项目、上海至南京至合肥高速铁路、上海LNG站线扩建项目、上海生物能源再利用项目三期、小洋山北侧开发、上

表4 2022年市重大工程开工项目一览表

序号	项目名称	开工时间（2022年）
1	联影医疗生产研发基地一期	1月
2	白龙港污水处理厂扩建三期工程	1月
3	泰和污水处理厂扩建工程	1月
4	浦东国际机场四期扩建及配套项目	1月
5	浦东综合交通枢纽	1月
6	金发科技汽车材料全球创新研发中心及产业化项目	2月
7	宁德时代未来能源技术研发及产业化基地项目	2月
8	榕融新材料先进制造基地项目	2月
9	上海电子信息职业技术学院四期	2月
10	中国石化高性能弹性体项目	6月
11	市域线上海示范区线	6月
12	合流污水一期干线复线工程	6月
13	油墩港航道整治工程	6月
14	虹桥商务区交通配套工程（71路西延伸、申长路-金园一路、金运路-申昆路）	6月
15	G318沪青平公路改建工程	6月
16	上海大学宝山校区扩建四期	7月
17	合成气装置三期扩建项目	7月
18	英威达聚合物三期扩建项目	8月

续表

序号	项目名称	开工时间（2022年）
19	延锋国际临港智能座舱配套项目	8月
20	盛美半导体设备研发与制造中心	9月
21	上海市公共卫生临床中心应急医学中心项目	9月
22	中科院上海药物所原创新药发现能力提升项目	9月
23	上海临床研究中心新建工程	9月
24	东软上海科技中心项目	10月
25	上海至南京至合肥高速铁路	11月
26	上海LNG站线扩建项目	11月
27	上海生物能源再利用项目三期	11月
28	小洋山北侧开发	11月
29	上海超硅生产研发及配套设施建设项目	11月
30	大芦线东延伸	12月
31	轨道交通20号线一期工程西段	12月
32	隆昌路越江隧道	12月
33	轨道交通12号线西延伸（七莘路站–洞泾站）	12月

海超硅生产研发及配套设施建设项目、大芦线东延伸、轨道交通 20 号线一期工程西段、隆昌路越江隧道、轨道交通 12 号线西延伸（七莘路站 – 洞泾站）等。

【计划建成或基本建成项目全面实现】2022 年，市重大工程计划建成 10 个项目，实际建成 16 个项目。主要有武宁路快速化改造工程、上海光源二期（线站工程）、李政道研究所（实验楼、基础实验设施）、上海 LNG 储罐扩建工程、上海闵行燃气电厂项目、平申线航道整治工程、大芦线航道整治二期工程、东西通道（浦东段）扩建工程、杨树浦路改建工程、徐家汇体育公园（上海体育馆、上海游泳馆改造及新建体育综合体项目）、英威达尼龙化工项目、中国商用飞机公司民用飞机试飞中心、海尔卡萨帝洗涤设备制造、复旦大学附属中山医院医疗科研综合楼、桃浦中央绿地、地下综合管廊项目等。

表5　2022年市重大工程基本建成项目一览表

序号	项目名称	建成时间（2022年）
1	武宁路快速化改造工程	11月
2	上海光源二期（线站工程）	12月
3	李政道研究所（实验楼、基础实验设施）	12月
4	上海LNG储罐扩建工程	12月
5	上海闵行燃气电厂项目	12月
6	平申线航道整治工程	12月
7	大芦线航道整治二期工程	12月
8	东西通道（浦东段）扩建工程	12月
9	杨树浦路改建工程	12月
10	徐家汇体育公园（上海体育馆、上海游泳馆改造及新建体育综合体项目）	11月
11	英威达尼龙化工项目	11月
12	中国商用飞机公司民用飞机试飞中心	12月
13	海尔卡萨帝洗涤设备制造	12月
14	复旦大学附属中山医院医疗科研综合楼	12月
15	桃浦中央绿地	12月
16	地下综合管廊项目	12月

【节点计划全面受控】2022年，在市委、市政府的坚强领导下，在市、区有关部门和各建设单位共同努力下，市重大工程建设积极应对挑战，稳增长、促投资，全力攻坚、多措并举加快推进项目建设，超额完成全年目标。2022年初，市重大工程共安排正式项目173项，计划新开工14项，基本建成10项，全年计划投资2000亿元；年底计划调整后，安排正式项目192项，计划全年完成投资2076亿元。

全市重大工程建设按照“六稳、六保”要求，积极抓开局、促投资，统筹推进疫情防控和社会经济发展，加快项目复工复产工作，全力做到“两手抓、两手硬、两手都要赢”，全年完成投资2099亿元，完成年初计划104.9%，完成调整计划101.1%；同比增长7.2%（2021年完成1957.5亿元）；开竣工方面，33个项目开工建设，超年初计划19个；16个项目基本建成，超年初计划6个。

一是积极推进新项目集中开工，发挥牵引带动效应。1月4日举行一季度集中开工活动，市委、市政府主要领导出席；2月24日举行奉贤新城重大工程集中开工（启动），着力发挥重大工程投资牵引带动和示范引领作用；三季度起积极推进市、区两级重大工程开工，梳理集中开工项目共79项，总投资1918亿元。其中市级23项，总投资1071亿元，区级56项，总投资847亿元，涵盖市域铁路、市政道路、产业、水务、教育和租赁住房等多个板块，并纳入“潮涌浦江”系列活动，各批次分别安排开展系列宣传报道，进一步彰显上海加快推动经济复苏和高质量发展的信心和决心，营造全市上下共同抓投资、抓项目的工作氛围。

二是推进两批“白名单”项目率先复工，积极调度全市重大工程全面复工。5月初以来，市发改委会同市重大办、市防控办发布《上海市重大工程建筑工地复工复产疫情防控指引》1.0版和2.0版，推进两批“市重大工程复工复产白名单”共51个项目，年度投资约855亿元。要求各行业主管部门按照“一工地一方案”严格落实推进，各级安监部门和属地政府做好现场审核。5月底，51个“白名单”项目率先复工。5月30日，发布《做好市重大工程常态化疫情防控和复工复产通知》，部署全市重大工程复工复产工作。6

月中旬，市重大工程全面复工。

三是市区合力，进一步完善重大工程复工达产协调机制。市区重大办、各市级部门形成合力，加快完善重大工程复工复产调度机制、周报机制、专班推进机制等，做实做细各个专班，统筹协调复工达产涉及的混凝土供应、码头运输、渣土消纳等共性问题，重点协调跨省运输问题，进一步把常态化工地管理涉及人员、维稳、防疫标准等纳入专班机制建设，帮助项目尽快复工达产。继续实施定期召开项目调度会制度，协调和帮助项目推进过程中遇到的个性问题，及时发现及时解决。

四是促进有效投资，全力实现年度目标任务。第一，市发改委、市住建委（市重大办）会同各行业主管部门、各区政府、各建设单位复工后重新梳理编制年度重大工程建设计划和投资进度，督促在建项目扩大工作面，特别是交通、水务等线性项目，积极增加实物工作量，增加有效投资，确保完成全年投资目标任务。第二，各行业主管部门加强本行业市重大工程的计划统筹，按照年度任务计划要求，进一步细化各项目下半年的月度投资计划，做到“以月保季，以季保年”。第三，争取更多项目开工。督促全年新开工项目提前开工；各行业部门和企业对预备项目逐一分析，督促有条件的项目力争提前开工，争取更多的实物工作量；联系各行业管理部门、各区政府梳理和增加计划外项目，补充到计划内，并尽力提前开工。

（沉默）

（二）城市基础设施类项目建设

【概况】2022 年，城市基础设施类项目服务新城建设，适度超前布局基础设施建设，加快完善以轨交、铁路、机场为基础的现代综合交通运输体系，全年安排项目 62 个，完成投资 905.5 亿元。

交通基础设施建设方面，全年 51 项城市交通重大基础设施体系建设项目扎实推进，完成投资超 800 亿元（含预备项目）。浦东机场四期、浦东综合交通枢纽（G1503 公路和周邓快速路浦东枢纽段）、沪渝蓉沿江铁路上海段和小洋山北侧开发开工，武宁路快速路（地道主线）、东西通道等项目建成通车。

对外交通（港口航道、机场铁路、省界断头路）。浦东机场四期和浦东综合交通枢纽、G318 沪青平公路方厅水院段工程、沪渝蓉沿江铁路上海段、小洋山北侧开发、油墩港航道整治、大芦线东延伸航道整治工程等项目开工建设。平申线航道亭枫公路桥建成通车。G15 嘉浏段、G228 等公路项目和沪苏湖铁路等 228 千米在建国铁项目有序实施，沪通铁路二期全线开工，先开段吴淞口长江隧道实现盾构掘进。

轨道交通。市域铁路上海示范区线、轨道交通 12 号线西延伸工程和轨道交通 20 号线一期工程西段开工建设。安全有序推进机场联络线、嘉闵线、南汇支线等约 197 千米市域铁路项目建设，推进轨道交通 13 号线西延伸、21 号线一期等约 150 千米轨道交通项目建设。崇明线大直径泥水平衡南港大盾构开始推进；机场联络线克服疫情、台风、酷暑及超高难度技术难题，完成跨 G50 高速连续梁合龙和盾构下穿高快速路、轨道交通 5 号线、12 号线等重要节点，为 2024 年开通试运营打好基础。

市域交通（公路、市政道路）武宁路快速化（地道主线）、安远路跨苏州河桥、东西通道、沿江通道浦西段高速主线、杨树浦路改建等项目按计划建成并开放交通。开工建设 G1503 公路和周邓快速路浦东枢纽段、G318 沪青平公路方厅水院段工程、71 路西延伸、国家会展中心与虹桥枢纽间快速车行联系工程、沪嘉－嘉闵联络线和隆昌路越江等工程。有序推进北横通道东段、S3公路、银都路越江等道路项目建设，漕宝路快速化项目完成国内首座1.58万吨超宽异形钢梁不对称转体桥旋转110度成功精准对接。

【浦东国际机场四期扩建工程等82个重大项目集中开工】2022年1月4日，浦东新区2022年重大项目集中开工活动在上海浦东国际机场四期扩建工程现场举行。浦东国际机场四期扩建工程、轨道交通21号线一期工程、南汇支线（两港市域铁路）工程、G1503公路和周邓快速路浦东枢纽段工程等82个重大项目集中开工，聚焦推动产业升级、完善城市功能、加快改善民生、优化生态环境等领域，是上海举全市之力推进浦东新区高水平改革开放、打造社会主义现代化建设引领区的重大举措，是“稳字当头、稳中求进”抓开局、促发展的实际行动。浦东国际机场四期扩建工程主要包括航站区、飞行区、旅客捷运等六大项目，建成后预计可满足2030年浦东机场年旅客吞吐量1.3亿人次的需求。11月21日，浦东机场四期扩建工程智能货站项目也正式启动，将为上海口岸提供每年超过100万吨的出入境货物保障能力。

【上海示范区线一期工程开工】2022年7月13日，上海示范区线一期工程在青浦新城站开工点同步举办开工仪式（分会场）。由上海申铁投资建设的沪苏嘉城际铁路上海段，为上海示范区线（芳乐路站至省界）市域铁路项目，是上海市域铁路网的重要组成部分。线路西起水乡客厅站，东至虹桥站，途经上海市青浦区、闵行区，全长49.122千米，沿线设车站10座，在水乡客厅站周边，示范区线与江苏水乡旅游线、浙江西塘线相连。项目建成后，将构建长三角一体化示范区轨道交通网络主骨架，打破行政壁垒，实现上海与江苏、浙江两省的跨省域互联互通，将大幅提升示范区内交通可达性和便利性，进一步推动长三角更高质量一体化发展；示范区线串联了三大功能板块，西端是示范区先行启动区的核心项目水乡客厅，东端是虹桥国际开放枢纽核心区，中部串联青浦新城，将扩大虹桥国际开放枢纽辐射面，支撑青浦新城发展。

【沪渝蓉铁路上海段开工】沪渝蓉铁路上海

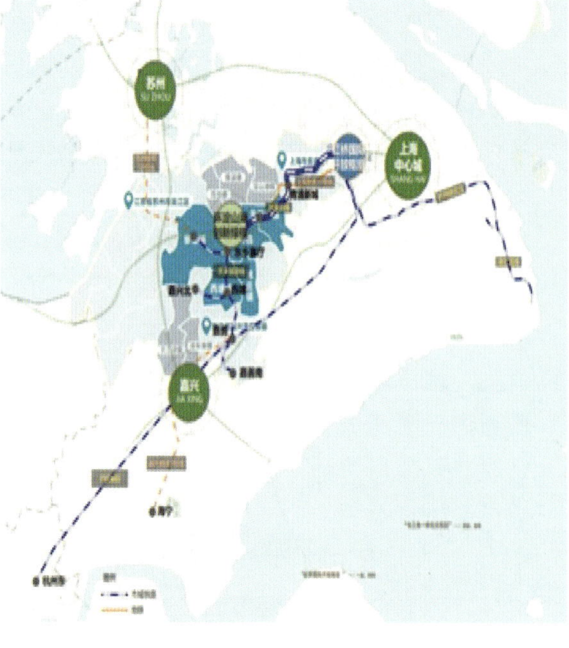

段项目于2022年10月14日开工。沪渝蓉铁路上海段正线长度51千米，设上海宝山站、崇明站两座。沪渝蓉高铁上海段是国家铁路网规划“八纵八横”中沿江通道的重要组成部分，是江北沿江城市与南京都市圈、上海都市圈快速直达的快捷通道。项目建成后，对于优化沿长江地区铁路网布局、服务长江经济带协同发展，推动长三角高质量一体化发展等具有重要意义。沪渝蓉铁路是上海直达四川成都的高铁线路，是中国“八纵八横”的骨干高铁线路之一，东起上海宝山站，途经江苏、安徽、湖北、重庆，西至四川成都站，横跨四省两市，线路全长约2100千米，设计速度350千米/小时，共设站点51个，首尾站为上海宝山站与成都站。沪渝蓉高速铁路建成后将串联起长三角城市群、长江中游城市群和成渝经济圈，上海至成都的高铁运行时间缩短至8小时以内，重庆至上海运行时间将缩短至7小时以内，极大方便了大西南与东部沿海人员的流动，对确定与巩固长三角乃至上海的龙头地位、实现中部地区（武汉都市圈）崛起、促进成渝经济圈建设与发展及西南大开发具有重要的意义，对构建长江沿线综合立体交通运输体系和推进长江经济带发展具有重大意义。

【沿江通道浦西段高速主线通车】2022年11月25日，沿江通道越江隧道（江杨北路－牡丹江路）新建工程主线高速公路（以下简称沿江A段）及沿江通道西延伸（江杨北路－富长路）改建工程主线高速公路（以下简称沿江B段）建成通车。沿江A、B两段均位于宝山区，为“双向六车道+硬路肩”的高架高速公路。其中沿江A段东起牡丹江路，西至江杨北路，全长约3.89千米，沿江B段东起江杨北路，西至富长路，全长约3.86千米。本次通车路段为牡丹江路至蕰川路主线高速公路，及蕰川路至富长路主线高速公路的南半幅。沿江A、B两段通车后可与郊环隧道贯通（越江暂不计入收费里程），提升郊环越江隧道功能，进一步完善国家高速公路网和上海市域骨干路网，提升道路通行效率，积极响应长三角一体化的国家战略。

【安远路跨苏州河桥建成开通】2022年12月1日，安远路跨苏州河桥建成开通。安远路跨苏州河桥位于上海市中心区域，西起西苏州路，沿安远路规划走向，向东跨越苏州河，沿光复路落地。主桥采用C形3跨连续钢桁架结构，设辅助双塔和拉索，桥梁两侧各设置一座梯道用于步行上桥。桥梁总长252米，宽3.5～9.35米。安远路跨苏州河桥独特的C形桥身横跨苏州河上空，可供市民步行、非机动车推行过桥，是跨越苏州河的一条区域性、便捷性、舒适性的慢行通道，为市民提供公共活动空间的同时，也为苏州河又增加一处景观桥。安远路跨苏州河桥新建工程，是落实“一江一河”发展“十四五”规划及苏州河沿岸地区建设规划的重点项目。它的建成将进一步完善路网结构，提高跨苏州河的交通供给，显著改善人及非机动车跨越苏州河的通行条件，促进周边区域土地开发，带动城市经济发展。

【武宁路快速化工程地道主线建成通车】2022年12月9日，武宁路快速化工程地道主线正式通车。工程西起中环真北路立交，沿现状武宁路向东，经大渡河路、兰溪路、曹杨路、中山北路等，穿越内环高架路后至东新路，全长3.5千米，其中地道主线长2.84千米，沿途在大渡河路、中山北路错位设置两对进出口匝道。主线建设规模为单层双向四车道，设计时速60千米，匝道设计时速40千米，通行限高3.0米，供小客车通行。武宁路快速化改建工程是上海市快速路系统规划“一横三环+十字九射”布局形态中的“一射”，是西部中心城区向外延伸的一条重要射线快速通道，更是衔接G2京沪高速公路入城段的一条内外交通转换的重要快速通道。地道主线建成后，对提升区域交通出行环境、分流过境交通、缓解地面交通压力等方面有重要作用。武宁路地道是武宁路快速化改建的主体工程，全线采用明挖法施工，长度2.86千米，双向四车道，设置两对进出口匝道(大渡河路匝道、中山北路匝道)。工程位于中心城区，面临着人口密集、管线复杂等诸多客观难题，沿线涉及5个街道，4条地铁线路，同时还有多种新工艺的首次运用，建设期间可谓“过五关斩六将”“螺蛳壳里做道场”，如同实施一场道路交通的“动脉疏通”手术。建设期间共编制施工方案200余本，其中涉及危大工程30余项，完成了大大小小200余次翻交，迁排了重大管线10大类，总长超过16千米。项目建设团队不断创新思维破难解题，如在中山北路段，将原有的3500合流总管，成功实施了首个超大口径的合流总管在常态化运行状况下的内壁保护修复工程；在中宁路匝道，研究实施了地下工程曲线环境下的预制拼装施工。武宁路是承担交通功能、区域发展、街区生活等要素的综合性大道。武宁路地道的建成通车，也意味着武宁路快速化改建工程迈入了最后的冲刺阶段，建设团队铆足干劲尽快完成地面道路建设，实现全线通车，进一步完善上海中心城西北部快速路网体系，提升武宁路道路容量，促进沿线区域城市品质提升与发展。

【东西通道（浦东段）拓建工程建成通车】

2022年12月23日，东西通道（浦东段）拓建工程建成通车。工程西起延安东路隧道浦东出入口，沿陆家嘴东路和浦东大道走向，地下道路全长6.1千米，设置双向四车道，设计时速为50千米，匝道设计时速为40千米，采用多点进出模式，服务中心城区过境及到发交通，全线开通9个出入口。工程建成通车后，东西通道成为上海“井字形通道”南面东西向的重要干道，是延安高架路在浦东的延伸，上海东西向快速交通路网功能将得到进一步发挥。东西通道（浦东段）拓建工程历时15年建设，号称“上海最难马路”。工程位于浦东黄金位置的马路，沿线环境复杂，涉及工序和工种繁多，超大、超深地墙施工技术难度高，超深基坑预降水及承压水控制要求高，交通组织复杂，一度被称为上海最难修的马路。建设团队精心筹划，严格落实，重视绿色施工、质量管控和创新技术应用，切实提升工程建设的质量与速度。通过装配式钢结构骨架，设置横截沟和冲洗平台、双层压型钢板墙体等措施，践行绿色施工理念；采用桁车作业，满足土方开挖、材料运输等施工需求，提高施工效率，保证施工质量，以工厂化的方式取代传统模式，降低环境等因素对现场施工的影响，提高挖土、支撑作业效率；采用可移动式全自动喷雾系统、视频监控及抓拍系统和多功能环境监测仪，把科技融入项目建设，提升智慧化管控水平，以点代面为项目早日建成通车打下了坚实基础。浦东大道地道的通车，将助力上海东西向快速交通路网功能得到进一步发挥，给浦东陆家嘴金融区扩容增效和金色中环区域发展带来明显交通便利，为浦东新区加快打造社会主义现代化引领区建设进一步提供交通保障。

【1月24日平申线航道亭枫公路桥通车】

2022年1月24日，平申线航道亭枫公路桥建成通车，大桥全长1.89千米，道路红线40米，规模为双向六快两慢。通车后，亭枫公路（仙居路－罗星路）路段的车道规模扩宽至双向六车道，沈浦泾路和金廊公路增设的上下匝道大幅提高了道路的通行能力，市民出行更便捷。此外，新桥相较于老桥，主桥跨径增加了54米，且水中不设墩，在航道通行能力方面提升较大。

【2月7日崧泽高架路主线通车】2022年2月7日，青浦首座高架路——崧泽高架路主线正式通车。工程总长度约18千米，东起崧泽高架路G15立交以东收费站，西至漕盈路，沿途共设七对平行匝道。高架主线范围为城市快速路，设计车速80千米/小时；地面道路设计车速50千米/小时。作为青浦第一座高架路，崧泽高架路是青浦连接国家战略的发展轴，是青浦新城与上海中心城区之间沟通联系的快速通道，也是上海西部嘉青松虹地区组团之间联系的快速通道，更是连接长三角数字干线万亿产业带的重要通道。崧泽高架通车后，从虹桥枢纽到青浦新城仅需约15分钟，进一步优化提升了区域综合交通环境。

【7月5日71路中运量公交西延伸工程开工】2022年7月5日，71路中运量公交西延伸工程开工建设，工程位于闵行区，南起现状吴宝路站，沿沪青平公路—华翔路—申兰路—申长路—天山西路—申昆路—丰虹路停车场走行，线路全长约9.61千米，新增10组公交站台及1座丰虹路停车场。项目建成后将进一步满足虹桥核心区的近期通勤需求，强化虹桥地区与中心城联动。

【9月1日G1503高速公路桥大修工程东半幅桥梁正式通车】2022年9月1日，苏申内港线西段航道整治工程暨吴淞江工程（上海段）西段-G1503高速公路桥大修工程东半幅桥梁正式通车。苏申内港线西段是上海市“一环十射”航道网络和太湖流域防洪治理规划的重要组成部分，建成后将提高流域行洪排涝能力，助力吴淞江航道等级由VI级提升至III级，对推进上海市高等级内河航道建设，增强上海港对长三角腹地的服务能力具有重要作用。

【9月30日G1503公路和周邓快速路浦东枢纽段工程开工】2022年9月30日，G1503公路和周邓快速路浦东枢纽段工程开工。项目北起施新路以南，南至G1503/S32立交，东至S32收费站以东，全长约6.5千米，主要建设内容包括改建G1503高速公路、新建周邓快速路、辟通地面道路等。项目建成后将承担浦东枢纽对外到发主通道功能，为实现站城一体化区域开发创造条件，助力浦东枢纽打造成为功能完备、国际一流的现代化大型综合交通枢纽，进一步强化浦东枢纽“快速、便捷、畅达、绿色”的集疏运体系。

【10月10日航城路（南六公路-凌空路）新建工程竣工通车】2022年10月10日航城路（南六公路-凌空路）新建工程建成通车，工程位于川沙新镇，西起南六公路、东至凌空路，道路全长4.7千米，道路等级为城市次干路。工程通车后，进一步完善了川沙新镇路网，有效弥补该区域横向干路路网密度的不足，同时有助于加强川沙新镇与祝桥镇之间的联系，为区域发展提供便利的交通条件，并为沿线居民的出行带来便利。

【11月11日S32申嘉湖高速昆阳路东侧立交匝道通车】2022年11月11日，S32申嘉湖高速昆阳路东侧立交匝道建成通车。工程位于闵行区马桥镇，西起昆阳路以西200米，东至富杰路以东50米，新建一对上下匝道和两处匝道收费站，同步对S32地面道路培昆路（富杰路—昆阳路）进行拓宽改造。S32申嘉湖高速昆阳路立交匝道开通后，能够缓解老闵行地区S4高速—剑川路出入口及嘉闵高架—元江路出入口的交通拥堵问题，有效提高老闵行地区交通节点的运行能力，成为该区域的重要交通保障措施。

【11月22日国内首座超宽三维不对称转体桥成功转体】2022年11月22日，漕宝路快速路新建工程1标施工的国内首座超宽三

维不对称转体桥，连续跨越4条铁路线（7股铁路线）实现成功精准对接，刷新了转体三维不对称、转体桥面最宽、跨高铁整幅转体最宽等多项转体桥世界纪录。

【11月28日小洋山北作业区陆域工程开工】上海国际航运中心洋山深水港区小洋山北作业区陆域工程于2022年11月28日开工建设。上海国际航运中心洋山深水港区小洋山北作业区项目是长三角一体化沪浙两省市合作示范项目，是打造长三角世界级港口群重点项目，是国家“十四五”规划102项重大工程项目，已纳入政策性开发性金融工具支持范围。在国家发展改革委、交通运输部、自然资源部、生态环境部关心支持下，沪浙两省市认真贯彻新发展理念，奋力构建新发展格局，凝聚共识，紧密合作，全力推进项目各项前期工作。目前，水域工程在国家发展改革委、交通运输部关心支持下推进项目用海审批。

（彭鑫）

（三）科技产业类项目建设

【概况】2022年，聚焦“南北科创转型”“五个新城”建设，加快积极构建更具竞争力的创新之城，全年安排项目72个，完成投资806.1亿元。上海光源二期线站工程、李政道研究所基本建成；中科院上海药物所原创新药发现能力提升项目实现开工；硬X射线自由电子激光装置项目、张江实验室研发大楼、张江复旦国际创新中心项目顺利推进。宁德时代未来能源技术研发及产业化基地、中国石化高性能弹性体等7个项目按计划实现开工：上海LNG储罐扩建、闵行燃气电厂按计划建成；上海LNG站线扩建提前实现开工；华能石洞口第一电厂等容量煤电替代等在建项目加快推进。

【李政道研究所】李政道研究所是著名华人物理学家、诺贝尔物理学奖获得者李政道先生建议，经党和国家领导人批示，在教育部、科技部和上海市的大力支持下，于2016年11月成立的科学研究机构。李政道研究所实验楼项目规划总建设面积56000平方米，其中地上建筑面积41000平方米，地下建筑面积15000平方米，由科研实验平台、公共计算平台、学者工作室、学术交流、科研辅助、配套及地下车库等用房组成。项目于2018年8月29日建设启动，2021年11月建成投入使用。面向前沿基本科学问题，李政道研究所在粒子与核物理、天文与天体物理、量子基础科学三大方向开展原创性、引领性研究。通过未来15年的努力，建设成为世界顶级的基础科学研究机构，成为有上海学派特点的“世界知名的重大原始创新策源地、全球向往的顶尖科学精英集聚地、面向未来的中国青年才俊历练地”。

【闵行发电厂燃气－蒸汽联合循环发电机组示范工程项目】闵行发电厂燃气－蒸汽联合循环发电机组示范工程项目于2017年6月28日取得了上海市发改委（沪发改能源〔2017〕92号）项目核准批复，列入上海市重大建设工程。项目位于上海市闵行区文井路1号原上海电力股份有限公司闵行发电厂厂区内。本期建设1台468MW（F级）+1台745MW（H级）燃气－蒸汽联合循环发电机组。项目于2019年12月28日正式开工。2号机组（F级）采用上海电气－安萨尔多的AE94.3A国产单轴F级重型燃机，已于2021年12月投产发电。3号机组（H级）采用上海电气－安萨尔多合作的GT36-S5重型燃机，机组联合循环出力为745MW，效率达到62%，为国内单机容量最大的燃气－蒸汽联合循环机组。项目的建成不仅增强了上海电网西南负荷中心电源的支撑能力和安全可靠性，更为上海打造了全新的清洁能源发电基地，为我国重型燃机尤其是 H 级燃机的发展推广提供了关键的应用平台，对推动重型燃机国产化和自主化具有重大的意义。

（四）社会民生类项目建设

【概况】2022 年，坚持生命至上、人民至上，加快教育医疗文体项目早建成、早投用，全年安排项目 27 个，完成投资 72.4 亿元。上海立信会计金融学院新校区一期东区基本建成；上海电子信息职业技术学院、上海大学宝山校区扩建四期开工；上海交通大学医学院浦东校区、上海理工大学军工路 516 校区有序推进。市疾控制中心新建工程等 6 个项目新开工，创近年来该板块开工数量新高；六院骨科、一院眼科、复旦中山医院建成；公卫中心、临床中心计划外开工，华东医院南楼基本建成；新华奉贤院区、市一南院二期、瑞金北院二期、六院临港二期、中山青浦院区等“五个新城”医院加快建设。上海大歌剧院、上博东馆、越剧院 3 个项目加快推进。

【徐家汇体育公园整体改造项目】徐家汇体育公园位于徐家汇地区零陵路、漕溪北路、中山南二路和天钥桥路合围区域，包括建于 1975 年的上海体育馆，建于 1983 年的上海游泳馆，建于 1997 年的上海体育场及建于 2022 年的综合馆等标志性体育场馆，现总用地面积 33 万平方米，总建筑面积 29 万平方米。为进一步推动全球著名体育城市建设，促进全民健身运动的进一步发展，实现城市有机更新，市委市政府决定将该区域改造为徐家汇体育公园。2017 年 12 月陆续开工建设，主要建设内容包括对上海体育场、上海体育馆、上海游泳馆、东亚大厦进行改造，并新建一座体育综合体，总投资额约 50 亿。2022 年 2 月 1 日新建体育综合体建成开放，2023 年 1 月 1 日上海游泳馆、上海体育馆完成改造对市民开放，上海体育场将于 2023 年 5 月完成改造后开放。徐家汇体育公园整体改造工程围绕上海建设“全球著名体育城市”的总体目标，通过场馆功能升级和户外环境改造，建设成为“体育氛围浓厚、赛事举办一流、群众体育活跃、绿化空间宜人”的市级公共体育活动集聚区，形成专业赛事与大众体育两大主体功能区域，沿中间东西向的专业赛事轴，打造“一轴两翼”规划布局结构，北面为“有氧公园”，南面为“运动公园”，新建体育综合体设置了市民喜闻乐见的乒乓球、羽毛球、网球等项目，室外还设置了篮球公园及足球、网球场。同时配备两条环形健身步道分别串联南北两大公园，外圈跑道联动城市界面，结合街坊改造设计，营造安全舒适的沿街步道，长度 2202 米；内圈跑道穿梭于绿化间，营造移步异景的跑步体验，长度 1671 米。改造完成后，徐家汇体育公园将成为“卓越的体育赛事中心、活跃的大众体育乐园、经典的体育文化地标”，实现主要承载承办国内外顶级体育赛事、满足市民健身休闲要求、开展青少年业余训练、引领体育产业发展这四大功能。

【中山医院医疗科研综合楼项目】复旦大学附属中山医院医疗科研综合楼项目于 2018 年 1 月 24 日经国家发改委（发改社会〔2018〕58 号）批复可研（代项建书）立项，列入上海市重大建设工程，是落实医改政策，实施创新驱动战略，建设国家临床医学研究的中心。项目建设地址为枫林路 200 号，总建筑面积约 11 万平方米，地上 20 层，地下 3 层。包括医技、病房、外科手术室、ICU、病理科、妇产科、全科医师培训中心等。项目于 2019 年 10 月 10 日开工，2021 年 6 月 18 日结构封顶，2022 年 12 月 3 日主楼通过竣工验收并实现提前投用。项目的建设有助于整合和优化医院的医疗、教学、科研资源配置，完善多学科诊疗中心模式的空间布局，传承、融合和发展医院建筑文脉，为中山医院建成国内领先、国际知名的现代化综合性创新型公立医院，建成创新引领高地、医疗技术高地、学科建设高地、教学培训高地和人才集聚高地，提供更坚实的学科建设硬件基础。

【华东医院南楼整体修缮改造工程】华东医院南楼整体修缮改造工程于2017年3月8日经上海市文物局（沪文物许可准字〔2017〕0024号）批复同意保护修缮工程立项，3月16日经上海市发改委(沪发改社〔2017〕15号）批复同意项目建议书，项目参照上海市重大建设工程模式推进。南楼原名宏恩医院，始建于1926年，是匈牙利著名建筑师拉斯洛·邬达克独立执业后的第一个重要作品，建筑地上六层，局部地下一层，面积约1.07万平方米，平面呈工字形，由南侧的主楼、北侧的副楼和连接其间的中部连廊组成。1989年9月被列为上海市文物保护单位，同时也是上海市第一批优秀历史建筑。其重点保护部位众多，包括外立面、外门窗、栏杆扶手、柱式、山花、檐口、底层立柱、大理石主楼梯及壁炉等。项目自2020年9月开工，2021年9月整体顶升1.2米，创下了国内最大体量文物建筑顶升的纪录，2023年3月完成全部修缮及设备设施更新工作。项目遵循最小干预、修旧如旧的原则，攻破了整体顶升、室内绿色节能更新改造、文物重点保护部位修缮还原、数字化技术创新运用等技术重难点，通过顶升加固、保护修缮、设备更新、室内装饰及室外总体改造等工序，延续建筑的历史风貌和使用寿命，并与新的设备设施有机结合，提高整体安全性、功能性及舒适性，使老楼更加现代化、人性化，进一步提升就医环境和医疗服务质量，让历史建筑焕发新春。

（五）生态文明类项目建设

【概况】2022年，生态文明类项目践行落实“双碳”目标计划，围绕国家环保督查考核要求，稳步推进，全年安排项目18个，完成投资162.8亿元。吴淞江工程（苏州河西闸）、合流污水一期干线复线工程、郊区污水处理污泥处置工程（西岑）等14个项目已实现开工；重点河道和泵闸工程（崇明堡镇港北等四闸外移、崇明界河）、上海市太湖流域水环境综合治理工程（青浦北庄泵站和富阳港泵闸）等11个项目已基本建成；竹园污水处理厂四期等项目按计划加快推进实施。上海生物能源再利用项目三期开工建设。世博文化公园双子山结构封顶，郊区垃圾资源化利用浦东海滨项目抓紧收尾，松江湿垃圾二期开工建设。

【世博文化公园双子山】世博文化公园（雪野路以南）东区项目（双子山）于2020年1月17日经上海市发展和改革委员会（沪发改环资〔2020〕8号）核准批复立项，是上海加快推进生态文明建设的重大项目，也是建设生态之城的重要标志。项目选址东至长清北路、西至规划济明路、南至通耀路、北至现状雪野路，总占地面积约301675.6平方米，新建及改造建筑面积82417.7平方米，其中：地上建筑面积79409.1平方米（含双子山内部建筑）、地下建筑面积3008.6平方米，包括车库、驿站、展厅和下沉式广场等。项目于2020年10月15日开工，2021年12月23日PEC主体结构封顶，2023年4月30日山体区域覆土完成。项目的建设有助于缓解城市热岛效应、区域周边的停车需求，赋予广大市民更多的登高健身、漫步养生和科普教育的场地。为世博文化公园打造成生态自然永续、文化融合创新、市民欢聚共享的世界一流城市中心公园提供更坚实的硬件基础。

（六）城乡融合与乡村振兴类项目建设

【概况】2022 年，城乡融合与乡村振兴类项目建设坚持功能辐射、网络集成，加快推动城乡一体化建设，全年安排项目 9 个，完成投资 152.2 亿元。继续推进保障房和租赁房建设、大型居住社区外围市政配套项目、郊区垃圾资源化利用项目、郊区污水处理污泥处置项目等，进一步推动城乡一体化协调发展。开展环岛景观道、公共码头、反帝圩泵闸、上实东滩基础设施开发项目等建设，加快推进墨玉路 – 山周公路 – 千新公路、嘉松公路越江新建工程、沪南公路（G1503– 康花路）改建工程、大叶公路 – 叶新公路（奉贤段）、大叶公路 – 叶新公路（松江段）等郊区道路建设。

（沉默）

（七）一江一河公共空间建设

【概况】2020 年底，市委、市政府把黄浦江、苏州河公共空间建设列入民心工程，是践行人民城市重要理念的实际行动，也是全面提升城市软实力的重要抓手。根据市委、市政府的总体部署和要求，在市“一江一河”工作领导小组的统一指挥下，市住房城乡建设管理委（市“一江一河”办）会同各成员单位、各区政府深入贯彻落实总书记讲话精神，高效统筹疫情防控和经济社会发展，紧密部署、加强统筹、积极落实，扎实推进“一江一河”两岸公共空间建设民心工程，圆满完成 2022 年年度工作目标。

【聚焦贯通开放，打造生活秀带】“一江一河”两岸公共空间建设和提升工作全面加速，上海城市的两条母亲河已形成整体统筹、互为彰显的良好格局。

黄浦江两岸公共空间加快推进南扩北延和向主要支流河道拓展延伸。宝山吴淞滨江 3.8 千米岸线完成贯通开放并推动品质提升，浦东滨江南延伸、杨浦滨江中北段贯通工程加快启动实施。完成北外滩、小陆家嘴滨江岸线改造提升，徐汇云峰油库 100 米断点实现贯通。世博文化公园、杨浦大桥公共空间一期绿地建成开放。有力有序推进浦东三林楔形绿地、闵行紫竹兰香湖、黄浦外萃丰弄、董家渡花桥等绿地和公共空间建设。完成陆家嘴焕彩水环一期工程，实现支流水环两端与黄浦江滨江步道连通。

结合架空线入地、已建桥梁景观改造、建筑立面整治、防汛墙改造及整治、市容环境综合整治等专项工作，逐项落实主体责任和工作任务，加强市、区协同，到 2022 年底苏州河沿线水域和陆域环境品质的全面提升。完成中环桥下、凯旋路桥、武宁路桥、恒丰路桥南岸、共和新路桥、福建路桥等桥下空间改造。昌平路桥建成开放，真光路桥、安远路桥实现桥梁结构贯通，跨普陀静安两区的百合桥启动建设。沿线中远两湾城、大华清水湾、静安长寿路桥下等难点区域实现贯通开放，城市的“项链”越串越长。

持续改善配套设施，望江驿、水岸汇、杨树浦驿站、苏河轩等一系列综合服务品牌陆续亮相，黄浦江沿线已实现 50 余处、苏州河沿线实现 30 余处的滨江滨河驿站布局，基本建成功能齐备、特色彰显、全民共享的配套设施体系。

【提升功能，打造城市发展绣带】围绕金融、贸易、航运、文化、旅游、科创、智能等核

心产业集聚，“一江一河”沿岸地区加快载体建设。

有力推动标志性功能载体建设。小陆家嘴区域城市更新加快，港务大厦迁建已签署土地置换协议。虹口北外滩海鸥饭店改建项目基本完成。徐汇滨江西岸传媒港基本完成地下空间竣备，西岸数字谷形象呈现，西岸美高梅酒店开业。浦东前滩区域实现全部区域项目开工。杨浦滨江加快推进中交总部基地、中节能总部、B 站、美团等项目建设，打造科技创新高地。静安苏河湾绿地打造形成融合优秀历史建筑、大型商业空间的综合性绿地。

深度挖掘独特历史文化资源。浦东滨江歇浦路 8 号修缮工程主体结构完成，杨浦滨江世界技能博物馆改造基本完成，南外滩复兴 1–5 库底层滨水公共开放空间完成改造提升并向市民开放。普陀启动上海造币博物馆所在办公楼（中央造币厂旧址铸币厂房）保护性修缮，华东政法大学历史建筑修缮施工加快推进。

文旅体功能进一步融合。世界人工智能大会、上海国际金融中心发展论坛、上海国际艺术品交易周等重大活动成功举办。成功举办上海国际马拉松，上海赛艇公开赛等重大体育赛事。浦西 1 号船坞的黄浦滨江滑板极限主题公园建成，是目前我国规格最高的滑板专业场地。苏州河两岸持续创新推广文创产品和精品旅游线路，满足广大市民游客对沪上旅游的多样化需求。

【依托立法，提升精细化管理水平】《上海市黄浦江苏州河滨水公共空间条例》（以下简称《条例》）自 2022 年 1 月 1 日起施行，“一江一河”领导小组各成员单位及沿岸各区召开了《条例》宣贯暨贯彻落实任务部署会议，积极贯彻落实好条例的各项任务，加快建设世界级共建共治共享滨水区，回应好上海社会各界对“一江一河”区域的关心和期许。

加大“条例”宣贯及落实。形成贯彻实施《条例》工作任务分解表，推动各区段、各部门按照任务分工进一步完善工作细则，逐项落实。推动各区做好普法宣传，将条例中重要内容拍摄制作成生动有趣的宣传短片，通过不同媒体向市民发布，做到广而告之。同时，推动成立上海市“一江一河”沿岸地区发展专家委员会，落实专家咨询、决策指导等工作。

做好滨水公共空间常态化疫情防控。在疫情防控进入常态化的阶段，按照疫情防控的阶段逐步开放的工作要求，持续加大滨水公共空间开放力度。进一步规范滨水公共空间临时封闭管理、加强巡查执法力度、推进完善一体化管养工作制度，有序规范管理，有力指导滨水公共空间的开放和管理。

持续完善滨水区域管养机制。沿河各区在持续开展滨水空间建设的同时加强养护机制建立，在对苏州河岸线堤防、步道、绿化、市政等设施实施一体化养护的基础上，进一步深化“管理有序、监督有效、常态优良”的长效机制。滨江各区依托滨江管理联盟，搭建统一平台，通过信息即时通报、联席会议制度、应急响应处置等工作机制，进一步加强开发办与各管理单位间互联互通和协同合作，做到滨水管理单位之间统一管理手势，实现日常管理提质提效。

（陈丽红）

（八）海绵城市建设

【概况】2022年本市城市建成区新增55.44平方千米。截至年底，本市城市建成区共358.9平方千米达到海绵城市建设要求。完成100个建筑与小区、公园与绿地、道路与广场、水务系统等海绵示范项目。各区注重体系建设，推进重点地区海绵城市建设，开展建筑与小区、公园与绿地、道路与广场、水务系统等各类海绵项目建设，海绵城市建设工作取得了积极成效。

【推进五个新城海绵城市建设】推动五个新城海绵建设，明确了嘉定、青浦、松江、奉贤、南汇五个新城海绵城市建设示范区，分别为嘉定新城核心区（面积4.19平方千米）、青浦新城中央商务区（面积6.5平方千米）、松江国际生态商务区（面积4.14平方千米）、奉贤10单元地块（面积2.56平方千米）和国际创新协同区（面积6.9平方千米）。五个新城示范区均编制完成了示范区海绵系统方案，并积极推进建筑、道路、绿化和水务系统海绵示范工程建设。

【各区完善制度建设】各区注重制度建设推进海绵城市建设。浦东新区政府出台规范性文件《浦东新区海绵城市规划建设管理实施意见》（沪府规〔2022〕6号）。杨浦区建管委印发《杨浦区海绵城市规划建设管理工作方案》，徐汇区建管委签发《关于加强建设项目水务专项规划、建设等管理工作的通知》，进一步规范海绵城市建设全生命周期管控。此外长宁区、虹口区、普陀区、闵行区、松江区、嘉定区、金山区等研究制定《海绵城市规划建设管理实施细则》，加强海绵城市建设全生命周期管理。宝山区印发《宝山区海绵城市建设监督管理流程》，加强海绵项目监督管理。

【组织开展全市海绵督查工作】2022年市住建委会同市勘察设计行业协会和市政工程设计研究总院组织第三方专家团队（共12位专家）对各区16个海绵系统方案与48个建筑与小区、公园与绿地、道路与广场、水务系统等海绵示范项目设计、建设、质量进行年末检查。同时围绕海绵管控措施落实和年度海绵达标面积进行检查，系统推进全市海绵城市建设工作。

【推进海绵信息系统建设】进一步完善海绵信息系统建设，汇总统计全市海绵示范项目进度数据，图表化展示全市和各区海绵项目的规划建设情况，汇总形成上海市海绵城市项目规划与建设全流程项目数据。加强海绵项目工程建设管理数字化和可视化。

【海绵城市建设论坛举办】 在2022年城博会期间，举办海绵城市建设论坛。会上对37个2021年度上海市海绵城市建设示范性样板工程进行授牌仪式。出版图书《海绵之都 生态之城——2021上海海绵城市建设案例集》，汇集近5年来全市16区海绵优秀案例，包括5个系统方案和44个海绵项目，形成相关经验做法供社会各方参考。

【临港新片区】 临港新片区作为国家第二批海绵城市建设试点地区，不断完善规划、制度和标准体系建设，按照分区、分类、分级管理思路，在新城开发建设中因地制宜全面落实海绵城市理念，增强城市韧性，提升环境质量。编制完成《临港新片区海绵城市专项规划（2021—2035年）》，规范研究范围覆盖新片区873平方千米，近期管控范围431平方千米。以“+海绵”方式全面落实海绵城市管控要求，2022年在65个地块出让征询、100多个项目设计条件征询中核提了海绵指标要求，对200多个建设项目设计方案进行了海绵城市专项审查。组建专家团队，启动海绵城市施工图抽查工作，第一批次抽查从236个样本中抽查项目23个，覆盖住宅、公建、工业、绿地、道路、社会事业等各种项目类型。开展海绵设施验收评估工作，建立海绵设施养护巡查和整改跨部门协同机制，提升海绵城市建设质量和运行状态。系统推进顶级科学家社区西片区海绵城市示范区建设。

【浦东新区】 浦东新区政府出台规范性文件《浦东新区海绵城市规划建设管理实施意见》（沪府规〔2022〕6号），进一步规范海绵城市建设全生命周期管控。《新杨思区域海绵城市系统方案》编制创新性强，世博文化公园项目运用大、中、小海绵融合的海绵城市建设理念，实现多系统融合，打造区域生态中心。

【黄浦区】 结合老城区水系统问题和城市更新编制了新延安东片区系统方案。蒙自泵站在源头管控与初雨调蓄、提升雨水资源就地利用方面均做了有益的尝试。牛庄路项目结合道路改造工程建设了上海第一条双层透水沥青结构车行道路，为高密度、高硬化率的中心城区以海绵城市建设为抓手开展城市更新提供示范。

【静安区】 苏河湾公共绿地项目坚持生态、绿色、宜居理念，将海绵城市建设与景观打造完美融合。彭越浦（汶水路－江场西路）两岸陆域贯通环境改造工程运用海绵各项技术，提升了河岸景观，并为周边园区内人员提供日常交流的公共活动空间。

【徐汇区】 制定《关于进一步落实海绵城市建设的通知》，落实海绵城市建设全生命周期管控。结合城市更新，以海绵城市建设为抓手，打造生态宜居环境。康健街道保利天悦项目结合海绵城市建设理念，场地雨水径流汇入周边绿色设施内，因地制宜设置分散式浅层调蓄系统与雨水收集利用系统。

【长宁区】 迎乐路建设落实道路海绵建设要求，为中心城区新建和改造道路海绵建设提供了典型样板。中海长宁项目在打造精品小区同时融入海绵理念，建立雨水收集利用系统实现节水降碳。结合区内水系拓宽改造工程采用了生态护岸和河道生态净化系统改善水质。

【普陀区】 桃浦智创城海绵示范区建设成效

显著。金汤路155弄是老旧小区改造与海绵建设融合的典型案例。凌家浜及外环林带三地融合改造工程作为上海“环上”区域启动区进行先行实施，充分体现海绵理念，示范意义强。

【虹口区】 制定《虹口区海绵城市规划建设管理实施细则（试行）》，开展海绵城市建设全生命周期管理。和平公园雨水调蓄项目结合湖体溢流、调蓄管改建、行泄通道三项工程，综合解决和平公园及周边道路的雨水调蓄问题。

【杨浦区】 编制《上海市杨浦区海绵城市建设三年行动计划（2022—2024）》，加强海绵城市建设全生命周期管控。民星南片区系统方案结合片区实际情况，指标设置合理，解决方案可行。世界技能博物馆配套道路工程项目透水铺装整体效果好、透水能力强、施工质量高。

【宝山区】 出台了《宝山区海绵城市建设监督管理流程（试行）》，明确了建设主体、操作办法、监管方案，开展全生命周期管控。聚焦吴淞创新城和南大重点区域建设，建设了一批显示度高、示范性好的海绵样板工程。

【闵行区】 聚焦虹桥前湾中央活动区开发，开展海绵城市建设与雨水排水规划衔接融合，打造升级版海绵城市建设样板。漕河泾科技绿洲五期、六期项目海绵系统方案科学合理，施工和养护管理效果好，实现了功能和景观的有机融合。

【嘉定区】 建立区建管委与各行业部门、各项目单位沟通机制，开展海绵城市区级培训工作。制定《嘉定区海绵城市项目建设要求及适宜技术清单》，区建管委牵头开展嘉定新城海绵城市建设管控机制和运营保障体系研究。

【金山区】 编制《金山区海绵绵城市规划建设管理办法（试行）》。御澜天樾居住小区项目海绵城市与景观融合，为郊区居住类小区海绵建设提供示范样板。

【松江区】 编制《松江区海绵城市规划建设管理实施细则（试行）》。松江西部水净化有限公司三期改扩建工程增加区域污水处理能力，在解决点源污染的同时可有效改善周边区域河湖水质。

【青浦区】 中央商务区海绵系统方案结合青浦新城建设要求明确目标与技术指引。元荡堤防达标和岸线生态修复（三期）工程落实海绵城市建设理念，实现滨水空间连通、景观提升。

【奉贤区】 编制《数字江海国际产业城区海绵城市专项规划》，体现“低碳建筑、海绵城市、数字智慧、生态保护”开发理念。东方美谷大道绿化项目建成了海绵型公园绿地示范性工程。

【崇明区】 制定《崇明区海绵城市规划建设管理实施细则》，落实海绵城市建设全生命周期管控。虹桥村乡野田园综合体水生态修复项目将美丽乡村创建、河湖水系恢复、海绵城市建设相结合，探索农村地区海绵城市建设路径。

（王烨）

CHAPTER THREE Ⅲ

绿化市容

⊙ 综述

⊙ 绿化林业

⊙ 生活垃圾

⊙ 市容景观

⊙ 行业发展

（一）综述

2022年，通过扎实推进生态空间建设，持续巩固垃圾分类实效，不断提升市容景观品质，大力夯实行业发展基础，全面超额完成市委市政府确定的绿化市容重点工作目标，各项工作取得显著成效。

坚持为打赢大上海保卫战助力，守牢疫情防控底线。面对空前严峻复杂的新冠疫情，超前研判发展态势，3月14日就对全市30%一线环卫工人实行闭环集中管理，确保环卫作业清运需求。疫情期间，清运专项生活垃圾近17万吨。集中组织公共环境清洁消毒和大冲洗，累计出动保洁人员4.9万人次。强化全局观念，主动跨前，支持生态环境部门处置医废4.2万吨，收集黄色专用医废垃圾12.8万袋，积极支援商务部门，调集专用车辆，清运受污染及腐烂的存储损耗物2761吨。积极配合市、区两级方舱医院建设及管理，申报工程渣土12.8万吨，清运建筑垃圾近2300吨、专项生活垃圾2500吨。在住建部的大力支持下，协调江浙皖三省为市、区方舱医院筹集5000个厕位的流动厕所。

坚持以高质量发展挖掘增长潜力，绿色空间稳步拓展。2022年，全年累计完成造林面积5.1万亩，新增绿地1055.3公顷，其中公园绿地512.8公顷，新建绿道232千米、立体绿化44.6万平方米，全市国土“三调”口径湿地总面积为7.27万公顷，森林覆盖率达18.51%，林长制全面推进。命名16条绿化特色道路，新建公园138座，其中城市公园39座，口袋公园69座，乡村公园30座，全市城乡公园数量达到670座。上海植物园、上海曲水园实施免费开放，收费城市公园减少至12座，21家单位完成附属空间和绿地开放，5家单位完成开放方案编制，全市共有社区园艺师327人，覆盖全部221个街道（镇），建成市民园艺中心72座。

坚持以高水平推进完善治理能力，城乡环境持续改善。全年可回收物回收量6011吨/日，有害垃圾分出量1.54吨/日，湿垃圾分出量7988吨/日，干垃圾处置量16399吨/日，湿垃圾分出量占干湿垃圾总量的35%左右。全市生活垃圾回收利用率达到42%，各区、各街镇生活垃圾分类实效综合考评均取得“优秀”，全面达到示范区、示范街镇水平，居民和单位垃圾分类达标率稳定在95%以上。配置522辆可回收物回收车、129辆有害垃圾车、1790辆湿垃圾车及3468辆干垃圾车，巩固全市1.5万个服务点、198个中转站、15个集散场的可回收物“点站场“体系。全市生活垃圾焚烧能力达到28000吨/日，湿垃圾集中处置能力达到7000吨/日以上，持续实现原生生活垃圾零填埋。

坚持以高标准保障彰显城市魅力，市容景观亮丽多彩。做好国庆、党的二十大、第五届进博会等重要时段和重大活动期间市容环境保障，全面完成市容环境保障提升任务2844项，建成102个“美丽街区”，设置优化5400处公共空间休憩座椅。针对114处市容薄弱区域及17个撤制镇开展市容环境综合治理，设立72处市容环境观察点。每月15日环境清洁日行动已成常态，556条市容环境卫生责任区管理示范道路基本根除“脏乱差”。深入推进高标准保洁区域（道路）建设，完成58块（条）区域（道路）建设工作。本市环卫保洁道路机扫率达97%、冲洗率达96%。完成东方明珠塔、小陆家嘴地区景观照明提升任务，加快推动“一河两高架”景观照明建设，提升楼宇、桥梁共125座，打造了苏州河华政段、四行仓库等“网红”节点。发布上海城市夜景宣传片《光与城》，开展苏州河景观照明系列宣传，浏览量、转发量超过百万次。整治市级督办的违法户外广告设施、电子走字屏、招牌4030块，向城管执法、交通部门移送车辆、游艇违规设置广告的案件线索 508 条。评选命名 40 条市级户外招牌特色道路（街区）。

坚持以高起点配套释放发展活力，行业面貌日新月异。深入推进“一网通办”工作，完成行业 11 项营商环境创新试点改革和 10 项公共服务标杆场景应用，优化 9 项高频许可事项全流程一体化“好办”和“快办”体验，率先实现全行业网办率 100% 的目标，实现行业政务服务办理类事项 100% 电子证照发证。大调研工作实现常态化，共开展调研 1681 次，发现问题 721 个，收到工作建议 570 条。全年行业相关报道超 17 万篇次，“绿色上海”政务新媒体发布微信 1435 篇，微博 2518 条，抖音短视频 149 个。全年无涉政类负面舆情发生，无涉行业重大负面舆情发生。完成科技成果转化落地项目 16 个。搭建上海市绿化市容“1+4”监管总屏，完成市容景观、绿化管理、环卫监管、森林防火 4 个分屏的初步构建，发布 9 项地方标准。举办绿化市容热线诉求处置技能竞赛，共受理转办市民投诉咨询 2.9 万余件，12345 测评先行联系率 95.52%，满意度得分 85.59。

（二）绿化林业

【概况】全市加大绿化造林，全年新增森林面积 5.1 万亩，森林覆盖率达到 18.51%。生态廊道建设全面完成，“绿道”网络基本成型，街心公园多点开花，绿化“四化”（绿化、彩化、珍贵化、效益化）水平稳步提高。完成绿地建设 1055.3 公顷，绿道建设 232 千米，立体绿化建设 44.6 万平方米。

【绿地建设】扎实推进绿地建设，全年共新建绿地 1055.3 公顷，其中公园绿地 512.8 公顷。

【绿道建设】超额完成“建成绿道 200 千米”任务目标，广中路、苏州河绿道普陀段（局部）、真北路、汶水东路、滨江森林公园（二期）、蕰藻浜、崇明生态大道等一批有特色的绿道建成开放，全年共完成 232 千米建设任务。

【口袋公园建设】“新建改建 60 座口袋公园”首次被列入市委市政府为民办实事项目，超额完成既定目标，全年共建成了 80 座绿化景观面貌良好、基础配套设施完善、主题特色突出、服务功能多样的口袋公园。

【环城生态公园带建设】制定环城生态公园带环上功能提升总体规划和设计导则，丰翔智秀公园、春光公园等 7 座环上公园建成开放，春申公园、锦梅公园等 10 座环上公园开工建设。落实环新城森林生态公园带造林空间，启动环新城森林生态公园带建设。

表1　2022年上海绿化林业基本情况表

项 目	单位	数值
新建绿地	公顷	1055.3
新增公园绿地	公顷	512.8
新建绿道	公里	232
新增立体绿化	万平方米	44.6
新增林地	万亩	5.1
森林覆盖率	%	18.51
湿地保有量	平方公里	727.75

【绿化“四化”建设】按照公园城市建设要求，依托“常态花卉项目”，重点在口袋公园、绿道等建设及绿化特色道路创建等项目中推广应用“四化”新优植物，包括石蒜系列、萱草系列、鸢尾系列等宿根地被，北美海棠、月季“韧月”、红枫“珊瑚阁”、穗花牡荆等花灌木。

【郊野公园建设】加强已开放郊野公园的日常服务工作，完成合庆郊野公园开园指导工作。制定下发了《上海市郊野公园运营管理指导意见》，指导各郊野公园提升运营管理水平。

【绿化特色道路】按照绿化、彩化、珍贵化、效益化建设目标，按照《上海市绿化特色道路评定办法》要求，打造“两季有花、一季有色”的道路绿化特色景观，每年在全市创建一批绿化特色道路，2022 年，共创建绿化特色道路 16 条。

【申城落叶景观道路】2022 年，“落叶不扫”景观道路为 45 条，自 2013 年起，申城道路保洁和垃圾清运行业开始打造落叶景观道路，徐汇区余庆路、武康路率先尝试对部分落叶道路“落叶不扫”，成为申城一道独特风景，受到许多市民点赞。2014 年，全市落叶景观道路增至 6 条，2015 年增至 12 条，2016 年增至 18 条，2017 年增至 29 条，2018 年增至 34 条，2019 年增至 42 条，2020 年为 41 条，2021 年为 41 条。

【花卉景观布置】做好迎国庆和党的二十大全市绿化景观保障工作，重点区域绿化主题景点和花坛花箱布置亮点纷呈，花卉布置量 1000 万盆以上。

【城乡公园体系】本市城乡公园数量达到 670 座，其中新建城市公园 39 座、口袋公园 69 座、乡村公园 30 座。

【公园免费开放】上海植物园、上海曲水园实施免费开放。按照“免费开放不降管理质量、免费开放不降服务品质”的总体原则，

表2　2022年上海市绿化特色道路名录表

序号	区	道路	道路起讫		特色植物
1	黄浦	瑞金南路	肇嘉浜路	中山南二路	七叶树、乌桕、月季、北美海棠
2	静安	石门一路	南京西路	威海路	乌桕、紫荆、杜鹃
3	徐汇	云锦路	丰谷路	龙耀路	无患子、银杏、花叶蔓长春、萱草
4	徐汇	虹桥路	凯旋路	华山路	悬铃木、萱草、月季、红叶李嫁接美人梅
5	普陀	真华南路	潮州路	铜川路	香樟、巨紫荆、木槿、落羽杉
6	虹口	场中路	逸仙路	水电路	香樟、巨紫荆、小花木槿、紫娇花
7	杨浦	殷行路	淞沪路	政青路	日本早樱、无患子、贴梗海棠、茶梅、美人梅
8	浦东	高青路	上南路	东明路	重阳木、丰花月季、紫薇
9	宝山	康文路	花园宅路	南蕰藻路	银杏、无患子、樱花、美人梅、月季、芒草等
10	闵行	申虹路	申贵路	宁虹路	栾树、樱花、美国紫薇等
11	嘉定	陈家山路	城北路	胜竹路	苦楝、八仙花、穗花牡荆
12	青浦	漕盈路	海盈路	盈绿路	榉树、月季、兰花三七、八仙花、红花檵木等
13	松江	西林北路	其昌路	文翔路	香樟、悬铃木、栾树、紫薇、绚丽海棠、梅花、花叶美人蕉等
14	奉贤	百通路	金海公路	望园路	乌桕、萱草、溲疏
15	金山	前京大道	卫清西路	板桥西路	香樟、美人梅、藤本月季、木绣球
16	崇明	明珠湖路	三华公路	西沙堤岸路	红花槭、茶梅、绚丽海棠、红花檵木

表3　2023年申城落叶景观道路

序号	区	路段名称	起点	终点	拟开展时间	主要树种
1	青浦	华乐路	青湖路	盈港东路	11月15日—11月30日	银杏
2	杨浦	国晓路	江湾城路	淞沪路	11月15日—11月30日	银杏、鹅掌楸
3		清波路	江湾城路	政和路	11月15日—11月30日	栾树
4	闵行	姚虹路	吴中路	古羊路	11月15日—11月30日	悬铃木
5		元江路	昆阳路	曙光路	11月15日—11月30日	银杏
6		南辅路	莘东路	莘凌路	11月15日—11月30日	栾树
7		江桦路	浦星公路	浦锦路	11月15日—11月30日	悬铃木
8		莘凌路	莘谭路	莘沥路	11月15日—11月30日	银杏树
9	奉贤	年丰路	金海公路	望园南路	11月15日—11月30日	银杏
10		南奉公路	古华路	南桥城乡路	11月15日—11月30日	北美枫香、银杏
11	金山	金一东路	沪杭公路	新城路	11月15日—11月30日	悬铃木
12	宝山	宝泉路	四元路	龙镇路	11月15日—11月29日	悬铃木
13		罗芬路	国际会议中心	美兰湖路	11月15日—11月29日	银杏
14		庆安路	四元路	安家路	11月15日—11月29日	悬铃木
15	虹口	四平路	海伦路	大连路	11月15日—11月30日	银杏
16		安汾路	南泗塘河	逸仙路	11月15日—11月30日	银杏
17		溧阳路	四平路	四川北路	11月15日—11月30日	悬铃木
18		广秀路	中山北一路	广灵一路	11月15日—11月30日	银杏
19	长宁	新华路	淮海西路	凯旋路	11月15日—11月30日	悬铃木
20		番禺路	淮海西路	法华镇路	11月15日—11月30日	悬铃木
21		湖南路	华山路	兴国路	11月15日—11月30日	悬铃木
22		天中路	长宁路	天山路	11月15日—11月30日	银杏树
23		芙蓉江路	长宁路	天山支路	11月15日—11月30日	悬铃木
24	徐汇	桂江路	百花街	桂江路桥	11月20日—12月20日	无患子
25		慈云街	漕溪北路	南溪公寓入口	11月20日—12月20日	银杏
26		田林路	虹漕路	桂箐路	11月15日—12月15日	白蜡
27	普陀	花溪路	桐柏路	枫桥路	11月25日—12月12日	悬铃木
28		桐柏路	枣阳路	梅岭南路	11月25日—12月12日	悬铃木
29		新村路	真金路	真华路	11月25日—12月12日	悬铃木
30		兰溪路	枣阳路	花溪路	11月25日—12月12日	悬铃木
31		礼尚路	规划广至路	潮州路	11月25日—12月12日	银杏
32	松江	袜子弄	中山中路	乐都路	11月26日—12月16日	悬铃木、枫杨树
33		园中路	南青路	思贤路	11月26日—12月16日	悬铃木、银杏
34		文诚路	园中路	人民路	11月26日—12月16日	悬铃木、银杏
35		谷阳南路	松汇中路	中山中路	11月26日—12月16日	悬铃木
36	浦东	碧云路	黄杨路	云山路	11月26日—12月16日	悬铃木
37		芳甸路	锦绣路	花木路	11月26日—12月16日	悬铃木
38		陆家嘴西路	陆家嘴环路	滨江大道	11月26日—12月16日	悬铃木
39		沈家弄路	民生路	巨野路	11月26日—12月16日	悬铃木
40		寿光路	利津路	五莲路	11月26日—12月16日	悬铃木
41		科苑路	春晓路	祖冲之路	11月26日—12月16日	悬铃木、黄山栾树
42		周家渡路	雪野二路	世博大道	11月18日—12月18日	银杏
43	黄浦	茂名南路	淮海中路	长乐路	12月1日—12月15日	悬铃木
44	静安	巨鹿路	常熟路	富民路	12月1日—12月15日	悬铃木
45		运城路	广中西路	宜川路	12月1日—12月15日	悬铃木

不断完善基础设施，加强游园安全的管控，为市民游客创造了安全有序的游园环境。全市收费城市公园减少至 12 座。

【公园主题活动】因地制宜拓展公园主题功能，深化提升城市公园的服务功能与主题特色。全市 7 个区和 3 家直属公园与 8 所院校根据合作项目计划有序推进落实。40 项主题功能拓展项目已相继实施完成。开展园艺大讲堂、绿化大篷车、流动花市等系列活动 1563 场，直接参与人数达 30 余万人次。全市共有社区园艺师 327 人，覆盖全部 221 个街道（镇），建成市民园艺中心 72 座，着力打造构建“市民园艺服务”网络。

【国庆期间公园游客量】国庆期间，全市公园共接待游客 410.19 万人次（其中城市公园 356.85 万人次、郊野公园 53.34 万人次）。城市公园游客量较上年减少了 28.40%，其中，12 座收费公园共接待游客 58.75 万人次，较上年同期减少了 21.64%；6 座市属公园共接待游客 64.9 万人次，较上年同期减少了 13.65%; 区属公园共接待游客 291.96 万人次，较上年同期减少了 31.02%。

【古树名木管理】组织重大林业有害生物监测防控，布设 3626 只美国白蛾诱捕器，比上年增加 52%，共完成防治作业面积 67.9 万亩次。全年共完成 16 项 144 株古树名木复壮、设施维护与生境改善、45 个古树名木生长势与环境监测点维护、388 株古树名木病虫害治理、120 株古树名木健康评估等实施内容。建成松江“六号千年古银杏园”、浦东泾南公园“千年古银杏园”、嘉定紫气东来绿地古银杏“双树园”等古树园。

【树木工程中心建设】以提升城市行道树安全为目标，联合同济大学完成了“应对台风侵袭的上海市行道树应用评价与优化策略研究”“行道树风险机制研究”等专题研究，联合复旦大学、华东师范大学开展了“公园城市背景下城市树木生态应用路径研究”“上海城市树木树种结构优化研究”“i-Tree 模型的本地化及应用实践研究”等前瞻性研究。联合上海自然博物馆，积极探索项目化课程研发，开展策划行道树相关课程，形成“认识行道树”等科普课程。全年共举办线下科普活动 22 场，线上科普活动 9 场，服务市民 4 万余人。

【立体绿化建设】新增立体绿化 44.6 万平方米，全力推进“百里花带”建设，巩固发展“申字形”高架沿口摆花工作。

【市民绿化节】全年共开展园艺大讲堂、绿化大篷车、流动花市等各类活动 1563 场，直接参与人数达 30 余万人次，取得了良好的社会效应。

【单位附属绿地开放】21 家单位完成实施附属空间和绿地开放，5 家单位完成开放方案编制。中山公园、鲁迅公园、复兴公园、和平公园、静安雕塑公园等一批公园拆除围墙，让更多街区面貌得到有效提升。

【林长制全面推行】印发《上海市林长制 2022 年度考核办法》《上海市林长制指导督查工作方案（试行）》等文件。全面对接市、区、乡镇（街道）城市运行中心“一网统管”平台，指导重固、合庆、石门二路街道等 39 个街镇创建林长制工作示范街镇，浦东新区、青浦区重固镇入选 2022 年度长三角一体化林长制改革示范区十大案例。

【林业建设】2022 年新增森林面积 5.1 万亩，上海市森林面积已达 189.77 万亩，森林覆盖率达 18.51%。建成 30 个开放休闲林地，完成 8 个千亩开放林地项目与 2.1 万亩生态廊道项目验收工作，完成公益林抚育3万亩。强化造林项目管理，对65个造林项目、659个地块开展营造林实绩核查。

【森林资源管理】 印发《上海市生态公益林抚育管理意见（试行）》。扩大规模化、标准化经济果林生产，推进机械化、信息化和智能化成果应用，建成一批高质量经济果林示范园。完成5个林下种植复合经营项目的验收。推进崇明区和奉贤区正式申报创建国家森林城市，辰山植物园和东方绿舟被认定为国家青少年自然教育绿色营地。推进辰山植物园、上海植物园、中国科学院分子植物科学卓越创新中心联合申报国家植物园。

【有害生物监控】 强化森林火灾和有害生物预警、监测与巡察，建成森林防火监测预警系统。抓好以美国白蛾为重点的有害生物防控工作，全年共完成防治作业面积67.9万亩次。

【“安全优质信得过果园”创建】自2011年本市林业部门启动“安全优质信得过果园”创建工作，2022年，全市“安全优质信得过果园”已达93家，分布在全市9个郊区，统一使用专用“安全护盾”标志（LOGO）和果品安全追溯系统。

【湿地保护修复】完成湿地生态综合监测，全市国土“三调”口径湿地总面积为7.27万公顷。全力推进崇明东滩申遗和崇明区正式申报创建国际湿地城市。推动崇明北湖生态修复项目列入崇明世界级生态岛建设三年行动计划。

【常规专项监测】 崇明北湖重大生态修复方案编制，启动崇明北湖科考项目，推动崇明北湖生态修复项目正式列入崇明生态岛三年行动计划。开展了水鸟同步调查、绿（林）地鸟类调查、两栖类和兽类监测等陆生野生动物常规监测项目，2022年度共记录到野生鸟类307种685395只次，两栖类1目3科6种4132只次，兽类5目8科9种。

【野生动植物进出口许可】 持续做好野生动植物资源管理工作，全市办理各类野生动植物资源人工繁育、经营利用、进出口许可5780件。

【野生动植物执法监督】 加强野生动物保护执法，全市各级执法部门共查办野生动物案件176起，处以罚款和罚金5.64万元，加强与公安、渔政、水务、海警、海事等部门联勤联动，配合公安部门办理野生动植物刑事案件73起。

（三）生活垃圾

【概况】 垃圾分类长效机制不断完善，资源化利用水平显著提高，全市生活垃圾回收利用率达到42%，末端设施处置能力全面提升，确保持续实现原生生活垃圾零填埋，垃圾综合治理取得新成效。

【垃圾分类实效】 全年可回收物回收量6011吨/日，有害垃圾分出量1.54吨/日，湿垃圾分出量7988吨/日，干垃圾处置量16399吨/日，湿垃圾分出量占干湿垃圾总量的35%左右。不断优化可回收物服务体系，在233个公共场所试行可回收物精细化分类，全市生活垃圾回收利用率达到42%，各区、各街镇生活垃圾分类实效综合考评均取得“优秀”，全面达到示范区、示范街镇水平，居民和单位垃圾分类达标率均保持在95%以上。

【垃圾源头减量】 会同相关部门持续深化

包装物减量治理，本市寄递企业网点规范新增800个包装废弃物回收装置网点，本市主要品牌寄递企业电商件不再二次包装率达到95%。源头减量率达到3%。

【分类体系建设】全市共配置522辆可回收物回收车、129辆有害垃圾车、1790辆湿垃圾车及3468辆干垃圾车，巩固1.5万个可回收物回收服务点、198个中转站、15个集散场的可回收物“点、站、场”体系。

【末端处置设施】宝山再生能源利用中心建成投产，浦东海滨再生能源利用中心项目基本建成，全市生活垃圾焚烧能力达到28000吨/日，湿垃圾集中处置能力达到7000吨/日以上，确保持续实现原生生活垃圾零填埋。松江湿垃圾项目、老港三期项目及闵行湿垃圾项目开工建设，超额完成年度目标任务。启动建设7座湿垃圾资源化利用设施。全面推进横沙新洲整体抬升方案落实，确保渣土消纳卸点按时启用。

【社会宣传动员】开展“垃圾分类新时尚、绿色低碳新生活”主题活动与“垃圾分类七进”活动，营造人人知晓、广泛参与垃圾分类的良好氛围。

【建筑垃圾、工程渣土管理】推进装修(大件)垃圾预约收运新模式，街镇覆盖率达61%，居住区覆盖率达57%。持续打击建筑垃圾违法违规行为，会同城管、交警等部门开展联合监管执法行动11次，办结吊销建筑垃圾运输许可证行政处罚案件7件。全面完成15处非正规垃圾堆放点整改任务，完成第二轮环保督查整改项目销项工作。对全市垃圾堆放的非正规点位开展3轮集中排查，对2021年全国人大《固废法》执法检查发现的问题整改情况开展回头看。

【船舶废弃物管理】加强日常监管，利用北斗导航的航迹追踪、船载视频监控等方式对作业单位的作业现场进行远程管理，进一步规范收集服务行为，防止船舶污染物污染水域；调整收集模式，采取流动收集为主、固定点收集为辅方式，调整优化流动作业路线，不断优化船舶废弃物接收作业能力；深化联合监管，会同上海市交通委、上海海事局研究《〈上海港内河船舶污染物免费接收项目〉联合监管考核办法》，积极推进船舶生活垃圾收集、运输行政许可的承诺告知。

（四）市容景观

【概况】重大活动市容环境保障圆满完成，市容环境面貌持续提升，景观照明建设亮点纷呈，城市保洁水平稳步提高，户外广告招牌提质治违。

【重大活动市容保障】做好国庆、党的二十大、第五届进博会等重要时段和重大活动期间市容环境保障，利用黄浦江两岸景观照明开展主题宣传，全面完成市容环境保障提升任务2844项。继续做好“百个景点”“百条花道”的保障，重点做好国家会展中心南广场及周边绿化景观提升工作。

【景观照明建设】扎实推进黄浦江景观照明提升，完成东方明珠塔、小陆家嘴地区景观照明提升任务。加快推动“一河两高架”景观照明建设，提升楼宇、桥梁共125座，打造了苏州河华政段、四行仓库等“网红”节点。组织编制嘉定新城、南汇新城景观照明规划实施方案。发布上海城市夜景宣传片《光与城》，开展苏州河景观照明系列宣传，浏览量、转发量超过百万次。

【市容专项工作】 积极推进第二轮“美丽街区”建设，建成102个“美丽街区”，总数累计达552个，覆盖率约32%。设置优化5400处公共空间休憩座椅，推动座椅认捐认养和市民创意大赛等社会共治。

【户外广告招牌设置管理】 完成《上海市户外广告设施设置规划（2023—2027）》《上海市户外招牌设置技术规范》修编工作。印发《关于进一步加强本市户外招牌规范管理的指导意见》，编制完成《黄浦江滨水公共空间户外招牌设置导则》，将户外招牌日常巡查纳入网格化管理。整治市级督办的违法户外广告设施、电子走字屏、招牌4030块，向城管执法、交通部门移送车辆、游艇违规设置流动户外广告的案件线索508条。评选命名40条市级户外招牌特色道路（街区）。

【水域环境整治】以“控源头”“捞苗头”“堵田头”为关键，按照“市区联手、拦捞结合、关口前移、确保重点”的总体原则，持续开展水生植物整治工作；以“净滩头”“清弯头”为基础，进一步健全水域保洁监管机制，提升精细化保洁水平。保持黄浦江、苏州河景观水域环境“水面垃圾零漂浮、水生植物零污染”。

【市容环境治理】 针对114处市容薄弱区域及17个撤制镇开展市容环境综合治理。强化市容环境卫生责任区管理，设立72处市容环境观察点。每月15日环境清洁日行动已成常态；556条市容环境卫生责任区管理示范道路基本根除“脏乱差”。

【道路保洁】开展道路保洁“大冲洗”及城市深度清洁专项行动，深入推进高标准保洁区域（道路）建设，完成58块（条）区域（道路）建设工作。大力推进环卫作业机械化，本市环卫保洁道路机扫率达97%、冲洗率达96%。根据台风应急保障预案，做好台风“轩兰诺”“梅花”的道路清扫应急保障。

【车洗管理】全市清洗场（站）总数3377家，其中备案清洗场（站）3104家，同比增长8.2%，备案率达到91.9%；建立健全机动车清洗企业星级分类管理制度，提炼三星级清洗场站119家，创建完成30家“优+”示范级场站；组织开展节水洗车系列宣传活动16场，完成本市节水洗车服务点220个；检查环卫单位车容管理“三落实”195处，监测全市环卫车辆21338辆次，车容车貌整洁率为92.97%。

【环卫公厕】有序推进公厕新改建工作，合理调整设置公厕等级结构，全年新建12座、改建91座环卫公厕，提升苏州河两岸公共空间等重点区域公厕保洁服务质量。积极推进第三卫生间、无障碍厕间、无障碍设施、母婴设施等配置，全年增设第三卫生间公厕18座，目前配建有第三卫生间的环卫公厕达700余座，环卫公厕第三卫生间的配置比例已超过20%。

【最美公厕评选】由市绿化市容局、市文化旅游局、市文明办主办的“2022寻找上海‘最美厕所’”活动日前揭晓。经过市民网络投票、专家评审、专家打分等程序，14号线陆家嘴地铁站公厕、上海古猗园兰花主题厕所、上海玻璃博物馆玻玻璃璃童趣厕所等20座厕所当选2022年上海“最美厕所”，环湖景观带7号公厕、高家庄生态园沙船厕所、八村公厕等5座厕所当选2022年上海“特色厕所”。

（五）行业发展

【概况】法治体系建设不断完善，大调研工作深入推进，行业营商环境持续优化，科技创新持续强化，社会宣传有声有色，行业安全稳定保持常态，诉求处置满意度显著提升。

【行业法治保障配套制度】完成《上海市市容环境卫生管理条例》修订工作及《上海市浦东新区固体废物资源化再利用若干规定》制定工作。起草完成《上海市森林管理规定（修订草案）》。完成《上海市公园管理条例》调研评估工作和《上海市崇明东滩鸟类国家级自然保护区管理办法》《上海市环城绿带管理办法》立法后评估工作。

【优化营商环境】深入推进“一网通办”工作，完成行业11项营商环境创新试点改革和10项公共服务标杆场景应用，优化9项高频许可事项全流程一体化“好办”和“快办”体验，率先实现全行业网办率100%的目标，实现行业政务服务办理类事项100%电子证照发证。制定《本市绿化市容（林业）领域轻微违法行为不予处罚清单》《绿化市容行业信用管理办法》《关于进一步优化营商环境，完善本市户外广告设施设置阵地实施方案编制工作的意见》。

【大调研常态化制度化】坚持“问题导向、需求导向、效果导向”，共开展调研1681次，其中局主要领导带队调研57次，局分管领导带队调研340次；共发现问题721个，收到工作建议570条，行业相关文章被“上海大调研”公众微信号录用24篇。

【社会宣传】 全年行业相关报道超17万篇次，“绿色上海”政务新媒体发布微信1435篇，微博2518条，抖音短视频149个。健全舆情综合防控体系，累计制作舆情日报290期。全年无涉政类负面舆情发生，无涉行业重大负面舆情发生。举办首届行业科普讲解员大赛，取得良好效果。

【文明行业创建】 完成（2021—2022年度）新一轮全国文明单位、上海市文明单位和上海市绿化和市容管理局文明单位预申报工作，其中预申报全国文明单位5个，上海市文明单位38个，上海市绿化和市容管理局文明单位35个。

【科技赋能】 完成科技成果转化落地项目16个。搭建上海市绿化市容“1+4”监管总屏，完成市容景观、绿化管理、环卫监管、森林防火4个分屏的初步构建，重点展示行业特色数字体征体系、全生命周期管理及重点业务动态数据。持续推进标准化项目管理，发布9项地方标准。全年更新新能源环卫车258辆。

【保障职工合法权益】 帮助4家基层单位建成“爱心妈咪小屋”、1家基层单位新建“劳模书架”，不断满足职工需求。选树2021年行业劳动立功竞赛、劳模工匠创新工作室，增强行业职工的获得感、幸福感、安全感和责任意识、使命担当。

【安全维稳】 开展领导干部“防疫情、稳经济、保安全”大走访、大排查工作，全面抓好春节、“两会”、国庆节、党的二十大、第五届进博会等重要时段和重大活动期间行业安全维稳工作。热线处置对标“接得更快、分得更准、办得更实”要求，开展环卫作业扰民专项治理，举办绿化市容热线诉求处置技能竞赛，共受理市民投诉咨询2.9万余件，12345测评先行联系率95.52%，满意度得分85.59。

（张李欣）

CHAPTER IV
FOUR

环境保护

- 综述
- 污染防治
- 法规政策
- 环境质量

（一）综述

2022年，上海市深入贯彻习近平生态文明思想，坚持绿色低碳发展，以更高标准打好蓝天、碧水、净土保卫战，抓好中央巡视、长江警示片等生态环境突出问题整改，有力推进金山地区环境综合整治；深化长三角区域生态环境共保联治，在党中央对各省市污染防治攻坚战考核中，上海被评为优秀。

（二）污染防治

【概况】第八轮三年行动计划总体进展顺利，已开工/启动水环境保护、大气环境保护、土壤（地下水）污染防治、固体废物污染防治、工业污染防治和绿色转型、农业农村环境保护、生态建设和保护、应对气候变化和低碳发展、河口及海洋生态环境保护、循环经济与绿色生活及生态文明体制改革与保障机制等207个专项/重点项目，开工/启动率为98%（其中完成62个，完成率29%）。

【蓝天保卫战】全面完成钢铁超低排放改造任务（累计粗钢产能1834万吨）。完成2300余家重点行业企业VOCs 2.0综合治理工作。实施全市挥发性有机液体储罐专项整治，加快机场、码头等区域的储油库达标治理工作。全年组织开展机动车遥感监测、路检路查、入户检查等84万余辆次，查处超标车辆109辆。累计完成10.2万辆重型柴油车安装远程在线监测设备并联网。累计完成9万余台非道路移动机械申报登记。启动新一轮国三柴油车报废补贴申请审核工作，已完成报废登记1600余辆。继续推进餐饮企业第三方集约化治理，完成餐饮油烟治理近400家。

【碧水保卫战】统筹推进水资源、水环境、水生态协同治理。完成2022年水源地生态补偿考核，持续推进水环境治理，郊区4座污水厂扩建工程基本完成，全市企事业单位雨污混接改造、住宅小区外部截流设施和沿河截流设施优化工作全面完成；启动全市入河入海排污口排查溯源，完成全市90%以上长江入河排污口整治；印发《上海市长江口—杭州湾海域综合治理攻坚战实施方案》。补强水生态基础，完成15个生态清洁小流域示范点创建，形成覆盖长江口、黄浦江、苏州河、淀山湖及部分骨干河道的水生态监测网络。

【净土保卫战】加强预防和管控，联合印发《上海市土壤及地下水污染防治“十四五”规划》，出台《上海市土壤污染防治综合监管平台管理办法》等文件，更新4批次建设用地土壤污染风险管控和修复名录。推动再开发利用污染地块土壤污染防治联动监管，探索“环境修复+开发建设”新模式。开展土壤污染防治先行区建设，试运行“上海市土壤污染防治综合监管平台”。完成危险废物填埋场、生活垃圾填埋场地下水污染状况调查评估年度工作。制订《上海市“无废城市”建设工作方案》。出台《上海市强化危险废物监管和利用处置能力改革实施方案》。全面完成危险废物专项整治三年行动发现问题整改销项。

（三）法规政策

【环境立法】围绕加强“光污染”防治法制供给和保障、总结生态环境治理实践创新等任务，完成《上海市环境保护条例》修改。完成13件行政规范性文件制修订工作，发布《2022年度上海市生态环境局重大行政决策事项目录》，严格依照法定程序开展重大行政决策。

【环境执法】出台上海市生态环境保护区域交叉执法检查、专案查办、联合执法等文件，不断完善执法制度体系。强化部门执法协作，共享行业监管数据，积极运用大数据分析等手段开展线索排查、信息研判，共查处案件987件，处罚金额1.11亿元，做出按日计罚1件，查封扣押19件，限制生产/停产整治2件，移交公安行政拘留6件，移交公安追究刑责案件13件。

【环评管理】印发《上海市建设项目环评和产业园区规划环评碳排放评价编制技术要求（试行）》，试点开展建设项目环评和产业园区规划环评碳排放评价。印发《关于支持新城建设深化环评与排污许可改革的若干意见（试行）》，试点开展产业园区规划环评管控要求优化调整，实施环评"打捆"审批，减免小额污染物总量来源。对全市重点管控单元（产业园区）规划环评落实情况开展全覆盖跟踪评估。确定金桥经济技术开发区等12个园区新纳入联动名单，全市"规划环评与项目环评联动"园区增至52个。随申办APP上线生态环境分区管控公众版应用模块，为企事业单位新改扩建项目准入选址提供便利。

（四）环境质量

【概况】2022年，上海市环境空气中细颗粒物（PM2.5）年均浓度为25微克/立方米，为有监测记录以来最低值；主要河湖断面水质较2021年进一步改善，持续巩固消除劣V类成效；在用集中式饮用水水源地水质全面达标；地下水环境、农用地土壤环境质量、生态质量保持稳定；声环境质量、海洋环境质量有所改善；辐射环境质量保持正常水平。

【地表水环境质量】2022年,全市主要Ⅱ～Ⅲ类水质断面占95.6%,Ⅳ类水质断面占4.4%,无Ⅴ类和劣Ⅴ类水质断面。主要指标中,氨氮平均浓度为0.42毫克/升,总磷平均浓度为0.138毫克/升,高锰酸盐指数平均值为3.8毫克/升。淀山湖处于轻度富营养状态,综合营养状态指数有所下降。长江青草沙、东风西沙、陈行和黄浦江上游金泽4个在用集中式饮用水水源水质全部达标。

【环境空气质量】2022年,全市环境空气质量指数(AQI)优良天数为318天,AQI优良率为87.1%。其中,优129天,良189天,轻度污染47天,无中度及以上污染天数。全年47个污染日中,首要污染物为臭氧(O_3)的有41天,为细颗粒物(PM2.5)的有6天。

【声环境质量】2022年,上海市区域环境噪声与道路交通噪声均有所改善。全市区域环境噪声昼间时段的平均等效声级53.4dB(A),较2021年下降0.6dB(A);夜间时段的平均等效声级为46.8dB(A),较2021年下降0.9dB(A)。全市道路交通噪声昼间时段的平均等效声级为68.3dB(A),较2021年下降0.1dB(A);夜间时段的平均等效声级为63.5dB(A),较2021年下降0.1dB(A)。

(杜东园)

CHAPTER FIVE V

水务海洋管理

⊙ 综述

⊙ 防汛防台

⊙ 河长制湖长制

⊙ 城市供水

⊙ 城市排水

⊙ 水利建设

⊙ 水政管理

⊙ 海洋管理

（一）综述

2022年，在市委市政府的坚强领导下，各级水务海洋部门团结奋斗、努力拼搏，全面落实“疫情要防住、经济要稳住、发展要安全”要求，有效应对各种考验，完成年度总投资284亿元，其中重大工程投资137.6亿元，较好地完成市委市政府交给的工作任务，为全市经济社会发展作出贡献。

一、坚持底线思维，全力保障供水安全

防咸潮保供水取得积极成效。面对长江口陈行、青草沙、东风西沙水库发生史上最早最严重咸潮入侵，上海市迅速建立原水保障指挥部及局工作专班。紧盯供水水量充足、水质达标两个目标，在水利部及流域机构的指导支持下，采取水源切换、应急取水、优化工艺、兜底保供等措施，并沉着应对网络舆情，有力保障全市供水安全平稳有序。同时认真贯彻市领导指示精神，谋划推动原水保障近期和中长期系列工作。

供水保障基础不断夯实。持续推进水厂深度处理改造工程，星火、凌桥水厂实现通水，全市水厂深度处理率提升至77%。排查整治隐患供水管道69千米，完成520千米老旧供水管网整治。稳步推进二次供水设施接管5000万平方米，中心城区非居智能水表实现全覆盖。完成黄浦、临港等区域51.8万平方米住宅高品质饮用水入户工程建设，指导推进五个新城高品质饮用水示范区建设。

水资源管理得到强化。落实最严格水资源管理制度，大力实施国家和上海市节水行动，持续推进节水型社会建设，建成各类载体428家，9个郊区全部完成县域节水型社会达标建设。强化大用水户和低效益用水户管理，全市157家大用水户节水率达9.96%。启动污水资源化利用试点，推进雨水、污水、厂尾水等非常规水源利用。严格地下水开采总量控制。

二、围绕治差水、保好水，深化水环境治理

河湖长责任进一步压实。坚持“以水质论英雄”导向，落实河湖水质综合评价和问题河湖河长提级管理制度。全面加强河湖水质常态化监测，建立“红黄蓝”三色管理预警体系。开展各类督查检查8500人次，通报河长233人次，约谈7人，各级河长累计巡河21.8万人次，整改问题3.3万个。

水环境质量显著改善。完成28个骨干河段断点打通、140千米河道整治、2万户农村生活污水处理设施和15个生态清洁小流域示范点建设。贯通开放“一区一河”滨水空间20.6千米，河湖水域岸线品质持续提升。镇管以上河湖断面均值Ⅲ类以上达到84.1%，比去年提升13.4个百分点，污水溢流减量成效显现，全年日均溢流量较去年下降56%。

环保督察问题整改有序推进。统筹抓好中央巡视、中央生态环境保护督察和长江生态环境警示片反馈涉水问题的整改，如期完成老港暂存库含水率超标污泥长期堆存、长江口滩涂湿地保护不够、陈家镇污水厂违规处置重金属超标污泥、农村生活污水治理不到位4项问题整改销号，其他整改任务按计划推进。

三、扎实落实四预措施，确保城市防汛安全

成功应对汛期严峻考验。坚持人民至上、生命至上，面对台风偏强、降雨偏少、高温偏多的特殊汛情，以“时时放心不下”的责任感扎实做好防汛各项工作，成功防御“梅花”“轩岚诺”台风和多场暴雨的侵袭，实现“不死人、少伤人、少损失”的目标。制定防御“四碰头”、黄浦江中上游超标洪水预案，先行在隧道、轨交、电力等城市“生命线”工程试点编制防御极端灾害性天气预案。滚动开展7轮各区防汛安全隐患自查和

4轮第三方巡查，共消除隐患1.6万处。会同卫健、应急部门制定指导意见、发布专项通知，将疫情防控要求落实到防汛工作各环节。

不断完善“四道防线”。聚焦基础设施短板弱项，完成82千米主海塘达标建设，完成15座外围泵闸建设和7座病险水闸除险加固。排查整治隐患排水管道132千米，积极推进雨水系统提标和各类应急调蓄设施建设。完成11条道路积水改善工程和42个易积水居民小区改造。

四、统筹发展和安全，加快推进重大工程建设

超额完成年度建设任务。吴淞江工程新川沙河泵闸枢纽工程有序推进，苏西闸工程开工建设。白龙港三期、合流污水一期复线及48座初雨调蓄池全面开工建设，泗塘、长桥初期雨水调蓄工程建成投运，白海连通管、竹石连通管竣工通水，南干线改造基本完成，竹园四期水处理部分实现通水调试。元荡三期实现岸线贯通，淀山湖堤防达标及岸线生态修复工程全面开工。横沙浅滩固沙保滩等重大工程前期工作、黄浦江河口建闸等重大项目技术储备取得进展。

工程监管能力持续增强。落实“三新一高”要求，推动建设管理“五色”协同，不断探索创新管理举措。淀东泵闸等一批重大工程荣获国优奖、詹天佑奖、大禹奖荣誉，上海在水利部水利工程质量考核中继续保持全国前列。坚持“三管三必须”，压实生产经营单位主体责任和政府监管责任，推动建立水务重大工程视频点名制度，对关键岗位履职尽责形成有效监督。全行业系统安全生产形势总体平稳。

助力经济恢复和重振行动。落实《上海市加快经济恢复和重振行动方案》《上海市助行业强主体稳增长的若干政策措施》，出台降低本市非居民用水成本措施，减负1.6亿元水费。主动协调水利部、自然资源部等国家部委，加快推进全市政策性开发性金融备选项目涉水审批。落实“六票统筹”要求，制定出台“水票”制度，支持市重大工程项目建设。印发《关于推进“两手发力”助力水务高质量发展的指导意见》，开展创新水务基础设施投融资机制研究。

五、深化落实海洋强国战略，海洋工作实现新突破

现代海洋城市建设开创新局。市委、市政府印发海洋强国实施方案，成立市政府主要领导为组长的市建设现代海洋城市工作领导小组。落实长江口河口海域重叠区域管理要求，制订实施意见和历史遗留用海项目处置方案，新一轮海岸线修测成果获市政府批复。“双重”规划项目临港滨海海洋生态保护修复项目有序推进，奉贤海洋生态保护修复项目获2023年全国海洋生态保护修复基金支持。出台海洋灾害防御应急预案。

海洋经济高质量发展步伐稳健。基本建成浦东新区海洋经济创新发展示范城市，加快推动长兴岛建设世界级海洋装备创新发展高地。落实重点涉海企业联系制度，持续推进海洋产业综合服务平台建设，组织开展海上风电、智能船舶航运等领域融资路演、技术沙龙等活动。完成海洋生态预警监测、资源底数调查，掌握海域生态和资源状况。

六、夯实行业治理基础，提高公共服务能力

规划实施更加高效。完成“十四五”规划年度计划编制和实施情况评估，推动规划落实落地。服务国家和本市重大战略，组织编制上海市水网建设、海岸带综合保护和利用、重要河湖岸线保护与利用等重要规划，制订浦东新区社会主义现代化建设引领区水务海洋实施方案。

“两张网”建设持续深化。结合城市数字化转型，持续深入推进“两张网”建设。“一网通办”方面，深化“放管服”改革，服务优化营商环境，有序推进全市统一审批平台建设、汽车清洗“一件事”、水土保持

补偿费免征“免申即享”、城镇污水排入排水管网许可智能预审、居民用水在线缴费、企业用水便利“一站式”服务覆盖全市、“幸福河湖”特色水利公共服务等重点工作。“一网统管”方面，“数字孪生新川沙河泵闸枢纽工程建设”成功获批水利部数字孪生流域建设先行先试。升级改造防汛防台指挥系统、河长制平台。

依法行政能力不断提升。编制行政权力事项清单、公共服务事项清单、政务服务事项清单，明确行政权力事项106项、公共服务事项101项、政务服务事项40项。推进重大行政决策全过程公开，扩大政务公开的范围和深度，举行政务公开活动11次。推进《上海市合流污水治理设施管理办法》《上海市海塘管理办法》等立改废工作。进一步严格规范行政处罚裁量基准，研究制定新一批水务领域轻微违法行为依法不予处罚清单，全面推进落实全市统一综合执法系统应用。深入开展防汛安全、无证排水等专项执法行动，全市查处违法案件619件，罚款4707万元。加强排水户监管，出台超标排水加价收费征收实施细则。

七、发挥科技支撑作用，持续提升行业发展能力

技术攻关取得积极进展。围绕泵站放江治理、河湖健康长效治理、极端天气防汛安全等，持续推进3项市级重大科研项目研究，开展36项局级科研项目研究。加强标准体系建设，完成4项地方标准编制并获准颁布，制定发布标准化指导性技术文件9项，为推进雨水调蓄设施建设等重点工作标准化管理提供技术支撑。

水文海洋测报能力有新提升。加快推进入江入海水文测站项目建设，长江口、省市边界水文监测站网信息化项目完成云部署。水文防汛测报预报、省市边界来水量质同步分析、全市地下水水位动态变化分析和年度水资源综合分析评价等工作有序开展。编制完成《上海市海洋观测网规划（2022—2035年）》，开展风暴潮、咸潮等海洋灾害预警预报，推进海洋观测网建设运维，完成海洋灾害风险普查和评估工作，首次开展海洋生态预警监测。

八、坚持全面从严治党，深入推进党的建设

管党治党责任有力落实。认真贯彻落实党的二十大、市第十二次党代会精神，充分发挥理论学习中心组头雁效应，举办局党组中心组学习会16次。两级领导班子成员、局机关各处室共制定落实党风廉政责任项目83项及512项工作措施。深入推进市委巡视反馈问题整改，新建、修订各类制度25项，巡视反馈问题整改全部销项。完成6家单位党政主要领导干部经济责任审计。制订落实新一轮巡察工作规划，对两家局属单位组织开展巡察。

基层党建基础不断加强。制定印发《关于加强党建引领 推动水务海洋事业高质量发展的若干意见》，建立党建引领发展项目清单管理制度，确定两级领导班子重点项目26项。探索建立“1+22+x”水务热线联合党建模式，开展排水不畅、施工扰民问题集中化解行动。在“大上海保卫战”期间号召行业党组织和党员开展抗疫先锋行动，组建75支行业应急小分队和17支下沉队伍，系统全体在职党员累计开展志愿服务1.3万人次。成立“水畅施工队”等专项工作组，完成210个集中医疗救治场所的供排水配套工程。

干部队伍能力持续提升。开展党员干部教育培训，集中举办三期党员培训班，覆盖600余人，抓好党员领导干部、党组织书记轮训，推动党员干部忠诚拥护“两个确立”，坚决做到“两个维护”。充实和调整12个机关处室和9个局属单位领导班子，提拔处级领导干部7名、交流13名，组织30余名干部开展挂职和岗位锻炼。开展局系统优秀干部专项调研，形成“三个一批”优秀干

部培养梯队。出台《上海水务海洋人才发展“十四五”规划》。

（田军、李俊前、顾施嘉）

（二）防汛防台

【概况】2022年，在国家防总、长江防总、太湖防总的正确指导下，在市委、市政府的坚强领导下，全市各级防汛部门认真贯彻落实习近平总书记关于防汛救灾工作重要指示精神，坚持“人民至上、生命至上”重要理念，践行“两个坚持、三个转变”防灾减灾救灾理念，努力克服疫情影响，扎实开展防汛防台各项工作，成功防御台风“梅花”“轩岚诺”及多场暴雨的侵袭，全力守牢城市防汛安全底线。汛期，市防汛指挥部启动防汛防台应急响应行动25次，其中Ⅳ级17次，Ⅲ级7次，Ⅱ级1次，实现“不死人、少伤人、少损失”。基本汛情如下。

台风偏强。汛期，上海受到2205号台风“桑达”、2211号台风“轩岚诺”、2212号台风“梅花”三场台风影响，其中“梅花”影响最为明显。“梅花”在舟山、上海、青岛、大连四地登陆，是1949年以来第三个四次登陆全国的台风，也是中华人民共和国成立以来登陆上海最强台风。9月12—15日台风“梅花”对全市造成风暴潮“三碰头”影响，12级风由南向北贯穿全市，普遍出现大暴雨过程，最大累计雨量234.0毫米（金山山阳镇），市区累计雨量140.3毫米，1小时雨强最大达81.6毫米（浦东祝桥镇）；最大阵风市区有10级，沿江沿海地区14级，上海市沿海海面15级，长江口实测最大风力12级。长江口高桥站最大增水达1.79米，其增水幅度超“9711”台风。

潮位偏高。受“梅花”台风影响及天文大潮影响，9月15日凌晨至早上，全市355个水位测站中，共有27个站出现超警戒水位。吴淞口站最高潮位5.53米，为历史第五高潮位；黄浦公园站最高潮位5.44米，为历史第四高潮位；上游米市渡站最高潮位4.63米，为历史第三高潮位；淀浦河东闸闸外站最高水位5.38米，超原历史记录0.12米（2021年“烟花”台风期间5.26米）。

高温偏多。汛期共出现49个高温日。其中40摄氏度以上极端高温出现7个，刷新上海自1873年有气象记录以来40摄氏度以上极端酷热天数的纪录。7月13日最高气温40.9摄氏度，平徐家汇站气温历史最高值。

降雨偏少。据气象部门统计，汛期全市平均雨量469.0毫米，比常年同期（659.7毫米）偏少28.9%；徐家汇站雨量475.0毫米，比常年同期（745.5毫米）偏少36.3%。全市各站暴雨日（≥50毫米）为1~3天。

梅雨特少。6月12日，上海入梅，较常年偏早7天；7月1日出梅，较常年偏早9天；梅雨期19天，较常年少2天。全市平均梅雨量61.8毫米，较常年偏少69.2%，市区梅雨量88.8毫米，较常年偏少近七成。梅雨期降水空间分布不均，降水量主要集中在西部和北部地区，其中最多的为崇明区新海镇（152.1毫米）。

来水偏少。受长江中上游干旱影响，汛期长江流域、太湖流域来水明显偏少。其中黄浦江来水6—9月平均流量为353立方米每秒，偏少四成；长江来水6—9月平均流量为19300立方米每秒，偏少六成。

【防汛工作】强化责任落实。5月，下发加强下立交防汛安全管理、防汛物资准备等通知，部署备汛工作。完成市、区、街镇244名防汛责任人调整，在主要媒体公告，接受社会监督。及时充实调整市防汛指挥部组成人员，新增市民政局为成员单位。汛期严格执行24小时值班制度，对全市各区、街镇值班情况开展四轮全覆盖抽查，总体情况良好。

组织开展“河南郑州“7·20”特大暴雨灾害调查报告”专题辅导班、两轮街镇新任责任人及防汛干部培训班、防汛信息员培训班、“灾情直报”信息员培训班，全市共开展培训1057场、3万人次参加。

强化基础研究。6月，完成黄浦江堤防布防图信息化工作。9月，制定各区防汛安全指数评价体系；组织召开防汛排水装备展和防汛论坛，加强新型防汛物资研究，提升防汛装备现代化水平。10月，编制完成风暴潮洪“四碰头”预案。12月，完成韧性城市政研课题研究。

强化“四预”准备。预案方面，5月底前，组织完成市、区两级防汛预案和市防汛指挥部成员单位预案修编工作，制订完善处置海洋灾害专项预案、海洋灾害防御预案、水旱灾害防御预案及越江隧道、轨道交通、地下变电站等城市生命线工程防御极端天气预案。预演方面，联合相关区、部门组织开展黄浦江中上游超标洪水防御综合演练及西藏南路隧道防御极端灾害天气、地铁18号线应急抢险、道路下立交积水抢排等专项演练，全市共组织开展各类演练1439次、2.6万人次参与。全市377个防汛仓库落实价值2.15亿元各类防汛物资，2200余支各类抢险队伍随时待命。梳理防汛防台应急避难场所1380处，可容纳77万人。预报方面，会同气象部门建立每周会商制度，防汛关键期加密会商频次，探索建立城市内涝风险预报发布机制，强化引导市民避险防险。预警方面，6月举办暴雨红警发布及响应演练，8月联合市气象局印发《关于进一步强化本市气象预警和应急响应联动工作的通知》，加强预警及灾情信息横向互通，强化“叫应”机制，保障重要预警信息即时到人。

强化检查排查。围绕防汛责任落实、指挥体系建设、隐患排查整改、防汛物资储备、基层能力建设等方面，对16个区开展防汛专项检查。组织完成7轮各区防汛安全隐患自查和4轮第三方巡查，累计滚动排查消除隐患16053处。针对30千米黄浦江堤防薄弱岸段、32座病险水闸、66个易积水小区，按照“一段一预案、一闸一方案、一小区一预案”要求，严格落实措施，确保防汛安全。

强化宣传引导。5月，局领导参加市政府新闻发布会，介绍备汛情况，主动接受媒体采访，回应社会关切。推出《防汛“三件套”避险“五还要”》安全提示，在地铁、公交、出租车后屏等载体滚动播放。中央、市级媒体发布本市防汛工作相关报道83条，“上海防汛”微信公众号发布简讯600余条，阅读量超过68万，深化“防汛备汛进行时”“易积水小区防汛能力提升三年计划”“迎战主汛期”等专题报道，达到良好宣传效果。制作动漫短视频、宣传海报、折页等，深入开展防御知识宣传，不断增强市民避灾救灾意识。

【防御台风“轩岚诺”】“轩岚诺”具有路径复杂多变、巅峰强度强的特点，从全国东海中部北上期间也给全国东部多地带来明显的风雨影响。9月3—5日，受台风“轩岚诺”外围影响，全市普遍出现大雨过程，沿海海面最大阵风11级。国家防总连续召开视频调度会。常务副市长视频连线了解全市防御情况，分管副市长指挥调度全市防御工作，市政府副秘书长在市防汛办带班值守。市防汛办提前部署，与气象部门连续开展会商研判。住建、绿容、房管、卫健、交通等部门，加强高空构筑物、店招店牌、在建工地、核酸检测亭等重点排查，检查核酸检测点1.4万个、加固近8000个，检查玻璃幕墙建筑2.7万栋次、建筑工地1275个次，处理各种树线、树灯、树牌矛盾1.8万株；9月4日晚暂停全市景观照明开放；提前组织开展停航停运相关工作，关闭碧海金沙、城市沙滩等景区。疏散船舶1154艘、进港避风1753艘，转移安置4426人。公交、地铁移动电视屏及部分出租车后窗投屏滚动播放防汛安全提示，提醒市民主动避险。经过各级防汛部门不懈努力，城市运行平稳有序，未出现险情灾情。

【防御台风“梅花”】“梅花”是中华人民共和国成立以后正面登陆全市风力最强、转移人数最多的一个台风，也是正面登陆全市灾害最小的一个台风。9月14日，中共中央政治局委员、上海市委书记李强、市委副书记、市长长龚正到市防汛指挥部检查部署防汛工作，召开全市防御工作会议。市防汛办超前谋划部署，派出5个工作组赴相关区指导工作，市防汛指挥部各成员单位各司其职，提前预降水位超过20厘米，组织人员巡堤查险，累计检查在建工地4355处、地下空间11306处、下立交815处次、店招店牌6.4万处、玻璃幕墙建筑4027栋次。加固树木2.1万株，广告牌1346块，店招、店牌2969块。全市落实转移安置场所1380处，约可容纳77万人，共转移人员42.74万人。疏散船舶739艘，进港避风1778艘。组织崇明三岛客运、省际客运、浦江游览全部暂停，地铁部分停运，两机场进出港航班全部取消。有序组织学校停课，关停碧海金沙、城市沙滩、东滩湿地等景区或公园。9月15日凌晨，市防汛办增派2个工作组在中心城区检查灾情处置情况。2.7万余名环卫工人全员上岗，第一时间清扫路面、处理倒伏树木。5万余名干警上岗做好社会面管控和交通疏导。9月15日6时起，上海地铁地面和高架区段逐步恢复运营。140支电力抢险队伍快速处置恢复中断的电力供应。受台风“梅花”影响，全市160处道路积水，10处下立交积水，14个小区积水，11户居民进水；5300余株树木倒伏或折断，50块广告牌损坏或坠落，23块店招店牌损坏或坠落，2块玻璃幕墙坠落；累计发生65处供电中断，34504户受影响。以上灾情均在第一时间得到有效处置，未出现大范围停电、积水、树木倒伏等情况，城市运行总体平稳。

（田军、张宁腾、顾施嘉）

（三）河长制湖长制

【概况】2022年在市委、市政府的坚强领导下，全市上下深入学习贯彻习近平生态文明思想，落实市十二次党代会精神，以推动高质量发展、创造高品质生活、实现高效能治理为目标，坚持从“治差水”向“保好水”、从污染防治向生态综合治理、从单一河道治理向区域集中连片治理转变，持续深化完善河湖长制，克服疫情影响，挂图作战推进重点工作，河湖长制年度各项任务全面完成，河湖水质持续稳定向好，全市40个国控断面优III类占比97.5%，233个市控断面优III类占比95.3%。3871个镇管以上河湖断面优III类占比84.1%，较2021年提升13.4个百分点，无劣V类水体。

【河长制湖长制】完善河长组织体系。2022年市河长办进一步规范党政河湖长设置，市管和区管河湖设置二级河长，镇管以下河湖设置一级河长，党政河长层级偏多、部分河长责任河湖数量过多的现象明显改善，到2022年底全市共有各级党政河长6236名，民间河长1.9万余名，护河志愿者3.6万余名。

健全河长制工作机制。加强落实“周暗访、月通报、季约谈、年考核”工作机制，不断压实河长湖长履职责任。2022年，市领导现场调研、巡河11次，作出河湖长制相关批示17次，16个区党政领导召开专题会171次。全年共召开市级通报会5次，通报问题河道187条段，通报河长233人次，约谈河长7人。同时，强化“巡、盯、管、督”，2022年全市累计巡河21.8万余人次，发现并解决河湖问题约3.3万个。持续深化“河长+”工作机制，发挥检察长、警长在河长制工作中的司法介入和助推机制，2022年共制定检察建议书26件，形成行政执法、刑事司法和检察监督联手依法治水的工作机制。

落实河长制工作制度。市河长办按照市委市政府的要求，7月7日印发实施《2022年上海市河湖长制工作要点》，共制定13项年度工作任务，深化完善河湖长制，压实河长治水管水责任，不断提升各级河长办及河长能力，努力推动全市河湖水环境稳定向好，加快建设造福人民的幸福河湖。7月18日，市河长办印发《上海市各区河湖水质综合评价方案（试行）》，明确优良水、进出水、敏感性、趋势性等评价要素和评价细则，优化河湖水质综合评价，从监测、预警、评价和考核四个方面构建河湖水质管护“四全”工作体系（河湖水质管护“四全”工作体系是指通过制定河湖水质全覆盖、差别化、监督性的监测制度，建立全方位河湖水质监测体系；通过对各类水质监测数据科学分析研判，建立早发现、早预警、早处理的全天候河湖水质“红黄蓝”三色管理预警体系；通过优良水、进出水、敏感性和趋势性的水质综合评价，构建全要素河湖水质综合评价体系；通过河湖水质监测、预警、综合评价过程强化各级河湖长日常履职尽责，建立全过程河湖水质监管考核体系）。7月20日，市河长办印发《上海市河长制办公室工作规则（试行）》，进一步细化实化河长制办公室工作职责，更好地发挥河长制办公室组织、协调、分工、督办功能。9月30日，市水务局、市河长办联合印发《2022年度“河湖长制及水质综合评价”和“水资源节约利用达标率”工作考核细则》，进一步细化考核指标和要求，考核结果纳入2022年度各区政府党政领导班子绩效考核体系，更好地发挥考核“指挥棒”作用。10月31日，市河长办印发《关于部分问题河湖实行河长提级的管理办法（试行）》，进一步规范部分问题河湖河长的提级管理，更好地提升问题河湖的整改效率。

【环保三年行动计划水环境保护专项】2022年，是第八轮（2021—2023年）环保三年行动计划水环境保护专项实施的中间年。三年中共安排推进实施27个项目，到2022年底，完成14项，在建13项。2022年内完成8项，分别是松江西部污水处理厂三期扩建工程、浦东海滨污水处理厂二期扩建工程、嘉定安亭污水处理厂三期扩建工程、竹园—石洞口污水连通管工程、泗塘污水处理厂初雨调蓄工程、长桥污水处理厂初雨调蓄工程、青浦区徐泾镇河道整治工程（集镇区及进博会区域等）、淞马河（老里塘—出海闸）综合整治工程（含新建出海闸）。其余工程全面完成年度推进计划，其中竹园污水处理厂四期工程水处理部分实现通水调试。

【溢流减量化工作】2022年是推进实施《上海市污水厂溢流减量工作方案（2021—2023年）》的第二年。年内，竹园四期工程水处理部分实现通水调试，白龙港三期、合流污水一期复线及48座初雨调蓄池全面开工建设，白海连通管、竹石连通管竣工通水；郊区完成浦东新区海滨污水处理厂扩建、松江区西部污水处理厂三期扩建、嘉定区南翔污水处理厂扩建和安亭污水处理厂三期扩建4座污水处理厂扩建工程，增加污水处理设计规模39.5万立方米/日。据统计，2022年污水处理厂日均溢流量为22.28万立方米，较2021年下降53.99%，其中旱天日均溢流量7.47万立方米，较2021年下降63.47%。

【河湖“清四乱”工作】按照《水利部办公厅关于深入推进河湖“清四乱”常态化规范化的通知》要求，2022年上海市纵深推进“清四乱”常态化规范化工作，将清理整治的重点向中小河道、农村河湖延伸，2022年全市共摸排出“四乱”问题25个，年底前全部完成整改。

【长三角一体化水环境治理工作】2022年，继续与流域机构加强沟通协调配合，凝聚流域治理管理合力，协调解决跨区域、跨部门的重大治水问题，不断推进跨界河湖联保共治。与太湖局和其他省市联合开展“清剿水葫芦，美化水环境”专项行动，加强水葫芦、蓝藻等有害水生植物治理，全年共出动打捞船46.43万次，打捞人员114.25万人次，打捞水葫芦20.38万吨，保障第五届进博会成功举办；全力做好防洪调度、重要河湖生态流量（水位）保障和“抗咸潮、保供水”等水资源统一调度工作。3月，淀山湖堤防达标和岸线生态修复一期工程开工建设。6月，元荡生态岸线贯通三期工程开工，11月完成。7月，吴淞江工程（上海段）苏州河西闸工程开工建设。编制完成《黄浦江防洪能力提升总体方案》，11月9日水利部办公厅审查同意。配合市发展改革委完成《上海市太湖流域水环境综合治理实施方案》编制。

【妨碍河道行洪突出问题排查整治】为深入贯彻落实习近平总书记关于防汛救灾工作的重要指示批示精神，强化河道管理，保障河道行洪通畅，守住防洪安全底线，根据水利部办公厅《关于开展妨碍河道行洪突出问题排查整治工作的通知》要求，市河长办联合市防汛办制订排查整治工作方案，从2022年1月起，借助水利部河湖管理督查APP，组织开展卫星遥感疑似问题图斑复核，同时对第一次水利普查具有行洪功能的河道及上海市226骨干河道涉及的现状河道开展地毯式摸排，年内共摸排出“碍洪”问题39个，年底前全部完成整改。

（杨立新、顾施嘉）

（四）城市供水

【概况】2022年，面对长江口陈行、青草沙、东风西沙水库发生史上最早最严重咸潮入侵，全市建立“原水保障指挥部及市水务局工作专班”。紧盯供水水量充足、水质达标两个目标，在水利部及流域机构指导支持下，采取水源切换、应急取水、优化工艺、兜底保供等措施，沉着应对网络舆情，保障全市供水安全平稳有序。全市自来水供水总量29.23亿立方米，全市日均供水量802.10万立方米，供水服务压力合格率99.32%，供水水质综合合格率99.89%。全市最高日供水量900.16万立方米（8月19日，当日最高气温40.6摄氏度）。持续推进长桥、杨树浦、凌桥、航头、星火、安亭6座水厂深度处理改造项目，凌桥和星火水厂实现并网通水，全市水厂深度处理率达到77%。完成老旧供水管网更新改造591千米，其中重点完成69千米隐患供水管线排查整治工作。稳步推进二次供水设施接管5000万立方米，实现中心城区非居民用户智能水表全覆盖。自来水服务供应总体平稳，行业法规和规章制定有新进展，深入开展“一网通办”、高品质饮用水示范区建设、原水管渠保护智能监管和节水型社会建设等工作。依托智能化供水安全保障监管系统，对全市开展一网调度运行监管和“从源头到龙头”水质监管。审核全市DN500及以上管网计划阀门操作124项、影响供水水量供水设备检修停役192项。开展全市供水系统水处理剂质量抽查和水质分析质量比对考核，结果均合格。全市发生DN500以上管损346次，其中DN1000（含）以上管损事故59起，爆管7起；水厂跳失电事件7起。9月1日—12月31日发生15次咸潮入侵事件，未对全市供水造成影响。其中东风西沙水源地9月1日起汛，是全市长江口水源地建库以来咸潮周期起汛最早的一次咸潮；青草沙水源地历时最长97天8小时（9月5日—12月12日），是全市长江口水源地建库以来历时最长一次咸潮。3—11月，成功举办2022年“世界水日”“全国城市节约用水宣传周”“全国科普日”“清瓶行动”等一系列节水科普宣传活动。4月，发布新时代“上海供水行业精神”，党建引领疫情防控，确保疫情期间全市供水不乱不断。6—12月，做好防咸潮保供水、第五届进博会、夏季高峰、冬季寒潮和重大考试供水保障工作，继续提升“夏令热线”供水服务水平。

（吉方圆、陆志惠）

【节水型社会（城市）建设】截至12月底，全市建成3326个节水型居民小区、465家节水型工业企业、1807个节水型生活服务业单位（包括715个行政机关、418个事业单位、598个学校、25家医院及51个其他单位）、30个节水型工业园区、7个节水型农业灌区[以上数据含示范（标杆）]。

（吉方圆、顾施嘉）

（五）城市排水

【概况】2022年，上海有城镇污水处理厂42座，总处理能力896.75万立方米/日，日均处理823.44万立方米，全年处理污水30.05亿立方米。11项市委、市政府为民办实事项目道路积水改善工程如期完成。开展新一轮雨污混接综合整治攻坚战并持续推进。养护排水管道40476.57千米，养护检查井与进水口396.66万座（次），清捞污泥15.74万吨，拦截垃圾2.58万立方米。完成4709千米排水管道主管结构性检测，修复排水主管617.57千米及132千米隐患整治工作。更新改造雨水口5.12万座，安装截污挂篮36.06万座。抵御2次台风影响和23轮暴雨的侵袭，启动防汛防台应急响应25次。完成2座排水管道污泥处理设施建设。

【道路积水点改善项目】完成管弄路、永福路等11条市政府为民办实事项目道路积水改

表1　2022年市政府为民办实事项目道路积水改善工程

序号	项目名称	所在区	投资额（万元）	工程量（米）
1	管弄路（华池路—华池路）	普陀区	1684.9	832
2	永福路（湖南路—复兴西路）	徐汇区	1441.97	320
3	牛庄路（云南北路—浙江中路）	黄浦区	992.86	195
4	粤秀路（灵石路—江场路）	静安区	2941.73	922
5	安庆路（浙江北路—河南北路）	静安区	1518.86	550
6	浙江北路（安庆路—七浦路）	静安区	1361.54	253
7	宝通路（宝山路—宝源路）	静安区	943.39	210
8	宝源路（宝山路—宝川路）	静安区	1110.39	422
9	共江路（爱辉路—虎林路）	宝山区	2882.96	455
10	莲花路（蒲汇塘—规划吴中路）	闵行区	1391.5	490
11	虹梅路（蒲汇塘—现状吴中路）	闵行区	852	292
合计			17122.1	4941

善工程，涉及普陀、徐汇、黄浦、静安、宝山、闵行6个区，累计新敷设排水主管约4.9千米，总投资1.7亿元。

【化学需氧量、氨氮、总磷减排工作情况】2022年，全市城镇污水处理厂化学需氧量削减量78.55万吨（2021年同期为92.20万吨），氨氮削减量7.36万吨（2021年同期为7.23万吨），总磷削减量1.22万吨（2021年同期为1.31万吨）。

（潘超雷、倪周晶）

（六）水利建设

【概况】2022年，完成140千米河道整治和2万户农村生活污水处理设施建设，推进6个圩区达标改造项目建设。11月9日，印发上海市地方标准化指导性技术文件《上海市河道维修养护技术规程》（DB31 SW/Z 027—2022）（沪水务〔2022〕901号），《上海市农村生活污水治理设施运行维护技术规程》（DB31 SW/Z 028—2022）（沪水务〔2022〕902号）。12月8日，印发《上海市河道维修养护合同示范文本（2022版）》、《上海市河道维修养护项目招标文件格式文本》（沪水务〔2022〕1045号）。修订完成《上海市河湖长效管理养护工作考核评分细则》。编制完成《上海市河湖健康评价技术指南（试行）》。完成《上海市水闸、泵站安全评价技术指南》。编制《上海市水闸（泵站）标准化工作评价细则》《上海市圩区治理设计导则》。夯实水土保持工作基础、深化水土保持放管服改革、强化人为水土流失监管，推进生态清洁小流域建设，推动上海市水土保持高质量发展。12月，印发《2022上海市河道（湖泊）报告》。12月26日，浦东新区张家浜小流域、青浦区西虹桥小流域、松江区小昆山镇现代农业示范小流域、闵行区浦锦街道河狸社区小流域成功创建生态清洁小流域国家水土保持示范工程。

（赵杰、刘亚涛）

【水土保持工作】夯实水土保持工作基础。6月29日，印发《上海市生产建设项目水土保持监测成果编制指南》（沪水务〔2022〕339号）。9月13日，印发《上海市2022年度水土保持目标责任考核工作方案》（沪水务〔2022〕696号）。11月，完成“上海市优化营商环境水土保持创新试点工作”“上海市生产建设项目水土保持信用监管体系”两个政策课题和“上海市生产建设项目水土保持全过程管理工作指南”一个标准化课题研究。12月，根据水利部和上海市水土保持信息管理系统统计数据及各区上报的自评报告和支撑材料，采取定量与定性分析相结合的方法集中进行量化打分，完成2022年度上海市水土保持目标责任考核。

深化水土保持放管服改革。2022年，完成5个水土保持区域评估，对完成区域评估范围内的项目实行备案制管理。6月20日，印发《上海市水土保持补偿费免征“免申即享”工作方案》（沪水务〔2022〕304号）；10月21日，上海市水务局组织专题培训水土保持补偿费免征“免申即享”业务工作；10月26日，水土保持补偿费“免申即享”系统功能上线。10月24日，印发《关于落实缓缴本市水土保持补偿费等三项行政事业性收费措施的通知》（沪水务〔2022〕855号）。

加强人为水土流失监管。3月19日，印发《上海市2022年度水土保持监督检查工作计划》（沪水务〔2022〕174号）。9月15日、10月13日、11月14日，按照水利部和上海市关于2022年度遥感监管工作计划，下发3批疑似违法违规项目图斑737个，督促各区水务局、临港新片区管委会落实违法违规项目查处整改工作。6月15日，印发《关于开展2022年生产建设项目水土保持监督检查工作的通知》，全年派出480人次，对216个在建项目开展现场检查（其中市级项目161个，区级现场抽查项目55个）。10月31日，印发《上海市生产建设项目水土保持信用监管“两单”制度》。

（赵杰、顾施嘉）

【农村生活污水治理】根据乡村振兴、农村人居环境优化工程任务要求，推进年度建设任务，完成2万户农村生活污水治理建设任务，涉及嘉定800户、奉贤10500户、金山8800户。推进老旧低标设施提标增效，各区完成农村生活污水治理提标增效行动方案编制。宝山、奉贤、金山开展项目前期工作，其他区除崇明区外，将提标增效纳入“十四五”实施计划。以“月检查、季通报”模式开展3次市级运维管理督查和水质监测，并以“一区一单”形式对各区通报问题，督促抓好问题整改。1月21日，上海市水务局、上海市生态环境局、上海市农业农村委员会联合印发《上海市农村生活污水治理提质增效行动方案（2021—2025）》。6—7月，根据中央环保督察整改方案要求，编制整改销项工作方案和现场复核检查方案，收集各区整改报告和佐证材料，组织市级相关部门开展整改销项现场复核工作，形成销项报告，并上报市督查办。

（赵杰、刘亚涛）

【水利行业管理】2022年，静安、长宁、嘉定、宝山、奉贤等区获得2021年度河湖管理养护考核优秀等次。全市持续强化河道管养专业巡查，累计抽查河湖1.72万条段，长度共计2.32万千米，发现问题2.53万处。按照“周暗访、月通报、季约谈、年考核”要求，对河湖突出问题进行通报，共通报问题河道235条。推进河湖管理养护问题有奖举报、信用能力评价、村级河道水质检测等工作。编制苏州河和蕴南片、淀北片“一河两片六水系”泵闸联动水闸调度方案，实施水闸运行调度。配合做好抗咸潮保供水水闸调度，及时启动内河备用取水口水源应急保障工作，编制嘉宝北片、浦东片专项调度方案，科学合理实施片区水闸运行调度，保障取水水源的水质和水量。

（刘亚涛、顾施嘉）

（七）水政管理

【概况】2022年，受理办理行政审批事项1779件（水利490件、供水68件、排水1194件、海洋27件），其中，即办件287件（水利10件、供水54件、排水223件）、接收办理河道管理范围内建设项目“一件事”24件、海域使用审批“一件事”7件、汽车清洗“一件事”7件；接收并联征询事项19件（线下）、行政协助事项214件（线上）。主动公开信息2586条，行政公文主动公开率71.18%。办理政府信息公开事项99件，申请人主动撤销43件。联合相关区通过现场巡查与无人机扫测方式，对291个长江口利用项目、91个海塘专用段、52个用海项目开展全覆盖执法检查，立案查处3件违法用海案件，做出罚款决定195.4万元。

（魏星、邓洋洋）

【水务规划】2022年，大力推进长江流域、太湖流域防洪规划上海部分、中心城雨水调蓄池选址专项规划、上海水网建设规划、海岸带规划、重要河湖岸线规划、苏州河河口泵站、淀浦河西泵闸选址规划、“十四五”污水资源化利用规划、防范特大暴雨韧性规划等约20项水务海洋重点规划编制，引领行业发展；编制完成“十四五”规划年度计划，细化规划任务，落实责任主体；组织开展水系统治理“十四五”规划2021年度评估，查找薄弱环节，提出对策措施；跟踪推进浦东新区社会主义现代化建设引领区、长江经济带发展、长三角一体化、五个新城、黄浦江防洪能力提升、域外引水、苏州河深隧等国家、市重点任务实施方案和前期工作，服务国家和全市重大战略；制定出台“水票”制度，支持市级政府投资重大工程项目建设；完成规划行业审核和意见征询300余件，指导区级水务规划编制，持续推进重大项目技术储备，切实加强河湖水面率规划管控。累计受理河道蓝线划示项目386项，图纸近万张。

（顾洪祥、俞璐）

【地方性法规】10月28日，上海市人民代表大会常务委员会审议通过并公布《关于修改〈上海市公共场所控制吸烟条例〉等5件地方性法规和废止〈上海市企业名称登记管理规定〉的决定》，修改《上海市河道管理条例》，删去第二十八条第一款。

【政府规章】11月3日，上海市人民政府发布《关于废止〈上海市合流污水治理设施管理办法〉的决定》，自2022年11月3日起废止《上海市合流污水治理设施管理办法》。

【行政规范性文件】10月31日，印发《上海市生产建设项目水土保持信用监管“两单”制度》，在水土保持领域建立以“重点关注名单”和“黑名单”制度为主体，失信联合惩戒为主要应用手段的水土保持信用监管体系。

（郑逸、顾施嘉）

【水质监测】2022年，围绕上海市“治差水、保好水”的要求，聚焦完善“监测预警评价”体系的重点任务，开展进博会区域河湖、市区镇管河湖、“三查三访”问题河湖、列入国家整治名录河道的水质监测；组织上海市水文行业按照《上海市骨干河湖“十四五”水质监测方案》开展地表水监测工作，其中99个地表水国家重点水质站监测上报水利部和太湖局；围绕长三角一体化示范区建设，开展以浮游动植物为主的淀山湖水生态监测；编制《上海市各区河湖水质综合评价方案》，科学反映各区年度水污染防治和水环境治理的成效，作为各区总河长推进河长湖长制工作的重要考核之一；整理汇总全市河湖数据28万余组，上报各类月报、通报和专报20余期；应对咸潮入侵，累计测报水质监测数据12000余个，编制日报、简报、专报100余份；加强市区联动，履行行业管理职能，加强实验室质量管理、水质监测第三方监管、水质在线监测管理。

【黄浦江上游来水状况】2022年，黄浦江干流松浦大桥断面实测潮流量705潮，实测年进潮量144.3亿立方米，上游来水量327.3亿立方米，年径流总量183.0亿立方米，年平均流量580立方米/秒，较2022年略微增加0.7%。各月上游来水量变幅较小，而潮汐强度差异较大，两者共同影响下，各月平均流量变化较大，最大月平均流量为939立方米/秒，最小月平均流量为355立方米/秒，各月流量情况详见图1。根据2022年黄浦江上游流量监测数据反映，上游三大支流斜塘、圆泄泾、大泖港的汇流占比为63%、21%和16%，斜塘来水比例超六成。黄浦江上游三大支流汇流比详见图2。

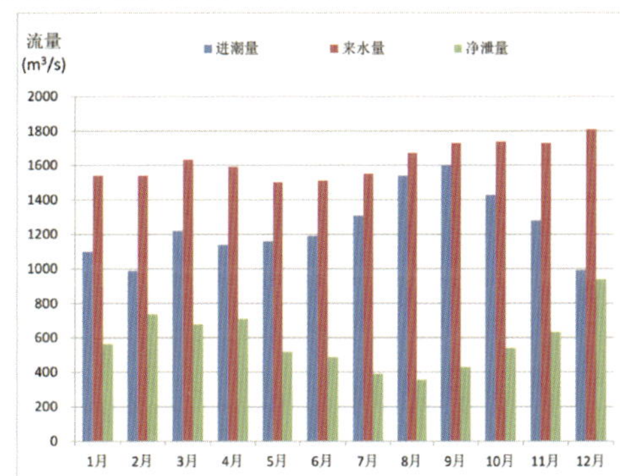

图1　黄浦江松浦大桥断面2022年逐月流量

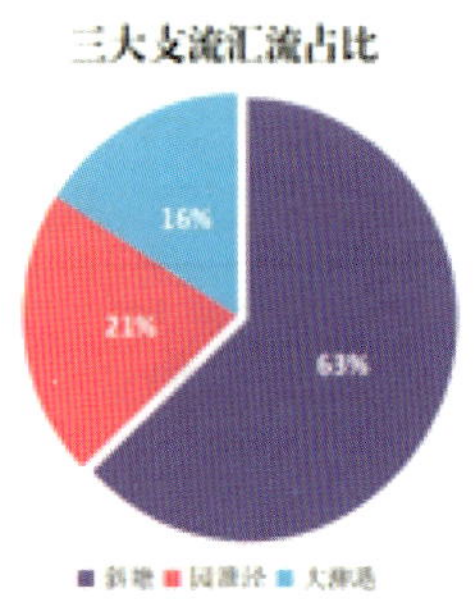

图 2　黄浦江上游三大支流汇流占比

（陈蕾、倪周晶）

【水务科技】2022 年，市水务海洋科技工作围绕局重点目标任务，在科技赋能、标准引领、数字化转型支撑等各方面着力开展工作。细化年度工作任务，组织编制《上海市水务海洋科技高质量发展三年行动计划（2022—2024 年）》，推进市级重大科研项目“放江污染水陆协同精准控制关键技术研究与示范”“上海市河湖健康智能感知体系与关键技术研究”“适应极端气候变化的上海防汛安全技术及应用研究”等课题的研究，为局水环境长效治理、河湖健康智能预警和极端天气防汛安全提供有力技术支撑；围绕行业发展“减碳”等热点问题，组织“双碳背景下城市废弃泥浆资源化利用关键技术研究与示范”等顶层设计，成功入围市科委双碳创新计划资助；组织完成四项水利部重大科技专项课题申报，切实发挥科技赋能作用。围绕圩区与水利控制片除涝联合调度、雨水调蓄及示范应用、数字孪生在上海重大水利工程中的应用、上海典型低洼圩区应对超标准暴雨蓄滞方案、上海海洋碳汇发展策略等近期出现的瓶颈及热点问题，全年新增 36 项科研项目立项并组织开展研究。组织研提 2023 年度 22 项科研需求，围绕郊区下垫面蓄滞能力、上海可用水资源量、区域韧性治水关键技术等做好技术储备和支撑。《生活饮用水聚硫氯化铝》等 3 项地方标准并获批，制定颁布《上海市应急供水（回灌）深井建设与运行技术导则》等 7 项标准化指导性技术文件。启动《城镇排水管渠在线监测技术标准》《居民生活用水定额》等 7 项地方标准，《上海市生产建设项目水土保持全过程管理指南》1 项技术文件制修订工作。持续推进《雨水调蓄设施技术标准》《海浪预报和警报发布规范》等 13 项地方标准和《上海市水利圩区设计导则》8 项技术文件编制工作，组织完成年度地方标准复审和 2023 年地方标准申报工作。协调长三角生态绿色一体化发展示范区执委会，完成长三角区域统一地方标准“长三角生态绿色一体化发展示范区生活饮用水水质规范”立项申报工作。指导涉水协会、学会开展团体标准制定工作。《生活饮用水水质标准》荣获首届上海市标准创新贡献奖二等奖。指导水务海洋相关八大行业学会（协会）开展 2022 年度上海水务海洋科学技术奖评审工作，遴选 8 个项目提名上海市科学技术奖。联合学会（协会）加强技术交流，开展四期水务海洋科技论坛（沙龙）。完成局科技委领导成员调整、章程修订和委员调整换届等准备工作。组织推荐 8 项科技成果申报水利科技成果推介类项目，组织推荐 3 项技术申报水利部科技推广目录。协助完成科研成果登记 44 项。推进竹—白连通管、白龙港等浦东引领区水务重点工程 BIM 技术应用。

（金巍良、顾施嘉）

（八）海洋管理

【概况】2022 年，常态化做好海域使用管理和海岛日常监管。8—12 月，研究落实长江河口海域重叠区域管理指导意见。10—12 月，完成新一轮海岸线修测成果报批、备案、档案移交。全年，推进“上海临港滨海海洋生态修复项目”前期手续办理、开工建设。10—12 月，“上海奉贤滨海海洋生态保护修复项目”申报中央资金支持海洋生态保护修复项目，通过国家竞争性评审。11月，落实2021年国家自然资源督察海洋专项督察意见反馈工作。2022年，上海实现海洋生产总值9792.4亿元，同比名义增长1.8%，占当年全市生产总值的21.9%，占当年全国海洋生产总值的10.3%。其中，海洋产业增加值2685.3亿元，海洋科研教育增加值373.5亿元，海洋公共管理服务增加值2637.7亿元，海洋上游相关产业增加值1903.7亿元，海洋下游相关产业增加值2192.1亿元。从发展情况来看，海洋经济总体呈恢复态势，其中海洋旅游业全年实现增加值1305.1亿元，占全市主要海洋产业增加值的48.6%。海洋交通运输业全年实现增加值1119.9亿元，占比41.7%。海洋船舶工业全年实现增加值184.2亿元，占比6.9%。谋划海洋监测预报事业发展，扎实推进海洋灾害预警预报、海洋观测调查和海洋生态预警监测等工作。

（李文静、金鸰、顾施嘉）

【海域海洋观测与调查】完成岸基、海岛、海底、浮标和地波雷达等自动观测站的全年观测数据采集，获取风、浪、流、温、盐、深等实时数据1996万组。9月18—28日，启动上海海域2022年海洋水文基础数据收集项目外业测量工作，设置9条定点垂线、52个大面观测点，动用船只20条、工作人员100余人；观测参数包括潮流、气象、温盐沙、沉积物、海况等计30余种，获得约6万条数据；11月，完成监测采样数据分析处理整编和成果资料，为海域科学管理积累第一手宝贵资料。全年完成2个海洋站和7个浮标站水文、气象及水质数据比测工作。

【海洋站网建设情况】完成海洋预警8号浮标建设工作，可监测海流、海浪、气象、海洋生态等相关参数26个，充实上海近岸海域海洋观测体系。

【应对台风“轩岚诺”】9月2—6日，受台风“轩岚诺”和冷空气影响，全市沿海出现一次较弱的风暴潮过程，全市沿海过程最大增水为32~74厘米，各站潮位未超警；长江口外海域大浪及以上持续约105小时，巨浪持续约38小时，有效波高最高达5.1米（橙色）。发布《上海市海洋灾害预警专报》1期、风暴潮警报1期、海浪警报6期。

【应对台风“梅花”】9月12—15日，受台风“梅花”影响，全市沿海出现一次较强的台风风暴潮过程，过程最大增水101~167厘米，堡镇站最高潮位536厘米，达到橙色预警级别；全市海域出现有效波高6.3米的狂浪，达到红色预警级别，大浪及以上持续约50小时，巨浪及以上持续约9小时，狂浪持续约1.5小时。发布《上海市海洋灾害预警专报》1期、风暴潮警报5期、海浪警报5期。

【海洋灾害趋势预测】3月28日，完成2022年上海市海洋灾害趋势预测工作。预测2022年影响全市3~5个台风，台风风暴潮发生3~4次，台风引发的2.5米大浪及以上10~15天；温带风暴潮发生0~1次，温带气旋和冷空气等温带过程引发的2.5米大浪及以上18~24天。

（胡珺飞、顾施嘉）

【海域权属和有偿使用管理】全年完成8个新增用海项目审批，计556.79公顷。完成10个项目用海变更审批，计343.69公顷。征收市管项目海域使用金2212.71万元，其中市级项目1887.97万元，区级项目324.74万元。

（李文静、倪周晶）

【海岛日常管理工作】全年常态化做好无居民海岛和低潮高地巡查监管，共开展52次巡视检查，确保无违法违规用岛行为，完成大金山岛、小金山岛、浮山岛和鸡骨礁岛碑维护工作。（申可玥、顾施嘉）

2022年海洋测站分布情况表

站名	类型	观测项目	级别
奉贤	岸基观测站	潮位、气象	地方基本站
大金山岛	岛基观测站	潮位、气象、水质、营养盐	地方基本站
佘山岛	岛基观测站	潮位	地方基本站
大戢山	海底观测站	水质、海浪、海流	地方基础站
海洋预警1号	浮标	气象、水质、营养盐、海浪、海流	地方基本站
海洋预警2号	浮标	气象、水质、营养盐、海浪、海流	地方基本站
海洋预警3号	浮标	气象、水质、营养盐、海浪、海流	地方基本站
海洋预警4号	浮标	气象、水质、营养盐、海浪、海流	地方基本站
海洋预警5号	浮标	气象、水质、海浪、海流	地方基本站
海洋预警6号	浮标	气象、水质、海浪、海流	地方基本站
海洋预警7号	浮标	气象、水质、海浪、海流	地方基本站
沪水文1号	浮标	气象、水质、海浪、海流	地方基本站
海洋环保1号	浮标	海浪、海流	地方基本站
海洋环保2号	浮标	海浪、海流	地方基本站
海洋环保3号	浮标	海浪、海流	地方基本站
金山嘴	岸基雷达站（便携式）	表层海流	地方基本站
芦潮港	岸基雷达站（便携式）	表层海流	地方基本站
南汇咀	岸基雷达站（便携式）	表层海流	地方基本站
鸡骨礁	岸基雷达站（便携式）	表层海流	地方基本站
启东	岸基雷达站（阵列式）	表层海流	地方基本站
鸡骨礁	岸基雷达站（阵列式）	表层海流	地方基本站

【新一轮海岸线修测成果获批】10月，《上海市海岸线修测成果（送审稿）》报市政府审批。11月5日，市政府批复同意上海市海岸线修测成果，其中大陆海岸线218.22千米、有居民海岛海岸线354.2千米。11月10日，海岸线批复情况报自然资源部备案。12月，完成海岸线修测成果档案移交。

（李文静、倪周晶）

【海洋日宣传主场活动】6月8日，以“共建和美海岛、发展蓝色经济”为主题的上海市纪念2022年“世界海洋日暨全国海洋宣传日”主场活动在线上举办，论坛由上海市海洋局、崇明区人民政府、上海市长兴岛开发建设管理委员会主办，上海市海洋管理事务中心、崇明区海洋局承办。会上市海洋局、崇明区政府、长兴管委会签署《关于推进崇明（长兴岛）海洋经济发展示范区建设合作框架协议》，市海洋局发布《2021年上海市海洋经济统计公报》。上海市水务局（上海市海洋局）局长史家明、副局长金宏松、时任崇明区区长缪京、上海市长兴岛开发建设管理委员会执行副主任吴召忠等领导出席，在线实时观看人数近2万人。同日，举办以“依海而兴，向海图强”为主题的2022上海海洋论坛。

（金巍良、申可玥、冯胤华）

【海洋执法】联合相关区通过现场巡查与无人机扫测方式，对291个长江口利用项目、91个海塘专用段、52个用海项目开展全覆盖执法检查，共立案查处3件违法用海案件，做出罚款决定195.4万元。定期对市辖海域无居民海岛开展执法检查，共检查16次，检查海岛66个次；在“两会”“二十大”、冬奥会、进博会等特定时期，做好海底光缆专项巡护保障。（邓洋洋、顾施嘉）

CHAPTER SIX Ⅵ

房屋管理

⊙ 综述

⊙ 房地产市场监管

⊙ 住房保障

⊙ 两旧一村改造

⊙ 物业管理

⊙ 城镇房屋安全管理

⊙ 优秀历史建筑保护

（一）综述

2022年，在市委市政府坚强领导下，全市房屋管理系统坚持以习近平新时代中国特色社会主义思想为指导，围绕中心、服务大局，统筹疫情防控和经济社会发展，齐心协力、持续奋进，顺利完成房屋管理领域全年目标任务，住房发展取得新进展。

稳妥实施房地产市场平稳健康发展长效机制。一是坚持稳地价、稳房价、稳预期。聚焦助企纾困、防范风险，全力落实促恢复、稳市场政策措施，第一时间推动房地产市场复工复市，供需两端精准发力，稳主体、稳信心、稳预期，市场总体呈现恢复稳固态势。二是促进房地产开发投资加快恢复。加快推进落实稳增长系列重要政策和举措，加快复工达产，全年房地产开发投资占全市固定资产投资比重约52.7%。三是推动中高风险房企防范化解风险工作。会同金融监管、国资等部门及相关区，发挥市、区协调机制，督促企业落实各项防范化解风险工作；强化资金监管，优化金融服务，加快推动风险项目"三保"工作。四是起草《上海市住房租赁条例》草案，并配合相关部门完成立法工作。

大力推进保障性租赁住房建设供应。一是加快建设筹措。建设筹措保障性租赁住房18万套（间），供应6万套（间）。市、区国企投资新建的全自持租赁住房既有项目认定纳管工作基本完成。二是出台保障性租赁住房配套政策。会同规划资源、经济信息化、发展改革等部门，出台项目认定、管理、非居改建、规划土地、产业园区配套建设、水电气价格等10余项配套政策细则。编制完成保障性租赁住房专项规划。三是制定设计标准。以"小户型、全功能、悦生活"为理念，积极探索优化保障性租赁住房设计，编制印发保障性租赁住房新建、改建设计的地方标准。

加快推进"两旧一村"、加梯民心工程等旧住房更新改造。一是积极做好顶层政策设计。配合制定《关于加快推进旧区改造、旧住房成套改造和"城中村"改造工作的实施意见》，修订出台《关于贯彻执行〈上海市国有土地上房屋征收与补偿实施细则〉的若干意见》，印发《上海市旧住房更新有关行政调解和决定的若干规定》《上海市旧住房拆除重建设计导则》《上海市旧住房成套改造和拆除重建实施管理办法（试行）》等文件。二是加快推进实施"两旧一村"改造。加快推动彭一小区、蕃瓜弄、凤南一村等拆除重建项目有序启动实施，完成24.5万平方米旧住房成套改造。完成全市城中村摸底调查工作，新启动城中村改造项目8个；已批项目累计完成动迁收尾项目40个，动迁安置房开工率达到90%。加大旧改征收基地收尾力度，推进实质性收尾交地。三是有序推进既有多层住宅加装电梯。聚焦数字化赋能、管线配套优化、规模化推进等方面，进一步为基层赋能赋力，完成加装电梯2303台，实施规模化加梯小区23个。四是加快实施老旧小区更新改造。实施旧住房更新改造1295万平方米；试点开展军队老旧小区改造。五是持续提升历史建筑保留保护工作水平。建立优秀历史建筑调查评估制度，加强历史建筑保留保护管理，开展第六批优秀历史建筑遴选标准及类型范围的研究。

平稳做好住房保障各项工作。一是推进保障性住房申请供应。全面实施廉租住房新准入标准和补贴标准，新增配租家庭4913户，历年累计受益家庭14.2万户；疫情封控期间，克服困难，确保廉租补贴资金每月及时足额发放到位。分批启动共有产权保障住房本市户籍家庭第十批次及非沪籍第四批次申请受理工作，完成签约约8400户、61万平方米，签约面积较2021年增长19%；历年批次累计签约14.3万户。二是加强征收安置住房管理。修订《上海市征收安置住房管理办法》《加强区属征收安置住房建设和管理工作若干意见》，进一步加强对征收安置住房的全过程统筹和监管。三是推进大型居住社区保障房及配套建设。加快市属保障性住房新开工建设，新开工市属保障房项目4个；实施大居配套三年行动计划，完成115项大居配套年度建设任务，不断提升大居公共服务水平。

深化建设新时代美丽家园。一是办好民生实事，不断解决小区急难愁盼问题。为726个小区新增电动自行车充电设施，实施1948个小区雨污混接改造，完成35个易积水小区改造。实施老旧高层住宅电梯安全评估2675台，对接安全评估结论，推动完成老旧住宅电梯修理712台、改造424台、更新226台。推进高层住宅建筑消防设施隐患排查整治，指导物业服务企业完成5773个高层住宅小区自查。二是创新管理实践，着力推动物业服务高质量发展。136个小区完成物业管理区域合并或管理，510个小区成功调整物业费价格，306个小区完成专项维修资金续筹。全市业主大会公共收益资金交款16.45亿元，其中用于补充专项维修资金10.76亿元。建立前期物业管理期间公共收益管理制度，全市前期物业管理小区公共收益入账金额1.94亿元。

积极推进房管领域数字化转型。深化“一件事”集成服务。围绕业务整合和流程再造，推动房屋买卖“一件事”、既有多层住宅加装电梯“一件事”、保障性租赁住房（公租房）申请“一件事”，提升企业和群众办事的便利度、获得感。创新推出“梯小二”服务，方便居民意愿征询。强化住房租赁公共服务平台功能，将各类租赁房源全面纳入平台，建设并上线运行“我要租房”应用场景，提供住房租赁一站式服务。建设人才安居服务平台、商办楼宇监测平台，完善房屋使用安全监管信息系统。

统筹疫情防控和经济社会发展。结合疫情发展形势，出台6个行业疫情防控工作指引，发送各类工作提示90余条，指导督促落实各项防控措施，切实筑牢疫情防控屏障。制定出台物业行业抗疫补贴、城市基础设施配套费顺延缴纳等助企纾困政策。排摸梳理房管领域受疫情影响存在的风险隐患，及时化解疫情防控工作中出现的苗头性、倾向性问题。

（范海霞）

（二）房地产市场监管

【概况】2022年，上海房地产市场监管工作坚持“房住不炒”定位，聚焦助企纾困，聚焦防范风险，多措并举稳定市场主体、稳定市场信心、稳定市场预期；坚持租购并举，构建完善住房租赁市场体系；优化房屋权属调查（测绘）管理、化解房屋产权历史遗留问题。

【房地产开发建设稳步恢复】2022年，全市房地产开发投资疫情后低位回升，降幅持续收窄。全年完成投资4979.54亿元，比上年下降1.1%。从房屋类型看，住宅投资2771.80亿元，增长3.7%；办公楼投资695.81亿元，下降9.4%；商业营业用房投资416.17亿元，下降18.6%。2022年，房地产开发建设进度有所放缓，本年新开工和竣工规模整体减少，但全市房屋在建规模总体平稳。全市房屋施工面积16678.19万平方米，比上年微增0.3%。其中，房屋新开工面积2939.74万平方米，下降23.6%；房屋竣工面积1676.40万平方米，下降38.8%。

【新建商品房销售面积同比微降】2022年，上海保持调控政策的连续性和稳定性，疫情后加大供应力度，加快供应节奏，推进复工复市。全市新建房屋销售面积1852.88万平方米，比上年下降 1.5%。其中，住宅销售面积 1561.51 万平方米，增长 4.8%；商办销售面积 119.50 万平方米，下降 30.0%。

【新建住宅销售均价为每平方米 44430 元】2022 年，新建住宅销售均价 44430 元 / 平方米。从区域均价看：内环线以内 119244 元 / 平方米，内外环线之间 69537 元 / 平方米，外环线以外 33533 元 / 平方米。

剔除征收安置住房和共有产权保障住房等保障性住房后的市场化新建住宅的区域均价分别为：内环线以内 119244 元 / 平方米，内外环线之间 93773 元 / 平方米，外环线以外 48461 元 / 平方米。

【推动中高风险房企风险防范化解】坚持市场化、法治化原则，以“保交楼、保民生、保稳定”为目标，建立健全工作机制，详细制订工作方案，市区联动、条块联动、政企联动，多措并举，切实推动防范化解风险工作。

【完成《上海市住房租赁条例（草案）》修订】深入开展立法调研，起草形成《上海市住房租赁条例（草案）》，2022 年 11 月 23 日经市人大常委会审议通过，于 2023 年 2 月 1 日正式施行。本次立法坚持践行人民城市重要理念，贯彻落实中央“房住不炒、租购并举”的定位和方向，突出民生属性，积极发挥地方性法规的顶层设计、制度引领、规范保障作用，处理好服务与监管、租赁管理和社会治理的关系，回应和破解住房租赁管理中的问题、难题。

【“我要租房”应用场景功能上线】10 月 30 日，在市大数据中心技术和平台支撑下，“随申办”微信小程序、“随申办”APP 和支付宝小程序手机三端同步上线“我要租房”服务专题。实现全市房源“一键查询”，市场化租房、保障性租赁住房“一站式办理”，包括在线核验、挂牌发布、地图找房、预约看房、保障性租赁住房申请、轮候，以及租赁合同网签备案、提取公积金支付房租和居住证办理等全流程服务。

【推动“多测合一”改革深化】进一步落实房产测绘纳入“多测合一”的改革要求，制定出台《关于进一步加强本市工程建设项目“多测合一”改革的通知》（沪规划资源调〔2022〕211 号）。完善“多测合一”技术标准，完成《上海市工程建设规范建筑工程“多测合一”技术标准（征求意见稿）》的编制。

（徐艳丽）

（三）住房保障

【概况】2022 年，本市住房保障工作以习近平新时代中国特色社会主义思想为指导，深入贯彻以人民为中心的发展思想，不断完善租购并举的住房保障体系，持续扩大住房保障受益面，努力让市民群众在安居宜居方面有更多的获得感、幸福感和安全感。

【动态调整廉租住房准入条件和保障标准】从 1 月 1 日起，对廉租住房准入条件及保障标准进行调整。其中，收入准入标准从家庭人均月可支配收入 3300 元以下放宽至 4200 元以下，财产准入标准从家庭人均 12 万以下放宽至 15 万元以下，廉租租金配租家庭租赁补贴标准总体提升近 30%，廉租住房托底保障功能更加坚实有力。

【坚持“应保尽保”兜牢住房民生保障底线】对符合条件的申请家庭做到“应保尽保”。全年新增廉租受理家庭 5270 户、配租家庭 4607 户，扣除受疫情影响月份，受理户数同比增长约 62%、配租户数同比增长约 51%；户均租赁补贴发放金额较上一年提高约 34%；新申请并取得登录资格家庭中，约 30% 在准入标准调整后符合条件，廉租住房调标政策调整效果显著。截至 2022 年底，全市廉租住房受益家庭累计达 14.2 万户，正在保障的家庭 3.8 万户，其中租金配租 3 万户，实物配租 0.8 万户；廉租住房租金补贴发放合计 3.7 万户。

【优化廉租房申请“一件事”及应用场景建设】 持续优化廉租房申请“一件事”服务，为廉租住房新准入标准实施工作和租金发放系统应用提供技术支撑；完成廉租房管理应用场景中房屋使用监测、租金缴纳检测等优化工作，通过数据对接实现对廉租保障家庭及房屋使用情况的精细化管理。

【加快保障性租赁住房房源建设筹措和供应】 2022 年，聚焦年度目标任务，加快做好保障性租赁住房筹措供应工作。通过新建、配建、改建、转化等多种渠道，将区位优越、交通便利、职住平衡的优质地块用于保障性租赁住房，跑出保障性租赁住房发展加速度，全面完成全年 18 万套（间）保障性租赁住房建设筹措任务和 6 万套（间）保障性租赁住房供应任务，全市累计建设筹措保障性租赁住房 38.5 万套（间），供应 22 万套（间），分别达到“十四五”期末规划量的 64% 和 55%。

【构建完善保障性租赁住房政策体系】 在市政府办公厅出台《关于加快发展本市保障性租赁住房的实施意见》基础上，各相关部门先后制定出台 10 余项配套政策细则，使全市保障性租赁住房从项目认定、土地供应、建设管理、改建纳管、园区配套、税费优惠到租金定价、供应管理、租赁服务形成了覆盖全生命周期的政策体系。2022 年 11 月，市人大常委会审议通过地方性法规《上海市住房租赁条例》，设置保障性租赁住房专章，为保障性租赁住房规范管理提供了更为有力的法治支撑。

【编制规划保障性租赁住房蓝图】 2022 年，编制并正式印发全市保障性租赁住房专项规划，“十四五”期末累计建设筹措 60 万套（间）保障性租赁住房的计划结合空间规划编制工作全面落地落图。在空间规划编制过程中，坚持供需匹配、职住平衡理念，重点在市郊五个新城等人口导入区域、产业园区及周边、轨道交通站点附近选址。

【制定保障性租赁住房设计标准】 以“小户型、全功能、悦生活”为理念，积极探索优化保障性租赁住房设计，开展全市保障性租赁住房设计大赛，向全社会征集优秀设计思路。完成保障性租赁住房新建、改建设计地方标准编制工作，于 2022 年 9 月正式出台。

【建设保障性租赁住房服务平台】 依托市政府政务服务“随申办”APP，开发“我要租房”应用场景，汇集本市保障性、市场化等各类租赁房源，面向社会提供在线看房选房、申请预约、合同网签备案、提取住房公积金支付租金等一站式服务。该应用场景于 2022 年 10 月底上线试运行，至年底有 4 个新建成投用的保障性租赁住房项目开展了线上供应配租。通过跨部门数据共享，保障性租赁住房申请对象可以实现当天线上申请、当天完成审核并签约入住。

【推动保障性租赁住房创新试点】 积极响应国家发改委、证监会将保障性租赁住房纳入基础设施不动产投资信托基金（REITs）试点的创新政策，遴选华润集团在松江区投资的两处保障性租赁住房项目申报 REITs 试点，2022 年 12 月在上海证券交易所成功上市，成为国内首单市场化租赁企业投资运营的保障性租赁住房 REITs。

（姚文江）

【积极开展人才安居工作】参与《关于大力吸引集聚人才助推经济恢复重振的实施方案》及“高水平人才高地核心区政策支持方案”研究；筹措协调人才安居房源，配合市人才办办理第二批“上海市市级人才公寓”认定工作，超额完成年度新增筹集人才安居租赁房源 2.5 万套计划目标，开展人才安居服务平台第一批次专项供应工作及应届高校毕业生安居保障专项行动。

2022 年 8 月 31 日，上海人才安居服务平台上线，聚焦本市人才租房痛点、堵点、难点问题，在一个平台、一张地图上实现人才租房“房源丰富、职住平衡、租金优惠、功能完善、服务升级”五大目标。

【统筹推进共有产权保障住房申请供应工作】共有产权保障住房制度持续扩大覆盖面，实现申请、审核、供应、供后管理全流程平稳有序运行。指导各区结合疫情防控实际情况，积极推进本市户籍第十批和非沪籍第四批共有产权保障住房申请供应工作，截至年底，已基本完成本批次申请审核及摇号选房工作。2022 年，年内新增共有产权保障住房签约 0.84 万套、61 万平方米，历年批次累计完成共有产权保障住房签约 14.3 万套。

【持续做好共有产权保障住房供后交易工作】在全国率先实现共有产权保障住房的全流程管理，共有产权保障住房各类供后交易工作较为平稳有序，当年新增受理各类共有产权保障住房满五年供后交易申请 2160 户，其中购买政府产权份额 2157 户、政府优先购买 3 户。截至 2022 年底，全市累计共受理各类共有产权保障住房满五年供后交易申请 8100 户，其中购买政府产权份额 7754 户（占比 96%）、政府优先购买 346 户（占比 4%）。

【研究优化共有产权保障住房“一网通办”】立足服务申请家庭，结合实践情况，研究优化共有产权保障住房“一网通办”。制订共有产权保障住房申请供应“一网通办”功能升级改造方案，重点推进共有产权保障住房申请“两个免于提交”、供后管理等功能升级，提升申请家庭便捷度、体验度和满意度。

（仇育彬）

【公有住房出售】2022 年，会同相关部门持续推进本市公有住房出售工作。据统计，全年共出售公有住房 0.54 万套，建筑面积 28.99 万平方米，回收购房款约 1.07 亿元，扣除维修基金后净归集额 0.70 亿元。全市自公有住房出售政策实施以来，已累计出售公有住房 198.8 万套，建筑面积约 10723.9 万平方米。

表1 各区2022年公有住房出售情况

项目	户数（户）			面积（平方米）		
	小计	直管房	自管房	小计	直管房	自管房
合计	5369	2871	2498	289856.75	141252.83	148603.92
浦东	1233	570	663	67618.95	28221.62	39397.33
黄浦	462	226	236	27630.7	10873.51	16757.19
徐汇	271	166	105	14833.59	8572.99	6260.6
长宁	316	133	183	17374.76	6412.54	10962.22
静安	414	214	200	20163.05	9518.85	10644.2
普陀	319	212	107	16341.76	10738.84	5602.92
虹口	248	153	95	11830.37	6861.95	4968.42
杨浦	598	505	93	26380.65	21414.69	4965.96
宝山	738	361	377	39682.74	18317.49	21365.25
闵行	382	219	163	24151.52	13904.59	10246.93
嘉定	109	108	1	6307.62	6248.86	58.76
崇明	279	4	275	17541.04	166.9	17374.14

【住房分配制度改革】进一步推进本市住房分配制度改革。按《关于进一步深化本市城镇住房制度改革的若干意见》（沪府发〔1999〕38号）要求，推进企事业单位的住房分配制度改革；配合市政府机管局等部门深化、完善本市公务员住房解困有关思路。支持配合外省市住房分配制度改革。配合外省市住房分配制度改革和经济适用住房、动拆迁货币安置等工作的开展，做好外地职工及其配偶在沪住房情况申报确认工作，2022年共确认509户，自2003年此项工作开展以来，累计确认10251户。

【继续解决未确权的公有住房的出售问题】2022年，根据《关于进一步推进本市公有住房出售若干规定的通知》（沪府发〔1999〕44号）精神，继续对投资单位未申领房地产权证的住房进行梳理，推进将符合出售条件的住房出售给承租的职工家庭。当年各区房改部门出售的这类住房共292套，建筑面积1.63万平方米；已累计代售53920套，建筑面积约316.6万平方米。

【解决各区有限产权接轨工作的疑难问题】市、区房改部门经过调研和协调，研究解决各类疑难问题，推动有限产权住房接轨工作顺利推进，全年有限产权住房接轨717套，累计接轨81572套。

（仇育彬）

（四）两旧一村改造

【概况】2022年，上海市共新发征收决定53个，涉及居民1.4万证，建筑面积45万平方米，其中，旧改居民1.4万证，建筑面积44万平方米；2022年累计完成征收居民2.0万证，建筑面积95万平方米，其中，旧改居民1.7万证，建筑面积59万平方米。

2022年，上海市立足党中央、国务院关于城镇老旧小区改造的一系列决策部署，围绕以人民为中心的发展思想，持续加大城镇老旧小区改造力度，努力把老旧小区打造成生活空间宜居适度、生活要素布局合理、传统现代有机交融的美丽家园，2022年全市共实施老旧小区改造1295万平方米。

2022年，完成城中村摸底调查。全面完

成了9区、113个街镇的访谈和城中村现场调研，掌握了上海市城中村基本底数情况，建立上海市城中村基础信息数据库。根据摸底调查，除已批准的54个城中村项目外，还有城中村点位约705个。

【完善征收配套政策修订】全面梳理《上海市国有土地上房屋征收与补偿实施细则》(上海市人民政府令第71号)配套政策文件，进一步评估征收政策法规执行落实情况，上半年修订完成并发布《关于贯彻执行〈上海市国有土地上房屋征收与补偿实施细则〉的若干意见》(沪房规范〔2022〕3号)，确保征收政策完整性和可操作性。

【加强征收基地疫情防控】2022年，共下发疫情防控工作提示6次，指导各区房屋征收部门开展基地疫情防控工作；同时，加强复工复产政策研究，印发《上海市房屋征收复工复产疫情防控工作指引》，并由市防疫办正式发文，为各区征收工作复工复产提供行业指导意见。

【强化征收基地管理】积极做好征收基地疫情防控、防台防汛、安全管理、房屋看管等各项管理工作。督促各有关部门针对本区征收基地特点，编制相应的应急预案并有效落实，同时积极开展应急演练；加强对历史保留保护建筑的维护和看管；开启征收基地全流程规范化管理研究工作；会同各有关部门对全市征收基地开展安全检查，全年专项检查10余次，检查基地20余个，发现并整改隐患20余处。

【加强队伍建设】一是开展征收行业相关人员培训，提升行业从业人员业务水平。完成2022年度征收业务人员工作证培训，共计完成复训2481人、初训369人；举办征收管理人员培训，重点对征收政策及信访工作条例进行解读。二是开展征收事务所备案，对房屋征收事务所进行全面检查和考核，完成上海市43家房屋征收事务所备案预审。

（陈晓露）

【加强市级项目和补助资金管理】市房管局、市财政局联合制定《关于“十四五”期间旧住房更新改造市级项目及资金管理若干事项的通知》(沪房更新〔2021〕92号)，进一步明确本市旧住房更新改造市级资金补助范围和项目库管理制度，提高屋面及相关设施改造项目的市级补助控制单价至520元/平方米。

【建立市级项目实施计划制度】在市级项目库管理制度的基础上，建立市级项目实施计划制度。各区拟申请市级补助资金的城镇老旧小区改造项目，应在项目报建前将项目基本情况上报至项目库管理系统，经初审符合市级项目有关申报条件的，由市房屋管理局审核后，根据实际情况下发实施计划。市级项目进入实施计划后，方可报建并进入市级项目储备库。市级项目申报要求从实际出发，聚焦重点、分类实施，积极推进老旧小区改造与规模化加装电梯相结合，优先对从未进行过更新改造的老旧小区(包括系统公房)、不成套住房尤其是中华人民共和国成立后建造的职工住宅、涉及风貌保护的老旧住房等进行改造。

【推进老旧小区改造统计调查】按照《全国城镇老旧小区改造统计调查制度》有关要求，组织各区通过“修缮综合管理系统”，梳理上报城镇老旧小区改造项目情况和改造成效，通过信息化手段收集汇总统计数据并定期上报住建部，便于有关部门全面掌握改造小区的基本情况及加装电梯、改造建设养老托育等配套服务设施等相关情况，为政策制定和宏观管理提供依据。

【实施军队老旧小区改造】按照国家发改委、财政部、住建部和军委后保部联合印发的《军队老旧住房小区改造试点工作方案》有关精神，上海警备区保障局、市房屋管理局、市发展改革委和市财政局联合印发《上海市军队老旧住房小区改造试点工作方案》，明确了军地各有关单位职责任务，将军队老旧小区改造项目纳入地方改造计划，按照属地管理原则由地方作为项目实施主体和管理主体，依据本市老旧小区改造相关政策实施，项目所属部队予以协助。军队老旧小区改造项目按照属地同等政策、同等标准的要求明确改造内容、编制改造方案，建立由警备区保障局、市房管局军地共核的联审机制。在各方共同努力下，本市长宁区愚园路792号军队老旧小区改造试点项目在全国范围内率先动工。

【加强城镇老旧小区改造项目监管】为进一步加强城镇老旧小区改造项目建设管理，完善全过程监管机制，下发《关于进一步加强本市住宅修缮工程建设及过程管理的通知》，要求严格按照《上海市住宅修缮工程管理办法》，规范工程纳管、开工审核、竣工备案等工作，加强对各类城镇老旧小区改造项目（包括自筹资金项目）中应纳入修缮管理平台的全覆盖监督管理，规范操作流程。重视结合老旧小区改造提升配套设施，对接相关部门和专业单位统筹实施，避免反复进场、反复施工的情况发生，最大限度减少对居民生活的影响。加强工期管理和资金管理，确保工期合理、调整及时，竣工备案后两年内完成项目清算。

【加速推进既有多层住宅加装电梯】按照市委、市政府关于既有多层住宅加装电梯民心工程的工作部署，把“能加尽加、愿加快加”作为工作推进的总基调，2022年全市加装电梯共完工2303台，“十四五”以来已完工3882台。通过统筹疫情防控和安全生产，加快安全性论证，加大“修缮＋加梯”推进力度，推动23个小区整体化、规模化加装。充分利用“梯小二”“社区云”等小程序，加大政策宣传力度，着力推动有意愿的业主达成共识。依托“一网通办”平台，加快推动加装电梯“一件事”办理，实现网上办理提质增效，办理环节减少25%、材料提交减少57%、办理时间减少50%、跑动次数减少75%。建立管线迁移协调机制。依托加装电梯管线迁移平台应用场景，形成街镇一键发起管线迁移协调需求，市、区相关部门及时响应的推进机制。（徐昌健）

【全面完成城中村年度目标任务】加快推动新项目认定。浦东新区北蔡镇、嘉定区工业区、宝山区顾村镇、青浦区赵巷镇、金泽镇、闵行浦江镇、松江洞泾镇、宝山大场镇等8个项目认定。全力推进已批项目改造。2014—2020年认定的49个项目，动迁收尾已完成40个项目，动迁安置房开工率90%，基础设施项目已开工218个、竣工100个，已出让151块经营性用地，15个项目已开始商品房销售。2021年新批准的5个项目中，有3个项目所在区已完成方案备案并启动了房屋土地征收，其余两个项目正在遴选合作单位；2022年新批准的8个项目中，有两个项目已完成方案备案并启动了房屋土地征收。

【研究完善城中村改造政策】针对城中村改造中面临的项目认定标准过严、改造资金需求大且平衡困难、改造周期较长、部分已批项目推进缓慢等痛点和堵点，在广泛调研基础上，提出了涵盖项目认定标准、规划、土地、资金平衡、资金筹措、改造规范、改造方式、动迁收尾、农村集体经济组织及其成员权益保障等一系列政策，均已体现在“两旧一村”实施意见中。同时，进一步细化深化城中村改造各类支持政策，加快政策落地。已梳理出城中村改造项目全过程管理、项目认定及实施方案备案、规划土地、合作单位遴选等政策清单，年底前基本完成制定工作，形成符合城中村改造实际、操作性强的城中村改造政策体系。

【制订城中村改造三年行动计划（2023-2025年）】将中心城区周边及五大新城范围的城中村，优先纳入2023—2025年城中村改造计划，三年共计划安排30个城中村改造正式项目，7个预备项目，涉及村（居）民1.26万户。同时，结合既有规划等情况，按整体改造类、规划实施类和整治提升类等不同方式，因地制宜，分类改造。加快建设城中村改造信息系统，建立从项目认定到竣工验收的全过程、信息化、精细化管理机制。

【强化城中村改造工作协调推进】充分依托市“两旧一村”改造工作专班，切实做到“三个加强”：加强全程监管，实施挂图作战；加强综合协调，帮助区里解决问题困难；加强考核督查，落实工作责任。加强分类施策，按照“一地一方案”要求，区里提出方案，市里加强协调，解决了一批已批项目推进中面临的难点堵点问题。开展覆盖到各区、各有关街镇全市性的城中村专题培训，重点就城中村改造支持政策、城中村改造实施方案编制、城中村改造全过程管理等内容进行解读。（陈晓露）

（五）物业管理

【概况】2022年，本市物业管理工作强化党建引领，积极融入基层治理总体格局。贯彻落实市委《关于进一步加强党建引领基层治理的若干措施》，会同市委组织部等有关部门，协同推进家园工程，夯实党建引领物业治理基础。强化物业管理行业党建。举办物业服务企业党组织书记培训班和党务干部培训班，共有近4000人次参与培训，提升物业企业党建工作水平。每季度开设“技艺无尽 求索有径”物业技艺云课堂，加强对行业一线从业人员的培养教育，共有5万余人次参与培训。开展行业职业技能竞赛，组织236家物业服务企业的3118名物业管理员参加线上理论基础知识、综合案例分析竞赛，提升从业人员专业水平。在市房管局、市物业协会网站及相关微信公众号开设专栏，对物业行业抗疫工作开展专题宣传，共发布行业抗疫故事400余篇。指导市物业协会在三期《组织人事报》上，对22家物业行业党建品牌企业开展先进事迹系列宣传。健全党建引领协同机制。修订印发《关于开展本市住宅物业服务企业社会责任履行社区满意度年度评价工作的通知》，将评价主体由街镇政府、居委会改为街镇党（工）委；评分项目新增了街镇重点评价，重点评价项目由街镇自行定义。以“党支部+党的工作小组+党建指导员”方式，持续扩大党对业委会的组织和工作覆盖，已在544个业委会建立了党支部，3830个业委会建立了党的工作小组。4528个居委会下设环境和物业专业委员会，2309个住宅小区实现居委会成员兼任业委会成员。

【推进电动自行车充电设施建设】市房管局联合市应急局、市消防救援总队印发实施方案，分解落实各区年度建设任务，指导各区统筹疫情防控和实事项目建设，为726个小区新增电动自行车充电设施，超额完成全年任务。

【推进电梯安全使用隐患排查和修理改造更新】市房管局会同市市场监管局完成老旧高层住宅电梯安全评估2675台，为19281台电梯加装远程安全监测模块；对接安全评估结论，实施老旧住宅电梯修理712台、改造424台、更新226台。

【推进小区排水设施改造】市房管局会同市河长办赴各区实地调研，指导各区统筹小区内外因素，完善方案，落实汛期应对措施，完成35个小区易积水小区整治工程。会同市河长办、市水务局联合印发《关于打赢雨污混接综合整治攻坚战的实施意见》，全力推进小区雨污混接改造，实施1948个小区改造。

【推进高层住宅建筑消防设施隐患排查整治】市房管局会同市消防救援总队、市公安局联合开展全市动员部署，指导各区按照高层住宅建筑消防设施排查整治工作方案要求，全市物业服务企业共完成5773个高层住宅小区自查。

（黄麒玮、何炜东）

【持续推动小区管理区域合并】针对中心城区规模小、管理差的小区，指导各区开展物业管理区域合并或管理，形成物业管理规模效益。共有144个小区完成合并，其中15个小区实现物业管理区域合并，129个小区实现管理合并。

【有序推进物业费调价】抓住物业服务合同期满选聘、旧住房更新改造、小微小区合并等重要窗口期，聚焦老旧小区，积极推行物业服务价格评估，推动物业服务价格调整，共有510个小区成功调整了物业费价格。

【规范住宅小区公共收益管理】制定印发《上海市住宅小区前期物业管理期间公共收益会计核算办法》和《关于开立前期物业管理期间公共收益子账户有关工作的通知》，对各区房管局进行业务培训，指导各区局开立了前期物业管理公共收益子账户。全市前期物业管理小区公共收益入账金额1.94亿元。

【持续推进维修资金续筹】市维修资金系统实时对维修资金余额不足首期金额30%的小区进行预警标记，每季度下发预警小区清单，指导各区推进维修资金续筹工作，共有306个小区完成续筹。持续推进公共收益有效补充维修资金，全市业主大会公共收益资金交款16.45亿元，其中用于补充维修资金10.76亿元。

（何炜东、史旭）

【住宅小区疫情防控工作】全市1800家物业企业、20万物业一线人员，牢牢守住1.3万个小区大门，日均预防性消毒34万楼栋、日均消毒快递物资108万批次。市、区、街镇各级物业管理部门聚焦小区出入口管理、快递物资消毒、生活垃圾清运等市民反映集中的问题，建立24小时快速处理、督办工作机制，累计督查11.9万余次，督办1.6万余件。

【持续做好常态化疫情防控工作】复工复产以来，督促物业服务企业落实各项防疫措施。规范出入口管理，督促进入住宅小区外来人员测温、扫描“场所码”或“数字哨兵”并核验其健康状态；规范日常保洁和预防性消毒，重点对高频接触物品、垃圾存放点、快递置物架、健身器材、社区活动点等定时科学做好清洁消毒；规范垃圾处置，因地制宜做好各类垃圾的分类收集堆放工作，及时驳运生活垃圾；规范员工健康管理，物业服务人员上岗前严格测温验码，做好个人防护，按要求报送相关人员核酸检测情况，严格落实来沪返沪员工健康管理要求。

【出台物业行业抗击疫情助企纾困财政补贴政策】印发《关于对本市物业服务行业抗击疫情工作给予分档定额补贴的指导意见》，

明确补贴范围、补贴时段、补贴用途、补贴标准、补贴发放方式等要求。指导各区结合区域实际，制订补贴方案，明确补贴申请程序，尽快完成补贴资金发放，切实保障和支持物业服务企业和一线人员做好疫情防控工作。 （史旭）

（六）城镇房屋安全管理

【概况】 城镇房屋安全既是城市运行安全的重要组成部分，也是人民安居乐业的重要保障。截至2021年底，上海市城镇房屋建筑面积达15.08亿平方米，其中居住房屋约7.29亿平方米，非居住房屋约7.79亿平方米，竣工年份在1990年以前的房屋面积超过1.6亿平方米。总体而言，上海市城镇房屋具有建造年份跨度大、设计建造标准差异大、结构形式复杂、权属复杂、量大面广等特点。上海市始终高度重视城镇房屋安全管理，在数字化转型的大背景下，将房屋安全管理机制建设、更新改造、安全隐患排查整治等工作与信息化、智慧化管理有机结合，持续强化城镇房屋安全管理。

【城镇房屋安全隐患排查整治】2021年以来，按照《上海市城镇房屋安全隐患排查整治工作方案》的要求，对全市城镇范围内所有房屋（包括居住建筑、公共建筑和工业建筑等）进行了全面安全隐患排查，对存在突出安全隐患的房屋，坚持隐患处置主体责任，落实属地责任和行业监管责任，在处置完成前及时采取有效排险措施。

【城镇自建房专项整治】 按照《上海市自建房安全专项整治工作方案》，充分运用城镇房屋排查整治工作成果，明确行业联络机制，强化属地对接，共享数据底板，形成街镇做好基础调查、行业主管部门做好行业排查、第三方专业队伍做好专业核查的专项整治工作路径。在管控方面，对初判存在安全隐患的房屋全部采取了管控措施，特别是对不具备经营条件的，要求立即停止使用、人员撤离。在鉴定方面，对初判存在安全隐患的房屋，结合房屋拆除计划、长期空置等实际情况，有序组织安全鉴定，避免“一刀切”。在整治方面，针对鉴定为C、D级的危险房屋，将依法拆除、重建、加固，与拆迁安置、集中居住等工作结合，逐栋建立“一房一方案”，明确整治措施、时限和责任人，逐项验收销号，坚决守住不发生重特大事故底线。

【数字赋能推动共管共治】 结合城镇房屋安全隐患排查、自建房专项整治等工作，将跨条线、跨部门之间的隐患处置全面纳入精细化管理平台，形成由市级层面到街镇基层的“查、管、治”并举双向管理，不断深化各行业管理部门协同配合，形成共管、共治、共享的工作框架。在此基础上，匹配综合管理平台的房屋坐标和遥感地图定位信息，整合形成全市房屋空间地理信息数据底板，将房屋排查、检测、处置等信息建成房屋档案，实现“一幢一档”，为后续长效管理奠定基础。

（徐昌健）

（七）优秀历史建筑保护

【概况】 历史建筑是留住记忆、留住乡愁的重要载体，也是文脉传承、城市内涵的重要组成。2022年，围绕中办国办《关于在城乡建设中加强历史文化保护传承的意见》，市、区相关部门持续完善本市优秀历史建筑保护的全覆盖、全流程、精细化管理体系，进一步扎实做好相关工作，高质量推进城市有机更新和文化传承保护。

【开展调查评估】 市房管局会同市财政局、市规资局联合印发《上海市优秀历史建筑调查评估工作实施办法》，建立优秀历史建筑调查评估制度，对照“一幢一册”基础信息，定期对优秀历史建筑修缮利用和保护管理等情况进行调查评估，在此基础上逐步形成轮修、督修和通报制度，并鼓励通过设施完善、功能调整、环境优化等方式进行活化利用，推进落实保护责任，提升优秀历史建筑保护和利用水平。

【建立保护储备】 根据中办国办《关于在城乡建设中加强历史文化保护传承的意见》中关于扩充保护对象、丰富保护名录的文件精神，市房管局组织专业单位在对上海市五批优秀历史建筑类型组成及特点全面分析的基础上，以本市保护条例和住建部关于确定历史建筑所需的价值要素为标准，重点对本市近现代、中华人民共和国成立后、改革开放以来有代表性的建设成果进行调研排摸，逐步建立以公共建筑、工业遗存及优秀现当代建筑（包括交通、水利等工程设施）为主的优秀历史建筑储备库。

【推进三维建档】 结合国家和住建部对保护对象开展数字化信息采集，建立数字档案的相关要求，市房管局试点开展“历史风貌区及优秀历史建筑实景三维测绘建模”项目，对优秀历史建筑的重点保护部位、建筑单体及其环境空间进行数字化测绘，推进外滩“第二立面”风貌区及重点优秀历史建筑信息收集整理和三维数据采集分析，运用数字化管理系统，形成优秀历史建筑数字化档案的典型案例。

【夯实技术支撑】 编制出台了《优秀历史建筑外墙修缮技术标准》《优秀历史建筑抗震鉴定与加固标准》，计划修订《优秀历史建筑保护修缮技术规程》、新编《优秀历史建筑数字化测绘建档技术标准》，进一步完善涵盖优秀历史建筑评估认定、勘察鉴定、设计施工和竣工验收的全过程标准体系；同时，继续对历年公布的优秀历史建筑保护技术规定文件中出现的保护要求不完整、少量信息错误、保护本体及“两线”划定须调整等情况有针对性地进行补充修订。

【加大修缮力度】持续加大对静安宾馆、雷士德医学院、国泰电影院、慈修庵等一批优秀历史建筑的修缮力度，积极推动上海音乐学院、张园东区、杨浦水厂等成片风貌保护项目的改造，充分发挥重点建筑修缮示范效应，推动优秀历史建筑修缮有序开展。

【强化智能管理】继续推进优秀历史建筑智能监测设备安装应用，对监测数据应用于城市网格化综合管理的效用进行跟踪分析。

（王彦）

CHAPTER SEVEN Ⅶ

民用航空

- 综述
- 行业管理
- 华东民航

（一）综述

2022年，上海民航两个机场（虹桥国际机场、浦东国际机场，以下简称上海两机场）全年实现航班起降32.70万架次，旅客吞吐量2889.00万人次，货邮吞吐量330.18万吨。受全球新冠疫情持续影响，国际客运市场持续低迷，货运吞吐量创历史新高。年内，上海两机场安全运行态势平稳，浦东国际机场、虹桥国际机场分别实现了第22个、第34个安全年，浦东机场四期扩建工程正式开工建设，虹桥机场旅客吞吐量第三年超过浦东机场。

上海两机场全年共计完成旅客吞吐量2889.00万人次，同比减少55.8%，其中虹桥国际机场完成旅客吞吐量1471.16万人次，同比减少55.7%，浦东国际机场完成旅客吞吐量1417.84万人次，同比减少56%；货邮吞吐量330.18万吨，同比减少24.4%，其中虹桥国际机场完成货邮吞吐量18.45万吨，同比减少51.9%，浦东国际机场完成货邮吞吐量311.72万吨，同比减少21.7%；2022年两机场共起降飞机32.70万架次，同比降低43.7%，其中在虹桥国际机场起降12.27万架次，同比降低47.0%，在浦东国际机场起降20.44万架次，同比降低41.5%。

2022年，基地设在上海的运输航空公司有10家，分别为：中国东方航空股份有限公司、上海航空有限公司、春秋航空股份有限公司、中国货运航空有限公司、上海吉祥航空股份有限公司、金鹏航空股份有限公司、一二三航空有限公司、国航上海分公司、南航上海分公司、厦航上海分公司。2022年，基地设在上海的小型航空器商业运输运营人有7家，分别为：上海金鹿公务航空有限公司、一二三航空有限公司、吉星商务航空有限公司、上海金汇通用航空股份有限公司、上海新空直升机有限公司、上海中瑞通用航空有限公司、上海和利通用航空有限公司。

2022年上海浦东、虹桥国际机场三大运输生产指标表

项目	单位	数值	比上年增长（%）
航班起降	万架次	32.70	–43.69
旅客吞吐量	万人次	2889.00	–55.84
货邮吞吐量	万吨	330.17	–24.38
国际货邮	万吨	258.29	–20.94
地区货邮	万吨	39.46	–14.85

2022年上海航空口岸旅客运输情况表

项目	数值（万人次）	比上年增长（%）
出入境旅客	167.79	–67.73
国际旅客	81.99	–80.63
地区旅客	85.80	–11.24
浦东国际机场口岸出入境旅客	167.79	–65.50
国际旅客	81.99	–79.98
地区旅客	85.80	11.62
虹桥国际机场口岸出入境旅客	0	–100.00
国际旅客	0	–100.00
地区旅客	0	–100.00

说明：资料由上海机场集团提供

（二）行业管理

【概况】 2022年，华东民航各单位始终以习近平总书记对民航安全工作的重要指示批示精神为总遵循，切实把思想和行动统一到党中央、国务院重大决策部署上来。持续完善安全责任体系。各单位不断强化“时时放心不下”的责任感，持续完善党委安全议事决策机制，认真开展确保民航安全运行平稳“9方面26条措施”回头看，不断健全完善“全员安全生产责任制”，《安全生产法》“党政同责、一岗双责、齐抓共管、失职追责”和“三管三必须”等履职理念进一步入脑入心，并融入组织体系、手册制度，安全主体责任、领导责任和岗位责任得到持续强化。优化调整《民航华东地区生产经营单位安全绩效考核实施办法》，新增6方面17个指标，进一步聚焦安全运行全过程管理。全面整合民航局重点安全工作要求，形成共计90条的《行业安全监管重点任务清单》，并将其作为局方监管工作绩效考核重要指标，进一步压实安全监管责任。

【有效把控运行关键风险】 各单位持续深耕安全管理体系（SMS）建设，系统安全理念得到进一步增强，对SMS“一个核心和六个要素”的认识不断加深，通过内部自审评估、局方审核评估及第三方审核相结合的方式，推动各单位体系效能持续提升，14家航空公司、47家运输机场均完成SMS内审工作，5家航空公司、5家机场、6家空管单位完成第三方及局方评估和审核工作。在受疫情影响航班量持续低位波动运行的艰难局面下，各单位在持续抓好可控飞行撞地、跑道安全、飞行失控、发动机空停、空中相撞、危险品运输等关键风险管控的同时，认真落实管理局《关于做好复工复产风险管控确保航空运行安全的通知》中6个专业29条措施，有效管控人员在岗状态、运行资质保持、操作技能生疏、航空器适航性、设施设备可靠性、人员思想状态等疫情衍生风险，通过有效措施，保持一线人员技能水平，提升综合安全保障能力，确保安全和防疫工作平稳可控。

【深入排查治理安全隐患】 各单位认真组织开展全国安全生产大检查民航专项检查、防范化解重大风险专项整治、安全专项整治三年行动巩固提高等专项行动，以“安全隐患零容忍”的态度深入排查治理安全隐患，共排查问题隐患1919项，目前已整改关闭1918项。同时持续推动风险分级管控和隐患排查治理常态化、程序化、机制化建设，综合治理能力水平不断提升，华东民航安全管理工作系统平台（EASP）隐患数据逐年上升，全年处理隐患数据16784条，同比增加35.7%；有效信息率同比提升13.6%，隐患信息质量同比提升了5%。

【精准安全监管取得实效】 通过对民航安全信息网（SAFETY）、行业监管工作平台（SES）、飞行标准监督管理系统（FSOP）、机场标准监督管理系统（ASOP）及华东民航安全管理工作系统平台（EASP）等系统数据的深度整合利用，持续监控可控飞行撞地、空中失控、跑道安全、FOD等8类核心风险指标并提出预警，全年发布风险通告13期。综合利用隐患排查、安全绩效等运行数据为辖区企业“精准画像”，以数据分析为基础识别重点单位实施重点监管，按季度动态调整重点单位名单。

【守牢华东民航防疫阵地】 面对国内外严峻的疫情形势，华东民航各单位上下一心，切实担负起疫情防控的政治责任。辖区各公司均严格执行闭环管理，落实隔离观察和健康管理措施，未发生因机组感染而造成的外溢事件。机场口岸严格外防输入，持续推动福州、厦门、青岛、济南、杭州、南昌等口岸机场细化完善工作方案，聚焦隔离场所设置、特殊情况处理等重点环节织密织牢防护网。一年来，华东民航不仅筑牢疫情防控屏障，未造成疫情因民航途径外溢，同时确保辖区机场、航空公司将疫情对运行保障造成的影响减至最低。

【积极参与地方联防联控】 紧紧围绕联防联控机制，积极发挥“协调、协同、协助”作用，持续推动华东各口岸机场、航空公司与地方建立起联防联控机制，强化机场区域一体化疫情防控体系常态化机制建设，确保“四方责任”落实。全力保障运输“空中生命线”畅通，竭尽全力保障国际航空运输能力。配合地方疫情防控需要，积极协调落实航班调整，做好时刻优化配置，确保时刻均衡。

协调辖区物流保通保畅。开辟绿色通道，全力满足货运航班需求；兼顾区域平衡，扎实推动华东航空物流顺畅。尤其在大上海保卫战期间，各单位按照华东局的统一部署，积极配合上海市打赢疫情防控大仗、硬仗，共保障援沪医疗队航班 231 架次、运输医护人员 33414 人，行李及医疗物资 963.5 吨；同时针对物流不畅导致浦东机场货物积压、危险品超量存储等问题，与上海海关、上海市相关部门迅速沟通，及时解决超量存储隐患，最大限度地维护行业安全和稳定运行。

【履行防疫监管职责】 持续做好防疫管理，及时根据政策变化对防疫要求进行更新宣贯，督促辖区各航空公司落实“一航线一方案”要求，提升机组个人防护要求、落实远端防控细则、优化机上服务流程、加强隔离管理及健康监测，杜绝机组染疫风险。上半年面对上海疫情与境外疫情复杂交织的严峻形势，浦东机场守牢防疫国门，严格落实“外防扩散、内防倒灌”各项措施，分类细化进出港航班、货物、旅客数量，动态掌握运行情况，严防与社会面动线交叉，运用技术手段强化管理，确保各集中居住点实现动态清零。

（三）华东民航

【颁发国产大型客机 C919 飞机生产许可证】 2022 年 11 月 29 日，C919 飞机生产许可证颁证活动在上海举行，华东局局长姜春水向

中国商飞公司总经理赵越让颁发了 C919 飞机生产许可证。工业和信息化部、上海市政府、民航局、华东局、民航适航审定中心及中国商飞公司相关领导出席了颁证活动。

【发布《民航法定自查与安全管理体系（SMS）、隐患排查治理长效机制融合工作指引》】为了推进民航法定自查与安全管理体系（SMS）、隐患排查治理长效机制的有效融合，华东局发布了《民航法定自查与安全管理体系（SMS）、隐患排查治理长效机制融合工作指引》（以下简称“《指引》”）。

【《长三角区域运管委工作方案（试行）》宣贯会召开】为深入贯彻民航局有关航空安全和运行品质政策要求，提升长三角机场群智慧化协同运行水平，6 月 22 日，华东局在强化现有机场运管委运行工作机制及不断论证区域运管委建设必要性、可行性基础上，发文正式成立长三角区域运管委并下发试行工作方案。

【圆满完成重大运输任务保障】圆满完成党的二十大、第五届进博会等民航重大运输服务保障工作。积极做好援沪、援藏、援琼、援疆等疫情相关重大运输保障任务，共计保障航班 1222 架次，运送医护人员、撤离游客等 96435 人，行李及医疗物资 2332.82 吨。完成保障俄罗斯、乌克兰、匈牙利、乌兹别克斯坦等地滞留人员回国包机任务。

【吉祥航空开启中国境内首个旅行类机上 Wi-Fi 直播】12 月 28 日的上海 - 三亚 HO1177 航班中，吉祥航空空乘和携程主播全程使用吉祥航空机上 Wi-Fi，在万米高空的客舱开启直播，这在国内尚属首次。此次客舱直播画质和音频效果全程均顺畅清晰，显示出中国航空公司机上 Wi-Fi 服务逐渐走向成熟。2020 年末，电信集团、东航集团、均瑶集团合资成立“空地互联网络科技股份有限公司”，打造国内首家既有航司背景、又有增值电信业务经营许可的航空互联综合服务供应商，其服务范围覆盖吉祥航空和东方航空所有宽体机队。

【长三角区域运管委协同机制正式启动实施】7 月 8 日，长三角区域运管委协同机制正式启动实施。该机制是在华东地区开展的提升运行协同效能，促进民航运行安全高效的创新举措，旨在提升长三角机场群智慧化协同运行水平。长三角区域运管委的协同模式是在原有的基于机场运管委的运行协调模式的升级版，不但可以针对机场的进离港交通流进行航班动态调整，而且可以在华东空管局空管中心的协调下，发挥整个地区的空域和航路统筹能力，通过多机场协同改航、调时和航班合并等手段，避免复杂天气等情况下的航班大面积延误，助力复工复产，提升旅客的航空出行品质。

【中日韩民航首次联合实施台风改航程序】9 月 1 日，华东空管局空管中心向韩国大邱流量管制中心发布了针对“轩岚诺”台风的改航航班预战术流量管理方案，首次启动了中日韩三国民航运行单位的台风改航程序（TDP）试运行。该程序的实施减少了航班因台风改航而受影响的时间，避免了因改航航班的超容量运行而影响正常航班。台风改航程序是中日韩民航空管在 NARAHG（东北亚地区流量管理协调组）框架内开展的跨国境流量管理的合作成果。该程序针对三国在台风改航运行中的难点，立足现有能力，采取协同运行的方式进行流程优化。单独针对台风改航航班进行提前的组织协调，从而避免因改航航班的超容量运行而影响正常航班。

【东航服务不断优化升级】1 月 3 日，东航面向社会推出“健康通行”服务。搭乘东航

国际航班的旅客，可使用东方航空 APP，提前完成健康证明的上传及核验，凭核验通过的确认标志在机场完成快速乘机手续；8 月，东航上线“勇敢者挑战”项目，让无成人陪伴儿童飞行“可视化”、家长更放心。旅客可通过东航官网、APP 全流程自助申请“无成人陪伴儿童”服务；在“申请单查询”入口查询孩子的行程状态；在“空中生活记录”查看孩子的空中饮食情况和飞行照片；9 月 28 日，随着“路路云购－东航 NDC 直营店”上线，年初至今，东航 NDC 异业直营店已合计上线 30 家。东航 NDC 异业直连通过深入不同业态、丰富产品体系，在地域、行业和媒介等多维度积极提升东航品牌影响力；10 月 31 日，第三轮“爱购上海”电子消费券开启使用，以上海为主基地的东航加入本轮消费券活动商户，旅客可在东方航空 APP、小程序购买机票产品时使用消费券。东航还将开启好礼加赠，为消费者带来五重惊喜。

【东航完成女足回国包机重要任务保障】2 月 7 日，东航 MU7118 包机航班保障夺得亚洲杯冠军的中国国家女子足球队一行从印度回国，其间，女足队员和主教练通过机上 Wi-Fi，在万米高空的客舱里接受中央电视台的视频直播，与全国网友实时互动。

【全球首架 C919 成功交付东航】9 月 30 日，中共中央总书记、国家主席、中央军委主席习近平在北京人民大会堂会见 C919 大型客机项目团队代表并参观项目成果展览，充分肯定 C919 大型客机研制任务取得的阶段性成就。中国东航总经理、党组副书记、东航股份总经理、党委副书记李养民代表中国东航参加会见。东航上海飞行部赵清作为项目团队代表参加会见。国产大飞机 C919 的全球首架机正式交付东航。

【东航开启中国总装 A320 飞机首次可持续航空燃料交付飞行】10 月 12 日，东航在位于天津的空客中国交付中心接收一架全新的 A320neo 飞机，随后，该架飞机加注 5% 的可持续航空燃料（Sustainable Aviation Fuel，简称 SAF），从天津首飞前往西安。可持续航空燃料是以废弃的动植物油脂、油料、使用过的食用油、城市生活垃圾和农林废弃物为原料，以可持续方式生产的替代燃料。相较于传统的化石燃料，SAF 从原材料收集到最终用户使用的整个过程中产生的碳排量最高可减少 85%。此次交付使用的 SAF 来自“中国制造”，由中国石化镇海炼化厂使用餐饮废弃油作为原材料炼制生产，系中国首套可持续航空燃料工业装置实现规模化生产后的首批国产 SAF。

（孙越）

表：2022年上海两场航点变动情况

新增国内航点	白城（DBC）、达州（DZH）、鄂州（EHU）、韶关（HSC）、九江（JIU）、于田（YTW）
新增港澳台和国际航点	马来西亚/古晋（KCH）、文莱/斯里巴加湾（BWN）、阿联酋/迪拜世界中心（DWC）、匈牙利/布达佩斯（BUD）、希腊/雅典（ATH）、俄罗斯/哈巴罗夫斯克（KHV）
取消国内航点	保山（BSD）、抚远（FYJ）、淮安（HIA）、六盘水（LPF）、哈密（HMI）、库尔勒（KRL）、邵阳（WGN）、盐城（YNZ）、沧源（CWJ）、澜沧（JMJ）、临沧（LNJ）
取消港澳台和国际航点	缅甸/仰光（RGN）、马来西亚/哥打基纳巴卢（BKI）、马来西亚/槟城（PEN）、菲律宾/吕宋岛（CRK）、菲律宾/卡利博（KLO）、泰国/曼谷廊曼（DMK）、泰国/普吉（HKT）、阿联酋/沙迦（SHJ）、印度/德里（DEL）、巴林/巴林（BAH）、巴基斯坦/拉合尔（LHE）、德国/莱比锡（LEJ）、德国/慕尼黑（MUC）、俄罗斯/莫斯科多莫德多夫（DME）、俄罗斯/莫斯科（MOW）、俄罗斯/符拉迪沃斯托克（VVO）、美国/奥克兰（OAK）、美国/孟菲斯（MEM）、澳大利亚/基督城（CHC）

CHAPTER EIGHT Ⅷ

铁路运输

- 综述
- 客货运输
- 经营开发与节支降耗
- 铁路建设
- 新冠肺炎疫情防控与公共卫生管理

（一）综述

【概况】中国铁路上海局集团有限公司（简称国铁上海局集团公司）地处长三角地区。铁道线路主要分布在安徽、江苏、浙江、上海三省一市，分别与济南、郑州、武汉、南昌局集团公司毗邻。管辖车站746个，其中高铁车站（不分车站等级）224个、普速铁路车站522个，另有动车所10个；高普共站（不分场，按普速管理）共8个，高普共站分场设置共30个。

2022年末，国铁上海局集团公司铁路营业里程13749.7千米（同比增加375.4千米），其中国铁营业里程4103.6千米，合资铁路营业里程9646.1千米（控股合资铁路公司5745.9千米，非控股合资铁路公司3900.2千米）。管内高铁（客专）营业里程6704.4千米，同比增加375.4千米。管内高铁（客运专线和高速线路）主要有：杭深、沪蓉、宁安、金丽温、衢九、杭昌、青盐、徐盐、连镇客运专线，沪宁、京沪、合蚌、宁杭、杭甬、沪昆、合福、徐兰、京港、郑阜、合杭、沪苏通、盐通、徐连、杭台等高速线路。管内普速线路主要有：京沪、沪昆、陇海、京九、萧甬、金山、阜六、宁西、宁启、阜淮、淮南、青阜、符夹、宣杭、宁波穿山港、衢宁、水蚌、双雷、宁芜、新长、皖赣线等。管内直属运输站段76个：直属站17个，车务段8个，货运中心7个，客运段4个，机务（机车检修、机辆）段6个，车辆（动车）段5个，工务（桥工、大机、大修、高铁基础设施）段14个，电务（通信）段6个，供电段4个，房建公寓段5个。直属非运输企业15个。其他直属单位4个：职工培训中心1个、疾控所（卫生监督所）1个、科研所1个、党（干）校1个。枢纽工程建设指挥部6个。控股合资铁路公司管理机构6个，其中局管控股合资公司管理机构4个，国铁集团重点监管控股合资公司管理机构两个。

【年度主要指标完成情况】2022年，国铁上海局集团公司坚持以习近平新时代中国特色社会主义思想为指导，以迎接党的二十大、学习宣传贯彻党的二十大精神为主线，认真落实党中央、国务院《交通强国建设纲要》《国家综合交通网规划纲要》、国铁集团《新时代交通强国铁路先行规划纲要》，以及国铁集团党组年度工作部署。面对新冠肺炎疫情持续（第三个年头）、高温酷暑历史罕见、强对流恶劣天气多发、客运经营大幅下滑等近年来形势最严峻、最复杂、最困难的情况，聚焦大向强转型、排头兵、创一流目标定位，迎难而上、勇毅前行，推动集团公司高质量发展取得新成效。6月17日，集团公司党政工团联合印发《关于落实“四保”目标任务为稳住经济大盘担当作为多作贡献的通知》（上铁委办〔2022〕43号），全面部署“保安全防疫、运输畅通，保建设投资、新线投产，保货运增量、客运补欠，保职工收入、队伍稳定”工作。至年末，集团公司图定开行旅客列车1286.5对（动车组列车1076.5对、普速列车210对）、货物列车1321.5对。完成运输收入668.51亿元，同比减少238.64亿元，下降26.3%。其中客运收入471.84亿元，同比减少237.17亿元，下降33.5%；货运收入196.67亿元，同比减少1.47亿元，下降0.7%。

【安全运输生产】 2022年，国铁上海局集团公司树立大安全观，开展安全大检查和专项整治行动，严格落实安全卡控措施，分系统研判、管控安全风险。推行施工安全“正负面”积分、“六位一体”管控和“智慧工地”建设，年内完成营业线施工18519项、邻营施工监督12730项。坚持科学防洪，有序应对21轮强降雨及突发龙卷风、强台风“梅花”两次登陆等恶劣天气。高质量完成繁忙干线大修和有砟高铁大机清筛试点，开展动车组部件“松脱断”、高铁隧道掉块、弱膨胀土病害、信号和接触网隐患、站房雨棚部件脱落等突出问题攻关整治，设备故障同口径下降66.5%，高温胀板、胀轨得到有效管控，机车故障率创历史最好成绩。铁路沿线环境整治三年行动圆满收官，长三角“三省一市”铁路安全管理条例全部施行，环境安全事故下降67%。履行消防、反恐和护路巡防职责，开展火灾隐患排查整治和重点时期安保检查。深化安全治理体系建设和双重预防机制运作，组织作业指导书和台账清理整治，建成音视频监控平台、汇集1.5万路视频监控，梳理规范“小专业”管理和路地结合部分工。强化安全综合保障，安排安全投入106亿元，编制安全生产责任制履职清单，集团公司层面督查问责75人次，嘉奖防止事故有功人员1668人次216.5万元。至年末，实现安全生产3154天、连续第八个安全年。

【浙江省、安徽省铁路地方法规实施】2022年7月1日，浙江省首部铁路地方法规——《浙江省铁路安全管理条例》正式施行。该《条例》于5月27日经省十三届人大常委会第三十六次会议审议通过。10月1日，《安徽省铁路安全管理条例》正式实施。该《条例》于7月29日经安徽省第十三届人民代表大会常务委员会第三十五次会议通过。至此，长三角地区三省一市涉铁地方性法规实现全覆盖。

【企业改革三年行动顺利收官】2022年，国铁上海局集团公司全面完成企业改革三年行动160项重点任务，不断巩固显现改革成果。持续完善集团公司、非运输企业法人治理结构和机制，提升运作质量，健全参股企业管控机制。加大生产经营布局调整力度，实施卫生单位、职培基地、江苏地区直属非运输企业、安徽地区建设管理机构整合及房建生活给水一体化管理，成立合肥高铁基础设施段、撤销蚌埠工务段，全年减少建制单位11家，非运输系统整合下属企业22家，完成地区集体企业改制、关闭歇业115家。集成推进设备修程修制、生产劳动组织和专业融合等运输生产领域改革，重构工电供生产管理体系，健全房建设备大维修体系。稳步推进“三项制度”改革，修订完善劳动合同管理办法和奖惩办法，出台市场化用工和薪酬分配改革指导意见，引进成熟人才和职业经理人11人，在非运输企业实施一系列市场化改革试点。编制“十四五”发展规划和安全、科技等专项规划，深化标准化规范化建设和“对标找差、创优争先”，引领企业高质量发展。规范经营管理，强化廉政风险防控，抓好巡视、巡察、审计等发现问题整改，制修订法律事务5个管理办法，建立法律风险库1.0版，办结法律纠纷案件146件、避免经济损失2.23亿元，内部审计纠正问题金额2.44亿元，促进增收节支和挽回损失4000万元。

【科教人才工作】2022年，国铁上海局集团公司投入科研经费2795万元，立项攻关重点课题243项，199项获集团公司、12项获省部级科技进步奖，牵头研究国铁集团重点课题12项，创近年新高，示范性推广应用科研成果15项。完成“数字上铁”建设20项年度任务，打造“一专业一平台”，精简信息系统98个，杜绝了网络安全事件。征集合理化建议和技改成果2.2万项、“金点子”4474条。开展站段优秀年轻干部暨领导班子专项调研，新提拔80后领导人员27人，挂职锻炼管理人员280人，引进优质高校毕业生占本科及以上毕业生总数28.8%，组织“优才培养计划”278人集中培训，选树上铁工匠20人，新建技能大师工作室6个，考核晋升专业技术和高技能人才7381人，竞赛产生各层级技术能手134人、获评中华技能大奖1人。开展职工培训专项整治，推行职培中心“双重领导、专业主导”，创新新冠肺炎疫情期间“线上培训+线下管理”模式，编制74个岗位必知必会手册，完成各类重点培训1164期56万人天。

【职工生产生活】2022年，国铁上海局集团公司克服新冠肺炎疫情影响和经营困难，保障职工生活必要投入，抓好10个方面职代会实事项目推进。职工年平均工资增长3.5%。持续改善硬件设施，推进南京西善桥、杭州萧山保障房项目，改造老旧小区1.46万户，完成既有线站区生活房屋补强整治289处，建成启用安庆、安庆北、宁波行车公寓，南京南、合肥南行车公寓1号楼开工，完成7处公寓、宿舍大修，投入3775万元补强职工实训等设施设备。完成健康体检14.1万人，建成健康食堂77家、健康伙食团294个，建立网上“心理驿站”。提高职工医疗和帮扶救助水平，支付补充医疗补助2.1亿元，助医助困助学8793万元，地方互助保障理赔1936万元，医保数据路地对接覆盖面96%以上。拓宽服务职工渠道，开展职工文艺作品展评、网络健步走等活动，全员投保安全生产责任保险，抓好“缘在高铁”“你好星期六”青工服务平台运作，实现“青年之家”五大地区全覆盖。

【企业发展环境优化】2022年，国铁上海局集团公司不断优化企业发展环境。对内发挥党政纪工团各级组织作用，牢牢把握企业改革发展正确方向，开展“奋进新征程、喜迎二十大”“强国复兴有我”等主题宣讲，举办“建设命运共同体、阔步迈向新征程”职工辩论赛，讲好长三角铁路“非凡十年”发展故事，深化基层思想政治工作和企业民主管理，启动安全、服务文化建设示范点创建，纵深推进全面从严治党，引领干部职工命运与共、团结奋斗。对外发挥铁路行业优势，主动服务国家战略和经济社会发展，全年开行中欧班列2672列、中老列车1918车，完成消费帮扶1885万元、投入定点帮扶195万元，举行路地会谈25次、办理涉地重点事项120件，在服务大局、合作共赢中争取地方政府、社会各界大力支持铁路工作，积极参与铁路建设发展。

（二）客货运输

【旅客运输】 2022年，国铁上海局集团公司客运工作面对疫情冲击，主观上不躺平，市场响应更灵敏、有效供给更精准，实施站区一体化管理，推出新票制产品、电子化补票、“一窗通办”“一个好觉”等服务新举措。年内通过分类施策算账开车、优化交路，付费支出、客运服务、设备维修等，变动成本压减95亿元。年内完成旅客票价收入率131.11元/人，担当列车客座率53.8%，始发列车客座率54%。至年末，完成旅客发送量3.46亿人，同比下降39.9%。客运收入471.84亿元，同比减少237.17亿元。

【客运产品结构优化】 2022年，铁路客运面临需求收缩、供给冲击、预期转弱三重压力。国铁上海局集团公司适应疫情常态化条件下客流特点，优化、完善运力安排机制等措施，提升运力资源使用效率。

发挥新增资源效能，精调新线产品结构。京港高铁安九段与赣深段同步开通，打通了沿线衔接线路往深圳方向通道。国铁上海局集团公司针对性补充长三角地区至南昌方向运力短板，丰富至深圳方向拳头产品库；阜黄高铁黄黄段作为往武汉方向的重要补充通道，加密沪宁至武汉方向开车密度，缓解合宁线能力紧张矛盾；贡兴联络线理顺盐城至

南京通路，优化既有盐城进省城铁路运输产品，通过增开响水县列车覆盖南京至苏北三县市开车盲区；杭台高铁为杭州枢纽至浙东方向提供第三通路，统筹安排与既有杭深、金温线的线路分工，在国铁集团政策框架内，丰富三省一市核心地区至台州、温州方向的产品系列，同步缓解宁波枢纽、沪昆高铁杭州南咽喉能力紧张问题；合杭高铁湖杭段构建了杭州枢纽双通道，通过统筹安排线路分工，将杭州东部分列车分流至杭州西站，缓解杭州枢纽瓶颈问题，利用腾挪出的能力，增开杭州东至南昌、长沙、怀化等方向优势产品。同时，结合外局京广高速达速、郑渝高速线襄万段、济郑高速濮郑段等新线开通，优化既有列车开行，增开部分有效列车，包括宁波至青岛，上海虹桥、杭州东至深圳，上海至安庆至南昌至深圳，上海虹桥至焦作，上海虹桥至泸州，上海虹桥至成都东（郑渝），上海至武汉，上海至信阳东，武汉至台州，杭州东至怀化，杭州东至广州南，杭州西至长春、太原、西安，郑州至杭州西，徐州东至瑞安（宁波），盐城至温岭（平阳）等列车。

适应疫情常态化客流特点，统筹全局运力资源供给。以假日、暑运、周末等客流高峰为关键期，统筹车辆检修计划；预留春运前后两个客流低谷期作为车辆主要检修周期，安排基本图列车临时减编、停运。2022年国铁用车从紧，国铁上海局集团公司管内多条新线开通，仅从其他局调配车底共计两列四组。为适应新线用车需求，国铁上海局集团公司结合疫情频发散发态势及客流波动，统筹安排车底运用，深挖图定用车潜力。安排徐连、沪宁高铁等方向客流不饱满、可替代性较强的交路暂不开行。组织图定重联列车改单组运行，在保障服务频次的前提下减少运能供给。通过交路重组，统筹安排全局车底运用，组织用车较富余的南京动车所多担当交路，缓解用车矛盾。用好动卧下线车底，按照国铁集团统一部署，沿海动卧暂不开行，结合杭州西动车所启用实际，将南翔动车所20列1E型车底（40标准组）全部调配杭州动车所，同步将杭州动车所CRH1B、CRH380BL型车底调往上海、南京地区，提升运能配置与客流需求的匹配度。

破解难点问题。对于客流波动带来的运能适应性难题，围绕交路同质优化基本图车底交路，按照开行效果调整列车开行规律、编组规律，增加周末线、高峰线，按需实施在线换编，同时以交路列车同质化为导向持续优化、简化车底交路，对同一个交路中客座率高低差异较大的进行调整，梳理客座率“剪刀差”最大的交路拆解重组，并匹配对应的列车编组，以便在疫情造成客流波动时更加从容应对；对于枢纽地区进出库困难，用好异地存放、白天检修措施，重组交路，错时进出库。如组织合肥南—北京南 G42/G43 次与京沪高铁整点车套跑、上海—青岛 D2906/7D2908/5 次和宁波—青岛北 D2160/D2159 次套跑，改日常按大编组运行，提升经营效益；苏北地区 C3852 次交路由长编换为单组运行，适应客流周规律波动较大的特点，便于日常按需调整；上海至成都 D952/3 交路、上海至重庆北 D956/7 次改为南翔动车所 CRH1B 担当，增加图定定员的同时，减少上海至南通间无效车开行，利于降本增效；杭州东至成都东 D2222/3/4/1 次、上海—成都东 D3056/7/8/5 次交路套跑，增加车辆网络维修的同时，探索上海、杭州至成都方向开行白天动卧的经济效益和社会效益。

【节假日及重点运输】元旦小长假旅客运输：自 2021 年 12 月 31 日至 2022 年 1 月 3 日元旦小长假运输 4 天，完成旅客发送量 605.7 万人、日均 151.4 万人，较 2019 年元旦小长假运输恢复度 75.9%。直通动车组共计恢复开行 6 对 32 列、加开 1 对 6 列、重联 27.5 对 219 列；管内动车组恢复开行 74.5 对 347 列、加开 30 对 129 列、重联 115.5 对 485 列。

春运：1 月 17 日至 2 月 25 日春运 40 天，完成旅客发送量 4989.2 万人，同比增长 14.4%，占全路客发量 20.3%。累计增开列车 3495 列（含夜间高铁 254 列）、加挂车辆 2698 辆、重联动车组 7182 列。共安排图定旅客列车运行 1171 对、临时旅客列车运行 301 对，推出临时电子身份证服务等新举措，推广“一窗通办”“验检合一”、无接触服务等便民利民措施。

全国“两会”重点旅客运输：2 月 21 日至 3 月 11 日，安全输送安徽、江苏、浙江省及东部战区出席十三届全国人大五次会议、全国政协十三届五次会议的人大代表、政协委员等 68 批 380 人次。

“清明”小长假运输（因新冠肺炎疫情）取消高峰期安排，参照日常周末运输组织。其间，根据管内疫情整体可控的形势，适当安排部分列车恢复或重联运行。其中 4 月 1—3 日，浙江地区恢复开行图定列车 2.5 对、增开图外临客 4 对。

“五一”小长假运输（因新冠肺炎疫情）不按高峰期掌握，从紧安排上海地区开车数量，其他地区先减后补，保持方向性适当配置。避开涉疫地区，开行合适区段、合适时段列车。4 月 28 日至 5 月 5 日，停运旅客列车 15033 列、动车组减编 2124 列，同步增开及恢复开行 477 列，动车组重联 316 列。

“端午”小长假运输（因新冠肺炎疫情）不按高峰期掌握。根据疫情防控政策，有序调配车底、人员，按照有流开车原则，采取“选择性开行”“停长开短”策略，精准配置运能。6 月 2—5 日，停运旅客列车 5327 列、动车组减编 497 列，同步增开及恢复开行 1189 列，动车组重联 597 列。

暑运：7 月 1 日至 8 月 31 日共 62 天，完成旅客发送量 8460 万人、日均 136.4 万人，较 6 月日均增长 30.8%。累计发送货物 3325 万吨，同比增长 1.7%。共恢复图定和加开 4093 列、重联 6066 列，同步停运 18906 列、减编 17449 列。

中秋节小长假旅客运输：9—12 日共 4 天，完成旅客发送量 650 万人，其中 9 月 9 日发送 179.4 万人，创年内单日客发新高。共恢复图定和加开 266 列，动车组重联 1346 列，同步停运 1598 列、减编 1174 列。

国庆黄金周运输：9 月 28 日至 10 月 8 日共 11 天，完成旅客发送量 1899 万人，日均 172.6 万人，其中管内旅客逾 1500 万人，占比超八成，最高日 10 月 1 日发送 253.7 万人，为年内新高。共恢复图定和加开 1380 列，动车组重联 2790 列，同步停运 2909 列、减编 1952 列。

上海局集团公司2022年各站段、货运中心(含合资铁路公司)客货发送量完成情况表

所在省市	单位名称	旅客发送量（万人次）	货物发送量（万吨）	所在省市	单位名称	旅客发送量（万人次）	货物发送量（万吨）
安徽省	蚌埠（直属）站	776.1	120.1	浙江省	金华车务段	2081.0	1185.5
	合肥（直属）站	2545.7	0.1		宁波车务段	3844.7	2040.0
	淮南西（直属）站	351.8	3109.2		金温公司	79.1	745.6
	阜阳北（直属）站	881.2	260.2	上海市			
	芜湖东（直属）站	6.4	479.8		南翔（直属）站	322.6	386.3
	淮北车务段	183.7	2750.8		上海（直属）站	3947.1	0
	合肥车务段	798.2	718.6		芦潮港集装箱中心站	0	99.7
	芜湖车务段	1583.4	411.8		浦东公司	0	11.5
江苏省	徐州（直属）站	1420.4	2.4		上海局集团公司合计	34628.1	19681.8
	徐州北（直属）站	0	70.0	安徽省			
	南京（直属）站	3382.4	0		蚌埠货运中心		6240.3
	南京东（直属）站	0	414.5		合肥货运中心		718.7
	镇江（直属）站	459.4	119.0				
	常州（直属）站	681.2	169.1				
	无锡（直属）站	780.7	149.0	江苏省	徐州货运中心		5584.1
	苏州（直属）站	2077.1	118.9		南京货运中心		1852.9
	徐州车务段	694.4	5511.6	浙江省	杭州货运中心		2589.3
	新长车务段	2047.4	258.7		金华货运中心		1185.5
					金温公司		745.6
浙江省	杭州（直属）站	4415.2	82.7	上海市	上海货运中心		765.5
	乔司（直属）站	0	91.0				
	嘉兴车务段	1269.0	375.6		各货运中心合计		19681.8

注：1.资料来源于《上海局集团公司2022年统计公报》； 2.各车务单位（车站、车务段）货物发送量为联挂考核指标≈各货运中心指标；3.部分货运中心有跨省市业务，如上海货运中心含上海市，江苏省苏州、无锡地区和浙江省嘉善地区； 4.本表指标为铁路全行业统计数据； 5.货运指标不含行包专列。

【货物运输】2022年，国铁上海局集团公司货运工作面对市场波动打好攻坚战，实施业务集中办理和营销体制改革。年内单日装车10次刷新历史纪录（最高日12月16日完成装车13893辆）、卸车5次刷新历史纪录（最高日10月22日完成卸车19250辆）。其中，煤炭通过港口返装保持稳中有增，光伏产品抓住市场机遇增长350%，集装箱运输增长15.3%，海铁联运、敞顶箱分别增长28%和16%，服务国计民生的电煤、涉农物资分别增长13.8%和35.7%。各系统面对车流高峰，持续清理作业冗余，全力保通保畅保供，技术站服务中间站日均开行高质量列车68列，708名机车乘务员“客转货”，推广枢纽大天窗集中修，货车周时旅速、机车平牵日车、天窗综合利用率等指标全面优化，货车检修修时压缩20.7%，货运工作量增长9.3%，提供服务收入较预算增加6.5亿元，以货补客得到较好体现。5月1日，国铁上海局集团公司收到国铁集团调度中心嘉奖令，对集团公司4月日均装车（12261辆）、卸车（17442辆）双创历史新高给予嘉奖。至年末，完成货物发送量1.97亿吨，同比增长2%。

上海局集团公司2022年各货运中心主要指标完成情况表

单位名称	货物发送量(万吨)	其中		日均装车(辆)	其中		静载重(吨/辆)	其中	
		大宗	白货		大宗	白货		大宗	白货
上海局集团公司	19682	12047	7635	11703	5019	6684	46.1	65.8	31.3
徐州货运中心	5584	3297	2287	2458	1342	1116	62.2	67.3	56.1
蚌埠货运中心	6240	5315	925	2940	2198	742	58.2	66.2	34.2
合肥货运中心	719	216	503	465	93	372	42.3	63.6	37.0
南京货运中心	1853	860	993	1264	399	865	40.2	59.1	31.4
上海货运中心	765	110	655	1033	53	980	20.3	56.8	18.3
杭州货运中心	2589	1359	1231	2327	560	1767	30.5	66.5	19.1
金华货运中心	1186	255	930	842	117	725	38.6	59.8	35.1
金温公司	746	635	112	374	257	117	54.7	67.7	26.2

注：1.徐州货运中心运量涵盖江苏省部分、河南省部分、安徽省部分；蚌埠货运中心运量涵盖安徽省部分、江苏省部分、河南省部分；南京货运中心运量涵盖江苏省部分、安徽省部分；上海货运中心运量涵盖上海市、江苏省部分、浙江省部分。2.资料来源于货运部。

【列车运行图调整及旅客列车新增开行】2022年，国铁上海局集团公司应对新冠肺炎疫情影响，以及需求收缩、供给冲击、预期转弱等压力，围绕“四保”（保安全防疫、运输畅通，保建设投资、新线投产，保货运增量、客运补欠，保职工收入、队伍稳定）目标，发挥长三角高铁网基本成形等优势，完善路网作用，不断优化列车运行图编制。

按照国铁集团统一部署，年内共进行4次列车运行基本图调整，分别是“1·10”“4·8”“6·20”“10·11”图。此外，为做好节假日旅客运输，还进行了春运、暑运、春游运输、国庆小长假运输4次节假日分号运行图编制。全年完成列车运行图调整12次。

“1·10”图，针对京港高铁安九段、杭台高铁绍台段新线开通，增开旅客列车68对、停运29.5对、调整运行区段48.5对、改经由4对。新增开行旅客列车：南昌西—上海虹桥G1466/3 G1464/5次、济南西—深圳北G2697/6/7 G2698/5/8次、南京南—深圳G2781/0/1 G2782/79/82次、深圳北—上海G2786/3 G2784/5次、深圳北—合肥南G2794/G2793次、合肥南—深圳G2795/G2796次、连云港—深圳北D375/4/5 D376/3/6次、南昌西—合肥南D3190/D3189次、南昌西—南京南D3194/1/4 D3193/2/3、D3198/5/8 D3197/6/7次、深圳北—杭州东G698/G697次、深圳北—徐州东G1310/G1309次、上海虹桥—萍乡北G1471/G1472次、连云港—太原南G3148/9/8 G3147/50/47次、宁波—青岛北D2160/D2159次、广州东—温州南D2429/32 D2431/0次、杭州东—黄梅东G7436/7 G7438/5次、合肥南—宿松东（黄梅东）G8393G8398次、上海虹桥—温岭G7363/G7364次、南京南—台州（温岭）G7639/G7640次1对、绍兴北—台州（温岭）C2321C2360次20对、上海—宣城G7784/5 G7786/3次、盐城—南京南C3262/59/62次、上海虹桥—南通C3710/1 C3712/09次、安庆—盐城D5526/7次。

“4·8”图，针对阜黄高铁黄黄段新线开通，增开旅客列车13对、停运6对、调整运行区段7对、改经由2对。其中补充沿江区域去往武汉方向运量，新增开行旅客列车利川—安庆D2158/5 D2156/7次、武汉—南京南D2161/4 D2163/2次、武汉—芜湖D2169/72 D2171/0次、武汉—黄梅东D2179/D2180 D2181/D2182次、宜昌东—黄梅东D2186/3 D2184/5次；优化国铁上海局集团公司管内旅客列车方案，增开上海虹桥—温岭G7363/G7364次、绍兴北—温岭C2357/C2358次。

“6·25”图，针对京广高速线京武段达速350千米/小时，郑渝高速线襄万段和济郑高速线濮郑段新线开通，结合北京丰台站启用，增开旅客列车4对、停运3对、调整运行区段14对、改经由5对。其中新增开行旅客列车车次为：青岛北—贵阳北G1323/6/3 G1324/5/4次、武汉—台州G2351/4/1 G2352/3/2次、武汉—深圳G2705/G2706次、武汉—上海虹桥G2817/20/17 G2818/9/8次。

“10·11”图，针对合杭高速线湖杭段新线开通，增开旅客列车35.5对、停运18对、调整运行区段25.5对、改经由10.5对。新增开行旅客列车：银川—杭州西G1943/6/3 G1944/5/4次、郑州东—杭州西G1967/G1968次、西安北—杭州西G2028/5 G2026/7次、杭州西—长春西G2624/1 G2622/3次、杭州西—汉口G3242/3 G3244/1次、杭州西—武汉G3246/7 G3248/5次、武汉—杭州西G3255/8/5 G3256/7/6次、杭州西—汉口G3262/3 G3264/1次、太原南—杭州西D3349/D3356次、南昌西—杭州西D2202/D2201次、杭州西—亳州南G7422/G7423次、杭州西—阜阳西D5532/D5531次、济南西—重庆北G311/G312次、杭州东—怀化南G1307/G1308次、南昌西—杭州东G1474/G1473次、重庆北—上海虹桥G1534/1 G1532/3次、广州东—赣州西D1695/8 D1697/6次、杭州东—台州G7717/G7718次、合肥南—平阳（温岭）G7449/50次、盐城—平阳（温岭）G7470/1 G7472/69次、瑞安—南京（徐州东）G7588/7次、上海虹桥—南京D5661/D5662次、千岛湖—杭州东D5572次。

至2022年末，每日开行旅客列车1286.5对（动车组1076.5对、普速210对）、货物列车1321.5对。其中直通高速动车组列车409对、动车组列车139对，直达特快列车35对、特快列车22对；管内高速动车组列车332对、动车组列车41.5对，城际列车81.5对、市郊列车74.5对、旅游列车1对。自局担当直通高速动车组列车146对、动车组列车51对，直达特快列车5对、特快列车3对；自局担当管内高速动车组列车326对、城际列车78.5对、动车组列车40.5对、市郊列车74.5对、旅游列车1对。

（三）经营开发与节支降耗

【非运输企业完成营业收入293.3亿元】2022年，国铁上海局集团公司在新冠肺炎疫情导致收入减少、利润减少的严峻形势下，通过以增量补减量等措施，确保实现了年度经营目标。全年非运输企业完成营业收入293.3亿元，同比增长10.14%，实现考核利润49.1亿元，同比增长13.33亿元。其中，土地房屋板块增加利润贡献7.6亿元，杭州西站雨棚上盖项目顺利交付，安德门等3个项目累计销售1410套45.4亿元。建筑施工板块增加利润贡献4.4亿元，新签代建合同270亿元、拉动产业链70亿元。商旅板块优化疫情下的招商策略、合作模式，互联网订餐和特产预定业务扩大到21个车站，探索深化广告和“旅途易购”直营模式。光伏新产业取得突破，金鹰重工项目完成施工，杭州西站项目并网发电。制造维修板块新开发产研合作项目5个，物流板块收入、毛利、发到业务量均同比增长，科信板块建成非运输企业数智化管理平台。履行国铁企业社会责任，落实减免租金和扶持政策4.9亿元。加强土地管理，新办理土地确权领证4980亩，新纳入授权经营4.1万亩，转增国家资本金110亿元。

【节支降耗】2022年，国铁上海局集团公司节支降耗挖掘更多潜力。结合新冠肺炎疫情实际，柔性生产、精准维修，创新检修模式手段，压减移动设备大修投资10亿元、成本2亿元，完成动车组自主修152组，和谐型电力机车C5修部件自主修达90%，启动货车检修生产组织和用工方式优化试点，牵引变电所无人值守扩大到43座。修订公布18个高铁、192个普铁主要生产岗位标准，生产劳动组织改革核减定员901人，跨单位调剂富余人员790人，清理通用工种1290人，每营业千米用工总量同比减少3.4%。多渠道开源节流，争取助企纾困政策扶持50.7亿元，其中节支10.4亿元，争取开车补贴6.7亿元，实现资产处置收益54.4亿元，节约物资成本2.5亿元，间管费同比压减3.6亿元、水电费压减3200万元、利息节约1.3亿元，加强公寓宿舍清理和调剂使用、节约外租成本6400万元，加强业务外包卡控和清理，完成风险债权清理目标，清欠委托管理费206亿元。全年在运输总收入较年初预算减少361.1亿元的困难局面下，经过艰苦努力，实现了调整后的盈亏努力目标。

【运输其他业务利润完成41.97亿元】2022年，国铁上海局集团公司各运输站段及辅助单位发挥自身资源、技术、设备和管理优势，加大经营开发力度，推动运输其他业务稳步增长。至年末，集团公司完成运输其他业务利润41.97亿元，同比增长3.2%。

（四）铁路建设

【年度基建项目投资任务完成】2022年，国铁上海局集团公司克服新冠肺炎疫情影响，争取地方政府支持，协同相关单位，保开通、盯在建、抓开工、抓收尾，科学有序推进年度重点工作。年内基建大中型项目32个（含以前年度计划项目3个）计划投资800.94亿元，完成投资801.31亿元，连续七年保持800亿元以上。杭台、湖杭、宿州站改造3个项目开通， 21个在建项目施工组织兑现率95%，北沿江沪合段、通苏嘉甬等6个项目开工。突出质量安全，落实红线管理一系列硬举措，攻关解决跨江跨海桥梁隧道、引入枢纽无砟道岔插铺等关键技术难题，实现工程质量“零事故”。注重依法合规，探索完善零出资项目委托代建、咨询服务等市场化法治化管理模式。坚持高普并重，开通6个、开工4个新建改扩建物流基地，完成10个货场“短平快”和3条专用线项目。至年末，集团公司完成基建投资1089亿元（含北沿江高速铁路项目100亿元），其中零出资代建项目（地方下达投资计划）188亿元。

【中共中央政治局委员、上海市委书记李强到上海东站综合交通枢纽工程现场调研】2022年9月26日，中共中央政治局委员、上海市委书记李强到上海东站综合交通枢纽工程现场调研重特大项目规划建设情况，听取相关工作汇报，要求全力打造经得起历史检验的世纪工程、精品工程，更好体现上海特色、彰显中国风范、走在世界前列，推动规划、开发、建设等各项工作往前赶。

【杭台高铁开通运营】新建杭州经绍兴至台州铁路（简称杭台高铁）为非控股非代建委托运营铁路。2021年12月9日完成初步验收、12月15日完成安全评估。2022年1月1日开通启用、1月8日正式运营。该线路起自杭州东站，在杭甬客专绍兴北站北侧杭绍台车场接出，在既有温岭站和杭深铁路联通。（绍兴北站至温岭段，线长226.556千米）设绍兴北站（既有站）、上虞南站、嵊州北站、嵊州新昌站、天台山站、临海站（既有站）、台州站、温岭站（既有站）等8座客运车站。设计时速350千米。

上海局集团公司2022年基本建设大中型项目投资完成情况表（按省市划分）（国铁集团下达投资计划）

项目所在省份	建设项目和单项工程名称	建设单位	规模长度（公里）	批复概算（亿元）	年度预期值（亿元）	年度实绩（亿元）
安徽省	阜淮、淮南、水蚌线电气化扩能改造	宁安铁路公司（合肥枢纽指挥部）	283.2	47.8276	5.8176	5.8176
	合肥至安庆铁路	宁安公司（合肥枢纽指挥部）	162	332.5964	23	23
	安庆至九江铁路安徽段	宁安铁路公司（合肥枢纽指挥部）	130.138	168.9531	7	7
	南昌经景德镇至黄山铁路	皖赣铁路安徽公司	89.585	125.1573	16	16
	宣城至绩溪高速铁路	皖赣铁路安徽公司	111.7	173.9776	50.5	50.5
	池州至黄山高速铁路	皖赣铁路安徽公司	121.4	183.7	49	49
	合新铁路	皖赣铁路安徽公司	207.36	291.6617	63	63
	商合杭铁路及芜湖长江公铁大桥	皖赣铁路安徽公司	519	757.2686	23.9686	23.9686
	新建合肥派河港铁路物流基地工程	宁安铁路公司（合肥枢纽指挥部）	0	10.3997	5	5
	淮北至宿州至蚌埠城际铁路	徐州枢纽指挥部	164.39	242.7297	56.5	56.5
	代建沪渝蓉高铁上海至合肥段（安徽段）*	皖赣铁路安徽公司	103	181.462	14.7	14.7
	代建沪渝蓉高铁上海至合肥段合肥枢纽*	宁安铁路公司（合肥枢纽指挥部）	49.76	41.7925	0.3	0.3
	改建铁路京沪线宿州站改建工程	宁安铁路公司（合肥枢纽指挥部）	0	11.4617	5.5	5.5
	宁芜铁路扩能改造工程安徽段	宁安铁路公司（合肥枢纽指挥部）	41.713	19.44	0.06	0.06
	阜阳北站扩能	宁安铁路公司（合肥枢纽指挥部）	0	38.4528	0	0.0016
	宁西铁路西安至合肥增建二线上海局管段	宁安铁路公司（合肥枢纽指挥部）	147.3	36.849	0	0.0821
	安徽省小计		2130.546	2663.7297	320.3462	320.4299
江苏省	南京西站地区铁路机辆设施搬迁工程	南京枢纽指挥部		12.0297	2	2
	连云港至镇江铁路	南京枢纽指挥部	304.9	551.0722	58	58
	江苏南沿江城际铁路	南京枢纽指挥部	278.5	516.6595	95.5	95.5
	连云港至徐州铁路	徐州枢纽指挥部	180.4	270.1584	5	5
	宁芜铁路扩能改造工程江苏段	宁安铁路公司（合肥枢纽指挥部）	60.457	78.96	0.44	0.44
	太仓港疏港铁路专用线	上海枢纽指挥部	13.1	18.12	2.8356	2.8356
	上海至南通铁路南通至安亭段	沪宁城际公司	119.18	191.1982	0.87	0.87
	沪通长江大桥	国铁集团工管中心沪通长江大桥指挥部	11.072	140.0107	0.73	0.73
	上海经苏州至湖州铁路	上海枢纽指挥部	52.165	98.1689	24	24
	上海至南通铁路太仓至四团段	沪宁城际公司	3.45	25.88	4	4
	陆家浜铁路货场	上海枢纽指挥部		3.5989	0.15	0.15
	代建沪渝蓉高铁上海至合肥段（江苏段）*	沪宁城际公司	300.609	1091.4	76.9	76.9
	代建沪渝蓉高铁上海至合肥段南京枢纽*	南京枢纽指挥部	64.4	120.95	0.9	0.9
	南通至宁波高速铁路江苏段	沪宁城际公司	135.038	398.97	10.5	10.5
	江苏省小计		1523.271	3517.1765	281.8256	281.8256
上海市	上海经苏州至湖州铁路	上海枢纽指挥部	64.853	254.8543	54	54
	上海至杭州铁路客运专线上海南联络线	上海枢纽指挥部	7.99	45.7486	12	12
	上海至南通铁路太仓至四团段	沪宁城际公司	97.69	322.6222	63	63
	代建沪渝蓉高铁上海至合肥段（上海段）*	沪宁城际公司	51.038	329.9	7.2	7.2
	上海至南通铁路南通至安亭段（不含代建）	沪宁城际公司	18.293	58.0898	0	0
	上海市小计		239.864	1011.2149	136.2	136.2
浙江省	上海经苏州至湖州铁路	上海枢纽指挥部	46.695	72.0847	14	14
	金华至宁波铁路	杭州枢纽指挥部	185	286.78	59	59
	沪昆线嘉兴站站场及站房改扩建工程	杭州枢纽指挥部		8.5718	0.0718	0.0718
	宁波枢纽庄桥至宁波段增建三四线	沿海铁路浙江公司	7.4	21.62	5.5	5.5
	商合杭铁路浙江段	沪杭铁路公司	51	65.797	1.097	1.097
	衢州至宁德铁路浙江段	沿海铁路浙江公司	206.858	153.7271	0.7	0.7
	新建金建高速铁路项目	沿海铁路浙江公司	64.51	119.2063	20	20
	湖州至杭州西至杭黄高铁连接线	沪昆客专浙江公司	135.788	327.7094	41	41
	南通至宁波高速铁路浙江段	沪宁城际公司	165.914	606.9600	20.2	20.2
	沪昆线义乌高架站房	杭温工程指挥部	0	17.0332	1	1
	浙江省小计		863.165	1679.4895	162.5688	162.5688
	上海局集团公司合计		4756.846	8871.6106	900.9406	901.0243

注：1.★北沿江高速铁路项目100亿元；2.资料来源于上海局集团公司建设部。

绍兴北站　为线既有线侧下+新建桥下候车车站，站房面积30000平方米，旅客最高聚集人数4500人。车站设到发线12条（含正线），站台4座。人工售票设备4台，自动售票机12台，半自助检票终端6台，进站检票闸机18台，出站检票闸机14台，换乘闸机2台。

嵊州北站　为线侧平式车站，站房面积5000㎡，旅客最高聚集人数600人。车站设到发线4条（含正线），站台2座。人工售票设备2台，自动售票机6台，半自助检票终端2台，进站检票闸机4台，出站检票闸机4台。

上虞南站　为线侧平式车站，站房面积17000平方米，旅客最高聚集人数600人。车站设到发线6条（含正线），站台2座。人工售票设备3台，自动售票机6台，半自助检票终端3台，进站检票闸机6台，出站检票闸机6台。

嵊州新昌站　为线侧下式车站，站房面积25000平方米，旅客最高聚集人数1500人。车站设到发线12条（含正线），站台4座。人工售票设备5台，自动售票机14台，半自助检票终端6台，进站检票闸机14台，出站检票闸机10台，换乘闸机4台。

天台山站　为线侧下式车站，站房面积15000平方米，旅客最高聚集人数1000人。车站设到发线6条（含正线），站台2座。人工售票设备5台，自动售票机11台，半自助检票终端4台，进站检票闸机6台，出站检票闸机12台。

临海站　为线侧+高架式车站，站房面积27000平方米，旅客最高聚集人数1500人。车站设到发线10条（含正线），站台4座。人工售票设备4台，自动售票机10台，半自助检票终端8台，进站检票闸机33台，出站检票闸机10台，换乘闸机3台。

台州站　为线侧+高架式车站，站房面积80000平方米，旅客最高聚集人数3000人。车站设到发线10条（含正线），站台4座。人工售票设备15台，自动售票机29台，半自助检票终端10台，进站检票闸机36台，出站检票闸机20台，换乘闸机4台。

温岭站　为线侧平+高架式车站，站房面积15000平方米，旅客最高聚集人数2500人。车站设到发线11条（含正线），站台4座。人工售票设备1台，自动售票机5台，半自助检票终端6台，进站检票闸机23台，出站检票闸机8台。

【合杭高铁湖杭段开通运营】2022年9月22日，新建合杭高铁湖杭段（简称湖杭高铁）线路开通，桐庐东站、富阳西站、杭州西站启用。该线路自湖州站引出，接入杭黄高铁桐庐站。新建正线长度137.837千米，为双线高速铁路，设计时速350千米，全线设车站6座，其中利用既有站2座（湖州站、桐庐站），改建既有站1座（德清站），新建车站3座（杭州西站、富阳西站、桐庐东站）。

杭州西站　为高架式车站，站房面积100000平方米，旅客最高聚集人数6000人。车站设到发线20条（含正线），站台11座。人工售票设备9台，自动售票机53台，半自助检票终端23台，进站检票闸机74台，出站检票闸机24台。

桐庐东站　为线侧下式车站，站房面积20000平方米，旅客最高聚集人数600人。车站设到发线6条（含正线），站台2座。人工售票设备4台，自动售票机5台，半自助检票终端4台，进站检票闸机10台，出站检票闸机10台。

富阳西站　为线侧下式车站，站房面积15000平方米，旅客最高聚集人数800人。车站设到发线8条（含正线），站台4座。人工售票设备5台，自动售票机9台，半自助检票终端2台，进站检票闸机10台，出站检票闸机6台。

【宿州站改建完成、开通运营】京沪铁路中

间站——宿州站站改工程项目2022年12月26日完成初步验收，12月28日完成安全评估，12月31日开通运营。该站为线侧平式车站，站房面积14998平方米，旅客最高聚集人数1800人，车站设到发线8条（含正线），站台3座。人工售票设备3台，自动售票机10台，半自助检票终端3台，进站检票闸机12台，出站检票闸机8台。宿州站为百年老站，本次改扩建工程于2020年8月启动，新站房建筑面积14998平方米，较老站房扩容近一万平方米，客服设备全面升级。

【姜堰站改建】 宁启铁路中间站——姜堰站位于江苏省泰州市。该站为线侧平式车站，站房面积5000平方米，旅客最高聚集人数1600人，车站设到发线5条（含正线），站台2座。人工售票设备3台，自动售票机5台，半自助检票终端2台，进站检票闸机6台，出站检票闸机4台。2022年改建完成，2023年1月6日开通启用。

（五）新冠肺炎疫情防控与公共卫生管理

【新冠肺炎疫情防控】 2022年，国铁上海局集团公司科学精准、因时因势调整内外部防疫措施，全力应对“大上海保卫战”及区域内多个城市静默、封控考验，自主建成投用核酸检测实验室，灵活用好云平台、音视频、“白名单”等措施保持生产办公有序，圆满完成援沪、援藏、援疆等重点人员物资运输。印发《铁路单位疫情防控分类分级管理工作指引》《铁路单位防控聚集性疫情工作指南》《涉疫旅客列车应急处置指引》等各类疫情防控指南指令48份、风险预警提示通知7份；接报及指导处置各类疫情信息3043条，协助地方防控部门核查涉疫旅客信息4100趟次256.9万条。压实疫情防控单位责任和个人责任，推行内部人员分类分级管理和业务外包人员一体化管理，严格落实站车测温验码等防控措施。年内累计发现并处置发热旅客285人，开展客车途中涉疫旅客应急处置321趟，下交涉疫风险旅客15653人；冷链食品运输1916辆，190名相关从业人员健康良好。持续组织开展疫情防控指导检查，累计覆盖车站813站次、列车528趟次、公寓343户次，其他单位129次。年内完成铁路重点人员核酸检测25.5万人次。年末，认真落实防疫政策优化调整部署要求，加强宣传引导，有序组织人员接替，平稳度过感染高峰。

【中共中央政治局委员、上海市委书记李强到上海站检查工作】 2022年4月1日，中共中央政治局委员、上海市委书记李强到上海站检查工作，了解铁路运营、离沪人员核酸和抗原检测查验等情况，看望慰问铁路工作人员，听取国铁上海局集团公司党委书记、董事长侯文玉有关工作汇报，要求坚定信心、全力以赴，做好核酸筛查，守住城市运行各道关口，确保安全有序。

【公共卫生管理】 2022年，国铁上海局集团公司完善卫生管理工作机制，组织各客运段开展普速客车卫生环境专项整治和自查，同时组织铁路疾控所（卫生监督所）围绕卫生管理、设备设施、基础卫生、卧具备品、厕所管理等方面开展专项检查，年内累计检查普速列车125车底，发现并整改各类卫生问题111个。督促指导站车单位做好病媒生物预防控制工作，消除病媒生物孳生环境，组织疾控所每月开展鼠、蟑、臭虫等病媒生物密度监测，年内监测覆盖1091车底、245站次，站车鼠虫密度均达到铁路控制标准要求，未发生鼠虫滋扰旅客事件。做好铁路站车供水监测，保证供水水质符合国家生活饮

用水卫生标准，保持供应洁、净、开水，满足旅客需求。每季度组织开展全覆盖水质检测，年内累计检测列车上水176次、集中供水32次，未发生饮水污染卫生不良事件。开展铁路爱国卫生运动，培养职工健康文明的生活方式。按照“我的门前我清洁、我的区域我负责”要求，动员干部职工自己动手，整治卫生设施，消灭卫生死角，改善铁路沿线环境卫生状况。

【健康上铁建设】 2022年，国铁上海局集团公司克服新冠肺炎疫情影响，统筹推进健康上铁建设和集团公司职代会职工实事项目，年内投入0.9亿元，完成14.1万名职工健康体检，体检兑现率95.2%，发现重大阳性指标2434人、高危人员9人，相应落实规范就医和调整岗位等健康维护措施。用好“互联网+健康咨询”，依托体检定点机构专家和铁路疾控所健康管理师资源，组织开展健康咨询和健康讲座。指导站段食堂（伙食团）落实减盐减油、控糖和食品安全要求，完成健康食堂（伙食团）建设371个。组织开展心肺复苏、AED（自动体外除颤器）使用等应急救护普及培训1.1万人次，举办红十字救护员培训3093人次。

【铁路食品安全监管】 2022年，国铁上海局集团公司严格落实《食品安全法》《铁路运营食品安全管理办法》等法律法规要求，坚持业务指导和现场检查相结合、定期监督和专项督导相结合，以车站餐饮、动车盒饭、普速餐车、单位食堂等为重点，压实包保职责，加强日常监督管理。抓好关键食品、关键场所、关键环节和重点时段（传统节假日和春运、暑运）管控，严格食品采购、贮运、加工、销售全过程管理，强化食品安全风险排查整治，开展零点行动和食品安全专项检查。通过开展驻点包保、强化督导、回头看检查，严把采购关、加工关、贮存关、消毒关、人员健康关。年内累计出动卫生监督员2825人次，监督5489单位次，销毁不符合食品安全要求的食品31千克，责令下架停售不符合要求的预包装食品2228千克，全年未发生责任食物中毒事件。

（孔令贵）

CHAPTER NINE IX

邮政管理

- ⊙ 综述
- ⊙ 规划和政策
- ⊙ 邮政建设
- ⊙ 普遍服务
- ⊙ 快递服务
- ⊙ 精神文明和科技文化

（一）综述

2022年，上海市邮政管理局坚持以习近平新时代中国特色社会主义思想为指导，深入贯彻落实习近平总书记重要指示批示精神、党的十九届历次全会和二十大精神，在国家邮政局和上海市委市政府的正确领导下，加强政治机关建设，推动行业高质量发展、高效能治理、高品质服务，按照“疫情要防住、经济要稳住、发展要安全”的要求，坚持疫情防控和保通保畅工作“两手抓、两手硬、两手赢”，有效确保了疫情防控有力有效、寄递服务保障平稳有序、行业运行安全稳定，为夺取“大上海保卫战”的全面胜利贡献行业力量，为上海经济社会发展做出了积极的贡献。

2022年全市邮政企业和快递服务企业业务收入（不包括邮政储蓄银行直接营业收入）累计完成1966.9亿元，同比增长10.0%。2022年全市邮政寄递服务业务量累计完成96303.9万件，同比下降10.9%；业务收入累计完成110728.6万元，同比下降39.0%。其中函件业务量累计完成14560.1万件，报刊业务累计完成66492.3万份，汇兑业务累计完成76.9万笔，包裹类业务累计完成122.1万件。全市快递服务企业业务量累计完成28.6亿件，同比下降23.6%；业务收入累计完成1845.4亿元，同比增长7.6%。其中，同城业务收入累计完成41.2亿元，同比下降25.6%；异地业务收入累计完成155.9亿元，同比下降26.8%；国际及港澳台业务收入累计完成135.1亿元，同比下降6.0%。

（二）规划和政策

【概况】2022年，上海市邮政管理局坚持政策规划引领，积极推动“十四五”发展规划落地实施。积极宣贯“十四五”行业发展规划，印发《“十四五”上海市邮政业发展规划》分工方案。统筹推进邮政强国建设，印发《关于成立上海市邮政管理局邮政强国建设工作领导小组及其办公室有关事项的通知》《上海市邮政管理局贯彻落实〈邮政强国建设行动纲要〉重点任务分工方案》。该《方案》围绕建设高质量服务供给体系、打造可持续产业生态体系、完善现代化行业治理体系“三大体系”重点工作任务部署，对加强基础网络建设、提升公共服务水平、推进快递扩容增效、支持市场多元发展、拓宽“寄递+”领域、加快科技创新步伐、加快建设绿色邮政、提升政府治理能力、营造良好市场环境、推进治理协同创新10个方面具体任务进行细化分工，提炼出40项具体措施目标。坚持将邮政强国建设重点任务融入《“十四五”上海市邮政业发展规划》压茬推进，确保上海邮政业发展规模层次上新台阶，高质量发展模式形成新标杆，力争以邮政业的高质量发展书写交通强国邮政新篇章。

【完善行业政策体系建设】2022年，上海市邮政管理局积极开展上海快递发展指数的研究编制与发布工作，立足行业新发展阶段的新特征、新趋势，围绕行业全面贯彻新发展理念的具体措施，系统评估了上海快递业发展现状和发展成效。研究制定《关于上海邮政快递国际枢纽中心建设的实施意见》，不断完善上海邮政快递国际枢纽中心基础设施布局。贯彻落实《关于加快本市农村寄递物流体系建设的实施意见》，紧盯目标任务，强化部门联动，细化责任分工，强化文件宣贯，用好用足政策利好，加快推进农村寄递物流体系建设，不断满足人民群众日益增长的寄递需求。落实助企纾困政策，推动出台《上海市全力抗疫情助企业促发展的若干政策措施》，推进行业减税降费政策落地见效。实施科技兴邮战略，坚持科技引领行业发展。继续落实《关于促进本市快递业与制造业深度融合发展的实施意见》，开展两业深度融合典型项目选树活动。研究制定《快递包装基本要求》地方标准，启动《快递包装循环共用指南》标准立项申报工作，并被列入2022年度上海市地方标准制修订项目计划。

【坚持政策规划引领】一是推动“十四五”发展规划落地实施。积极宣贯“十四五”行业发展规划，印发《“十四五”上海市邮政业发展规划》分工方案。二是统筹推进邮政强国建设。加强组织领导，印发《关于成立上海市邮政管理局邮政强国建设工作领导小组及其办公室有关事项的通知》《上海市邮政管理局贯彻落实〈邮政强国建设行动纲要〉重点任务分工方案》。该方案围绕建设高质量服务供给体系、打造可持续产业生态体系、完善现代化行业治理体系“三大体系”重点工作任务部署，对加强基础网络建设、提升公共服务水平、推进快递扩容增效、支持市场多元发展、拓宽“寄递+”领域、加快科技创新步伐、加快建设绿色邮政、提升政府治理能力、营造良好市场环境、推进治理协同创新10个方面具体任务进行细化分工，提炼出40项具体措施目标。上海市邮政管理局坚持将邮政强国建设重点任务融入《“十四五”上海市邮政业发展规划》压茬推进，确保上海邮政业发展规模层次上新台阶，高质量发展模式形成新标杆，力争以邮政业的高质量发展书写交通强国邮政新篇章。

【落实助企纾困政策】一是推动出台《上海市全力抗疫情助企业促发展的若干政策措施》；推动行业防疫和消杀支出分档定额补贴政策纳入《上海市加快经济恢复和重振行动方案》；制定《上海市邮政快递行业防疫消杀补贴政策工作指引》；推动行业纳入本市餐饮、零售、交通运输等7类受疫情影响较大行业稳岗保就业补贴范围。二是推进行业减税降费政策落地见效。通过组织行业企业培训、梳理政策集成上网，加强与属地政府沟通等形式，充分发挥稳经济一揽子政策组合效应，全行业落实助企纾困政策实际效果良好。

（三）邮政建设

【概况】2022年，结合推进15分钟寄递服务网络建设，围绕“新基建”工程，不断加强邮政快递基础设施建设，持续提升行业智能化发展水平。在“1+1+1”文件政策体系基础上，继续将快递公共服务站和智能快件箱纳入《上海城市管理精细化提升行动计划》。将新建智能快件箱5000组、申通智慧物流分拣中心项目和韵达智慧物流枢纽分拣中心项目建设纳入《新型基础设施建设2022年重点工作安排》和《上海市新型基础设施建设第三批重大项目清单》。截至2022年底，全市共有智能快件箱40728组，格口数4837877个；2022年共完成项目审核439个，其中181个项目为住宅和商务楼宇建设项目，设置配套智能快件箱服务用房面积2.05万平方米。

【推进两业融合发展】继续落实《关于促进本市快递业与制造业深度融合发展的实施意见》，开展两业深度融合典型项目选树活动。最终评选出十五大典型案例（场景），并在

2022 第三届中国（上海）工业品在线交易节闭幕式上发布。案例（场景）覆盖生物医药、集成电路等先导产业及电子信息、汽车、高端装备、先进材料、时尚消费品等高端产业，多家媒体对案例发布及案例相关情况做了深入报道，《中国邮政快递报》头版两次做了详细的案例介绍。配合市快递行业协会编发“快递业与制造业”深度融合发展专刊。

【推进依法治邮工作】一是做好合同审核、重大行政执法案件法制审核、局重要文件法制审核及公平竞争审查等工作，出具法制审核意见书，做好行政复议答复和行政诉讼案件应诉工作，组织行政执法资格考试。二是撰写《上海市邮政管理局 2021 年度法治政府建设报告》《上海市邮政管理局 2021 年度行政执法年度报告》《上海市邮政管理局 2021 年行政复议和行政应诉案件统计分析报告》。三是贯彻落实国家邮政局《邮政业法治宣传教育第八个五年规划》，编制《上海市邮政快递业“八五”普法工作实施意见》。四是参与《快递服务》国家标准等邮政行业和上海地方标准制修订工作，《快递包装循环共用指南》上海地方标准正式立项，被纳入 2022 年度上海市地方标准制修订项目计划。

【桃浦邮件处理中心投入试生产】2022 年 10 月 12 日，上海市邮区中心桃浦邮件处理中心投入试生产，负责全市特快省际出口处理及上海西近 100 个营业部（直投中心）省际进口处理作业。桃浦邮件处理中心每小时处理能力达到 8.6 万件，每日总处理量可达 160~180 万件，其中 2 台小件机设计能力为 4.5 万件 / 小时、扁平件 2 万件 / 小时、矩阵 2.1 万件 / 小时。试生产当日处理扁平件 12 万件，峰值小时效率达到设计效率的 110%，小件处理 3.2 万件，矩阵散件处理 5.1 万件，生产流程顺畅，邮件处理有序平稳。桃浦邮件处理中心投产后处理能力位居上海三大邮件处理中心之首，邮件无须落地，10~15 分钟完成从卸车到装车全流程。通过中邮科技整合，设备核心部件实现全部国产化，并拥有总包识别、全自动控件系统等人工智能设备，用工较其他处理中心减少近 30%。

（四）普遍服务

【概况】2022 年，上海市邮政管理局依法履行邮政普遍服务监督管理职责，统筹疫情防控和邮政事业发展，深入落实邮政业民生实事，积极服务国家重大战略，确保邮政普遍服务平稳有序、民生实事不断推进，政策环境不断优化。

推进完善邮政普遍服务保障体系。2022 年，农村寄递物流体系建设工作进展顺利，上海市邮政管理局积极推动《国务院办公厅关于加快农村寄递物流体系建设的意见》在上海贯彻落实工作，积极加强与各相关部门沟通协调，推动上海意见出台落实。9 月 1 日，上海市人民政府办公厅正式印发《关于加快本市农村寄递物流体系建设的实施意见》（沪府办发〔2022〕16 号）。9 月 23 日，上海局召开会议，就《关于加快本市农村寄递物流体系建设的实施意见》进行了宣贯。推动邮政与农村电商协同发展，积极指导邮政企业抓好一市一品项目培育，全年共实现农特产品销售额达 10238 万元，并培育精品项目 10 个。加强邮政综合服务平台建设，推动邮政企业加强与地方政府的沟通，建立起覆盖市、区、社区三级服务网络。截至目前，上海市邮政综合服务平台共完成寄递业务量 794.96 万件，其中警邮 223 万件，税邮 90 万件，政邮 480.5 万件，警医邮 1.46 万件。巩固提升建制村直投到户比例，政企通力合作，加大调研、积极排摸，2022 年建制村直投到户基

本实现全覆盖，各派出机构督促辖区邮政分公司积极做好建制村打卡，建制村打卡水平保持在99%以上。

加强审批和监管，提升邮政普遍服务质量。2022年，共收到邮政企业办理撤销邮政普遍服务营业场所申请3个，已办结，收到邮政企业备案设置普服营业场所3份，收到邮政企业停止办理邮政普遍服务业务和特殊服务的申请2个，已办结。共收到邮政企业暂时停限办邮政普遍服务业务和特殊服务备案229份，变更重要信息16份，节假日调整营业时间1份，普服局所迁址2份，共收到全部备案251份。

2022年，共检查邮政普遍服务营业场所327处，开展非现场检查75处，开展双随机检查139次，下发责令改正通知书41份，约谈告诫2次，行政处罚2起。

开展乡镇邮政服务专项检查，印发《上海市邮政管理局关于做好2022年乡镇邮政服务专项检查的通知》，各派出机构以乡镇地区邮政局所、邮政投递频次和投递深度等为重点，深入开展乡镇邮政服务专项检查，共对50个乡镇普服营业场所、42个乡镇投递场所，39个建制村开展检查。

切实抓好安全生产专项整治三年行动，持续巩固处理场所“传送带堵缝、人车分流”两项重点整治任务，全面完成第二阶段“四不”问题整治任务；督促企业扎实落实“三项”制度；督导分拨中心开展疫情防控安全演练；围绕落实迎接党的二十大寄递安保工作，市局和各派出机构积极做好监督检查工作；“双11”期间由局领导带队对邮区中心、基层普服网点开展全面检查。

创新方式加强邮政普遍服务社会监督。抓好监督员调整工作。在保持各区监督员全覆盖的基础上，积极落实国家邮政局工作部署，指导派出机构完成监督员调整。严格按照《邮政特邀监督员选聘工作程序规定(试行)》等制度，扩大选拔渠道，拓宽选人视野，优化队伍结构，通过局网站公开发布招聘公告，招聘了8名社会监督员，全市共有16名邮政特邀监督员，稳定保持一区一人。

抓好日常监督检查工作，2022年共开展社会监督活动958人次，核查网点958个（其中邮政网点533个，快递网点425个），走访用户6078人次，提交监督报告958份。

【上海市邮政管理局开展普遍服务邮件时限测试】2022年，上海市邮政管理局组织开展普遍服务邮件时限测试，测试结果显示，上海全市普遍服务邮件平均传递时限为1.09天，其中平信为0.86天，挂号信为0.83天，普包为1.59天，均符合邮政普遍服务标准。上海市城市地区实现每日投递频次为两次；乡镇政府所在地每周投递频次达到每周7次及以上。

【上海市邮政管理局组织开展邮票销售专项监督检查】2022年，上海市邮政管理局组织开展了《中国共产党第二十次全国代表大会》《第24届冬季奥林匹克运动会开幕纪念》《壬寅年》3套全国重大、热点题材纪特邮票销售服务情况专项监督检查。邮政管理部门检查86人次，社会监督42人次，检查网点超过纪特邮票零售网点综述的三分之一。

【上海市邮政管理局联合市相关部门开展机要通信安全检查】为进一步强化全市邮政机要通信保密安全监管，确保全市机要通信安全，提高机要通信服务质量和水平，2022年9月6日，上海市邮政管理局与市国家保密局组成联合检查组，对黄浦机要站和世博机要组进行监督检查。检查组通过实地查看、查阅资料、调阅监控等形式，对营业、处理场所进行了全方位检查，尤其是新修订的《邮政机要通信场所建设和设施设备配置规范》《邮政机要通信服务规范》的贯彻落实情况，检查组还了解了机要站点疫情防控措施落实情况。从检查情况看，整体情况良好。检查组要求邮政企业进一步提高政治站位、提升责任意识，确保机要通信万无一失。市机要通信局表示将高度重视问题，强化使命担当，加强员工培训，严格落实两个规范，当好“红色传令兵”，确保机要通信绝对安全。

【上海市邮政管理局深入开展党的二十大寄递渠道专项夜查行动】为进一步做好寄递渠道安全和服务保障工作，以实际行动迎接党的二十大胜利召开，10月13日晚，局党组成员、纪检组长、副局长余洪伟带队联合公安、国安等部门赴中通、极兔分拨中心开展党的二十大寄递渠道专项夜查行动。检查组现场详细询问、查看了企业应急隔离场所和疫情防控措施执行情况，督促企业强化和落实疫情防控各项措施，坚决防止疫情在寄递渠道传播扩散。对发往北京快件进行了随机抽查，重点检查三项制度落实情况，三个标志执行情况。

（五）快递服务

【概况】2022年，上海市快递服务企业业务量累计完成28.6亿件，同比下降23.6%；业务收入累计完成1845.4亿元，同比增长7.6%。其中，同城业务收入累计完成41.2亿元，同比下降25.6%；异地业务收入累计完成155.9亿元，同比下降26.8%；国际及港澳台业务收入累计完成135.1亿元，同比下降6.0%。

【国务院联防联控机制疫情防控组转发上海邮政快递业疫情防护工作经验做法】上海市邮政快递业认真贯彻习近平总书记关于疫情防控工作的重要指示批示精神，在疫情防控工作中不断健全完善行业疫情防控工作机制、压紧压实“四方责任”、优化升级措施规范、加强人员应急管理、强化防护宣传引导、扎实做好免疫接种工作、强化检查督导落实，并将行业疫情防护工作形成相关经验做法，2022年12月获国务院联防联控机制疫情防控组转发至各省、自治区、直辖市及新疆生产建设兵团。

【全力做好上海市邮政快递业保通保畅工作】上海市邮政管理局组织邮政、顺丰、“三通一达”、京东等企业在大上海保卫战中参与全市保供应工作，重点保障外地援沪物资运输、政府集采集配保供物资配送到各区街镇社区。2022年4月1日至5月31日，全行业参与保供保通保畅运输车辆累计约8.1万辆次，运送生活物资累计约36.6万吨，参与人员累计约18.4万人次。全行业努力做好疫情防控和保通保畅工作，提供让居民放心的安全邮政、快递服务。2022年4月25日，孙春兰副总理在虹口区大连路看望京东末端保供快递人员，对行业落实疫情防控措施、物资寄递保障、无高额打赏、员工闭环管理等方面表示了肯定。李强书记、龚正市长分别于2022年4月19日、5月24日调研快递网点，对行业疫情防控、保畅保通工作给予肯定。并在行业运行保障工作中主动作为、主动服务、主动担当、主动呼吁、主动争取，推动出台《上海市人民政府办公厅印发关于支持本市相关行业和企业稳岗留工有序运行若干政策措施的通知》（沪府办规〔2022〕18号），明确指出阶段性发放稳岗补贴，最终惠及行业216.7万人次，1.69亿元。并指出要支持外来务工人员节后加快返岗复工，实施春节返岗交通补贴，全力保障上海市邮政快递运行顺畅。

【上海市邮政管理局接受市人大安全生产综合执法检查】2022年7月13日，市人大安全生产综合执法检查专项指导第一组组长苏明一行以线上视频的方式，对上海市邮政管理局展开调研指导安全生产综合执法检查工作。局党组成员、纪检组长、副局长余洪伟汇报了本市邮政快递业安全生产工作情况，指出近年来本市邮政快递业总体运行平稳，无重特大安全事故发生，安全生产工作总体可控。检查组对上海局的工作表示了肯定，并提出了相关问题，上海局和企业对此一一进行了解答。组长苏明指出，要深入贯彻落实《上海市安全生产条例》，一是要保证寄递服务渠道畅通安全，毫不放松抓好疫情防控和重大活动安保工作；二是要继续统筹经济发展和安全生产，进一步提升邮政行业发展质效；三是要加强规划政策的宣贯落实，切实保障从业人员合法权益，坚决压紧压实安全生产责任。

【上海邮政快递业编制印发行政处罚简易程序实施办法】2022年11月，上海局编制印发了《上海市邮政行政处罚简易程序实施办法（试行）》（以下简称《实施办法》），明确对企业处以3000元以下罚款或者警告的，可以适用行政处罚简易程序。《实施办法》主要包括总则（五条）、适用范围（两条）、实施流程（六条）和附则（一条）。《实施办法》还包括：邮政行政处罚简易程序流程图、《当场处罚决定书》参考模板及邮政业适用简易程序处罚的主要案由（普服类8条、市场类15条）。上海市各邮政监管派出机构在适用简易程序实施行政处罚时，无须通过市局办理立案和处罚意见报告审批，取证完成后即可以当场做出行政处罚决定。解锁行政执法简易程序，精简了行业执法办案流程，降低了办案的人力成本，进一步提升了行业治理和服务水平。

【中通积极推动“快递进村”“快递进厂”“快递出海”】中通快递一直高度重视“快递进村”工作，成立了以总部乡村发展部负责牵头，各省区末端板块积极参与的进村工作小组。截至2022年底，中通快递乡镇覆盖率超过94%，2022年发货量超1000万件的金牌农产品达12个，在农村地区的揽投业务量超过80亿件。2022年中通快递加快在“快递进厂进园区”方面的探索步伐，成功实现了在综合物流领域的“破局”。结合制造业本身的供应链服务需求特点和中通在数字化技术方面的优势，中通聚焦汽车及新能源制造企业，缜密设计入厂物流解决方案，利用中通生态资源，逐步打磨出模块化的制造业供应链解决方案。中通国际作为中通快递集团的国际窗口，2022年不断拓展海外网络建设，响应国家“一带一路”倡议，促进政策沟通、道路联通、贸易畅通、货币流通、民心相通，增进各国人民福祉，推动构建人类命运共同体。

【圆通航空持续加强国际航空物流能力】2022年圆通航空累计引进波音B757、B767全货机6架，开通10条货运航线，并首度在上海开通定期国际货运航线，不断提升国际航空物流服务能力。自2022年6月以来，圆通航空连续新开日本、韩国、印度、泰国和土耳其等国家的多条航线，通过与土耳其航空等头部航司合作，圆通可将联程航空网络覆盖到洲际区域。统筹主导仓储、干线运输、关务、末端配送等主要物流环节，以航空货运为重要支撑的圆通国际业务也正为跨境贸易和区域经济的提振不断助力。

【韵达持续推动“向西向下向外”工程】2022年，韵达在县级区域覆盖率98%，乡镇服务网络覆盖率达99.08%，新增乡镇网点1154家，开通国际业务的城市近270个，国际业务覆盖国家已达到39个。韵达网络覆盖面特别是在乡镇农村地区的服务范围得到了极大拓展，进一步夯实了国内业务发展的根基。2022年，全国干线路日均发车超过4300余趟次。为满足高端快递产品的时效需求，以及把业务延伸到陆路运输较难覆盖的部分偏远地区，公司以航空运输作为陆路运输的有效补充。2022年，公司已与全国40家航空货运代理公司开展合作，合作航线650余条。

【圆满完成“双11”期间旺季服务保障工作】2022年，受电商平台持续开展错峰促销活动的影响，促销高峰仍展现出“双峰”（11月1日和11月11日）态势，上海市邮政管理局在借鉴往年工作经验的基础上，周密部署、强化落实，圆满完成“双11”业务旺季服务保障工作。11月1日至15日期间，本市共揽收1.7亿件，为平日日均揽收量的1.60倍；投递2.1亿件，是平日日均投递量的1.67倍。其间，揽收高峰出现在11月1日，当日揽收2482.4万件，为平日日均揽收量的3.50倍；投递高峰出现在11月13日，当日投递1762.5万，是平日日均投递量的2.11倍。

【上海邮政快递业不断提升寄递渠道安全监管能力水平】为不断提升寄递渠道安全监管能力水平，上海市邮政管理局于2022年7月，召开了“绿盾”工程信息化应用培训及交流座谈会。2022年9月，编制印发了《上海市“绿盾”工程信息化应用工作指南（试行）》，多措并举不断推进“绿盾”工程全面深入应用，切实将相关信息系统的应用嵌入日常工作流程中，提升行业安全监管效能，强化防范化解重大风险能力，为人民群众美好用邮需要营造安全的服务环境。

【上海市邮政管理局扎实开展重大活动和业务旺季期间寄递渠道安全保障工作】上海市邮政管理局突出重大活动和业务旺季期间寄递安全和行业稳定两个重点，统筹做好安全和服务两项保障，圆满完成党的二十大期间寄递渠道安全服务保障工作，同时顺利完成第五届进博会、北京冬奥会等多项重大活动寄递安保任务，实现“四个严防、三个确保”工作目标，保障本市寄递渠道平稳安全运行。

相关工作得到了国家邮政局、上海市政府和相关部门的肯定。

【研究制定《快递包装基本要求》地方标准】2022年，上海市邮政管理局调整成立了邮政快递业碳达峰碳中和工作领导小组，进一步优化工作机制。牵头制定了《快递包装基本要求》地方标准，启动了《快递包装循环共用指南》标准立项申报工作，并被列入2022年度上海市地方标准制修订项目计划。在上海市政府节能降耗和能力建设资金预算中争取到“快递包装绿色转型工作推进”专题项目资金60万元，促成行业可循环、可折叠包装产品和物流配送器具试点工作纳入上海塑料污染治理工作推进项目。

（六）精神文明和科技文化

【概况】2022年，上海市邮政管理局强化党的政治建设，持续加强理论武装，深刻领悟“两个确立”的决定性意义，增强“四个意识”、坚定“四个自信”、做到“两个维护”。始终把贯彻落实习近平总书记关于邮政快递业重要指示批示精神作为重要政治责任，坚持以党的政治建设为统领，严守政治纪律和政治规矩，巩固政治机关意识教育成果。组织召开33次党组会议审议重要事项。印发年度全面从严治党和党风廉政工作要点。巩固拓展党史学习教育成果，组织召开全局党史学习教育总结大会、专题民主生活会和组织生活会。开展年度党支部检查考核、党支部书记述职、年度组织生活会和民主评议工作，高质量做好全国党的二十大代表、市委第十二次党代会相关人选推荐工作，局党组主要负责同志当选为上海市第十二次党代会代表。深化党的创新理论武装，把深入学习贯彻习近平新时代中国特色社会主义思想作为长期重要政治任务，充分发挥党组理论学习中心组和党组会第一议题学习制度的领学促学作用，制定党组理论学习中心组学习规则实施办法，落实年度学习计划，召开3次中心组学习扩大会，学习14个方面专题内容，党组会第一议题共学习30次61个专题内容。深入学习《习近平谈治国理政》（第四卷）。组织全体党员集中收听收看党的二十大开幕式，通过党组（扩大）会、专题培训班、专题宣讲、专家讲座、“三会一课”、主题党日、交流心得、主题征文等多种方式认真学习宣传贯彻党的二十大精神。

【上海市邮政管理局召开党史学习教育总结电视电话会议】2022年1月19日，上海市邮政管理局召开党史学习教育总结电视电话会议。会议要求总结、巩固拓展党史学习教育成果，动员全局党员干部群众大力弘扬伟大的建党精神，满怀信心地奋进新征程，建功新时代，以实际行动迎接党的二十大胜利召开。局党组书记、局长冯力虎做总结报告并讲话。局党组成员、纪检组长、副局长余洪伟主持，局党组成员、副局长郑小鹏和局机关全体党员干部在主会场出席会议，各派出机构党员干部在分会场参会。冯力虎指出，党史学习教育开展以来，上海市邮政管理局紧紧围绕“学史明理、学史增信、学史崇德、学史力行”的目标要求，深入开展各项重点学习和实践活动，求真务实、锐意进取，全体党员、干部受到了一次全面深刻的政治教育、思想淬炼、精神洗礼，深入贯彻习近平总书记重要讲话和关于邮政快递业重要指示批示精神，达到了“学党史、悟思想、办实事、开新局”的目的。

【上海市邮政管理局组织召开市邮政快递业学习宣传贯彻党的二十大精神宣讲会】2022年12月15日，上海市邮政管理局组织召开市邮政快递业学习宣传贯彻党的二十大精

神宣讲会。上海局党组书记、局长冯力虎做专题宣讲，结合上海市邮政快递业实际，围绕深刻把握党的二十大的重大意义等九个方面，对党的二十大精神进行了宣讲。局党组成员、纪检组长、副局长余洪伟主持并做上海市快递行业党建工作报告。市建设交通工作党委组织处、市快递行业党建联盟各成员单位党建工作负责人、快递小哥先进代表参会并做交流发言。宣讲中，冯力虎回顾了本市邮政快递业新时代十年的成就，并围绕党的二十大报告涉及行业几个方面的重大部署做重点阐释。冯力虎强调，要结合邮政快递业十年变革成就，切实把忠诚拥护“两个确立”转化为坚决做到“两个维护”的思想自觉、政治自觉和行动自觉。要注重方法效果，勤学细悟促消化，融会贯通促深化，活学活用促转化，确保学习宣传贯彻党的二十大精神走深走实。

【推进行业党建和精神文明创建工作】加强与市委组织部、建交党委联系，推动构建行业党建领导体制，制订上海市快递行业党委组建方案，配合地方组织部门开展党建引领基层治理、关心快递小哥等新就业形态群体工作，“党建引领快递行业‘六共’行动”纳入上海市建设交通系统党建引领基层治理重点项目。推进行业精神文明建设，大力弘扬劳动精神、劳模精神、工匠精神和“小蜜蜂”精神，组织开展上海市首届“关爱勤劳小蜜蜂 寻找最美快递员”活动。大力选树和宣传行业先进典型，持续强化行业先进推荐和评选表彰工作，荣获“全国工人先锋号”1个、“全国五一劳动奖章”1个，上海市工人先锋号、五一劳动奖7个，评选表彰37家上海市快递行业文明单位。浦东局成立全市首家快递行业综合党委。青浦局联合青浦区委组织部举办“红领速递‘治’享未来”快递行业党建主题活动，创建“红领·速递”

党建品牌。黄浦局联合长宁区组织部将快递小哥纳入“暖新巢”新就业群体驿站服务范围，推进党的工作全覆盖、服务供给全方位、参与基层治理全周期等“三全”工作模式。

【坚持数字引领行业发展】一是邮政快递业纳入《上海市数字经济发展“十四五”规划》（简称《规划》）。该《规划》明确将智能快件箱等“新终端”建设内容纳入全市数字经济发展工作，明确加大智能快件箱在社区、商务楼宇、医院、学校、机关和园区等场所的布设力度；顺应消费升级需求，支持新型消费发展，加快布局智能商业终端，推动实体商业数字化、智能改造和跨界融合；围绕引流、降本、提升用户体验，提升商业运行管理效率。二是研究编制、发布上海快递发展指数。2022 年 11 月，在研究单位国家局发展研的支持下，联合青浦区商务委、市快递行业协会研究编制并发布 2021 年上海快递发展指数和 2022 年三季度上海快递发展指数。从指数来看，全行业经受住疫情考验，上海快递发展指数呈现整体上扬态势，充分展现了上海邮政快递业的韧性、稳定性与可持续性。通过“季度 + 年度”双周期发布，整合行业大量数据资源，对行业进行多方位科学监测，为行业发展查找短板、优化资源配置提供有力抓手，为政府宏观决策、为市场有序发展、为企业合法经营提供新指引；通过全方位拓展“数字 +”在邮政快递业创新应用，加快行业转型升级、提质增效，持续打造行业发展的新模式、新业态、新优势，为全国邮政快递业高质量发展提供上海新探索。三是实施科技兴邮战略。支持企业落实科技兴邮战略。根据国家局要求，积极配合大华公司持续推进智能视频监控试点项目建设。对方案和配套管理办法再调整、细化，为做好智能视频监控系统的研发和推广工作提供有力支撑。目前，针对企业场景试点工作已顺利完成，政府侧试点应用也已基本试点完毕，等待国家局验收。推动邮政行业技术研发中心建设，在申报条件、申报流程和有关要求等方面对企业进行指导，帮助企业申报邮政行业技术研发中心。

【上海市邮政管理局认真落实关心关爱快递小哥】2022 年，上海市邮政管理局认真贯彻落实习近平总书记关于关心关爱快递小哥的重要指示批示精神，深化“暖蜂行动”，扎实推进快递小哥关心关爱工作。联合市总工会有序推动快递企业建会、快递小哥入会工作，目前快递小哥入会达 7 万余人。协调全市共计 12755 个“党群服务中心”“户外职工爱心接力站”等服务阵地向快递小哥开放提供暖心服务。联合团市委开展“快递从业青年服务月”活动，依托上海 12355 青春在线为快递员提供法律咨询、线上讲座、心理辅导服务累计覆盖 3993 人次。扎实开展“迎新春送温暖”“高温送清凉”等慰问活动，累计开展各级慰问活动 1717 次。组织开展快递员免费体检和义诊累计覆盖 11481 人次。大力选树宣传行业先进典型，开展上海市首届“关爱勤劳小蜜蜂寻找最美快递员”活动，评选表彰 37 家市快递行业文明单位，获评 2 个全国、7 个上海市“五一劳动奖”“工人先锋号”，见义勇为快递员王江北事迹入选上海市“人民城市温暖瞬间”十大典型案例、社会主义精神文明十大好人好事。

【持续加强行业运行监测预警，及时回应社会关切】2022 年疫情期间，上海市邮政管理局参加上海市疫情防控新闻发布会 3 次，及时向社会发布行业疫情防控工作情况。开设“‘疫’无情、‘递’有情”和“堡垒·先锋”专栏，联系中央和地方各类媒体刊载信息 280 余条。全行业疫情防控和保畅保通工作得到国务院和上海市委、市政府领导肯定。孙春兰副总理、李强书记、龚正市长等领导亲自视察邮政快递一线。

【圆通速递有限公司获评“全国和谐劳动关系创建示范企业”】2022年，中华全国总工会等部门联合印发《关于命名全国和谐劳动关系创建示范企业与工业园区的决定》，圆通速递有限公司获评“全国和谐劳动关系创建示范企业”。圆通表示要珍惜荣誉，再接再厉，立足新发展阶段、贯彻新发展理念、构建新发展格局，踔厉奋发、笃行不怠，着力丰富创建内容，创新工作思路和方法举措，积极总结推广成功经验和模式，团结动员职工同心同向同行，努力构建规范有序、公正合理、互利共赢、和谐稳定的劳动关系，充分发挥先进典型示范引领作用。

【中通快递不断升级与应用智能化分拣设备】截至2022年底，中通快递在全网98个转运中心上线458套大/小件自动化分拣设备，在中转环节大量应用大小件自动分拣、伸缩机、动态秤等智能分拣设备，不仅可以减少装卸过程中的快件磨损，降低快件破损率，还可以减少缓冲物和封装胶带等耗材用量。同时，中通快递致力于充分发挥科研开发和技术创新，不断推进科研成果转化，设备升级到3.0代高速小件自动分拣机、大件自动分拣机、直线型分拣机，其中“四层悬挂式交叉带分拣机（4层车间无轨道）分拣速度高达14万票/小时，同比现行分拣效能提升30%~80%，兼具占地面积小、维护成本低、使用能耗少等特性。此外，该分拣设备通过分布式局部变频控制提高环线运行平稳性，保障高速运行下全系统毫秒级响应，实现物件精准控制。

【申通搭建完善两大智能客服系统】2022年，智能语音和智能语义两大智能客服系统共同构建了申通智能客服生态系统的羽翼，实现7×24小时全天候、全渠道、全流程自动化处理，具备95%的问题识别率和99%的准确率，大幅提升网点客服响应速度和服务效率，服务全网网点游刃有余应对海量商家的服务需求。智能客服生态系统深度打通申通内部业务，包括订单系统、轨迹系统、逆向系统、工单系统、问题件系统、留言系统、基础资料及理赔系统，可识别催件、退回、改地址、改信息等近20种物流售后意图。“申小蜜”智能语义客服系统也具备全渠道覆盖能力和全流程全自动化处理能力。目前已经全面支持采集钉钉群、企业微信群中的用户问题和客诉信息，未来将覆盖拓展更多客诉渠道。实现绝大多数问题无须人工介入，解放人工客服工作量，提升服务效率。数据表明，“申小蜜”帮助网点客服人效能提升50%以上。

【圆通积极打造低碳环保的绿色物流】2022年，圆通全网采购使用符合标准的包装材料达93%，规范包装操作比例达92%，全网回收复用瓦楞纸箱2208万个，推动加盟商网点积极采购使用可循环快递箱替代一次性包装。2022年11月底，在杭州市萧山区的圆通亚运物流中心，2.3万平方米的馆区屋顶上，首批光伏发电项目验收通过，成功发电。该工程建设使用了1845块高效单晶硅。全部投入使用后，年发电量可达132万度，每年可节约标准煤376吨，减少二氧化碳排放1032吨，有效降低烟尘及废水排放，助力打造低碳环保的绿色快递物流。2022年12月，圆通结合本公司实际，自主研发的碳排放核算系统正式上线，实现了对绿色物流的全链路数字化管控。该系统支持查看全国、省区、中心总碳排放、单票碳排放情况，帮助公司更好地适应绿色低碳发展要求，实现绿色数字化管控，从系统监测数据来看，圆通全网12月份单个包裹碳排放量为0.1886kg，环比下降了13.73%。

【顺丰推进快递包装智慧化、绿色化发展】顺丰通过循环包装及载具运营管理平台，推行循环化包装，为行业内外客户提供整体循环包装解决方案，针对不同场景投用了保密运输箱、机场循环箱、易碎品循环中转箱、食品循环箱、太阳能光伏板循环包装等成熟产品。2022 年累计投放碳中和循环箱“丰多宝 (π-box)”超过 125 万个，覆盖全国 170 余座城市，实现超过 1500 万次的循环使用。

【韵达加强技能人才队伍建设】韵达结合人社部三年技能提升行动和国家邮政局“十四五”人才建设规划，聚焦公司关键人才培养和职业技能人才认证，不断建强韵达管理人才队伍、提升技能人才水平、夯实服务质量基石。在做好员工的培训赋能的基础上，推动员工与公司共建、共创、共享、共荣。目前已经形成 5 类管理类人才、9 大专业技术类人才蓄水池。2022 年，韵达组织 2022 年度供应链管理师（三级）直接认定综合评审，这是行业内首次自主开展“高级供应链管理师”资格认定，对于区域内和行业内技能人才的培养选拔和技能人才队伍建设具有积极的示范意义。

CHAPTER TEN X

海事管理

⊙ 综述

⊙ 水上交通保障

⊙ 水上安全治理

⊙ 行业发展

（一）综述

2022年，上海港船舶进出港201.29万艘次，同比下降17.25%，其中国际航行船舶进出口岸3.76万艘次，同比下降0.37%，国内航行船舶进出港197.53万艘次，同比下降17.51%。辖区共发生一般等级及以上事故13件，死亡失踪14人，直接经济损失3050万元，同比分别下降13.3%、17.6%和20.1%；沉船9艘，同比上升80.0%。完成水域巡航23045次，出动执法人员52961人次，巡航341988.34海里，同比分别下降15.06%、11.26%和13.32%。“海巡01”轮巡航31次，跨辖区巡航3次，累计出航259天，巡航10731海里，巡航里程同比增长30.93%。空巡飞机（含巡航救助直升机）巡航87架次，巡航31339海里，同比分别下降4.40%和1.54%。开展船舶现场监督检查12530艘次；实施船舶安全监督检查4104艘次，滞留514艘次，其中港口国监督检查（PSC）296艘次，船旗国监督检查（FSC）3808艘次。实施船检质量检查858艘次，船检质量艘数占船旗国监督检查（FSC）比例为22.5%。实施船舶防污染作业审核/报告716932件，开展防污染现场检查13455次，处罚危防违章案件1383起，处罚金额1777万元。办理各类船舶登记2359艘次，与去年相比下降5.27%。调查水上交通事故50件，签发安全管理建议书66份。开展航运公司体系审核174家、船舶体系审核362艘，开展航运公司日常监督检查222次，发现问题840个。完成行政许可686286件，行政确认2353件，海事政务服务事项全程网办率53.95%，政务服务“好差评”好评率100%。受疫情影响，上海海事局行政处罚各项数据均大幅下降，2022年共查处违法案件5254件，同比去年减少72.74%；罚款人民币6714万元，同比去年减少71.32%；扣证人数298人次。开展规范性文件清理，制修订规范性文件4件、内部执法规范类文件8件，废止规范性文件3件、内部执法规范类文件5件，完成规范性文件后评估15件。

（二）水上交通保障

【概况】紧紧围绕“防风险、保安全、迎二十大”主线，全力维护辖区水上交通安全形势。一年来，上海海事局安全保障国内航行船舶进出港201.29万艘次、国际航行船舶进出口岸3.76万艘次、水路客运3146.79万人次。辖区共发生水上交通事故50件，其中一般等级及以上事故13件，死亡失踪14人，直接经济损失3050万元，同比分别下降13.3%、17.6%和20.1%；沉船9艘，同比上升80.0%。

【重大活动安全保障】开展水上交通运输安全生产强化年、安全生产大检查活动，认真落实水上交通安全包保任务，全力防范化解重大风险隐患。综合运用VTS、电子巡航、巡逻艇现场巡查等，加强重点区域、重点船舶安全监管，保障党的二十大、春运、北京冬奥会等重点时段辖区水上交通安全形势稳定。

【重大风险防范化解】纵深推进三年行动巩固提升工作，推进内河船非法从事涉海运输等7个专项整治行动，聚力根除辖区水上安全顽瘴痼疾，形成5项水上安全监管长效机制。动态更新重大风险“五个清单”，开发“双重”预防指挥系统，有效推进风险“图斑化”、隐患“闭环化”管理。开展海上风电施工船舶安全隐患排查整治。

【重点领域治理】在全国海事系统率先成立

闭环工作专班，高效实施港口国监督登轮检查。加强进出黄浦江水域单壳油轮管控。持续深化在航机电设备故障船舶监管，引起业界广泛关注。优化船籍港管理工作机制，提升源头治理水平。稳步推进国家海难预防研究中心建设。系统性开展通航安全“三基”信息采集和跟踪研究，夯实水上安全基础。

（三）水上安全治理

【概况】2022年，加强系统治理、源头治理、综合治理和依法治理，提升海事治理能力现代化水平。

【优化辖区通航环境】修订《长江上海段船舶定线制规定》《上海黄浦江通航安全管理规定》，系统重构辖区通航管理格局。优化沪苏船舶进出长江一体化交通组织，协同加强浙北水域通航管理，扎实推进全要素“水上大交管”建设。优化吴淞、洋山VTS管理模式和运行机制，“一区一策”加强重要通道和重点水域船舶监控和交通组织。上线船舶流动态分析预警系统，持续提升船舶动态智能化、精细化管控水平。

【提升应急保障能力】推动宝山搜救分中心揭牌成立。优化海上与内河搜救指挥体系合署运行机制。开展“应急值班规范年”活动。举办“沪应-2022”海上危化品船舶应急处置综合演练等，提升水上应急实战能力。妥善处置“吉宏87”轮与“达飞海达舒尔特”轮碰撞沉没等水上突发事件。有效应对冬雾强风等恶劣天气，成功防御“梅花”等超强台风。全年共组织协调海上搜救行动217次，成功救助遇险人员1732人，搜救成功率97.25%。

【构建水上共建共治格局】制定实施《上海市水上交通安全专业委员会工作规则》，建立完善“五项机制”，牵头对部分区县开展安全生产综合大检查。联合市公安局等开展黄浦江通航安全大整治、“商渔共治2022”、水路运输危化品专项治理等专项行动。与市气象局签订战略合作协议，提升水上恶劣天气预警预防能力。深化“行刑衔接”工作机制，建立健全水上交通肇事犯罪案件移交程序。联合市人社部门开展海事劳工条件检查。向市交通委、应急局、上港集团等开放共享船舶相关数据，服务行业发展和监管。

（四）行业发展

【概况】2022年，主动融入、精准施策，切实将“国之大者”转化成“局之要务”，“小切口”破题、“大纵深”推进，为国家重大战略实施提供有效海事支撑。坚决扛起“保一方平安、促一方发展”的政治责任，在高质量助力上海国际航运中心、国际贸易中心、临港新片区建设中彰显海事作为。加强队伍、管理、装备等基层基础基本功建设，夯实履职基础，扎实推进海事高质量发展。

【服务交通强国建设】扎实推进交通强国三大试点年度工作任务。加强长三角区域立法联动，推动《上海市船舶污染防治条例》出台。签订《沪苏海事监管服务保障一体化合作协议》，深化长三角海事一体化融合发展。推动“不停航”转籍登记在江浙沪区域率先实施，办理试点29件次，降低船舶营运成本逾亿元。牵头推进船舶营运检验“通检互认”，实现全国首例新建船舶联合检验发证。

【助力航运绿色发展】开展中国籍船舶能耗数据收集和研究，致力推动全国船舶能效管理中心落户上海。开发中国籍国际航行船舶能耗数据和碳强度管理系统。完成782份中

国籍国际航行船舶《船舶能效管理计划》验证。持续抓好2021年长江经济带生态环境突出问题整改落实，全年共开展船舶防污染作业现场检查7128艘次，查处1159起防污染违法案件；办理船载危险货物申报67.93万票，查处谎报瞒报事件100起。主动为94家企业提供1273个化工品长江危险品禁运属性预核对服务。深化上海自贸区（外高桥）船舶大气污染物排放控制试验区建设。

【促进全球海事合作】 高质量筹办2022北外滩国际航运论坛“安全与合作”专题论坛。有序推进我局承担的国际海事专委会、分委会和研究室相关工作。加强国际海事交流合作和热点议题跟踪研究，线上形式参加国际会议28人次，全年共向IMO、IALA等国际组织提交提案17篇，被全部采纳，有效提升海事国际话语权。

坚持创新驱动，有效服务上海经济社会发展大局。

一是提升航运营商环境软实力。高质量完成第五届进博会海事服务保障各项工作。一项创新举措入选全国全面深化服务贸易创新发展试点第二批“最佳实践案例”。两项工作举措入选2022年上海市服务贸易创新实践案例。推动实现“中国洋山港”国际登记船舶首次增值税退税。率先落地实施游艇“多证合一”改革试点工作。二是强化港航发展硬支撑。保障洋山港常态化跨域保税燃油直供。协同市商务委等10部门出台《国际航行船舶保税液化天然气加注试点管理办法》，助力上海港成为全球第三个具有LNG“船到船”加注服务能力的港口，提升港口服务综合水平。运行海运危险货物集装箱远程智慧管理系统。将临港新片区附近水域纳入特定航线江海直达船舶适用范围，助力上海港“水水中转”比例达53.5%，优化集疏运体系建设。三是锤炼为民惠民强本领。实施海事政务“帮办”和“极简”政务服务模式，大力推进预约办、网上办、邮寄办，政务中心获评全国海事一流政务服务模范窗口。推广说理式海事执法工作模式，出台常见海事违法行为免予和从轻、减轻海事行政处罚“两个清单”。牵头深化小型船舶检验及监督管理优化试点工作，检验船舶8536艘次，节约社会成本逾千万元。稳妥组织疫情防控下各类船员从业资质资格考试281期（次）、135083人次。

坚持追求卓越，提升海事高质量发展水平。

一是海事队伍“四化”建设全面推进。稳步推进队伍“革命化、正规化、专业化、职业化”建设。高质量开展干部教育培训。深化16个海事专业实训基地建设。深入开展严肃风纪学习教育活动。实施“首席制”专家人才考核管理。举办国际化人才培训班，9名同志被纳入部国际化青年人才库。组织陈维式青年人才创新大赛。二是综合管理更加规范。修订完善政务运行、人事管理、财务审计等14项制度，推动内部管理更加规范。加强内审制度体系建设，切实做好经济责任审计和预算执行审计反馈问题整改落实，对两家基层单位开展经济责任审计。三是科技赋能全面发力。实施“海上通”一期工程，稳步推进数字浦江与智慧海区建设。拓展“一网统管”平台建设，融合五大业务场景，推进辖区动态管理整体智治。扩建“一网统管”海区版。推进“海上通”移动端应用建设。四是设施装备提档升级。统筹推进重点项目前期工作，涉及投资规模约 11.85 亿元。大型巡航救助船建造项目顺利落户上海，绿华山海事监管基地、上海洋山临港基地前期工作取得实质性进展，10 艘趸船浮码头建设工可编制工作顺利推进。船员评估示范中心基本建成。3 艘 30 米级 A 型巡逻艇正式入列。

【水上“大交管”试点建设取得突破性进展】明确上海海事局指挥中心试点建设和运行职责，起草《内部管理手册》和《运行管理手册》，设置值班台负责日常值班。开发“一网统管全球版”模块，接入全球电子海图、全球港口信息、全球卫星 AIS 数据、东海水域岸基 AIS 数据，填补中远海水域动态感知的空白。联合上海市经信委开展沿海水域通信盲区测试，推动公共通信网络覆盖辖区核心重点水域。建立 7000 余艘船舶卫星电话通信方式数据库。3 月 1 日，上海、江苏海事局船舶交通管理系统（VTS）覆盖水域正式实现“一次性船位报告”。

【推进全国船舶能效管理中心建设】上海海事局配合交通运输部海事局制定《船舶能耗数据和碳强度管理办法》，并获授权负责能效数据管理和中国籍国际航行船舶碳强度管理工作。船舶能效管理中心筹备组正式开启《船舶能效管理计划》的验证工作，完成 150 余家航运公司、700 余条船舶的注册登记工作。

【实现 LNG“船－船”加注常态化作业】3 月 15 日，上海海事局服务保障全球最大 LNG 加注船“海港未来”轮在洋山深水港为大型集装箱船“CMA CGM SYMI”轮加注约 7000 立方米 LNG。这是中国港口首次为大型 LNG 双燃料动力集装箱船舶提供 LNG 燃料加注，并在其后实现常态化作业。2022 年总计加注 27 次，加注 132820 立方米。

【疫情期间落实船员办证业务应急措施】2022 年疫情期间，探索建立特殊时期海事“三办”（“应办尽办、急事急办、特事特办”）工作机制。3 月 28 日至 5 月 31 日，保障全国海员证制证中心的正常运转，惠及全国 15000 多名海员；“急事急办”、规范透明，加急办理了 100 余件船员证书申请；“特事特办”，容缺办理申请 1300 余件，稳妥组织疫情期间船员适任考试，灵活认可疫情期间受困船员理论培训，诚信管理加事后监督最大限度便利船员。“上海海事局‘逆行’驻点突击，实行船员办证和换证‘应办尽办、急事急办、特事特办’工作机制”获评全国水运系统服务船员“十佳案例”。

【疫情期间保通保畅】4 月 14 日，上海海事局成立水路运输安全和保通保畅工作专班，强化组织领导、明确措施要求，全力保障疫情期间粮食、能源、化肥等重点物资和集装箱水路运输稳定畅通。4 月 21 日，上海海事局印发《关于进一步落实疫情期间水路运输保通保畅工作举措的通知》，明确 12 项举措，切实加强水路运输保通保畅。全年，共保障上海港完成水路运输煤炭 4054.5 万吨、LNG405.2 万吨、粮食 328.7 万吨，助力上海港集装箱吞吐量逆势增长达 4730 万标箱。

【加速推进长三角区域船检融合发展】推进长三角区域船检一体化融合发展示范样板建设，联合印发《长三角区域船舶检验合作实施方案》，持续推进船舶营运检验“通检互认”，完成全国首次实现新建船舶联合检验发证。全国首家由两省共同设立的营运船舶通检互认工作站正式运行。探索检修检测机构统一管理及建立区域联合审图机构。顺利印发《长三角区域船舶检验案例集》。

【发布船员队伍信息】编制完成《2021年中国船员发展报告》，优化数据统计方法，更贴近船员队伍真实状况，为船员队伍发展和建设提供数据支撑。编制发布“中国（上海）船员薪酬指数”，为船东和船员就薪酬达成一致提供指导，有利于建立公平合理的船员薪酬体系。

【扎实推进水路运输危险货物安全监管】4月15日，上海海事局印发《水路运输危险货物安全风险集中治理方案》，部署开展辖区水路运输危险化学品安全风险集中治理。运用“海运危险货物集装箱远程智慧管理系统”，持续规范海运危险货物装箱质量。优化“船载外贸集装箱危险货物预检系统”和“船载集装箱危险货物全流程可视化安全保障系统”，提升危险货物监管的精准度。

【沪苏签署海事监管服务保障一体化合作协议】5月18日，上海、江苏海事局线上签署《沪苏海事监管服务保障一体化合作协议》，双方围绕海事监管、交通组织、信息数据、服务保障、信用管理、绿色发展六个方面加强合作，深化服务长三角一体化国家战略。交通运输部海事局局长李国平线上出席签约仪式并讲话。

【首次为辖区内中国籍国际航行船舶开展海事劳工条件检查并签发证书】9月13日，上海海事局向“鼎衡25”轮签发“海事劳工证书”（临时）。这是上海海事局首次为辖区内中国籍国际航行船舶开展海事劳工条件检查并签发证书。

【开展“沪应-2022”危化品船舶应急处置综合演练】11月2日下午，“沪应-2022”危化品船舶应急处置综合演练在上海金山水域成功举行。本次演练由上海海事局、市应急局、化工区管委会、金山区人民政府联合举办，市委常委、常务副市长吴清出席并担任演练总指挥，市交通委、市卫健委、市农业农村委、东海救助局、东海航海保障中心、市消防救援总队及上港集团等单位相关负责同志现场观摩演练。演练共设海上搜救应急响应、落水人员搜救、水域临时交通管制、失控船舶控制、危化品船舶火灾处置、危化品转运与工艺处置、沉船打捞及沉船设标等16个科目。30余家单位、31艘船艇、6架飞机、3架海事巡航执法无人机及10余台车辆参加演练。

【成功举办北外滩国际论坛】11月23日，以“航运与环境：共探航运安全发展未来之路”为主题的2022北外滩国际航运论坛“安全与合作”专题论坛在沪成功举办。来自政府间和非政府间国际组织、国外海事主管机关，交通运输行业管理部门、相关国家驻华使领馆、上海市相关政府部门，航运产业链相关企业、科研院所、行业协会等130名中外嘉宾代表，以线上或线下方式围绕“航运与环境：共探航运安全发展未来之路”主题，共同研讨海事政策，分享经验成果，助推全球海事治理。论坛还发布了船舶能耗数据和碳强度管理相关成果。

【《上海市船舶污染防治条例》发布】12月21日，《上海市船舶污染防治条例》获市人大审议通过，将于2023年3月1日正式实施。《条例》的出台，是以实际行动践行长江大保护战略，也是长江流域海事管理机构共同推进长三角船舶污染防治一体化的重要里程碑。（周国辉）

CHAPTER ELEVEN XI

建筑建材业管理

⊙ 综述
⊙ 工程建设领域营商环境改革
⊙ 招标投标管理
⊙ 设计文件审查
⊙ 资质资格管理
⊙ 建筑行业专项整治
⊙ 建筑信息模型技术应用推广
⊙ 标准定额造价管理
⊙ 建筑节能和建筑材料管理
⊙ 质量安全监管

（一）综述

2022年是党的二十大召开之年，是“十四五”规划实施的关键一年。上海建筑市场监管工作深入贯彻落实“疫情要防住、经济要稳住、发展要安全”的重要要求，完整、准确、全面贯彻新发展理念，坚持科技赋能和发展转型并重，更大力度推进工程建设项目审批制度改革，更高水平推动建筑业转型升级，有力推动上海建筑业持续健康高质量发展。截至2022年底，上海共有勘察、设计、施工、监理等各类企业37433家，其中上海企业30556家，其他省市进沪企业6877家；建筑师、建造师、监理工程师等各类注册执业人员14.2万余人；建筑工地实名制管理系统登记在场建筑工人45.7万余人。2022年，全市新增项目8302个，新增项目总建筑面积9668.7万平方米，总投资1.88万亿元。在建工地数5593个；项目类型涵盖房建、交通、市政、水务、绿化项目的新改扩建工程，以及装饰装修、城市维护、多层住宅加装电梯、二次供水改造等民生工程。

一、提振发展信心，激发建筑业内生活力

一是推动上海建筑业产值实现正增长。2022年，上海建筑业总产值达9273.90亿元，同比增长0.4%，呈现出有力的V形反转态势。上海围绕项目推进和助企纾困两大板块重点发力，加强委局协同和市区联动，召开市区建管、房管部门双周调度会12次，开发稳增长促投资项目推进信息子系统，动态跟踪企业产值报送和房地产项目进展情况，强化监测预警和工作提示，压实各方稳增长责任，积极推动建筑业克服疫情影响实现正增长。二是激发市场活力，强化企业主体责任。发挥龙头企业压舱石作用，结合“大走访、大调研、大排查”工作，完善跟踪服务机制，了解企业困难需求，建立工作台账，落实专人负责，做好督办、落实、反馈的闭环工作机制，协调解决瓶颈性问题。对112家建筑业产值超5亿元且增速超过本市2022年建筑业总产值同比增速的企业给予信用加分，按产值贡献大小分别给予2分、3分、4分加分激励，助力本市建筑业企业持续拓展市场。三是多措并举，加快项目开工建设。出台建筑业恢复重振15条，全面推行“桩基先行”、六票统筹、分期验收、“重大工程桩基＋围护施工许可”等创新举措。通过告知承诺、容缺后补等审批机制，支持项目加快办理招投标、审图和施工许可等手续。

二、服务高质量发展，持续打造更优营商环境

一是迭代升级、全领域拓展延伸。作为全国首批营商环境创新试点城市之一，积极探索创新、先行先试，提出5.0版改革方案，延伸拓展至项目、市场、企业和人员等工程建设全领域，形成重点工作任务分解表，对标对表、挂图作战。二是站稳企业视角，推动审批服务“只进一个系统”。上线2.0版审批管理系统，覆盖发展改革、建设、规划等部门90项政务服务事项，系统总用户数超7万人，日均使用量达到4000次。完善“加装电梯一件事”“中介服务超市”等功能建设，已支撑2756台电梯完成相关手续办理。三是夯实机制，推动企业办事“只进一个中心”。优化完善“一站式”审批服务体系，出台区级审批审查中心工作指引，从大厅和窗口建设、入驻模式、运行方式3个方面，进一步推动区审批审查中心标准化建设。组织开展2022年度各区工程建设项目审批制度改革考核评价，浦东新区、闵行区、静安区、虹口区因综合表现优秀，创新推出一批市场认可、实践有效的典型案例和经验做法而排位靠前。四是重点攻坚、积极回应市场关切。上线“水电气通联合报装”一件事，依托“一个系统”和“一个中心”，实现“一表申请、

一口受理、联合踏勘、一站服务、一窗咨询”。出台上海工程勘察设计大师选树培育办法，助力打造一流设计之都。制定建筑师负责制扩大试点实施办法，鼓励在乡村建设、城市更新、政府投资的科教文卫项目、“五个新城”及“南北转型”区域先行先试。

三、推动转型升级，提升建筑市场发展能级

一是数字化引领转型，深化 BIM 技术应用。健全 BIM 技术应用规则体系，完善 BIM 辅助审查系统，在浦东新区先行先试。探索构建 BIM 区域管理，在北外滩形成试点应用导则初稿。升级完善“1 本母标准 +N 本专业标准”标准体系，在五个新城推进 BIM 技术高质量应用，研究制定管理要求、编制应用导则。修订招投标相关示范文本和评标办法。开展全市 BIM 技术应用落实情况检查。二是推行全电子化交易，实现智慧监督管理。推进建设工程招投标全流程电子化，推出远程居家评标、远程分散评标等举措，基本实现工程类别、招标类型、招标流程的全覆盖。依法必须招标的项目全面施行提前发布招标计划，增加前期工作透明度。升级招投标智慧监管平台 3.0 版，推动向数字化、智能化、场景化监管转型。三是优化市场准入，推动企业准营再加速。采取免申即享的方式，将 2788 家即将失效的企业资质有效期统一延长至 2023 年底。落实部分资质审批事项下放工作，上海建筑业企业可直接申请二级资质。统一互认长三角示范区 337 名二级建造师执业资格，完善人才流动机制。

四、强化源头治理，维护健康有序市场秩序

一是专项整治建设市场乱象。聚焦工程建设领域中招标投标活动、建设程序和承发包行为的突出问题，积极开展市场整治工作。在项目招投标方面，随机抽查全市 2021 年 7 月以来的招标项目，实地检查 35 家招标人，64 个招标项目，检查共发现问题线索 74 个，涉及 43 个项目、27 家招标人、30 家招标代理机构。在项目建设程序和承发包行为方面，现场抽查全市 50 个新改扩房屋建筑和装饰装修工地，开具整改条目 295 项，执法建议 32 条。二是清除招投标领域隐性门槛和壁垒。

定期开展对非进场招标项目的检查，就各类不规范行为对各区、各特定地区管委会开展招投标专项检查和综合评价工作。落实上海建设工程招标投标活动函询制度及风险警示制度，2022年发出异常函询单25张，收到回函25张。加大数据的应用和分析，提升围标串标甄别系统抽查比例，扫黑除恶期间对全市2241个招投标项目进行甄别，查办行政处罚案件36件，罚款金额约216万元。三是加大资质资格的事中事后监管力度。开展企业资质动态监管，对核查不达标的12家企业15项资质发出整改通知书，整改不达标的企业依法予以资质撤销。定期对二级注册人员的执业资格情况进行100%全覆盖网络监测，每月比对注册人员社保缴纳单位和注册单位的一致性，进一步加强对工程建设领域市场主体统一公正监管。

五、以“制度＋科技”为引领，规范劳务用工管理

切实保障建筑工人的合法权益，近年来未发生一起因欠薪引发的恶性群体性事件，2022年在国务院保障农民工工资支付考核工作中取得全国A类第一名的成绩。一是提升劳务用工体系规范化水平。出台《关于进一步规范本市工程建设领域农民工工资专用账户管理工作的通知》《关于进一步规范本市工程建设项目工程款结算和支付工作的通知》，建立解决工程款与人工费无法分离的农民工工资专用账户制度、可监控追溯农民工工资流向的银行卡代发工资制度、源头确保工程款支付的工程款支付担保制度，加强本市工程建设项目拖欠工程款和农民工工资问题的源头治理。二是不断升级完善实名制系统，实现劳务用工的智慧管理。对全市建筑工人相关信息进行大数据管理，在原有的用工基本数据基础上，增加了技能信息、工资发放、历史用工情况等信息。采用工地人脸识别的考勤方式，进一步完善用工人员的流动管理，初步建立用工考勤、薪资发放的联动管理制度。三是定期开展欠薪专项治理。在元旦春节等重要节点，联合人社、公安等部门开展欠薪治理的专项活动，杜绝欠薪隐患。建立欠薪“黑名单”通报制度，被列入黑名单的17家企业，实施禁止参与投标报名等惩戒措施，使欠薪失信企业一处失信，处处受限。四是培育高技能建筑产业工人队伍。指导临港新片区在建筑产业工人培育方面开展先行先试，从深化建筑行业用工制度改革、推动综合技能素质提升、保障劳动者合法权益、规范建筑企业市场竞争四个方面，明确了试点工作的目标任务。推动国有和大型建筑业企业全面落实建筑工人劳动合同制度，积极培育高技能人才和优秀工匠，建立相对稳定的核心技术工人队伍。

（二）工程建设领域营商环境改革

【概况】 上海立足超大城市实际，围绕有效市场与有为政府更好结合，以重大国家发展战略为牵引，以供给侧制度创新为核心，对标国内外先进规则和最佳实践，坚持理念创新、制度创新、机制创新，高起点、高质量推进工程建设项目审批制度改革，积极打造市场化、法治化、国际化一流营商环境，努力助推上海城市能级和核心竞争力的不断提升。

【系统谋划，高站位推进制度建设】 贯彻稳中求进的工作总基调，以创新试点为契机，以“审批效能再提升、管理服务更完善、系统平台更智能、信用监管更全面”为主旨，制订发布《关于深入开展营商环境创新试点持续推进工程建设项目审批制度改革的实施方案》，构建形成“9+2+9”改革政策矩阵的系统集成，创造性地提出以“六票统筹”“水

电气网联合报装一件事”“中介超市”“BIM 技术深化应用”等系列举措为核心的 5.0 版改革。2022 年市区两级累计出台各类政策文件 105 项，不断破除体制机制壁垒，推动项目审批流程持续简化、办理成本不断降低、质量管控始终强化。

【数字引领，“一个系统”智慧政务】从市场主体视角和需求出发，以上海市“一网通办”政务服务总门户为依托，以“项目全覆盖、业务全流程、数据全归集”为标准，致力打造“上海市工程建设项目审批管理系统”升级版，进一步加强各部门政务服务事项受理前端的统一融合，积极构建审批服务全方位一体化数字平台。坚持推进一口受理、并联审批、实时流转、各环节在线督办及效能节点掌控的闭环式管理，不断提高系统运行的集成化、智能化和便利化水平。截至 2022 年底，“一个系统”已涵盖项目审批四阶段各类涉审事项 90 项，办理部门包括市区两级发展改革、建设管理、规划资源、绿化市容、水务等 507 家审批管理部门和 150 家各类服务单位，各类项目办理参建企业总数超 40000 家，系统总用户数超 70000 户，办理参建企业数和总用户数分别同比增加 28% 和 40%。

【机制创新，“一个中心”提升效能】贯彻“整体政府”理念，把“建立‘一个中心’（工程建设项目审批审查中心），开展差别化实体运作”作为推动改革持续深化的重要抓手和主要举措，制定发布《关于明确区级（管委会）工程建设项目审批审查中心入驻模式和运行方式的工作指引》，搭建“一个中心”实体化运作的综合标准体系。以“高效办成一件事”为标准，强化线上线下融合，实行工程建设项目“统一申报、统一受理、统一出证、统一验收”，加快推动形成“前台一窗收发、后台联合会审”的“一站式”政务服务路径。同步开展改革政策执行效果常态化指导监督，定期通报全市工作进展，及时发现难点堵点，分析研究解决方案，鼓励推广先进做法。

【提速增效，深化重点事项审批改革】紧紧围绕上海2022年优化营商环境重点事项，重点攻坚工程建设领域三件事：一是推动“水电气网联合报装”一件事服务升级。依托“一个系统”和“一个中心”，将水电气网接入申请环节与施工许可办理环节整合，实现“一表申请、一口受理、联合踏勘、一站服务、一窗咨询”，为企业减少10余个环节、20余份重复材料。二是推进全电子化招投标，提升智慧管理能级。基本实现工程类别、招标类型、招标流程的全覆盖，推出远程居家评标、远程分散评标等举措，提升数字化、智能化、场景化监管水平。依法必须招标的项目全面施行提前发布招标计划，增加前期工作透明度。三是提升网上中介服务超市功能。住建、发展改革、生态环境、水务、卫生等12个中介服务主管单位加强统筹协作、一体推进，完善后台填报信息、前端展示和事项办理三大功能，落实网上留痕和全面公开。

【强化保障，高效能推进项目建设】按照“抓项目、促投资、稳增长”的总体目标，强力推动重大工程、重点项目落地。一是统筹调度、协同推进。发布两版市重大工程建筑工地复工复产疫情防控指引，推进两批“白名单”共51个项目率先复工。2022年市重大工程完成总投资2099亿元，同比增长7.2%，投资创历史新高。二是优审批、稳增长。出台建筑业恢复重振15条和信用修复等多项创新举措。“桩基先行”范围扩大到所有项目，2022年核发桩基施工许可证257张，开工时间平均缩短2~3个月。三是推动重大工程、重点项目早开工、早竣工、早投产。搭建部门协同、市区联动的六票统筹机制，完善指标生成、储备、配置和统筹等管理制度，为市重大工程快速审批和有序建设提供重要保障。

（三）招标投标管理

【概况】2022年，上海持续加强建设工程招标投标管理，进一步优化招标投标领域营商环境，扩大电子招投标应用覆盖面，落实招标人主体责任，开展招投标领域扫黑除恶专项整治工作，维护良好的建筑市场秩序，助力推动全市建设工程高效实施。

【优化营商环境】克服疫情不利影响，推出远程开标、远程居家评标等举措，保障全市重大工程项目招投标活动顺利进行，通过网络视频会议，全方位模拟评标监控系统，实现了远程开标及远程居家评标，累计完成远程开标项目153个，远程居家评标项目173个。出台《关于落实招标计划提前发布的通知》，明确招标人在首次开展施工招标前不少于30日，须登录上海市公共资源交易中心建设工程招投标分中心电子交易平台（www.shcpe.cn）发布该项目的招标计划，2022年累计68个项目获益。

【扫黑除恶专项整治】落实上海建设工程招标投标活动函询制度及风险警示制度，2022年发出《建设工程招标投标活动异常函询单》25张，收到回函25张。开展建设工程招投标年度专项整治工作，检查项目64个，涉及招标人35家，招标代理机构42家，发现问题线索74个，涉及43个项目、27家招标人、30家招标代理机构。加大数据的应用和分析，提升围标串标甄别系统抽查比例，扫黑除恶期间对全市2241个招投标项目进行甄别，查办行政处罚案件36件，罚款金额约216万元，其中查处串通投标案30件，罚款金额约195万元。

【电子化招投标】进一步提升全专业、全流

程、全覆盖的电子化招投标水平，完成勘察、设计、水利工程施工、园林工程施工、其他行业施工的电子招投标系统开发，并于9月1日全面上线，打通全流程电子招投标又一关键环节。编制勘察设计合并招标、材料设备采购招标的电子招标文件应用文本和数据标准，加快相关电子招投标系统开发。完善远程开标的系统功能，提升不见面服务体验感和市场主体满意度，2022年共计3951个项目标段顺利实施远程开标。

（四）设计文件审查

【概况】上海建设工程施工图设计文件审查工作按照“突出重点、分类管理，强化责任、严格监管”的原则，建立健全基于不同风险等级的施工图设计文件审查差别化管理模式，持续提高施工图设计文件审查质量和效率，切实增强企业的获得感。截至2022年底，上海共有建设工程施工图设计文件审查机构22家，其中房屋建筑工程施工图审查机构19家，市政工程（除轨道交通）施工图审查机构5家，轨道交通工程施工图审查机构5家，基坑工程施工图审查机构8家。上海登记在册施工图审查人员共计590人，其中60岁以下审查人员占88%。2022年完成房屋建筑工程审图项目数1386个，累计建筑面积6234万平方米；完成市政工程审图项目数549个；完成特殊类装饰装修审图项目数3219个；完成施工图审查改革正面清单（含低风险产业类）项目质量检查共计180个，累计建筑面积310万平方米。

【深化施工图审查制度改革】一是优化施工图审查流程。鼓励施工图审查跨前服务，探索容缺审查、分阶段审查。深化BIM技术应用，探索试点BIM施工图审查。二是加强重大工程和重点产业项目保障力度。主动对接轨道交通基础设施、重点产业研发等项目，跨前提供消防设计审查和技术咨询服务。2022年完成方案行政协助征询项目233个。三是积极推动消防设计管理措施落地。坚持

标准引领，积极开展标准规范的适用性研究，编制《保障性住房设计标准》《电动自行车集中充电和停放场所设计标准》等标准规范。四是积极推动重点民生实事项目落实落地。研究旧住房成套改造项目设计审查工作流程及要求，修改旧住房拆除重建设计导则。根据加装电梯实际任务量，新增一家审查机构开展安全性论证工作，2022 年完成加装电梯安全性论证项目约 2000 个。

【加强施工图审查行业监管】 推动施工图审查行业健康发展，持续落实房屋建筑审查机构审图任务比例上限制度，进一步加强对审查机构任务量的监管，坚持每月对房屋建筑工程进行任务量统计，并在行业内公布统计数据。对任务量超出较多的单位及时进行提醒和约谈，并对两家在 2022 年底超量的审查机构做出了相应的行政处理。

【加强勘察设计质量事中事后监管】 一是强化联合检查。组织开展“多图联审”联合检查两次，检查项目 39 个，总建筑面积 76.64 万平方米，重点检查结构及地基基础安全、装配式建筑设计深度、建筑节能及绿色建筑设计标准执行情况；组织开展专项检查 1 次，共抽查免于审图项目 39 个，市政项目 10 个，幕墙项目 8 个；组织开展勘察行业飞行检查 12 次，检查项目 16 个。二是严格把好消防设计质量关。组织“多图联审”消防检查与消防专项技术抽查 4 次，检查项目 189 个。三是探索推行在建建设工程项目“云监管”。针对在联审平台线上申请施工许可的建设项目，进行勘察设计质量行为抽查，重点关注民生工程、涉及结构安全的装饰装修工程、住宅装配式设计深度等情况。四是积极推动勘察设计审图质量监管数字化。不断优化勘察质量信息化平台功能，升级外业数据采集和土工试验模块，做好平台数据监测。2022 年共有 111 家勘察单位、2969 个勘察项目通过平台上传勘察信息，涉及约 23 万个勘探孔，累计深度 398 万延米，初步完成勘察钻探、静探等外业信息实时上传工作。

（五）资质资格管理

【概况】2022 年，上海持续深化“互联网 +”政务服务机制，优化资质审批审查系统流程，有力推进建设工程企业资质改革，推出资格人员管理新举措，工程勘察、工程设计、建筑业企业、工程监理和检测机构 5 类企业资质许可事项实现全程网办，二级建造师、二级建筑师、二级结构工程师和二级造价工程师执业资格注册许可已全部实行电子化申报和审批。2022 年办理资质类行政许可事项 3436 件次，包括新申请、增项、升级 478 件次，延续 713 件次，企业重组、分立、合并资质申请 2245 件次；二级注册人员执业资格许可受理 19874 件，批准 19780 件，不予批准 94 件。

【深化简政放权，优化智慧审批】 一是简化外省市建设工程企业进沪手续。外省市建设工程企业进沪手续由线下办理纳入全程网办，企业只须在“一网通办”平台报送企业基本信息、资质信息等相关信息，即可在上海市场从事相关建设活动，2022 年办理事项 516 件次。二是打造二级建造师注册许可“线上人工帮办”服务。依托“一网通办”技术支撑，以建筑业政务服务高频事项为切入点，通过接入智能客服“小申”入口，以实现首次响应不超过 1 分钟的要求，进一步畅通市场主体互动渠道，2022 年完成 53 人次帮办服务。

【加大事权下放力度，提升服务质效】 在《关于下放部分建筑业企业资质审批事项的通知》（沪建建管〔2022〕392 号）基础上，将“地基基础工程专业承包二级、起重设备安装工程专业承包二级、建筑机电安装工程专业承包二级、古建筑工程专业承包二级、城市及道路照明工程专业承包二级、环保工程专业承包二级资质”等6项建筑业企业专业承包资质下放至企业注册地的区建设行政管理部门予以审批。目前下放至区级审批的资质共计18项。延续“免申即享”惠企政策。对上海核发的工程勘察、工程设计、建筑业企业、工程监理和检测机构企业资质，资质证书有效期于2023年12月30日前届满的，企业无须申请，由系统统一自动延期至2023年12月31日，2788家企业获益。

【完善信用评价机制，加强事中事后监管】一是完善信用评价机制。制定《上海市在沪建设工程企业信用评价异议处理工作实施细则》，进一步明确异议处理工作流程。开展在沪建筑业企业信用评价奖项信息管理工作的监督检查，对照2022年度获奖文件，联合行业协会实施全覆盖检查。二是加强事后核查。对以告知承诺方式取得资质许可的15家企业，在发出资质许可决定后两个月核查其承诺内容和资质达标情况。2022年对涉及信访、投诉、举报的171家建设工程企业开展动态监管，对核查不达标的12家企业15项资质发出整改通知书，整改不达标的企业依法予以撤销资质。三是落实全覆盖智慧监管。2022年，定期对二级注册人员的执业资格情况进行全覆盖网络监测，每月比对注册人员社保缴纳单位和注册单位的一致性，出现不一致的由系统自动“冻结”注册证书，限制其开展资质申请和参与建设工程招投标活动。四是整治资质申请行业乱象。针对企业盗用个人信息等行业乱象，发挥市区合力，解决信访纠纷，2022年办理转办各类案件802件（咨询件494，投诉举报件308），以公正监管促进公平竞争。

（六）建筑行业专项整治

【概况】聚焦工程建设领域招标投标活动、建设程序和承发包行为两个方面，按照“双随机、一公开”的原则，采用自查与抽查、全面检查与重点检查、资料检查与实地核查三结合的方式开展检查，并将抽查的比例频次与抽查对象的信用等级、风险程度挂钩。在承发包管理及市场行为检查中，提高对装饰装修工程项目的抽查比例，重点抽查被行政处罚或通报两次及以上、一年内发生两起及以上安全事故的重点企业的在建项目。在招投标专项检查中，招投标大智慧监管平台项目的抽查比例大于90%，重点关注招标规模以上的工程暂估价项目及与工程建设有关的设备、材料招标。

【工程建设领域联合整治行动】市区两级建设管理部门紧抓部署、高效联动，从建筑行业全生命周期管理着手，点面结合、齐抓共管，形成“一盘棋”合力。各区建设管理部门、特定地区管委会高度重视、协同配合，建立建设市场整治工作领导机制，推进整治工作走深走实。在项目建设程序和承发包行为方面，现场抽查全市50个新改扩房屋建筑和装饰装修工地，开具整改条目295项，执法建议32条，在项目招投标方面，随机抽查全市2021年7月以来的招标项目，实地检查36家招标人、72个招标项目，发现问题线索74个，涉及43个项目、27家招标人、30家招标代理机构。

【劳务用工管理及欠薪专项整治】联合人社、公安等部门开展欠薪治理专项活动，杜绝欠薪隐患。建立欠薪“黑名单”通报制度，被列入黑名单的17家企业，实施禁止参与投标报名等惩戒措施，使欠薪失信企业一处失信，

处处受限。通过持续健全机制、完善制度、提高效能、规范管理，切实保障建筑工人的合法权益，近年来未发生一起因欠薪引发的恶性群体性事件，在2022年国务院保障农民工工资支付考核工作中取得全国A类第一名的成绩。

（七）建筑信息模型技术应用推广

【概况】2022年，上海以BIM技术与城市建设和管理深度融合为主线，转变政府监管方式，推动规划、设计、建造和运维的管理模式创新，推动高水平、全过程、全要素的BIM技术集成应用，助力本市建筑业加速转型升级。

【坚持“应用价值”为本，重基础，促发展】一是推进区域级BIM技术应用试点。在五个新城和浦东“金鼎”、虹口“北外滩核心区及滨江带”等试点区域，积极推进区域级BIM技术应用，并建设基于BIM模型的区域级城市管理平台。如在虹口北外滩区域，建立“一心和滨江地带”项目的全过程BIM技术应用管理体系，明确责任主体、管理流程、数据规范、技术标准等，搭建应用场景，归集数据资产，完善城市数字底座。二是推行以业主需求为导向的BIM应用。在主题乐园、医疗建筑、轨交等项目中，业主牵头建设基于BIM的工程管理架构，已取得成功实践。如在轨道交通18号线、第六人民医院、上海迪士尼主题乐园等项目中，建立了以业主为主导、各参建方参与、运维方提前介入的BIM工程项目管理模式，切实提升了工程经济效益。

【解决“卡脖子”问题，找关键，筑支撑】一是聚焦国产软件，加强自主可控BIM技术的研发。在自主研发三维图形引擎、模型辅助审查系统、基于BIM的算量软件、快速出图软件等方面初见成效，涌现了一批拥有自主知识产权的高新技术企业。二是实践 BIM+新技术，建设数字孪生城市。以 BIM 为核心基础的“泛 BIM”应用日益增多，形成了以高质量的工程数据要素为核心，运维需求为导向，将资源信息与空间模型完全结合，全方位多维度拓宽数据覆盖面的建筑信息模型理念。

【建设基于 BIM 模型的智能审查和监管系统】一是在保障房和重点区域项目中积极试点，按照数据标准建模，建成基于 BIM 模型的辅助审查系统并开展试运行。二是探索人工智能在施工图审查和设计质量管理过程中的算法和实现路径。印发《上海市房屋建筑工程施工图及模型交付要求和审查要点》。三是编制形成既有建筑快速建模的相关管理和数据标准，完成既有建筑快速建模的标准立项，并在文联会堂优秀历保建筑项目中进行应用探索。

【BIM 技术应用专项检查】组织开展建设项目 BIM 技术应用落实情况专项检查，抽取总投资额 1 亿元及以上或者单体建筑面积 2 万平方米及以上的项目 55 个，其中公共建筑项目 32 个、住宅建筑项目 23 个。检查发现 54 个项目应用了 BIM 技术，应用率高达 98%；40 个项目的建设单位聘请了咨询单位，进行全过程 BIM 技术应用管理；12 个项目计划在设计、施工、运维全生命期应用 BIM 技术；16 个项目使用了协同管理平台。建设单位牵头、各方协同、全生命期应用 BIM 技术意识得到提高，设计单位应用 BIM 技术能力得到较快提升。

【加大推广宣传力度】通过报纸杂志、电视新闻、网站、微信公众号、网络视频等多种渠道进行宣贯培训，扩大覆盖面和影响力，提高行业整体实施水平。鼓励相关行业协会、高校、企业举办各类 BIM 技术应用论坛和大赛，聚焦 BIM 技术深入研究与应用，全面展示创新应用成果。

（鲍宇峰、薄洁）

（八）标准定额造价管理

【概况】2022 年，全面准确贯彻新发展理念，主动服务新发展格局，统筹疫情防控和年初制定的各项工作任务目标落地，全面推进本市工程建设标准、定额、造价管理等各项工作。

【完善工程建设标准体系】积极开展标准立项与复审评审工作，重点关注政府职责范围内，行业迫切需要和社会重点关注的各类标准，优化整合专项技术标准，鼓励前沿、热点技术的标准编制。2022 年，共征集到申请立项标准编制项目 75 项，最终 66 项（含复审修编项目）列入 2023 年工程建设标准编制计划，其中新编标准 28 项、修编标准 38 项。积极开展标准复审工作，对新编或修订实施后已满 3 年及复审后列入继续有效满 3 年的 85 项本市工程建设标准进行复审，最终确定继续有效 39 项，应予修订 38 项，应予废止 8 项。2022 年共发布工程建设标准和标准设计（图集）制修订 55 项，截至 12 月 31 日，现行上海市工程建设规范 485 项，标准设计（图集）33 项。

【完成“五大领域”标准清单梳理】强化本市工程建设地方标准对重点工作和重点行业的技术支撑，开展完成了城市更新、风貌保护、五个新城、绿色低碳和城市管理五个领域的技术标准梳理完善工作，形成了标准需求清单和储备清单，其中 54 项标准列入需求清单，62 项标准列入储备清单，分别对相关领域最近（2022—2023）及未来（2024—2025）两年的相关标准制定和修订提供了参考和指引。为进一步回应城市建筑安全运行、风貌保护、旧住房更新、适老化改造、绿色低碳、可持续更新等热点问题，依据《上海市城市更新条例》和《上海市工程建设标准（2021—2025）中长期发展规划》的相关规定，对国内现行既有建筑改造相关技术标准进行分析梳理，对标欧美日等发达国家既有建筑改造相关做法，研究形成了《既有建筑改造技术标准体系表》，为指导本市既有建筑改造工作提供技术支持。

【持续推进标准国际化工作】 参加住房和城乡建设部标准定额司组织召开的工程建设标准国际化座谈会，并代表上海作交流发言。指导上海工程建设标准国际化促进中心完成上海工程建设标准国际化优秀实践案例汇编工作；全面启动工程建设标准国际化人才摸底和标准国际化咨询机构调研；完成外文版标准《自动化集装箱码头设计标准》和《水下挤密砂桩设计与施工规程》的验收和发布；指导上海工程建设标准国际化促进中心召开2022年度工作会议暨第一届第5次理事会。

【持续推进建设工程造价改革】 按照《上海造价改革实施方案》，积极推进建设工程规费改革工作，取消建设工程费用组成中规费项目单独设置，将施工现场作业人员养老保险、医疗保险（含生育保险）、失业保险、工伤保险和住房公积金列入人工单价，管理人员养老保险、医疗保险（含生育保险）、失业保险、工伤保险和住房公积金列入企业管理费，进一步健全市场决定工程造价机制。配套建设工程规费改革工作，启动开展建设工程概算费用、施工费用计算顺序表修改、各类费率测算及建设工程工程量清单相关表式修改等一系列工作。

【持续推进长三角区域工程造价一体化工作】 坚持围绕建设统一开放、竞争有序的工程造价市场发展目标，打造优质的长三角区域营商环境，协同推进长三角区域工程造价一体化工作，强化顶层设计，会同江苏省住建厅、浙江省住建厅和安徽省住建厅联合印发了《长三角区域工程造价管理一体化发展工作方案》。12月，市住房城乡建设管理委组织召开了长三角区域工程造价管理一体化第六次联会会议，全面沟通讨论推进过程中的痛点难点，并就下一阶段工作进行商榷，稳妥有序推进一体化工作。

【有序开展建设工程定额编制和评估工作】 为满足城市建设运营全生命周期的计价需要，根据年度定额编制计划，积极推进《上海市燃气管道养护维修工程估算指标》等各相关定额的编制，全年共发布了《上海市轨道交通工程概算定额》《上海市市政工程预算定额 第三册 综合杆工程》和《上海市市政工程养护维修预算定额 第一册 城市道路》等9本各类定额；同时，根据《上海市建设工程定额管理实施细则》要求，对实施满5年的建筑、安装、市政等8本2016工程预算定额开展适用性、科学性、合理性评估工作；制定《上海市建设工程预算定额评估工作大纲》，根据《工作大纲》完成评估报告，确保各类定额更加科学合理，更好地发挥对国有资金投资工程的造价监管作用。

【持续推进“三价”公开工作】 为营造公平、公开、公正的建筑市场环境，进一步加强建设工程竣工结算文件备案制度，强化过程结算监管，组织修订了《上海市建设工程竣工结算文件备案管理办法》。修订后的《管理办法》，强化过程结算，对采用过程结算的建设工程竣工结算文件做出进一步规定，并对建设工程竣工结算文件备案的其他相关工作做了进一步细化，规范备案文件数据格式等。截至2022年12月底，共收到市级竣工结算备案项目45项，通过44项，通过率

98%，区级竣工结算备案项目 97 项，通过 87 项，未通过 10 项，通过率 89%，“三价公开”平台项目数已达 24397 项，实现“三价”公开项目数达 738 项。

【积极促进造价行业健康发展】 为进一步充实本市造价执业人员队伍，根据《上海市二级造价工程师职业资格管理办法》文件精神和年度考试安排，在落实好保密安全和防疫要求的前提下，积极稳妥推进 2022 年度二级造价工程师职业资格考试的报名、组卷及考场安排等各项考务工作，最终 4400 多名考生安全有序地参加了考试。为进一步提升本市造价咨询企业服务质量，组织开展 2022 年度工程造价咨询企业咨询业务活动专项检查工作，对本市 270 家造价咨询企业的 222 个项目实行线上抽查，对检查中发现问题较突出的部分企业和注册造价工程师进行复核约谈，检查过程中共有 7 个项目的成果文件被评价为不合格，检查结果也已向社会公布。

【努力提升造价信息服务能力】 提升建设工程要素价格信息（人工价格、材料价格和施工机械价格等信息）发布效能，满足市场计价需求。梳理工程造价人、材、机要素价格信息目录，精简建筑装饰、安装、市政、公路、园林绿化等专业价格信息目录数据，每月在市住房城乡建设管理委门户网站上动态发布各专业建设工程要素价格信息，全年共发布 75000 余条，同时每月对主要材料行情进行市场走势分析，全年共累计发布 10 条。继续聚焦国有资金投资领域项目，发布月度工程造价指标 22 个，内容涵盖保障房、幼儿园、公园、医院等公共建筑类型，还有市政道路、公共绿地、变电站等专业，编制了年度建设工程造价指标汇编，为本市各类建设项目提供造价测算依据。

【开展计价依据解释工作】 持续发挥政府服务职能，提升政务服务能级，继续做好建设工程计价依据解释与争议调解工作，维护建筑市场各方主体合法权益。计价依据解释与争议调解工作全面实行网络预约或线上解答等方式，进一步提升便捷性，目前系统平台运行情况良好。2022 年全年计价依据解释和争议调解登记窗口共受理并处理 23 批次，累计接待共计 123 人次，解决 71 个问题，主要涉及建筑和装饰、安装、市政和费用等专业内容。

【持续加强信息化建设】 持续完善上海市工程建设标准管理信息系统，动态更新信息系统标准体系表数据信息，做好工程建设标准体系表的运维工作，实现大数据分析。“上海工程标准”微信公众号继续发挥政府服务能力，发布最新工作动态、解读重点标准条文及标准宣贯会等宣传推文，截至 2022 年 12 月 31 日，微信公众号累计关注人数达 6000 余人，全年平台共发布图文信息 111 条。“上海造价”微信公众号持续做好定额、价格动态等造价服务工作，及时向社会公众提供业内信息、部委文件等最新动态。截至2022年12月31日，微信公众号累计关注人数20677人次，全年平台共推送图文信息70条。

【有序开展疫情期间工程造价管理】为最大限度减少疫情及疫情防控措施对本市建筑企业生产经营带来的不良影响，印发了《关于新冠肺炎疫情影响下建设工程履约及工程造价相关事项的指导意见》，对受疫情影响的建设工程合同履行、工程工期、成本增加处理、合同争议解决、疫情防控和安全生产等事项的处理口径予以明确。同时，完成了常态化疫情防控专项费用测算工作，会同市发展改革委联合印发了《关于发布本市建设工程疫情防控专项费相关事宜的通知》。积极推进市级方舱医院及隔离用房项目竣工结算工作，会同市发展改革、财政和审计部门联合印发了《市级方舱医院和隔离用房建设项目结算指引》，对结算原则、成本内容、成本核算方法和成本结算资料等做了明确规定，为项目结算提供了依据。协助市卫健委完成了10个市级方舱医院和两个隔离用房工程的应急项目认定工作。

（朱迪）

（九）建筑节能和建筑材料管理

【概况】2022年，上海深入推进城乡建设领域绿色低碳发展，制度体系进一步健全，发布《上海城乡建设领域碳达峰实施方案》，为上海建筑领域贯彻落实双碳战略提供政策路径和科学指导。绿色生态城区建设多点开花，规模化发展效益逐步显现，共创建21个绿色生态城区，总用地规模58.6平方米。截至2022年底，全市累计通过审图的绿色建筑项目共3.27亿平方米。积极推进新建和既有建筑节能降碳，大力发展超低能耗建筑，2022年落实超低能耗建筑730万平方米，既有公共建筑节能改造任务440万平方米。公共建筑能耗监测平台覆盖范围逐步扩大，达到2195栋楼，10450万平方米。装配式建筑实现常态化管理，2022年落实装配式建筑总量超过2亿平方米；装配式建筑占全市新开工建筑面积90%以上。推动建材行业稳增长，支持建材企业复工达产，协调成立市重大工程混凝土保供协调推进工作组，顺利保障本市方舱建设任务和两批重大工程“白名单”项目复工。推进建筑废弃混凝土资源化利用，依托本市资源循环利用政策，固化集中处置能力超过600万吨/年，满足本市废弃混凝土回收利用需要。2022年，本市建筑废弃混凝土申报处置量441.1万吨。

【发布城乡建设领域碳达峰实施方案】提出2030年本市城市建筑领域碳达峰目标，推进落实城乡建设绿色低碳转型、大力发展节能低碳建筑、加快提升建筑运行能效水平、着力优化用能结构、积极打造绿色低碳乡村5个方面13项具体任务。

【持续提高新建建筑节能水平】在全国率先推行能耗限额设计，完成《办公建筑能耗限额设计标准》编制；修订《居住建筑节能设计标准》，其中节能率指标提至75%，属夏热冬冷地区先进水平，推动居住建筑从“相对节能”走向“实效节能”。

【完善绿色建筑闭环管理机制】修订《绿色建筑工程验收标准》，组织在浦东、闵行等区开展10余个项目的试点，覆盖办公、医院、学校、保障性住房等常见绿色建筑类型。

【大力推进超低能耗建筑发展】上海超低能耗建筑实现蓬勃发展，截至2022年底，累计落实项目 127 个，建筑面积达到 1030 万平方米，位居全国第一。临港世界顶尖科学家论坛会议中心项目成为全国最大超低能耗公共建筑。布局近零能耗建筑、零碳建筑等绿色低碳新技术试点，累计落实 12 个试点项目，建筑面积 45 万平方米。

【加快既有建筑节能改造步伐】 发布《关于规模化推进本市既有公共建筑节能改造的实施意见》《上海市既有公共建筑规模化节能改造技术措施目录》，要求建筑装饰装修工程同步开展节能改造，并分类选取节能光源、能效提升、冷热源改造、围护结构改造等技术，进一步扩大公共建筑节能改造实施范围。同时，依托能源审计、能耗公示等措施，促进高能耗公共建筑实施节能改造，2022 年完成能源审计 110 项、能耗公示 125 项。会同市房管局结合旧住房改造推进居住建筑节能改造，发布《上海市旧住房更新节能改造技术措施推荐目录》，为居住建筑节能改造提供技术指南，并建立信息报送制度。截至 2022 年底，落实既有公共建筑节能改造 440 万平方米，居住建筑节能改造 887 万平方米。

【提升公共建筑能耗监测服务能级】 发挥建筑能耗监测系统大数据优势，开展封控前后全市公共建筑总体用能水平分析，为判断主要行业复工复产情况提供精细化数据支撑，服务经济发展。2022 年底，上海能耗监测系统覆盖建筑 2195 栋，覆盖面积达到 10450 万平方米。发布《2021 年上海市国家机关办公建筑和大型公共建筑能耗监测及分析报告》，从政府管理、全市发展、区域管理、行业监督及典型案例等方面分析建筑运行用能特征和规律，从数据质量、数据应用、数据点击率等 6 个维度对典型区级平台的运行综合效果进行特征画像，使评价结果更为科学直观。

【推进建筑可再生能源规模化应用】 联合市发展改革委、规划资源局印发《关于推进本市新建建筑可再生能源应用的实施意见》，提出新建公共建筑、居住建筑和工业厂房应

按要求使用一种或多种可再生能源，并实施可再生能源应用量和光伏安装面积“双控”制度，纳入土地出让和建设管理流程予以把关。依托区政府领导班子节能考核机制，加快推进各区落实新建建筑可再生能源应用，2022 年上海可再生能源建筑应用共落实装机容量 5.4 万千瓦。

【推动装配式建筑高质量发展】 发布《加强本市装配式建筑混凝土预制构件管理的实施意见》，对预制构件加工制作、构件采购等关键节点，以及构件生产企业能力建设、预制构件监管等方面提出明确要求。开展装配式建筑降碳效果分析，明确装配式建筑减碳核算方式及效果，为优化建造工艺、促进建造环节节能降碳提供依据。开展装配式混凝土结构住宅高效精益建造技术示范研究，从设计创新、生产技术、施工工艺优化等方面提出针对性措施，提升装配式住宅建造水平。

【推进装配式建筑产业基地建设】 截至 2022 年底，上海共有 12 家国家级装配式建筑产业基地，23 家市级装配式建筑产业基地。积极培育示范项目，上海共有 33 个国家级装配式建筑示范项目，70 余个项目市级装配式示范项目。参与长三角区域百万城乡建设职工职业技能竞赛活动暨长三角区域装配式建筑职业技能竞赛筹备，加快建筑产业工人培育。

【强化重要建材使用监管】 发布《进一步加强本市建设用砂管理的意见》，加强建设用砂源头、流向和使用管理，提出高于国家标准的建设用砂氯离子含量要求，夯实建设工程质量基础。缓解建设用砂使用困境，规范机制砂供应渠道，建立一个“上海机制砂供应基地”，确保源头可溯、过程可控、品质保证。督促区级管理部门开展重要建材使用情况检查，严格落实建材禁限目录，重点把关外墙外保温等建材使用安全。

【推广绿色低碳建材应用】 发布《关于在本市民用和工业建筑中进一步加快绿色低碳建材推广应用的通知》，提出政府（国企）投资的民用和工业建筑项目，应分步在预拌混凝土材料、混凝土预制构件、蒸压加气混凝土砌块（板）、预拌砂浆、建筑涂料、防水卷材、防水涂料、建筑玻璃、管道材料中全面使用绿色低碳建材。组织编制并采信《绿色低碳建材技术要求混凝土预制构件》等 8 本团体标准，为绿色低碳建材推广提供技术支撑。

（张倩）

（十）质量安全监管

【概况】 2022 年，本市建设工程质量安全监管工作坚持“人民至上、生命至上”理念，统筹抓好疫情防控和安全生产，不断提升工程质量、消防审验、玻璃幕墙各项监管效能，助力打赢大上海疫情防控保卫战，确保全市建筑行业质量安全形势总体稳定可控。

【构建建筑工地疫情防控监管体系】 通过构建建筑工地疫情防控“一盘棋”体系，实现了建设工程全行业信息沟通即时、决策执行顺畅、应急处置迅速的高效能管理。行业管理全覆盖，市住建、交通、水务、绿化、房管（拆房、修缮）、民防、电力、石化等部门全数纳入全市建筑工地疫情防控体系。工程类型全覆盖，涵盖各类房屋市政工程，同时将小型工程纳入疫情防控监管范围。地域范围全覆盖，建立市区街镇三级监管部门沟通协调机制。

【建筑工地“分类分级”管控】 制定建筑工地疫情防控指南并报市防控办印发，制定 50 余份配套管理文件和工作提示。进入常态化疫情防控阶段后，全面统筹做好建筑工地常态化疫情防控、复工复产和安全生产，第一时间推动建筑工地应复尽复，优化完善建筑工地疫情防控"一工地一方案"，及时做好建筑工地闭环管理，细化来沪返沪人员健康管理措施，加强人员健康监测，突出抓好"保健康""防重症""保供应""保稳定"，坚决守牢工地疫情防控底线，确保了工地疫情平稳可控。

【构建全覆盖质量安全责任体系】 制定全面落实建设单位安全首要责任文件，明确建设单位牵头协调、监督检查和支持保障等方面职责，加强建设单位自身建设，加强信用管理和联合惩戒，推进建设工程有序、顺利、安全开展。持续推进建设单位质量首要责任制度，开展项目经理和总监违法违规行为记分管理办法修订。出台全市住建领域坚决防范遏制重特大事故的33条措施，突出防范重大安全风险，坚决遏制重特大事故。突出抓好高处坠落事故预防，通过"七个严格"管理措施，落实全员安全生产责任，坚决遏制高处坠落事故易发多发态势。

【优化完善质量安全管理制度】 修订出台《上海市建筑施工安全生产标准化考评实施细则》《建设工程施工现场关键岗位人员到岗履职人脸识别考勤管理办法》等安全管理文件，进一步规范安全生产标准化考评、施工现场关键岗位人员管理。出台《上海市装配式混凝土建筑工程质量管理规定》；持续推进住宅项目"预看房"制度逐步落实落地，278个项目已纳入"预看房"监管范围。出台《上海市建设工程工法管理办法》，进一步推进建筑企业加快技术积累和科技成果转化，不断提高本市建筑技术水平和工程质量水平。

【推动行业共建共享共治】 加大行业人员教育培训力度，完成一线作业人员工伤预防安全培训14.8万人。开展"质量月""安全月""消防月"应急演练、专题观摩等活动，参与人次46.3万。全力做好"梅花""轩岚诺"等台风影响期间防范应对，安置转移务工人员42.5万人。

【安全生产责任保险制度】 强化市场现场联动，持续推进住宅工程质量潜在缺陷保险，规范事故预防服务机构工作标准，不断完善IDI和安责险"保险+风险管控服务"模式，限额以上房屋建筑工程基本实现安责险应保尽保。

【质量安全专项治理】 推进安全生产治理行动，制订专项工作方案，深入开展"十必查、十必处"重点整治，全面排查治理各类隐患，市区两级共检查在建项目12906个，共发现消除各类隐患23668个，其中重大隐患2121

个；组织特种作业人员培训8.56万人次，“三类人员”培训19.53万人次；组织开展预案演练次数1.03万余次，参加演习人数27.41万人次。

【强化消防审验管理指导】 加强消防审验统筹管理，办结消防设计审查2523项，消防验收1402项，消防验收备案1098项。制定密室逃脱类、技术改造类项目消防审验办法等10个文件，牵头编修《城市综合体消防技术标准》《文物和优秀历史建筑消防技术标准》等4本地方消防技术标准。开展厂房仓库和高层建筑专项整治，明确消防审验和抽查要求，重点抽查完成厂房仓库项目217个。完成全市16个区、3个管委会消防审验专项检查工作。

【加强玻璃幕墙安全监管】 推进玻璃幕墙全面纳管，全市玻璃幕墙建筑12821栋，入网纳管12648栋，入网率98.65%。张贴“既有建筑玻璃幕墙安全码”，包括幕墙建筑基本情况、高度面积、巡查情况、是否存在隐患及高坠风险等信息。

【提升巡查工作管理实效】 规范工程质量安全巡查工作开展，重点推进区级巡查的“双随机一公开”、执法记录仪使用。加大违法违规行为处置力度，2022年市区两级共巡查工程项目400个，开具局部暂缓施工指令书140个，暂停施工指令书6个，对78个项目实施行政处罚，对164名经理实施了记分。

【加快智慧工地建设】 制定《上海市智慧工地建设指引》，引导工地现场数字化管理转型发展，提升全过程管理的数字化和智能化水平。推进工地智慧防疫建设，全市建筑工地安装“数字哨兵”3581台、视频监控3592个。“一网通管”系统派发关键岗位人员、危大工程、扬尘监测、混凝土拌站、安全隐患有关案件16902单，督促提示闭环整改，提升工地管理效能。推进3米以上基坑全面纳管，打通基坑项目从开始到施工再到结束的全流程。开发消防审验工作管理模块，畅通市区两级消防审验工作交流。

（李超）

CHAPTER TWELVE XII

城市管理

- ⊙ 综述
- ⊙ 城管执法
- ⊙ 数字化转型
- ⊙ 设施管理
- ⊙ 燃气管理
- ⊙ 住房公积金管理
- ⊙ 世界城市日平台建设

（一）综述

2022年，市城市管理精细化工作努力践行人民城市重要理念，全力推动城市管理高质量发展。

聚焦统筹谋划，加强顶层设计和整体推进。出台《上海城市管理精细化提升行动计划》，配套印发《上海城市管理精细化提升行动计划2022年度重点任务分解表》《2022年城市管理精细化工作要点》，分解明确完善管理体制机制、优化升级“四化”手段支撑、持续推动环境品质提升、强化城市常态运维管理、创新战略性示范引领等50项重点任务目标和责任分工。完善工作架构，建立健全工作简报、工作例会、巡查督办和综合考评制度，加强对城市管理精细化工作统筹。健全监督考核机制，编制《2022年城市管理精细化工作考核方案》，从重点工作、常规工作和特色创新工作三方面，对各区进行综合评价，以客观、全面反映全市及各区精细化工作水平，努力形成“比学赶超”的良好氛围。广泛开展调查研究，对标国际先进水平，强化城市管理智力和技术支撑。

聚焦“三重”，切实做好城市运行保障。决战决胜“三迎”城市运行保障。加强统筹协调，突出组织保障，牵头协调各成员单位从综合协调、环境保障、能源保障、通信保障、市容保障、交通保障6个方面开展工作，制订完成了组织架构方案。加强市容景观管理，提升城市综合面貌。市容环境整治提升方面，实施城市清洁、市容整治等2844个项目，市级市容环境检查问题1867件，整改率80%；“百条花道”“百个景点”“百里花带”覆盖面进一步扩大，完成布置组合花箱4万组以上。水环境保障方面，在加强水域保洁的同时，完成15个生态清洁小流域示范点建设。交通保障方面，组织实施人行道集中整治等专项保障，完成36个缓拥堵项目、G2公路预养护工程等项目。空气质量保障方面，加快推进年度大气治理任务，完成VOCs（挥发性有机物）突出问题专项排查任务，累计完成1668.9万吨（91%）钢铁产能超低排放改造。街面执法保障方面，累计查处无序设摊案件28712起、取缔40926处，查处跨门经营案件10074起，查处占道堆物案件1771起，为维护整洁的城市环境面貌和高效的城市运行奠定良好基础。开展违法建筑治理。开展河湖沿岸违法建筑专项整治，全年全市共完成整治河湖沿岸违法建筑296处、面积69.49万平方米，完成率达到77%。坚决遏新增、去存量，两手抓两手都要硬。运用“三动发现”机制，坚决遏制新增违法建设行为。全年全市共计拆除违法建筑12947处，面积250.47万平方米；重点类型存量违建整治累计完成进度94.03%，面积7354.64万平方米。

聚焦高质量发展提升，持续推动城市品质提升。推进城市综合品质提升工作，结合“道路+、公园+、生活圈+”，实施“遮阳设施”试点，完成桥下空间形象提升两批点位共计30个，建成“高品质美丽街区”38个，累计完成绿色社区创建2637个，创建率达58%。累计建成169个以上市级美丽乡村示范村、69个以上乡村振兴示范村。2万户农村生活污水治理设施建设任务已提前完成。全市架空线入地和杆箱整治道路复工222.68千米、竣工36.76千米。全市拆除违法建筑8551处、119.39万平方米；重点开展河湖沿岸违法建筑专项整治，拆除河湖沿岸违法建筑274处、面积63.53万平方米，全力巩固“五违四必”生态环境综合治理成效。推进“内部道路”失管“返潮”治理发现存在失管“返潮”突出问题的69条，以临汾路1515弄通道为试点，完成整治并形成“以路养路”治理模式，着力探索可推广可复制的成功模式。印发《城市管理精细化示范区建设导则》，通过示范区创建活动，将实现上海城市管理精细化从示范点到示范区、从专项示范到综合示范的迭代升级。世界城市日全球主场活动成功举办。习近平总书记向活动致贺信，市委主要领导宣读贺信并作重要讲话。活动以“行动，从地方走向全球”为主题，形成了“上海奖”“上海指数”、2022版《上海手册》、2022版《上海报告》、“新时代上海‘人民城市’建设的探索与实践”丛书旧区改造卷和绿色发展卷等一系列成果，举办了“旧区改造三十年主题展”“城市优秀案例展”；其中，《上海手册》汇聚了包括6个中国案例在内、各国城市可持续发展的优秀实践，受到市政府主要领导发布公开信向社会专题推荐。推进无障碍环境建设工作，积极协调推进杨浦滨江空间创建无障碍创新示范区工作。

聚焦数字化转型，提升城市治理智能级。 持续推进城市管理精细化工作平台建设。依托政务服务“一网通办”和城市运行“一网统管”，打造一批“好办”“快办”的为民服务项目，形成了一批“实用”“管用”的数字应用场景。推进“智慧物业”平台建设，住宅小区治理水平稳步提升。推进交通数字化转型，自动驾驶级别最高的轨交14、15、18号线相继投运，中心城公交车实时到站信息预报服务实现全覆盖，申程出行、上海停车等APP上线运行。推进嘉定区“车城网”平台建设、特色应用示范等，推动实施智慧城市基础设施和智能网联汽车协同发展首批国家级试点。升级市防汛防台指挥系统2.0版，实现街镇防汛防台指挥系统全贯通。持续完善管理标准及规范，全力提升城市网格化综合管理水平。修订完成《上海市城市网格化综合管理评价方案(2022版)》，完成《上海市城市网格化综合管理标准（2022版）》，由原来13大类144种小类部、事件调整为15大类183小类。协调推进精细化平台建设，助力城市管理提升能级。违法建筑治理、进博会保障等场景全面应用，马路拉链、智慧楼宇等场景已完成建设。

（二）城管执法

【概况】2022年，全市城管执法系统坚持以习近平新时代中国特色社会主义思想为指导，深入学习宣传贯彻党的二十大精神、市第十二次党代会精神和习近平总书记考察上海系列重要讲话精神，深入学习实践习近平法治思想，全力应对疫情防控新形势新挑战，科学把握城市治理新阶段新特征，全面贯彻创新转型新理念新内涵，着力构建综合执法新体制新格局，聚焦高质量发展、高品质生活、高效能治理，高效统筹防疫情、抓执法和保安全，全面完成年度目标任务。

【新冠肺炎疫情防控】开展重点场所环境清洁消杀监督检查，4月18日至5月31日期间累计共出动检查人员3.26万余人次，对10.89万余个次重点场所环境消杀情况开展监督检查，对85个市级拔点点位开展专项督查，累计发现场所未开展预防性清洁消杀、涉疫小区终末消杀不规范、“场所码”未规范张贴使用、场所人员聚集和个人防护不到位等问题5390个，现场督办解决4067个，问题当场整改率为75.5%；加强重点场所疫情防控排查整治，7月9日至12月31日期间累计出动城管执法人员5.6万余人次，检查沿街商户等重点场所172.4万余个次，共发现5.6万余个次场所存在环境清洁消杀、经营人员健康监测等问题11.5万余个，城管执法队员对检查发现的问题认真抓好督促整改，问题整改率达到100%；做好街面滞留人员联合救助，联合民政、公安等部门健全巡查发现机制，出动3.5万余人次开展扫街敲门行动，巡查道路、桥洞、轨交等重点场所3.9万次，发现并联合救助6340名街面滞留人员；运用智慧城管赋能抗疫成效，依托执法对象监管系统开发“场所码”应用场景和上海城管APP统筹开展分级分类执法检查和“场所码”信息核查，检查沿街商超、快递电商等重点场所106万余次，发现并上报场所地址、店铺名称、业态分类问题4207个。

【街面环境专项执法】 全年全市城管执法部门共计拆除违法建筑12947处，250.47万平方米（其中拆除存量违法建筑12767处、250.02万平方米，拆除在建违法建筑180处、0.45万平方米）。依法查处无序设摊案件28712起，取缔40926处；查处跨门经营案件10074起、占道堆物案件1771起；查处破坏房屋外貌（破墙开店）案件265起，整改恢复408处。

【小区环境专项执法】 全年全市城管执法部门共依法拆除小区违建4911处（拆除新建违建1725处、存量违建3186处）、24.35万平方米（拆除新建违建3.85万平方米、存量违建20.5万平方米）；注记房屋785套。依法查处房屋管理类案件3202起，其中依法查处群租类案件280起、房地产经纪类案件461起、物业企业未及时报告类案件188起；查处损坏房屋承重结构案件846起，整改恢复726处，注记房屋72套；查处擅自改变物业使用性质（含居改非）案件575起，整改489处；查处占绿毁绿案件1775起，整改恢复1761处。

【工地环境专项执法】 全年全市城管执法部门共依法查处建筑工地类违法行为1104起，其中查处夜间施工扰民案件233起，查处扬尘污染等环保类案件659起，查处未落实安全措施类案件160起，查处擅自施工案件52起。

【户外广告专项治理】 全年全市城管执法部门共依法查处违法户外广告设施案件2352起，拆除违法户外广告设施664处，拆除违规店招店牌3942块。户外广告市级督办清单中，违法户外广告设施整治完成2988块，整治完成率为94.5%；违法户外招牌整治完成945块，整治完成率为85.9%。查处非法小广告案件3196起，实施“停机”461起、“复机”307起，其中未发现涉及养老诈骗相关案件。

【开展“一江一河”专项执法】 制定《关于加强“一江一河”滨水公共空间城管综合执法工作实施意见》，划定黄浦江沿线17个街镇中队的监管区域界线，以及苏州河沿线16个街镇中队的监管区域界线。出动人员2.2万余人次，健全技巡车巡船巡人巡机制，聚焦14类禁止、限制行为开展执法检查1.4万余次、联合执法667次。依法拆除违法建筑11824平方米、违法违规店招店牌179块、违法户外广告设施209块、违法亭棚12个。依法查处无序设摊、违规张贴散发悬挂小广告、向水域乱倫倒垃圾污水案件197起。

【生活垃圾专项治理】 全年全市共出动城市管理执法人员22.5万人次，开展执法检查13.3万次，共检查24.5万家次小店小铺、餐饮企业、住宅小区、企事业单位、交通枢纽等各类场所单位的垃圾分类投放情况；检查2356家次生活垃圾收集、运输单位；检查867家次大型中转和末端处置企业；共教育劝阻54339起，责令当事人整改34787起（责令单位整改22959起、责令个人整改11828起）。从案件查办情况看，共依法查处生活垃圾分类案件17747起（单位未分类案件11358起、个人未分类案件6389起）。此外，全市共查处乱扔果皮、烟蒂、纸屑、口香糖、饮料罐等垃圾案件8803起。

【食品安全专项执法】 全年全市城管执法部门共依法查处违法违规收集运输处置餐厨垃圾及废弃油脂案件1706起，查扣餐厨垃圾和废弃油脂运输工具2辆，查扣废弃油脂853千克，会同配合相关部门捣毁食品加工黑窝点98个；依法查处非法活禽交易案件59起，暂扣非法活禽经营工具18件，没收活禽601羽；依法查处违法违规夜排档、烧烤摊、早点摊等占道经营食品类案件17240起，暂扣各类食品经营工具3297件，暂扣不洁食品1400千克。

【进博会城管执法保障】 迎进博冲刺阶段及办博期间（10月27日至11月10日），全市共出动城管执法人员5.5万人次，巡查道路7万条次，开展行政检查5.5万次，开展联合整治行动206次，教育劝阻相对人2.1万人次，依法除店招店牌、户外广告263处，联合整治“群租房屋”479套，督促企业清理共享单车乱停放9608起，拆除违法建筑2578平方米，取缔无序设摊4716起，查处占道洗车、非法小广告、扬尘污染、餐厨垃圾废弃油脂、渣土车辆抛撒滴漏等违法行为530起，责令整改生活垃圾未分类行为1183起，查处生活垃圾未分类案件762起。

【加强城市环境秩序管控】 聚焦春节、五一、十一等重要节假日，党的二十大、市第十二次党代会、“两会”等重大活动，中共一大纪念馆、外滩、人民广场等重点场所，开展联合执法5909次，出动执法人员168万余人次，巡查主要道路、红色文化场所、旅游景点、商业街区、建筑工地等区域282万余次，教育劝阻违法相对人71万余人次，全系统全年依法查处案件10.8万余起。

【开展城市运行安全专项排查】 根据市政府《上海市自建房安全专项整治工作方案》，制订下发《上海市城管执法系统自建房安全专项执法整治行动方案》，检查自建房20196处，查处81起，注记3套，拆除新建241处9185平方米，责令整改存量改扩建348处110951平方米，恢复插层5处2010平方米，主体结构5处；开展石油天然气管道保护联合执法检查5次，依法查处城管执法领域影响城市安全违法行为400余起。

【服务优化营商环境】 制定《关于进一步优化营商环境助力经济加快恢复和重振的若干措施》，从全面实施“轻微免罚”制度、实行包容审慎信用监管、建立信用风险差异化检查模式、落实“两个免予提交”措施、推行“非现场执法”、试点建立案件快速办理机制、审慎实施行政强制执行措施等方面，助力市场主体复工复产。推进落实轻微违法行为依法免予处罚指导意见，针对市容环卫、物业、文明施工、房地产管理领域等轻微违法行为事项进行研究，制定第二批不予处罚清单。深化城市管理轻微违法行为不予处罚清单执行，对500起案件依法不予处罚。将法人和非法人组织纳入城管执法信用惩戒罚金标准从3000元提升到5000元，规范城管执法信用修复标准流程，审核信用修复939

件，提升执法对象感受度。

【深化长三角一体化城管执法协作】上海与苏浙两省联合印发《长三角生态绿色一体化示范区跨省毗邻区域城管执法协作若干规定（试行）》《长三角生态绿色一体化示范区跨省毗邻区域城管执法协作指导意见（试行）》，明确协作重点、实施步骤、协作要求，为进一步拓展到沪苏浙皖三省一市全域进行先行探索。牵头毗邻区域“五区三市”城管执法部门联合印发全国首份跨区域“首违不罚”清单和指导意见。开展长三角城管执法信用联合惩戒、执法文书统一等研究。聚焦建筑垃圾偷倒、大气污染、占道经营等跨区域违法问题，开展联合执法行动，共累计暂扣19台违法运输车辆，查处建筑垃圾案件58起，查处露天焚烧垃圾案件183起，查处占道经营案件461起。

【编制第二批街镇赋权清单】研究编订第二批街镇赋权清单，把握“基层管理迫切需要且能有效承接”标准，将一江一河滨水空间等执法事项纳入第二批赋权清单，确保行政执法权放得下、接得住、管得好、有监督。第二批赋权清单发布后，发布《关于实施第二批街道乡镇行政执法事项若干问题的工作指引（一）》，在市城管系统开展培训，推进清单落地落实。

【《上海市浦东新区推进住宅小区治理创新若干规定》正式实施】2022年11月1日，《上海市浦东新区推进住宅小区治理创新若干规定》正式实施。重点创新了4项执法措施：一是增设了停水停电措施适用情形；二是突破了文书送达方式的规定；三是扩大了注记措施范围扩大；四是增加了代履行措施适用情形。

【编订新一批裁量基准】根据《上海市浦东新区城市管理领域非现场执法规定》及《浦东新区非现场执法首批事项清单》，编订浦东非现场执法事项裁量基准；做好石油天然气管线保护法制保障，完成石油天然气管道保护执法事项裁量基准的更新与编订工作；立足《上海市市容环境卫生条例》修订工作，编订市容环卫执法事项裁量基准。

【制定运输许可证吊销规则】聚焦建筑工程垃圾运输执法过程中存在的突出问题，依照新修订的《上海市市容环境卫生管理条例》第五十条规定，制定《上海市建设工程垃圾运输许可证吊销程序规定》，提请市政府完成规范性文件备案，确保新版条例的相关规定落到实处，为一线执法提供有力法制支撑。

【支持浦东示范引领区建设】研究制订《上海市城市管理行政执法局关于支持和保障浦东新区高水平改革开放打造社会主义现代化建设引领区的实施方案》，围绕综合执法体制机制改革、执法队伍建设、融入社区治理等重点问题，总结推广浦东新区在“非现场执法”、智能应用、场景开发应用等方面的试点经验，推动全市城管执法工作与浦东新区先行先试工作的统筹衔接。

【推进“智慧城管”系统建设】制定印发《上海市城管执法系统2022年“智慧城管”工作要点》，召开全市城管执法系统数字化转型现场推进会，持续推动落实“智慧城管”建设三年行动计划。建成队伍管理系统，建设核心业务数据中台，形成了执法标准、人才队伍评价、生活垃圾等六大主题库，将城管执法数据进行可视化展示。

【全面对接“两张网”“两平台”】深度融入城市“两张网”建设，对接“一网通办”平台，依托“随申办”实现当事人信息采集、法律文书送达，打造前端智能发现、后端闭

环支撑的城管执法非现场执法模式；对接“一网统管”市区街镇城运平台，聚焦沿街商户、建筑工地、工程渣土等重点领域深化视频监管应用场景创新。全面对接“两平台”，对接市精细化综合管理服务平台，完善市城管局综合指挥监管平台5类17项体征数据可视化展示；对接全市统一综合执法平台，深化执法办案数据接入模式应用。

【深化“非现场执法”模式应用】修订完善《上海市城管执法部门非现场执法工作规定（试行）》，为非现场执法提供支撑。持续推广以浦东为蓝本的“非现场执法”模式，针对区域投诉高发问题，加大电子技术监控设备自建和共享，加快智能应用场景开发，推动城管执法流程再造。2022年，全市城管执法系统通过非现场的方式共办理案件4119件，实现执法办案效率和质量“双提升”。

【推动大数据赋能基层执法】对照市大数据中心“五要素”要求完善627个电子证照共享接口，并将非个人电子证照与城管执法违法行为对应绑定，实现与违法行为相关联电子证照的便捷调阅应用。进一步提高执法对象数据完整性、精准度，核查执法对象数据6052条，准确率90%。

【严格综合行政执法监督】制订2022年执法监督方案，明确年度监督任务要求，强化督察告知单、督办通知单、执法监督决定书、执法监督建议书“两单两书”应用，督办执法实效、行为规范问题8.7万余个。采用线上抽查和现场评审评查案卷332件，发现“两超期两随意”等问题1672个，督促责任主体落实整改要求，提升执法办案质量。完成2022年社会满意度测评，督促基层聚焦执法主业履职尽责。紧盯执法不作为慢作为，督办同济新村小区擅自砍伐树木等案件4起。与市检察院建立检察建议共商共享机制，督促落实18份检察建议书整改要求。深化行刑衔接机制，向公安机关移送涉嫌犯罪案件2起。

【加强基层执法队伍建设】全年城管执法系统完成标准化大队复检 3 家，完成示范中队复检 24 家和示范中队创建验收 7 家，完成规范中队复检 41 家和规范中队创建验收 4 家。对 16 个区 30 家规范中队开展抽检，发现问题 59 个，问题整改率 67%。推动 14 家执法队升级办公用房，持续提升基层机构软硬件水平。

【融入基层社会治理】持续推进全市 6066 家城管执法社区工作室为民服务工作，推进城管工作室进楼宇，提升社区管理实效。成功开展第四批 50 佳城管执法社区工作室评选。健全诉件督办、抽查和通报机制，全系统共受理和处置市民热线工单件 6.9 万起，提高市民获得感满意度。规范办理来信来访件 985 起。圆满完成 21 件市人大代表建议、市政协委员提案办理。

（吴磊）

（三）数字化转型

【概况】2022 年，制度化推进市住房城乡建设管理委数字化转型工作。召开领导小组和工作小组会，稳步推进年度数字化转型工作。在《上海市住房和城乡建设管理行业数字化转型实施方案》的基础上，以“五个一”的重点任务及相关保障措施为目标，正式印发《上海市住房和城乡建设管理委员会 2022 年数字化转型工作要点》。

【搭建城市数字底座】建设统一的 CIM 平台。发布《关于开展上海城市信息模型（CIM）底座建设的指导意见》，完成市级 CIM 平台 2022 年项目建设，基本建成住建行业 CIM 平台，实现二三维一体化、动静一体化、地上地下一体化与分层分级可视化。完成了市级 CIM 基础平台数据汇聚与管理、数据查询与可视化、平台分析、平台运行与共享服务、平台开发接口五类基础功能开发，归集了北外滩 BIM 数据、保障房 BIM 数据、城市地下市政基础设施三维数据及实时路况 IOT 数据。开展嘉定汽车城项目三维模型采集、数据编码与发布工作，实现市级 CIM 平台与园区级车城网 CIM 平台对接。组建“上海市 CIM 底座建设与应用联盟”，推进政府、企业、社会共建、共享、共用，促进数字孪生城市建设。

推进“CIM+”应用。在市级 CIM 平台上完成城市体检评估系统（一期）、城市维护设施评估系统、地下市政基础设施管理平台及售后公房维修资金可视化监管平台等“CIM+”示范应用。围绕“65+N+X”本市城市体检指标体系，开展了指标展示、指标诊断分析、报告生成、社会满意度评价、指标管理五大板块的基础功能搭建，形成了统一收集、管理、报送的城市运行体检信息平台。

【工程建设项目审批管理系统 2.0 版上线运行】整合重构跨部门、跨区域的审批服务和协同办事流程，推动工程建设项目审批“只录一系统”。系统已涵盖发展改革、建设、规划、交通等部门共计 90 项政务服务事项，基本实现各类房建和交通市政建设项目主线审批事项在线闭环管理，并不断提升纳入事项的数据质量。归集 55461 个项目数据，其中新、改、扩建项目 38655 个，装饰装修项目 16806 个。41980 家参建企业、507 家审批部门、150 家服务单位已在线开展申报、审批和服务，总用户数超过 7 万人。落实“一网通办”重点工作任务，建设“水电气网联合报装一件事”，全面推行水电气网联合报装在施工许可阶段“一表申请、全程网办、限时接入”。

【辅助审查系统建成试运行】印发《上海市房屋建筑工程施工图及模型交付要求和审查

要点》，探索人工智能在施工图审查和设计质量管理过程中的算法和实现路径。形成《关于深化新城区域建筑信息模型技术应用的通知》送审稿，明确五个新城区域BIM技术应用点，在五个新城区域推进BIM模型深入应用。完成既有建筑快速建模的标准立项，并在文联会堂优秀历保建筑项目中进行应用探索。

【升级实名制管理系统】2022年，实名制管理系统完成升级，实现工地人员信息全覆盖，及时掌握人员核酸、疫苗、随申码颜色等数据，助力工地疫情防控。实现项目工地移动端实名制管理，加强数据赋能，进一步提升建筑工地监管水平，实名制管理系统移动端已支撑3488个项目工地，实现用人登记和进退场管理，完成工地码的申领和开通功能，记录日常考勤信息。

【建设建筑工地智慧监管系统】2022年，打通相关部门平台数据，建设建筑工地智慧监管系统，对混凝土搅拌站场扬尘噪声实现实时监管。通过数据比对分析，及时发现违规违法行为，并推送至相关执法部门，实现自动派单、管执联动，督促生产企业及时整改、落实环保责任。

【建设应急管理和防汛防台信息系统】依托网格化管理信息系统，对接建筑工地安全监管平台、市防汛防台系统等信息平台，统筹推进灾害应对场景开发，梳理统计全市1380个防汛防台避难场所信息（其中753个可用于工地撤离），汇总责任人、避难场所信息，全量录入信息平台，提升行业系统风险管控精准度。推进智慧监控，鼓励有条件的施工单位在工地人员出入口、塔吊（制高点）等区域安装具备红外夜视摄像头，加强撤离期间实时监控，绘制形成风险图，确保撤离工作执行到位。

【建设路面塌陷风险防控预警系统】利用城市地下空间信息基础平台、交通信息平台等，实现与数据中台数据交换共享，清洗管线、钻孔、交通等相关数据，建立并完成评估模型1.0版。启动建设地面塌陷风险防控预警系统，搭建地面塌陷历史事故数据库，开展地面塌陷风险专题图建设，实现相关数据可视化展示。

【“我要租房”场景上线】推进“我要租房”应用场景。在“随申办”微信小程序、“随申办”APP和支付宝小程序手机三端同步上线“我要租房”（保障性租赁住房申请“一件事”）服务专题。实现全市房源“一键查询”，市场化租房、保障性租赁住房“一站式办理”，包括在线核验、挂牌发布、地图找房、预约看房、保障性租赁住房申请、轮候，以及租赁合同网签备案、提取公积金支付房租和居住证办理等全流程服务。优化完善“廉租房管理”应用场景，丰富廉租房管理模式，优化应用场景。完善廉租房地图功能；通过廉租用户用水数据分析，精准掌握廉租（实物配租）家庭居住使用状况，实现对廉租房使用态势感知，建立人机巡查协同机制；新增廉租房受益家庭重大情形变更数据交互，及时掌握廉租房家庭成员变化情况。

【推进房屋买卖“一件事”】系统功能在存量房网签系统正式上线，累计成功签约976套房屋。二手房网签系统新增“产权人身份核验”线上复核功能。

【既有多层住宅加装电梯“一件事”】依托“一网通办”平台实现一体化办理、办件流程实施更新等功能，推动既有多层住宅加装电梯行政审批“一件事”集成服务，优化完善加装电梯业务的办事流程，提升加装电梯审批的办事效率，全面提升用户体验，切实做好加装电梯民心工程，支持近3000台电梯完成加装电梯手续办理。

【建设小区画像应用场景】 深化小区画像中物业服务质量维度建设，梳理形成包括执行行业要求、总体投诉排名、行政处罚情况、落实检查整改、物业服务规范维度在内的5项二级指标和42项三级指标体系，完成场景的分析展示大屏建设。开展小区画像应用，开放区房管局、房管集团、街镇等用户的小区画像使用权限，不断对应用体验、取数逻辑、详情溯源等事项做进一步优化。

【建设城市地下市政基础设施综合管理系统】 结合全市管线隐患排查和治理，建设城市地下市政基础设施综合管理系统，同步建立四个“一张图”，逐步将地下管线规划建设、运行服务、应急救灾等设施管理日常工作同步纳入平台。

【建设燃气智慧管网保障城市生命线安全管控系统】 上海燃气有限公司开发北斗定位技术在城市中低压配气管网中的GIS应用和安全管理、“5G+无人机”的新型燃气管网巡检等功能，建立集监控、管理、应急于一体的管网安全管理应用系统。与主干网GIS系统无缝结合，实现主干网无人机巡线数据常态化、标准化，完成无人机在应急抢险场景下应用和展示。启动数字化漕宝路站建设，打造数字化主干网标准展示和应用平台，探索数字化场站标准化交付和模式。开发管网智能对比、动态纠偏软件开展管线复测工作，完善燃气管网高精度GIS底座。通过建设管网移动巡检平台，与新一代燃气检漏设备相结合，实现管网运行状况的实时监测和预警预报。

【完善村内路桥管理信息系统】 完成道路设施管理、道路项目管理、桥梁设施管理和桥梁项目管理等共4个试用模块开发，基本实现涉农区全覆盖试用，已开通系统用户418个，区、镇用户全覆盖，村用户正在不断拓展。截至年底，本市8个试点镇村内路桥设施数据、全市村内路桥三年达标改造项目数据完成录入，初步实现数字化管理。

【建设大型公共建筑碳排放监测系统】 在上海市国家机关办公建筑和大型公共建筑能耗监测平台基础上，升级为上海市建筑碳排放智慧监管平台，打破原有系统间的数据壁垒，以掌握建筑从建设到运行阶段的数据信息，为实现建筑全生命周期管理提供数据支撑；开发全景碳地图场景功能，实时获得并展现“全市－各区－单体”等不同维度建筑碳排放实际情况；构建建筑全生命周期监管体系，做到事前节能设计、事中常态检测、事后规范管理，实现更高效、更全面的碳效监管。

（杭璇）

（四）设施管理

【概况】 2022年，认真贯彻“人民城市人民建，人民城市为人民”的重要理念，落实市委、市政府及两委各项工作要求部署，聚焦行业重点任务，紧紧围绕城市精细化管理，加强统筹协调，狠抓政策落实，着力补短板、强管理、提效能、防风险，围绕服务民生保障，确保本市架空线入地和杆箱整治、地下管线、道路照明和地下空间设施运行工作平稳有序。

【架空线入地和杆箱整治】 2022年，根据市委、市政府关于“民心工程”的有关部署，在前四年完成568千米的基础上，2022年累计完成架空线入地和杆箱整治任务233千米。内环内架空线入地率提高到53%，内环内主干道入地率达80%，次干道达74%，“申字形”高架沿线、苏州河沿线道架空线基本入地。

【推进无架空线示范片区建设】2022 年推进无架空线示范片区建设竣工 233 千米，其中，长宁区竣工 25.56 千米，率先打造北新泾无架空线全要素整治示范街道；黄浦区竣工 19.26 千米，率先打造环人民广场－新天地全要素整治示范区；徐汇区竣工 25.3 千米，衡复风貌区、徐家汇商圈等核心区域市容市貌焕然一新；普陀区竣工 20.86 千米，结合架空线入地推动曹杨新村城市更新，打造了“曹杨样板”。

【基础设施提升赋能城市数字化转型】2022 年，各类基础设施全面提升，为城市数字化转型所需的电力、通信容量赋能的同时，也为智慧城市各类应用场景建设构建了设施搭载平台。电力公司累计拆除高低压电力架空线 173 千米、杆变 380 台，建成 10 千伏配电站（开关站和环网站）138 座、箱变 169 台，新建排管 117 千米，新放高低压电缆 767 千米；信息管线公司建设管道长度近 206 千米，各运营商拆除通信线缆 1.06 万千米，线缆入地总长度 0.91 万千米；杆箱整治新建综合杆 5000 余根，拔除各类立杆约 1.5 万根，平均减杆率达到 61%，整合各类设施设备约 2 万余套。

【隐患和老化管网改造】2022 年，上海结合架空线入地、道路大中修、积水点改造等年度计划，利用市地下市政基础设施信息系统，细化落实年度地下管线隐患整治和老化改造计划，完成 380 千米隐患管线的整治任务，227 千米老化管道改造任务。其中，完成燃气隐患整治 53.14 千米，老化改造 62.39 千米；完成供水隐患整治 69.42 千米，老化改造 4 千米；排水隐患整治 132.28 千米；完成电力隐患整治 58.8 千米，老化改造 161.90 千米，完成信息通信隐患整治 66.23 千米。

【地下综合管廊建设管理工作】2022 年，本市新开工建设地下综合管廊 1.73 千米，完成投资 1.04 亿元，已建成综合管廊新投入使用 10.62 千米。聚焦五大新城综合管廊规划，组织开展《地下综合管廊规划深化研究》。

【道路照明维护工作】2022年，处置道路照明设施投诉量3657件，同比下降44.3%，全市道路照明工单处置率达到95%以上，处于行业优秀水平。做好全市道路照明日常巡查和投诉处置工作，组织养护队伍在台风前后对中心城区的重要区域和道路开展检查消缺，汛期共计检查灯杆7万余个、灯具10.4万余盏，处理各类故障报修420起，累计出动巡视人员469人次，车辆189辆次，保障了照明设施安全可靠运行。

【道路照明节能改造工作】2022年，推进道路照明设施改造，共完成各类LED灯盏改造近4万盏，开展同济路、逸仙路LED灯具试挂，在保障道路照明设施提质增效的同时进一步降低能耗。

【地下空间安全使用管理】深化地下空间安全使用监管工作，依托防汛防台、寒潮应对、进博保障等专项工作，积极开展地下空间隐患排查，保障设施运行安全，全年共组织16次日常检查和专项检查，发现隐患13个，下发单16份，及时跟踪隐患整改情况，实现闭环管理；编制地下空间防汛防台应急预案，汛期共检查地下空间23159处，发现并整改完成891个防汛问题、隐患，未发生灾情、险情，切实防范地下空间安全风险。2022年，上海市地下空间安全使用社会满意度调查覆盖全市各区及临港新片区，总体得分93.24分，相较往年稳步提升。

【普通地下室使用备案】依托“一网通办”平台，开展市级立项普通地下室使用备案“双减半”工作，持续优化审批工作，实现疫情期间全程网办不见面，市、区两级地空联办在线办理普通地下室使用备案268个，业态面积364万平方米。

（王一伊）

（五）燃气管理

【概况】扎实推进本市燃气行业隐患排查和执法检查，常态化推进“沪瓶安”专项行动，持续加大气瓶信息溯源工作检查力度。市区两级燃气管理部门共开展安全执法检查5921次、督导116次，检查瓶装液化气场站332座次，抽查配送车辆151辆，发现气瓶溯源问题1632户。对排查工作力度不强的单位约谈52家次，通报批评6家次。对各类违法行为行政处罚121次，处罚金额64.911万元。

【燃气旧管网改造工作】2022年，积极、稳妥、快速推进了燃气老旧立管改造进度，共完成改造9.4万户，年内目标全面完成。完成53千米的隐患管道改造和190.7千米的老化管道更新，全年工作目标完成。

【瓶装液化气数字化监管】依托“上海市燃气行业监管信息系统”及手机移动端“燃管通”APP，常态化开展瓶装液化气电子标签查验工作。市区两级燃气管理部门、各街镇侧重“用户实名登记、用气地址匹配、安检信息有效”三要素，累计查验气瓶电子标签4033只，合格率92.3%，较2021年度提高2%左右。浦东新区高行镇等6个街镇查验频次较高，基本建立了街镇发现、企业整改、区管理部门抽查核验的循环机制。

【加强入户安检】本市管道燃气居民用户完成安检346.6万户，入户率88.5%；管道燃气非居民用户完成11.7万户，入户率82.3%；本市液化气居民用户完成检查171.7万户，入户率98.4%；液化气非居民用户完成检查11.1万户，入户率99.9%；各项数据明显提升，用户端的用气条件和安全用气意识大为改观。

【加强燃气用户端安全管理】进一步强化居民户内智能化安全运行能力，完成更新安装2.0版智能表44.1万台、远传智能表55.5万台。贯彻落实新《安全生产法》关于“餐饮场所强制安装燃气泄漏报警装置”的要求，组织燃气企业和燃气报警器企业全年排摸和推广餐饮场所安装燃气报警器，全市5.7万户液化气餐饮用户、4.3万户管道天然气餐饮用户全部完成安装整改任务。

【推进汽车加氢站建设管理】会同多部门联合印发《上海市燃料电池汽车加氢站建设运营管理办法》。本市首批7座加氢站正式获得燃气经营许可证，加氢站正式参照燃气供气站点纳入日常监管。加氢站建站补贴和加氢站运营补贴审核事项相关规定已纳入《上海市燃料电池汽车示范应用专项资金管理办法》。

【推进“一网通办”燃气事务迭代升级】按照深化放管服改革和优化营商环境的总体工作要求，协调推进工程建设项目“水电气网联合报装”一件事。巩固“双减半”成果，继续推动“两个免于提交”，持续优化业务流程、打通业务系统、强化数据共享。依托“一网通办”平台，共累计办理燃气经营许可12件、燃气供气站点许可28件、燃气器具安装维修许可111件、燃气器具销售备案187件、燃气泄漏报警保护装置销售备案82件，达到了保障及时率、准确率均为100%的目标。

（王一伊）

（六）住房公积金管理

【概况】2022年，新开户单位5.75万家，净增单位2.29万家；新开户职工70.61万人，净增职工11.15万人；实缴单位52.13万家，实缴职工936.20万人，缴存额2227.22亿元，同比分别增长4.59%、1.21%和14.62%。2022年末，缴存总额16945.31亿元，比上年增长15.13%；缴存余额6916.42亿元，同比增长13.97%。受委托办理住房公积金缴存业务的银行1家。

2022年，381.25万名缴存职工提取住房公积金；提取额1379.44亿元，同比增长11.58%；提取额占当年缴存额的61.94%，比上年减少1.68个百分点。2022年末，提取总额10028.90亿元，比上年增长15.95%。

2022年，上海市购买首套住房家庭最高贷款额度为100万元（个人为50万元），缴交补充公积金的最高贷款额度为120万元（个人为60万元）；上海市购买第二套改善型住房家庭最高贷款额度为80万元（个人为40万元），缴交补充公积金的最高贷款额度为100万元（个人为50万元）。发放个人住房贷款11.30万笔842.76亿元，同比分别下降31.52%和26.82%。回收个人住房贷款551.37亿元。累计发放个人住房贷款311.12万笔11751.55亿元，贷款余额5872.25亿元，分别比上年增长3.77%、7.73%和5.22%。个人住房贷款余额占缴存余额的84.90%，比上年末减少7.06个百分点。受委托办理住房公积金个人住房贷款业务的银行19家。

2022年，发放异地贷款338笔3.10亿元，发放异地贷款总额8.43亿元，异地贷款余额7.73亿元。个人住房贷款资产支持证券的未偿付贷款笔数为5.79万笔，本金余额为86.39亿元。住房公积金存款1137.27亿元，其中，1年（含）以下定期327.00亿元，1年以上定期240.00亿元，其他（协定、通知存款等）570.27亿元。住房公积金个人住房贷款余额和项目贷款余额的总和占缴存余额的84.90%，比上年末减少7.06个百分点。

【资产风险状况】2022年末，个人住房贷款逾期额2.95亿元，逾期率0.503‰。个人贷款风险准备金余额670.66亿元。2022年，未使用个人贷款风险准备金核销逾期贷款。

【缴存业务】缴存职工中，国家机关和事业单位占8.24%，国有企业占12.52%，城镇集体企业占1.60%，外商投资企业占16.88%，城镇私营企业及其他城镇企业占57.69%，民办非企业单位和社会团体占1.15%，灵活就业人员占0.05%，其他占1.87%；中、低收入占92.33%，高收入占7.67%。

新开户职工中，国家机关和事业单位占3.43%，国有企业占9.95%，城镇集体企业占1.16%，外商投资企业占17.56%，城镇私营企业及其他城镇企业占65.86%，民办非企业单位和社会团体占0.52%，灵活就业人员占0.01%，其他占1.51%；中、低收入占97.37%，高收入占2.63%。

【提取业务】提取金额中，偿还购房贷款本息占66.20%，租赁住房占10.93%，购买、建造、翻建、大修自住住房占5.49%，支持老旧小区改造占0.09%，离休和退休提取占12.90%，完全丧失劳动能力并与单位终止劳动关系提取占0.02%，出境定居占0.04%，其他占4.33%。提取职工中，中、低收入占88.72%，高收入占11.28%。

【个人住房贷款】2022年，支持职工购建房1037.78万平方米，年末个人住房贷款市场占有率为26.14%，比上年末增加0.8个百分点。通过申请住房公积金个人住房贷款，在贷款合同约定的存续期内可节约职工购房利息支出119.84亿元。职工贷款笔数中，购房建筑面积90（含）平方米以下占48.00%，90~144（含）平方米占47.10%，144平方米以上占4.90%。购买新房占48.91%（其中购买保障性住房占2.69%），购买二手房占51.09%。职工贷款笔数中，单缴存职工申请贷款占45.92%，双缴存职工申请贷款占53.98%，三人及以上缴存职工共同申请贷款占0.10%。贷款职工中，30岁（含）以下占22.91%，30~40岁（含）占55.46%，40~50岁（含）占18.34%，50岁以上占3.29%；购买首套住房申请贷款占78.34%，购买二套及以上申请贷款占21.66%；中、低收入占85.90%，高收入占14.10%。

【住房贡献率】2022年，个人住房贷款发放额、住房消费提取额的总和与当年缴存额的比率为89.07%，比上年减少23.45个百分点。

【落实疫情防控阶段性支持政策】为深入贯彻落实国务院常务会议精神，根据住房和城乡建设部、财政部、人民银行《关于实施住房公积金阶段性支持政策的通知》（建金〔2022〕45号）及上海市加快经济恢复和重振工作要求，出台《关于本市实施住房公积金阶段性支持政策的通知》及其实施细则。政策涵盖单位缓缴、自愿缴存者缓缴、提高租赁提取月提取额、住房公积金贷款不做逾期处理等方面内容。阶段性缓缴措施惠及单位1万家，职工30.82万人，为相关单位减负纾困27.38亿元；支持38.22万名职工提高租赁提取额度，减轻职工租房负担41.47亿元；对3300余笔受疫情影响、无法正常偿还的个人住房贷款不做逾期处理，涉及贷款余额13.39亿元。

【落实疫情防控，服务不断不乱】发布《关于进一步做好住房公积金窗口疫情防控的通知》《关于返岗复工和常态化疫情防控管理的实施方案》，研究建立常态化疫情防控下的服务模式，推行线上预约，线下服务分类处理，提升线下办理效率。通过远程办公7×24小时确保12329热线、12345热线转接、工单及新媒体等渠道服务不断线、不停歇。在原先网上业务办理系统网页版的基础上，推出单位通过四项信息加手机验证码登录系统进行人员变更业务的功能，解决经办人没有 key 或电子营业执照而无法登录住房公积金网上业务办理系统的问题。完成阶段性缓缴住房公积金申请、阶段性缓缴住房公积金单位缓缴凭证下载功能上线，方便单位申请。

【调整 2022 年度住房公积金缴存基数和月缴存额上下限】 自 2022 年 7 月 1 日起，职工住房公积金的缴存基数由 2020 年月平均工资调整为 2021 年月平均工资。2022 年度职工本人和单位住房公积金缴存比例为各 5%~7%，由单位自主确定；单位可以自愿参加补充住房公积金制度，补充住房公积金缴存比例为各 1%~5%。2022 年度上海市住房公积金月缴存额上下限如下：

类型	单位和个人缴存比例	月缴存额上限	月缴存额下限
住房公积金	各7%	4786元	362元
	各6%	4102元	310元
	各5%	3418元	260元
补充住房公积金	各5%	3418元	260元
	各4%	2736元	208元
	各3%	2052元	156元
	各2%	1368元	104元
	各1%	684元	52元

【住房公积金支持购房政策执行情况】 一是根据中国人民银行决定，自 2022 年 10 月 1 日起下调首套个人住房公积金贷款利率，其中五年期以上个人住房公积金贷款利率由 3.25% 下调至 3.1%，五年期以下（含五年）个人住房公积金贷款利率由 2.75% 下调至 2.6%，第二套个人住房公积金贷款利率政策保持不变。二是坚持“房住不炒”定位，重点支持首套刚需、支持中小户型、支持中低收入家庭，2022 年发放住房公积金贷款笔数中支持首套购房占比近八成。三是积极发放共有产权保障性住房贷款，截至 2022 年末，共有产权保障住房公积金贷款累计放款金额突破 300 亿元，成为上海市中低收入家庭购买共有产权保障住房的重要信贷资金来源。

【出台提取住房公积金支付保障性租赁住房房租政策】 根据上海市政府《关于加快发展本市保障性租赁住房的实施意见》，为加大住房公积金对新市民、青年人缓解住房困难的支持力度，出台《关于本市提取住房公积金支付保障性租赁住房房租的通知》，明确按照上海市关于保障性租赁住房准入条件等相关政策规定，租赁已经上海市政府主管部门认定并纳入统一管理的保障性租赁住房并按规定办妥租赁备案的职工及配偶，符合连续足额缴存住房公积金满 3 个月，在上海市无住房公积金贷款、无委托提取住房公积金归还住房贷款等生效中提取业务条件的，可申请提取住房公积金支付保障性租赁住房房租。每户家庭（含单身家庭）月提取金额不超过当月实际房租支出，最高月提取限额为 4500 元。

【长三角一体化推进情况】 2022 年，6 月离退休提取住房公积金业务作为精品事项成功上线长三角“一网通办”平台，借助信息共享实现三省一市跨区域人社信息核验，实现全程网办。针对已上线长三角“一网通办”平台的购房提取住房公积金业务，与三省共谋共建长三角数据共享交换平台“房屋提取记录数据池”，维护资金安全。

【加速推动业务事项应上尽上，助力服务“一网通办”】2022年新增实现单位住房公积金账户信息查询、租赁保障性租赁住房提取住房公积金等15项住房公积金服务事项接入“一网通办”平台。2022年末，平台累计接入住房公积金服务事项41项，高频业务全覆盖。配合打造高效办成“一件事”，推动将住房公积金业务融入还清房贷、保障性租赁住房（公租房）申请、既有多层住宅加装电梯等多项“一件事”，通过流程整合重塑实现减材料、简环节、省时间、少跑动。实施“五险一金”缴费工资合并申报，当年共有25万家符合条件的企业通过上海市“一网通办”平台“税费综合申报”栏目合并申报社会保险费、住房公积金缴费工资，超过上海市实缴单位总数的一半。

【推进高频事项“跨省通办”】2022年新增实现住房公积金汇缴、住房公积金补缴、提前部分偿还住房公积金贷款、租房提取住房公积金、提前退休提取住房公积金5个事项跨省通办，累计完成跨省通办事项共计13个。主动扩大跨省通办服务事项范围，研究建立《“跨省通办”服务事项上海清单》，按照“三办”模式（全程网办、代收代办、两地联办），以“全程网办”模式优先为原则，提高“跨省”服务效能。试点《“跨省通办”异地中心收件要求共享备忘录》，探索备忘录维护机制，提升业务办理效率。

【优化业务流程，实现业务更“好办”】持续优化流程引导，打造实现“租赁市场租赁住房提取住房公积金支付房租（未网签备案）”服务事项“好办”。聚焦企业群众办事过程中提出的建议，坚持问题导向、分析症结，持续优化业务流程，降低业务差评，推动住房公积金服务更加智慧便民，切实提升服务体验度。响应单位需求，网上开通为外籍人员办理封存、启封、转入业务。坚持守正创新思维，实现社保卡“一卡通”在住房公积金信息查询、业务办理及提取支付等领域的创新应用。

【打造“免申即享”主动办服务新模式】借助上海市大数据中心平台资源，不断提升住房公积金服务的主动化、精准化水平。退休人员消息推送方面，2022年前三季度向近20万名职工推送短信5次，通过“随申办”渠道图文推送2次，10月起结合“免申即享”服务开展消息推送工作，借助与上海市人力资源和社会保障局的信息共享实现服务前置，累计推送符合“免申即享”条件退休职工34.67万人。从首次退休消息推送工作开展至2022年末，退休消息推送职工中1.6万人进行了退休提取，提取总金额近6亿元。账户封存满半年人员消息推送方面，2022年向约60万名职工进行了短信推送及“随申办”渠道的图文推送。消息推送后共计有近22万人办理销户提取，提取资金超25亿元。

【宣传培训情况】一是落实政务服务标准化建设要求，进一步统一服务标志，将“全国住房公积金”服务标志综合应用于对外服务网点，加深群众对住房公积金行业优质服务认同感。二是建立“延伸服务点”“公积金服务站点”，采用线下宣讲、线上直播相结合的方式，积极开展对外政策宣传、便民服务等活动，指导和帮助企业规范执行住房公积金相关政策。三是开展“优秀讲师”“优秀课件”评选活动，通过技能比拼，培养和选树一批能做会讲的业务宣传培训骨干，形成一批实用性强、通俗易懂的宣传培训材料，进一步扩大住房公积金制度的宣传面。

【完善制度和系统支撑提高执法效能】贯彻落实上海市政府《关于全面推行轻微违法行为依法不予行政处罚的指导意见》，出台《上海市住房公积金领域轻微违法行为不予处罚清单》，优化营商环境，深化精细化执法和包容审慎监管。加强系统对接，将住房公积金行政处罚事项纳入上海市统一综合执法系统办理。制定出台《上海市住房公积金执法程序操作规范（提取、贷款类）》，明确从立案、调查取证直至申请强制执行的执法流程，不断健全执法规范体系。

【积极督促协调维护缴存职工合法权益】2022年，上海市共受理登记投诉举报2361件，经中心积极督促协调，1658件得以在立案前协调化解，立案前的协调化解率近73%。2022年共发出《责令限期缴存通知书》220件，向人民法院申请强制执行149件，通过执法办案共为437名职工追回住房公积金362.22万元。

【风险防控情况】依托住建部电子稽查工具推进“智能风控”，持续优化风险疑点核查，充实完善后督检查规则，夯实全流程联动核查机制，实现风控系统应用全覆盖。贯彻落实住房公积金监管服务平台风险防控工作，开展数据治理和风险疑点排查，增强监管实效。加强审计规范化、制度化建设，明确审计整改跟踪检查程序，加强审计整改结果运用；对受托机构开展专项审计，排查住房公积金业务中的风险点，增强业务办理的合规性，保障住房公积金资金安全。

【信息化建设情况】完成上海市住房公积金综合业务服务和管理平台项目专项验收，为中心数字化转型奠定系统平台基础。制定完善系统运行应急、系统权限管理等制度，保障系统运行维护安全平稳。持续推进数字化转型应用场景建设和任务事项落实。制订中心数字化转型方案，推进“一件事”“政策找人”、应用办公业务流程自动化技术等，提高智能化服务水平和管理效率。深化数据共享，提升数据质量，进一步优化完善住建部数据上报系统，实现自动上报、自动检测检查。

（彭佳娟）

（七）世界城市日平台建设

【概况】2022年10月30日至11月1日，世界城市日全球主场活动暨第二届城市可持续发展全球大会在上海成功举办。活动以“行动，从地方走向全球”为主题，由开幕式、4个主题论坛、8个专题论坛、成果发布与展览展示等内容组成。国家主席习近平向活动致贺信，上海市委书记陈吉宁宣读贺信并讲话。活动围绕世界城市日主题及经济、社会、环境等城市可持续发展重要领域，与国际组织、政府机构、协会、学会等单位通力合作，成功举办了多场高规格国际论坛，形成集聚效应，有力地提升了活动国际影响力。

【2022年世界城市日全球主场活动暨第二届城市可持续发展全球大会开幕】2022年10月31日下午，由联合国人居署、住房和城乡建设部、上海市人民政府主办的2022年世界城市日全球主场活动暨第二届城市可持续发展全球大会开幕式在上海举行。国家主席习近平向活动致贺信，指出世界城市日全球主场活动秉承“城市，让生活更美好”理念，致力推动全球城市可持续发展，对共创普惠平衡、协调包容、合作共赢、共同繁荣的发展格局具有重要意义。希望各国城市积极参与全球发展倡议，加快落实联合国2030年可持续发展议程和《新城市议程》，助力经济有效复苏，改善生态环境质量，提升城市治理效能，共同推动全球可持续发展。上海市委书记陈吉宁宣读贺信并讲话。住房和城乡建设部部长倪虹、上海市委副书记、市长龚正致辞。联合国秘书长安东尼奥·古特雷斯向活动致贺信，联合国副秘书长兼人居

署执行主任麦慕娜·莫哈德·谢里夫、联合国副秘书长李军华致辞。

【主题论坛——城市绿色转型与发展主题论坛】2022年11月1日下午，2022年城市绿色转型与发展主题论坛在线上举行。上海市生态环境局、联合国开发计划署、世界资源研究所和杨浦区人民政府共同主办。论坛邀请来自联合国环境规划署、宜可城－地方可持续发展协会等国际组织代表交流伦敦、东京、哥本哈根、深圳等国际大都市案例，高校、金融部门等社会各界分享可持续领域的创新方案。论坛旨在围绕推动城市加快发展方式绿色转型的议题，分享全球多个国际化大城市在可持续发展过程中城市生态转型与低碳发展、绿色金融助力低碳城市建设、应对气候变化、推动经济发展和环境保护协同发展等社会关注领域的具体实践，交流成功经验和共商未来发展，进一步推动落实2030可持续发展议程。论坛还发布了上海生物多样性金融PIR报告成果，推介了上海生物多样性金融（BIOFIN）示范项目阶段性成果，向世界呈现上海在绿色金融助力生物多样性保护方面付出的积极努力，体现上海探索实践“两山”和“两城”理念融合发展所做的贡献。

【主题论坛——城市治理主题论坛暨2022全球城市论坛】2022年11月2日，以“全球城市·开放共赢”为主题的城市治理主题论坛暨2022全球城市论坛在上海举行。论坛由上海市人民政府发展研究中心、上海市住房和城乡建设管理委员会、上海交通大学、联合国人居署和世界银行共同主办。来自中国、美国、法国、瑞典、斯洛伐克、韩国等国家的学界、政界、商界的200余位嘉宾参加。论坛发布了《像绣花一样精细——城市治理的嘉定实践》一书，该书由上海交通大学中国城市治理研究院与嘉定区合作编写，以案例的形式展现了嘉定区在精细化治理和新城建设等方面的新实践和新探索，为中国超大城市治理的现代化贡献嘉定经验、嘉定智慧。

【主题论坛——城市文化与发展论坛】2022年11月1日上午，城市文化与发展论坛在上海举行。论坛由上海市文化和旅游局与上海文化广播影视集团共同主办，以“文化驱动，唤醒城市DNA”为主题，聚焦“五个上海”系列成果，以“行动，从地方走向全球”呼吁加速采取可持续解决方案，构建城市“软”支撑，共创适应现代生活需要、焕发文化魅力的人民城市。论坛发布了汇编国内外嘉宾在2021年世界城市日各类活动中精彩发言的书籍——《世界城市日活动成果精粹·2021》。

【主题论坛——人民城市主题论坛】2022年11月1日上午，2022世界城市日人民城市主题论坛在上海市奉贤区举行。本次论坛由上海市住房和城乡建设管理委员会、奉贤区人民政府、上海社会科学院主办，以“践行人民城市理念，打造新城新典范”为主题，邀请国内优秀专家、学者齐聚奉贤，从生态、经济、规划等多个领域对人民城市的发展方向进行了探讨，并在破解发展难题、提高治理水平、创造美好生活等方面建言献策。论坛现场正式推介了《落实联合国2030年可持续发展议程上海自愿评估报告·2022》，并发布了“新时代上海‘人民城市’建设的探索与实践”系列丛书的《绿水青山的城市实践·绿色建筑卷》与《事关人民群众切身利益的事情 再难也要想办法解决·旧区改造卷》。

【专题论坛——科技创新助力绿色低碳城市建设国际论坛】2022年11月1日上午，“科技创新助力绿色低碳城市建设国际论坛”在上海召开。此次论坛由住房和城乡建设部科技与产业化发展中心、中国建设科技集团联合主办，中国－上海合作组织地方经贸合作示范区管理委员会协办。会上，多位来自业界的领导专家和企业代表围绕绿色低碳发展、绿色园区建设、绿色城市建设等主题，畅谈科技创新和建设绿色低碳城市的探索与实践。

【专题论坛——2022 国际城市与建设产业论坛】2022 年 11 月 1 日，“2022 国际城市与建设产业论坛”在上海成功举行。论坛是在住房和城乡建设部计划财务与外事司的指导下，由中国国际贸易促进委员会建设行业分会、上海市住房和城乡建设管理委员会共同主办。论坛主题为“城市更新，产业行动”。来自国内外的政府部门官员、专家学者和行业龙头企业代表积极分享了实施城市更新行动、推动城市可持续发展的最新成果和实践案例，以及建设产业绿色低碳转型发展方面的经验、方法与成效。

【专题论坛——城市儿童友好空间建设国际论坛】2022 年 11 月 1 日，“城市儿童友好空间建设国际论坛”在上海成功举办。论坛由住房和城乡建设部建筑节能与科技司、计划财务与外事司、国务院妇女儿童工作委员会办公室指导，中国城市规划设计研究院、联合国儿童基金会联合主办，中国城市规划协会女规划师委员会、中国儿童中心支持。论坛旨在通过搭建一个分享交流的平台，促进儿童友好城市空间建设政策和实践方面的国际交流与合作，更好推进儿童友好城市的建设行动，从地方走向全球，为儿童创造更好的发展条件和成长环境。

【专题论坛——2022 中国城市高质量发展论坛】2022 年 11 月 1 日，2022 中国城市高质量发展论坛在上海举办。本次论坛由《中国建设报》主办，以“可持续的城市建设与更新”为主题，采取线上与线下相结合的方式，围绕城市更新、建筑业、房地产业科技创新及历史文化保护等内容开展主题研讨及交流，搭建“政企研学媒”协同创新资源平台，赋能城市高质量发展。来自业界的领导专家和企业代表围绕主题发表了演讲。

【专题论坛——2022 城市环境高质量建设论坛】2022 年 11 月 2 日，2022 城市高质量建设论坛在上海举办。本次论坛由东华大学、上海市城市管理精细化工作推进领导小组办公室、中国标准化协会主办，围绕 2022 年世界城市日主题及中国城市高质量发展建设方向发起高峰研讨，面向全球宣传推广城市环境高质量、精细化、标准化建设的中国经验和中国方案。会上，“长三角城市环境精细化建设研究中心”揭牌，举行“《上海宣言》——让城市成为家园”的发布和发起人代表签字仪式，该宣言针对城市化带来的弊端，提出对中国城市环境建设发展现状的深刻总结、思考，以人为出发点，提出对未来发展理念的创新倡导和主张。

【专题论坛——2022 同济“城市传播”高端论坛】2022 年 10 月 31 日，同济“城市传播”高端论坛在上海市奉贤区举行。本次论坛由同济大学、上海市住房和城乡建设管理委员会、奉贤区人民政府、上海文化广播影视集团有限公司共同主办，以“都市・乡村：数字传播与城市治理”为主题，以“奉贤”这一上海都市乡村结合典型新城样本为起点，邀请政、学、企界重要嘉宾，共同探讨、交流数字化与媒介化语境下城乡融合发展与治理等前沿议题，积极助力新时期中国与上海数字化媒介化城乡融合转型发展。

【专题论坛——2022 中日（上海 - 东京）城市管理精细化研讨会】2022 年 11 月 1 日下午，2022 中日（上海 - 东京）城市管理精细化研讨会在上海市奉贤区举行。本次活动由上海市住房和城乡建设管理委员会、奉贤区人民政府主办，围绕“城市公共空间精细化管理”，专家学者线上线下齐聚，探讨分享各自的研究和实践，为提升超大城市管理精细化水平建言献策。

【专题论坛——第四届沪新城市治理高端对话专场】2022 年 11 月 1 日下午，“第四届沪新城市治理高端对话”在上海市奉贤区举办。本次活动由上海市住房和城乡建设管理委员会、奉贤区人民政府、新加坡宜居城市中心共同主办，以“智慧技术支持下的城市更新和新城建设”为主题，旨在深度挖掘沪新双方在旧区改造和城市更新、城市建设发展语境下的城市数字化转型案例，引领城市管理者和专家学者相互交流、彼此借鉴，共同提高城市建设和治理水平。

【发布和推介 2022 版《上海手册：21 世纪城市可持续发展指南》】《上海手册：21 世纪城市可持续发展指南》（简称“上海手册”）由联合国人居署、国际展览局和上海市人民政府共同主编，2022 版手册以“可持续发展目标的本土化”为题，遴选 21 个国内外城市可持续发展优秀案例。2022 年 11 月 5 日，上海市市长龚正发布公开信，向全市各级部门、友好城市及涉外机构推荐 2022 版《上海手册》。2022 年 12 月 13 日，由上海市人民政府外事办公室、上海市住房和城乡建设管理委员会、上海图书馆（上海科学技术情报研究所）共同主办的 2022 版《上海手册》推介会在上海图书馆东馆举行。各国驻沪总领馆代表受邀出席活动。

【发布“新时代上海‘人民城市’建设的探索与实践”丛书的“旧区改造卷”与“绿色建筑卷”】2022 年 11 月 1 日，“新时代上海‘人民城市’建设的探索与实践”丛书（简称《上海实践》）的《绿水青山的城市实践·绿色建筑卷》与《事关人民群众切身利益的事情 再难也要想办法解决·旧区改造卷》在人民城市主题论坛上发布。图书全面反映了上海 30 年旧区改造历程和城市绿色建设的实践成果。

（孙霖）

CHAPTER THIRTEEN XIII

科研工作

- 综述
- 政策研究
- 科学技术
- 教育考培

（一）综述

2022年，上海市住房城乡建设管理委以研究制定《上海市住房和城乡建设管理委员会关于加快推进本市住房和城乡建设管理领域科技创新的实施意见》（以下简称《实施意见》）为“一个统领”，重点完成了“六个一”目标任务，不断强化科技创新支撑力。以构建与全球科技创新中心框架相适应的住房城乡建设管理领域科技创新体系为目标，颁布《实施意见》，充分发挥科技创新对住房城乡建设高质量发展的战略支撑作用，在加强顶层设计、重点工作体系化推进、强化前瞻性和可落实性等方面做了进一步提升。重点做好“六个一”。一是开好一场大会。2022年12月18日组织召开了上海市首届住房城乡建设行业科技大会，大会回顾展示了近年来本市住房城乡建设行业重大科技创新成果；颁布科技创新、成果推广相关政策；发布本市首批住房城乡建设管理行业揭榜挂帅重大科技攻关项目；与市科委、城投集团、建科集团签订合作协议；揭牌科技创新平台；开展科技创新主旨报告等。二是实施一批项目。遴选优秀项目申报国家级科技项目计划，助力国家重大科技项目攻关。开展住建部科技项目推荐工作，启动住建领域“揭榜挂帅”科研项目，引导关键核心技术攻关。三是推广一批成果。拓展重点技术推广模式，加快新技术规模化应用。组织编制《上海市建设领域“十四五”重点推广应用技术目录（第一批）》共36项，发挥示范工程以点带面推广作用。四是夯实一个平台。集聚资源，发挥专家智库作用，对标国际一流，谋划行业发展，推动科技创新。五是培养一批人才。通过各类科研项目的实施，为科技创新人才成长搭建舞台，以平台带动科技创新人才的培养。六是做好一系列学术交流。举办院士报告会等各类学术研讨交流活动，不断提升科技创新成果的交流与宣传力度。

政策研究方面，积极做好重大政策研究、重要文稿起草、图书志书编写和行业协会服务等工作。研究起草本市《关于加快旧区改造、旧住房成套改造和“城中村”改造的实施意见》。配合市委办公厅、市政府办公厅完成《上海市关于深入推动城乡建设绿色发展的实施意见》和《关于在城乡建设中加强历史文化保护传承的实施意见》文件。编制了《关于在城乡建设中加强历史文化保护传承推动高质量发展的实施意见》任务分解表。参与市委一号课题《上海全面推进社会主义现代化的若干重大问题研究》报告起草，配合市政府办公厅开展“率先推进超大城市治理体系和治理能力现代化”相关研究，并按要求完成《应对超大城市超大规模人口流动和疫情常态化防控挑战，上海如何提升城市管理精细化水平》专题报告。牵头组织推进党委《引入社会力量参与新时代建设者之家投资建设运营调研》的相关工作。另外，参与市政府研究室关于未来五年工作的专题调研，完成《未来五年上海城乡建设管理的目标、思路和重点举措研究（2023—2027）》专题调研报告。持续提升政策研究水平，发挥城建系统政策研究例会的平台优势，邀请市委研究室、市政府研究室、市政府发展研究中心、市规划自然资源局和系统内相关单位的研究部门共同参与，通过沟通领导关注、社会关心的热点问题，交流彼此重点工作，着力形成合力，提高政策研究水平。聚焦行业难点问题，组织推进课题研究，完成16个课题研究项目的立项论证、中期评估和结题评审工作。推动完成‘新时代上海’人民城市”建设的探索与实践”丛书第二轮旧区改造卷、绿色建筑卷编写工作。推动部编丛书《致力于改革开放的城市变迁》上海卷编写收尾。首次编制发布《上海住房城乡建设城市管理发展报告》（白皮书）。全面完成本轮志书编纂,《上海市志·建筑业分志(1978—2010)》、《上海市志·城乡建设分志(1978—2010)》中的《综述卷》《城乡道路卷》和《房地产业卷》共4部志书经过10年的努力圆满完成，2022年7月27日，4部志书完成首发仪式。其中,《建筑业分志》和《上海市志·城乡建设分志》中的《综述卷》和《城乡道路卷》验收被评为优秀。同时，完成《建筑业行业发展报告》《上海建设年鉴》《上海年鉴》《上海经济年鉴》和《环境年鉴》等年鉴、报告的组稿、审稿等工作。全面做好协会服务工作。完成22家协会和4家民非的年检初审工作，加强社会组织评比达标表彰活动规范管理、协会的换届指导、等级评估、信息公开及投诉受理和自身规范化建设等工作指导。

（盛开艳　周君俊）

（二）政策研究

【概况】2022年，第十四届上海市决策咨询研究成果奖评审委员会公布了评审结果。市住房城乡建设管理委组织申报的《一江一河公共空间品质优化提升研究》和《上海实施城市更新行动策略研究》获内部调研奖，数量位列全市各委办局首位。《上海保障性租赁住房发展机制研究》获研究成果奖一等奖。同时，聚焦行业难点问题，组织推进课题研究，完成16个课题研究项目的立项论证、中期评估和结题评审工作。为落实市委、市政府关于对标国际最高标准、最好水平工作要求，全面加强上海城市管理精细化工作，2022年起，开展城市管理精细化中日对标研究工作。

【一江一河公共空间品质优化提升研究】研究通过现状梳理、实地调研、民众与专家调查问卷和分区段研究等方法，对上海黄浦江城市核心段和苏州河城市核心段进行了全面的调研与评估，并对标高品质国际滨水公共空间案例，为进一步提升“一江一河”滨水公共空间的品质与魅力提出优化建议。研究是首次对一江一河滨水公共空间进行全要素的系统构建，制定了科学细致的评价指标体系，从而更客观全面地对公共空间品质展开

重点课题列表

1	关于本市保障性租赁住房规、建、管、服一体化联动机制研究
2	适应新时代要求 加强优秀年轻干部培养选拔工作研究
3	新发展时代城市更新的内涵和策略研究
4	市重大工程涉及资源性指标统筹使用（六票统筹）新机制研究
5	城市管理精细化工作短板弱项发现及处置机制研究
6	新时代上海建设交通系统行业党建的探索与实践
7	大统战格局下建交系统党外干部和人才培养路径及机制研究
8	行业文明创建为城市软实力赋能的思路举措研究
9	上海市建设交通系统信访工作机制适应新发展要求的研究
10	本市建设领域公职人员利益回避问题研究
11	新城绿色低碳试点区规划建设管理统筹机制研究
12	“一江一河”沿线全要素整治及精细化治理策略研究
13	城市更新背景下既有建筑改造建设管理流程的深化研究
14	城市运行健康指数的要素构成和模型建立研究
15	城市地下空间管理中运用物联感知技术的研究
16	关于长三角一体化示范区住房公积金创新探索研究

评估，可以为今后的管理决策工作提供更精准的依据，为具体工作的开展提供实际的指导，助力“一江一河”成为世界级城市滨水公共空间典范。

【上海实施城市更新行动策略研究】该研究以有序推进城市更新工作向规范化、系统化、可持续化方向发展为目标，通过文献分析、实地调研、案例研究、问卷调查、专家咨询等研究方法，梳理本市城市更新重点领域，提出城市更新项目遴选原则及加强城市更新行动实施保障的举措建议。研究成果可以用于指导本市城市更新行动实质性开展，并为其他省市城市更新工作提供借鉴。成果所构建的六大城市更新行动体系及策略为制订相关工作计划和行动方案提供直接依据，提出的城市更新信息平台建设方案和评估方案建议提高了相关单位的决策效率和科学化水平。

【上海保障性租赁住房发展机制研究】该研究坚持系统内外结合、理论与实践结合、供应与需求结合、线上与线下结合，在对保租房潜在供应对象进行住房需求问卷调查、对国内外主要城市保障类租赁住房发展进行案例分析、对本市保租房典型建设运营企业和市级相关管理部门进行调研的基础上，总结取得的主要成效和需要解决的关键问题，借鉴国内外主要城市的有益经验，提出构建保租房发展机制的基本思路、主要抓手，以及如何构建发展机制的对策建议。研究成果为上海保租房的发展提供重要参考，有助于完善住房保障体系建设，解决超大城市住房突出问题，保租房市场租金评估监测等成果已被相关部门应用转化。相关成果在《人民日报》《中国建设报》等重要报刊上刊登或发表，为发展保租房提供了新视角和新思路。

【城市管理精细化中日对标研究工作】2022年，对标研究主题为：公共空间精细化管理研究。围绕主题，委托华建集团、上海市城市建设设计研究总院（集团）有限公司和同济大学等单位，分别以《区域型公共空间精细化开发实践与探索》《数字赋能城市公共空间全要素规划与精细化转型》《共治的景观——从社区花园到社区规划及在参与式社区规划中如何调动居民参与》为不同切入点开展研究。相关研究成果在2022年“上海－东京”中日城市管理精细化研讨会上与日本嘉宾进行了充分研讨。

（盛开艳）

（三）科学技术

【软土地区大直径超深竖井结构施工关键技术研究】1月25日，由上海市基础工程集团有限公司承担的“软土地区大直径超深竖井结构施工关键技术研究”科研项目通过住建委验收。该项目针对超深大直径圆形竖井的受力变形特性，形成一整套适用于软土地层大直径超深竖井微扰动开挖及环境保护关键技术。提出适用于上海软土地层第三承压含水层的减压降水施工工艺及环境控制技术。自主研制一套采用模块化设计、可变直径，能实现自动脱模的大型圆形金属整体模板，以及可实现多点同步升降的智能油缸悬吊系统。研发一套适用于超深竖井空间内的垂直运输及水平布料系统，形成超深竖井逆作接头施工工艺及内衬结构逆作结构新型施工技术。提出一套适用于大直径超深竖井结构施工的工程安全风险管控系统。该项目形成企业级工法1项，发表论文7篇，申请发明专利9项，其中已授权2项。研究成果已成功应用于苏州河段深层排水调蓄管道系统工程（试验段），取得了良好的社会、经济和环境效益。

【城镇污水处理厂水质提升关键技术研究及示范】1月26日，由上海市城市建设设计研究总院（集团）有限公司承担的“城镇污水处理厂水质提升关键技术研究及示范”科研项目通过住建委验收。该项目开展城镇污水处理厂提标改造工艺数学模拟、低碳氮比污水强化脱氮除磷、植物－泥－膜共生工艺等关键技术研究，形成城镇污水处理厂水质提升系列技术成果。相关技术成果在上海竹园片区污水处理厂、吴淞污水处理厂等工程的提标改造中进行了示范应用，对城镇污水处理厂水质提升具有较好的示范指导意义。根据查新结论，该项目综合技术达到国内领先水平。

【面向架空线入地的城市道路快速精细化修复成套技术研究】2月23日，由上海永达市政建设养护工程有限公司承担的“面向架空线入地的城市道路快速精细化修复成套技术研究”科研项目通过住建委验收。该项目成功开发了3小时、24小时达到30mPa强度的快硬混凝土，配以适合掘路修复的混凝土搅拌车，成功应用于华山路、武夷路等多条道路的掘复，精细化施工质量上乘，快速修复社会效益良好，且维修成本可控。通过路面结构力学对掘路修复的力学行为进行分析，研究表明增加修复台阶和宽度可有效减小接缝处的剪切位移，切台阶宽度取30cm，能大幅减小新旧路面剪切破坏的可能性，研究既有新意。开发适用于掘路的成套机械装备，不同组合能根据掘路修复工程量进行调整，以达到小型化、快速化、机动化的掘路面修复要求。标准化的施工组织设计规范各道主要工序，以便精细化掘路修复，编制的施工技术指南具有良好的可操作性。该项目研究具有先进性，成果具有创新性，项目的实用性使其具有较大的推广价值。

【市政设施监管信息化关键技术研究与示范——以村镇污水为例】4月18日，由上海市城市建设设计研究总院（集团）有限公司承担的“市政设施监管信息化关键技术研究与示范——以村镇污水为例”科研项目通过住建委验收。该项目聚焦于市政基础设施工程建设和运维监管的信息化管理问题，以污水管网、排放口及检查井盖等市政排水设施监管信息化为研究对象，从中提炼和总结出关键技术6项，并在工程中予以示范，总体技术路线合理，各项技术的功能和性能技术指标明确。该项目通过管网建设信息化监管与数据采集分析、管网污染物溯源、入河排污口智能监测分析、井盖实时监管等技术研究，为解决现阶段污水治理过程中的难点痛点提供了技术支持，提高了建设管理效率，对提升市政排水设施建设和运维的精细化管理具有实际指导意义，该项综合技术达到国内领先水平。

【全预制装配桥梁高性能、轻量化、高精度关键技术研究与应用】5月16日，由上海市城市建设设计研究总院（集团）有限公司承担的“全预制装配桥梁高性能、轻量化、高精度关键技术研究与应用”科研项目通过住建部验收。该项目目前的发展已远远超过了其基础理论研究，制约了其更大规模地投入工程应用。上海市工业化装配化市政工程技术研究中心自成立之日起针对国内市政工程领域预制装配技术的不足，积极调研世界各地装配式新技术的发展和应用情况，以应用开发研究为核心、以技术创新为目标、以提高研发平台的工程化水平为重点，开展工程技术研究、试验和成套技术服务，开发配套技术、工艺和新产品，努力促进科技成果转化。经过研究团队2~3年的不懈努力，对轻量化预制构件设计与施工方法、大体量桥梁构件预制拼装关键技术、超高性能混凝土接缝的力学性能、高性能（组合）材料预制构件试制关键技术、桥梁 BIM 设计系统研发等一系列问题进行了深入研究，取得了丰富的研究成果，且研究成果已应用于上海、成都、天津、绍兴等地的工程实践中，取得了良好的经济效益和社会效益。

【暴雨条件下城市排水管道系统气水混合瞬变流压力冲击的影响因素识别及应用研究】6月28日，由同济大学承担的“暴雨条件下城市排水管道系统气水混合瞬变流压力冲击的影响因素识别及应用研究”科研项目通过住建部验收。随着我国海绵城市建设和黑臭水体治理等相关工程的展开，以及排水管网系统基础信息的不断积累和管网监测手段的升级，对于深入研究从源头及运行过程控制的排水管网溢流污染问题已具备一定的基础条件。然而，我国对雨天排水管道中气水混合瞬变流压力冲击防控管理缺乏有效的基础理论与技术手段支撑，尤其是对大口径管道及特殊构筑物的复杂气液固三相相互作用的动态过程缺乏深入的了解。因此，通过理论与技术研究，实现排水管道气水瞬变流井喷现象及雨天污染溢流的有效控制，从而有效降低排水管网的瞬变压力冲击破坏风险和减少雨天管网损毁溢流造成的环境污染，保障城市排水管网安全，改善城市生态环境，具有显著的理论研究意义和工程应用价值。

【工业化预制装配桥梁设计建造成套技术研究】6月29日，由上海市政工程设计研究总院（集团）有限公司承担的“工业化预制装配桥梁设计建造成套技术研究”科研项目通过住建部验收。该项目基于标准化设计、工厂化制造、装配化施工、信息化管理的工业化建造理念，对桥梁上下部结构预制装配技术进行系统研究，形成以下主要成果：设计研发了新型钢－混凝土组合梁、先张法预应力双T梁、城市高架节段预制拼装混凝土梁等桥梁新结构，研究探明了包括道桥墩柱接缝、盖梁接缝、桥面板现浇接缝等在内的连接构造的受力机理和性能；通过设计制造协同研究，开发了小箱梁钢筋网片化、先张法折线预应力、构件自动化生产线等便于工厂化制造的新技术；研发并形成了预制墩柱装配化施工工艺流程，提高了立柱装配施工精度和盖梁安装效率；在预制装配桥梁设计、施工、运营各阶段创新应用了信息化管理技术。该项目研究成果丰富，提出了桥梁工业化的评价标准，获取专利多项，撰写论文68篇，并应用于多项实际工程，取得了良好的社会、经济效益。项目研究成果具有创新性、先进性和施工便捷性。

【超深超大直径超高压喷射注浆技术研发与应用】8月19日，由华东建筑设计研究院有限公司承担的“超深超大直径超高压喷射注浆技术研发与应用”（沪住建管科 2020-009-002）科研项目通过住建委验收。项目结合设备研制、试验研究、现场实测和工程实践，系统开展了 N-Jet 工法超高压喷射注浆技术的研发与应用，研究成果涵盖核心喷射注浆施工装置、超深超大直径喷射注浆施工关键技术及不同应用形式设计方法与检测方法，形成了成套的超深超大直径超高压喷射注浆技术。该技术喷射注浆成桩直径可达10米，最大施工深度达到115米，可适用砂层、卵砾石等复杂地质条件，相关成果在上海、宁波、北京等多个超深基坑工程中得到了应用，为超深基坑面临的深层承压水控制、深层土体加固等难题提供了有效的手段，具有广泛的推广价值。

【盾构近距离下穿地铁双圆隧道及共同沟的关键施工技术研究】11月16日，由上海城建市政工程（集团）有限公司承担的“盾构近距离下穿地铁双圆隧道及共同沟的关键施工技术研究”（沪住建管科 2019-009-001）

科研项目通过住建委验收。该项目针对双圆隧道结构扭转变形及承载特点，明确了盾构穿越运营地铁双圆隧道施工的变形控制指标，提出了考虑盾构地层损失与深部地层侧向挤压变形耦合的沉降预测方法，为盾构穿越双圆隧道等异型结构的施工控制提供了理论依据。采用自主研发的智慧测量杆监控技术，对运营地铁、共同沟等敏感构筑物进行自动化实时监测；基于多源数据融合分析，揭示复杂环境约束边界下盾构穿越引起的双圆隧道及共同沟的扭转变形规律，开展了盾构穿越施工参数优化研究，保障了穿越过程的顺利实施。针对连续穿越进洞的风险，采用自主研发的智慧测量杆技术对进洞全过程中泡沫混凝土应力、变形等进行了实测，得到了盾构穿越泡沫混凝土三向变形及结构压力演变规律，提出了材料参数和施工参数的优化建议，验证了泡沫混凝土进洞方法的可行性。项目研究获得授权实用新型专利1项，申请发明专利1项，发表研究论文5篇（其中1篇SCI，2篇EI）。在依托工程中成功应用，取得了较大的社会和经济效益。

【发布第一批上海市建设领域“十四五”重点推广应用新技术目录】2022年11月21日，为助推上海城市高质量发展、高品质生活、高能效治理，积极发挥科技保障作用，促进科技成果转化与应用，依据《上海市建设领域重点推广应用新技术目录管理办法》（沪建科信〔2022〕610号），一批新技术被列入《上海市建设领域“十四五”重点推广应用新技术目录（第一批）》并予以发布，主要包含五大技术领域：绿色低碳与生态城市、立体城市与地下空间综合利用、建筑工业化与智能建造、智慧城市与精细化管理、城市更新与安全韧性，共涉及技术36项。

2022年度华夏科学技术建设奖上海推荐项目获奖清单

序号	专业分类及代码	项目名称	主要完成单位
1	A8地基基础	复杂环境超长超大顶管工程成套施工装备与技术研发及应用	上海市基础工程集团有限公司等
2	B6城市交通	都市圈多层次轨道交通体系融合关键技术与应用	上海市城市建设设计研究总院（集团）有限公司等
3	D1管理信息系统	基于全过程的大数据绿色建筑管理技术研究与示范	上海市建筑科学研究院有限公司等
4	A2施工技术	基于云架构的垂直运输机械防坠安全装置成套智能检测装备研发及应用	上海市建筑科学研究院科技发展有限公司等 上海市住房和城乡建设管理委员会
5	A2施工技术	基于数字化的剧场类文物建筑保护利用与性能提升关键技术	上海建工四建集团有限公司等
6	A2施工技术	城市成片既有建筑地下拓建关键技术与应用	上海建工二建集团有限公司等
7	A4建筑节能	降低供暖空调用能需求的围护结构和混合通风适宜技术及方案	上海市建筑科学研究院有限公司等
8	A5建筑材料	典型气候区围护材料耐久性及其与功能性协同设计理论与方法	上海市建筑科学研究院有限公司等
9	B1城市与水资源	典型气候区围护材料耐久性及其与功能性协同设计理论与方法	上海市建筑科学研究院有限公司等
10	B2城市与水资源	城镇饮用水提质增效集成技术与应用	上海市政工程设计研究总院（集团）有限公司等
11	B2城市污水	城市排水口雨天出流污染有效控制关键技术与示范	上海市城市建设设计研究总院（集团）有限公司等
12	B3城市垃圾	垃圾渗滤液及厌氧发酵沼液氮资源回收关键技术及应用	上海市政工程设计研究总院（集团）有限公司
13	B6城市交通	城市桥梁快速修复关键技术研究及应用	上海市城市建设设计研究总院（集团）有限公司等
14	C2专项规划	新阶段新理念下上海超大城市综合交通发展规划技术与实践	上海市城乡建设和交通发展研究院上海市住房和城乡建设管理委员会

续表

序号	专业分类及代码	项目名称	主要完成单位
15	D1管理信息系统	基于数字孪生的医院建筑智慧运维关键技术与应用	上海建工四建集团有限公司等
16	D2智能建筑	BHD-IBMS（4D）智慧建筑管理软件关键技术的开发和应用	上海建筑设计研究院有限公司等
17	A2施工技术	倾斜锯齿形拉索幕墙及装配化关键绿色建造技术	中建东方装饰有限公司等
18	A2施工技术	高空百米跨度多层钢连廊整体提升和悬挂平移关键技术	上海建工七建集团有限公司
19	A5建筑材料	特种涂料关键功能检测技术及应用	上海建科检验有限公司等
20	A5建筑材料	T/SHHJ 000003—2018《学校运动场地合成材料面层有害物质限量》	上海建科检验有限公司等
21	B7园林绿化	长三角人口密集区城市森林碳汇监测与评估关键技术及应用	上海市园林科学规划研究院等
22	C1城市规划	区域整体开发的设计总控	上海建筑设计研究院有限公司
23	C2专项规划	市域空间新格局下上海城市综合交通规划技术标准	上海市城乡建设和交通发展研究院

（周君俊）

（四）教育考培

【筹建新型高等职业学校】上海市住房和城乡建设管理委员会统筹委内教育资源和行业资源，申请筹建行业新型高等职业学校——上海建设管理职业技术学院，于2022年5月获市政府批复正式设立，根据筹建工作和教育部备案要求，于7月组织召开第四次申办新型高职学校工作领导小组会议，推进机构设立、资产过户、人员招聘及职称转聘等工作，落实教育部备案要求。

【行业岗位考培】2022年，严格落实疫情防控各项要求，积极推进行业线上考培工作，满足行业从业人员持证上岗需求。全年完成行业各项考试约16.8万人次，其中建筑施工企业主要负责人、项目负责人和专职安全生产管理人员安全生产知识初证、继续教育考试85927人次；建筑施工特种作业考试34373人次；施工现场专业人员初证、继续教育培训考试36422人次；二级造价工程师职业资格考试6641人次；房屋征收工作人员考试2852人次；全国房地产估价师职业资格考试1960人次。

【举办上海市第一届住房和城乡建设行业职业技能大赛】 市住房城乡建设管理委会同市人社局联合主办第一届住房和城乡建设行业职业技能大赛，大赛共设建筑信息模型技术员（三级）、装配式建筑施工员（三级）、装饰装修工（三级）3个竞赛项目，共53支队伍、106位选手参加决赛角逐，53位选手获得技能等级三级（高级工）证书，12月1日举行大赛闭幕式。在行业技能大赛的基础上，作为组委会成员，参与完成首届长三角区域装配式建筑职业技能决赛，对接住建部参加全国建筑行业职业技能大赛，通过以赛促培，选拔培养一批高技能人才队伍。

（厉双燕）

CHAPTER FOURTEEN XIV

政策法规

目录

1. 上海市人民政府关于进一步支持农民相对集中居住工作的实施意见（沪府发［2022］2号）

2. 上海市人民政府办公厅关于印发《2022年上海市全面深化“一网通办”改革工作要点》的通知（沪府办发［2022］1号）

3. 上海市人民政府办公厅印发《关于本市进一步推动充换电基础设施建设的实施意见》的通知（沪府办规［2022］1号）

4. 上海市石油天然气管道保护办法（上海市人民政府令第64号）

5. 上海市人民政府办公厅印发《关于支持虹桥国际中央商务区进一步提升能级的若干政策措施》的通知（沪府办发［2022］4号）

6. 上海市人民政府办公厅关于印发《上海城市数字化转型标准化建设实施方案》的通知（沪府办发［2022］5号）

7. 上海市人民政府办公厅关于印发《上海市全力抗疫情助企业促发展的若干政策措施》的通知（沪府办规［2022］5号）

8. 上海市人民政府关于印发《上海市加快经济恢复和重振行动方案》的通知（沪府规［2022］5号）

9. 上海市人民政府办公厅关于印发《上海市2022年优化营商环境重点事项》的通知（沪府办发［2022］10号）

10. 上海市人民政府印发《关于加快推进南北转型发展的实施意见》的通知（沪府发［2022］5号）

11. 上海市人民政府办公厅关于印发《上海市数字经济发展“十四五”规划》的通知（沪府办发［2022］11号）

12. 上海市人民政府关于做好本市当前和今后一个时期稳就业工作的意见（沪府规［2022］6号）

13. 上海市人民政府办公厅印发《关于推动向新城导入功能的实施方案》的通知（沪府办发［2022］13号）

14. 上海市人民政府印发《关于支持中国（上海）自由贸易试验区临港新片区加快建设独立综合性节点滨海城市的若干政策措施》的通知（沪府发［2022］8号）

15. 上海市法治政府建设工作领导小组办公室关于印发《关于全面推行轻微违法行为依法不予行政处罚的指导意见》的通知（沪法治政府办［2022］9号）

16. 上海市人民政府 江苏省人民政府 浙江省人民政府印发《关于进一步支持长三角生态绿色一体化发展示范区高质量发展的若干政策措施》的通知（沪府规［2022］9号）

17. 上海市人民政府办公厅关于印发《上海市加快智能网联汽车创新发展实施方案》的通知（沪府办发［2022］15号）

18. 上海市人民政府办公厅印发《关于加快本市农村寄递物流体系建设的实施意见》的通知（沪府办发〔2022〕16 号）

19. 上海市人民政府办公厅关于印发《上海市儿童友好城市建设实施方案》的通知（沪府办发〔2022〕17 号）

20. 上海市人民政府关于新时代支持革命老区振兴发展的实施意见（沪府发〔2022〕10 号）

21. 上海市人民政府关于印发《上海市助行业强主体稳增长的若干政策措施》的通知（沪府规〔2022〕12 号）

22. 上海市人民政府办公厅关于印发《上海市推进高端制造业发展的若干措施》的通知（沪府办规〔2022〕10 号）

23. 上海市人民政府办公厅印发《关于进一步降低制度性交易成本更大激发市场主体活力的若干措施》的通知（沪府办发〔2022〕22 号）

24. 上海市人民政府办公厅印发关于支持本市相关行业和企业稳岗留工有序运行若干政策措施的通知（沪府办规〔2022〕18 号）

25. 上海市人民政府关于延长《上海市开展对部分个人住房征收房产税试点的暂行办法》有效期的通知（沪府规〔2022〕20 号）

26. 上海市人民政府办公厅关于科学绿化的实施意见（沪府办发〔2022〕24 号）

27. 上海市气象灾害防御办法（上海市人民政府令第 73 号）

上海市人民政府关于进一步支持农民相对集中居住工作的实施意见

（2022年1月15日）
沪府发〔2022〕2号

各区人民政府，市政府各委、办、局：

推进农民相对集中居住，是实现上海“农业强、农村美、农民富”乡村振兴目标的必由之路，是切实改善农民生活居住条件和乡村风貌的重大举措，也是落实上海2035城市总体规划的重要途径和抓手。市政府《关于切实改善本市农民生活居住条件和乡村风貌进一步推进农民相对集中居住的若干意见》（沪府规〔2019〕21号，以下称“21号文”）实施以来，市和相关区镇通力协作、攻坚克难，农民相对集中居住工作进展情况良好、成效显现。为扩大成果，加快进程，现就进一步支持农民相对集中居住工作提出如下实施意见。

一、明确总体要求

“十四五”期间，农民相对集中居住工作要继续坚持引导进城镇集中为主，平移集中、货币化退出等多种方式并存，聚焦“三高两区”重点推进，支持鼓励以街镇为单位成片整建制推进。要进一步坚持政府引导与扩大农民参与相结合，积极探索可持续、各方可承受、激励兼容的机制和政策；进一步推动市、区财政加大投入力度与增强规划土地支持政策创新相结合，积极盘活土地资源、激发区镇发展动力；进一步推动农民相对集中居住工作与乡村产业兴旺相结合，通过农民相对集中居住腾出空间，为引入大企业、大项目创造条件，带动乡村产业发展，促进集体经济发展和农民生活水平持续提升。

农民相对集中居住工作具体分成两阶段实施。第一阶段为，到2022年末，按照21号文明确的2022年既定目标，保持基本政策稳定和各方预期稳定，确保按照主要节点目标完成5万户农户实现相对集中居住任务；第二阶段为，2023—2025年，结合市政府要求和各区实际，合理确定年度目标任务，基本完成“三高两区”范围内有意愿农户的相对集中居住任务。

二、增加市级资金投入

（一）实施市级奖补政策。在21号文明确的市级资金补贴政策基础上，对按时完成2019—2022年市级核定目标的区，以2019—2022年累计完成户数为基数，市级财政按照进城镇集中居住（含货币化退出）每户7万元、平移集中居住每户1.5万元标准给予奖补。奖补资金在项目方案批复后预拨80%，其余部分将根据农户签约、安置基地开工建设等情况再结算拨付。对未完成总量任务的区，不给予奖补资金（已预拨的资金予以追回）。奖补资金主要用于农民安置房或集中居住点的基础设施配套，具体由各区统筹安排。

（二）对货币化退出给予市级资金补贴。支持多元化安置方式，鼓励各相关区引导农民以货币化补偿的方式，退出宅基地，促进土地集约节约利用。对宅基地货币化退出项目，市级财政依据市推进机构出具的项目实施方案和规划资源部门出具的减量化项目验收等批复文件，给予市级资金补贴，由各相关区统筹使用。其中，对宅基地使用人合法取得的宅基地（包括农转居的非农户），按照自愿原则实行货币化退出的，市级财政参照进城镇集中居住资金政策标准，给予差别化的按户定额补贴和土地出让金返补。对房屋继承户按照自愿原则实行货币化退出的，市级财政给予40万元/亩的节地补贴。对崇明区货币化退出，按照市政府确定的口径执行，不叠加享受市级奖补政策。

（三）用足用好土地出让收入支持乡村振兴政策。贯彻落实党中央、国务院关于调整完善土地出让收入使用范围、提高农业农村投入比例的总体部署，根据全市当年度土地出让收入按照不低于8%的比例用于农业农村的要求，集中支持乡村振兴重点任务。各相关区要充分用好政策，将土地出让收入用于农业农村的增量部分优先用于农民相对集中居住项目及其配套工程。同时，要用足用好市级新城专项资金支持政策及其他重点区域专项政策，抓紧排摸政策适用范围内的农民相对集中居住任务量，制订推进计划，做好资金统筹安排。其中，每年市级新城专项资金中不少于50%的部分，相关区要用于完成新城范围内的农民相对集中居住、“198”区域减量化及“城中村”改造等乡村振兴任务，力争在“十四五”期间，基本解决新城及其他重点区域范围内农民相对集中居住问题。

三、强化规划土地支持

（一）优化农民安置地块选址。鼓励各相关区利用新城规划居住用地作为农民安置地块。在建设用地总量不突破的前提下，可以通过郊野单元村庄规划调整，在全区范围内统筹优化农民安置地块选址，在紧贴原开发边界的非集建区域内增加安置住宅地块，地块开发强度可参照开发边界内强度控制要求进行设定，对应在部分纯农镇等开发边界内，调减安置用地，实现总量平衡。在满足地区风貌整体管控和公共服务设施配套容量的前提下，安置地块容积率经论证后可以提高至2.5（容积率有特殊规定的区和街镇除外）。

（二）优化平移集中点选址。优化深化平移集中居住点选址方案，确保规模适中、选址合理、配套完善、布局优化。平移集中项目选址应依据规划，避让永久基本农田，确须占用少量市管储备地块的，应按规定严格落实“先补后占”。

（三）给予土地周转指标保障。农民进城镇集中居住安置地块涉及农转用的，可参照增减挂钩政策，申请使用市级周转指标，所需指标应保尽保，周转期限最多可至5年。

（四）探索实施宅基地减量土地指标奖励政策。对按时完成市级核定目标的区，给予宅基地减量土地指标奖励，具体为按照减少宅基地面积的10%给予净增建设用地指标奖励。奖励指标仅用于农民集中安置及其配套基础设施、公共服务等相关建设。

（五）支持各区以街镇为单位成片推进。对有意愿以街镇为单位推进农民相对集中居住的，支持整区域推进、成片实施，按照街镇明确工作目标，制订工作方案，研究专项支持方案。优先选择区位条件较好、基层积极性较高、农民相对集中居住意愿较强、有大项目带动的街镇，统筹考虑改善街镇基础设施、生态环境、产业生态、服务功能，支持激活撤制镇资源，对基础较好、有条件改造提升的撤制镇，鼓励实施“二次开发”。

（六）鼓励各区盘活利用存量房源。对区属征收安置住房，由各相关区负责建设、供应与使用的统筹管理，鼓励优先用于农民相对集中居住安置。各相关区农民相对集中居住项目确须借用区域范围内大居市属保障性住房房源的，按照“先借后还”的原则，与市大居办协商一致，并安排后续等量房源返还。

四、提高全过程审批效率

（一）简化增减挂钩程序及加快土地入市节奏。对已明确节余指标挂钩的经营性地块，允许各相关区在全区统筹的基础上，适度调整规划建设用地结构，可视情将原规划商办用地调整为住宅用地（含商品住宅用地），挂钩地块和安置地块出让收入均不计入全区土地出让收入年度调控额度。支持各相关区加快做好农民安置地块出让前期准备，优先列入土地供应计划。每年初各区向市规划资源局提交当年拟优先出让和规划用途调整地块的申请，经认定程序后实施。允许各区不再编制报批增减挂钩实施规划，拆旧地块和建新地块位置及规模等主要控制要素可纳入农民相对集中居住项目实施方案。允许各区将相关节余指标与已列入当年出让计划的地块挂钩，并申请土地出让金返还的80%部分预拨。市级财政根据市规划资源局出具的项目实施前后地类平衡表及出让金确认单，予以资金结算。

（二）优化审批程序。全面贯彻国家“放管服”改革和上海优化营商环境工作的部署，各相关区结合实际，因地制宜优化农民相对集中居住项目审批程序，切实加快项目实施进度，各环节立项审批程序原则上在各自受理后20个工作日内完成（不含评估、公示等时间）。对进城镇集中的农民安置房建设项目，纳入区重大工程推进，适用与征收安置房一致的投资审批程序。对平移集中及其配套工程项目，加强区级部门间沟通协作，提高项目立项、规划土地、施工许可等全过程审批效率。

五、引导社会力量共同参与

（一）降低项目配套和建设成本。获得市级批复的平移集中项目，由市推进机构向供水、供电、供气企业提供项目开发主体清单。供水、供电、供气企业按照工程定额和工程量，据实计算配套工程费用，经第三方审价机构审核后，对清单内的相关开发主体统一按九折收费。合理确定平移集中点规模，通过增加平移集中户数，分摊基础设施建设投入，降低配套设施户均成本。对进城镇集中居住项目，各相关区可通过委托第三方机构实施成本审核或委托企业参与等方式，加强成本控制。

（二）多渠道降低融资成本。积极争取政府专项债券对农民相对集中居住工作的支持，引导各相关区加大政府专项债券申报和使用力度。发挥“三农”工作领域政策性银行的牵头作用，积极引入更多有意愿的金融机构对农民相对集中居住项目提供融资支持。因地制宜设计优化项目融资方案，鼓励将优质产业项目与农民相对集中居住项目捆绑，采用安排专项信贷额度、实行优惠信贷政策等方式，予以信贷支持。

（三）发挥市场机制作用探索模式创新。鼓励各相关区将农民相对集中居住工作与促进乡村产业兴旺结合起来，利用节余土地指标和乡村资源禀赋，探索“政府搭台、企业主导、农民参与”的多元合作模式。鼓励各相关区用好乡村振兴基金，放大财政资金杠杆效应，引入更多国有资本及社会资本积极、有序、合规、深度参与支持农民相对集中居住工作，投向与农民相对集中居住相关的基础设施改善、商业配套建设、乡村资源整合和村民创收增收等领域，提供投资、融资、建设及运营服务，促进农村一、二、三产业融合发展，激活乡村发展新动能。

六、落实保障措施

（一）建立工作考核评价机制。为激励各相关区加大对农民相对集中居住工作的推进力度，确保全市农民相对集中居住工作目标全面完成，建立农民相对集中居住工作考核评价机制。市推进机构负责制定相关考核评价办法，并确定全市总目标及各区目标任务。市住房城乡建设管理委、市发展改革委、市财政局、市农业农村委、市规划资源局组成工作考核评价小组，负责开展考核评价工作，综合考虑各相关区目标任务完成情况及工作绩效等因素，形成考核结果，并按照程序报批后，作为实施市级奖补政策的依据。“十四五”期间，以2022年为节点分为两个阶段：第一阶段按照2019—2022年5万户的总目标分解核定各相关区目标任务，于2023年上半年开展考核评价工作；第二阶段，结合“十四五”规划和各相关区实际，明确2023—2025年农民相对集中居住全市目标总量和各相关区分年度目标任务，于次年上半年开展考核评价工作，确保农民相对集中居住工作的延续性。

（二）鼓励各相关区因地制宜、持续推进。各相关区履行工作主体责任，让农民相对集中居住工作惠及更多农民群众。立足保持工作的可持续性和可承受力，支持各相关区结合自身实际，按照“与当地财政承受力相匹配”的原则，对农民相对集中居住项目合理设定建设标准，加强方案审核，强化成本控制。同时，鼓励各相关区发挥农民主体作用，引导农民承担农民相对集中居住部分成本，形成合理的政策梯度和成本分摊机制。在充分尊重农民意愿和保障农民利益的前提下，积极探索多种途径、多种方式推进农民相对集中居住，切实改善农民居住条件和农村风貌。对各相关区推进过程中面临的特殊情况及相关事项，由市推进机构牵头，会同市相关部门专题研究，并对符合条件的项目进行认定，经市政府同意后给予政策支持。

上海市人民政府办公厅关于印发《2022 年上海市全面深化“一网通办”改革工作要点》的通知

（2022 年 1 月 5 日）

沪府办发〔2022〕1 号

各区人民政府，市政府各委、办、局，各有关单位：

经市政府同意，现将《2022 年上海市全面深化“一网通办”改革工作要点》印发给你们，请认真按照执行。

2022 年上海市全面深化“一网通办”改革工作要点

为全面贯彻落实习近平总书记考察上海重要讲话精神，深入践行“人民城市人民建，人民城市为人民”重要理念，着力推进“一网通办”改革向纵深发展，着力提升政务服务科学化、精细化、智能化水平，着力构建全方位服务体系，更好助力城市数字化转型，根据市委办公厅、市政府办公厅印发的《关于深化“一网通办”改革构建全方位服务体系的工作方案》（沪委办发〔2021〕6 号），制定本工作要点。

一、明确主要目标

2022 年是“一网通办”改革的用户体验年。要坚持业务和技术双轮驱动、线上和线下协同发力、效率和普惠统筹兼顾、发展和安全相辅相成，以用户视角全面提升线上线下服务体验，加快形成“一网通办”全方位服务体系，实现更便捷、更高效、更精准服务。推进三个一批创新服务：重点打造一批“免申即享”服务（27 项）、一批高效办成“一件事”（9 个）、一批公共服务标杆场景应用（10 项）。重点优化 150 个高频事项全流程一体化办事体验，“一网通办”平台实际办件网办比例达到 80%。“随申办”月活用户数突破 1400 万。持续推进“两个免于提交”，强化发证单位和用证单位主体责任，深化电子证照应用。

二、坚持业务流程再造，做强技术支撑，提升智能化、精准化、个性化服务水平

（一）推进惠企利民政策“免申即享”。变被动服务为主动服务，变精准推送为精准兑现，加快推进服务、资金、补贴等相关惠企利民政策“免申即享”，重点打造一批“免申即享”服务。依托市民主页和企业专属网页，按照政策实施范围和条件，通过数据共享、大数据分析、人工智能辅助，精准匹配符合条件的企业群众，企业群众全程无须主动提出申请，无须填写申请表、提交申请材料，即可享受相关政策。推进老年人、残疾人、烈属、学生等群体依托“随申码”，在相关场景享受优待。

（二）深化“一件事”集成服务。拓展高效办成“一件事”改革覆盖面，新增一批“一件事”集成服务。围绕扩展范围、优化功能，对已上线的 27 个市级重点“一件事”，开展优化专项行动，以点带面规范提升市、区两级已上线“一件事”服务水平。结合国家政务服务集成改革要求，建立健全“一件事”

运营机制，完善“一件事”管理平台，赋能“一件事”牵头部门加强运营、规范管理、持续优化。持续推进“一业一证”改革，健全完善行业综合许可全流程管理制度，推进行业综合许可重新办向变更、延期、注销全环节拓展，逐步扩大改革行业范围。

（三）优化全流程一体化办事服务。巩固“好办”“快办”“智能办”“不见面办理”等改革成效，进一步提升智能服务水平。重点推进150项高频事项申请表预填比例不低于70%，申请条件预检、审查要点自动校核等智能预审功能覆盖率不低于90%、准确率不低于90%，一次申报通过率不低于90%，鼓励各区、各部门拓展其他高频事项优化智能服务。着力规范审批服务行为，探索现场踏勘、技术审查、专家评审、听证等程序的限时办结机制，加强对审批行为和时间的全过程管理。推动更多跨部门、跨区域、跨层级的行政协助事项网上办理。实现办件全流程进度实时更新，为企业群众提供办事进度精准查询、主动提醒等服务。

（四）打造“随申办”超级移动端。按照全国一体化政务服务平台移动端建设指南要求，建设“随申办”移动政务服务应用管理系统，规范本市各级各类移动政务服务应用接入。推动“随申办”版本升级迭代，持续拓展各领域服务事项、特色应用及主题服务专栏接入，推进已接入服务优化迭代和体验提升。全面深化“健康云”“互联网总医院”“上海交警”“上海人社”“上海公积金”“上海药店”“上海12345”“社区云”等多渠道移动端应用和服务整合。强化各区、各街镇旗舰店服务供给。打造“随申办企业云”App，集成电子营业执照认证能力，建设法人多级授权体系，实现企业法人在移动端办事的统一身份认证，提供企业开办、纳税缴费、项目申报、年检备案、政策推送等办事服务。

（五）做强“随申码”功能应用。将“随申码”作为个人及企业等市场主体的数字身份识别码，完善数字信任体系，推进数字身份跨域互认，推动“多卡并一码”和“异码融合”，实现“一码通办、一码通行、一码通服、一码执法”。推广“随申码”企业服务（企业码）的应用场景。优化完善“随申码”离线服务（离线码）和“随申码”场所服务（场所码）。加快“随申码”在多领域的深度应用。举办“随申码”应用创新大赛，促进各场景创新应用。

（六）提升市民主页和企业专属网页服务能级。打造面向不同人群的个性化“一人一档”，面向专属行业领域的“一业一档”，为市民和企业量身定制个性化、智能化的在线专属空间。持续推进惠企政策和便民服务的精准推送和精准兑现，提升精准化、主动化服务能级。试点推动多级授权代办。基于市民主页和企业专属网页，在“随申办”提供“亮数”服务。建立“一网通办”用户积分体系，进一步增强用户黏性。

三、坚持场景应用驱动，围绕个人全生命周期和企业全经营周期，拓展公共服务领域

（一）健康医疗领域。整合关联孕产妇、新生儿、儿童卫生健康档案信息，为孕产妇和儿童提供全程健康服务管理。推进智能就诊导医，精准化引导就医，实现分诊后的直接预约挂号。加快医保电子凭证和电子就医记录册应用，实现定点医药机构医保电子凭证全覆盖，各类公立医院和社区卫生服务中心医疗收费电子票据全覆盖。探索将委托商保经办的医保报销事项纳入医疗报销“一件事”。优化新冠疫苗和常规疫苗在线预约登记服务。打造药品监管企业数字化服务平台，并将“一企一档”服务数据接入企业专属网页。

（二）交通出行领域。深化“随申码·交通”，完成“三码整合”，实现地铁、公交、轮渡等领域“一码通行”。拓展“一键叫车”

进社区服务。优化“上海停车”统一支付功能，并接入“随申办”。在医院、商圈、交通枢纽等重点区域，推进智慧停车场（库）建设试点，探索收费道路停车场智能化管理模式和差异化收费模式。逐步整合城市公共交通、停车、民航、铁路等综合交通信息资源，打造“出行即服务”系统。试点在本市生产、销售的机动车“出厂即查验”，将车辆查验环节前置到车辆生产流程，减少优化新车登记上牌流程环节。

（三）学有所教领域。依托“一网通办”，全面推行全学段在线缴纳学费和中小幼在线入学报名，整合各类家校互动和课后服务应用。打造“随申码·学生”，推进“随申码”在本市高校及中职学校图书馆、博物馆、体育馆等场景应用，整合高校及中职学校学生学习、社会实践等信息，形成“一生一档”。

（四）文旅休闲领域。打造“随申码·文旅”，推进各类公共文旅场所在线预约、公共体育场馆在线预订、群众性体育赛事活动在线报名，在相关场所推行“随申码”扫码核实身份、核对防疫信息、核销预约和门票。持续推进数字酒店建设，继续打造数字图书馆、数字博物馆、数字美术馆。

（五）住有所居领域。打造不动产登记服务改革5.0版，实现首次登记、注销登记等在线办理。提供购房条件自助查询服务。推进房屋买卖“一件事”，打通登记、交易、税务等部门系统壁垒，探索智能化办理。扩大不动产抵押登记事项“不见面办理”银行范围。推进老年人居家照护安全监测（智能水表应用）服务场景应用。推广“随申码·家政”，实现家政服务人员亮码上门服务。

（六）拥军优抚和工会服务领域。实现退役军士、义务兵的行政给付类事项“全程网办”，原籍为长三角的退役军人落户时，在长三角政务服务“一网通办”平台申请户籍事项证明，减少跨省跑动。打造“随申码·工会”，持续推进工会会员电子会员证即时领取、会员专享普惠服务在线领取、职工疗休养在线预约、工会法律维权在线申请、在职职工住院互助保障自动给付。

（七）企业服务和用工就业领域。推进“一网通办”平台“助企纾困服务专区”建设，加强与国家有关平台的协同联动，优化各部门惠企政策的汇集推广机制，更好地为企业提供精准服务。鼓励各区因地制宜，探索“住所云”模式，破解企业办理注册登记时需要根据房屋类型、布局、产权提供各类复杂材料的难题。推进企业用水便利“一站式”服务覆盖全市。推进“互联网+明厨亮灶”建设。建立健全失业求职需求和就业服务档案，为劳动者和用人单位招聘搭建高效供需对接平台。推进劳动鉴定线上调阅被鉴定人相关医疗信息。持续加强“一网通办”涉外服务专窗建设。

（八）长三角“一网通办”。持续深化长三角“一网通办”、全国“跨省通办”。牵头会同苏浙皖三省依托全国一体化政务服务平台公共支撑能力，坚持需求导向、场景驱动，加强跨省业务和数据协同联动，深化高频电子证照跨区域互认应用，打造高频跨省通办事项或服务场景应用，让长三角区域企业群众享有更多“同城待遇”。

四、坚持线上线下深度融合，优化服务模式，打造温暖高效的服务体验

（一）深入推进“两个集中”。按照“能网办、尽量网办”“能下沉、尽量下沉”的原则，进一步推进市级政务服务事项全程网办和下沉基层办理，新增一批市级事项优化办理模式。进一步深化市级事项网上办理深度，完善线上办理完整闭环管理机制。规范细化下沉事项交接机制，支持各区不断提高承接市级下放事项的能力。

（二）全面实施帮办制度。线上，提升“小申”+“人工帮办”服务能级，拓展语音、视频等咨询方式。推出100项高频事项线上专业帮办服务，并提供帮办微视频，实现“线

上人工帮办”首次响应不超过1分钟、解决率达到90%。优化智能客服“小申”服务，建立知识库新增、关联、共享和查遗补缺工作机制，原则上，在新的政策文件实施前1个工作日，应当将相关问答更新至知识库，升级“小申”算法能级，提升意图识别分析能力，实现“小申”解决率达到50%。线下，打造领导干部帮办+工作人员帮办的工作机制，主动发现问题、解决问题，推进帮办服务进社区、进村居，打造有温度的线下“面对面”服务。

（三）加强政务服务中心标准化、规范化建设。加快落实《“一网通办”政务服务中心建设和运行规范》地方标准，全面实施综合窗口改革，各级政务服务大厅综合窗口设置比例达到100%。线下窗口申报（身份核验+提交材料）时间一般不超过20分钟。实现“一网通办”统一预约平台全覆盖，推行预约按时办理，综合窗口预约办理现场等候时间一般事项不超过10分钟、复杂事项不超过30分钟。基于本市“一网通办”统一受理平台，充分运用服务中台、统一预约服务、统一办件库等成果，推动各区综窗系统建设更加规范化、标准化、高效化。

（四）打造“15分钟政务服务圈”。建立完善本市政务服务自助终端统一管理制度、集成服务标准和社会化应用标准。完成1000个事项入驻自助终端，实现一端多能、整合应用。推进自助终端进村居社区、进楼宇园区。加强政银合作，支持更多服务事项接入银行自助终端。整合线下政务服务资源，汇聚公共服务机构网点位置、服务内容等信息，构建政务地图数字工具。

（五）提升适老化和无障碍服务水平。优化“一网通办”长者专版，打造助残服务专栏，提供“读屏”等无障碍服务。探索政务服务赋能电视终端，将服务触角延伸到户，拓展为老服务渠道。拓展和深化离线码在养老、助残等场景的应用。常态化开展长者智能技术运用能力提升行动，消除“数字鸿沟”。推进部分服务“上门办”“代办”，让老年人、残疾人、退伍军人等特殊群体“零跑动”。

五、坚持智慧化应用创新，夯实基础支撑能力，助力基层一线减负增能

（一）强化“一网通办”平台基础能力。持续深化统一受理平台建设，强化统一身份认证功能，拓展统一公共支付、统一物流递送覆盖范围，提升统一总客服服务能力。持续拓展服务和事项接入范围，优化“一网通办”事项库、办件库、“区块链+电子材料库”服务能力，增强“一网通办”服务中台能级，提高“一网通办”平台决策分析能力。搭建“一网通办”平台统一测试环境。建立主动监测、发现问题和处置修复的闭环机制。加强“一网通办”平台对个人隐私和企业商业秘密的保护。

（二）深化电子证照制发和应用。进一步推进电子证照与实体证照同步制发，再新增不少于50类高频证照，实现其电子证照与实体证照同步制发。加强电子证照数据归集和质量管理，进一步提升历史数据完整度、准确度及增量证照的实时度。推动电子证照发证清单主动公开率超90%。拓展电子证照在金融、教育、医疗、文旅、市场监管等领域的应用，全年完成不少于30类场景落地。修订《上海市电子证照管理暂行办法》并重新发布，鼓励部分有条件的社会主体参与电子证照运营推广。坚持安全性与便利度并重，高标准确保电子证照安全，优化电子证照授权机制和调取模式，提高电子证照实际应用比例。

（三）加快电子签章、电子票据、电子材料、电子档案等应用。进一步拓展电子签名和电子印章在政务服务及个人和企业日常活动中的应用。持续提升电子营业执照、电子发票、电子收据的应用覆盖率。建立完善“区块链+电子材料”相关标准规范，探索全周期、跨区域电子材料共享应用。推进公共管理和

服务机构“一网通办”电子文件归档，推动电子档案“单套制”管理。推进政务服务办理过程全程“无纸化”，推广“办结即归档”模式，减轻一线窗口工作人员负担。

（四）提升智能服务中枢支撑能力。打造智能服务中枢，夯实基于语音识别、图像识别（OCR）、语义分析（NLP）等算法模型的“一网通办”智能化服务底座，赋能基层应用。探索证件照片自助拍摄、智能处理。对各区、各部门特色和通用算法模型进行纳管，复制推广各区、各部门试点成果；持续优化迭代，强化各领域算法模型建模和机器深度学习，拓展和丰富智能场景应用。

（五）建立基层一线快速沟通反馈机制。依托“随申办政务云”，建立市、区、街镇、村居政务服务工作人员快速响应机制，实现沟通在线、协调在线、组织在线。建立窗口工作人员高效便捷的沟通渠道和机制，快速响应和处置在窗口一线发现的问题。

（六）提高数据治理的广度和深度。推进“一网通办”数据标签管理，逐步建成市级共性标签库、区级特色标签库。建立健全数据质量联动机制，支撑“一网通办”业务中的数据异议核实与处置，实现闭环管理。出台公共数据便捷共享管理规范，优化数据跨部门共享申请流程。加强数据流动、技术安全、隐私保护、伦理道德等方面制度规则的创设。

（七）夯实数据“属地返还”机制。聚焦核心、重点需求，丰富应用场景，增强基层获取数据的即时性、动态性。优化基层人房数据采集机制，赋能基层“社区云”建设，依托“聚数工程”实时接入“一标三实”（标准地址、实有人口、实有房屋数据、实有单位），并按照“最小可用”原则，共享至各区大数据资源平台及“社区云”，实现人房数据的统一采集。

六、落实保障措施

（一）强化制度驱动。深入贯彻落实《上海市人民代表大会常务委员会关于进一步促进和保障“一网通办”改革的决定》，确保重大改革举措落实到位。修订《政务服务“一网通办”业务规范》地方标准，建立健全“免申即享”“全程网办”“好办”“快办”“一件事”等业务标准和技术标准。大力支持改革创新，鼓励基层首创，建立市、区协同推进改革创新任务的工作机制，推动相关经验和模式向全市复制推广。巩固市级部门信息化职能整合工作成效，推进区级层面信息化职能整合。

（二）完善“好差评”制度和第三方评估。发挥“好差评”对“一网通办”改革的推动作用，引导企业群众自主自愿参与评价。完善“好差评”定期通报机制，强化差评大数据分析和问题整改闭环机制，推广“好评”做法，发挥双向激励作用。优化“一网通办”第三方评估，推动提升“一网通办”服务效能。

（三）加强队伍建设。加强各区、各部门“一网通办”工作队伍建设。根据“行政办事员（政务服务综合窗口办事员）国家职业技能标准”，推进基层窗口工作人员职业化发展。组织开展“一网通办”专项立功竞赛，提升窗口工作人员获得感、归属感和荣誉感。加强市级部门对基层窗口的业务培训，积极探索将一线窗口作为新录用公务员实践基地。

（四）优化项目审批。各级财政部门做好必要的资金保障，支持“一网通办”重点项目建设。市政府办公厅会同市经济信息化委、市财政局等部门优化完善项目管理机制，满足快速部署和弹性扩展的需求。

（五）加大宣传力度。推进“一网通办”宣传工作制度化、常态化，从用户“需求侧”出发，重点宣传与企业办事、市民生活密切相关的场景应用，让企业群众了解、体验、使用“一网通办”。充分发挥各区、各部门的主动性和积极性，提升“一网通办”宣传、推广的覆盖面和影响力。

上海市人民政府办公厅印发《关于本市进一步推动充换电基础设施建设的实施意见》的通知

（2022 年 1 月 25 日）
沪府办规〔2022〕1 号

各区人民政府，市政府各委、办、局：

经市政府同意，现将《关于本市进一步推动充换电基础设施建设的实施意见》印发给你们，请认真按照执行。

关于本市进一步推动充换电基础设施建设的实施意见

为深入贯彻国务院办公厅印发的《新能源汽车产业发展规划（2021—2035 年）》（国办发〔2020〕39 号），进一步推动本市充换电基础设施建设，满足市民日益增长的充电需求，更好地支撑新能源汽车产业发展，助力国家“碳达峰、碳中和”目标实现，结合本市实际，现提出实施意见如下：

一、明确总体要求

（一）指导思想。以习近平新时代中国特色社会主义思想为指导，深入贯彻落实习近平总书记考察上海重要讲话精神，深入践行“人民城市人民建，人民城市为人民”重要理念，按照国家加快新能源汽车推广和充换电基础设施建设的部署，适应上海超大城市公共交通为主、绿色出行为主的发展需求，推动充换电设施规划格局协调有序、行业管理规范安全，更公平地分享建设成果，更高效地引导资源互补，更友好地开展车网互动，积极鼓励企业技术和运营模式创新，不断提升公共服务水平。以充电为主，换电为辅，换电重点在出租车等领域高水平应用，充电以自（专）用充电为主、社会公用补电为辅，促进充换电基础设施高质量发展，为新型电力系统建设提供有力支撑，实现人、车、桩、网深度融合发展。

（二）主要目标。形成适度超前的城市充电网络，到 2025 年，满足 125 万辆以上电动汽车的充电需求，全市车桩比不高于 2：1。建立以信息高水平互联互通、智能技术标准体系完善、建设运营管理机制健全、统一有序惠及民生为特色的新型充换电基础设施体系，实现行业发展“五个转型”。一是从均衡发展转向聚焦重点。重点推动“僵尸桩”治理、小区充电等难点问题，引导消费者树立正确的新能源汽车消费观。二是从建设为主转向建管并重。强化新建小区安装条件预留等方面管理机制建设。三是从慢充为主转向快慢并重。小区主推目的地慢充，公共领域提高快充比例。四是从无序充电转向有序充电。加快智能桩推广，充分发挥上海充换电设施公共数据采集与监测市级平台（以下简称“市级平台”）引领作用。五是从企业为主转向全社会多方参与。把小区充电桩建设纳入小区更新改造范畴，同步夯实汽车厂商配建责任。

二、加强设施布局统筹协调

（一）推动全市充换电设施发展规划制订。结合上海新能源汽车产业发展规划、停车场站布局和智慧交通数字化转型，聚焦城市公共领域、住宅小区、公共服务机构、专用车辆换电等重点领域实际需求，运用大数据分析，提高布局合理性，制订全市充换电设施发展专项规划，全面推动城市、汽车、充换电设施协同发展。制订五大新城充换电设施专项规划，强化重点区域充换电基础设施更高标准建设布局。（责任单位：市交通委、市规划资源局、市住房城乡建设管理委、市发展改革委、嘉定区政府、青浦区政府、松江区政府、奉贤区政府、临港新片区管委会）

（二）加快公共充换电网络布局。按照“先桩后车、适度超前，公用设施快充为主、慢充为辅，专用设施快慢并重”的原则，完善公共充换电设施（含公用和专用设施，下同）布局，适应全市新能源汽车快速发展需求，分区明确设施规模和场站布局，超前布局、重点保障，优先满足新能源出租车等公共服务需求，有效保障本单位电动汽车充电需求，更好服务市民个性化应急补电需求。（责任单位：市交通委、市规划资源局、市发展改革委、各区政府）

（三）完善小区充电设施建设协同推进机制。夯实各区充换电设施属地化建设管理责任，按照“政府主导、多方协同”原则，加大协调力度，落实街道、居委会等基层管理机构责任，调动小区业主、物业服务企业、充电企业等相关方积极性，建立老小区与新小区（专指人车分流、停车有保障的小区）充电设施建设统筹推进机制。老小区以“一桩多车”共享为原则，符合条件的小区应将共享充电设施建设列入小区综合改造范围，利用新增公共车位开展共享充电桩建设。新小区以“一车一桩”原则配建。对已建成的新小区，通过智能桩推广和统建统营等方式，解决供电容量不足问题，按照地下室防火分区，预留独立的充电设施配电空间，以满足直接装表接电需要；对新建小区，制定充电设施配建标准，在新建住宅项目的规划报批、施工图审查、竣工验收及交付等关键环节监督把关，严格落实新建小区充电设施配建及安装条件预留要求，将管线和桥架等设施建设到车位，确保执行到位。（责任单位：市住房城乡建设管理委、市房屋管理局、市交通委、市规划资源局、市电力公司、各区政府）

三、推动行业管理规范安全

（一）落实汽车厂商充电设施配建责任。建立电动汽车智能化充电设施配套责任落实评价制度，将汽车厂商为消费者落实充电设施的情况纳入上海销售电动汽车享受专用牌照政策评价体系，采取企业承诺、企业自查、定期报告、第三方抽检等方式，强化事中事后监管，夯实汽车厂商充电设施配建责任。（责任单位：市经济信息化委、市发展改革委、市交通委）

（二）加强公共充换电设施建设运营管理。严格落实充换电设施全寿命周期相关管理要求，全面实现公共充换电设施接入市级平台，提升设备可用率和故障处理能力。规范公共停车场（库）充电设施管理要求，建立“僵尸桩”清查治理制度，将“僵尸桩”数量纳入充电企业运营补贴评价体系，加大各区公共停车场（库）与“僵尸桩”整治考核力度，优化充电设施配建验收要求，合理配置快、慢充比例，有序推动具备条件的慢充设施改造升级为快充设施，着力提升应急快充保障能力和企业服务水平。（责任单位：市交通委、市发展改革委、各区政府）

（三）建立小区充电设施长效监管机制。加强对业主委员会、物业服务企业的指导、协调和监督，明确对于设施安装及电力接入的配合职责，结合市级平台技术监测手段，完善小区充电服务，提升居民满意度。建立小区充电设施建设运营管理规范，明确充电企业、业主委员会、物业服务企业等各方管理责任，按照设施设备产权，明确充电企业、消费者个人、电网企业、物业服务企业等各方日常运维和安全责任；支持新增和存量改造自用充电设施接入市级平台，建立“平台监测、社区共治”的管理机制，消除安全监管盲区。（责任单位：市住房城乡建设管理委、市房屋管理局、各区政府）

（四）加大电力接入服务保障支持力度。做好电网规划与全市充换电设施发展规划的衔接，加大充换电设施配套电网建设力度，将建设和运维成本纳入输配电价回收。对充换电设施配套电网用地、管廊通道等资源予以优先保障，合理提高预留标准。全面提升“获得电力”服务水平，落实优化电力接入营商环境工作要求和举措，为充电企业和消费者个人报装智能充电桩做好配套供电服务保障。推动电力接入服务界面进一步延伸，针对已建小区装表条件受限问题，鼓励采用防火分区集中装表方式解决，由物业服务企

业提供通道施工便利和配电间、墙面等场地条件。（责任单位：市电力公司、市房屋管理局、各区政府）

（五）完善充电专用车位管理配套措施。推进公共停车场（库）按照一定比例划设充电专用车位，落实管理要求，引导油车与电动汽车分区停放，明确差异化管理措施，推动解决停车不充电占位问题，维护良好充电秩序。按照法定程序适时启动相关立法、规范性文件修订或相应条款解释程序，提出停车不充电占位行为的认定方式，明确具体处罚标准和配套措施，引入信用管理机制，为充电专用车位管理提供制度保障。进一步发挥价格杠杆作用，适时完善政府定价公共停车场（库）充电专用车位停车收费政策，鼓励实行市场调节价的公共停车场（库）经营者对不合理占用充电专用车位的情形，制定差别化停车收费标准，提高充电专用车位利用率。（责任单位：市交通委、市公安局、市司法局、市发展改革委）

四、促进设施平台开放共享

（一）打造先进充换电设施互联互通管理体系。建设全国领先的市级平台，进一步完善互联互通协议标准，形成统一的信息共享接口，形成完善的充换电设施安全、管理、服务评价体系，提高充换电设施接入质量和效率。鼓励充电企业与市级平台间的数据互联互通，推动共用共享，进一步提升全市“充电一张网”的智能化、便捷化水平。（责任单位：市交通委、市发展改革委、市经济信息化委、市大数据中心）

（二）建立小区充电设施开放共享机制。进一步挖掘小区固定车位自用充电桩潜力，鼓励开展临近车位分时共享，在保障自用桩业主充电需求的前提下，支持充电企业通过合同能源管理等方式，与自用桩业主确定商务模式、明确运营机制，通过专业化管理开展分时共享业务。研究完善小区共享充电设施对社会开放相关管理要求。（责任单位：市房屋管理局、市交通委、市发展改革委、各区政府）

（三）鼓励充电停车一体化共享服务。加强市级平台与上海出行即服务（MaaS）系统和“随申办”的服务融合，建立市级平台与相关停车设施管理平台间的数据互联互通共享机制，实现跨平台、多渠道信息共享。鼓励充电企业与各类停车设施运营管理主体确定商务模式，建设停车充电一体化共享服务设施，实现停车和充电信息数据互联互通。鼓励给予充电车辆停车优惠，提高车位和充电设施共享效率，提供定制化、高质量的增值服务。（责任单位：市交通委、市发展改革委、市大数据中心）

（四）探索优势领域换电服务共享模式。加快制定换电车型、换电设备、换电场站建设等地方标准，打破换电技术跨品牌、跨车型应用壁垒，推动在专用车辆和乘用车等主要应用领域形成统一的换电标准。加强技术攻关，围绕港口、物流、环卫等短途、高利用率场景，研究布局专用车辆共享换电站。探索城市内部出租车、网约车与私家车共享换电模式，鼓励充换电一体化共享场站建设。（责任单位：市经济信息化委、市交通委、市发展改革委）

五、引导设施应用绿色高效

（一）建立智能化充电设施标准体系。结合上海智能化充电技术地方标准方面的先发优势，明确设施智能化改造、信息接入、有序控制等功能要求，提出能源路由器等智能化设备制造标准，推动车-桩设备级与平台级的信息互相识别，打造全国领先的智能化充电设施技术标准体系，为智能化设备推广与更新提供标准依据和支撑。（责任单位：市经济信息化委、市发展改革委、市交通委、市市场监管局）

（二）开展新能源汽车有序充电试点。充分发挥上海在全国新能源汽车和充电设施发展快、数量多的领先优势，支持电网企业、市级平台和充电企业通过需求侧响应等方式，开展智能有序充电，探索车网双向互动，合理发挥规模化、分散式电动汽车充放电资源对于电力系统的峰谷调节作用。打造“新能源汽车有序充电示范市”，开展高效新型充电基础设施试点，力争“十四五”期间，形成50万辆车、50万千瓦有序充电能力，实现网、桩、车智能融合发展。（责任单位：市发展改革委、市经济信息化委、市电力公司）

（三）推动新能源车充新能源电。鼓励新能源车与新能源融合绿色发展，结合分布式光伏建设，推动新能源与充电相结合的新型充换电场站建设，实现绿色电力多向互动和灵活高效利用，提升新能源消纳比例，为新型电力系统建设提供支撑。（责任单位：市发展改革委、市电力公司）

六、引领服务模式创新提升

（一）创新道路停车场充电设施建设试点。深入挖掘小区周边充电设施布局潜力。选择中心城区（外环内）小区周边具备条件的道路停车场，结合架空线入地和合杆整治、路灯灯杆建设等工作，引导建设运营水平较高的充电企业，开展充电设施建设试点，为小区充电难问题缓解提供补充支撑。（责任单位：市住房城乡建设管理委、市发展改革委、市交通委、市公安局、市电力公司）

（二）创新小区充电设施“统建统营”商业模式。鼓励引导充电企业取得小区业主大会支持，在街道、居委会指导和业主委员会、物业服务企业的配合下，与电网企业做好衔接，统筹考虑小区整体充电需求，按照“统建统营”模式，有偿提供充电设施规划、新建、改造、运营服务，缓解小区电力接入工程无法统一规划实施的问题。“统建统营”小区原则不再接受充电桩个人独立报装，汽车厂商仍要负责履行为用户落实智能充电设施配套的责任，鼓励汽车厂商与充电企业加强合作，提升充电服务效率。（责任单位：市房屋管理局、市发展改革委、市交通委、各区政府、市电力公司）

（三）创新金融服务支持。发挥“新基建”贴息政策作用，鼓励合作银行加大对公共充换电设施优惠利率贷款力度，对符合条件的公共充换电设施项目，按照有关规定进行贴息支持。鼓励金融机构通过多种渠道，为充换电设施建设提供资金支持。鼓励保险机构开发适合充换电设施的商业保险产品，强化服务支撑。（责任单位：市发展改革委、市财政局、市地方金融监管局）

七、落实保障措施

（一）强化建管并举。做到一手抓建设，一手抓监管，发展改革、交通部门会同规划资源、住房城乡建设管理、房屋管理、经济信息化等部门做好规划引领和政策支撑，持续推动充换电基础设施建设；财政、金融部门加强财政支持、强化金融服务与保障，增强社会资本信心；住房城乡建设管理、房屋管理、交通、经济信息化部门分别从规划建设标准、居民社区管理、公共场站管理、设施配建责任等方面入手，完善监管措施，建立长效机制，指导、督促市场主体责任落实。

（二）强化多方参与。建立政府引导、市场主导、社会协同的良性发展机制，做好部门联动、市区联动、政企联动，发挥街道、居委会、业委会等基层组织机构的管理职能，加大对电网企业、物业服务企业的保障支持力度，充分调动汽车厂商、充电企业、消费者等各市场主体积极性，吸引更多优质社会资本参与充换电设施建设运营。

（三）强化宣传引导。由宣传主管部门统筹，进一步加强对充换电设施的宣传引导，推动社会各界全面了解充换电设施发展成果。重点围绕充换电设施配套责任的落实，多媒体、多渠道开展宣传工作，引导消费者树立正确的新能源汽车消费观，充分知晓在充换电设施领域的相关权利和义务，促进充换电设施和新能源汽车产业健康有序发展。

（四）强化安全责任。由房屋管理、交通部门负责，进一步加强用户侧安全监管，完善充电设施安全监管体系，督促指导各充电主体落实好安全用电、安全充电主体责任。汽车行业主管部门牵头，市场监管部门、消防主管部门配合，充分发挥新能源汽车数据平台作用，进一步加强汽车及电池（含换电）质量和安全监管，加快建立安全事故处理、溯源机制，强化汽车厂商、电池及换电企业的安全主体责任，确保电动汽车运行使用安全。

本实施意见自2022年3月1日起施行。

上海市石油天然气管道保护办法

（2022年1月30日上海市人民政府令第64号公布，自2022年4月1日起施行）

第一章 总 则

第一条（目的和依据）

为了保护石油、天然气管道，保障石油、天然气输送安全，维护本市能源安全和公共安全，根据《中华人民共和国石油天然气管道保护法》和有关法律法规，结合本市实际，制定本办法。

第二条（适用范围）

本市行政区域内输送原油、成品油、天然气的管道（以下简称管道）的保护，适用本办法。

城镇燃气管道和炼油、化工等企业厂区内管道的保护，不适用本办法。

第三条（政府职责）

市人民政府及管道所在地的区人民政府应当加强对本行政区域管道保护工作的领导，为管道保护工作提供必要的保障，督促、检查有关部门依法履行管道保护职责，组织排除管道占压、破坏等重大外部安全隐患。

管道所在地的乡镇人民政府、街道办事处应当按照上级人民政府及有关部门要求，协助做好辖区内管道建设和保护工作。

第四条（部门职责）

市发展改革部门和区人民政府指定的部门（以下简称区管道保护主管部门，与市发展改革部门统称管道保护主管部门）依法主管本行政区域的管道保护工作，协调处理本行政区域管道保护的重大问题，指导、监督有关单位履行管道保护义务。

应急部门依法组织管道生产安全事故的调查处理，指导、协调和参与管道事故应急救援。

公安部门负责管道沿线治安保卫工作，依法查处损毁管道和盗窃、哄抢管道油气等违法犯罪行为。

城管执法部门行使《中华人民共和国石油天然气管道保护法》规定由管道保护主管部门承担和本办法确定由城管执法部门行使的行政处罚权及与之相关的行政检查权、行政强制权。

规划资源、住房城乡建设管理、经济信息化、市场监管、生态环境、交通、水务、消防救援等部门和机构依法在各自职责范围内，负责做好管道保护相关工作。

第五条（管道企业主体责任）

管道企业应当承担管道建设、保护和安全运行的主体责任，建立并组织实施本企业有关管道保护的规章制度和操作规程，明确管道保护专门机构与人员，保障管道保护经费投入，落实检测、维修、保养措施，加强管道安全保护宣传。

对在管道保护中做出突出贡献的单位和个人，管道企业应当给予奖励。

第六条（举报与处理）

任何单位和个人不得实施危害管道安全的行为。

对危害管道安全的行为，任何单位和个人可以向管道保护主管部门或者其他有关部门、管道企业举报。接到举报的部门、管道企业应当及时处理。

第二章 管道规划与建设

第七条（规划编制）

市发展改革、住房城乡建设管理、规划资源等部门应当按照全国管道发展规划组织编制本市油气管网规划，作为本市能源发展规划的重要组成部分纳入国土空间规划，并与环境保护、交通、电力、燃气等其他专项规划相协调。

第八条（管道选线）

管道企业应当依据本市油气管网规划提出新建、改建管道项目建设选线方案，经规划资源部门审核后纳入国土空间规划。

管道选线与周边设施的保护距离，应当符合有关法律法规及国家技术规范强制性要求规定。受地理条件限制，不能满足保护距离要求的，管道企业应当依法提出防护方案，经专家评审论证后，报市发展改革部门批准。

第九条（管道建设用地）

管道建设使用土地，依照有关法律法规的规定执行。

管道建设涉及临时用地的，管道企业应当依法办理临时用地手续，土地权属方对管道建设临时用地予以配合。

第十条（管道工程建设）

管道企业应当依照法律法规有关建设工程质量管理的规定，选择具有相应资质的勘察、设计、施工、监理单位进行管道建设。

管道企业实施管道工程建设，应当依法取得建设工程规划许可，办理项目核准、工程报建等审批手续，并按照许可核准的内容进行建设，未经法定程序不得修改。

第十一条（管道标志）

管道企业应当按照相关规定设置警示桩、警示牌等管道标志；对管道通过的下列区域，增加设置密度：

（一）人口密集区域、经济技术开发区、工业园区；

（二）机场、铁路、公路、桥梁、水利设施、供排水设施、河流附近区域；

（三）风景名胜区、自然保护区、水源保护区；

（四）易发生或者已发生危及管道安全行为的区域；

（五）其他需要增加设置密度的区域。

以警示牌形式设置的管道标志，应当标明管道和管道企业的名称、举报和报修电话、安全警示等内容。

管道标志毁损或者安全警示不清的，管道企业应当及时修复或者更新。

第十二条（竣工验收及备案）

管道建成后应当按照国家有关规定进行竣工验收，未经竣工验收或者竣工验收不合格的，不得正式交付使用。

管道企业应当自管道竣工验收合格之日起 60 日内，将竣工测量图通过政务服务“一网通办”平台报市发展改革部门备案，备案信息与规划资源、住房城乡建设管理、应急、城管执法等部门及管道所在地的区管道保护主管部门共享。

第三章 管道运行中的保护

第十三条（管道区段责任人）

管道企业应当按照安全管理的要求划分管道区段，明确所属管道区段责任人，并将其联系方式及相关信息对外公布。管道区段责任人负责管道巡检、第三方施工管控、安全宣传、信息收集等工作。

第十四条（管道巡护）

管道企业应当建立管道巡护制度，配备专门人员对管道线路进行日常巡护。

管道企业根据需要可以委托相关单位或者管道沿线村（居）民协助开展巡护工作。实行委托协助巡护的，管道企业应当与受托方签订委托协助巡护协议，并对协助巡护的人员进行管道保护知识和技能培训。

对在巡护中发现危害管道安全情形的，管道企业应当立即采取相关措施，并及时上报管道保护主管部门和城管执法部门。

第十五条（管道监控）

管道企业应当配置管道保护技术装备，对管道内输送的原油、成品油、天然气等介质运行参数进行实时监控，对地面和架空管道进行实时视频监视。

第十六条（第三方施工管理）

第三方施工单位在管道保护范围内开展施工，需要向管道所在地的区管道保护主管部门提出申请的，应当在申请获批后方可施工。

第三方施工单位应当在开工 7 日前书面通知管道企业，并严格按照施工作业方案和安全防护协议施工。管道企业应当提供准确的管道竣工资料，配合施工单位进行现场信息采集，指派专门人员到现场进行监督指导。

第十七条（管道停运及启用）

管道停运、封存、报废的，管道企业应当制订具体的管道停运、封存、报废的工作方案，并采取必要的安全防护措施，报市发展改革部门备案。

需要重新启用停运、封存管道的，管道企业应当制订重启方案。重启方案应当报市发展改革部门批准。市发展改革部门可以组织市场监管、应急、公安等部门对重启方案进行评审论证。重启方案批准后，管道企业方可重新启用管道。

第十八条（信息报送）

管道企业应当按照有关要求，向管道保护主管部门报送管道建设运行基本数据、隐患排查及治理情况等信息。

第四章 管道高后果区管理

第十九条（高后果区管理要求）

本市应当对油气管道泄漏后可能对公众和环境造成较大不良影响的区域（以下简称高后果区）加强管理。

管道企业应当建立健全高后果区管理工作制度，定期开展识别和风险评价，确保管道安全运行。

高后果区所在地的区管道保护主管部门应当会同本级城管执法、应急等部门加强高后果区日常管理和监督检查，防范高后果区安全风险。

第二十条（高后果区识别）

管道企业应当按照国家标准规范的识别准则和工作要求，对管道开展周期性高后果区识别、风险评价并编制识别报告。

识别间隔周期最长不超过 18 个月。管道及周边环境发生变化，可能对管道安全运行造成影响的，管道企业应当及时对高后果区重新开展识别。

第二十一条（高后果区识别报告）

高后果区识别报告主要包括管道周边人口和自然环境情况、识别结果、风险评价方法、风险等级、风险消减措施等内容。

管道企业应当及时将高后果区识别报告报送市发展改革部门和管道所在地的区管道保护主管部门。

第二十二条（高后果区管控）

管道企业应当根据高后果区识别报告制定管控措施，通过提高管段巡检频次、全天候智能监控、光纤预警等方式，加强对高后果区的管控。

管道企业应当对人员密集型高后果区制订专门方案，落实相关措施，并将落实情况及时报送管道所在地的区管道保护主管部门。

第五章 应急处置

第二十三条（政府应急预案）

市发展改革部门应当会同市应急部门组织编制市管道突发事件应急预案，报市人民政府同意。

管道所在地的区人民政府应当落实属地管理责任，组织制订区级管道突发事件应急预案，与市管道突发事件应急预案相衔接，并组织相关部门、街道、乡镇和企业开展应急演练。

应急预案编制部门应当对预案定期组织评估，并进行动态调整。

第二十四条（管道企业应急预案）

管道企业应当根据市、区管道突发事件应急预案制订本企业管道事故应急预案，报管道所在地的区管道保护主管部门、应急部门、公安部门备案。

第二十五条（管道事故应急处置）

管道事故发生后，应当按照程序启动相应的管道事故应急预案，采取有效措施消除或者减轻事故危害，防止事故蔓延与扩大。

第六章 法律责任

第二十六条（法律指引）

违反本办法规定的行为，《中华人民共和国石油天然气管道保护法》等法律法规已有规定的，从其规定。

第二十七条（管道企业法律责任）

管道企业有下列行为之一的，由管道保护主管部门责令限期改正。逾期未改正的，管道保护主管部门移交城管执法部门，由城管执法部门予以警告、通报批评；情节严重的，处2万元以上5万元以下的罚款：

（一）违反本办法第十八条规定，未按照要求向管道保护主管部门报送管道信息的；

（二）违反本办法第二十条规定，未开展周期性高后果区识别、风险评价并编制识别报告的；

（三）违反本办法第二十一条规定，未及时报送高后果区识别报告的；

（四）违反本办法第二十二条第二款规定，未制订专门方案落实相关措施或者未按照规定报送落实情况的。

第二十八条（信用监管）

管道保护主管部门和其他相关部门应当按照国家和本市有关规定，对违反管道保护管理的违法行为等信息予以记录，依法向本市公共信用信息服务平台归集并采取惩戒措施。

第七章 附 则

第二十九条（施行日期）

本办法自2022年4月1日起施行。

上海市人民政府办公厅印发《关于支持虹桥国际中央商务区进一步提升能级的若干政策措施》的通知

（2022年2月25日）

沪府办发〔2022〕4号

各区人民政府，市政府各委、办、局：

经市政府同意，现将《关于支持虹桥国际中央商务区进一步提升能级的若干政策措施》印发给你们，请认真按照执行。

关于支持虹桥国际中央商务区进一步提升能级的若干政策措施

虹桥国际中央商务区是虹桥国际开放枢纽的核心区，是上海服务构建新发展格局、推进落实长三角一体化发展国家战略、全面强化“四大功能”、加快发展“五型经济”的重要承载区。为落实《虹桥国际开放枢纽建设总体方案》，加快提升虹桥国际中央商务区能级，更好发挥引领带动作用，制定本政策措施。

一、进一步强化“大商务”功能，加快建设一流的国际化中央商务区和开放共享的国际贸易中心新平台

（一）支持跨国公司事业部总部、区域性总部等各种类型总部机构在虹桥国际中央商务区集聚发展，建立虹桥国际中央商务区跨国公司地区总部项目储备库，进一步增强跨国公司地区总部投资、销售、采购、研发等核心功能。（责任单位：市商务委、虹桥国际中央商务区管委会）

（二）设立虹桥国际中央商务区民营企业总部培育库，鼓励企业加快在虹桥国际中央商务区集聚业务、拓展功能，升级成为民营企业总部，加快打造长三角民营企业总部集聚区。（责任单位：市经济信息化委、市商务委、市工商联、虹桥国际中央商务区管

委会）

（三）支持虹桥国际中央商务区内符合条件的企业积极开展离岸经贸业务，进一步扩大离岸经贸企业“白名单”。鼓励商业银行提供基于自由贸易账户的跨境金融服务便利，优化非自由贸易账户离岸贸易资金结算。（责任单位：人民银行上海总部、市商务委、虹桥国际中央商务区管委会）

（四）在虹桥国际中央商务区设立线上线下结合的企业“走出去”一站式服务窗口。在虹桥海外贸易中心加挂“上海市‘一带一路’综合服务中心”牌子，强化对共建“一带一路”贸易投资促进功能。（责任单位：市发展改革委、市商务委、市贸促会、虹桥国际中央商务区管委会）

（五）在虹桥国际中央商务区保税物流中心（B型）优先试点涉检商品集中检验、分批核销工作模式，创新多元化担保机制。（责任单位：上海海关、虹桥国际中央商务区管委会）

（六）推进新虹桥国际医学中心社会办医与公立医疗机构协同发展，支持公立医疗机构在技术、服务、品牌等方面与新虹桥国际医学中心民营医疗机构开展合作。（责任单位：市卫生健康委、市发展改革委、虹桥国际中央商务区管委会）

（七）支持虹桥临空经济示范区提升能级，加快虹桥国际机场东片区改造。（责任单位：市发展改革委）

二、持续提升“大会展”能级，更好承接放大进博会溢出带动效应

（一）持续打响会展业“大虹桥”品牌，支持虹桥国际中央商务区建立会展业发展协调机制和国际会展活动引进、申办联动机制，支持虹桥国际会展产业园提升能级。（责任单位：市商务委、虹桥国际中央商务区管委会）

（二）制定虹桥国际中央商务区促进会展经济发展专项政策，支持会展全产业人才培育、标准化体系建设和产业集群发展，为符合条件的会展举办单位、会展服务单位、会展项目及会展人才提供扶持。（责任单位：虹桥国际中央商务区管委会、市商务委、市人力资源社会保障局、市财政局）

（三）加大国际知名会展企业总部、境内外专业组展机构、国际品牌重要展会和上下游配套企业引进力度。（责任单位：市商务委、虹桥国际中央商务区管委会）

三、不断完善“大交通”基础，着力打造联通国际国内的开放枢纽

（一）加快研究虹桥国际中央商务区中运量公交系统规划，构建内外联动的全域网络，支持近期开通区域内骨干公交线路。（责任单位：市交通委、市发展改革委、虹桥国际中央商务区管委会）

（二）优化S20外环线和G15沈海高速功能，支持S20外环线抬升辅道及配套路网建设。（责任单位：市交通委、市发展改革委）

（三）支持虹桥国际中央商务区内区区对接道路建设，进一步完善区域内交通网络。（责任单位：市交通委、市发展改革委、市财政局）

四、着力强化要素支撑和政策保障，进一步提升资源配置功能

（一）支持虹桥国际中央商务区内符合条件的区域基础性开发项目申报地方政府专项债券。（责任单位：市发展改革委、市财政局）

（二）支持市级新设立的政府出资产业投资基金落户虹桥国际中央商务区。（责任单位：市发展改革委、虹桥国际中央商务区管委会）

（三）结合虹桥国际中央商务区国土空间中近期规划编制工作，“十四五”期间，在不突破规划总量的前提下，按照中心城区建设标准，以设计定高度，以高度定容量，合理确定其核心区域开发强度和容量。（责任单位：市规划资源局、虹桥国际中央商务

区管委会）

（四）“十四五”期间，市级层面对虹桥国际中央商务区内重大项目土地指标予以优先保障。（责任单位：市规划资源局、虹桥国际中央商务区管委会）

（五）增加单幅小型商办用地供地，试点实施商住用地动态调整机制，允许按程序将虹桥国际中央商务区内已建低效商办楼宇改造为保障性租赁住房。（责任单位：市规划资源局、市房屋管理局、虹桥国际中央商务区管委会）

（六）按照职住平衡原则，通过新建、配建、改建等方式，加快在虹桥国际中央商务区增加保障性租赁住房供应，主要安排在核心区、轨道交通站点附近、产业园区及周边等区域，在土地供应、规划调整、政策标准等方面给予支持，引导产城人融合、人地房联动。（责任单位：市房屋管理局、市规划资源局、虹桥国际中央商务区管委会）

（七）强化虹桥国际中央商务区与虹桥涉外贸易中心等周边区域在政策保障等方面的联动发展。（责任单位：市发展改革委、虹桥国际中央商务区管委会）

上海市人民政府办公厅关于印发《上海城市数字化转型标准化建设实施方案》的通知

（2022 年 3 月 18 日）

沪府办发〔2022〕5 号

各区人民政府，市政府各委、办、局：

经市政府同意，现将《上海城市数字化转型标准化建设实施方案》印发给你们，请认真按照执行。

上海城市数字化转型标准化建设实施方案

为深入贯彻中共中央、国务院印发的《国家标准化发展纲要》，落实加快数字化发展、建设数字中国的战略部署，按照本市《关于全面推进上海城市数字化转型的意见》和《上海市全面推进城市数字化转型“十四五”规划》，推进上海城市数字化转型标准化建设，制订本实施方案。

一、指导思想

以习近平新时代中国特色社会主义思想为指导，立足新发展阶段，贯彻新发展理念，服务构建新发展格局，围绕“经济、生活、治理”全面数字化转型要求，通过研制实施一批能用、管用、好用的数字化转型标准，构建具有系统性、协调性、开放性的城市数字化转型标准体系，为打造具有世界影响力的国际数字之都提供标准支撑。

二、工作目标

——构建全覆盖的城市数字化转型标准体系。聚焦“经济、生活、治理”三大领域，形成城市数字化转型标准化路线图及配套政策举措，构建城市数字化转型标准体系，引导城市建设、运行、发展、管理的全面转型创新，支撑城市数字化整体转型。

——构建政府与市场并重的标准供给机制。加强政产学研用的协作联动，推动政府主导制定标准和市场自主制定标准的协同并重，强化战略引领、示范先行、效果导向，实现城市数字化转型产业链、创新链和标准链的融合贯通。

——构建适应新发展阶段的标准化工作格局。推进顶层设计、条块协同、开放融合、支撑有力的工作推进体系建设，强化机制建设和实施效果评价，健全标准全生命周期管理制度，充分发挥标准化的基础性、引领性作用。

到 2023 年底，新增发布 100 项以上城市数字化转型地方标准及团体标准，主导或参与制定 50 项以上国际标准和国家标准，形成 15 项以上“上海标准”，推动 50 项以上城市数字化转型标准化试点，有效支撑上海城市数字化转型。

三、主要任务

（一）完善支撑全局的基础标准

聚焦城市数字化转型中的基础要素，研制通用基础、数据基座、支撑能力、数字安全、数字信任等标准。

1. 通用基础

聚焦城市数字化转型的内涵及边界，研制实施术语定义、分类代码、数据统计等标准。针对不同应用场景中的共性要求，探索研制具有统一指导作用的城市数字化转型建设导则。

2. 数据基座

聚焦数据开放应用和市场化需求，研制实施数据收集存储、数据加工使用、数据流通交易等全流程相关标准，以及数据标准化、数据质量、数据治理等全要素相关标准，构建全面适用于数字政府治理、智能城市运行、数字经济发展和智慧生活服务的数据基座。

3. 支撑能力

聚焦数字基础设施与城市数字孪生的关键技术和应用需求，研制实施物体全域标志、城市资源标志解析、公共技术和应用组件、泛在感知和智能设施等标准，加快推进新一代感知、网络、算力、融合等数字基础设施标准化，为“端、边、云、网、链”等数字基础设施融合发展提供技术支撑。

4. 数字安全

聚焦信息安全、链路安全、数据安全防护，研制实施数据资源全流程监测、生物特征及用户习惯采集和应用管理、数据跨境流通安全评估等标准，以标准化支撑构建城市数字化转型的大安全格局。

5. 数字信任

聚焦数字信任发展需求，研制实施可信数字身份、可信数据交换、可信数据处理、数字信任策略和评估等标准，探索形成数字信任治理框架模型、数字信任评估工作流程和操作指南等。

（二）完善融合发展的经济数字化转型标准

聚焦市场主体提质增效升级需求，着力推进科技、金融、商贸、航运、制造、农业等领域数字化转型相关标准研制与推广应用，推动数字经济与实体经济融合发展。

1. 科技

聚焦科技创新过程中的设计、检测、实验、分析等环节的标准化、数字化需求，研制实施集成电路、人工智能、生物医药和智能制造等领域的科研设施、科技资源、公共研发平台的实施标准，促进重点领域数据的规模汇聚和共享。

2. 金融

聚焦金融服务便利化、普惠化建设需求，配合国家金融管理部门，探索研制普惠金融、开放银行、资产交易、支付清算、登记托管、交易监管等标准，引导各类金融机构加强相关标准的落地应用，发挥标准规范引领作用，延展数字金融服务模式，推动金融业提质增效。

3. 商贸

聚焦商贸流通新技术、新业态发展和消费升级趋势，研制实施智慧零售、智慧供应链、直播电商、线上会展、商务信用、跨境电商、精准营销、虚拟导购等标准，支撑实体商业线上化、生活服务数字化、物流配送即时化和零售终端智能化等重点方向，推动数字技术在商业场景的深度应用。

4. 航运

聚焦航运新枢纽建设需求，研制实施自动驾驶船舶、自动化码头和堆场、江海联运、海空联运、港口智慧集疏运、智能重卡、智慧邮轮港、智能检验、智慧仲裁等标准，保障海空枢纽、邮轮母港的服务效率和品质。

5. 制造

聚焦制造业与数字化深度融合，研制实施电子信息、汽车、生命健康、先进材料、高端装备、时尚消费品等重点产业的数字化转型标准，鼓励工业互联网平台提供标准化服务，以标准打通产业链和供应链。

6. 农业

聚焦农业生产数字化、标准化，推动无人农场、农技数字化等标准研制。以标准打通农业生产链条，推动粮食、蔬菜、水产等农业生产采集标准研制，探索建立“申农码”相关标准。

（三）完善服务民生的生活数字化转型标准

聚焦市民生活需求、急难问题和高频事项，率先在健康、教育、居住、出行、文旅、为老、无障碍等生活领域开展关键技术、产品、服务标准的研制和应用。

1. 健康

聚焦就医便捷化需求，研制实施精准预约、智能预问诊、电子病历卡、智慧急救等标准，构建涵盖诊前、诊中、诊后全流程的数字化医疗标准体系。聚焦体育公共服务，在智慧体育场馆建设和运营、公共服务、行业监管等方面形成较为完善的标准，推动“随申码·健身”场景接入和数字健身地图标准化，提升体育数字化领域标准化工作水平。

2. 教育

聚焦教育模式变革、教学方式改进和评价方法创新需求，研制实施线上线下融合教学、智慧课堂、虚拟现实教学等标准，支撑大规模智慧学习平台建设，增强数字化对教育的赋能。

3. 居住

聚焦数字家园建设需求，研制实施数字社区、数字乡村、智能社区安防、智能末端配送等标准，强化社会化服务和政务服务的可获得性，营造数字化的居住新环境。

4. 出行

聚焦一体化交通服务和一站式出行服务需求，研制实施智能交通基础设施、自动驾驶、车路协同、先进交通管控及便捷停车、便捷充电等标准，实现全流程覆盖的智能化出行环境。

5. 文旅

聚焦文旅资源和服务数字化需求，研制实施数字景区、数字酒店、数字博物馆、数字美术馆等领域标准研制和应用，支撑场景化、沉浸式、互动性文旅体验营造。

6. 为老

聚焦老年人就医、出行、居家、文娱、学习等需求，研制实施“为老服务一键通”、智慧养老院、居家环境适老化改造、智能监护等标准，提升养老服务触达性和精准度。

7. 无障碍

聚焦“数字鸿沟”弥合需求，研制实施无障碍终端设备及产品、互联网网站及应用的无障碍建设和改造等标准，解决代际差别等造成的数字化应用能力不平衡问题，保障数字公共服务全覆盖。

（四）完善精细管理的治理数字化转型标准

服务高效能治理需求，推动政务服务“一网通办”、城市运行“一网统管”的跨部门多场景应用标准化，在营商环境、综合监管、自然资源、生态环境、水系统治理、公共安全等领域，推动标准研制和应用。

1. 营商环境

聚焦企业营商环境改善提升，研制实施普惠金融、综合纳税、专项资金、用工就业、服务贸易等标准，整合优化各类应用场景，拓展面向企业的全周期服务标准体系，支撑“一站式、全业务”便捷服务落地。

2. 综合监管

聚焦综合监管和多元共治能力建设，围绕重点监管领域的数字化转型场景需求，研制实施数据安全、数据隐私保护、智能化监管、信用监管、特种设备、食品安全、数字广告等标准，支撑数字化重构监管模式，提升监管效能和监管精准化水平。

3. 自然资源

聚焦国土空间规划和自然资源利用的数

字化重塑，研制建设空间数字底座、自然资源执法监控展示、地质灾害监测预警、自然资源集约节约利用、地质灾害感知预警等标准，支撑空间地理资源系统建设。

4. 生态环境

聚焦生态治理智能化、精准化需求，研制实施城市生态环境保护数据实时获取分析、重点领域碳排放智能监测和动态核算等标准，支撑“天空陆海”一体化生态环境智能监测网络建设。

5. 水系统治理

聚焦“更安全、更优质、更生态、更智慧的水”，强化水系统治理领域高质量建设、智能化运维、精细化监管，研究制定、修订建筑信息模型（BIM）技术水务应用相关标准，推进水系统数据的标准化建设，加强水系统应用场景的标准化建设。

6. 公共安全

聚焦风险发现、智能分析和协同处置需求，制定完善公共安全、反恐、民防、技防、安全生产、消防和大客流监测、城市公共安全风险处置、应急感知和通信、危化品全过程监管、自然灾害风险综合监测预警、公共卫生突发事件应急处置等标准，增强城市快速响应效能。

（五）构建适应新发展阶段的标准化工作格局

通过战略引领、多方协同、示范先行等手段，构建市场驱动、政府引导、企业为主、社会参与、开放融合的标准化工作格局。

1. 战略引领

落实“长三角一体化发展”战略，引导区域标准化协同，服务区域一体化数字化转型需求。落实打造“社会主义现代化建设引领区”战略，围绕产业数字化需求，开展标准研制和实施，支撑浦东新区打造世界级产业集群。紧贴五个新城建设，推动数字基础设施标准在五个新城建设中先行先试，支撑独立综合性节点城市建设。

2. 多方协同

加强与国内外标准化组织、研究机构、学会协会、企业等相关方的合作与交流，提升城市数字化转型标准化能力和影响力。充分发挥团体标准的灵活地位和协调作用，制定和实施市场急需的原创性标准。鼓励市场主体研发高质量的企业标准，承担或参与国际标准化技术委员会、全国专业标准化技术委员会秘书处工作。引导各方积极参与国际标准和国家标准制定，形成在更广范围内的协调一致。通过加大各类标准的有效供给力度，打造政府类标准与市场类标准有机结合的城市数字化转型标准体系。

3. 示范先行

通过试点示范、评优评先等方式，调动市场主体参与城市数字化转型的积极性。鼓励先进标准申报“上海标准”和标准创新贡献奖，引导优秀转型案例开展标准化试点示范，打造城市数字化转型标准化工作标杆，形成可复制、可推广的转型模式，推动全市范围内数字化转型标准实施落地。

四、保障措施

（一）强化机制建设

在市城市数字化转型工作领导小组统一领导下，在市标准化工作联席会议框架下，建立由各相关部门组成的城市数字化转型标准化专项工作组（以下简称“专项工作组”），统筹协调全市城市数字化转型标准化工作，推进城市数字化转型标准体系建设。专项工作组要根据本实施方案提出的重点任务，明确各方职责，组织定期交流，公布实施进度，按计划推进城市数字化转型标准化建设。

（二）强化技术协同

建立由各相关地方标准化技术委员会组成的城市数字化转型标准化技术协调机制，在专项工作组的领导下，协调各方标准化需求，组织开展标准研制和应用、实施、评估与改进工作。建立城市数字化转型标准化专家指导组，对城市数字化转型标准化研究的方法定位、重点任务、重大技术等进行指导、论证、评估。鼓励企事业单位着眼产业链、价值链协同，牵头或参与标准化技术组织建设，形成共同标准，推动创新成果产业化。

（三）强化实施应用及评价

围绕标准全生命周期管理，通过研制数字化转型应用实施指南、实施效果评价等标准，建立城市数字化转型标准化建设绩效评价机制。注重标准的实施应用，引导企业开展数字化转型实施效果评价与改进，鼓励相关标准化技术委员会建立标准实施效果评价报告机制。鼓励市场主体开发相关的标准化、合格评定服务，探索市场化的标准实施效果评价工作路径，推动数字化转型标准化建设实施效果评价工作落地。

上海市人民政府办公厅关于印发《上海市全力抗疫情助企业促发展的若干政策措施》的通知

（2022 年 3 月 28 日）

沪府办规〔2022〕5 号

各区人民政府，市政府各委、办、局：

经市政府同意，现将《上海市全力抗疫情助企业促发展的若干政策措施》印发给你们，请认真按照执行。

上海市全力抗疫情助企业促发展的若干政策措施

为深入贯彻落实习近平总书记关于从严抓好疫情防控工作的重要指示精神，全面落实党中央、国务院各项决策部署，市委、市政府始终坚持人民至上、生命至上，坚持科学精准、动态清零，从严从紧、从细从实抓好疫情防控工作，坚决打赢疫情防控阻击战。坚持统筹疫情防控和经济社会发展，因时因势因情施策，调整和优化防控策略，综合实施退税减税、降费让利、房租减免、财政补贴、金融支持、援企稳岗等助企纾困政策，全力支持相关行业和企业克服困难、恢复发展，持续优化营商环境，努力用最小的代价实现最大的防控效果，努力减少疫情对经济社会发展的影响，提出若干政策措施如下：

一、支持打赢疫情防控阻击战

（一）对符合条件的企业防疫和消杀支出地方财政给予补贴支持。对零售和餐饮行业重点岗位从业人员按照防疫要求定期开展核酸检测的费用，给予全额补贴支持；对零售和餐饮企业防疫消杀的支出，给予补贴支持。对机场港口、冷链相关企业人员核酸检测的费用，给予全额补贴支持。（责任单位：市商务委、市交通委、市市场监管局、市财政局、各区政府）

（二）向抗疫一线人员发放临时性补助补贴。按照国家有关规定，落实疫情防控一线医务人员临时性工作补助。向参与社区疫情防控工作的社区工作者适当发放临时性工作补助，向社区志愿者适当发放临时性补贴。对疫情防控一线职工，特别是医务人员、社区工作人员、公安干警、物资保障和生产一线职工等开展慰问。（责任单位：市卫生健康委、市人力资源社会保障局、市民政局、市财政局、市总工会、各区政府）

（三）支持新冠病毒防控创新产品研发及产业化。支持新冠病毒疫苗、快速检测试剂、特效药物等加快科技研发和产业化，通过市战略性新兴产业专项资金、产业高质量发展专项资金等，对新冠病毒疫苗、药物、诊断产品的研发及产业化给予支持，通过科技创新计划专项资金对相关产品按照不同临床试验阶段给予后补助支持，帮助相关企业加快产品审批进度，推动疫情防控创新产品快速形成有效产能、注册上市和投入应用。（责任单位：市发展改革委、市经济信息化委、市科委、市卫生健康委、市药品监管局、市财政局）

二、减轻各类企业负担

（四）实施大规模增值税留抵退税。落实对增值税留抵税额实施大规模退税政策，优先安排小微企业，对小微企业及按照一般计税方式纳税的个体工商户，存量留抵税额于2022年6月底前一次性全额退还，增量留抵税额自2022年4月1日起按月全额退还。重点支持制造业，对制造业、科学研究和技术服务业、电力热力燃气及水生产和供应业、软件和信息技术服务业、生态保护和环境治理业、交通运输仓储和邮政业等行业企业，存量留抵税额于2022年底前全额退还，增量留抵税额自2022年4月1日起按月全额退还。（责任单位：市财政局、市税务局）

（五）加大减税降费政策力度。重点面向中小微企业和个体工商户，加大力度实施一批税收优惠政策，对小规模纳税人阶段性免征增值税，对小型微利企业年应纳税所得额超过100万元但不超过300万元的部分再减半征收企业所得税，将科技型中小企业研发费用加计扣除比例提高到100%，加大中小微企业设备器具税前扣除力度。将资源税、城市维护建设税、房产税、城镇土地使用税、印花税（不含证券交易印花税）、耕地占用税和教育费附加、地方教育附加等“六税两费”减免政策适用主体范围扩展至小型微利企业和个体工商户，并在国家规定减免幅度内按照顶格执行。延长一批税收优惠政策，将2021年第四季度实施的制造业中小微企业延缓缴纳部分税费政策再延续实施6个月，延续服务业增值税加计抵减政策。（责任单位：市财政局、市税务局）

（六）延长申报纳税期限。对按月申报的纳税人，将2022年3月申报纳税期限由3月15日延长至3月31日，受疫情影响在2022年3月申报纳税期限内办理申报仍有困难的，可以依法向税务机关申请办理延期申报。对因疫情影响导致按期缴纳税款有困难的，符合延期缴纳税款条件的，依法准予延期缴纳税款，最长期限不超过3个月。对受疫情影响未能按期申报的纳税人免除税务行政处罚。（责任单位：市税务局）

（七）减免小微企业和个体工商户房屋租金。承租国有房屋从事生产经营活动的小微企业和个体工商户，2022年免除3个月租金，2022年被列为疫情中高风险地区所在的街镇行政区域或因落实防疫要求严重影响经营活动的，再免除3个月租金、全年合计免除6个月租金。存在间接承租情形的，转租人不享受本次减免政策，相关国有企事业单位要确保免租措施惠及最终承租人。鼓励大型商务楼宇、商场、园区等各类市场运营主体在协商的基础上，为实体经营的承租户适当减免租金，政府各类扶持政策优先支持主动减免房租的市场主体。对房屋土地被政府应急征用或主动为租户减免房地产租金的企业，缴纳房产税、城镇土地使用税确有困难的，可以减免相应的房产税和城镇土地使用税。因减免租金影响国有企事业单位业绩的，在考核中根据实际情况予以认可。（责任单位：市国资委、市住房城乡建设管理委、市房屋管理局、市财政局、市税务局、市商务委、市经济信息化委）

三、加大金融支持力度

（八）加强融资担保支持。推动政府性融资担保机构为符合条件的中小微企业和个体工商户提供融资增信支持，依法依约及时履行代偿责任，帮助受疫情影响较大的企业续保续贷，加大对受疫情影响个人和企业的创业担保贷款扶持力度，进一步提高担保风险容忍度，提高融资担保规模。降低各类企业融资担保费率，对防疫重点企业和受疫情影响较大的中小微企业2022年新申请的银行贷款，市融资担保中心融资担保费率为0.5%，再担保费率减半收取，对创业担保贷款继续免收担保费。（责任单位：市财政局、市地方金融监管局、人民银行上海总部、上海银保监局）

（九）实施困难企业贴息政策。运用现有的专项扶持资金，对零售、交通运输等行业受疫情影响较大的困难企业，由相关主管部门确定企业名单并经审核后，对其2022年新增贷款给予贴息，由市、区两级财政资金给予支持。继续实施新型基础设施建设贴息政策，对符合条件的项目给予贷款贴息支持。（责任单位：市商务委、市交通委、市经济信息化委、市发展改革委、市财政局）

（十）加大普惠金融支持力度。引导金融机构加大普惠小微贷款投放力度，优先支持困难行业特别是小微企业和民营企业。积极用好国家对地方法人银行普惠小微贷款余额增量的1%提供激励资金政策，支持符合条件的地方法人银行向人民银行申请普惠小微贷款再贷款优惠资金。推动金融机构放宽普惠型小微企业不良贷款容忍度，进一步增加小微企业首贷、信用贷款、无还本续贷，对受疫情影响的困难企业不盲目惜贷、抽贷、断贷、压贷。进一步完善中小微企业信贷奖补政策，将受疫情影响的困难行业纳入重点行业目录，对在沪银行发放普惠小微企业贷款给予奖励。深化大数据普惠金融应用，进一步发挥“银税互动”“信易贷”等平台作用，为银行等金融机构使用公共信用信息提供便利。完善信用修复机制，积极协助受疫情影响的企业和个人开展信用修复工作。（责任单位：市地方金融监管局、人民银行上海总部、上海银保监局、市财政局、市发展改革委、市科委）

（十一）推动金融机构减费让利和发挥保险风险保障作用。发挥贷款市场报价利率（LPR）改革作用，促进小微企业融资成本下行。优化金融机构监管、考核和激励机制，推动金融机构降低银行账户服务收费、人民币转账汇款手续费、银行卡刷卡手续费、电子银行服务收费、支付账户服务费等。支持在沪保险公司进一步丰富抗疫保险产品供给，扩展新冠保险保障责任，扩大因疫情导致营业中断险等风险保障的覆盖面，创新推出旅行社旅游服务质量保证金履约保证保险。加强抗疫保险保障服务，研究推出适当延长保单期限、降低保险费率、延后保费缴纳时间等措施，建立保险理赔绿色通道，提升理赔效率。（责任单位：市地方金融监管局、市国资委、人民银行上海总部、上海银保监局）

四、做好援企稳岗工作

（十二）延续执行阶段性降低失业、工伤保险费率政策。继续实施1%的失业保险缴费费率政策，继续阶段性下调20%工伤保险行业基准费率。（责任单位：市人力资源社会保障局、市财政局、市税务局）

（十三）实施培训补贴、创业扶持、工会经费返还等稳岗扩岗政策。鼓励企业开展员工职业技能培训，对受疫情影响的各类企业、社会组织为本单位实际用工的从业人员开展与本单位主营业务相关的各类线上职业培训，按照规定给予线上职业培训补贴。鼓励创业孵化示范基地对在孵创业企业减免房租；受疫情影响较大的创业组织和个人可向经办银行申请创业担保贷款展期还款，原则上不超过1年，并可继续享受财政贴息支持。对小微企业工会上缴的经费实行全额回拨。（责任单位：市人力资源社会保障局、市财政局、市总工会）

（十四）支持和规范发展新就业形态。依托公共招聘平台，为用人单位和求职者提供精准服务，高效促进人岗匹配。进一步规范发展新就业形态，支持用人单位采用共享用工等模式。完善灵活就业社会保障政策，开展新就业形态职业伤害保障试点。加强工会对劳动者的服务保障和关心关爱，推进新就业形态劳动者互助保障计划，切实维护和谐劳动关系。（责任单位：市人力资源社会保障局、市总工会）

五、支持困难行业恢复发展

（十五）实施餐饮等生活服务业纾困扶

持措施。引导电子商务、外卖等互联网平台进一步下调餐饮、住宿、家政等受疫情影响的生活服务业企业服务费标准，降低小微企业和个体工商户的服务佣金、店铺押金、宣传推广等线上经营成本。鼓励电信运营企业设计推广适合小微企业经营发展的产品和应用并降低资费，对餐饮、住宿、家政等生活服务业小微企业免费提供3个月的云服务、移动办公服务等。创新融资方式，鼓励金融机构利用应收账款、订单等信息向餐饮企业发放信用贷款。（责任单位：市商务委、市经济信息化委、市市场监管局、市地方金融监管局、人民银行上海总部、上海银保监局）

（十六）实施零售业纾困扶持措施。对应急保供、重点培育、便民生活圈建设等列入支持名单的企业，鼓励金融机构加大信贷支持并降低贷款利率，适当给予贷款贴息。支持批发市场、超市卖场、电商平台、城市生活物资配送等保供企业正常运行，着力畅通省际和市内物流运输绿色通道，加大主副食品货源组织。推动金融机构与零售行业主管部门信息共享，运用中小微企业和个体工商户的交易流水、经营用房租赁及有关信用信息等数据，鼓励发放更多信用贷款。（责任单位：市商务委、市地方金融监管局、人民银行上海总部、上海银保监局、市财政局）

（十七）实施旅游业纾困扶持措施。对符合条件的旅行社，旅游服务质量保证金暂退比例由80%提高到90%，在全市范围开展保险代替保证金试点。鼓励政府性融资担保机构为符合条件的旅游业经营主体提供融资增信支持，帮助受疫情影响企业续保续贷。加大旅游专项资金支持力度，对符合条件的旅行社、A级旅游景区等旅游企业给予贷款贴息支持。（责任单位：市文化旅游局、上海银保监局、市财政局）

（十八）实施交通运输业纾困扶持措施。支持保障机场和航空公司做好疫情防控工作。2022年暂停航空、铁路运输企业预缴增值税，免征轮客渡、公交客运、地铁、城市轻轨、出租车、长途客运、班车等公共交通运输服务增值税。对符合要求的新能源公交车，继续按照既定标准给予购置补贴。落实国家继续通过民航发展基金对符合条件的航空航线予以补贴，对民航基础设施贷款给予贴息支持。对受疫情影响严重的航空公司和民航机场发行债务融资工具建立绿色通道。（责任单位：市交通委、民航华东地区管理局、市财政局、市税务局）

（十九）实施会展业等纾困扶持措施。研究会展业补贴政策，对受疫情影响较大的困难企业或克服疫情影响在2022年举办的对外经济技术展览会给予补贴支持。对受疫情影响较大的养老机构、普惠性民办幼儿园等其他行业困难企业和市场主体，由各行业相关主管部门牵头研究制定扶持措施。（责任单位：市商务委、市民政局、市教委、市财政局、各行业相关主管部门）

六、保持全市生产生活平稳有序

（二十）支持保障企业生产经营。根据疫情变化调整和优化防控措施，有效恢复和保持企业发展正常秩序。全面落实属地、部门、单位、个人“四方责任”，支持企业和项目恢复生产和施工，切实帮助解决人员到岗、物资运输、疫情防控等问题。帮助企业稳定产业链供应链，支持重点企业和配套企业恢复生产，实行“一企一策”“一厂一案”分类差异化防疫措施，加大精准服务企业力度，针对企业诉求快速响应，切实解决企业生产经营中遇到的困难。发挥长三角区域产业链供应链协作机制作用，全面梳理重点企业需求清单并优先支持保障，维持核心零部件和原材料供应。保障交通物流畅通，建立交通运输保障重点企业和人员白名单制度，协调解决货物跨省运输问题。保障重大项目连续封闭施工，鼓励具备条件的项目分标段封闭施工，实行“一工地一方案”，切实做好建材供应、防疫物资保障等工作。（责任

单位：市发展改革委、市经济信息化委、市交通委、市住房城乡建设管理委、市商务委、各区政府）

（二十一）保障疫情期间城市有序运行。加强抗疫物资储备和供应保障，持续提升核酸快速检测能力，加强集中隔离房源建设和筹措，支持新冠病毒疫苗和治疗药物进口，引导支持企业参与抗疫应急能力建设，做好后备医疗资源储备。加大防疫数字化转型支撑力度，进一步推动防疫相关信息数据向基层赋能，为更加精准的疫情防控提供支撑。保障城市安全有序运行，强化城市运行保障单位和人员防疫措施，加强各类风险隐患监测、排查和治理，着力保障交通、电力、燃气、供水、通信网络、物业服务等有序运行。扎实做好生活物资保供稳价工作，支持保障生活必需品生产、配送企业运营，加强货源供应、物流调度和市场监管，确保主副食品供应充足、价格平稳。（责任单位：市经济信息化委、市商务委、市卫生健康委、市交通委、市住房城乡建设管理委、市发展改革委、市水务局、市市场监管局、市城市运行管理中心、市大数据中心、各区政府）

国家有其他支持企业发展相关政策措施的，上海遵照执行。市政府各相关部门负责制定发布本领域政策措施的实施细则和申请指南，积极实行精准推送、线上办理、免申即享等便利化措施；各区政府可结合实际，出台具体实施办法。市政府建立政策动态更新机制，并根据企业反映的问题和实际情况动态调整优化助企纾困相关政策措施，必要的可由行业主管部门会同综合部门及时研究提出具体领域政策措施，按程序审定并组织实施。本政策措施执行期自2022年3月28日起施行，有效期至2022年底（具体政策措施明确执行期限的，从其规定）。

上海市人民政府关于印发《上海市加快经济恢复和重振行动方案》的通知

（2022年5月21日）
沪府规〔2022〕5号

各区人民政府，市政府各委、办、局：

现将《上海市加快经济恢复和重振行动方案》印发给你们，请认真按照执行。

上海市加快经济恢复和重振行动方案

为贯彻落实国务院稳经济一揽子政策措施，高效统筹疫情防控和经济社会发展，有力有序推动经济加快恢复和重振，制订本行动方案。

一、千方百计为各类市场主体纾困解难

（一）阶段性缓缴“五险一金”和税款

1. 对餐饮、零售、旅游、民航、公路水路铁路运输等5个特困行业，从4月起阶段性缓缴社会保险费单位缴纳部分。其中，养老、医疗保险费缓缴期限至2022年底，失业、工伤保险费缓缴期限不超过1年，缓缴期间免收滞纳金。对符合条件的其他特困行业和受疫情影响严重生产经营困难的中小微企业、个体工商户，按照国家规定实施社会保险费缓缴政策。（办理方式：申请享受。责任单位：市人力资源社会保障局、市医保局、市财政局、市税务局）

2. 受疫情影响的企业等用人单位，可按规定申请缓缴住房公积金，缓缴期限为2022年4月至12月，到期后进行补缴。缓缴期间，缴存职工正常提取和申请住房公积金贷款，不受缓缴影响。受疫情影响的缴存人，不能正常偿还住房公积金贷款的，不作逾期处理，不纳入征信记录。职工租住市场租赁住房申请提取住房公积金用于支付房租的，每户家庭（含单身家庭）最高月提取限额从2500元调整为3000元。（办理方式：申请享受。

责任单位：市住房城乡建设管理委、人民银行上海总部）

3. 对按月、按季申报的纳税人，将4、5、6月的申报纳税期限延长至6月30日。对企业所得税纳税人，将2021年度企业所得税汇算清缴申报纳税期限延长至6月30日。纳税人受疫情影响，在规定的期限内办理申报纳税仍有困难的，可依法向税务机关申请办理延期申报，或申请办理延期缴纳税款，缓缴期限最长3个月。（办理方式：延期申报至6月30日为免申即享、其他为申请享受。责任单位：市税务局）

（二）扩大房屋租金减免范围

4. 对承租国有房屋从事生产经营活动的小微企业和个体工商户，免予提交受疫情影响证明材料，2022年免除6个月房屋租金。对承租国有房屋、运营困难的民办非企业单位，参照小微企业和个体工商户2022年免除6个月房屋租金。推动在沪央企、其他省市在沪国有企业参照我市规定，为小微企业和个体工商户减免房屋租金。存在间接承租情形的，转租人不享受本次减免政策，相关国有企事业单位要确保免租措施惠及最终承租人。（办理方式：申请享受。责任单位：市国资委、市财政局、市民政局、市经济信息化委、市住房城乡建设管理委、市地方金融监管局、市政府合作交流办、各区政府）

5. 鼓励引导商业综合体、商务楼宇、专业市场、产业园区、创新基地等非国有房屋业主或经营管理主体，向最终承租经营的小微企业和个体工商户给予6个月房屋租金减免。对符合条件的非国有房屋业主或经营管理主体，按照减免租金总额的30%给予补贴，最高300万元，由各区政府负责实施，补贴资金实行财政预算总额控制，由市、区两级财政共同承担。受疫情影响严重且在沪注册的餐饮连锁企业，分公司或门店符合小微企业条件且承担房租费用的，可视作小微企业享受房屋租金减免。（办理方式：申请享受。责任单位：各区政府、市经济信息化委、市商务委、市科委、市发展改革委、市财政局）

6. 对减免房屋租金的国有、非国有市场主体，采用非接触式办理和简便操作流程，减免相应的房产税和城镇土地使用税。引导银行对减免房屋租金的出租人视需要给予优惠利率质押贷款等支持。（办理方式：申请享受。责任单位：市税务局、市地方金融监管局、人民银行上海总部、上海银保监局）

（三）多渠道为企业减费让利

7. 降低用水用电用气用网成本，对非居民用户给予3个月应缴水费（含污水处理费）、电费、天然气费（不包括燃气发电企业用气）10%的财政补贴。对受疫情影响期间未能及时缴费的非居民用户，不停水、不停电、不停气，免除欠费违约金。对非居民用户免收2022年超定额累进加价水费。将中小微企业宽带和专线平均资费再降10%。免收3个月单位生活垃圾处理费，环卫作业单位相关经费由区财政予以支持。2022年4月至12月，特种设备检验检测行政事业性收费标准降至现行标准50%。在招投标领域全面推行保函（保险）替代现金缴纳投标、履约、工程质量等保证金，鼓励招标人对中小微企业投标人免除投标担保。（办理方式：免申即享。责任单位：市发展改革委、市财政局、市水务局、市经济信息化委、市住房城乡建设管理委、市国资委、市通信管理局、市绿化市容局、市市场监管局、有关企业、各区政府）

（四）加大退税减税力度

8. 进一步加大增值税留抵退税政策力度。在已出台的制造业、科学研究和技术服务业、电力热力燃气及水生产和供应业、软件和信息技术服务业、生态保护和环境治理业、交通运输仓储和邮政业等6个行业企业的存量留抵税额全额退还、增量留抵税额按月全额退还基础上，按照国家政策要求，在更多行业实施增值税存量和增量全额留抵退税。提前退还中型企业、大型企业增值税存量留抵税额，在2022年6月30日前实现符合条件的各类型企业增值税存量留抵税额“愿退尽退”。（办理方式：申请享受。责任单位：市税务局、市财政局）

9.因受疫情影响，缴纳房产税、城镇土地使用税确有困难的纳税人，可申请减免2022年第二、三季度自用房产、土地的房产税、城镇土地使用税，对从事国家限制或不鼓励发展的产业不予减免税。对房屋土地被政府应急征用的企业，可按规定减免相应的房产税和城镇土地使用税。（办理方式：申请享受。责任单位：市税务局）

（五）发放援企稳岗补贴

10.对餐饮、零售、旅游、交通运输、文体娱乐、住宿、会展等受疫情影响严重的困难行业，不裁员少裁员的，按照企业申请时上月按规定缴纳城镇职工社会保险费人数计算，给予每人600元一次性稳岗补贴，每户企业补贴上限300万元，鼓励企业稳岗留岗。对招录登记失业三个月以上人员或我市2022届高校毕业生，签订一年以上劳动合同并按规定缴纳社会保险费的用人单位，按每人2000元给予一次性吸纳就业补贴。（办理方式：稳岗补贴为申请享受、吸纳就业补贴为免申即享。责任单位：市人力资源社会保障局、市财政局、各区政府）

二、全面有序推进复工复产复市

（一）加强对企业复工复产复市的支持和服务

11.分类指导、动态修订各行业领域复工复产复市疫情防控指引，取消企业复工复产复市不合理限制。市区联动加强企业员工返岗、物流保障、上下游衔接等方面复工复产服务，督促指导企业做好防疫消杀、员工健康管理等工作，支持企业建立抗疫应急处置体系，确保复工复产复市后疫情防控和安全生产措施落实到位。扩大企业防疫和消杀补贴范围，在对零售、餐饮、机场港口、冷链等相关企业落实已有补贴政策的基础上，2022年对物业服务、邮政快递、住宿、文化旅游等行业防疫和消杀支出，给予分档定额补贴。鼓励各区对复工复产复市企业疫情防控支出，按照实际运营规模给予分档定额补贴。（责任单位：市商务委、市文化旅游局、市房屋管理局、市邮政管理局等各行业主管部门、市财政局、各区政府）

12.支持汽车、集成电路、生物医药等制造业企业以点带链，实现产业链供应链上下游企业协同复工，稳步提高企业达产率。逐步推动批发零售、金融、交通物流、房地产、建筑等行业复工达产，抢抓农时推动各类农业生产单位复工，在具备条件后有序推动餐饮、居民服务、文旅会展等人员聚集型行业复工。建立长三角产业链供应链互保机制，共同保供强链。（责任单位：各行业主管部门）

（二）畅通国内国际物流运输通道

13.加快推广使用全国统一互认的通行证，提升跨省运输中转站运行效率，推广无接触物流方式，提高货运通行效率。严格实施港口、机场防疫生产保障措施，优化提货方式和口岸检疫流程，保障产业链供应链和航运物流有序运转。加快落实国家出台的货运扶持政策，2022年5月1日至年底，对符合条件的快递收派服务收入免征增值税，用好再贷款资金支持交通运输、物流仓储业融资。（责任单位：市交通委、市经济信息化委、上海海关、市商务委、市邮政管理局、市税务局、市财政局、市地方金融监管局、人民银行上海总部、上海银保监局）

三、多措并举稳外资稳外贸

（一）支持外资企业恢复生产经营

14.建立重点外资企业复工复产专员服务机制，实行专人跟踪服务，帮助重点外资企业解决复工复产、物流运输、防疫物资等突出问题，切实稳定外资企业的发展预期。（责任单位：市商务委）

15.保障重大外资项目顺利推进，启用重大外资项目线上服务系统，市、区联动，线上线下协同，保障在谈、签约、在建项目尽快恢复运转，实施专人跟踪服务。积极争取一批重大项目尽快落地。支持跨国公司在沪设立地区总部和外资研发中心。（责任单位：市发展改革委、市商务委、市经济信息化委、各区政府）

（二）切实帮助外贸企业纾困

16. 加快落实国家出台的外贸支持政策，对加工贸易企业在国家实行出口产品征退税率一致政策后，允许对前期多转出的增值税进项税额转入抵扣。企业申报退税的出口业务，因无法收汇而取得出口信用保险赔款的，将出口信用保险赔款视为收汇，予以办理出口退税。鼓励港口企业减免特定时期内的货物堆存费，鼓励航运公司减免特定时期内的滞箱费，倡导港航相关企业减免外贸进出口相关物流操作费用。（责任单位：市税务局、市商务委、市国资委、市交通委、上海银保监局、中国出口信用保险公司上海分公司）

17. 强化外贸企业政策性金融支持。加大出口信用保险支持力度，扩大中小微企业覆盖面，优化承保理赔条件，在上海“单一窗口”开设在线报损索赔通道，建立保费缓缴机制和快赔先赔机制，应保尽保、能赔快赔。对于符合专精特新等条件的中小微企业，在原有出口信用保险费率基础上，实施不低于 10% 的阶段性降费，加大保单融资支持力度。支持中国进出口银行上海分行设立进出口业务专项信贷额度，建立快速评审通道，积极运用政策性优惠利率贷款或向总行争取其他利率优惠政策，降低企业融资成本。（责任单位：市商务委、市经济信息化委、市地方金融监管局、上海银保监局、中国出口信用保险公司上海分公司、中国进出口银行上海分行）

（三）着力稳定外资外贸企业预期和信心

18. 加强与外资企业高管面对面沟通，通过跨国公司高管视频会议、外资企业政企沟通线上圆桌会议等形式，主动介绍我市疫情防控形势和策略，充分听取外资企业意见和建议，建立咨询和解决问题的常态化机制，帮助外资企业解决实际问题，加大总部企业走访沟通力度，切实修复和提振外资企业信心。助力外贸企业履约订单，实施通关便利化措施，采取收发货人免于到场查验模式，支持企业在线办理通关业务，建立重点企业重点物资通关绿色通道，提升货物通关和提离效率。市贸促会免费为符合条件、有需要的受疫情影响企业，开具与新冠疫情相关的不可抗力事实性证明文件。上海国际仲裁中心等有关争议解决机构为外贸企业维权提供法律咨询和援助，对符合条件的仲裁费用予以减免、退还和缓交。为外资企业派驻上海的外籍员工及家属、开展重要商务活动的全球高管和专业技术人员，以及外贸企业重要海外客户办理来华邀请函和出入境手续提供便利。（责任单位：市商务委、上海海关、市贸促会、市政府外办、市公安局、各区政府）

（四）更好发挥外贸外资专项资金引导作用

19. 统筹用好国家外经贸发展和我市商务高质量发展等专项资金，调整资金使用方式，加大资金支持范围和力度，重点用于 2022 年度稳外贸稳外资，对产业链供应链重点外资项目给予资金支持。提前启动 2022 年上海市鼓励跨国公司地区总部发展专项资金申报工作，力争在 9 月底前完成拨付。（责任单位：市商务委、市财政局、各区政府）

四、大力促进消费加快恢复

（一）以大宗消费为抓手拉动消费

20. 大力促进汽车消费，年内新增非营业性客车牌照额度 4 万个，按照国家政策要求阶段性减征部分乘用车购置税。2022 年 12 月 31 日前，个人消费者报废或转出名下在上海市注册登记且符合相关标准的小客车，并购买纯电动汽车的，给予每辆车 10000 元的财政补贴。支持汽车租赁业态发展。完善二手车市场主体登记注册、备案和车辆交易登记管理规定。（责任单位：市发展改革委、市交通委、市公安局、市财政局、市税务局、市经济信息化委、市商务委）

21. 实施家电以旧换新计划，对绿色智能家电、绿色建材、节能产品等消费按规定予以适当补贴，支持大型商场、电商平台等企业以打折、补贴等方式开展家电以旧换新、绿色智能家电和电子消费产品促销等活动。（责任单位：市商务委、市财政局、市发展改革委、各区政府）

（二）完善消费供给保障体系

22. 抓紧规划建设一批集仓储、分拣、加工、包装等功能于一体的城郊大仓基地，推动应急物资储备基地建设，确保应急状况下及时就近调运生活物资。优化配置社区生活消费服务综合体，支持智能快件箱、智能取餐柜和快递服务站进社区、进园（厂）区、进楼宇，支持冷链物流网络及前置仓布点建设，加强末端环节及配套设施建设。（责任单位：各区政府、市商务委、市经济信息化委、市规划资源局、市粮食物资储备局、市房屋管理局）

（三）以节庆活动为契机促进消费

23. 优化“购物节”方案，适时推出主题购物节活动，鼓励发展夜间经济，提振消费信心。支持大型商贸企业、电商平台等企业以多种方式发放消费优惠券，支持文旅企业发放文旅消费券，鼓励文旅企业在“乐游上海”等平台进行免费推广，带动形成消费热点。对具有市场引领性的创新业态、模式及创意活动，并对消费市场增长有突出贡献的企业适当予以资金支持。（责任单位：市商务委、市文化旅游局、各区政府）

（四）支持文创、旅游、体育产业发展

24. 用好电影事业发展、文化创意产业发展、旅游发展、体育发展等专项资金，采用无偿资助、贷款贴息等方式，加大对演出场所、电影院、实体书店、健身场馆等扶持，支持一批文创园区、文创企业和文体旅游项目，助力文创产业、旅游产业和体育产业尽快恢复发展。对符合条件的旅行社，旅游服务质量保证金暂退比例由80%提高至100%。（责任单位：市委宣传部、市文化旅游局、市体育局、市新闻出版局、市电影局、市文创办、市财政局）

25. 鼓励企业、社会团体委托旅行社开展党建、公务、工会、会展等活动，旅行社可按规定开具发票作为报销凭据。（责任单位：市文化旅游局、市总工会、市财政局、市税务局）

五、全力发挥投资关键性作用

（一）积极扩大有效投资

26. 全力推动在建项目复工复产，指导建筑工地落实防疫措施，具备条件的项目做到“应复尽复”，保障在建项目连续施工。加大新开工项目协调力度，优化政府投资项目审批程序，符合条件的政府投资项目合并编制审批项目建议书、可行性研究报告和初步设计，实行格式化审批、简化审批流程、分期审批及供地等措施，促进新项目开工建设。积极采取容缺后补等方式，加快推进重大产业项目开工建设。（责任单位：市住房城乡建设管理委、市重大办、市发展改革委、市交通委、市经济信息化委、市规划资源局、各区政府）

27. 加快项目前期工作，支持铁路大通道、轨道交通网络、航空枢纽、港口、能源、内河航道、水利、地下综合管廊等基础设施重点项目加快开工建设，推动集成电路、新能源汽车等一批重大产业项目加快落地，在项目审批、要素保障等方面加大支持力度。（责任单位：市发展改革委、市交通委、市经济信息化委、市住房城乡建设管理委、市水务局）

28. 加强城市更新规划编制、政策支持和要素保障。年内完成中心城区成片旧区改造，全面提速零星旧区改造，年内新启动8

个以上城中村改造项目。中心城区旧区改造联动政策推广至五个新城，优化完善城中村改造政策。积极拓宽融资渠道，支持发行地方政府专项债券用于城市更新项目。健全住房租赁体系，推进保障性租赁住房建设筹措和供应。完善住房租赁法规政策，加强住房租赁管理和服务。（责任单位：市住房城乡建设管理委、市发展改革委、市规划资源局、市财政局、市房屋管理局、市民政局、市公安局、各区政府）

29. 促进房地产开发投资健康发展，建立房地产项目前期审批绿色通道，及时启动新一批次市场化新建商品住房项目上市供应，进一步缩短前期开发、拿地、开工、销售全流程时间。新开工建设的住宅项目城市基础设施配套费可顺延 3 个月缴纳。完善房地产政策，支持刚性和改善性住房需求。（责任单位：市房屋管理局、市规划资源局、市财政局）

（二）加强投资项目要素和政策支持

30. 加强资源性指标“六票”统筹，试行市重大项目推进实施所需的水面积、绿地、林地等相关指标跨年度统筹平衡。（责任单位：市住房城乡建设管理委、市重大办、市发展改革委、市交通委、市规划资源局、市水务局、市绿化市容局）

31. 聚焦自贸试验区临港新片区、虹桥国际开放枢纽、五个新城建设、南北转型等重大战略任务，支持各区申报地方政府专项债券。适当扩大地方政府专项债券支持领域，将新型基础设施等纳入支持范围。加快地方政府专项债券发行和使用进度，力争在 8 月底前基本使用完毕，尽早形成实物工作量。（责任单位：市财政局、市发展改革委、各区政府、临港新片区管委会、虹桥国际中央商务区管委会）

32. 进一步发挥基础设施不动产投资信托基金（REITs）作用，落实好“上海REITs20 条”支持政策，推动更多符合条件的存量基础设施项目发行 REITs，遴选保障性租赁住房项目等开展 REITs 试点，支持盘活存量资金用于新建项目。（责任单位：市发展改革委、市地方金融监管局、上海证监局）

（三）充分引导和激发社会投资

33. 深入推进企业投资项目备案制改革，实行立项、用地、规划、施工、竣工验收等各审批阶段“一表申请、一口受理、一网通办、限时完成、一次发证”。在临港新片区深化实施企业投资项目承诺制改革试点，向其他有条件区域推广。提升环评与排污许可证管理服务，加大环评豁免和告知承诺力度，扩大环评与排污许可“两证合一”范围，优化排污许可证办理和变更手续。（责任单位：市发展改革委、市住房城乡建设管理委、市规划资源局、市生态环境局、临港新片区管委会、各区政府）

34. 进一步扩大民间投资领域，鼓励和吸引更多社会资本参与市域铁路、新型基础设施等一批重大项目，鼓励民间投资以城市基础设施等为重点，通过综合开发模式参与重点项目建设。实施社会投资项目“用地清单制”改革，支持扩大企业债券申报和发行规模。加强银政联动和银企对接，鼓励金融机构对接重点项目，加大对基础设施建设和重大项目的支持力度，提供优惠、便捷的融资支持。市区合力加大对“专精特新”企业的支持力度。（责任单位：市发展改革委、市住房城乡建设管理委、市规划资源局、市交通委、市地方金融监管局、人民银行上海总部、上海银保监局、各区政府）

六、强化各类资源和要素保障

（一）加大财政跨周期调节力度

35. 进一步加大财政支持稳增长力度，加快财政支出进度，统筹使用各类收入和专项资金，调整优化支出结构。加快各类涉企专项资金的拨付和执行进度，做到早分配、早使用、早见效。完善专项资金使用和评价方式，统筹用于对经营困难的企业给予房租、贷款利息、担保费、稳岗就业等补贴。（责任单位：市财政局、市有关专项资金使用单位、市国资委、市规划资源局、市人力资源社会保障局、市医保局）

（二）强化金融助企纾困功能

36. 鼓励金融机构对中小微企业和个体工商户，货车司机，受疫情影响、符合条件的个人住房与消费贷款等，实施延期还本付息，延期还本付息日期原则上不超过 2022 年底，不影响征信记录，并免收罚息。推动试点银行将无缝续贷服务对象从小微企业拓展至中型企业。积极开发线上无缝续贷产品，按照“零门槛申请、零费用办理、零周期续贷”导向，支持中小微企业融资周转无缝续贷，力争 2022 年无缝续贷增量达到 1000 亿元。按照国家政策要求，将商业汇票承兑期限由 1 年缩短至 6 个月，并加大再贴现支持力度。（责任单位：市地方金融监管局、市国资委、上海银保监局、人民银行上海总部）

37. 鼓励银行类金融机构设立企业纾困专项贷款，由在沪银行向防疫重点企业、受疫情影响较大的困难企业、中小微企业和个体工商户提供优惠利率的纾困贷款。积极用好国家各类再贷款支持政策和普惠小微贷款支持工具，对重点领域和困难企业加大信贷投放力度。继续推动实际贷款利率稳中有降。深入实施“浦江之光”行动，孵化培育更多优质科技型企业，升级企业库和政策库，为企业上市提供精准化服务。支持金融机构发行金融债券，为重点领域企业提供融资支持。按照国家政策要求，对民营企业债券融资交易费用能免尽免，进一步拓宽企业跨境融资渠道。（责任单位：市地方金融监管局、人民银行上海总部、上海银保监局、上海证监局、国家外汇管理局上海市分局）

38. 支持融资担保机构进一步扩大中小微企业融资担保业务规模，市中小微企业政策性融资担保基金按 0.5% 收取担保费，对政策性的创业担保项目免收担保费，对政策性的农业担保项目给予贴息贴费。区级政府性融资担保机构平均担保费率降至 1%（含）以下。鼓励市有关部门和各区对中小微企业通过政府性融资担保机构担保获得的银行贷款，实行贴息贴费政策。（责任单位：市财政局、市经济信息化委、市地方金融监管局、各区政府）

39. 鼓励小额贷款公司、典当行等地方金融组织对困难行业、中小微企业和个体工商户适当降低贷款利率、担保费率、典当综合费率等融资成本，通过展期、无还本续贷等方式减轻客户还款压力，对 2022 年 3 月 1 日至 9 月 30 日到期的普惠型小额贷款还本付息日期可最长延至 2022 年 12 月 31 日并免收罚息。进一步发挥上市公司纾困基金作用，扩大纾困范围，优化纾困流程，提高纾困基金运作效率，积极帮助中小上市企业缓解资金流动性压力。（责任单位：市地方金融监管局、市国资委）

40. 支持更多符合条件的资产管理机构参与合格境外有限合伙人（QFLP）试点和合格境内有限合伙人（QDLP）试点，鼓励试点企业在沪设立全球或亚太投资管理中心，便利其开展跨境双向投资业务。（责任单位：市地方金融监管局、国家外汇管理局上海市分局）

（三）保障土地要素供给

41. 对公开招标拍卖挂牌方式出让的地块，加快建立线上交易机制。允许受让人申请延期缴付或分期缴付土地出让价款。优化土地出让条件，合理确定住宅用地起始价，降低商业办公用房自持比例。（责任单位：市规划资源局、市住房城乡建设管理委、市商务委、市房屋管理局、各区政府）

42. 适当增加 2022 年度建设用地计划，加大净增建设用地指标，支持保障各区重点产业项目用地需求。按照各区 2022 年低效建设用地减量化任务提前下达建设用地指标，加大周转指标暂借的支持力度。对于建设用地指标确有缺口的区，可由市级指标采取“直供”方式解决。（责任单位：市规划资源局、各区政府）

七、切实加强民生保障工作

（一）多渠道稳定和扩大就业

43. 多渠道挖掘就业潜力，鼓励有条件的国有企业新增就业岗位，支持有空余编制的事业单位适度增加人员招聘名额，积极通过政府购买方式开发社区公益性岗位。加大社区卫生和公共卫生岗位、社区工作者岗位招聘力度，鼓励各区招聘储备中小学优秀师资，吸纳更多高校毕业生就业。（责任单位：市人力资源社会保障局、市国资委、市教委、市卫生健康委、市民政局、各区政府）

44. 加大培训补贴力度，对受疫情影响的各类企业、社会组织等用人单位，对本单位实际用工的从业人员开展与本单位主营业务相关的各类线上职业培训，每人每次补贴600元，2022年年内不超过3次。获得技能人员职业资格证书、职业技能等级证书的劳动者可享受职业技能提升补贴。支持职业院校按规定备案成立职业技能等级评价机构为毕业学年学生提供服务，2022届院校毕业生年底前可回原校参加技能等级认定并享受职业技能提升补贴。（责任单位：市人力资源社会保障局、市教委）

45. 全面加强就业服务，对相关重点企业建立“一对一”工作机制，支持采用共享用工等方式解决短期用工矛盾，企业可与职工协商弹性工作制稳岗。加大高校毕业生就业创业工作力度，鼓励企业、基层、机关事业单位等吸纳高校毕业生，对招聘我市高校应届毕业生的企业，符合条件的，3年内按照实际招用人数给予每人每年7800元的税费减免优惠，落实高校毕业生自主创业税收、补贴等支持政策和见习补贴、一次性求职创业补贴政策。依托“一网通办”简化高校毕业生就业手续，提升就业服务效率。加强对灵活就业的监测与服务，开展新就业形态从业人员职业伤害保障试点。做好欠薪垫付工作，简化程序提高垫付效能。（责任单位：市人力资源社会保障局、市教委、市财政局、市税务局）

46. 全面落实各类人才计划和政策，优化人才直接落户、居转户、购房等条件，加大海外人才引进、服务和支持力度，加快实施人才安居工程，完善教育、医疗等服务，深入推进海聚英才创新创业系列活动，进一步吸引和留住各类人才。（责任单位：市委组织部、市人力资源社会保障局、市教委、市科委、市公安局、市发展改革委、市房屋管理局）

（二）保障群众基本生活

47. 进一步加强重要民生商品价格监测和市场监管，切实做好生活物资保供稳价工作。在继续实施社会救助和保障标准与物价上涨挂钩联动机制的基础上，通过发放一次性补贴、爱心礼包等形式，保障困难群众生活。（责任单位：市发展改革委、市市场监管局、市民政局、市财政局、市人力资源社会保障局、市退役军人局、各区政府）

八、保障城市安全有序运行和优化营商环境

（一）保障城市核心功能正常运转和城市安全

48. 完善重要功能性机构和企业服务保障专班协调机制，确保金融、贸易、航运、科创等城市核心功能持续稳定运转。保障能源安全供应，提高煤炭采购和储备水平，增强电力和天然气调度保供能力，增加市外来电供应，支持重点能源项目建设，保障经济恢复和迎峰度夏用电需求。加强粮食生产和储备，及时发放农资补贴，优化种粮补贴政策，适当提高粮食最低收购价水平。严格落实安全生产责任，深入开展安全大检查，全面排查整治安全隐患，保障城市运行安全。（责任单位：市发展改革委、市地方金融监

管局、市商务委、市交通委、上海科创办、市经济信息化委、市农业农村委、市应急局、市粮食物资储备局、各区政府）

（二）强化为企服务

49. 持续开展各层各级领导干部“防疫情、稳经济、保安全”大走访、大排查，加大联系走访企业力度，主动关心和服务企业，送政策上门，积极进行政策辅导、解释政策流程、推动政策直达，帮助企业排忧解难。建立企业诉求快速回应和解决问题的服务机制，在“一网通办”、随申办、上海市企业服务云推出服务专栏和工作平台，及时解答和处理企业复工复产复市过程中的具体问题。完善市、区两级稳商招商服务协调机制，用好上海外商投资促进服务平台，建立“问题台账”“服务台账”，集中解决一批影响企业投资发展的瓶颈难题，激发企业投资活力。（责任单位：市经济信息化委、市商务委、市发展改革委、市大数据中心、各区政府）

50. 实施市场主体纾困优化营商环境专项行动计划，建立营商环境监督员、“体验官”制度，切实提升企业感受度。提高“一网通办”全程网办率，通过线上审批、线上服务、线上帮办、电子证照应用、告知承诺办理、自动顺延许可证有效期限等方式，推进惠企利民政策“精准推送”“免申即享”，为疫情期间企业和个人办事提供便利。积极协助企业和个人开展信用修复工作，因疫情影响而导致的企业合同逾期、延迟交货、延期还贷等失信行为，不将其列入失信名单。加大政府采购支持中小企业力度，提高中小企业在政府采购中的份额。落实国家支持平台经济规范健康发展的具体措施，稳定平台企业及其共生中小微企业的发展预期，鼓励平台企业加快重点领域技术研发突破。支持投资类企业准入和注册，实施更加便捷的工作流程。加强法律服务保障，建立公共法律服务热线，对企业受疫情影响造成的合同违约、订单延迟、劳资关系等纠纷，及时提供法律咨询、法律援助、法律服务指引和调解等服务。（责任单位：市发展改革委、市政府办公厅、市财政局、市国资委、市地方金融监管局、市市场监管局、市司法局、市大数据中心、人民银行上海总部、各区政府）

本政策措施自2022年6月1日起施行，有效期至2022年12月31日（具体措施明确执行期限的，从其规定）。市政府3月28日发布的抗疫助企“21条”政策继续有效。国家有相关规定的，从其规定。

上海市人民政府办公厅关于印发《上海市2022年优化营商环境重点事项》的通知

（2022年6月2日）
沪府办发〔2022〕10号

各区人民政府，市政府各委、办、局：

经市政府同意，现将《上海市2022年优化营商环境重点事项》印发给你们，请认真按照执行。

上海市2022年优化营商环境重点事项

为深入贯彻市委、市政府决策部署，积极落实加快经济恢复和重振相关工作要求，优化全市营商环境，助力市场主体纾困解难、复工复产、恢复活力，在推动落实《上海市营商环境创新试点实施方案》的基础上，进一步深化拓展，再组织实施10个优化营商环境重点事项，提升市场主体感受度，激发市场主体信心和活力。

一、企业登记便捷

1. 企业变更注销全程网办。进一步优化完善在线登记，推进变更、注销等事项网办，为内外资企业提供申请、审查决定、结果送达等全流程网上服务。（责任单位：市市场

监管局）

2. 连锁食品经营许可便利化。市场监管部门对连锁食品经营企业总部食品安全管理体系、门店的设施设备、布局流程、加工过程等进行评审。经评审符合条件的连锁食品经营企业总部，市场监管部门提供免于门店现场核查等便利化审批举措。（责任单位：市市场监管局）

二、税费缴纳灵活

1. 设立税务社会共治点。与社会机构等合作，新设至少40个税务社会共治点，为纳税人提供税法宣传、税费咨询、事项办理、权益保护和政务服务的一体化、智慧化、差异化涉税（费）服务，打造“15分钟办税服务圈”。（责任单位：市税务局）

2. 扩大电子发票运用范围。进一步加强政策宣传和操作辅导，持续做好增值税电子普通发票和增值税电子专用发票推广应用。按照税务总局统一部署，积极落实全面数字化的电子发票试点工作，探索各类应用场景，便利企业经营。（责任单位：市税务局）

3. 优化企业缴费工资申报流程。企业按规定进行社会保险费（年度职工工资性收入申报）和住房公积金（年度基数调整）合并申报，数据互认。（责任单位：市人力资源社会保障局、市住房城乡建设管理委）

三、融资服务升级

1. 银行开户及支付手续费减费让利。落实好减免银行开户费。鼓励银行在减免一个账户管理费和年费的基础上，对小微企业和个体工商户免收全部账户管理费和年费。对公跨行10万元以下转账按不高于政府指导价的9折收取手续费，鼓励对公本行10万元以下转账免收手续费。取消支票工本费、挂失费，取消本票和银行汇票手续费、工本费、挂失费。鼓励银行对小微企业和个体工商户网上银行、手机银行、电话银行、安全认证工具的年费和管理费实行免收或优惠措施。（责任单位：人民银行上海总部）

2. 深化无缝续贷试点。积极引导银行业金融机构重点推进无缝续贷深化试点工作，实现贷款到期和续贷周转无缝对接，力争首期无缝续贷业务增量达100亿元。形成示范效应后扩面推进，力争到2022年年底前实现无缝续贷业务增量达1000亿元左右。（责任单位：上海银保监局）

3. 建设上海私募股权和创业投资份额转让平台。为基金份额持有人、基金管理人、合格投资者和中介机构等各类市场参与主体提供信息透明、价格公允、风控严格、安全高效的交易平台，拓宽私募基金份额转让渠道。（责任单位：市地方金融监管局、上海证监局、上海股权托管交易中心）

4. 扩大跨境投融资便利化政策效应。推动高新技术企业外债便利化额度试点、一次性外债登记试点及融资租赁公司母子公司外债额度共享业务试点，大幅提升上海跨境投融资收支和资金使用便利化程度。（责任单位：人民银行上海总部、临港新片区管委会）

5. 提升跨境业务数字化水平。推动银行开展资本项目数字化服务试点，引导金融机构通过具有法律效力的线上方式为企业办理资本项目业务，以电子化材料替代原纸质申请材料。（责任单位：人民银行上海总部）

四、信用监管提升

1. 建立市场监管部门失信企业信用修复机制。优化信用修复措施，按相关法律法规，对符合条件的失信企业，实现“能修尽修”“应修必修”。健全信用修复共享和互认机制，依法依规推动相关部门及时解除失信限制措施，推动市场化信用服务机构同步更新信用修复结果。（责任单位：市市场监管局、市发展改革委）

2. 地方征信平台数据互联互通共享。在不改变数据所有权和管理权的前提下，涉企的各类政务、公用事业信息通过接入长三角征信链，实现信用信息跨部门、跨地域互联互通，满足中小微企业和新型农业经营主体

的融资需求。(责任单位：人民银行上海总部、市发展改革委、市经济信息化委、市大数据中心)

五、公用服务优化

1. 实现供排水、电力、燃气、互联网联合报装。依托工程建设项目审批管理系统和市、区工程建设项目审批审查中心，将水电气网等市政公用服务接入申请环节与建筑工程施工许可办理环节整合，实现“一表申请、一口受理、一站服务、一窗咨询”。(责任单位：市住房城乡建设管理委)

2. 实现公共供水服务事项全流程网办。推进企业用水便利“一站式”服务应用场景建设，制定统一的供水服务事项接入规范，全面拓展服务覆盖面，提高服务便利度。(责任单位：市水务局)

3. 实施电力接入全周期主动办。实施“免申即办”主动办电改革，创新主动对接早、线上联办早、配套建设早、接电投产早的“四早”服务，构建土地储备期超前开展电网规划、工程建设项目立项期提前建设配套工程、正式用电前契约制接电的“三阶段”全周期办电模式，全面提升“获得电力”客户满意度和获得感。(责任单位：市电力公司)

六、项目审批提效

1. 扩大工程电子招投标范围。增加电子招投标项目类型，拓展领域范围，实现电子文件收集、远程视频开标评标。完善招投标管理，通过数字化方式规范管理，促进市场公平竞争。(责任单位：市住房城乡建设管理委)

2. 建立工程建设项目网上“中介服务超市”。依托工程建设项目审批管理系统，完善工程建设领域“中介服务超市”功能，对纳入清单的涉审中介服务事项，其服务内容、范围、标准、时限等实行网上留痕和全面公开，进一步规范工程建设项目管理，提高项目实施效率效益。(责任单位：市住房城乡建设管理委)

七、跨境贸易便利

1. 优化高新技术货物口岸查验模式。创新海关风险防控机制，开展跨关区布控查验，对高新技术企业进口的真空包装、防光防尘、恒温储存等特殊包装货物，免于口岸验核，转而在目的地实施验核，减少口岸事中干预，降低货物质损风险，提升通关时效。(责任单位：上海海关)

2. 船公司码头作业费(THC)一站式公示。优化上海国际贸易“单一窗口”收费公示系统。引导口岸各收费主体通过上海国际贸易“单一窗口”收费公示系统公开收费目录清单并强化动态更新。推进上海口岸船公司主要航线THC、文件费一站式公示。(责任单位：市商务委、市交通委)

3. 拓展国际贸易特色金融服务。在上海国际贸易“单一窗口”新增预付款项下的汇出汇款、货贸项下的汇入汇款功能，推出专享融资金融产品，包括退税快贷、运费融资、出口信保组合包、进出口食品安全综合保险等，降低外贸企业融资成本。(责任单位：市商务委、市地方金融监管局)

八、科创培育赋能

1. 加大“专精特新”企业培育力度。通过扶持特色产业集群、中小企业特色服务券等方式，提供精准化、高质量服务。力争到2022年年底前，市级“专精特新”企业总量达到5000家。(责任单位：市经济信息化委)

2. 优化技术合同登记服务。在全市各区符合条件的企业中推行技术咨询、技术服务合同登记告知承诺制，增设技术合同登记服务点，便利技术交易主体开展技术合同认定登记。(责任单位：市科委)

3. 简化企业标准和团体标准自我声明公开办理。将企业标准和团体标准自我声明公开办理纳入“一网通办”平台，实行告知承诺制，进一步简化优化办事流程。在平台上显示监督检查结果，使标准成为企业对市场的“硬承诺”。(责任单位：市市场监管局)

九、纠纷化解高效

1. 全面推行全流程网上办案。优化法院网上立案、在线庭审、电子归档等电子化服务。升级上海法院律师服务平台，优化电子调查令线上申请功能。建立破产财产在线查控系统，通过线上摇号系统指定管理人，实施管理人扩容计划。网上立案率达到80%以上，在线庭审方式常态化运行。（责任单位：市高院）

2. 优化小额诉讼办理。简化优化小额诉讼流程，降低小额诉讼案件的受理收费标准。（责任单位：市高院）

3. 建立裁判文书生效证明自动生成和推送机制。裁判文书生效后3日内将相关信息录入或者自动导入案件管理系统，由系统自动生成裁判文书生效证明并推送各方当事人，方便当事人及时申请强制执行。（责任单位：市高院）

4. 开展法律服务暖企行动。汇聚律师、公证、人民调解、仲裁等法律服务资源，及时为企业提供咨询、调解等法律服务，指导个体工商户化解合同履约、劳动用工等方面法律纠纷。通过各项支持企业服务举措，加强对中小微企业普惠性法律服务。（责任单位：市司法局）

十、营商服务贴心

1. 创建营商环境宣传品牌。组织各方面资源力量，主动送政策进楼宇、进园区，加强政策宣贯，推广典型经验和创新做法，打造营商环境服务品牌。（责任单位：市发展改革委、各区政府）

2. 强化企业服务工作机制。依托现有企业网格化服务等工作平台，持续优化疫情期间相关应急处置工作模式，充分运用数字化手段，主动发现，高效回应，建立常态化和应急状态相结合的企业服务工作机制。（责任单位：市经济信息化委、市发展改革委、市商务委、市卫生健康委、各区政府）

3. 拓宽营商环境社会监督渠道。在社会各界聘请一批热心专业人士作为“体验官”，对营商环境进行常态化社会监督，推动营商环境不断优化。（责任单位：市发展改革委）

上海市人民政府印发《关于加快推进南北转型发展的实施意见》的通知

（2022年6月13日）
沪府发〔2022〕5号

各区人民政府，市政府各委、办、局：

现将《关于加快推进南北转型发展的实施意见》印发给你们，请认真按照执行。

关于加快推进南北转型发展的实施意见

南北地区（宝山区、金山区）具备宝贵的发展空间，是全市重要的产业承载地。以国家和上海重大发展战略为导向，按照本市构建“中心辐射、两翼齐飞、新城发力、南北转型”的空间新格局要求，现就加快推进南北转型发展提出实施意见如下：

一、总体要求

（一）指导思想

以习近平新时代中国特色社会主义思想为指导，全面贯彻党的十九大和十九届历次全会精神，深入贯彻落实习近平总书记考察上海重要讲话和在浦东开发开放30周年庆祝大会上的重要讲话精神，坚定不移贯彻创新、协调、绿色、开放、共享的新发展理念，以产业转型为核心全面统筹空间转型和治理转型，通过整体性、系统性转型将南北地区打造成为绿色低碳转型发展的主力军、传统工业地区转型的样板区、实体经济筑基的压舱石、经济社会发展的新引擎，为上海更好服务构建新发展格局提供坚实支撑。

（二）基本原则

——坚持勇担使命、服务全局。着眼于

贯彻落实国家战略部署和服务全市发展大局，充分发挥南北地区优势，在主动服务国家长江经济带、长三角一体化发展、科创中心建设、虹桥国际开放枢纽等重大战略协同中提升集中度和显示度。

——坚持创新引领、绿色发展。着眼于融入现代化经济体系建设，强化科技创新和数字化赋能，加快新旧动能转换，着力提高产业发展质量效益。走生态优先、绿色低碳的转型道路，努力推进生产、生活、生态相互融合，功能、形态、环境相互促进，不断创造综合效益。

——坚持系统谋划、分步推进。着眼于整体性推进和全局性谋划，全面深化重点领域和关键环节改革的顶层设计和系统集成。立足当前、着眼长远，有计划有步骤、因地制宜推动精准转型，着力解决制约发展的结构性、制度性问题。

——坚持市区联动、以区为主。着眼于凝聚强大发展合力，强化宝山区、金山区主体责任，激发基层转型动力，充分发挥市级部门的指导支持、政策保障作用，推动市属企业参与配合，促进多要素联动、多领域合作、多部门协同，务求转型取得实效。

（三）转型目标

到2025年，南北地区基本成为产城融合发展、新兴产业集聚、生态宜居宜业的现代化转型样本，服务国家战略和全市大局的能力进一步增强，竞争力和影响力显著提升，地区生产总值力争达到4000亿元，新增规上工业总产值占全市增量比重达到20%以上。

二、加强功能引领，全面释放南北地区转型动能

（一）精准锚定发展定位，凸显转型特色功能

宝山区按照“全域转型、产城融合、战新集聚、绿色低碳”的总体要求，全力构筑创新主体活跃、创新人才集聚、创新功能突出、创新生态优良的上海科创中心主阵地，打造现代化、创新型、生态化国际大都市主城区和全市绿色低碳转型样板区，成为上海服务辐射长三角北翼的重要节点和上海北部经济发展新的增长极。金山区按照“智造集聚、文旅赋能、门户枢纽、生态宜居”的总体要求，全面推动转型新发展、全力塑造城市新形象，建成打响“上海制造”品牌的重要承载区、实施乡村振兴战略的先行区、长三角一体化发展的桥头堡，成为虹桥国际开放枢纽南向拓展带重要节点和上海南部经济发展新的增长极。

（二）持续推动全面发展，激发转型内在活力

推动产业转型，促进产业向精细、绿色、高技术、高效益的方向发展，加快传统产业数字化和数字产业规模化，培育高质量市场主体，推进产业链创新链深度协同、制造业服务业融合发展。推动空间转型，打通沿江沿湾大通道，优化内部交通体系，促进城市功能空间合理布局，打造重点转型载体和空间新地标。推动治理转型，用便利的营商环境吸引市场主体，用精细的城市管理改善城市面貌，用智能的数字服务赋能城市治理，用优质的公共产品服务人民群众。

（三）坚定不移底线约束，筑牢转型安全防线

明确南北转型用地总量和结构，鼓励和引导各项转型工作节约集约利用土地，加大存量建设用地挖潜力度，推进土地功能混合利用，高质量实施城市更新，全面提升土地利用效率。按照“碳达峰、碳中和”目标任务要求，有效调控能源消耗，确保资源能源消耗总量在可承载范围内。把绿色生态要求作为转型工作的红线，确保生态空间只增不减，推动生态空间保育、修复和拓展。牢牢守住城市安全底线，坚持以防为主、以控为要，提高突发事件的应急应变能力。不断优化治理方式和治理流程，进一步推进城市精细化管理，为转型营造科学规范的城市环境。

三、以产业转型为核心，构建高端现代产业体系

（一）推动制造业从“基础性”到“战略性”跃变

打破南北地区“主导产业依赖高、新兴产业能级低、基础产业配套差”的结构性桎梏，推动制造业向高端化、智能化、集群化、特色化转型，推动基础性材料产业向特而强、专而大的新材料产业转型，培育生物医药、智能装备、新一代信息技术三大新支柱产业。同时，立足南北产业基础和全市产业定位，坚决遏制“高能耗、高排放”项目盲目发展，加快布局氢能源、干细胞与再生医学等一批面向未来的先导产业。鼓励宝山区、金山区结合地区资源，因地制宜推动特色产业发展。

1. 新材料产业。推动钢铁、化工等产业向产业链下游延伸、向价值链高端拓展、向突破核心关键技术“卡脖子”领域布局，向新兴产业和社会发展需求转移，实现重点领域关键材料的自主保障。宝山区重点聚焦集成电路关键材料、生物医药复合材料、电子信息功能材料、石墨烯前沿材料，新能源、海洋工程、航空航天等领域所需的高性能钢材等特殊金属材料，打造先进材料产业集群。金山区在绿色化工基础上，聚焦碳纤维复合材料、绿色高端涂料、高性能弹性体、电子化学品等细分领域，重点发展高分子材料、高性能合金材料、高端复合材料等重点领域，做深做精新材料产业集群。

2. 生物医药产业。打通“张江研发—南北转化落地”产业创新协同机制，推动产医融合、产研融合，依托重点产业平台，打造具有核心竞争力的生命健康全产业链。宝山区聚焦生物医药制造、医疗器械装备生产、生物研发服务等领域，打造北上海生物医药产业园。金山区聚焦新型抗体药物、新型疫苗等生物制品和医疗器械的研发和产业化，加快推进新型化学制剂、高附加值原料药等产品创新，发展精准医疗、数字医疗等健康服务业，建设上海生命健康产业重要承载区。

3. 智能装备产业。依托机器人、无人机等特色产业基础，促进整机和核心零部件协同发展，提高自主设计、制造和系统集成能力。宝山区聚焦智能机器人本体制造、高性能模拟和高精准反馈智能控制系统等核心部件研发制造、服务与特种机器人集成应用、新能源与智能网联汽车关键控制装备、低空轨道交通整车装备与控制系统、海洋工程与船舶关键智能装备，提升智能制造产业能级。金山区聚焦无人机制造和场景应用，加快形成“无人机设计测试—整机制造—运营服务”全产业链条，持续打造民用无人驾驶航空试验基地（试验区）；聚焦成套装备、控制装备、机器人、航空电子等产业，推动人工智能芯片等数字制造业和工业软件发展，做大做强智能装备产业集群。

4. 新一代信息技术产业。推动电子信息产业向研发设计、中高端制造、市场营销等价值链高端环节延伸，提高产业链影响力和辐射力。宝山区聚焦新一代信息技术在工业互联网、智能制造、软件研发、智慧城市等领域应用，深化建设中国产业互联网创新实践区。金山区聚焦新型显示产业，加强工业软件、工业互联网、人工智能在传统产业改造升级中的应用，打造国内新型显示战略高地。培育壮大第三代化合物半导体产业，构建集成电路产业链。

（二）推动服务业从“配套性”向“特色化”升级

1. 提升科技服务业水平。培育壮大科技服务机构，重点发展知识产权、技术转移、创业孵化、研发设计、检验检测认证等专业服务业。宝山区依托宝武中央研究院与高校共同建设新型研发机构。加快石墨烯、超导等功能型平台提升能级。金山区加强与高校、科研院所合作，按照市级研发与转化功能型平台标准，持续推进上海碳纤维复合材料创新研究院建设。

2. 做强做优文旅产业。推动文旅深度融合、创新发展，打造全域旅游特色品牌。宝山区以建设邮轮旅游发展示范区为引领，高标准建设具有全球影响力的上海国际邮轮旅游度假区，拓展邮轮经济产业链，打造具有国际邮轮特色、海上门户标志度的文旅新地标。推动长江口水上运动体验中心建设。金山区以乐高乐园为首发项目，建设融教文娱购等为一体的长三角亲子度假区。依托海水海滩、文化资源等特色旅游业态，加快滨海国际文化旅游度假区建设。依托枫泾、张堰等中国历史文化名镇，推动“文旅＋农业”等多业态融合发展，打造乡村文化旅游精品线路。

3. 做大做精平台经济。聚焦钢铁、有色、化工等重点领域，立足服务现货，提升国际资源配置能力和定价话语权。宝山区打造以钢铁交易平台为首的各类大宗商品交易平台，培育一批产业互联网服务平台。金山区打造基于化工产业的工业互联网平台，培育发展化工电商平台、新材料交易平台等大宗商品交易平台。

4. 构建区域消费中心。培育发展首发经济、品牌经济、夜间经济，打造新型商业文化娱乐业态，规划建设具有区域特色的消费综合体。加快商业模式创新，发展线上消费、体验消费、健康消费等新消费。持续开展长三角路演中心建设，推动“老字号”品牌发展。

（三）推动都市农业从“普适性”向“标杆性”优化

1. 大力发展都市现代绿色农业。做精都市休闲农业，推进绿色田园先行片区建设，示范引领都市农业高质量发展。宝山区建设农业科技试验田，发展高端设施农业、现代花卉等土地集约型农业。金山区聚焦“百里花园、百里果园、百里菜园”，全面深化国家现代农业产业园建设，引进和培育农业龙头企业，推广高附加值经济作物种植，提升农业特色品牌影响力。

2. 推动乡村产业融合发展。打造涵盖生产、加工、流通、科技、服务等全产业链，推进乡村新产业、新业态融合发展。围绕旅游古镇、特色村落、乡村民宿等，提升休闲农业和乡村旅游水平。宝山区杨行、月浦、罗店三镇打造农旅融合体验区，营造江南水乡风貌，带动一批特色农旅产业发展，成为优质产业发展承载地。金山区加快向农产品精深加工等高端价值链延伸，加快推进郊野生态公园功能提升，打造一批农旅融合功能区，争创一批国家A级景区。

3. 增强农业科技自主创新能力。推动建设农业智能化生产基地，探索基于5G通信技术的农业物联集成应用模式，打造无人农场、绿色生产基地和智能化菜（果）园。支持金山区做强农业科技现代化先行区、国家农业科技园区，创建国家级农业高新技术产业示范区。

（四）锚定“双碳”目标加快产业绿色低碳转型

1. 构建绿色低碳循环经济体系。促进钢铁、化工等产业绿色化改造，加快传统产业绿色技术创新发展，建设资源综合利用基地。支持宝山区和宝武集团共建上海碳中和产业园，推动宝武集团实现“碳达峰、碳中和”目标任务。打造一批低碳发展示范区，推动宝武集团、上海化工区和上海石化发展氢能产业。

2. 推动区域生态环境综合治理。坚持减污降碳协同、PM2.5（细颗粒物）与O_3（臭氧）协同控制，加强企业污染物排放总量监管，强化企业分级管理，从根本上改善港区NOx（氮氧化物）污染问题与杭州湾区域臭氧污染问题，进一步提高环境空气质量。进一步加强重点地区固废危废安全规范全过程管理。持续推动金山地区环境综合整治，支持金山区提升防汛抗台排涝能力，创建国家生态文明建设示范区。探索街镇、产业园区等“最小单元”环境治理新模式。

四、以空间转型为重点，增强资源要素配置效率

（一）建设内通外联的交通网络体系

1. 宝山区依托主城片区，打造北上海枢纽门户，加强与沿江沿海地区联动，提升在沿江综合立体交通走廊和沿海综合运输通道中的重要节点功能。围绕北沿江高铁宝山站打造宝山站综合枢纽，强化与吴淞城市副中心、吴淞国际邮轮港等载体的链接功能。加强骨干路网建设和交通衔接，加快推进沿江通道浦西段等规划建设，完善内河航道网络规划。加快推进罗泾港区功能转型，积极融入长三角一体化发展。加强东西向交通联系、内外交通衔接，推动宝山中运量交通规划建设。推动重点转型区域路网建设，加强吴淞创新城、南大、环上大等重点转型区域的内外链接。

2. 金山区依托滨海地区，打造上海西南交通枢纽，加强与周边枢纽的联系，强化与新城、长三角周边城市的联通。构建两个城市级交通枢纽，围绕沪乍杭铁路金山站，建设金山滨海地区城市级交通枢纽，围绕沪杭铁路金山北站，建设枫泾城市级交通枢纽。加强骨干路网升级和内外交通衔接，完善轨道交通、中运量等公共交通衔接能力，提升金山铁路运营密度和服务水平。推动长三角城市群融合发展，加快省市对接、区域对接（断头路）建设，加快推动市域铁路南枫线、金山至平湖线等开工建设。推进功能项目、重大区域周边配套道路建设，围绕上海乐高乐园度假区，加快推进枫泾城市级交通枢纽和南枫公路等配套项目建设。围绕滨海国际文化旅游度假区，加快研究G15沈海高速公路功能提升和滨海连接线规划建设。

（二）构建协同高效的区域空间格局

1. 宝山区突出“科创+城市”融合，加快推动南、中、北“三分区”联动发展格局。南片区发挥区位优势，聚焦蕰藻浜沿岸科创转型和沿长江路科创服务发展轴，加快沿岸生态修复、形象提升、功能再造和产业发展，打造“北中环赋能经济带”。中片区以吴淞创新城为核心打造支撑科技创新的重要空间，以北沿江高铁宝山站、杨行地区为核心建设宝山综合性功能中心。北片区打造集高端制造、科创社区与美丽乡村融合发展的承载地，建设吴淞江生态公园。

2. 金山区突出“产业+城市”融合，推动“滨海辐射引领、亭枫转型赋能、亭卫创新驱动、中部乡村振兴”，形成“一城两轴一圈”空间功能格局。滨海地区加快产城融合，重点推进滨海文化旅游、商务会展、科创服务等发展。亭枫城镇发展轴发挥乐高乐园度假区的引领辐射功能，打造毗邻地区一体化高质量发展示范区。亭卫产业发展轴夯实上海湾区高新技术产业开发区（原金山工业区）等重点产业园区平台功能。中部地区挖掘乡村多元功能，打造绿色田园、古朴乡村、现代城镇相得益彰的空间格局。

（三）打造动力强劲的重点转型地区

1. 吴淞地区，以吴淞创新城为抓手推进宝山主城片区建设，联合宝武集团等大型企业加快协同创新，确保宝武集团不锈钢、特钢两个1平方千米区域三年出形象、五年成规模，外环以南9平方千米区域实质性启动建设。加快上海大学上海美术学院等一批重大项目建设，提升城市能级和城市品质。推动央企、国企存量地块转型提升，在产业导入时发挥其科创资源优势与宝山区深入融合，着力打造老工业基地转型发展和城市更新示范区。

2. 南大地区，联动桃浦推进南大智慧城构建产业生态网络，加快发展以AI（人工智能）为核心的总部经济和数字经济。加大项目引进力度，打造梯度化创新型企业集群，建成科创金融服务中心新标杆，形成硬核科技集聚的新高地、高品质城市建设的新典范。

3. 环上大地区，强化与上海大学及周边产业园区的产学研高效联动，促进科研优势

向产业优势转化。加快高校科技成果转移转化、对接落地和创新要素集聚，培育完善的产学研创新功能载体。推动周边创新创业集聚圈层发展，校区园区创业社区融合发展，盘活上大科技园区域闲置低效资源，提高环上大“一园一圈”的集中度、显示度和品牌效应。

4. 上海化工区和上海石化区域，优化科技创新生态系统，重点推动上海石化与本市的央地合作，加快研究成立特色产业发展基金，积极推进长三角化工产业链一体化协同发展，加快化工生产性服务业集聚区建设，构筑长三角化学工业研发中试高地和安全环保协同治理共同体，打造高端绿色化工产业示范区，引领杭州湾沿线化工产业整体升级。

5. 上海湾区高新技术产业开发区（原金山工业区）和上海碳谷绿湾产业园（原金山第二工业区），以国家新型工业化产业示范基地建设为牵引，提升发展能级。上海湾区高新技术产业开发区（原金山工业区）聚焦高端装备、新一代信息技术、生物医药等特色产业，加快推动优势产业集群集聚发展，打造以智能制造、产城融合、绿色安全为主要特征的产业高地。上海碳谷绿湾产业园（原金山第二工业区）以新材料为核心提升精细化工科技创新能力，促进低效用地二次开发，推动园区扩容增能，打造全国工业园区“二转二”转型发展示范区和全球化学新材料产业引领区。

6. 滨海地区，强化辐射引领功能，全面塑造上海湾区城市品牌。上海湾区科创中心以战略性新兴产业的研发、专业服务为主导产业，培育和聚集各类创新创业平台，加快上海湾区中科生态数字港、上海湾区东湖国际创新中心等平台建设，加快现代服务业集聚，成为上海建设具有全球影响力的科技创新中心的重要承载地。

7. 完善“市级特色产业园－区级特色产业园－精品微园”的特色园区梯度培育体系。重点支持北上海生物医药产业园、超能新材料科创园、机器人产业园、新型显示产业园、华东无人机基地、湾区生物医药港、临港枫泾先进制造业基地、上海电子化学品专区等一批特色园区发展。

五、以治理转型为支撑，全方位提升城市软实力

（一）推动公共服务“补短板”和“提品质”并重

1. 加快优质教育资源均衡供给。推动基础教育资源均衡布局，加大优质教育资源供给。宝山区加强区域内部优质教育均衡发展，推进上海大学“双一流”建设和高水平地方高校建设，加大与复旦大学等高校产学研互动，为高校科技成果转化和孵化提供平台和空间。金山区快速提升基础教育整体水平，加快引进优质教育资源，优化学龄前儿童善育工程，支持上海市学生综合性劳动实践基地（金山区青少年实践活动中心）建设，推进全国劳动教育实验区建设。围绕主导产业，布局相关科研院所或平台。支持发展高等职业教育，引入电子信息类高职院校并推动建设本科层次职业技术大学，探索筹建健康护理类新型高职学院，打造职业教育新高地。

2. 增加优质医疗资源供给。加快高等级医疗机构向南北地区辐射，加强医师和设施配置，推进医疗卫生服务能力整体提升。宝山区以“提质”为重点，推动华山北院和华山医院母院一体化高质量发展，打造区域疑难病症诊治中心，加强新一轮社区卫生服务机构能力建设，推进社区卫生服务中心高质量发展。金山区以“增能”为目标，加大市级医疗机构对区属医院的支持力度，深化整合型医联体建设。支持金山区布局三级甲等综合医院。依托上海市公共卫生临床中心等推进应急资源保障基地建设，加大学科人才队伍培养和资源投入力度。

3. 加大人才住房保障力度。建立与职住平衡相适应的住房供给体系，吸引重点产业

人才集聚，有效解决各类人才尤其是远郊人才安居问题。支持利用企业、园区自有土地、集体建设用地、存量商办等非居住房屋建设保障性租赁房，完善周边设施建设，提高运营管理和服务水平。加快推动宝山区顾村、罗店，金山区亭林等大型居住社区功能完善和住房供应结构优化，将其建设成为各类人才来沪安居置业优选之地。

（二）推动城市治理“数字化”与“精细化”并举

1. 加快推进新型基础设施建设。按照信息基础设施标杆城市要求，聚焦一批新网络、新设施、新平台、新终端，推动“云、数、网、端”发展。高标准建设信息基础设施，打造“物联、数联、智联”的公共数字底座。完善终端基础设施智能化改造，优先在防汛防台、生态环保、危化管理等领域部署物联感知设备，建设“一网双平面”新型政务外网及网络安全设施。

2. 创建城市治理数字化转型标杆。促进政务服务“一网通办”集约便捷，推进跨省通办服务线上线下融合，助力提升长三角政务服务一体化水平。推动城市运行“一网统管”智敏协同，以“一区一特”为导向，完善“三级平台、五级应用”基本构架。加强政府、企业、社会等各类信息系统的业务协同、数据联动，解决“数字鸿沟”问题，打造智能便捷的数字化公共服务和治理体系。

3. 打造精细化管理善治城市典范。以智能化为突破口，深化城市管理体制机制改革，推动城市管理模式、管理理念与整体转型相适应。强化城市运行风险综合防控，针对公共安全、环境保护、社区治理、地下管网等领域进行重点风险管控，完善突发事件应急处置机制。加强供水排水和防汛防台综合管理，提高城市防洪工程防御标准。聚焦能源、产业、交通、建筑等重点领域，强化绿色技术创新，加大绿色金融支持力度，持续推进绿色低碳循环发展。

（三）推动营商环境“强招商”与“优服务”并行

1. 强化招商引资做实企业服务。构筑企业引进到全生命周期的全链条服务。以“放管服”改革为抓手，最大限度简化行政审批，提升线上线下协同服务效能，降低制度性交易成本。推进“全程代办”等特色服务。全面落实税收优惠政策，降低企业用地成本和水、电、气、交通等要素成本。

2. 培育壮大市场主体激发社会活力。聚焦主导产业，培育和引进一批国内外领先企业。营造产业生态，吸引和培育主导产业链、价值链上关联度高、创新力强的中小企业集群，保护市场主体合法权益和发展空间。研究引育企业相关优惠政策，鼓励安排中小企业发展专项资金，支持企业技术创新，营造企业人才成长的良好环境。

六、保障措施

（一）完善体制机制

建立上海市推动南北转型工作领导小组，加强跨区域、跨部门、跨层级的协调联动，统筹推动重点任务、重大项目落地实施。宝山区、金山区要充分发挥主体作用，强化主体责任，建立工作专班，形成强有力的推进机制。

（二）注重转型时序

市有关部门和单位建立健全统筹协调和推进机制，梳理排摸重点转型工作清单，细化目标任务，明确阶段性主攻方向和政策突破口，完善配套措施。宝山区、金山区制订相关转型行动方案，研究建立考核激励机制，确保各项任务按阶段有效落实。

（三）加强政策支持

五个新城已明确的关于人才吸引集聚、安居住房供给、规划土地保障、财税金融支持等政策，原则上适用于南北重点转型地区。针对南北转型突出问题和发展诉求，在重点区域转型、低效用地盘活、产业育新转旧、重大项目建设等方面加强制度和政策创新。

（四）鼓励多方参与

充分发挥市场主体作用，不断培育壮大转型标杆企业，引导社会资本有效支持转型发展。组建南北转型地区的专家顾问组，培育和引进具有转型经验的专业运营商、具有国际视野的高素质专业人才。

（五）加强宣传引导

坚持面向市民、基层、市场，运用各种媒体宣传，搭建群众便于参与的交流平台，最大限度地调动社会各方面主动性、积极性和创造性，让广大群众从转型中提升获得感和幸福感。

附件：加快推进南北转型发展的支持政策

附件

加快推进南北转型发展的支持政策

为了加快推进南北地区（宝山区、金山区）转型发展，现提出支持政策如下：

一、吸引人才集聚

（一）在南北地区重点转型区域[吴淞地区、南大地区、环上大地区、上海化工区和上海石化区域、上海湾区高新技术产业开发区（原金山工业区）和上海碳谷绿湾产业园（原金山第二工业区）、滨海地区]（下同），加大人才集聚力度。加大产业技能人才支持力度，在本市“首席技师”“技能大师工作室”评选资助中对重点转型区域加大支持力度，支持重点转型区域产业园区、重点企业建立高技能人才培养基地。对本市紧缺急需高技能人才目录以外的特别紧缺急需的技能岗位，探索经由行业代表性企业自主评定和推荐后，纳入技能人才引进范围。教师在职称评审时可享受乡村教师待遇。人才落户和居住证积分政策参照支持五个新城人才发展的实施细则执行。

二、完善住房供给

（二）在南北地区重点转型区域发展保障性租赁住房。聚焦各类人才，引导多主体投资、多渠道供给。支持利用企业、园区自有土地、集体建设用地、存量商办等非居住房屋建设保障性租赁房。工业用地统筹平衡集中建设宿舍型保障性租赁房。加大租赁住房政策支持力度，对在重点转型区域内就业和居住的人才提高住房公积金支付房租最高月提取限额标准，加大人才租房购房补贴力度。加快完善长租房政策，整顿规范租赁市场秩序。研究建立租购并举的人才住房政策。完善大型居住社区配套。适当提高规划居住用地占比。新增住宅用地向轨道交通站点、大容量公交节点周边1000米集中布局。

三、优化土地保障

（三）在南北地区重点转型区域强化用地保障。高强度综合开发轨交站点周边区域，允许适当放宽住宅地块容积率。建立净增建设用地指标奖励机制。全市新增产业空间向南北地区倾斜，产业区块实行混合用地、创新型产业用地等政策，推进工业、研发办公、中试生产等功能混合。优化供地结构，增加单幅小型商办用地供地。推进城区更新，加快旧住房更新改造、城中村改造，符合条件的由市级给予资金补助支持。以产业地图和国土空间规划为引导，以优质产业项目导入“点对点”打开战略预留区，充分保障先进制造业发展空间。

（四）发挥区级能动性，明确低效用地退出方案及年度计划。加强区企合作，研究创新转型地块功能调整后的利益分享机制。推动宝山区、金山区符合转型战略定位的新产业项目优先在转型地块落地，加大规划要素倾斜力度，支持创新混合用地土地出让方式。支持工业用地转型创新适用《上海市城市更新条例》的有关规定，简化存量产业用地提升容积率等审批流程，优化实施路径和操作细则。支持宝山区、金山区申报开展基础设施领域REITs试点并优先享受专项资金支持。

四、加强财税支持

（五）加大市级土地出让收入对南北地

区重点转型区域的支持力度。对南北地区范围内，并纳入本市“十四五”部分领域重点基础设施市对区支持政策的项目，对内河高等级航道、市属防汛水利设施、政府收费还贷高速公路、郊区越江省道等市属项目及重点公共绿地、郊区污水污泥处理设施、区属中运量公交、区管省道等区属项目，按照不同项目类型分类予以资金支持。

五、推动数字赋能

（六）支持企业实施数字化转型。市属国有企业数字化重点项目相关投入在经营业绩考核中，经认定符合条件的可视同于利润。实施软件和集成电路核心团队、企业奖励政策，优化分级分类奖励标准。支持将数字经济民营企业认定为民营企业总部。加大数字化产品和服务采购力度。鼓励以领军企业为主体，建设一批市场导向、技术领先的工程研究中心和数字化转型促进中心。

六、加快重点区域转型

（七）支持吴淞创新城建设。吴淞创新城宝武集团用地，除了宝武集团存量补地价以外的部分，可以由市、区联合收储后出让给城市更新主体，吴淞创新城其余用地探索城市更新带动“二转二”的转型开发“吴淞模式”。吴淞创新城外环内重点区域的排水系统建设由市承担主管及泵站的工程费用。

（八）支持南大智慧城建设。支持南大智慧城核心区高层建筑规划研究。加快推进S5沪嘉高速功能提升工程实施。

（九）支持上海碳谷绿湾产业园（原金山第二工业区）建设。对上海碳谷绿湾产业园（原金山第二工业区）工业用地出让取得的土地出让收入，市本级土地出让收入计提各项专项基金（资金）后全部作为区级收入管理。以上海碳谷绿湾产业园（原金山第二工业区）为试点，以贴息或资助等方式支持收购存量土地、引入优质项目，有效缓解园区转型升级的资金平衡约束。对园区开发主体收回低效工业用地，按照回收面积的1/3，给予新增工业用地指标奖励。鼓励全市高端绿色化工产业项目向上海碳谷绿湾产业园（原金山第二工业区）集聚。

（十）支持滨海地区建设。支持金山滨海地区建筑限高等规划指标参照《上海市新城规划建设导则》实行。支持区域内包含住宅的混合用地带方案、有条件出让。研究放宽金山滨海地区商业物业自持比例支持政策。支持龙泉港至张泾河岸段生态廊道建设和上海化工区与滨海国际文化旅游度假区的生态屏障建设。支持浦南东片南排海通道骨干河道整治工程建设。

七、推动国资国企参与转型

（十一）推动国资国企考核改革，增加土地产出效率考核，对列入低效存量地块督促指导，加快转型提升。除政府收储方式外，加强市、区联动，创新国资国企闲置地块更新转型模式。鼓励国资国企共同参与产业园区“二转二”转型开发，推进低效存量产业用地转型升级，做大做强国资投融资平台，助力重点区域转型。适当调高国企转型地区经营性用地比例，加大混合用地比例，探索成本就地平衡。进一步加强央地合作机制，共同打造央地转型合作示范区。

八、支持产业育新转旧

（十二）支持“1+3”重点产业发展。鼓励宝山区、金山区发展新材料、生物医药、智能制造、新一代信息技术等重点产业，通过战略性新兴产业专项资金、促进产业高质量发展专项资金、服务业发展引导资金等专项资金予以支持。

（十三）支持特色服务业发展。支持邮轮经济发展，支持设立综合保税区，研究加大对邮轮产业的保税政策支持力度，提升邮轮融资、保险和免税购物等功能。支持宝山区发展免退税经济。对环上大、上海湾区科创中心等特定地区实施创新企业、人才奖补政策。培育数字平台经济，推动宝山区与国家技术转移东部中心合作共建“宝山数字科创港”，金山区依托生产性服务业功能区打造数字企业园区，支持金山区创建市级软件和信息服务产业基地。支持设立自由贸易账户（FT 账户），区内企业通过自由贸易账户开展跨境交易本外币结算和境外融资业务。

（十四）完善能耗双控制度支持产业高质量发展。强化能耗强度降低约束性指标管理，实施与 GDP 增长率挂钩的能耗总量弹性管理制度。新增可再生能源消费量及原料用能不纳入能源消费总量控制。对南北地区范围内列入国家重大项目清单的项目实施能耗单列，将上海化工区范围内企业、年耗能 50 万吨标准煤以上企业能耗列入市级统筹。

九、支持重大交通项目建设

（十五）支持南北交通枢纽建设。推动南北地区建设面向融入长三角综合交通网络的枢纽站点，打通沿江沿海大通道。加快北沿江高铁、沪通铁路二期工程建设。支持北沿江高铁宝山站、沪乍杭铁路金山站、沪杭铁路金山北站枢纽建设，坚持公共交通为导向（TOD) 的开发模式，提高站点周边开发强度和综合开发水平，推动站城高水平融合发展。推进宝山客货运分离系统化研究。研究增加金山铁路运营班次。加快沪杭客专上海南联络线、沪乍杭铁路浦东铁路扩能改造、市域铁路金山至平湖线等项目规划建设。加强嘉青松金线等储备项目研究。研究支持金山华东无人机空港建设。支持市域铁路南枫线、配套中运量公交等交通项目加速落地。

上海市人民政府办公厅关于印发《上海市数字经济发展“十四五”规划》的通知

（2022 年 6 月 12 日）
沪府办发〔2022〕11 号

各区人民政府，市政府各委、办、局：

经市政府同意，现将《上海市数字经济发展“十四五”规划》印发给你们，请认真按照执行。

上海市数字经济发展“十四五”规划

为深入贯彻国务院印发的《“十四五”数字经济发展规划》，根据《上海市国民经济和社会发展第十四个五年规划和二〇三五年远景目标纲要》，制订本规划。

一、总体要求

（一）指导思想

以习近平新时代中国特色社会主义思想为指导，全面贯彻党的十九大和十九届历次全会精神，深入贯彻落实习近平总书记考察上海重要讲话要求，把握全球数字化发展新机遇，以数据为关键要素，以推动数字技术与实体经济深度融合为主线，以科学家判断技术前景、企业家发现市场需求、市场验证赛道价值、政府营造发展环境为工作方法，协同推动数字产业化和产业数字化，加快培育新技术、新业态、新模式，全面提升数字消费能级，打造世界级数字产业集群，为上海全面推进城市数字化转型、高效统筹疫情防控和经济社会发展提供重要支撑，加快打造具有世界影响力的国际数字之都。

（二）基本原则

——坚持全球视野。牢牢把握全球数字化发展大趋势和数字时代国际大格局，加强前瞻谋划布局，拓展数字经济发展空间，不断做强做优做大上海数字经济，为构建数字中国提供有力支撑。

——坚持创新引领。坚持把创新作为引领发展的第一动力，更加注重科技自立自强的战略支撑作用，不断强化关键核心技术突破，推动以数字技术促进全要素生产率提高，加快形成具有核心竞争力的数字技术创新体系。

——坚持市场主导。坚持发挥企业主力军作用，以超大城市海量数据和丰富应用场景为牵引，支持国内外市场主体在沪创新创业，加快健全鼓励数字新业态新模式发展的包容审慎环境，充分激发全社会市场主体创新活力。

——坚持赛道思维。坚持立足产业基础和要素资源禀赋特点，聚焦重点领域进行数字经济新赛道培育，根据市场情况动态调整赛道布局，打造人无我有、人有我优的核心功能，加快培育壮大具有上海特色的数字产业集群。

（三）发展目标

到2025年底，上海数字经济发展水平稳居全国前列，增加值力争达到3万亿元，占全市生产总值比重大于60%，产业集聚度和显示度明显提高，高潜力数字新兴企业加快成长，高水平数字消费能级不断跃升，若干高价值数字产业新赛道布局基本形成，国际数字之都形成基本框架体系。

——数字经济核心竞争力不断提升。数字经济核心产业增加值占全市生产总值比重达到15%左右，规模以上制造业企业数字化转型比例达到80%左右，数字经济新动能和经济贡献度跃上新台阶。

——数字经济企业活跃度显著提高。引进和培育100家以上数字经济领军企业和高成长性企业，每年新增1万家以上数字经济新兴企业主体，一批高价值的新产业新业态新模式不断涌现，多元市场主体创新活力不断增强。

——数字新赛道新动能持续壮大。在人工智能、区块链、云计算、大数据等重点领域集中突破一批关键技术，在智能网联汽车、可穿戴设备、智能机器人等方面培育一批重磅产品，数字技术创新和数字产品供给能力显著提升。

——数据要素市场体系基本建立。全市统一的数据资源体系基本建成，数据交易所等要素市场建设成效显现，数据确权、定价、交易有序开展，利用数据资源推动研发、生产、流通、服务、消费全价值链协同的格局初步形成。

二、重点任务

围绕数字新产业、数据新要素、数字新基建、智能新终端等重点领域，加强数据、技术、企业、空间载体等关键要素协同联动，加快进行数字经济发展布局。

（一）拓展数字新产业

1. 数字健康。以5G、人工智能、大数据等新基建关键技术为基础，重点聚焦制药、精准治疗、智慧康养等领域，创造生命健康新发展空间。加快人工智能制药布局，引导生物医药龙头企业和人工智能企业加强联合创新，围绕蛋白质结构预测、药物靶点寻找、药物分子设计，重点突破目标蛋白选取、静态蛋白结构测定、动态蛋白结构模拟、候选药物分子设计与合成等技术，提升药物研发效率。做强精准治疗，支持医疗机构引入人工智能辅助治疗，兼顾大数据分析和个体差异综合分析，辅助医生提供最佳精准治疗方案。鼓励搭建精准药效评估平台，推动“千人一药”到“千人千药”的跃变，加快实现精准给药。加快智慧康养建设，支持为医疗机构研发康养健康图谱服务，通过对个人健康建模和实时监测，加强居民自主健康管理，从“治已病”转向“治未病”。

2. 智能制造。加快制造业数字化转型，实现制造业重新定义与流程蝶变，培育“智”造新动能。推广柔性化制造，鼓励互联网平台型企业、产业链主型企业、科技企业形成联合体，探索推进“平台+生态”的开发协作模式，面向汽车、电子信息产品等垂直细分行业建设“一站式”智能制造服务平台，打通制造业“供、研、产、销”数据链，实现柔性化C2M（用户直连制造）。布局自主无人制造，加强研发仿生感知与认知、生机电融合前沿技术及操作系统等研究，聚焦半导体、家电、医疗、新零售等细分行业，培育优秀协作机器人系统集成商与解决方案提供商。打造智慧供应链，培育汽车、装备、电子、钢铁、石化、都市型工业等优势产业供应链管理解决方案，支持具有产业链、供应链带动能力的核心企业打造产业“数据中台”，以数据流促进上下游、产供销协同联动。

3. 低碳能源。推动数字技术与绿色技术融合发展，打造低碳能源产业新生态。探索“能源云”新模式，基于数字化技术构建能源互联网操作系统，实现各类能源系统“源、网、储、用”端到端的融合接入，基于海量的能源数据构建数据资产池，打造能源产业新商业模式。发展“虚拟电厂”新业态，利用先进的计量、通信、控制等技术，对分布式异构能源进行聚合，实现自动化远程调度、精准化智能分析和便捷化市场交易，推动构建“技术 + 产品 + 运营 + 生态”的“虚拟电厂”产业链条。推动建设绿色数据中心，强化算力统筹和智能调度，提升数据中心跨网络、跨地域数据交互能力，推动数据中心供电、冷却、网络、服务器等智能协同，实现数据中心自动化能效调优，提升数据中心能效密度。

4. 数字零售。顺应互联网新消费需求，促进商业流通创新。推进商业数字化转型，建设综合性、社区性和购物中心等不同类型数字商圈，通过大数据赋能提升消费体验，实现营销精准化、运维精细化、监管智能化。积极创建智慧菜场建设，持续完善智能设施，强化智慧运营、管理能力。打造线上线下一体化、服务深度订制化、场景交易个性化、行业界限融合化的“无边界”新零售模式。加快电商模式创新，鼓励内容电商、拼团电商、体验经济等多样化社交电商平台发展，培育更多新生活细分市场。集聚培养一批引领行业发展的直播电商平台，建设具有国内外影响力的直播电商基地，打造一批“吃住行、游购娱”一体的多元化直播应用场景。鼓励电商平台与上海制造品牌、知名商业品牌开展深层次合作，打造具有特色和影响力的上海网络新消费品牌。创新社区零售模式，加强无人超市、智能零售机、线上线下一体化的生鲜超市等设施布局，拓展零售“即时到家”服务。

5. 数字金融。合理推动人工智能、大数据、区块链等新技术深度融合，全面赋能金融科技应用。创新数字金融服务模式，推动金融机构重塑智能高效的服务流程，创新移动金融服务，发展智能投顾，推动智能合约、数据标签、自然语言处理等核心技术在交易、风控、客服等方面的应用，提升资产交易、支付清算、登记托管、交易监管等关键环节智能化水平，推动金融服务高水平转型。有序开展数字人民币试点，推动智能合约等新技术在数字人民币试点中的运用。探索数字人民币在交通出行、长三角生态绿色一体化发展示范区跨区域等场景的试点应用。发展可信交易和数字凭证，建立以区块链为主的分布式账本和智能合约系统，探索交易双方端到端支付模式，搭建数字票据等系统，培育保险智能理赔等新业务模式。

6. 智能城市。加快城市新型基础设施建设，支撑城市迈向全场景智慧时代。发展数字孪生城市新形态，重点推广 BIM（建筑信息模型）、GIS（地理信息系统）等技术，支持城市空间、楼宇精细化管理等领域数据服务企业发展，加强时空大数据管理、地理监测、高精度地图、地理实体等新型测绘能力建设，发展万物互联、虚实映射、实时交互的数字孪生城市。打造城市管理智能体，鼓励运用数字技术构筑城市生命体的“眼(感)、脑（知）、手（用）、脉（传）”，推进人工智能核心技术的全栈演进，打造前沿技术融合创新、示范应用集中展示、多方主体参与的城市级产业生态平台。发展数字化社区服务新业态，以智能技术重构社区生活服务链，为社区群众提供覆盖政务、商务、娱乐、教育、医护和生活互助等全场景的便捷智能服务新模式，支撑打造社区服务圈便利生活。

（二）培育数据新要素

1. 数据产品与服务。释放城市海量数据

价值，统筹推进数据产业各环节布局，激发数据要素乘数效应，健全数据要素产业生态。培育数据处理与服务产业，面向细分行业精准应用，突破一批大规模多源异构数据管理、分析关键技术，支持一批从事数据采集、清洗、标注、交付、咨询的服务机构，加快大数据产业向专业化、工程化、平台化发展。完善数据流通交易服务体系，大力培育数据经纪、数据合规性评审、数据审计、数据资产评估、数据交易撮合、争议仲裁等专业中介服务机构。支持金融机构探索开展数据资产质押融资、担保、保险及数据资产证券化等金融创新服务。

2. 数字内容。大力发展数字内容产业新业态新模式，推动数字内容与社交平台的耦合联动。加强数字内容企业及应用场景集聚，积极引进国际化电竞企业、知名俱乐部、赛事组织机构落户，加快虚拟数字人、图形引擎、云渲染、全息成像、人工智能自动生成、裸眼3D、8K等关键技术体系建设，加快实施“智慧广电”工程，探索构建全媒体融合传播体系，鼓励打造具有沉浸体验、智能交互特征的云展会、云演出、云赛事、云游戏、沉浸式视频、百城千屏等应用场景。加快打造积极向上的数字IP（知识产权）生态，坚持内容为王、鼓励原创，支持基于新交互体验的UGC（用户创造内容）、MCN（多频道网络）等新模式，鼓励发展泛娱乐、泛阅读、泛教育等多元业态融合的数字内容产业，推动领军企业围绕游戏、电竞、动漫、影视、演出等领域，打造具有国际竞争力的数字IP生态环境。

3. 数字贸易。对标国际自由贸易规则，做强做大数字贸易，培育数字贸易新亮点。推动形成数字贸易引领优势，大力发展云服务、数字服务、跨境电子商务等数字贸易，培育一批数字贸易创新企业和国际化数字贸易品牌。强化国家数字服务出口基地功能，支持文化服务、人力资源、知识产权、语言服务等国家特色服务出口基地加快推进数字化转型。打造国际数据产业创新集群，构建与跨境数据流通特点相适应的数字贸易基础设施，推动建设临港数字贸易枢纽港示范区，逐步培育国际数据传输、数据存储、数据分析和加工服务业态。支持龙头企业探索NFT（非同质化代币）交易平台建设，研究推动NFT等资产数字化、数字IP全球化流通、数字确权保护等相关业态在上海先行先试。

4. 数字设计。着力提升数字设计支撑能力，强化科技成果、信息技术和绿色设计应用，驱动设计产业创新发展，打造全球数字设计城市典范。做强工业设计，聚焦集成电路、生物医药、人工智能三大先导产业，以及电子信息、生命健康、汽车、高端装备、新材料、现代消费品等重点产业领域，建设国家级工业设计平台，推广CAD（计算机辅助设计）、数字孪生等应用，实现数字设计驱动产业创新，提升产业核心竞争力。培育壮大服务设计，围绕广告业创意设计、会展业策划设计及政务、交通、养老、医疗和基础设施等公共服务产品设计，加快发展数字设计应用，优化服务新体验，打造商业新模式。

5. 数字安全。加快安全技术创新突破，推动安全产品和服务的快速迭代和应用，做大做强安全产业。突破数字安全技术，深化多方安全计算、联邦计算、差分隐私等隐私计算技术研发应用，引导密码算法、专用芯片、通信模块等关键产品突破。加快发展万物互联下的新一代身份认证技术，构建新型数字信任体系。发展网络安全服务，推动电信企业、云服务提供商发挥资源优势，提供监测预警、攻击防护、应急保障等安全增值服务。发展支持企业整体数字化转型的规划咨询、检测认证、安全培训等高端定制安全服务，培育事前预防、事中防护、事后补偿的全周期安全保险服务。

（三）提升数字新基建

1. 软件与算法。发展“软件定义”新兴业态，鼓励“使用者即开发者”模式，构建完整 SaaS（软件即服务）产品矩阵，完善国产信创软件产业生态。加快基础软件国产化，在操作系统、分布式数据库和中间件等基础软件领域加大研发投入力度，强化关键核心系统的可靠性和安全性，提升信创产品自主可控与原生安全。实现工业软件人工智能化，加强人工智能先进技术赋能工业软件应用创新，打造高度人工智能化的一体化工业软件，提高工业生产决策的科学性、可行性和实效性。围绕软件和算法开源，打造形成一批独立自主、全球领先的开源生态产品，发展培育若干国内领先的特色开源产业集群。

2. 云原生与智能计算。加快发展以算法为核心、算力为基础、数据为驱动的智能计算产业，推动云服务迭代升级，培育更多“云上企业”。大力发展云原生产业，支持打造“网络 + 平台 + 应用”灵活弹性、智敏安全的云开放平台，满足新型业务应用需求。加快突破容器、微服务、服务网络等云原生核心分支技术，夯实通用组件和低代码开发应用，提高企业业务云原生化转型效率。加快发展智算产业，建设覆盖人工智能训练、推理等关键领域的云端智能算力集群，以及覆盖计算机视觉、自然语言处理、智能语音等重点技术方向的先进算法模型集群。

3. 新一代网络。加强网络新型基础设施部署、技术研发和应用创新，打造面向未来的网络生态。超前布局新一代网络形态，前沿探索多平台 OpenID（数字身份识别框架）、分布式数据存储、去中心化 DNS（域名解析系统）、端到端加密通信等 Web3.0（第三代万维网）关键技术，加快突破分布式网络核心技术，强化 6G、IPv6（互联网协议第 6 版）、Wi-Fi6（第六代无线网络技术）、量子通信等前瞻研发和部署，构建数据互联互通的第三代互联网技术应用生态。建设空天一体的卫星互联网，瞄准中低轨路线，完善卫星制造、卫星发射、卫星运营及服务产业链，探索天地一体化商业运营新模式。探索全球互联网无缝链接服务，加强海洋作业及科考宽带、航空宽带和灾难应急通信等领域应用。

4. 区块链。创建区块链与前沿技术多学科交叉的组合型科学技术创新体系，推动“区块链 +”技术研发和应用落地，构建具有较强创新能力和自主可控的区块链发展生态。推动数字可信交易，支持推进基于区块链、电子身份确权认证等技术的可信交易。推动大数据可信交易，运用共识算法实现信任和交易确权，重点发展智能合约管理与运营平台。发展区块链商业模式，着力发展区块链开源平台、NFT 等商业模式，加速探索虚拟数字资产、艺术品、知识产权、游戏等领域的数字化转型与数字科技应用。支持组建跨机构和行业的区块链联盟，研究制定重点领域区块链行业标准和协议框架。

5. 元宇宙。加快研究部署未来虚拟世界与现实社会相交互的平台，加强从底层到应用全链条布局。发展人机交互技术，加快智能人机交互、虚拟数字人等核心技术攻关，开展 XR（扩展现实）、脑机接口等更具沉浸式体验的终端技术研制，鼓励打造更加丰富多元内容场景新平台，培育虚拟演唱会、虚拟偶像、虚拟体育等数字娱乐消费新业态。加快虚拟现实生态布局，突破低时延快速渲染、虚拟仿真引擎等关键技术，发展软硬一体新型 VR（虚拟现实）/AR（增强现实）、3D 扫描等产品。打造行业标杆应用，在网络文娱、智能制造、数字内容、交通出行、在线教育、医疗健康等领域，打造具有影响力的元宇宙标杆示范应用。

（四）打造智能新终端

1. 智能网联汽车。加快推进智能网联汽车技术研发和落地量产，打造智能便捷低碳的未来出行体验，开辟移动“第三空间”。加快核心部件和系统研制，推动激光雷达、毫米波雷达、车载芯片、车载操作系统和

V2X（车用无线通信技术）设备等领域取得突破，培育一批智能网联整车生产及电子核心零部件龙头企业和“隐形冠军”。拓展车联网应用场景，推动自动驾驶技术在交通领域的试点应用。探索“人、车、生活”一体化消费新模式，加速互联网、消费娱乐、旅游和金融等行业与车联网、自动驾驶产业融合应用。

2. 智能穿戴产品。瞄准价值链高端环节，面向运动追踪、教育娱乐、医疗保健等细分需求，加快智能穿戴产品研发和应用推广。加快智能穿戴产品研发和产业化，重点发展智能手表、智能手环、智能头盔等主流产品，支持发展工业仿真终端、智能配饰、智能眼镜、智能服装等未来新型产品，重点突破低功耗芯片、轻量级操作系统和生物传感、智能控制及端云协同等智能软硬件技术。深化重点领域融合应用，推进健康可穿戴设备在医疗、养老各环节的普及应用，面向教育、娱乐等消费级应用需求，推进智能穿戴市场向细分化、垂直化应用场景不断拓展。

3. 智能服务机器人。重点突破服务机器人关键核心技术，加快服务机器人行为类人化，提升服务机器人高端产品供给。加强核心技术攻关，集中攻克智能芯片、伺服电机、智能控制器、智能一体化关节、新型传感器等关键零部件核心技术，加快研发仿生感知与认知、生机电融合、人机自然交互等前沿技术。提升高端产品供给，重点发展手术机器人、陪伴机器人、智能护理机器人、智能型公共服务机器人等，在智慧教育、智慧医疗、智慧社区等场景率先开展服务机器人试点，在银行、商场、酒店、展馆等垂直行业拓展应用，助力实现高品质生活。

4. 智能商业终端。顺应消费升级需求，支持新型消费发展，加快布局智能商业终端，推动实体商业数字化、智能化改造和跨界融合。加快发展自助智能设备，围绕引流、降本、提升用户体验，加快发展自助点餐、自助交易、自助宾馆入住等商业人工智能终端设备，提升商业运行管理效率。加快布局智能零售终端，加大智能快件箱在社区、商务楼宇、医院、学校、机关和园区等场所的布设力度，鼓励智能售货机、智能饮料机、智能回收站等发展。支持细分领域人工智能技术服务商提供人性化交互的智能终端解决方案。

5. 智能家居设备。以服务化发展和个性化定制为主抓手，发展智能化、绿色化新型智能家居终端，推动数字技术与传统家居产品深度融合应用。丰富智能家居终端谱系，支持下一代家庭网络、多协议多平台网关、多模态生物识别、OTA（空中下载技术）、无线充电、人机交互等技术研发，大力发展智能门锁、智能家具、智能家电、智能音响、智能安防等新型产品，推进智能家居产品研发和产业化。打造智能家居系统平台，鼓励软硬件企业合作搭建开放赋能的智能家居系统平台，构建完整的智能家居生态圈。

6. 智能医疗设备。巩固提升高端影像设备国内领先地位，重点布局以人工智能技术为核心，覆盖诊断、治疗、康复等关键环节的高端智能医疗设备。支持高端医学诊断设备研制应用，大力开发免疫诊断、分子诊断、流式细胞检测等中高端智能体外诊断设备，发展基于大数据的新型成像技术及辅助诊断算法技术的医学影像设备。推动康复护理终端创新，发展基于智能视觉与语音交互、脑－机接口、人－机－电融合与智能控制技术的新型护理装备和康复装备，培育基于脑科学的智能假肢、神经障碍治疗、残疾患者康复训练等产品。

（五）壮大数字新企业

1. 加快培育标杆性领军企业和高成长型企业。组织实施“新生代数字经济标杆企业培育工程”试点，推动新生代数字经济企业规模和综合竞争力快速提升。培育一批具有核心数据技术产品与专业化服务能力的“数商”龙头企业。支持相关国有资本组建专门运营数据产业的实体企业。加大力度认定一批数字经济民营企业为民营企业总部。鼓励外资企业在沪设立数字经济功能型总部、研发中心和开放式创新平台。

2. 完善大中小企业融通发展格局。发挥数字经济领军企业的引领带动作用，加强数据资源共享和开放，推动线上线下相结合的创新协同、产能共享、供应链互通。探索建设产业大数据新型基础设施，建立面向企业的数据双向开放赋能平台。培育中小企业和社会开发者开放协作的数字产业创新生态，带动数字经济企业快速发展壮大。

（六）建设数字新载体

1. 中环数字产业创新带。在建设好中心城区数字经济载体和总部的基础上，以静安市北、杨浦创智、普陀桃浦智创城－海纳小镇、长宁虹桥智谷、漕河泾、张江在线——人工智能岛、金桥5G生态园等一批围绕中环的特色产业园区为依托，争取拓展百万平方米产业空间新载体，加快建设数字经济示范园区，大力集聚培育一批具有自主创新能力的数字经济高成长型企业，打造具有国际竞争力的万亿级数字经济服务业创新带。

2. 五个新城。以“一城一园”为特色，重点发展嘉定新城智能传感器及物联网和精准医疗产业、青浦新城新一代通信和软件产业、松江新城人工智能和云计算产业、奉贤新城数字健康和智能网联汽车产业、南汇新城集成电路和智能计算产业，打造万亿级数字终端产品和器件、材料制造基地，推动制造业数字化、智能化、绿色化，加快形成具有国际影响力的数字经济制造业集群。

3. 长三角生态绿色一体化发展示范区。以全国一体化算力网络长三角国家枢纽节点工程和长三角数字干线建设为依托，以协同打造一流新型基础设施为引领，围绕水乡客厅、西岑科创中心等重点片区和特色园区，培育发展智能计算、未来网络、虚拟现实、数字能源等产业，研究建设上海数据交易所长三角专区，探索开展跨区域经济、生活、治理数字化应用和数据合作，推动区域数字一体化发展。

三、支撑工程

（一）新型网络基础设施能级提升工程

超前布局高速泛在、天地一体、集成互联、安全高效的网络基础设施。加快5G网络商用规模化部署，深入推进5G行业虚拟专网试点应用。全面推进IPv6商用部署，布局新型互联网交换中心。启动多媒体低轨卫星系统初始组网，分阶段建设全球覆盖、技术先进、高效运行的卫星互联网。建设基于边缘计算、TSN（时间敏感网络）等新一代技术的工业互联网园区网络。

（二）新一代智能算力建设与资源调度工程

加快构建新型计算设施集约化、协同化、绿色化发展格局。建设市公共算力服务平台，持续推进企业在建人工智能算力中心尽快上线投用。推动上海超算中心与江苏、安徽相关超算中心建立长三角地区高性能计算矩阵，发展互为调用的高性能计算供给体系。启动全国一体化算力网络长三角国家枢纽节点工程建设，建立长三角区域云计算资源调度平台，加快推进“东数西算”、跨云商调度等应用取得实质性进展。

（三）工业软件自主创新与应用生态培育工程

加快推进工业基础软件自主化发展和产业化应用，组织行业头部企业率先在民用航空等高端制造领域搭建研发设计、动态仿真类工业软件试验场，支持建立国产软件适配验证体系和实践应用环境，推动与本土软件企业结对，共同开发面向产品设计和制造全过程各环节的核心软件，打造工业软件应用牵引、协同创新的上海样板。

（四）区块链技术应用与产业发展工程

争取国家级区块链新型融合基础设施“星火·链网”骨干节点落地建设，承担国家区块链创新应用试点任务，推动静安区建设区块链综合试点城市，推动市大数据中心、上汽集团、上海期货交易所等在“区块链+政务服务”“区块链+制造”“区块链+金融”等领域打造标杆应用，形成相关规则规范。

（五）数据要素市场体系建设工程

加快建立完善数据要素市场化运行机制，研究建立数据交易定价评估制度，激发数据交易流通活力。加快建设上海数据交易所，开展多板块运营，推进数据产品和服务挂牌交易。开展数据要素统计核算试点，以国资企业为引领，开展数据资产化试点。试点在医疗、交通等领域开展公共数据授权运营，探索试点公共数据资产凭证，深入挖掘公共数据价值。

（六）数字医疗新方向布局工程

加快人工智能技术向医疗诊断、新药研发创新应用。实施人工智能辅助药物研发创新培育计划，在新药发现、药物安全性、药物有效性测试等方面开发引领性的人工智能产品，推动科研院所加大人工智能辅助蛋白质识别与结构预测等底层应用的攻关力度。支持建设国内首个规模化医疗大数据训练设施，建立10万例医疗影像数据训练集和3.5万例测试集，服务本市人工智能辅助医疗诊断领域加快发展。

（七）智能制造模式创新示范应用工程

加快推进制造业数字化转型，赋予“上海制造”新内涵。聚焦高端船舶、民用航空、智能网联汽车、高端家电等领域，支持行业龙头企业发展网络化研发、个性化定制、柔性化生产等制造新模式，打造全链接工厂、全透明生产线、全数字化研发平台等制造新范式，树立行业标杆，形成地方标准。

（八）低碳能源可持续发展示范工程

加快构建以零碳能源为基础的区域性电能集中管理模式，建立城市级“虚拟电厂”和能源互联网中心，聚合可调节工商业、智能楼宇、电动汽车充电站、分布式光伏、风电等泛在可调资源，推动传统“源随荷动”调度模式转变为“源荷互动”新模式，实现绿色电力就近最大消纳，打造零碳能源产业新生态。

（九）数字城市空间底座建设工程

构筑服务于城市精细化管理与数字化转型的空间基底，支持建设城市级实景三维数据库及应用服务系统，逐步构建本市核心区域、重点区域、五个新城实景三维地图，让建筑、地形、园区等地理实体在地图上“立起来”，呈现更为清晰的“中观视野”，推动城市物联感知信息与实景三维地图融合应用。在临港新片区建设数字孪生城市先行示范区。

（十）智能出行设施提升改造工程

加快高速公路基础设施数字化。依托S32、G60、G15（嘉浏段）等建设智慧高速公路，建立全要素感知的基础数字底座，实现人、车、路、环境的动态感知、不停车收费、车道动态管控等一批智慧化应用。推动高速公路部分路段开展自动驾驶和车路协同技术验证。加快两港快线车路协同智慧设施改造。

四、保障措施

（一）强化统筹推进

在市数字化转型工作领导小组和市战略性新兴产业领导小组的统筹领导下，更好发挥市战略性新兴产业领导小组办公室的协调机制作用，建立由市领导主抓，市发展改革委牵头，各有关部门和单位协同推进的工作机制。各区和有关重点区域建立健全工作推进机制，完善本区域规划布局和空间载体建设，加强企业引育和产业项目招商引资，研究出台特色支持举措，形成全市“上下协同、比学赶超”的良好氛围。

（二）完善赛道机制

发挥各区和有关重点区域主力军作用，原则上建立“一区一赛道”的布局机制。各有关部门和单位按照“一赛道一方案”的要求，加快制订相关行动方案或计划，并指导各区和有关重点区域开展数字经济产业布局。研究推进数字经济产业链图谱建设，探索数字化稳链强链工作。进一步加强和完善数字经济统计。

（三）加强技术创新

在基础软件、工业软件、新兴技术软件、信息安全软件等重点领域，研究实施市级科技重大专项，加快突破数字关键核心技术。支持企业建设工业软件开放云平台，由点到面实现全流程工业软件突破。试点采用先自发组建、后择优支持的竞争性机制，聚焦重点领域培育若干数字经济市级工程研究中心等创新平台。

（四）加强专项扶持

发挥市战略性新兴产业、产业高质量发展及临港、张江等专项资金作用，综合利用投资补助、贴息等支持手段，研究实施“数字经济新赛道培育工程”，支持数字关键核心技术研发和科技成果转化。改革原有专项资金支持模式，以“先投后股”方式，支持引育和壮大一批具有发展潜力的高成长型企业。

（五）强化市场引导

围绕重点领域实施若干示范工程，支持有条件的龙头单位建设一体化数字平台和行业大数据基础设施。建立本市数字服务商和解决方案清单，鼓励企业研发更适合中小微企业防疫和稳产需求的数字化产品和工具。将数字经济优秀产品纳入本市创新产品推荐目录，引导优先采购。鼓励有条件的服务商探索先用后付、按照收益分成的“合约式”服务模式，参与城市数字化转型应用场景建设。

（六）创新金融支持

研究设立“数字经济新赛道培育基金”，引导企业、创投机构和相关区共同投入，投向具有潜力的初创期数字经济企业。继续实施本市新型基础设施和相关重点产业优惠利率信贷专项政策，引导社会资金加大对数字经济和数字化基础设施及终端的投入力度。依托上海“信易贷”综合服务平台、大数据普惠金融平台和“银税互动”等，推动银行设立特色融资产品，为数字经济企业提供多元化融资渠道。

（七）加快人才培养

落实本市集成电路和软件产业研发设计人员奖励政策，支持和鼓励基础软件、工业软件、新型技术软件、信息安全软件等企业研发设计人员在沪发展。用好应届毕业生和留学生进沪就业及外籍人才永久居留等相关便利服务政策，加大力度引进数字经济领军和青年人才。依托“基础研究特区”试点，进行稳定集中科研支持，在高校和科研院所培育一批数字经济优秀人才团队。

（八）完善数据治理

落实《上海市数据条例》，加快出台市公共数据授权运营管理办法等配套文件，试点开展公共数据授权运营服务。出台上海数据要素市场制度体系建设相关政策，促进数据要素市场流通。加快建设上海数据交易所，鼓励市场主体探索数据资产定价机制，建立健全数据资产评估、登记结算、交易撮合、争议仲裁等市场运营体系。积极争取国家试点示范，在数据要素市场化配置制度建设上开展先行先试。

上海市人民政府关于做好本市当前和今后一个时期稳就业工作的意见

（2022年6月25日）

沪府规〔2022〕6号

各区人民政府，市政府各委、办、局：

为深入贯彻习近平总书记关于就业工作

的重要指示精神，落实党中央、国务院决策部署，积极应对疫情影响，进一步保企业、稳就业、惠民生，现就做好本市当前和今后一个时期稳就业工作提出意见如下：

一、充分认识当前本市就业工作的严峻性、复杂性、艰巨性

就业是最大的民生，也是经济发展最基本的支撑。近年来，本市就业工作保持稳中向好态势，但今年以来，受疫情影响，全市整体就业人数出现下降趋势，登记失业人数迅速上升，劳动力市场流动性急剧收缩，高校毕业生等重点群体就业难度明显加大，各项就业目标进度大幅滞后于计划预期。加上受疫情影响经济下行压力加大、企业预期不稳信心不足、新增劳动力创历史新高、前期求职招聘活动受限等复杂因素，就业形势面临前所未有的风险挑战。市就业工作领导小组各成员单位、各级政府要充分认识当前就业工作的严峻性、复杂性、艰巨性，充分认识稳就业在经济发展、民生保障和社会稳定中的关键支撑作用，进一步提高政治站位，切实增强责任感、使命感、紧迫感，对稳就业工作高度重视、高位推动、统筹谋划、全力应对，在非常时期采取非常举措，尽最大努力确保全市就业大局总体稳定。

二、指导思想和基本原则

（一）指导思想

以习近平新时代中国特色社会主义思想为指导，高效统筹疫情防控和经济社会发展，在推动高质量发展中强化就业优先导向，把稳就业摆在更加突出位置，强化务实举措，强化底线思维，通过稳市场主体来稳就业，通过保重点群体就业来保民生。

（二）基本原则

——坚持问题导向。聚焦用人单位岗位流失、用工短缺、成本偏高等问题，加大援企稳岗工作力度，帮助各类市场主体渡过难关；聚焦劳动者就业创业、技能提升、权益保障等需求，强化精准帮扶，及时发现处理影响就业稳定的苗头性、倾向性问题。

——坚持目标导向。完善稳就业目标责任制，压实各方责任，形成工作合力，努力将调查失业率恢复到合理区间，稳定全市整体就业规模，力争完成全年新增就业岗位等各项就业预期目标。

——坚持效果导向。通过产业拉动就业、创业带动就业、培训促进就业、托底安置就业，落实落细稳就业政策，优化线上线下就业服务，创造公平就业环境，牢牢守住不出现规模性失业风险的底线，为全国就业形势稳定贡献上海力量。

三、全力支持市场主体稳就业

（一）降低企业用工成本

落实国家和本市各项援企纾困政策，充分发挥政策组合效应。快速落实失业保险和工伤保险费率降低、社会保险费和住房公积金缓缴、创业担保贷款展期还款及各类房屋租金减免政策，实现符合条件的用人单位应享尽享。推动银行机构加大普惠型小微企业贷款投放力度，支持涉农、小微、民营企业和个体工商户等稳岗就业。落实企业安置重点群体就业税收优惠政策，降低非居民用户用水用电用气用网成本，多渠道为企业减费让利。（责任单位：市人力资源社会保障局、市医保局、市财政局、市税务局、市住房城乡建设管理委、市国资委、人民银行上海总部、上海银保监局、市通信管理局、各区政府）

（二）支持企业稳定岗位

通过政策精准推送、畅通网上经办渠道等举措，加快落实餐饮、零售、旅游、交通运输、文体娱乐、住宿、会展等困难行业企业稳就业补贴政策，帮助困难企业稳定就业岗位，力争不裁员少裁员。促进企业稳定人才队伍，优化人才直接落户、居转户、购房等条件，加大人才引进、服务和支持力度，助力企业稳定人才队伍。支持企业以训稳岗，加大线上培训补贴政策执行力度，发挥技能培训提技能稳岗位的作用。（责任单位：市

人力资源社会保障局、市财政局、市商务委、市交通委、市文化旅游局、市政府合作交流办、市总工会、各区政府）

（三）指导企业规范用工

及时发现和化解劳动关系纠纷，依法依规调整劳动关系双方的权利义务。支持企业与职工通过民主协商，采取调整薪酬、轮岗轮休、灵活安排工作时间、优先使用各类假期、延期支付工资、共享用工调剂余缺等措施，稳定工作岗位。对新冠患者、无症状感染者、密切接触者，以及因政府实施隔离措施或者采取其他紧急措施导致不能提供正常劳动的劳动者，企业不得以此为由拒绝录用、解除劳动合同或退回劳务派遣单位。（责任单位：市人力资源社会保障局、市总工会、各区政府）

四、全力帮扶重点群体促就业

（一）加强青年和高校毕业生就业扶持

将高校毕业生等青年就业作为就业工作重中之重，努力确保本市2022届高校毕业生毕业去向落实率不低于2020年同期水平。鼓励企业、社会组织等各类用人单位招用高校毕业生，及时落实高校毕业生求职创业补贴、一次性吸纳就业补贴和社会保险补贴等政策；鼓励高校毕业生自主创业和灵活就业，并按规定给予补贴扶持和落实相关税收优惠政策。开展离校未就业毕业生就业攻坚行动，推进实名制跟踪服务，强化困难帮扶，实施困难毕业生“一人一档一册”专项服务，确保到今年年底有就业意愿的离校未就业高校毕业生都能落实就业去向或参与到就业准备活动中。实施共青团促进大学生就业行动，面向低收入家庭高校毕业生开展就业结对帮扶。鼓励更多本市高校毕业生应征入伍，落实相关扶持政策和激励措施。进一步发挥就业创业见习政策效用，实施百万就业见习岗位募集计划，扩大就业见习规模，全年募集不少于2.7万个就业见习岗位。鼓励更多优秀用人单位成为见习基地，鼓励更多高校和中职院校参加见习计划，落实见习推荐制度，为未就业青年提供更多见习机会。支持职业院校毕业学年学生提升职业技能，引导职业院校按规定面向本校学生开展职业技能评价，提供“应评尽评”的技能评价通道。着力优化就业手续，有序衔接报到证取消的档案落户服务，推进体检结果互认。实施教师资格阶段性措施，中小学、幼儿园、中等职业学校在2022年12月31日前招用教师可实行“先上岗、再考证”。（责任单位：市人力资源社会保障局、市教委、市财政局、市税务局、市国资委、市经济信息化委、市征兵办、团市委、各区政府）

（二）加强失业人员就业帮扶和基本保障

通过“免申即享”方式，落实用人单位吸纳失业人员的一次性就业补贴政策，重点鼓励用人单位吸纳失业3个月及以上人员。进一步加大失业人员就业帮扶力度，落实失业人员就业创业相关税收优惠政策，综合使用岗位推荐、职业指导、技能培训、就业创业见习等举措，千方百计帮助有就业意愿的失业人员重新实现就业创业，确保今年内失业人员实现再就业不少于13万人。继续实施“人人乐业”专项行动，重点帮扶领取失业保险金的失业人员，实现“全覆盖”“增就业”“减周期”“消存量”的工作目标，确保到今年末，停止领取失业保险金人员中50%以上实现重新就业。加强对失业人员基本生活保障，持续推进失业保险金“畅通领、安全办”，依托“一网通办”，优化线上申领失业保险金流程，畅通失业保险待遇全国线上申领统一入口，确保失业人员按时、足额领取失业保险待遇。根据国家和本市部署，做好对失业人员按时足额发放价格临时补贴、疫情期间困难群众一次性生活补贴等工作。（责任单位：市人力资源社会保障局、市财政局、市税务局、市发展改革委、市民政局、各区政府）

（三）加强困难群体就业援助

做好对大龄失业人员、长期失业青年、零就业家庭成员、低收入困难家庭成员、残疾人和刑满释放、戒毒康复人员等困难群体的就业援助。落实就业困难人员各类补贴政策，动态调整就业困难人员线下就业服务，创造条件促进就业困难人员实现用人单位吸纳就业或灵活就业。合理调整公益性岗位结构，充分发挥公益性岗位吸纳就业困难人员过渡性安置作用。在有就业意愿且服从安排的前提下，确保“零就业家庭”在确认后1个月内家庭成员至少1人实现就业，就业困难人员在认定后3个月内实现就业，确保今年内就业困难人员实现就业不少于5万人。对生活困难群体按规定纳入最低生活保障、临时救助、困难帮扶等社会救助范围。对实现就业的低保对象，通过“救助渐退”、收入豁免等措施，增强其就业意愿和就业稳定性。（责任单位：市人力资源社会保障局、市财政局、市民政局、市总工会、团市委、市残联、各区政府）

（四）加强农民工和农村劳动力就业支持

深化东西部劳务协作，继续提高劳务输出的组织化程度，完成国家下达的吸纳中西部地区脱贫劳动力转移就业年度目标任务。加强与对口帮扶重点省份的协同，开展“点对点”转移就业服务保障工作，帮助农民工安全有序返岗复工。加大对农民工疫情防控、公共招聘、技能培训、权益保障等方面的支持力度，帮助企业降低招用农民工的各项成本，提高农民工的就业稳定性。巩固长江退捕渔民就业安置成果，落实退捕渔民免费职业技能培训政策，支持退捕渔民自主创业，优先保障退捕渔民及时就业。针对生活困难农户的就业需求精准施策，鼓励各相关区通过补贴扶持，促进低收入农户长期稳定就业。（责任单位：市人力资源社会保障局、市政府合作交流办、市农业农村委、各区政府）

五、全力拓宽用工渠道扩就业

（一）推动经济恢复和产业发展创造岗位

全力推进企业复工返岗，在做好疫情防控的前提下，加强对企业复工复产复市的支持和服务，持续完善企业用工调度保障机制、农民工返岗复工“点对点”服务机制、长三角地区就业招工协调合作机制、东西部劳务协作机制，增强劳动力资源有效供给，取消对劳动者返岗的不合理限制。扩大有效投资创造增量就业岗位，全力推动在建项目加快复工复产，保障在建项目连续施工，加快推进重大产业项目、重点基础设施项目开工建设。依托长三角地区人社一体化发展机制，促进长三角就业岗位、高校毕业生、创业项目等各类要素资源的集聚，创造更多就业岗位。（责任单位：各行业主管部门、市人力资源社会保障局、市政府合作交流办、市工商联、各区政府）

（二）增加政策性岗位供给

鼓励国有企业、机关事业单位、基层服务项目、基层就业岗位吸纳高校毕业生。市属和区属国有企业要全面落实“数量不减、挖潜多招”要求，安排不低于50%的就业岗位面向本市高校毕业生定向招聘，并通过市国资国企人才招聘平台、上海公共招聘平台等渠道公开发布。各地区和基层单位要加大应届高校毕业生公务员招录力度。其中，乡镇（街道）及政法机关的基层单位主要招录应届毕业生。在本年度事业单位招聘总量不低于上年水平的基础上，面向高校毕业生的岗位数不少于公开招聘岗位总数的60%，其中“五个新城”事业单位所提供的岗位中，面向高校毕业生的岗位数占比不少于70%。扩大“三支一扶”“西部计划”等基层服务项目面向本市高校毕业生的招录规模。本年度所有社区工作者、社会工作者新招聘岗位全部向高校毕业生开放。结合疫情防控、基层治理、乡村振兴，积极开发劳动社保、社区管理服务、社区卫生和公共卫生、养老服务、农业科技、社会救助、社会工作、中小企业服务等基层就业岗位。（责任单位：市教委、市国资委、市公务员局、市人力资源社会保障局、市民政局、市卫生健康委、市农业农村委、市经济信息化委、团市委、市残联、各区政府）

（三）促进社会组织和公益性岗位吸纳就业

充分发挥社会组织吸纳就业的积极作用，开展社会组织助力大学生就业专场招聘活动和社会组织公益创业大赛，在社会组织中开辟更多就业见习基地和见习岗位，稳定和扩大面向社会组织的就业。按照“按需设置、合理开发、属地负责、精准安置、有序退岗”的原则，各区可围绕常态化疫情防控，重点开发防疫消杀、核酸检测、医护辅助、物资配送等应急管理服务岗位，作为临时性公益性岗位，对本年度内过渡性安置就业困难人员及因受疫情影响暂时无法就业的高校毕业生和其他失业人员，切实发挥公益性岗位“兜底线、救急难”的作用。（责任单位：市民政局、市人力资源社会保障局、市财政局、市经济信息化委、市卫生健康委、各区政府）

（四）推动自主创业和灵活就业

支持创业带动就业，大力发展创业孵化基地，推进建设创业型社区，持续培育农村创业创新园区、退役军人创业园区、残疾人创业孵化基地，并落实创业扶持政策和资金支持。鼓励创业孵化基地孵化更多大学生创业项目，鼓励在孵实体吸纳更多大学生就业或见习。实施大学生实习“扬帆计划”，广泛开展各级政务实习、企业实习和职业体验活动。实施大学生乡村创业帮扶计划，鼓励大学生下乡创业。加大力度落实各类灵活就业支持政策，鼓励就业困难人员、离校未就业高校毕业生、大龄失业人员、长期失业青年、大龄离土农民等群体通过个体工商户、非全日制就业及平台就业等形态实现就业。研究制定平台就业劳动保障政策，试点开展平台网约劳动者职业伤害保障工作，推进新就业形态劳动者互助保障计划，鼓励平台企业创造更多灵活就业岗位，提升平台灵活就业人员保障水平。将灵活就业人员和灵活就业岗位供求信息纳入本市公共就业服务范围，加大对有灵活就业意愿人员的服务力度。鼓励经营性人力资源服务机构设立专门的零工市场或网络平台，为灵活就业人员提供规范有序的求职招聘、技能培训等专业化服务。通过灵活就业登记参保、实有人口自主填报、社区就业监测等渠道，探索建立灵活就业人员实名制管理制度，定期开展灵活就业人员就业状况分析。（责任单位：市人力资源社会保障局、市科委、市市场监管局、市公安局、市总工会、团市委、各区政府）

六、全力提升服务能级强就业

（一）加强用工服务

开展“稳岗纾困服务攻坚百日行动”，扎实做好常态化企业招聘用工服务，建立健全应急状态下重点企业用工服务保障机制，落实就业服务专员提供“一企一策”帮扶，帮助企业做好员工招聘、用工余缺调剂、政策宣讲、政策落实等工作，为复工复产和稳定就业提供服务保障。加大重点企业招聘信息动态归集力度，在上海公共招聘平台设置“重点企业复工复产招聘专区”，完善“共享用工”服务专栏，为企业间阶段性共享用工调剂提供信息发布渠道。（责任单位：市人力资源社会保障局、市经济信息化委、市总工会、各区政府）

（二）开展精准帮扶

实现公共就业服务常住人口全覆盖，打造多元化服务模式，充分调动各类就业服务力量积极性，整合各类就业服务资源，挖掘收集各行业企业复工复产用工需求，做好就业岗位储备。根据失业人员、农民工、就业困难人员等群体的个人能力和服务诉求，建立健全劳动者个人“求职档案”，完善精准就业帮扶机制，强化信息精准推送，推进供需精准对接，丰富服务手段，提升服务能级，更有针对性、更高质量地提供细分化公共就业服务。关注女性特殊权益和需求，对孕期、产期、哺乳期女性因“三期”受到就业影响的提供更精准的服务指导。（责任单位：市人力资源社会保障局、市总工会、市妇联、各行业主管部门、各区政府）

（三）激发市场活力

充分发挥市场在人力资源配置中的决定性作用，引导知名人力资源服务机构参加“助力大学生就业联盟”“人才服务进校园”“千校万岗”等主题活动，借助自身平台优势，采取直播带岗、远程面试等多种形式，加大网络招聘力度，为重点群体、重点企业提供优质高效的就业服务。健全人力资源市场“一线观察”等信息监测机制，动态反映人力资源市场供需状况和行业态势。鼓励优质经营性人力资源服务机构入驻上海公共招聘平台，推动就业服务数据和信息共享。通过行业协同、政府采购等方式，支持优质经营性人力资源服务机构、社会组织等搭建人力资源余缺调剂服务平台。加强就业创业专家志愿团品牌建设，招募更多具有志愿服务精神的各领域就业创业专家提供专业化咨询指导服务。引入高技能人才培养基地、行业协会、行业领军企业等社会机构，合作开发建设新的技能实训项目，推进公共实训基地能级提升。（责任单位：市人力资源社会保障局、市总工会、团市委、各区政府）

（四）推动技能提升

结合产业发展、用工需求和就业意愿，大力开展企业职工、转岗人员、失业人员等各类群体职业技能培训，积极组织物流、保安、餐饮、家政、建设、保洁、绿化等适合农民工就业特点的职业技能培训。加快落实职业技能提升补贴扩围政策，鼓励更多在职人员、灵活就业人员、本市院校毕业学年学生、失业人员、残疾人等群体获得职业资格证书、职业技能等级证书，提升就业能力。（责任单位：市人力资源社会保障局、市教委、市财政局、市住房城乡建设管理委、市绿化市容局、各区政府）

（五）加强基层就业服务能力建设

支持各区充分挖掘区域就业服务资源，打造“15分钟就业服务圈”，在街道或社区建设一批“家门口”“楼门口”的就业服务工作站所，整合各方资源提供专业化、多样化、便民化的公共就业服务，解决就业服务“最后一千米”问题。加强就业服务机构的职业指导师、创业指导师队伍建设，畅通职业发展通道。充实社区基层就业服务队伍，原则上每个居（村）委会安排至少1名专（兼）职工作人员负责就业促进工作。加大对基层就业服务工作人员的业务培训和带教培养力度，提升基层就业服务能力。（责任单位：市人力资源社会保障局、市民政局、各区政府）

七、压紧压实工作责任

（一）强化责任落实

各级政府要切实承担起稳就业工作的属地责任，加强对就业工作的领导，全力推动国家和本市各项政策落实落地，并将稳就业工作成效纳入各级政府绩效考核内容。市、区人力资源社会保障部门要履行好市、区就业工作领导小组办公室职责，做好就业工作目标任务的分解落实，压实各方工作责任，对主要就业指标和政策落实情况定期进行考核督查。市、区就业工作领导小组各成员单位要从各自职能出发，明确稳就业工作职责和目标任务，协同推进各项稳就业政策落实落地。市政府每年根据就业工作目标任务完成情况确定一批稳就业工作先进区，在全市层面通报表扬，并在就业资金分配时予以适当倾斜。（责任单位：市就业工作领导小组各成员单位、各区政府）

（二）强化资金保障

各级政府要根据就业形势和工作目标，统筹促进就业的支持政策和服务资源，加大资金和服务力量投入力度。各级财政、人力资源社会保障部门要强化各类用于促进就业资金的监督管理和风险防范，强化资金绩效评价，切实提高使用效益。要围绕就业补助资金保障重点，坚持惠企利民导向，不断完善就业补助资金分配管理，将资金投入和执行情况、资金绩效评价结果等作为资金分配的重要依据。（责任单位：市财政局、市人力资源社会保障局、各区政府）

（三）强化监测分析

优化就业监测指标体系，完善就业形势定期监测报告制度。推动市就业工作领导小组成员单位和市大数据中心间的就业信息数据整合共享，提高就业工作协同性。建立健全就业调查工作机制，依托专门就业调查队伍，定期做好对常住人口的各类就业状况调查排摸，掌握区域劳动力资源信息。进一步完善长三角高校毕业生就业去向信息共享机制，为分析高校毕业生就业和流动趋势提供数据支撑。完善失业动态监测、失业登记和领取失业保险金情况监测，加密监测频率，加强数据比对。建立重点企业舆情分析、信访跟踪、裁员报告联动的处置机制，及时捕捉苗头性、倾向性问题，早发现、早预警。做好舆情监测研判，建立重大舆情沟通协调和应急处置机制。（责任单位：市人力资源社会保障局、市统计局、市公安局、市大数据中心、各区政府）

（四）强化宣传引导

引导新闻媒体加强正面宣传，积极开展稳就业政策举措、工作经验、市场信息的宣传发布，稳定全社会对就业形势的预期。对稳就业工作中涌现的典型企业、先进人物，按规定开展表彰奖励，形成全社会关心、支持、重视就业工作的良好舆论环境和社会氛围。（责任单位：市就业工作领导小组各成员单位、各区政府）

本意见自印发之日起施行。各区可根据本意见精神，结合实际，制定本区做好当前和今后一个时期稳就业工作的实施意见。

上海市人民政府办公厅印发《关于推动向新城导入功能的实施方案》的通知

（2022年7月5日）

沪府办发〔2022〕13号

各区人民政府，市政府各委、办、局：

经市政府同意，现将《关于推动向新城导入功能的实施方案》印发给你们，请认真按照执行。

关于推动向新城导入功能的实施方案

加快推进五个新城建设，是市委、市政府完善全市发展空间布局做出的重大战略部署。“十四五”是新城建设进入全面发力、功能提升的关键时期，为进一步吸引国内外各类资源向嘉定、青浦、松江、奉贤和南汇五个新城集聚，推动新城功能提升，结合实际，制订本实施方案。

一、总体要求

（一）指导思想

深入践行“人民城市人民建，人民城市为人民”重要理念，按照建设独立综合性节点城市的总体定位，坚持面向世界、面向未来，坚持全市“一盘棋”、加强统筹协调，加快高能级、高水平的项目资源导入，推动新城集聚企业总部、研发创新、要素平台、公共服务等功能，进一步提升新城能级，彰显特色优势，使新城成为承担国家战略、服务构建新发展格局、参与国际合作与竞争的重要载体。

（二）工作原则

——坚持政府推动、形成合力。市、区

政府要加强整体谋划和协同推进，推动向新城有序导入一批高能级企业、科研院所、高等院校、要素平台、文体旅设施和活动赛事、会展论坛，持续提升现有功能性机构能级，形成示范带动效应。市级部门主动引导支持，既要引入增量，又要优化存量。五个新城所在区（管委会）切实承担起主体责任，加强服务，重在综合功能的培育和建设，优化营商环境，为吸引更多功能性机构入驻积极创造条件。

——坚持供需匹配、有序导入。向新城导入功能要符合新城发展定位和相关发展规划，既要立足长远，又要干在当下，五个新城所在区（管委会）要主动提出需求和支持政策，市级部门排摸资源供给清单并加强协调，实现精准对接、供需匹配，持续推动功能性机构有序导入。

——坚持分类施策、彰显特色。结合国资国企战略性调整、支持区域性科创中心建设及优质公共服务资源均等化等规划布局，主动“导入一批”，推动一批功能性机构将部分重要功能向新城布局和集聚；依托现有合作基础，加快“提升一批”，整合并提升功能性机构在新城发展的项目和平台，逐步强化总部型、综合性功能；立足新城功能定位和新城发展需求，结合项目积极谋划“新建一批”，将一批新设的高能级总部、科创、品牌等功能导入新城。

二、重点任务

（一）导入企业总部功能，提升新城综合功能能级。发挥市属国有企业示范带动作用，按照新城产业定位和需求，结合市属国资国企布局优化调整，推动一批市属国企与五个新城开展结对合作，“十四五”期间，每个新城引入至少2家市属国有企业总部或总部型机构落户。支持市属国有企业在新城新设或已设机构，通过管理优化、功能赋能转型升级为总部型机构。争取央企在新城设立集团总部、区域性总部和具有总部级职能的独立法人公司，将高端制造、科创研发等与新城产业定位相符合的功能向新城导入。加快引进跨国公司地区总部和总部型机构，鼓励外资设立研发中心和开放式创新平台等各类功能性机构。聚焦全国民营企业500强、上海高新技术和专精特新“小巨人”企业，支持新城积极招引100家左右民营企业总部、总部型机构等落地。支持嘉定、青浦、松江、奉贤和南汇五个新城分别围绕“国际汽车智慧城”“长三角数字干线”“长三角G60科创走廊”“东方美谷”“数联智造”等主导产业品牌建设，加快招引一批企业总部落户新城，推动现有各类企业增能扩容，升级为总部型机构。（责任单位：市国资委、市经济信息化委、市商务委、嘉定区政府、青浦区政府、松江区政府、奉贤区政府、临港新片区管委会）

（二）强化研发创新功能，夯实新城高质量发展动力源。服务支撑科创中心建设，加快建设区域科创中心，推动中科院上海分院、上海科学院及航天、军工等领域央企所属科研院所等与五个新城深化合作，“十四五”期间，争取在每个新城建设至少3家国家级或市级创新平台和设施。支持新城重点产业领域技术研发，争取更多国家科技创新2030重大项目、国家重点研发计划等在新城落地。加快推动新城现有科研资源的转化和产业化应用，增强与主导产业发展的契合度和协同效应。支持嘉定新城围绕汽车产业发展，设立相关实验平台、测试中心等。支持青浦新城强化与长三角地区相关城市联动，增强新城科创功能。支持松江新城利用现有科创基地、高校等科研资源，进一步扩大G60科创走廊影响力。支持奉贤新城积极开展与科研院所的合作，强化“东方美谷”研发创新能力。支持南汇新城利用国家实验室、顶尖科学家社区等资源，不断提升创新策源功能。（责任单位：市科委、市经济信息化委、市国防科工办、嘉定区政府、青浦

区政府、松江区政府、奉贤区政府、临港新片区管委会）

（三）集聚要素平台功能，发挥新城促进区域经济发展的链接作用。充分发挥新城区位优势，提升辐射服务周边地区和长三角区域能级，积极支持新城对接贸易、大宗商品交易等各类要素平台，“十四五”期间，争取在每个新城引入至少1家具有较强影响力的要素平台，推动新城要素平台拓展功能，进一步增强新城资源配置能力。支持嘉定新城依托现有平台，做强在钢铁大宗商品交易、二手车交易等领域的功能和影响力。支持青浦新城借力中国国际进口博览会，发挥“6+365”常年展示交易服务平台作用，增强进口商品集散功能和资源配置能力。支持松江新城依托沪苏湖铁路，规划研究松江枢纽发展长三角多式联运资源配置功能。支持奉贤新城打造“美谷美购”美妆新零售等特色产业直播平台，加快推进化妆品全球新品首发地示范区建设。支持南汇新城发挥临港新片区制度优势，推动现有各类平台拓展跨境交易功能，提升国际影响力。（责任单位：市商务委、市交通委、市国资委、嘉定区政府、青浦区政府、松江区政府、奉贤区政府、临港新片区管委会）

（四）提升公共服务功能，增强新城生活品质和对各类人才吸引力。“十四五”期间，增加优质教育资源特色多样化供给，推动每个新城至少新增1所优质高中，促进教育与产业深化融合。在确保每个新城至少有1所三甲医院基础上，推动各类医疗卫生资源向新城导入。确保每个新城至少具备1家优质养老服务设施，支持新城引进或培育一批社会化养老服务设施。加快建设高能级文体旅设施，推动市级优质资源向新城导入和共享。实施“大美术馆计划”“大博物馆计划”，建立上海博物馆和中华艺术宫等与五个新城长效合作机制。支持将上海旅游节、上海国际电影节等大型品牌性文化节庆部分活动及开闭幕式放在新城举办。推动Magic3市青少年三对三超级篮球赛、市级青少年锦标赛、第十七届市运会等项目赛事申办新城优先，探索区域和市级重大赛事在新城设立分赛区、新赛点。利用现有会展场馆资源，推动引进一批符合新城发展方向的高水平会展项目。（责任单位：市教委、市卫生健康委、市民政局、市文化旅游局、市科委、市委宣传部、市体育局、市发展改革委、市商务委、嘉定区政府、青浦区政府、松江区政府、奉贤区政府、临港新片区管委会）

三、保障措施

（一）建立推进工作机制。在市新城规划建设推进协调领导小组框架下，建立向新城导入功能专项工作市级统筹协调机制（以下简称“协调机制”），由常务副市长担任总召集人，市发展改革委、市规划资源局、市国资委等相关部门和五个新城所在区（管委会）参加。协调机制日常工作由市发展改革委牵头，具体负责定期协调沟通，跟踪协调各领域实施方案和项目的推进落地，协调相关政策制定工作。（责任单位：市发展改革委、市国资委、市规划资源局、市科委、市经济信息化委、市商务委、市委宣传部、市教委、市卫生健康委、市文化旅游局、市体育局、市民政局、市财政局、嘉定区政府、青浦区政府、松江区政府、奉贤区政府、临港新片区管委会）

（二）加大政策支持力度。对于新设市属国企、科研院所、要素平台、文体旅设施、大型活动赛事论坛等，要优先考虑布局新城。研究出台引导市属国企总部入驻新城的专项支持政策，对于在新城设立总部型机构的给予专项加分；对于市属国企围绕新城的重大战略投资项目，经市国资委认定符合条件的，适用“视同于利润”政策。鼓励科研院所在新城设立新型研发机构。积极争取国家支持，探索将设立在新城非独立法人科研院所的科技资源纳入所在区（管委会）进行统计试点。

对于中心城区向新城导入的总部型企业，按照本市促进企业有序跨区迁移相关政策执行。对于导入的功能性项目，涉及规划调整、用地审批的，依法依规给予大力支持。（责任单位：市国资委、市科委、市商务委、市委宣传部、市文化旅游局、市体育局、市统计局、市经济信息化委、市规划资源局、嘉定区政府、青浦区政府、松江区政府、奉贤区政府、临港新片区管委会）

（三）加强政府服务保障。围绕五个新城的主导特色产业和重点区域，市级相关部门搭建平台、开展推介，五个新城所在区（管委会）加强招商引资。五个新城所在区（管委会）要建立相关区级推进协调机制，做好功能性机构入驻重点问题协调和服务保障工作，进一步推动资金、土地指标、产业资源等向重大功能性事项倾斜。保障用地需求，对符合划拨或协议出让条件的功能性机构，可以采取划拨或协议出让方式供地。对新建或购买办公场所的功能性机构，依法依规给予资金优惠或开办、购（租）房等资助。依法依规加大对功能性机构的人才落户、子女教育、申请人才公寓、通勤等支持保障力度。（责任单位：嘉定区政府、青浦区政府、松江区政府、奉贤区政府、临港新片区管委会）

上海市人民政府印发《关于支持中国（上海）自由贸易试验区临港新片区加快建设独立综合性节点滨海城市的若干政策措施》的通知

（2022年8月17日）
沪府发〔2022〕8号

各区人民政府，市政府各委、办、局：

现将《关于支持中国（上海）自由贸易试验区临港新片区加快建设独立综合性节点滨海城市的若干政策措施》印发给你们，请认真按照执行。

关于支持中国（上海）自由贸易试验区临港新片区加快建设独立综合性节点滨海城市的若干政策措施

为深入贯彻落实习近平总书记对中国（上海）自由贸易试验区临港新片区（以下简称“临港新片区”）的“五个重要”指示精神，进一步巩固产业发展势头，完善城市功能配套，营造良好人才发展环境，充分发挥临港新片区重要增长极作用，现制定支持临港新片区加快建设独立综合性节点滨海城市的若干政策措施如下：

一、强化产业支撑，进一步提升创新型产业发展水平

增强创新策源和国际创新协同能力，构建国际创新网络的重要节点；加快打造世界级前沿产业集群，大力发展参与全球高端要素资源配置的开放型现代服务业。

（一）提升高端制造业能级。建设国际氢能谷，在制氢加氢一体化站建设、绿色数据中心氢能利用等方面先行先试，在交通、能源、工业等领域打造一批典型示范应用。做大“东方芯港”能级规模，探索集成电路全产业链便利化管理模式。加快形成以研发服务为基础，生物医药、医疗器械和装备、高端制剂制造为重点的“生命蓝湾”特色园区，支持具备有效监管条件的临港新片区生物医药研发企业享受洋山特殊综合保税区通关便利化相关政策。加快建设“动力之源”，重点发展大国重器核心装备、高端动力部件及装备的高附加值环节。（责任单位：市经济信息化委、市发展改革委、市科委、上海海关、市药品监管局、临港新片区管委会）

（二）建设滴水湖AI创新港。聚焦人工智能算法、系统软件、智能硬件、信息安全、智能安防等重点领域，以应用场景带动，以公共服务平台赋能，通过引进国际算法创新基地、举办世界人工智能大会（WAIC）

开发者大会、建设AI开发者社区等，带动各类人才集聚，培养AI创新生态。（责任单位：市经济信息化委、临港新片区管委会）

（三）深化国际数据港建设。依托“信息飞鱼”全球数字经济创新岛，探索建设国家数据跨境流动试验示范区，推动智能网联汽车、电子商务、金融等领域数据跨境流通，开展数据跨境流动安全评估，搭建跨境数据流通公共服务平台。加快信息服务业对外开放，根据国家部署，放开外商投资互联网数据中心等增值电信业务领域准入限制，完善云计算等新兴业态外资准入与监管制度。加快中国电信公共算力中心、上海移动临港IDC研发与产业化基地等重点项目的建设与应用。（责任单位：市经济信息化委、临港新片区管委会、市通信管理局、市委网信办）

（四）加快新兴服务业发展。加快在临港新片区建设国际金融资产交易平台，便利境内外投资者配置全球金融资产。加快拓展服务贸易、跨境电商、保税维修等新业态新模式，支持洋山特殊综合保税区内企业开展本企业国内自产产品的维修，不受维修产品目录限制。支持建设离岸贸易创新发展实践区，鼓励银行探索优化业务真实性审核方式，对真实合规的离岸贸易业务提供优质金融服务。建设科技保险创新引领区，在民用航空、高端装备制造、集成电路、人工智能、智能新能源汽车等领域，建立临港新片区重大技术装备及关键零部件综合保险补偿机制。支持临港新片区建设全国性大宗商品仓单注册登记中心、国际油气交易中心等重大要素平台。支持打造洋山保税船供公共服务平台，探索国际集装箱舱位交易平台建设，支持符合条件的企业申请开展国际航行船舶保税燃料油加注业务。（责任单位：市地方金融监管局、人民银行上海总部、上海证监局、上海银保监局、市商务委、市财政局、市发展改革委、市交通委、上海海关、上海证券交易所、上海期货交易所、上海航运交易所、临港新片区管委会）

（五）支持更多优质科技创新资源和功能平台布局临港新片区。充分发挥临港实验室带动作用，持续放大顶尖科学家论坛溢出效应，支持推动一批优质科研院所、高校研究院、顶尖实验室、产学研转化平台、保税研发中心布局临港新片区。打造国际知识产权保护高地，支持设立临港新片区知识产权综合业务受理窗口。（责任单位：市科委、市知识产权局、市委编办、市经济信息化委、临港新片区管委会）

二、强化城市功能支撑，进一步完善独立综合性城市功能

聚焦各类人才“工作临港、居住临港、生活临港”的高品质多样化需求，加快完善城市基础设施，提供高能级公共服务配套，打造近悦远来的宜居宜业生活空间。

（六）打造便捷高效的综合交通体系。加快建设临港集疏运中心、市域铁路南汇支线，启动建设小洋山北作业区相关工程、大芦线东延伸等项目，规划研究临港与主城区之间的市域快线，研究推动沪乍杭铁路、四团综合交通枢纽、市域铁路南枫线等规划建设。（责任单位：市交通委、市发展改革委、市规划资源局、临港新片区管委会）

（七）完善洋山特殊综合保税区基础设施。结合海关特殊监管区域特点和需求，按照综合保税区验收的相关规定，研究推动航空维修产业配套拖机道、浦东机场南区域与浦东机场货机坪直通道等项目的规划建设。（责任单位：临港新片区管委会、市交通委、市发展改革委、上海海关、民航华东地区管理局、市规划资源局、机场集团）

（八）建设临港数字化转型示范区。在临港新片区打造全面赋能的数字孪生城市底座，建设融合生长的未来数字孪生城。利用公安交通一体化管理体系，开展“车路协同”应用试点，建设智慧交通体系，推动自动驾驶全域测试，建设临港高等级自动驾驶

示范区。支持加快构建基层智慧治理体系，完善基于数字化技术的制度创新和风险防范体系，全面提升治理效能。（责任单位：市经济信息化委、市交通委、市公安局、市大数据中心、临港新片区管委会）

（九）打造具有示范效应的低碳城市。落实国家“双碳”战略，建设临港风光气储示范区，重点围绕一核（500万千瓦级临港燃气发电基地）、一带（百万千瓦级海上风电基地）、一区（50万千瓦级分布式发电示范区）布局项目，衔接市级海上风电规划，预留电力设施场地，消纳深远海风电绿色电力。加快启动上海LNG站线扩建工程，加强小洋山岛能源保障。加强工业排放控制，提高绿色建筑执行标准，推行智慧交通低碳生活，支持聚焦南汇新城内重点区域打造绿色低碳试点区。制订区域充换电设施专项规划，强化充换电设施更高标准布局建设。（责任单位：临港新片区管委会、市发展改革委、市住房城乡建设管理委、市交通委、市生态环境局）

（十）提升韧性城市建设水平。强化韧性城市设计理念，在城市基础设施和公共建筑规划设计中，科学预留空间；完善城市应急管理体系，全方位提升城市安全智能化监控水平；支持聚焦疫情防控、水生态等新兴领域，加大硬件投入力度，提高科学管理水平，增强抵御重大灾害能力。支持针对滴水湖水域保护形成法治保障。（责任单位：市住房城乡建设管理委、市规划资源局、市水务局、市应急局、市司法局、临港新片区管委会）

（十一）推进教育资源优质均衡发展。建立与临港新片区人才需求相适应的高水平基础教育体系，支持全市优质学校和师资向临港新片区布局，高起点开办上海中学东校高中部、华师大二附中临港奉贤分校，支持设立外籍人员子女学校。引进或新建高品质民办幼儿园、高中，满足多元化教育需求。打造上海产教融合示范区，支持新引进国外高水平应用型大学开展中外合作办学，设立新型高职院校，加快建立与临港新片区产业发展相融合的职业教育体系，支持在职业教育办学体制、育人模式上持续创新。支持筹建设立上音附中临港校区。（责任单位：市教委、市发展改革委、浦东新区、奉贤区、临港新片区管委会）

（十二）健全医疗卫生服务体系。加快完善临港新片区医疗服务体系，支持引进上海优质中医资源建设三级中医医院，建设临港公共卫生中心，在人员编制、经费预算、日常运行和行业监督管理等方面予以支持保障。支持引进高水平、国际一流的社会办医疗机构，增加差异化、特色化医疗服务供给。支持设立非营利性医院，开展临床研究。鼓励有条件的医疗机构按照相关要求，开展自行研制体外诊断试剂试点。支持推进“市六—临港”紧密型健康联合体建设。（责任单位：市卫生健康委、市发展改革委、市委编办、申康医院发展中心、浦东新区、临港新片区管委会）

（十三）打造大都市旅游目的地。发挥滴水湖独特优势，促进环滴水湖商业、旅游、休闲、文体产业融合发展，支持布局全市性功能设施打造大都市旅游目的地。规划建设临港水上运动中心、青祥港公共体育中心、北岛文化艺术中心等高能级文体场馆，并将其纳入市级文体场馆规划布局。支持临港新片区承办国际、国内文化节展和顶级赛事活动，推动上海临港半程马拉松等一批高能级赛事活动落地。（责任单位：市文化旅游局、市体育局、市发展改革委、市商务委、临港新片区管委会）

三、强化政策保障，进一步优化区域发展要素供给

加强人才、土地、资金等要素保障，夯实临港新片区发展后劲，稳定各类市场主体预期，提振各方面信心，努力构筑上海高水

平人才高地的重要战略支点，打造全球人才创新创业首选地。

（十四）进一步优化人才落户政策。赋予临港新片区引进非上海生源应届高校毕业生重点扶持用人单位推荐权。建立和动态调整适应临港新片区发展需要的重点专业目录。支持临港新片区管委会根据临港新片区重点产业布局和发展实际，动态调整人才引进重点机构推荐范围。（责任单位：市教委、市发展改革委、市公安局、市人力资源社会保障局、临港新片区管委会）

（十五）推动技能劳动者在临港新片区高质量就业。建立完善技能人才引进专属目录动态调整机制，支持临港新片区根据区域产业发展需求，动态调整区域技能人才引进职业工种专属目录，在市紧缺急需职业工种目录外，积极将临港新片区经济社会发展紧缺急需的技能人才纳入引进范围。加大行业企业关键技能岗位紧缺急需技能人才引进力度，支持临港新片区根据产业发展需求，调整扩大行业代表性企业名单，增加技能人才自主评定和引进推荐的岗位项目，并定期进行更新调整。（责任单位：市人力资源社会保障局、临港新片区管委会）

（十六）完善人才子女就学服务保障机制。加强重点人才子女就学保障，支持有关区对临港新片区范围内符合条件的高层次人才子女予以入学保障，完善对重点引进人才子女入学的保障服务机制。（责任单位：市教委、浦东新区、奉贤区、临港新片区管委会）

（十七）提升人才管理工作政务服务效率。赋予临港新片区管委会对社会保险单位参保及职工参保信息的查询权限。支持临港新片区大力引进专业领域外国人才，将“外国人工作、居留单一窗口”服务人才范围从A类工作许可证扩大至B类。将临港新片区纳入市、区两级“16+X”职称公共服务体系，专设临港新片区职称服务受理点。［责任单位：市人力资源社会保障局、市科委（市外国专家局）、市大数据中心、临港新片区管委会］

（十八）进一步提高持永久居留身份证外籍人才工作生活便利性。外籍人才凭永久居留身份证在临港新片区定点医院享受网上挂号预约医疗等服务。［责任单位：市卫生健康委、申康医院发展中心、市公安局出入境管理局、市科委（市外国专家局）、临港新片区管委会］

（十九）完善海外人才服务体系。对临港新片区重大项目建设紧缺急需海外人才，提供出入境“绿色通道”服务及疫情期间紧急保障服务。［责任单位：市公安局出入境管理局、市政府外办、市科委（市外国专家局）、市卫生健康委、临港新片区管委会］

（二十）定向优化临港新片区人才购房政策。优化人才购房条件，在临港新片区工作的非本市户籍人才缴纳个税或社保满1年及以上，在临港新片区限购1套住房，所购住房自合同网签备案满7年后可转让。（责任单位：市房屋管理局、临港新片区管委会）

（二十一）支持临港新片区重大项目建设融资机制创新。将南汇新城的城市更新联动政策推广至临港新片区产城融合区。鼓励金融机构为临港新片区开发和重大项目建设提供融资支持，探索创新融资模式。支持上海园区高质量发展基金投资临港新片区基础设施建设。积极引导中央企业、地方国有企业、民营企业等各类主体以市场化方式，承接盘活临港新片区存量资产，支持临港新片区建设。支持临港新片区符合条件的项目优先申报发行基础设施REITs。（责任单位：临港新片区管委会、市发展改革委、市地方金融监管局、上海银保监局、上海证监局、市国资委、市经济信息化委、上海证券交易所）

（二十二）进一步加强临港新片区资源性指标统筹。持续保障临港新片区新增建设土地指标需求。以能耗强度为导向，增强能源消费总量管理弹性。对列入国家重大项目清单的项目，实施能耗单列；对超出所在区能耗强度平均水平但低于全市能耗强度平均水平的重大项目，实施能耗指标市级统筹；对列入国家重大项目、市重大项目清单、市重大利用外资项目清单的项目或由市政府确定的关系到全市发展战略的重大项目，实行污染物排放指标市级统筹。支持以森林覆盖率作为主体指标，统筹绿林地建设，推动区域内部河道、道路、园区及企业附属绿化建设按照林地建设标准实施，实现生态空间的有机整合高效利用。（责任单位：市规划资源局、市发展改革委、市生态环境局、市绿化市容局、临港新片区管委会）

（二十三）适度优化产业用地转让管理。对临港新片区区域范围内，已建、在建产业物业（工业、研发）建筑面积持有达到一定规模要求的园区平台公司，在进一步强化可转让物业产业准入要求，以及明确审定部门、监管方式、违约处置措施和退出方式的前提下，经临港新片区管委会认可后，单合同地块首次销售比例除生活配套设施以外的物业直接转让比例可以适度上调。（责任单位：市规划资源局、临港新片区管委会）

上海市法治政府建设工作领导小组办公室关于印发《关于全面推行轻微违法行为依法不予行政处罚的指导意见》的通知

（2022年8月2日）
沪法治政府办〔2022〕9号

各区人民政府，市政府各委、办、局，各有关单位：

经市政府第172次常务会议审议通过，并经市政府主要领导同意，现将《关于全面推行轻微违法行为依法不予行政处罚的指导意见》印发给你们，请认真按照执行。

关于全面推行轻微违法行为依法不予行政处罚的指导意见

为贯彻落实《法治政府建设实施纲要（2021—2025年）》和《上海法治政府建设规划（2021—2025年）》，指导和规范本市全面推行轻微违法行为依法不予行政处罚（以下简称“轻微违法不予处罚”）工作，根据《中华人民共和国行政处罚法》，提出如下指导意见：

一、总体要求

（一）指导思想。以习近平新时代中国特色社会主义思想为指导，全面贯彻党的十九大和十九届历次全会精神，深入贯彻习近平法治思想，认真落实党中央、国务院和市委、市政府关于优化营商环境的决策部署，按照行政处罚“过罚相当原则”和“处罚与教育相结合原则”，依法制定、严格实施轻微违法行为依法不予行政处罚清单（以下简称“不予处罚清单”），深化精细化执法和包容审慎监管，激发市场活力，提升执法效果，建设更加包容、更具活力、更有温度的营商环境，促进经济社会高质量发展。

（二）工作目标。2022年底前，本市具有行政处罚权的市政府有关委、办、局和有关法律法规授权组织（以下统称“市级行政机关”）普遍制定不予处罚清单。2023年底前，本市不予处罚清单全面覆盖各有关行政执法领域，不予处罚清单制度体系基本完善。

二、制定不予处罚清单

（三）明确不予处罚清单制定责任。市级行政机关负责制定本系统（或者本单位，下同）不予处罚清单，包括梳理筛选行政处罚事项、研究确定具体不予处罚情形、起草出台不予处罚清单等。行政处罚权在全市相对集中行使的，由集中行使该行政处罚权的市级行政机关制定不予处罚清单；行政处罚权仅在个别地区相对集中行使的，由主管该执法领域行政处罚工作的市级行政机关制定不予处罚清单。行政处罚权下沉至街道办事处、乡镇人民政府行使的，由下沉前行使该行政处罚权的执法单位对应的市级行政机关制定不予处罚清单。同一种违法行为在不同场所分别由不同行政机关实施行政处罚的，由主管该违法行为行政处罚工作的市级行政机关牵头制定不予处罚清单。依照法律法规、规章的规定委托实施行政处罚的，由委托行政机关所属执法系统的市级行政机关制定不予处罚清单。

（四）确定行政处罚事项及具体不予处罚情形。轻微违法不予处罚的依据是《行政处罚法》第三十三条第一款，即：违法行为轻微并及时改正，没有造成危害后果的，不予行政处罚；初次违法且危害后果轻微并及时改正的，可以不予行政处罚。市级行政机关要全面梳理本系统市、区和乡镇、街道三级的行政处罚事项及实施情况，根据行业特点、监管现状和执法实际，筛选出实施轻微违法不予处罚的行政处罚事项。筛选工作要优先聚焦本系统主要执法领域、高频处罚事项和行政相对人在过罚相当方面反映较大的处罚事项。对筛选出的行政处罚事项，市级行政机关要综合当事人的主观状态和违法行为损害法益情况、手段方式、危害后果、改正情况等因素，明确"违法行为轻微""危害后果轻微"等的具体标准，并依据《行政处罚法》第三十三条第一款的规定，确定具体不予处罚情形。违法行为危害国家安全，危害人民群众生命、健康或重大财产安全，危害市场经济或社会运行基本秩序的，不纳入不予处罚清单。

（五）制定不予处罚清单。各市级行政机关要将筛选出的行政处罚事项及其具体不予处罚情形汇总形成不予处罚清单。不予处罚清单可以单独制定制度，也可以规定在行政处罚裁量基准制度中，内容可以采用文本、表格等形式。市级行政机关要结合执法实际，稳妥有序推进不予处罚清单全面覆盖各有关行政执法领域，并不断扩充涉及的行政处罚事项。不予处罚清单应当与其他行政处罚裁量基准制度、执法有关制度做好衔接。制定不予处罚清单应当遵守《上海市行政规范性文件管理规定》要求，履行听取意见、公开征询社会公众意见、合法性审核、制定机关办公会议审议决定等程序。在听取意见环节，要充分听取行政相对人代表、相关国家部委、有关行政部门、基层执法单位和有关专家、法律顾问的意见；涉及市场主体的，还要听取有关行业协会商会和市工商业联合会的意见；涉及下沉处罚事项的，应当听取市城管部门意见；涉及委托处罚事项的，应当听取受委托组织意见；涉及全国统一大市场监管的，应当听取相关国家部委意见。不予处罚清单制定机关应当自清单公布之日起15个工作日内，将清单报送市人民政府备案。对《行政处罚法》第三十三条第二款规定的"当事人有证据足以证明没有主观过错"情形，市级行政机关也可以细化明确"足以证明"的具体标准，并制定相应的不予处罚清单。

（六）动态调整不予处罚清单。不予处罚清单实行动态调整。各市级行政机关要建立不予处罚清单定期评估机制，评估执行情况、施行效果、存在的问题及原因等，并根据评估结果动态调整不予处罚清单。评估周期由市级行政机关根据实际确定。不予处罚清单有效期届满的3个月前，制定机关应当按照《上海市行政规范性文件管理规定》要求进行评估。相关上位法发生变动的，不予处罚清单制定机关应当依法及时开展清理。

三、实施轻微违法不予处罚

（七）做好不予处罚清单公开及解读。不予处罚清单制定机关应当按照《上海市行政规范性文件管理规定》要求和政务公开要求等，及时向社会公开不予处罚清单及有关信息，并做好解读工作。不予处罚清单应当同步收入上海城市法规全书应用系统。

（八）抓好不予处罚清单实施。不予处

罚清单出台后，相关行政执法单位应当严格遵照执行。对符合不予处罚清单规定的违法行为，应当不予处罚；对不予处罚清单未作出规定，但违法行为符合法定不予处罚制度规定的，也应当依法不予处罚；对违法行为不符合法定不予处罚制度规定的，不得违法作出不予处罚决定。行政执法单位应当充分调查取证，不予处罚案件一般应当作出不予行政处罚决定，法律法规、规章另有规定的除外；对不予处罚的当事人要给予教育指导，可以采用批评教育、约谈相关负责人或有关人员、发送告知书等形式，充分告知其违法事实、认定违法的理由依据、应当履行的义务等，并指导其改正，督促其依法合规开展活动。

四、组织保障

（九）加强组织指导。市司法局要加强对本市不予处罚清单制定、实施工作的指导，及时研究解决全市具有普遍性的问题，并总结、推广典型经验和做法。各市级行政机关要高度重视，加强统筹协调，及时研究解决本系统不予处罚清单制定、实施中的重要问题，提供有效保障，有力推动工作落地落实；要强化本系统轻微违法不予处罚实施指导，及时为基层执法单位答疑解惑，必要时可以制定实施指导意见。市和区司法行政部门、市级行政机关要通过案卷评查、执法检查、执法评议等方式，分别对本市、本级或者本系统实施轻微违法不予处罚情况进行监督。

（十）强化培训宣传。各市级行政机关要加强本系统执法人员培训，明确轻微违法不予处罚实施具体要求，及时总结工作经验，不断提升执法能力。要注重收集典型案例，深化普法宣传，广泛开展形式多样、针对性强的轻微违法不予处罚宣传活动，营造良好的社会氛围。

本指导意见自 2022 年 8 月 20 日起施行。

上海市人民政府 江苏省人民政府浙江省人民政府印发《关于进一步支持长三角生态绿色一体化发展示范区高质量发展的若干政策措施》的通知

（2022 年 8 月 12 日）

沪府规〔2022〕9 号

上海市、江苏省、浙江省人民政府各委、办、厅（局），青浦区人民政府、苏州市人民政府、嘉兴市人民政府，各有关单位：

现将《关于进一步支持长三角生态绿色一体化发展示范区高质量发展的若干政策措施》印发给你们，请认真按照执行。

关于进一步支持长三角生态绿色一体化发展示范区高质量发展的若干政策措施

长三角生态绿色一体化发展示范区是实施长三角一体化发展战略的先手棋和突破口。为进一步形成政策合力，发挥政策的引领与保障作用，推动长三角生态绿色一体化发展示范区（以下简称“示范区”）在更深层次、更宽领域形成更具显示度和感受度的一体化制度创新成果，现就进一步支持示范区高质量发展提出若干政策措施如下：

一、支持示范区建设跨省域高新技术开发区。由青浦区、吴江区、嘉善县以“一区多园”模式建设跨省域高新技术开发区，并在此基础上联合申报创建国家高新技术开发区。（责任单位：示范区执委会、上海市科委、江苏省科技厅、浙江省科技厅牵头，青浦区、吴江区、嘉善县配合）

二、提升示范区技术创新策源能力。推动国内外大院名校与示范区合作共建高端创新载体，加快长三角国家技术创新中心在示范区内建设布局。（责任单位：上海市科委、江苏省科技厅、浙江省科技厅牵头，上海市经济信息化委、江苏省工信厅、浙江省经信

厅配合）

三、推动示范区基础设施 REITs 联动发展。支持示范区开展部分重点存量基础设施项目联合运营，积极争取在交通、水利、生态环保、仓储物流、园区、保障性租赁住房、旅游等基础设施领域发行 REITs 产品。鼓励在示范区内合作组建运营管理公司，以资本为纽带打造跨区域项目运营管理新模式。探索建立“长三角 REITs 培育中心”。（责任单位：上海市发展改革委、上海证监局牵头；江苏省发展改革委、江苏证监局，浙江省发展改革委、浙江证监局配合）

四、推动长三角碳普惠机制联建工作在示范区先行先试。选取部分统计基础好、数据可获得性强的项目和领域先行开展试点示范，推动碳普惠规则共建、标准互认、信息共享、项目互认，借助上海环境能源交易所既有基础设施，共建长三角碳普惠交易平台。（责任单位：上海市生态环境局牵头；江苏省生态环境厅，浙江省发展改革委、省生态环境厅，上海环境能源交易所配合）

五、探索国土空间相互转换的机制和途径。促进示范区水系结构优化，在水利、航道工程、水系优化调整类的项目报批中，可以在保护生态环境、水域面积不减少、功能不衰退的前提下，根据国土空间规划，结合土地实际用途确定利用方向。（责任单位：上海市规划资源局、江苏省自然资源厅、浙江省自然资源厅牵头，上海市水务局、江苏省水利厅、浙江省水利厅配合）

六、建立三地海关跨境电商协同监管机制。持续优化完善跨境电商出口转关模式，逐步扩大跨境电商出口转关试点范围。打通跨境电商商品转关通道，实现属地清关、转关运输、口岸出境，推动示范区跨境电商产业协同发展。（责任单位：上海海关牵头，南京海关、杭州海关配合）

七、深化企业名称登记制度改革。在示范区统一规范禁限用字词库的使用，实行企业名称申报承诺制。（责任单位：上海市市场监管局牵头，江苏省市场监管局、浙江省市场监管局配合）完善名称争议处理机制，畅通名称登记救济渠道，建立名称争议处理机构和快速处理程序。（责任单位：浙江省市场监管局牵头，上海市市场监管局、江苏省市场监管局配合）

八、深化重点领域数字化转型。在示范区内加快推进身份认证、电子印章、电子证照等统一认定使用。对已经推广的电子证照，能够通过扫码亮证调取电子证照的，可以在办事窗口实现证照免交。[责任单位：上海市大数据中心、市经济信息化委牵头，江苏省政务办（省大数据中心）、浙江省大数据局配合]在示范区内未实现口岸信息共享地区，加快推行出口退税无纸化单证备案。（责任单位：上海市税务局、江苏省税务局、浙江省税务局牵头，上海海关、南京海关、杭州海关配合）

九、支持教育协同发展。加快示范区内中小幼教研一体化建设，开展中小幼教师联合培训。加强教育质量综合评价改革研究，合作探索育人模式创新。（责任单位：上海市教委、江苏省教育厅、浙江省教育厅）

十、开展职业教育融通试点。支持高职院校和技师学院之间开展合作办学、学分互认。支持将符合条件的技师学院按照教育部院校设置要求纳入高等学校序列。取得职业技能等级证书的劳动者参加职业院校学历教育的，职业院校可根据证书等级和类别免修部分课程。接受相关专业职业院校学历教育并取得毕业证书的，经专家评估后，在职业技能等级认定中可以免试理论知识考试。（责任单位：浙江省教育厅、浙江省人力资源和社会保障厅牵头，上海市教委、市人力资源和社会保障局，江苏省教育厅、省人力资源和社会保障厅配合）

十一、拓展高技能人才成长空间。长三角区域的技工院校高级工班、预备技师（技师）班毕业，在示范区内享受大专、本科学历同等待遇，在企事业单位公开招聘、确定工资起点标准等方面与同等学力人员相同对待。符合条件的高技能人才与专业技术人才职业发展贯通时，技工院校中级工班、高级工班、预备技师（技师）班毕业，可分别按照相当于中专、大专、本科学历申报评审相应专业职称。（责任单位：江苏省人力资源和社会保障厅牵头，上海市人力资源和社会保障局、浙江省人力资源和社会保障厅配合）

十二、推动人才评价和劳动争议处置一体化。研究制定示范区技能人才评价机构建设和劳动争议调解仲裁协同处置的区域标准，促进技能人才评价机构有效衔接，提升劳动争议案件处理效能。（责任单位：浙江省人力资源和社会保障厅、省市场监管局牵头；上海市人力资源和社会保障局、市市场监管局，江苏省人力资源和社会保障厅、省市场监管局配合）

十三、鼓励各类人才在示范区内合理流动。对在示范区内工作并按照规定缴纳社会保险的紧缺急需人才和优秀青年人才，探索研究推进示范区人才高质量集聚的人口导入和人才流动政策。（责任单位：示范区执委会、上海市人力资源和社会保障局、市发展改革委牵头，青浦区、吴江区、嘉善县配合）

十四、推进重点领域执法协同。加强示范区生态环境保护、食品药品安全、渔业渔政等领域执法合作，推动相关标准规范协调统一，包括但不限于禁渔区、禁渔期设定，禁捕工具、禁捕方法认定等。开展跨域毗邻地区流动性违法行为共同管辖试点，探索建立示范区跨省毗邻地区共同管辖执法协作机制。（责任单位：上海市公安局、市生态环境局、市市场监管局、市农业农村委、市城管执法局，江苏省公安厅、省生态环境厅、省市场监管局、省农业农村厅、省住房城乡建设厅，浙江省公安厅、省生态环境厅、省市场监管局、省农业农村厅、省建设厅、省综合执法办）

十五、推动环境损害司法鉴定协同发展。统一组建示范区环境损害司法鉴定专家库，逐步形成咨询建议提出及激励机制；统一建立教育培训资源共享机制，加强鉴定人员执业培训，提升实操能力；统一司法鉴定标准，建立环境损害司法鉴定质量评价标准。实行司法鉴定机构诚信等级评估结果互认。（责任单位：上海市司法局、市生态环境局牵头；上海市高院、市检察院，江苏省司法厅、省生态环境厅、省高院、省检察院，浙江省司法厅、省生态环境厅、省高院、省检察院配合）

十六、推动警务便民服务通办。示范区三地公安机关在重大110接处警、突发事件处置中，按照“可达性”原则，建立联勤联动、快速反应机制，实行先期到场和协同处置。试点推行悬挂示范区任一地号牌且符合国家强制标准的电动自行车，在省际毗邻区域涉及街道、镇临时通行的，各地公安机关依法给予通行便利。（责任单位：上海市公安局牵头，江苏省公安厅、浙江省公安厅配合）

十七、探索与共同富裕要求相匹配的制度创新。支持有意愿、有能力的企业、社会组织和其他社会群体参与示范区建设和公益事业发展，设立示范区发展基金会和公益孵化园，加快培育各类社会团体、社会服务机构和基金会，大力发展慈善信托，加大合规监管力度，打造公益慈善生态链，形成一批社会组织参与示范区生态修复、乡村振兴和乡村治理的典型案例。（责任单位：示范区执委会牵头；上海市民政局、市农业农村委，江苏省民政厅、省农业农村厅，浙江省民政厅、省农业农村厅配合）

本政策措施自2022年9月1日起施行。

上海市人民政府办公厅关于印发《上海市加快智能网联汽车创新发展实施方案》的通知

（2022年8月23日）
沪府办发〔2022〕15号

各区人民政府，市政府各委、办、局：

经市政府同意，现将《上海市加快智能网联汽车创新发展实施方案》印发给你们，请认真按照执行。

上海市加快智能网联汽车创新发展实施方案

为落实国家《智能汽车创新发展战略》，加快培育本市经济发展新动能，推动智能网联汽车创新发展，制订本实施方案。

一、总体要求

（一）基本原则

1. 坚持创新引领。统筹利用国内外创新要素和市场资源，对标先进技术和发展理念，高起点高标准高质量推动本市智能网联汽车创新突破，提升自主创新活力，完善自主技术标准体系，打造创新发展高地。

2. 坚持协同有序。增进智能网联汽车创新发展共识，推动部门协同、行业协作、上下游联动，强化产业发展、交通管理、空间规划、城市建设、保险制度的衔接互动，形成跨行业、跨领域发展合力。

3. 坚持需求牵引。把握城市数字化转型契机，主动顺应经济、生活、治理新需求，加速布局智能网联汽车应用场景，以需求持续牵引技术迭代、模式创新、生态培育，打造智能、高效、安全应用新标杆。

4. 坚持包容开放。发挥市场配置资源的决定性作用，充分调动社会各界积极性，建立开源开放、资源共享合作机制。坚持政府引导，推动科技、人才、金融、数据信息要素集聚，优化包容审慎监管机制，激发各类市场主体参与智能网联汽车创新创造活力。

（二）发展目标

到2025年，本市初步建成国内领先的智能网联汽车创新发展体系。产业规模力争达到5000亿元，具备组合驾驶辅助功能（L2级）和有条件自动驾驶功能（L3级）汽车占新车生产比例超过70%，具备高度自动驾驶功能（L4级及以上）汽车在限定区域和特定场景实现商业化应用。核心技术研发取得重大进展，核心装备初步实现自主配套。大规模、多场景、高等级、多车型应用初具规模，智慧交通生态加速融合。智慧道路基础设施实现重点区域覆盖，基本满足车路协同、智慧交通、智慧出行应用需求。规则、标准、监管体系实现突破优化，基本建成系统完善的智能网联汽车管理体系。

二、重点任务

（一）紧盯新技术突破，构建自主配套的智能网联汽车关键技术体系

1. 突破关键前瞻技术。开展复杂系统体系架构、复杂环境感知、智能决策控制等前瞻技术攻关，支持企业与高校、科研院所共建一批高水平研发平台。加大本市大科学设施、国家重点实验室等对智能网联汽车关键前瞻技术研发支持力度，打通创新链、应用链、价值链，推动一批基础性科研成果落地。

2. 推动核心部件攻关。聚焦车规级芯片、人工智能算法、激光雷达、车载操作系统、智能计算平台、线控执行系统等关键领域，组织实施一批攻关工程。推动5G车用无线通信网络、多源融合感知、高精度时空基准服务、交通系统时空数字孪生等共性交叉技术方案落地，实现“车—路—网—云—图”一体的自动驾驶融合感知与规划控制。

3. 完善测试评价技术体系。构建国内领先的智能网联汽车测试评价体系，重点研发虚拟仿真、硬件在环仿真、实车道路测试等技术和验证工具，完善网络及数据安全、软

件升级等测试和评价技术。完善智能网联汽车系统验证及应用服务，构建“可兼容、可移植、可维护”的软件功能安全测评和信息安全测试验证平台。

（责任单位：市经济信息化委、市发展改革委、市科委、市市场监管局）

（二）抢抓新终端布局，抢占智能网联汽车发展先机

1. 加快打造先进技术引领的智能驾驶终端。完善软件开发环境，支持企业开发面向资源管控、信息共享、高度安全的智能驾驶系统。培育国内领先的自动驾驶系统解决方案供应商，加快推进车路协同技术赋能自动驾驶落地应用。探索开展智能网联汽车准入试点，推动有条件自动驾驶汽车量产，支持高度自动驾驶技术应用落地。

2. 加快培育融合生态的智能座舱终端。支持打造集生活、办公、社交、娱乐等功能于一身的智能座舱终端，提升“一芯、一云、多屏”集成度，促进舱内控制系统一体化发展，加快构建以智能座舱为平台、应用软件为载体、数据交互为纽带的车联网应用生态圈。

3. 加速开发万物互联的智能通信终端。面向智能网联汽车低时延、高可靠、高带宽应用需求，开发车载智能通信终端，扩大终端应用规模。鼓励在特定区域、特定场景行驶汽车预装智能通信终端，构建支撑“车—路—网—云—图”一体的智能网联汽车通信环境。

4. 打造行业领先的智能网联汽车大终端。加速智能驾驶终端、智能座舱终端和智能通信终端技术集成和产品应用，培育技术领先、功能集成、生态引领的智能网联汽车终端产品，加快自主技术迭代，推动行业标准定义。

（责任单位：市经济信息化委、市发展改革委、市科委）

（三）加快新生态培育，形成跨界融合的智能网联汽车核心产业体系

1. 增强整车企业核心竞争力。支持整车企业培育软件、人工智能、大数据、云计算、网络安全等核心能力，围绕前瞻技术开发、整车集成应用、核心装备攻关、出行服务保障，布局一批示范创新项目，扩大高端智能网联汽车市场份额，打造国内领先、具有国际竞争力的“中国标准”智能网联汽车品牌。

2. 建设多层次的智能网联汽车关键零部件产业体系。持续推动智能网联汽车产业链强链、补链、固链，加快布局一批骨干企业。支持企业围绕产业链上下游开展并购重组。释放国资国企改革活力，探索包容失败、鼓励创新的容错机制。扩大国有企业股权激励试点，支持核心团队持股，推动符合条件的企业分拆上市。

3. 推动各类市场主体跨域融合发展。鼓励汽车与5G通信、人工智能算法、高精度定位等新技术加速融合，畅通汽车终端、云控平台与城市交通管理系统数据流。围绕智能出租、智慧公交、自主泊车、智能充电等布局智慧出行新生态。支持智能网联汽车与保险实现数据跨部门交互，共创产业生态、共建风险管理、共享科技成果。

（责任单位：市经济信息化委、市发展改革委、市科委、市交通委、市公安局、市国资委、市地方金融监管局、上海银保监局）

（四）打造新空间格局，拓展协同互补的智能网联汽车发展空间

1. 高起点规划建设临港高等级自动驾驶示范区（以下简称“自动驾驶示范区”）。支持临港开展全域、全场景自动驾驶测试及示范应用，探索建立智能网联汽车产品准入制度，推动有条件自动驾驶汽车在自动驾驶示范区内生产、销售、登记。鼓励经过充分验证的高度自动驾驶汽车在特定区域、特定路段行驶，探索开展商业运营服务。市相关部门在产业政策、交通管理、标准制定、国土空间规划、基础设施配套等方面，支持自

动驾驶示范区开展全球同步、国内引领的创新实践。

2. 多维度支持打造嘉定智能网联汽车完整生态圈。支持嘉定区依托智慧城市基础设施与智能网联汽车协同发展等国家试点示范任务，建设国内领先的车路协同应用环境。支持嘉定区拓展高等级自动驾驶测试场景和示范应用领域，加快特定场景商业运营落地，探索有条件的区域开展全域测试。支持一批特色园区功能提升，加快由“汽车制造”向“汽车智造”转型。

3. 打造协同互补的产业创新发展格局。支持浦东新区在车规级芯片、人工智能算法、智能计算平台、线控执行系统等领域加快布局。支持奉贤区依托超大规模地下车库、智慧公交接驳等场景，打造“智慧全出行链”示范区域。鼓励嘉定新城、青浦新城、松江新城、奉贤新城、南汇新城等五个新城和宝山区、金山区等南北转型重点区域结合城市建设和产业转型，建设一批智能化基础设施，落地一批特色鲜明的应用场景，集聚一批生态主导型企业，打造协同互补的智能网联汽车创新发展集群。

（责任单位：临港新片区管委会、市经济信息化委、市交通委、市公安局、市规划资源局、市住房城乡建设管理委、相关区政府）

（五）推动新应用落地，布局面向未来的智慧交通场景

1. 优化智能网联汽车应用测试评价机制。理顺智能网联汽车测试和数据采集管理机制，加快异地测试评价成果认可机制落地，减免中小企业测试费用，降低创新活动成本。针对同一测试主体的同类自动驾驶配置方案，可对升级车型的申请程序适当精简优化，压缩审核时限。

2. 全力推进自动驾驶在港口物流领域应用。支持智能重卡大幅提升智驾能力，加快智能基础设施改造，推动运营方式向减人化转变，加快商业运营落地，探索无人化运营。支持自动驾驶技术在城市物流配送领域应用，逐步从港口物流向干线物流、城市末端配送等场景延伸，探索智慧物流配送商业化运营新模式。

3. 加快布局多车型、广覆盖、高级别示范应用场景。探索智能出租可持续运营模式，支持商业运营。支持智慧公交在城区、社区、园区、景区及“最后一千米”接驳示范应用。支持无人清扫作业车辆参与城市道路养护巡检。支持外卖零售无人车率先在园区等封闭场景及半开放场景示范推广。探索在度假区、景区、大型游乐场所开展智能接驳观光巴士示范应用，探索在机场、火车站等客运枢纽应用自动接驳车辆。

（责任单位：市交通委、市公安局、市经济信息化委、相关区政府、临港新片区管委会）

（六）夯实新基建配套，超前建设智能网联汽车路网设施

1. 实施智能化基础设施改造工程。支持现有开放测试区域加快推进交通信号灯、交通标志、交通管理及信息发布系统智能化升级，开展智能路侧设备规模化、标准化建设试点，鼓励建设多功能杆。加快 5G 通信、卫星互联网等通信网络建设落地，构建低时延、高可靠、广覆盖的车用无线通信网络。

2. 探索完善车用高精度时空服务体系。支持具备导航电子地图制作测绘资质的企业在政府部门开放的高精度地图应用试点范围内开展高精度地图业务，探索地图众包等新型模式。健全高精度地图安全监管措施，探索高精度地图数据安全保密新技术，开展地方标准体系研究。

3. 探索智能网联汽车基础设施投资运营新型机制。建好智能汽车创新发展平台，支持跨领域合作组建新型市场主体，探索智能基础设施投资、建设、运营机制。充分发挥智能汽车创新发展平台资源优势，打造多级

云控基础平台，实时汇集全市智能网联汽车基础设施、交通运行基础数据，服务高精度地图应用、数字孪生、交通运行优化、应急事件调度等应用场景。

（责任单位：市经济信息化委、市发展改革委、市交通委、市公安局、市规划资源局、市国资委、相关区政府）

（七）强化新规则保障，营造安全有序、包容创新的制度环境

1. 健全智能网联汽车法制保障体系。梳理现行规章制度和标准，重点在高等级自动驾驶汽车产品准入、无人驾驶测试、商业运营等领域形成一批可实施、可落地的优化方案。发挥浦东新区打造社会主义现代化建设引领区优势，加快推动实现本市智能网联汽车立法。

2. 完善智能网联汽车技术标准体系。推动建立覆盖基础通信、复杂环境感知等多种技术综合标准体系，推进企业团体标准与地方标准协同，建立符合城市特色、满足智能网联汽车最新技术发展方向的标准体系。鼓励企业、科研院所等参与国际标准、国家标准和地方标准制定修订。

3. 加强智能网联汽车运行监管。推动建立智能网联汽车产品和应用监管体系，优化事前产品准入管理，加强事中、事后应用监管。深化智能网联汽车交通事故调查、取证和认定机制，完善本地数据存储标准，优化执法和事故处理规程。探索智能网联汽车电子标志在本市公共管理领域试点应用。持续强化智能网联汽车信息安全能力评估、监督检查、违规事件处置、数据出境安全评估和地理位置信息安全监管。

（责任单位：市司法局、市市场监管局、市经济信息化委、市交通委、市公安局、市委网信办、浦东新区政府）

三、保障措施

（一）加强组织保障。建立智能网联汽车工作协调机制，其办公室设在市发展改革委，综合协调推动重点工作有序实施。各部门、各地区加强协同，形成全市智能网联汽车创新发展合力。

（二）滚动实施重点任务。围绕智能网联汽车核心技术攻关、示范应用、平台建设、基础设施配套等，定期梳理并滚动实施一批重点项目。深化智能网联汽车创新发展制度规则研究，动态更新制度、规则、标准优化清单。鼓励智能汽车创新发展平台承揽国家创新试点任务，共享创新成果，辐射形成良好产业创新生态。

（三）加大政策支持力度。统筹本市战略性新兴产业、产业高质量发展、科技创新专项等各类专项资金，支持智能网联汽车重点项目建设，争取国家重大专项支持。支持符合条件的智能网联汽车创新企业在科创板上市。发展专业性技术转移机构，创新科技成果孵化和转移转化机制。加强知识产权保护运用，建立智能网联汽车相关企业涉外知识产权维权援助机制和专利审查绿色通道制度。

（四）强化人才保障。加大智能网联汽车核心技术国内外领军人才和骨干人才引进力度，配置具有国际竞争力的人才创新创业平台。完善人才创新“容错”、考核激励和社会保障机制，构建充分尊重、创新驱动、宽松包容的创新科研环境。

（五）推进区域协同。深化推进长三角地区智能网联汽车测试互信互认互证。加强各地平台合作，联合定义信号灯技术标准，推动信号灯数据下发，支撑车路协同应用落地。支持长三角地区测试检验机构协作，提升区域智能网联汽车综合检验能力。推动开展区域级、城市级智能网联汽车大规模、综合性应用和商业运营。

（责任单位：市发展改革委、市经济信息化委、市科委、市交通委、市公安局、市财政局、市人力资源社会保障局、市知识产权局、市地方金融监管局）

上海市人民政府办公厅印发《关于加快本市农村寄递物流体系建设的实施意见》的通知

（2022年9月1日）
沪府办发〔2022〕16号

各区人民政府，市政府各委、办、局：

经市政府同意，现将《关于加快本市农村寄递物流体系建设的实施意见》印发给你们，请认真按照执行。

关于加快本市农村寄递物流体系建设的实施意见

为贯彻《国务院办公厅关于加快农村寄递物流体系建设的意见》（国办发〔2021〕29号），结合上海实际，现提出加快本市农村寄递物流体系建设实施意见如下：

一、原则目标

——坚持以人民为中心、惠及民生。聚焦农村寄递物流服务能力和效率集中发力、综合赋能，着力提升城乡寄递物流公共服务能力均等化水平。

——坚持乡村振兴、融合发展。紧紧围绕强村、富民、美环境，深入推动完善农村寄递物流体系与现代农业发展、现代农村绿色生活方式、当代农民增收创业的有机结合，积极服务于绿色田园、美丽家园、幸福乐园工程。

——坚持市场主导、消费升级。充分发挥市场在资源配置中的决定性作用，以市场化方式为主，聚焦农产品进城“最初一千米”和消费品下乡“最后一千米”，助力农民创收增收，促进农村消费服务方式转变，更好服务上海构建国内大循环中心节点和国内国际双循环战略链接。

——坚持资源共享、协同推进。优化营商环境，打通政策堵点，引导各类主体创新服务模式，积极参与农村寄递物流体系建设。支持邮政、快递、物流等企业共建共享基础设施和配送渠道，与现代农业、电子商务等深度融合，因地制宜打造一批协同发展示范项目，引领带动农村地区寄递物流水平提升。

到2025年，形成“开放惠民、集约共享、安全高效、双向畅通”的农村寄递物流体系，基本消除寄递物流公共服务能力城乡差别，农村寄递物流供给能力和服务质量显著提高，便民惠民寄递物流服务全覆盖。

二、重点任务

（一）提升农村邮政基础设施服务能力

发挥农村邮政体系作用。在保证邮政普遍服务和特殊服务质量的前提下，加强农村邮政基础设施和服务网络共享，逐步开放乡镇网点，强化邮政网络节点重要作用。创新乡镇邮政网点运营模式，承接代收代办代缴等各类农村公共服务，实现“一点多能”，提升农村邮政基本公共服务能力。支持邮政企业公平参与农村寄递服务市场竞争，以市场化方式为农村电商提供寄递、仓储、金融一体化服务。（市邮政管理局牵头，市财政局、市商务委、市农业农村委、中国邮政集团有限公司上海市分公司等和各涉农区按照职责分工负责）

（二）补齐农村寄递物流基础设施短板

在涉农区，依托邮件快件处理场地、客运站、货运站、电商仓储场地等建设寄递公共配送中心（快递公共服务站）；整合村内邮政、快递、供销、电商等资源，利用村内现有公共设施，建设村、农居社区寄递物流综合服务站；进一步推进邮政、快递、交通、供销、商贸流通之间的合作，进一步提升农村邮政快递服务满意度。逐步推进在乡镇、农村布设智能快件（信包）箱。推进乡镇邮政局（所）改造，加快推进农村邮路汽车化。推进农村邮政快递绿色化，邮政、快递新增配送车辆全部使用新能源车或清洁能源汽车。引导快递企业总部加大农村寄递网络投资力度，规范建设管理农村寄递网点，保障网点稳定运行。统筹用好现有资金渠道或专项政策，支持农村寄递物流基础设施改造升级。（市发展改革委、市财政局、市住房城乡建设管理委、市交通委、市农业农村委、市邮政管理局、市供销合作总社、中国邮政集团有限公司上海市分公司、各快递企业等和各涉农区按照职责分工负责）

（三）优化协同发展

强化农村寄递物流与农村电商、交通运输等协同融合发展。推进不同主体之间标准互认和服务互补，在设施建设、运营维护、安全责任等方面实现有效衔接，探索相应的投资方式、服务规范和收益分配机制。鼓励企业通过数据共享、信息互联互通，提升农村寄递物流体系信息化服务能力。继续发挥邮政快递服务农村电商的主渠道作用，推动运输集约化、设备标准化和流程信息化，建设农村电商快递协同发展示范区，带动提升寄递物流对农村电商的定制化服务能力。深入推进“四好农村路”建设，形成城乡一体的公路网络。合理配置城乡交通资源，打造宣传推广农村寄递物流服务品牌。（市邮政管理局牵头，市交通委、市发展改革委、市财政局、市商务委、市农业农村委、中国邮政集团有限公司上海市分公司、各快递企业等和各涉农区按照职责分工负责）

（四）全面提升农村投递服务水平

持续推进邮件建制村直投到户，采取“三个一点”（即政府补一点、村里贴一点、邮政企业出一点）模式，以代投员投递到户方式，稳步提高农村地区邮件直投到户比例。进一步加强乡镇快递服务网络建设，推进快递服务城乡均等化，推动农村地区快递进村到户。引导快递企业完善符合农村实际的分配激励机制，落实快递企业总部责任，保护从业人员合法权益，保障农村快递网络可持续运行。（市邮政管理局牵头，市发展改革委、市财政局、市人力资源社会保障局、市交通委、市农业农村委、中国邮政集团有限公司上海市分公司、各快递企业等和各涉农区按照职责分工负责）

（五）完善双向流通机制

鼓励邮政快递企业深入推进寄递服务向纵深发展，进一步提高服务乡镇、农村的能力，通过驻村设点、企业合作等方式，促进工业品下乡流通，更好服务乡村振兴战略。推动邮政快递企业深入开展“一区一品”农特产品进城精品项目，主动对接家庭农场、农民合作社、农业产业化龙头企业，服务绿色田园工程，打造服务农特产品上行直通车。推动邮政快递与农村电商协同发展，推广“互联网+”服务模式，通过寄递物流对接平台、直播等，提供专业化供应链寄递服务。（市邮政管理局、市商务委、市农业农村委、中国邮政集团有限公司上海市分公司、各快递企业等和各涉农区按照职责分工负责）

（六）强化冷链物流体系建设

支持邮政快递企业、供销合作社并鼓励其他社会资本在农产品田头市场合作建设预冷保鲜、低温分拣、冷藏仓储等设施，缩短流通时间，减少产品损耗，提升农产品流通效率和效益。引导支持邮政快递企业依托快递物流园区建设冷链仓储设施，增加冷链运输车辆，提升末端冷链配送能力，逐步建立覆盖生产流通各环节的冷链寄递物流体系。推广电商快递冷链服务规范，提升冷链寄递安全监管水平。邮政快递企业如参与冷链物流基地建设，可按照规定享受相关支持政策。（市发展改革委、市财政局、市交通委、市商务委、市农业农村委、市邮政管理局、市供销合作总社、中国邮政集团有限公司上海市分公司、各快递企业等和各涉农区按照职责分工负责）

（七）深化寄递领域“放管服”改革

简化农村快递末端网点备案手续，取消不合理、不必要限制，鼓励发展农村快递末端服务。鼓励电商企业、寄递企业和社会资本参与村级寄递物流综合服务站建设，吸纳农村劳动力就业创业。加强寄递物流服务监管和运输安全管理，完善消费者投诉申诉机制，依法查处未按照约定地址投递、违规收费等行为，促进公平竞争，保障群众合法权益。（市邮政管理局和各涉农区按照职责分工负责）

三、组织落实

各涉农区、各相关部门和单位要充分认识加快农村寄递物流体系建设的重要意义，强化责任落实、加强协调配合，可按照本实施意见，结合实际，制定、落实配套措施。各涉农区要将农村寄递物流体系建设纳入相关规划和公共基础设施建设范畴，落实地方财政支出责任，支持村级寄递物流综合服务站建设，抓好任务落实。各相关部门要建立工作协调机制，研究出台相应支持政策，组织开展试点，做好跟踪评估，及时总结推广典型经验和做法。市邮政管理局要加强工作指导和督促推进，重大情况及时报市政府。

上海市人民政府办公厅关于印发《上海市儿童友好城市建设实施方案》的通知

（2022 年 9 月 2 日）
沪府办发〔2022〕17 号

各区人民政府，市政府各委、办、局：

经市政府同意，现将《上海市儿童友好城市建设实施方案》印发给你们，请认真按照执行。

上海市儿童友好城市建设实施方案

为贯彻党中央、国务院关于优化生育政策促进人口长期均衡发展的决定，根据国家发展改革委等二十三部门印发的《关于推进儿童友好城市建设的指导意见》，制订本实施方案。

一、总体要求

（一）指导思想

以习近平新时代中国特色社会主义思想为指导，全面贯彻党的十九大和十九届历次全会精神，践行人民城市重要理念，助力全面提升城市软实力，以促进人口长期均衡发展、实现城市对儿童更加友好为目标，遵循儿童成长发展规律，推动“一米高度看城市、看世界、看未来”理念融入城市发展全过程、全领域，让儿童友好成为全社会的共同理念、行动、责任和事业，提高广大儿童的获得感、幸福感、安全感，促进儿童更高水平的全面发展，努力让每个孩子都拥有天真的童心、烂漫的童趣、快乐的童年。

（二）基本原则

1. 坚持儿童优先。坚持公共事业优先规划、公共资源优先配置、公共服务优先保障，推动儿童优先原则融入社会政策。加强宣传引导，营造全社会关心儿童成长的氛围环境。

2. 推动协同发力。发挥党委领导、政府主导作用，加强顶层设计，建立健全条块联动、多部门协同的工作机制，引导市场、社会多方参与，凝聚各方力量，充分激发活力。

3. 聚焦重点突破。围绕儿童发展和家庭关切，加大政策支持力度，拓展高品质活动空间，扩大优质普惠服务供给，着力降低生养成本，构建适应儿童健康成长的社会环境。

4. 强化系统集成。统筹优化设施功能布局，挖掘存量潜力，加强共建共享，推动功能复合的服务综合体和嵌入式的家门口服务点建设，扩大辐射面，促进各类设施综合高效利用。

5. 鼓励创新探索。充分发挥基层主阵地作用，巩固“一中心多站点”儿童服务网络建设，挖掘资源禀赋，打造儿童服务品牌项目，推进重点功能区域和示范空间适度超前建设。

（三）发展目标

到2025年，儿童友好理念更加深入人心，目标任务全面落实，基本建成儿童友好、人人友好的幸福活力之城，逐步形成儿童友好城市建设的上海样本、上海路径。

到2035年，形成与具有世界影响力的社会主义现代化国际大都市相匹配的儿童友好城市品牌，建设成为国内领先、国际知名的儿童友好城市。

二、建设任务

（一）构建系统完备的儿童友好政策制度

1. 加强儿童优先发展规划引领。推进儿童友好理念融入城市规划建设，完善城市功能布局，优化公共资源配置，研究制定规划建设标准和指引，适应儿童身心发展。在城市发展重大规划、政策、项目决策中引入儿童影响评价，探索建立儿童优先评估机制。（责任单位：市发展改革委、市规划资源局、市住房城乡建设管理委、市妇儿工委办）

2. 强化儿童相关法治保障。加强地方性法规建设，推动学前教育与托育服务、家庭教育、校外实践教育等地方立法。加强未成年人保护条例、预防未成年人犯罪条例等地方性法规宣传普及。加强未成年人保护工作的法律监督。（责任单位：市司法局、市教委、市妇儿工委办、市民政局、团市委）

3. 健全儿童参与机制。丰富儿童建言渠道，用好人民建议征集、青年汇智团、红领巾理事会、儿童议事会等平台。建立儿童参与的长效机制，拓展儿童代表群体的覆盖面，构建完善融儿童建言引导、征集、反馈、宣传为一体的参与机制。（责任单位：市妇儿工委办、市信访办、市教委、团市委、市妇联、各区政府）

4. 积极培育社会力量。鼓励和支持各类社会组织和市场主体参与儿童校外活动场所建设、项目开发、内容供给。积极培育儿童服务类社会组织、专业社会工作者、少先队校外辅导员和志愿者队伍，大力发展儿童公益慈善事业，打造有影响力的服务品牌。（责任单位：市民政局、市妇儿工委办、市精神文明办、团市委）

（二）完善优质均衡的儿童友好服务体系

1. 优化普惠性托幼资源供给。加大公办“托幼一体化”建设力度，优化公办托育资源布局，支持现有幼儿园创造条件增加托额供给。探索开展就近就便的社区托育服务。规范托育服务市场，推动托育行业健康发展。推动学前教育优质普惠发展，按常住人口配置学前教育资源，落实住宅小区配套幼儿园及其托班建设，持续开展优质园创建工作。（责任单位：市教委、市卫生健康委、市发展改革委）

2. 推进基础教育优质均衡。强化优质资源带动辐射作用，办好每一所家门口学校，打造一批示范性学区集团和新优质特色学校。适应儿童发展需求，建设一批儿童友好学校。深化基础教育教学改革，推动创新创造教育发展，推进线上线下教育融合发展。推动实施义务教育课后服务指南，提高课后服务质量。扩大“爱心暑托班”服务覆盖。保障随迁子女受教育权利，加强特殊教育资源建设，“一人一案”做好残疾儿童入学安置。（责任单位：市教委、团市委、市残联）

3. 加强儿童身心健康服务。提高优生优育和儿童保健服务水平，完善出生缺陷防治体系，逐步扩大筛查病种范围。优化儿童看病就医服务管理，建设儿童友好医院，持续提升儿科医联体内涵水平，逐步完成区域性医疗中心儿科服务全覆盖。建立健全儿童心理健康问题的预防、评估、干预和转介机制。加强儿科医生、儿童保健医生等人才队伍建设。加大对慢性重病儿童和罕见病儿童的医疗救治力度，强化基本医保、大病保险、少儿住院互助基金、救助等制度综合保障功能的有效衔接。（责任单位：市卫生健康委、

市医保局、市红十字会）

4. 丰富校外活动资源。推进图书馆、文化馆、美术馆等向儿童免费开放，推动有条件的公共体育设施、游览参观点向儿童低收费或免费开放。推动有条件的高校、科研院所等单位实验室、实训中心等向儿童开放，建设一批重点校外实践基地。打造“一校一品”特色服务。（责任单位：市教委、市文化旅游局、市委宣传部、市发展改革委、市科委、市体育局、市精神文明办、团市委）

（三）健全精准有力的儿童友好权利保障

1. 加强困境儿童关爱与分类保障。建立健全困境儿童信息库及信息报送机制，对困境儿童实施精准帮扶和个案干预。落实孤儿、困境儿童保障政策，实施分类救助，稳步提高基本生活保障标准。拓展困境儿童精神慰藉和家庭支持服务。稳步推进困难家庭儿童文化福利补贴全覆盖。（责任单位：市民政局、市教委、市医保局、市妇联、市残联、市妇儿工委办）

2. 关爱孤儿和事实无人抚养儿童。加强儿童福利机构建设，推动儿童福利机构优化提质和转型发展，为有需要的特殊儿童提供康复救助等服务。做好孤儿基本生活保障和社会关爱服务，进一步完善孤儿福利体系，促进孤儿身心健康和社会发展，提升社会融合水平。（责任单位：市民政局、市残联）

3. 提升残疾儿童康复服务。进一步完善残疾儿童康复服务保障体系建设，细化相关基本公共服务项目标准，加强残疾儿童需求保障。健全残疾儿童康复救助制度，研究推动残疾儿童康复救助补贴扩幅提标。开展就近就便、精准实在的残疾儿童社区康复服务。鼓励和支持社会力量举办残疾儿童康复服务机构。（责任单位：市残联、市民政局、市卫生健康委）

（四）推进开放共享的儿童友好空间建设

1. 加强儿童友好城市公共空间建设。推进学校、医院、公共图书馆、体育场所、交通系统等各类服务设施和场地适儿化改造。推动公共场所增设第三卫生间、儿童厕位和洗手池等设施，推进母婴设施应配尽配。推进“一江一河”儿童滨水空间建设，将滨水岸线的改造提升与儿童游憩娱乐和安全需求结合起来，加快提升空间品质。依托“美丽街区”“美丽家园”“美丽乡村”建设，统筹考虑增设儿童游憩空间和活动设施，满足不同年龄段儿童的需求。引导购物中心、百货商场开展母婴、儿童友好环境建设。（责任单位：市住房城乡建设管理委、市教委、市卫生健康委、市文化旅游局、市体育局、市交通委、市绿化市容局、市总工会、市农业农村委、市商务委）

2. 深化儿童友好社区建设。打造社区儿童服务网络，在街镇层面建立儿童服务中心，在居（村）设立儿童之家，加快儿童活动场所和设施建设，规范和完善场所管理，提高场所利用率和服务水平。鼓励社区设置分年龄段活动空间，拓展适龄儿童步行路径。依托口袋公园、社区公共绿地、社区活动室等，合理增设室内外安全活动设施。（责任单位：市妇儿工委办、市住房城乡建设管理委、市绿化市容局、市妇联、团市委、各区政府）

3. 改善儿童安全出行环境。完善慢行交通体系，开展人性化、精细化道路空间设计，提升儿童经常活动地区慢行交通的连续性和功能性。充分依托绿地资源构建品质宜人的绿道系统，优化无障碍设施建设，打造趣味安全的儿童慢行空间。加强交通安全宣传教育，培养儿童自觉遵守交通法规的良好习惯。（责任单位：市交通委、市公安局、市规划资源局、市教委）

4. 推进儿童友好自然生态建设。开展儿童友好公园建设，营造更多富有趣味的儿童活动空间和游憩设施，不断优化开放自然科普教育体验活动，满足亲子活动需求。加强生态环境监测评估，进一步提高儿童经常活动场所周边的环境质量。（责任单位：市绿化市容局、市生态环境局、市农业农村委、市科委）

（五）培养健康文明的儿童友好发展环境

1. 推进家庭家教家风建设。深入实施“家家幸福安康工程”，常态化开展寻找“最美家庭”活动。构建家庭学校社会协同育人体系，推进公益普惠的家庭教育指导服务供给，增强家庭监护责任意识和能力，建立良好亲子关系，培养儿童良好思想品行和生活习惯。（责任单位：市妇联、市精神文明办、市教委）

2. 构筑健康向上的儿童文化环境。加强社会主义核心价值观教育，深入开展共青团、少先队实践教育活动，鼓励创作符合儿童特点的优秀文化产品。组织开展中华优秀传统文化和民族艺术进家庭、进校园、进社区活动，鼓励儿童参观各类爱国主义教育纪念场馆，用好用活红色文化、海派文化、江南文化资源。促进儿童国际文化交流。（责任单位：市委宣传部、市文化旅游局、市政府外办、市教委、团市委）

3. 持续优化数字网络环境。以上海城市数字化转型为契机，推进儿童友好智慧城市建设。推进网络综合治理体系建设和净网系统专项行动，聚焦网络直播、网络游戏，及时发现处置危害儿童身心健康的不良信息，净化儿童上网环境，采取防沉迷系统等限制及保护措施。严厉打击侵害儿童及利用儿童实施的网络犯罪。探索研究网络文化产品分级机制，督促堵塞儿童网络保护漏洞。提高儿童文明用网、安全用网意识和能力，帮助儿童树立正确的网络文明观。（责任单位：市委网信办、市公安局、市教委、市文化旅游局、市经济信息化委）

4. 完善儿童安全防护。推动法治、安全、自护、心理、性别教育进课程、进家庭、进校园、进社区，推广“开学第一课”法治宣传进校园活动。严格开展校园传染病防控工作，强化卫生防病宣传教育。加强儿童食品、用品、药品等安全监管。依据国家和地方标准要求，不断健全完善各类涉儿童场所安全防范设施。建立健全儿童意外伤害监测系统和报告制度、儿童意外伤害预防培训机制，减少儿童意外伤害。深入推进校园周边安全巡逻、安全检查及环境专项整治行动。加强学生欺凌和暴力行为防控工作。（责任单位：市公安局、市民政局、市教委、市卫生健康委、市市场监管局、市司法局、市应急局、市妇联）

5. 完善未成年人保护体系。加快推进未成年人救助保护机构和街镇未成年人保护工作站建设，健全未成年人司法保护协作机制和社会支持体系。实施未成年人违法犯罪分级干预机制，及时发现、制止未成年人不良行为。预防和惩治针对儿童的违法犯罪活动，严厉打击拐卖儿童等犯罪行为。（责任单位：市民政局、市公安局、市司法局）

三、组织保障

（一）加强组织领导

建立儿童友好城市建设统筹推进机制，协调推进各项建设任务落地实施。市有关部门研究制订行动方案、配套政策举措，加强对各区的业务指导和政策赋能；各区建立区级统筹推进机制，制订行动计划，细化工作内容，形成任务清单。（责任单位：市发展改革委、市妇儿工委办、市住房城乡建设管理委、各区政府）

（二）加大资金支持

各级财政部门做好财力保障工作，将儿童友好城市建设相关经费列入年度预算。对于价格普惠且具有一定收益的儿童服务设施项目，符合条件的纳入政府专项债券支持范围。鼓励各级政府通过减免租金、运营补贴、以奖代补等形式，支持社会主体提供普惠性儿童服务。推动社会资金、公益基金共同参与儿童友好城市建设。（责任单位：市财政局、市发展改革委、各区政府）

（三）强化用地保障

将儿童服务设施建设用地纳入国土空间规划和年度用地计划，农用地转用指标、新增用地指标分配适当倾斜。引导支持利用低效或闲置土地建设儿童友好服务设施。优先保障公益普惠类儿童服务项目规划用地指标。（责任单位：市规划资源局、各区政府）

（四）完善监测评估

研究构建儿童友好城市（城区）建设评估指标体系，组织实施儿童发展动态监测。建立年度评估督导机制，各区、各部门对照任务清单开展自查自评，市有关部门组织开展全市跟踪评估，确保任务举措落地实施。（责任单位：市发展改革委、市妇儿工委办、市统计局、各区政府）

（五）做好宣传引导

开展多种形式的宣传推介活动，将儿童友好理念、建设成效纳入全市宣传重点工作，提高全社会的知晓率和参与度，营造建设儿童友好城市的良好氛围。加强国内国际交流合作，全面提升上海儿童友好城市品牌影响力。（责任单位：市委宣传部、市妇儿工委办、市发展改革委、市政府外办）

上海市人民政府关于新时代支持革命老区振兴发展的实施意见

（2022年9月13日）

沪府发〔2022〕10号

各区人民政府，市政府各委、办、局：

为进一步贯彻《国务院关于新时代支持革命老区振兴发展的意见》（国发〔2021〕3号），按照国家发展改革委印发的《革命老区重点城市对口合作工作方案》（发改振兴〔2022〕766号）要求，福建省三明市、安徽省六安市为上海对口合作地区。现结合实际，提出新时代支持革命老区振兴发展的实施意见如下：

一、总体要求

（一）指导思想

深入贯彻落实习近平总书记关于革命老区振兴发展的重要讲话和重要指示批示精神，深刻认识支持革命老区振兴发展是中央赋予上海的光荣任务，也是上海义不容辞的责任。要按照党中央、国务院决策部署，同对口合作地区一道，着力抓好传承弘扬红色文化、衔接推进乡村振兴和新型城镇化、完善基础设施和基本公共服务、促进生态环境保护修复和绿色低碳发展及共同建设产业合作平台载体等5项重点任务推进落实，支持对口合作地区巩固拓展脱贫攻坚成果、激发内生动力、发挥比较优势，走出一条新时代振兴发展的新路。

（二）主要目标

力争到2030年，在红色文化传承、乡村振兴和新型城镇化、基础设施和基本公共服务、生态环境保护修复和绿色低碳发展、产业合作平台共建、双向交流合作等方面取得一批阶段性成果，推动实施一批引领性合作项目，建立一套优势互补、互惠互利的对口合作政策体系和保障措施，探索形成示范性对口合作经验做法，同对口合作地区携手打造新时代对口合作典范，把革命老区建设得更好，让老区人民过上更好生活。

（三）基本原则

1. 统筹协调、各方参与。充分发挥市对口支援与合作交流工作领导小组（以下简称“市领导小组”）的领导、统筹作用，市领导小组办公室组织协调、牵头抓总，市领导小组成员单位和企事业单位、社会力量等结对合作、共同推动，形成政府、市场、社会群策群力、共同参与的格局。

2. 规划引领、共谋发展。充分协商、结合实际，与对口合作地区共同编制对口合作五年实施方案及年度工作计划，编制红色文化宣传、红色旅游、农业、教育、医药康养、生态保护、园区产业、科技创新等重点领域合作专项实施方案，编制结对区（市）县对口合作行动计划。

3. 政府引导、市场主体。充分发挥市场在资源配置中的决定性作用，更好发挥政府引导、政策支持等作用，促进资本、技术、人才等要素向革命老区转移流动、精准对接，在不断激发革命老区内生动力和发展活力的同时，拓展上海自身发展空间。

4. 优势互补、互惠互利。充分发挥上海与对口合作地区的比较优势，探索合作共赢的着力点，不断拓宽合作领域，丰富合作内涵，提升合作能级，巩固合作成果，促进双方优势互补、互利共赢。

二、重点任务

（一）传承弘扬红色文化，推动文旅康养发展。积极支持赴对口合作地区开展学习交流，挖掘红色历史渊源，共同传承弘扬红色文化。开展革命文物保护利用，加强革命老区红色遗址保护，开发更多文创产品。推进党校共建，建设爱国主义教育、革命传统教育基地，组织红色研学实践活动。开展旅游产业发展合作，利用上海旅游节等平台，引导旅游企业之间客源共享，加强红色旅游精品线路设计开发和产品对接。开展影视传媒、文化旅游、文旅创意、文化数字产业等领域合作，促进文旅融合发展。开展干部职工疗休养基地互认，深化康养领域协作发展。（责任单位：市文化旅游局、市委宣传部、市民政局、市人力资源社会保障局、市政府合作交流办、市委党校、市总工会、相关区政府）

（二）有效衔接乡村振兴，推进新型城镇化建设。积极支持对口合作地区全面巩固拓展脱贫攻坚成果，支持上海企业赴对口合作地区投资建设优势特色产业基地，促进经济发展，带动当地就业；发挥上海科技优势，推进农业关键核心技术等协同攻关，共享科研技术成果。扩大特色农产品产销对接，纳入上海消费帮扶平台和销售网络，丰富上海市民“菜篮子”；加大沙县小吃等特色品牌建设和推广力度，支持对口合作地区特色产业提升发展。鼓励开展劳务合作和技能培训，完善用工信息对接平台，纾解上海企业用工难。依托上海专业人才和力量，力推对口合作地区打造新型城镇化、产城融合发展样板，支持福建省三明市建设区域性中心城市、物流枢纽，支持安徽省六安市建设重要交通枢纽、商贸物流中心等。（责任单位：市商务委、市科委、市经济信息化委、市人力资源社会保障局、市农业农村委、市住房城乡建设管理委、市市场监管局、市国资委、市政府合作交流办、市机管局、相关区政府）

（三）完善基础设施，提升公共服务水平。鼓励上海企业通过市场化运作方式，参与对口合作地区交通、能源、水利、信息、市政等基础设施项目建设、运营、管理，加强安全与应急工作的交流互动，探索以政府和社会资本合作模式，支持对口合作重大项目建设。在新开政策性航线、优化列车时刻、开行旅游专列等方面，共同向国家有关部门争取支持。以数字经济为引领，在智慧城市、电子商务、大数据等领域加强合作。强化基础教育、职业教育和高等教育合作，支持开展结对交流合作，充分发挥“互联网＋教育”作用，推动优质教育资源共建共享，支持校际联合办学，开展人才培养培训、教师互派交流等活动，合作共建特色学科和创新平台。支持开展重点医院对口合作，共建中西医优势专科，通过对口合作地区医疗机构负责人、医师来沪进修培训和远程诊疗协作等多种形式，帮助当地医院提高诊疗救治水平。加强康养产业合作，推动上海优质资源布局设点。（责任单位：市经济信息化委、市教委、市科委、市民政局、市住房城乡建设管理委、市交通委、市水务局、市卫生健康委、市应急局、市国资委、市政府合作交流办、相关

区政府）

（四）坚持生态保护修复，促进绿色低碳发展。开展生态产品价值实现机制探索，引导上海社会资本参与安徽省六安市废弃矿山修复等，积极探索生态产品价值异地转化模式。支持安徽省六安市开展林业碳汇项目建设和林业碳汇交易试点，支持福建省三明市打造辐射全省乃至全国的林业产权交易和定价中心，大力发展绿色经济。在保护好生态的基础上，开展能源资源产业合作，积极推进资源就地转化和综合利用，坚持绿色发展，支持当地强化品牌意识，培育绿色食品、有机农产品、地理标志农产品，建设绿色农产品进沪供应基地。（责任单位：市经济信息化委、市商务委、市科委、市生态环境局、市农业农村委、市绿化市容局、相关区政府）

（五）共建产业合作平台，加强经贸合作交流。支持对口合作地区优先承接上海产业转移，加强科技创新和产业合作，促进产业转型升级，支持上海国有企业参与当地国有企业混合所有制改革。通过资本输出、管理输出、品牌输出等多种形式，共建产业园区，做大做强装备制造、纺织、生物医药、电子信息、新材料、通航、文旅康养等特色产业及配套产业。发挥上海企业孵化器、众创空间等新载体品牌效应，探索跨地区利益分享机制，支持产业园区结对合作，支持上海企业优化拓展布局。组织参加在对口合作地区举办的重要经贸展会，共同举办对口合作论坛，用好上海对外开放、合作平台。鼓励在沪金融机构通过市场化方式，积极参与对口合作地区振兴发展，支持符合条件的重点企业上市融资。支持上海与当地企业加强经贸交流，用好本市及当地相关扶持政策，为双方开展招商推介活动提供相关便利，引导有意向的企业双向投资兴业、落地发展。（责任单位：市经济信息化委、市商务委、市科委、市地方金融监管局、市国资委、市政府合作交流办、市工商联、相关区政府）

三、组织实施

（一）健全组织机制。将支持革命老区振兴发展列为全市对口支援与合作交流重点工作，纳入市领导小组全体会议、专题会议等议事日程。建立本市与对口合作地区考察互访、联席会议等机制，加强沟通交流。建立市领导小组办公室统筹协调机制和市领导小组成员单位分工负责机制，加强整体联动、一体推进。（责任单位：市领导小组成员单位）

（二）做实结对工作。综合考虑对口合作双方资源禀赋、产业特色等因素，组织本市相关区、部门、单位（园区）与对口合作地区相关区（市）县、部门、单位（园区）开展结对。充分发挥结对区（市）县的比较优势，增强对口合作的针对性和有效性。支持上海与对口合作地区医院、学校、科研院所之间建立结对关系，开展合作互动。鼓励上海与对口合作地区商协会等加强交流合作。（责任单位：市教委、市科委、市人力资源社会保障局、市经济信息化委、市卫生健康委、市政府合作交流办、市工商联、相关区政府）

（三）加强政策引导。相关部门按照职能，加强对口合作市场化运作的顶层设计，在重要任务、重点领域、重大项目等方面，给予政策倾斜和必要的专项资金支持。将对口合作地区纳入市对口支援与合作交流专项资金相关奖补政策涵盖范围。支持干部人才双向挂职交流，建立与对口合作地区人才交流机制，积极引导高端人才参与对口合作地区的创新创业。共同组织成立智库，推动相关领域高水平建设与发展。（责任单位：市委组织部、市财政局、市人力资源社会保障局、市政府合作交流办、相关区政府）

（四）加强评估督促。市领导小组办公室牵头组织对相关部门和区政府推进落实工作年度情况进行绩效评估，市领导小组成员单位配合做好工作计划总结、督查指导等工作。对积极主动开展工作并取得明显成效的部门、单位，在一定范围通报表扬；对工作进展缓慢的，提出明确整改要求并督促改进落实。（责任单位：市政府合作交流办、相关区政府）

（五）强化宣传引导。充分利用报刊、广播电视、新媒体平台等，加大工作宣传力度，做好信息发布和政策解读工作。每年组织新闻媒体赴对口合作地区采访报道，广泛宣传工作成效和经验，支持对口合作地区来沪举办宣传推介活动，营造全社会积极参与的良好氛围。（责任单位：市委宣传部、市文化旅游局、市政府合作交流办、市政府新闻办、市总工会、团市委、市妇联、相关区政府）

上海市人民政府关于印发《上海市助行业强主体稳增长的若干政策措施》的通知

（2022 年 9 月 26 日）
沪府规〔2022〕12 号

各区人民政府，市政府各委、办、局：

现将《上海市助行业强主体稳增长的若干政策措施》印发给你们，请认真按照执行。

上海市助行业强主体稳增长的若干政策措施

为全面贯彻党中央、国务院各项决策部署，及时落实国家稳经济一揽子政策的接续政策措施，加力巩固全市经济恢复发展基础，全力打好经济恢复和重振攻坚战，在本市发布的《上海市全力抗疫情助企业促发展的若干政策措施》（以下简称抗疫助企“21 条”）和《上海市加快经济恢复和重振行动方案》（以下简称经济恢复重振“50 条”）基础上，制定上海市助行业强主体稳增长的若干政策措施如下：

一、着力助行业促发展

（一）加大文化旅游体育行业纾困力度。通过宣传文化发展专项资金引导，联动各社会主体共同出资，实施电影票价补贴。对 2022 年符合疫情防控要求、按照全市统一部署及时恢复营业的专营商业影院、体育健身场所，给予复工复市补贴。对 2022 年因疫情管控暂停营业的专业剧场，按照座位数给予一次性停业补贴；对疫情后加快复演的专业剧场，给予限流补贴。统筹用好上海市旅游发展专项资金，将符合条件的酒店宾馆纳入旅游业贷款贴息政策范围，对符合条件的 A 级景区、星级酒店给予一次性纾困补助。充分用好体育发展专项资金，对符合条件的体育企业给予贷款贴息支持，对社会资本参与市民健身设施补短板的建设项目给予一次性补贴。开展商标质押助力文体旅等重点行业纾困“知惠行”专项活动。（责任单位：市委宣传部、市财政局、市体育局、市文化旅游局、市知识产权局）

（二）加大会展行业扶持力度。支持重点展会有序复展，对 2022 年克服疫情影响在沪举办的对外经济技术展览会，举办单位实际发生的场租费用按照不超过 10% 的标准给予补贴，单场补助金额最高 100 万元。加快推进展会业态创新，鼓励会展企业举办“云展览”，开展“云展示”“云对接”“云洽谈”“云签约”。（责任单位：市商务委、市财政局）

（三）支持广告行业恢复发展。对提供广告服务的单位和个人，按照其 2022 年第四季度实际缴纳文化事业建设费的 50% 给予资金支持。（责任单位：市市场监管局、市委宣传部、市财政局、市税务局）

（四）加大航空业纾困补助力度。制订实施 2022 年上海航空业补助方案，重点对消杀、核酸检测、空中保障能力建设、货邮国际中转业务等方面给予补贴，支持航空业防疫和恢复发展。（责任单位：市发展改革委、市财政局、市交通委、机场集团）

（五）支持各类生活性服务业恢复发展。优化餐饮、住宿等行业稳岗补贴认定条件，对连锁企业分支机构主营业务为提供餐饮、住宿服务的，可将经各区行业主管部门认定的分支机构纳入一次性稳岗补贴范围。按照国家要求，对养老服务机构和托育服务机构属于中小微企业和个体工商户范畴、承租国有房屋的，一律免除租金到2022年底。对符合条件的养老托育服务机构，2022年1月1日至2024年12月31日按照50%税额顶格减征资源税、城市维护建设税、房产税、城镇土地使用税、印花税（不含证券交易印花税）、耕地占用税和教育费附加、地方教育附加等“六税两费”。对养老托育行业纳税人，可按照规定享受按月全额退还增量留抵税额、一次性全额退还存量留抵税额的增值税留抵退税政策。（责任单位：市人力资源社会保障局、市商务委、市文化旅游局、市财政局、市国资委、市民政局、市教委、市税务局、各区政府）

二、着力强主体增动能

（六）支持小微企业升级发展。对首次成为规模以上工业企业的，按照企业产值增速分档支持其采购数字化管理、技术创新、法律咨询、检验检测等服务，市级资金给予最高50万元奖励，鼓励各区配套支持。建立规上工业企业培育库，将接近规模以上工业企业标准的科技型中小企业、规模以下高新技术企业等列为重点培育对象，加强入库培育和指导服务。鼓励各区对首次成为规模以上服务业企业或限额以上批发零售业企业的，给予一定奖励。（责任单位：市经济信息化委、市科委、各区政府）

（七）支持“专精特新”中小企业茁壮成长。对入选市级、国家级的“专精特新”中小企业实现奖励全覆盖，由各区对新认定市级“专精特新”中小企业给予不低于10万元奖励，对新认定国家专精特新“小巨人”给予不低于30万元奖励。推广“专精特新”中小企业“码上贷”，深入实施知识产权服务“专精特新”中小企业专项行动，推出“专精特新”中小企业专属服务包，在上海市企业服务云开设“专精特新”中小企业服务专窗，为“专精特新”中小企业提供一门式服务。（责任单位：各区政府、市经济信息化委、市知识产权局）

（八）支持高新技术企业创新发展。建立以科技型中小企业为主体的高新技术企业培育库，持续稳定通过创新资金支持科技型中小企业开展技术创新活动，鼓励企业积极参加创新创业大赛，支持科技型中小企业梯度升级。对首次成为“四上”企业的有效期内高新技术企业，市、区联动给予企业上一年度研发投入5%的一次性奖励，最高50万元。对高新技术企业在2022年第四季度购置设备的支出，允许当年一次性税前全额扣除并100%加计扣除。（责任单位：市科委、市财政局、市税务局、各区政府）

（九）支持优质企业上市。鼓励各区对新纳入“浦江之光”科创企业库等并进入上市辅导期的企业，给予必要扶持。鼓励各区加大对企业境内外上市的支持力度，对企业成功上市的给予奖励。（责任单位：各区政府、市地方金融监管局、市经济信息化委、市科委）

三、着力扩需求稳增长

（十）积极扩大有效投资。加强重大投资项目规划、用地、用海、环评等前期工作及资金等要素保障，用好国家持续新增的政策性开发性金融工具额度，面向国家政策规定允许的支持领域和项目范围全力做好项目储备，推动符合条件项目抓紧申报，推进已签约项目加快开工，形成更多实物工作量。依法用好专项债结存限额，加快地方政府专项债券发行和使用进度，支持扩大企业债券发行规模，推动存量基础设施项目REITs常态化发行。建立本市推进有效投资重要项目协调机制，以合并审批、分期审批、格式化审批、容缺后补等为抓手，精简项目审批流程，推进社会投资项目“用地清单制”改革，鼓励社会资本积极参与投资项目，加快推进“四个一批”重大项目建设，全力推进示范区线等一批在建重大项目，尽快开工小洋山北侧开发等一批重大预备项目，加快开展市域铁路等一批重特大项目前期工作，超前谋划深远海海上风电试点等一批具有重要引领作用的重特大项目，确保全年重大项目完成投资额超过2000亿元。（责任单位：市发展改革委、市住房城乡建设管理委、市规划资源局、市水务局、市生态环境局、市财政局、市地方金融监管局、市交通委、人民银行上海总部、上海证监局）

（十一）全力促进消费市场潜力释放。大力促进汽车、住房等大宗消费，取消对符合国五及以上排放标准的小型非营运二手车迁移限制，按照国家政策规定，延续免征新能源汽车购置税政策至2023年底；合理支持刚性和改善性住房需求，加强住宅项目建设交付保障，加大保障性租赁住房建设筹措力度，着力构建“一张床、一间房、一套房”的多层次租赁住房供应体系，确保房地产市场平稳健康发展。结合办好全国首届“国际消费季”暨第三届上海“五五购物节”及全球新品首发季、夜生活节、上海旅游节等标杆活动，放大10亿元“爱购上海”电子消费券乘数效应，广泛动员重点商圈、电商平台及零售、餐饮、文体旅商户等积极参与并配套开展打折让利、优惠叠加等活动，着力促进消费回补。持续投放面向市民的体育消费券，对使用体育消费券的健身场馆给予每月1500元的防疫物资补贴。加快释放绿色智能家电消费潜力，对本市消费者购买绿色智能家电等个人消费给予支付额10%、最高1000元的一次性补贴。支持消费市场创新发展，对具有市场引领性的创新业态、模式及创意活动及对消费市场增长有突出贡献的企业适当予以支持，每年奖励上限为零售企业100万元/家、餐饮企业50万元/家，奖励资金实行预算总额控制。（责任单位：市商务委、市公安局、市财政局、市委宣传部、市文化旅游局、市体育局、市发展改革委、市房屋管理局、市税务局）

（十二）推动外贸外资保稳提质。鼓励银行机构、担保机构减免相关汇率避险费用，引导港口单位进一步压缩空箱调用、码头装卸、集卡短驳等费用，取消企业办理退运货物免征关税和进口环节税专门申请的第三方检测要求，对符合条件的第五届中国国际进口博览会参展车辆优先检测。开展支持集成电路产业发展监管创新试点，扩大生物医药企业（研发机构）进口研发用物品“白名单”范围。持续压缩出口退税办理时间，确保办理正常出口退税的平均时间在5个工作日内，对出口退税分类管理类别为一类、二类的出口企业办理退税平均时间在3个工作日内。大力支持外贸企业拓展市场，设立RCEP企业服务咨询站，上线RCEP最优关税税率和原产地证规则查询系统。落实国家政策要求，支持跨境电商海外仓发展和便利跨境电商出口退换货，搭建海外仓综合服务平台，鼓励海关特殊监管区域内企业设立跨境电商网购保税进口退货中心仓。鼓励贸促机构、会展企业以“境内线上对口谈，境外线下商品展”方式举办境外自办展会，支持中小微企业参加该方式举办的境外展会。为赴境外从事商务活动的人员开通绿色通道，提供出入境证件办理便利。积极支持新能源汽车出口，支持新能源汽车企业加快海外营销和售后服务网络建设。选取一批制造业领域标志性外资项目，加强“全流程”跟踪服务和全方位要素保障，推动项目尽早落地建设。修订跨国公司地区总部支持政策，将符合条件的跨国公司事业部总部等纳入总部认定和支持范围。进一步支持外资企业在沪设立研发中心，在引进海外人才、提高研发便利度、支持开展科技创新、提升知识产权保护水平等方面加力增效。开展长三角区域性“一带一路”综合服务平台建设试点，为市场主体提供信息资讯、投资贸易对接、金融咨询、法律咨询、企业培训、海外响应支持等服务。（责任单位：市商务委、市财政局、市地方金融监管局、市交通委、市科委、市经济信息化委、上海科创办、市政府外办、市公安局、市发展改革委、市知识产权局、市药品监管局、国家外汇管理局上海市分局、人民银行上海总部、上海银保监局、上海海关、上海出入境边检总站、市税务局、市贸促会、上港集团）

（十三）支持重点产业企业加快升级发展。支持重点产业升级改造，对符合条件的重点产业领域重大技术改造项目支持上限提高至1亿元，对符合条件的本市产业园区“二转二”开发贷款给予贴息支持，对现行按照75%比例税前加计扣除研发费用的行业将2022年第四季度扣除比例统一提高到100%。用好国家专项再贷款和财政贴息政策，支持制造业、社会服务领域和中小微企业、个体工商户等2022年第四季度更新改造设备。支持龙头企业升级扩容，对工业总产值首次突破10亿元、50亿元、100亿元等不同规模的先进制造业企业，鼓励各区按照规定给予支持。支持绿色低碳、“元宇宙”、智能终端等新赛道加快布局发展，实施新一轮新型基础设施建设贴息政策，优化首台套、首批次、首版次支持政策，按照规定给予不超过创新产品合同金额30%、最高2000万元的支持。落实国家支持制造业税收优惠政策，对制造业中小微企业和个体工商户前期缓缴的所得税等“五税两费”，2022年9月1日起缓缴期限届满后继续延长4个月；对制造业新增增值税留抵税额即申即退，到账平均时间压缩至2个工作日。落实国家支持平台经济规范健康持续发展政策措施，引导平台企业依法合规开展业务和发展，鼓励平台企业参与国家重大科技创新项目。制定数字总部认证办法。支持民营企业健康发展，推动民营企业债券融资支持工具创新，鼓励民营企业发行科技创新公司债、创新创业公司债等公司信用类债券。（责任单位：市经济信息化委、市财政局、市发展改革委、市地方金融监管局、市市场监管局、市委网信办、市科委、市税务局、人民银行上海总部、上海证监局、各区政府）

四、着力优环境强服务

（十四）优化中小微企业贷款风险补偿机制。落实国家设立中小微企业和个体工商户贷款风险补偿基金要求，推动建立完善上海金融服务小微企业敢贷愿贷能贷会贷长效机制，安排中小微信贷奖补专项资金，扩大信贷风险补偿对象范围，对在沪银行申报的符合条件的普惠小微贷款及符合条件的中小企业贷款产品“应纳尽纳”；降低信贷风险补偿门槛，将一般行业企业的不良率补偿下限门槛统一下调至0.8%，将符合条件的本市重点行业企业的不良率补偿下限门槛进一步下调至0.5%。提高信贷风险补偿比例，对不良率3%以下部分的不良贷款净损失，补偿比例不低于25%；对不良率3%~5%部分的不良贷款净损失，补偿比例不低于55%。（责任单位：市地方金融监管局、市财政局、市经济信息化委、人民银行上海总部、上海银保监局）

（十五）实施中小微企业“首贷户”贷款贴息贴费。对2022年第四季度通过市中小微企业政策性融资担保基金管理中心担保、从上海辖内商业银行首次获得普惠贷款的中小微企业，给予2%的贴息补助，单户企业贴息金额最高20万元。建立市、区联动的担保体系，支持融资担保机构向中小微“首贷户”提供融资担保服务，市中小微企业政策性融资担保基金按照0.5%收取担保费，引导区级财政部门对中小微“首贷户”融资担保服务继续实行贴费政策，鼓励区级政府性融资担保机构担保费率在现有基础上减半收取。（责任单位：市经济信息化委、市财政局、市地方金融监管局、人民银行上海总部、上海银保监局、各区政府）

（十六）加大普惠金融为企服务力度。开展普惠金融顾问试点，建立以金融专家为主、产业专家为辅的普惠金融顾问专家库，由普惠金融顾问组成普惠金融服务团队，更好服务受疫情影响的困难行业。建设线上线下相结合的企业融资服务中心，在更好发挥大数据普惠金融应用、企业服务云、上海信易贷综合服务平台、上海市地方征信平台等融资服务功能的基础上，推行“单一窗口”一站式融资服务，鼓励有条件的区在政务服务大厅设立企业融资服务窗口并向各园区延伸，为企业提供政策咨询和受理服务，便利企业就近咨询办理金融业务。（责任单位：市地方金融监管局、市经济信息化委、市发展改革委、人民银行上海总部、上海银保监局、上海证监局、各区政府、各园区管委会）

（十七）鼓励引导保险机构创新疫情防控保险产品。落实国家政策要求，鼓励在沪保险机构制订相关疫情防控保险方案，开发完善复工复产综合保险方案及营业中断险、货物损失险、健康保险等疫情防控保险产品，优先支持物流、餐饮、零售、文体旅等困难行业企业投保。鼓励引导各区对疫情防控保险产品进行保费补贴。（责任单位：市发展改革委、市财政局、市地方金融监管局、上海银保监局、各区政府）

（十八）减轻职工医保单位缴费负担。自2022年第四季度起，降低职工医疗保险（含生育保险）单位缴费比例0.5个百分点。按照国家最新政策要求，全面推行“免申即享”方式，对中小微企业、以单位方式参保的个体工商户缓缴2022年9月至11月职工医疗保险（含生育保险）单位缴费，缓缴期间免收滞纳金，社会团体、基金会、社会服务机构、律师事务所、会计师事务所等社会组织参照执行。（责任单位：市医保局、市财政局、市人力资源社会保障局、市税务局）

（十九）开展清费减负系列行动。按照国家统一部署，结合地方实际，对本市各领域涉及企业、个体工商户的行政事业性收费和保证金，制定和公布缓缴清单，对清单内的药品注册费、医疗器械产品注册费、工程质量保证金等收费项目一律缓缴一个季度，免收滞纳金。2022年第四季度将收费公路货车通行费减免10%，将政府定价货物港务费标准降低20%。开展防范和化解拖欠中小企业账款专项行动，加大有分歧账款协调解决力度，确保无分歧账款清偿率达到100%。开展涉企违规收费专项整治行动，聚焦交通物流、水电气、财经、金融、行业协会商会等重点领域，切实减轻各类市场主体的不合理负担。（责任单位：市财政局、市发展改革委、市交通委、市经济信息化委、市国资委、市市场监管局、市民政局、市地方金融监管局、上海银保监局、各区政府）

（二十）逐步扩大全面数字化的电子发票开票试点。按照国家统一部署，进一步扩大全面数字化的电子发票开票试点范围，2022年内，实现全市开票量最集中的重点企业和高信用低风险的优质企业“全覆盖”，更大力度支持和满足市场主体合理用票需求。（责任单位：市税务局）

（二十一）持续加强公共法律服务和信用服务助企纾困。开展律师行业为民营企业提供免费“法治体检”活动，帮助企业应对疫情造成的各类法律风险。指导公证、司法鉴定机构畅通涉疫企业法律服务绿色通道，围绕涉疫企业需求开展针对性服务，缩减办理时限。对符合条件的涉疫企业，缓减一定的公证、司法鉴定和仲裁费用。全面推行轻微违法行为依法不予行政处罚，完善不予行政处罚清单。合理调整失信信息认定和归集标准，探索建立因疫情不可抗力因素造成失信的豁免机制；持续优化信用修复、信用信息异议处理等服务，引导企业及时、主动维护信用记录；加大涉企公共信用信息归集力度，支持银行机构在公共信用平台联合建模，拓展企业信用“白名单”范围；加快推进信用报告替代企业合规证明，通过线上一键式获取专版报告，助力企业申请境内上市和资本市场融资。（责任单位：市司法局、市发展改革委）

（二十二）着力保就业保安全保民生。落实国家一次性扩岗补助政策要求，采用“免申即享”方式，将补助范围进一步扩大至两年内未就业高校毕业生、登记失业青年等重点群体。对依托平台灵活就业的困难人员、两年内未就业高校毕业生给予社保补贴。扎实开展安全生产大检查，加快推进上海 LNG 站线扩建工程等能源保供项目建设，及时发放一次性农资补贴，全力确保城市平稳运行、能源稳定供应和粮食稳产保供。持续抓好物流保通保畅，推动建设应急物资中转站。充分发挥“两旧一村”等民生工程对扩投资、促消费、稳就业的带动作用，试点推广中心城区旧区改造政策，由市级专项资金对黄浦、静安、虹口、杨浦等区单独实施土地储备且规划用途为公益性配套设施的零星旧改地块给予定额补助，加强旧住房成套改造政策倾斜。全面提速“城中村”改造，编制“城中村”改造规划，将“城中村”改造项目认定中的集体建设用地占比要求从 70% 以上降至 51% 以上，完善规划调整、容积率增加、多渠道融资等支持政策，持续改善人民群众居住条件，兜牢基本民生底线。（责任单位：市人力资源社会保障局、市教委、市财政局、市应急局、市发展改革委、市农业农村委、市交通委、市住房城乡建设管理委、市规划资源局、市地方金融监管局、市粮食物资储备局、市房屋管理局）

各部门、各区要抓紧制定发布配套实施细则，明确申报流程和办事指南，积极实行免申即享、一键即享、线上办理、精准推送等措施，加强政策宣传解读、组织实施和分析评估，确保各项政策加快落实落地，高效直达市场主体。

本政策措施自 2022 年 10 月 1 日起施行，具体政策措施明确执行期限的，从其规定。本市 2022 年 3 月发布的抗疫助企“21 条”政策和 5 月发布的经济恢复重振“50 条”政策按照原规定继续执行。国家有相关规定的，从其规定。

上海市人民政府办公厅关于印发《上海市推进高端制造业发展的若干措施》的通知

（2022 年 9 月 29 日）
沪府办规〔2022〕10 号

各区人民政府，市政府各委、办、局：

经市政府同意，现将《上海市推进高端制造业发展的若干措施》印发给你们，请认真按照执行。

上海市推进高端制造业发展的若干措施

为强化高端产业引领功能，促进经济社会高质量发展，现提出推进高端制造业发展若干措施如下：

一、保障产业优质空间载体

1. 保障产业发展用地空间。结合新城建设和南北转型，对符合总体功能导向和规划布局要求的成片预留区，加快完成整体启动手续；对其他符合产业规划的优质项目，经综合论证后，可通过战略预留区边界局部微调予以落地。对符合条件的产业园区“二转二”开发贷款给予贴息支持；鼓励各区采用贷款贴息等方式，支持各类园区开发主体按照产业导向和区域规划定位，参与存量工业用地二次开发。推动国企发挥主导带动作用，鼓励支持央企、本市国企加快盘活存量土地。鼓励更多社会资本参与盘活存量产业用地；支持符合条件的园区开展基础设施领域不动产投资信托基金（REITs）试点。（责任单位：市经济信息化委、市发展改革委、市规划资源局、市生态环境局、市财政局、市国资委、

各区）

2. 加强土地指标统筹和项目落地支持。对国家和本市战略性产业项目，市级相关部门联合认定的重大产业项目，位于临港、上海化工区等市属特定区域内的产业项目等，其土地指标可依法依规通过市级统筹增量建设用地指标应保尽保，并可一次规划、分期实施。（责任单位：市规划资源局、市经济信息化委）

3. 探索工业上楼新模式。在产业主管部门组织论证可行的前提下，鼓励工业用地和研发用地集约节约利用，建设功能复合楼宇，形成集生产、研发、中试、展示、销售、配套一体的综合高效利用厂房。鼓励产业用地混合使用，房屋类型可根据权属调查报告分别予以记载；产业用地根据相关规划按需确定容积率、高度等规划参数，涉及规划调整的，由市、区共商并听取相关主体意见，确定规划完善时间计划，工业企业工业用地经批准提升容积率不再补缴土地款。工业用地容积率一般不低于2.0，通用类研发用地容积率一般不低于3.0。（责任单位：市经济信息化委、市住房城乡建设管理委、市规划资源局）

4. 加强优质低价标准厂房和通用研发类物业供给。鼓励支持国有园区、国有企业等建设优质低价标准厂房和通用研发类物业。对经批准实施容积率或建筑高度提升而增加使用面积的标准厂房、通用研发类物业及领军企业项目，企业自用以外物业实行限定用途管理，由各区指定相关部门统筹用于支持科技型初创企业入驻，鼓励园区和企业按照成本核算租金后出租，探索将相关要求纳入全生命周期管理。获得上述支持政策的产业用房，应严格落实租赁管理要求。（责任单位：市经济信息化委、市国资委、市规划资源局、各区政府）

5. 鼓励建设配套职工宿舍。鼓励各产业园区按照规划统一建设职工宿舍，地价按照本市租赁住房价格体系执行；支持符合产业导向的大型企业利用自有土地的15%配套指标建设职工宿舍。“十四五”期间，本市产业园区提供2万套以上职工宿舍。（责任单位：市经济信息化委、市房屋管理局、市规划资源局）

6. 打造产业地标。支持各区细化落实上海产业地图（2022），统筹产业和区域品牌，形成产业地标。支持市级特色产业园区建设服务产业集群发展的创新中心、检测机构等公共服务平台，市级资金按照规定，给予最高不超过200万元支持，鼓励各区加大支持力度。推进在市级特色产业园区内实现上海张江自主创新示范区专项发展资金及政策全覆盖。（责任单位：市经济信息化委、上海科创办、市财政局、各区政府）

7. 优化资源利用效率评价体系。针对孵化器、成果转化中试基地、服务重点产业的必要设施等功能性、保障性项目，合理约定达产目标，将孵化能力、入驻企业数量增长速度和估值规模等成长性指标及研发能力、保障功能等指标，纳入资源利用效率评价体系及土地全生命周期管理范围。（责任单位：市经济信息化委、市规划资源局、各区）

8. 支持重点领域产业项目配套仓储建设。建立市级部门会商机制，根据本市重点产业方向，由企业提出申请，经市级危化品仓库主管部门会同相关部门认证通过，支持集成电路、生物医药、新型显示等市级重大产业项目在落实安全、环保等要求的前提下，根据生产经营的实际需求，按照规划集中建设危化品仓库。探索完善支持重点产业必需的相关仓储设施建设措施。（责任单位：市应急局、市生态环境局、市住房城乡建设管理委、市经济信息化委、市规划资源局）

9. 明确重点产业链配套项目分类管理措施。对配套重点产业、符合化工产业转型升级及优化布局的存量化工企业实施分类指导，在符合增产不增污和规划保留的前提下，支持园区内存量企业实施改扩建，园区外存量企业改扩建项目通过现有优质项目认定程序后实施。新建项目经产业部门牵头会商后认定为非化工项目的进入规划产业区域实施。化工园区外存量危化企业建设为重点产业链配套、不涉及“两重点、一重大”或总体安全风险低的危化项目，取得所在区支持后可实施。对于中试类项目允许探索适应行业特点的项目管理审评方式和标准。（责任单位：市经济信息化委、市生态环境局、市应急局、市规划资源局）

二、加大资金支持高质量发展力度

10. 强化产业基金投资引导功能。发挥政府性产业基金、国有投资基金对本市重点产业投资促进的前置牵引作用，支持投贷联动。探索研究基金容错机制，将重大创新企业和项目落地、创新型企业孵化数量等指标纳入基金绩效考核；鼓励各区对引进重要项目的产业基金给予支持。围绕企业全生命周期打造基金集群，鼓励“投早、投小、投科创”。研究持续扩大产业转型升级投资基金规模，推动成立市场化的元宇宙、城市数字化转型基金。支持设立市场化的市级园区高质量发展基金，其所投项目主体认定为园区开发平台。（责任单位：市经济信息化委、市国资委、市发展改革委、市地方金融监管局、市财政局、市规划资源局、各区政府）

11. 加大企业梯度培育力度。对工业产值首次突破10亿元、50亿元、100亿元等不同规模的先进制造业企业，鼓励各区按照规定给予支持。市、区联合以奖励或成长券形式支持“小升规、规转强”，按照企业产值增速分档，支持其采购数字化管理、技术创新、法律咨询、检验检测等服务，市级给予最高不超过50万元券值奖励，鼓励各区配套支持。鼓励各区探索对成长型创新企业给予“租税投”联动支持。鼓励市级相关部门和各区对中小微企业通过政府性融资担保机构担保获得的银行贷款实施贴息。开展市级制造业单项冠军企业培育工作，各区对各梯度优质企业加大扶持力度。（责任单位：市经济信息化委、市财政局、各区政府）

12. 支持企业技术改造和数字化改造。对总投入1000万元以上的技术改造项目，实施分类分档支持，对经认定的重点产业领域重大技术改造项目，支持上限提高至1亿元；扩大采取贴息方式范围，推动企业加大投资和项目建设力度。市、区联合以奖励或智评券等形式，按照规定支持企业购买智能工厂诊断咨询、数字化改造解决方案、两化融合贯标诊断等服务。对年产值1亿元以上的企业，由市级资金给予不超过5万元券值奖励，鼓励各区加大支持力度，并给予国家级、市级智能工厂一定支持。（责任单位：市经济信息化委、市财政局、各区政府）

13. 加大“三首”支持力度。发挥创新产品推荐目录作用，优化首台套、首批次、首版次政策，按照规定给予不超过创新产品合同金额30%、最高不超过2000万元支持。对集成电路企业和创新平台购买符合条件的自主安全可控电子设计自动化工具，按照规定给予不超过实际采购金额50%资助。支持自主安全可控集成电路装备、材料、电子设计自动化工具上线验证，按照不超过实际支付保险费用的50%给予支持。对集成电路首台套装备、首批次新材料验证服务机构，分别给予不超过100万元和50万元研发资助。（责任单位：市经济信息化委、市财政局、市科委、上海银保监局）

14. 支持绿色低碳发展。支持企业开展节能技术改造、合同能源管理项目、能源管理体系及能源管理系统建设；支持企业实施具有节能、降耗、减污、增效等综合效果的清洁生产示范项目；支持企业、园区开展各种形式的低碳、零碳示范。以上单个项目支持金额最高不超过1000万元。（责任单位：市经济信息化委、市发展改革委、市生态环境局、市财政局）

15. 支持创新药械落地发展。对由本市注册申请人获得许可，以委托生产方式实现产出的Ⅰ类创新药，可依法依规给予不超过研发投入30%、最高不超过2000万元支持；对进入国家和本市创新医疗器械特别审查程序，首次取得医疗器械注册证，并通过本市生产或委托生产等方式实现产出的产品，可依法依规给予不超过研发投入30%、最高不超过500万元支持。（责任单位：市经济信息化委、市财政局、市药品监管局）

三、拓展市场发展空间

16. 促进消费开拓国内国际市场。放大进博会溢出效应，发挥工博会等会展活动作用，支持上海制造与各类大平台相结合，扩大线上消费、丰富线下体验。支持多元化、专业化产业电商发展。促进新能源汽车、智能网联汽车等创新产品消费，实施家电以旧换新计划。加快推广智能化配送设施。（责任单位：市商务委、市发展改革委、市经济信息化委）

17. 支持生物医药创新药械应用。推荐更多药械产品或服务纳入医保支付范围，鼓励保险公司开发普惠型医疗保险并将创新药械纳入特药目录。支持药械创新产品列入本市创新产品推荐目录，并可按规定直接入院使用。对符合条件的创新药械开展的上市后再评价项目，按照规定给予最高不超过200万元支持。支持符合条件的企业开展生物医药产品责任保险。（责任单位：市经济信息化委、市卫生健康委、市医保局、市财政局、上海银保监局、申康医院发展中心）

18. 加大创新产品政府采购及推广应用力度。本市政府机关和国有企事业单位优先采用符合国家和本市重点发展导向的工业软件和智能硬件产品，对使用上述产品的企业提高资金扶持比例。市、区通过奖励或算力券形式，支持中小企业采购人工智能算力服务。（责任单位：市经济信息化委、市科委、市财政局、市国资委、各区政府）

19. 支持应用场景开放。在人工智能、5G、工业互联网等领域滚动发布应用场景创新重点任务，对标杆性示范项目按照规定给予不超过20%、最高不超过800万元奖励。鼓励经过充分验证的智能网联汽车在高快速路场景开展测试应用并在特定区域开展商业试运营，支持达到技术条件的无人驾驶装备在特定区域开展测试应用。在金山等重点区域，推动建设无人机试验区和机场等设施，部署无人驾驶航空器交通管理信息系统试点，开展适航审定及检验检测能力建设。在开展安全评估的前提下，逐步开放无人机海岛运输、社区配送、环城绿带物流等应用场景。在特定区域开展无人船航道测试。（责任单位：市经济信息化委、市发展改革委、市科委、市财政局、市公安局、市交通委、民航华东地区管理局、民航华东空管局）

四、优化产业综合生态

20. 推动产业项目审批制度改革。依托上海市投资促进工作领导小组，建立重大产业项目市级协调机制。产业项目全面推行桩基础工程施工许可单独发放。建筑单体已竣工且满足使用功能，符合规划和质量安全要求的可先行单独完成竣工验收。对产业发展中出现的新情况、新问题，通过市级协调机制研究解决。（责任单位：市经济信息化委、市住房城乡建设管理委、市规划资源局）

21. 提供韧性供应链体系支持。加快建设国家级电子化学品国际储备中心（交易中心）。支持临港新片区建设集成电路产品和电子设备零部件国际交易中心（储备中心）。畅通物资跨区域互联，完善重要物资应急保供中转站功能。支持重点产业配套的四大基础工艺保留必要产能并提升发展，有序推进项目改扩建和环评。提升长三角重点产业链应急协调机制。（责任单位：市经济信息化委、市发展改革委、市商务委、市规划资源局、市生态环境局、市交通委）

22. 加强共性创新技术供给和创新能力

培育。对国家级、市级重大产业创新平台加大支持力度，推动制造业创新中心、企业技术中心等平台建设。在重点行业和领域，为企业提供知识产权快速预审、快速确权和快速维权服务。对研究制定具有行业影响力的国际标准、知识产权等软实力提升项目，给予最高不超过200万元奖励。（责任单位：市经济信息化委、市发展改革委、市科委、市知识产权局、市市场监管局、市财政局）

23. 稳定先进制造业外资外贸发展。推动境外投资者境内再投资递延纳税优惠政策宣传和落地。市、区协同对于列入市级重点外资项目清单的制造业项目予以重点支持；支持政策性银行、商业银行等围绕先进制造业及战略性新兴产业、数字新基建等重点领域提供融资服务。开展海关集成电路产业发展监管创新试点。加强特色产业园区与自贸区政策联动，扩大生物医药企业（研发机构）进口研发用物品"白名单"范围，推进特殊物品联合监管机制。（责任单位：市商务委、市税务局、市发展改革委、市经济信息化委、市地方金融监管局、上海海关、各区政府）

24. 加快产业人才集聚。支持高端制造业企业纳入人才引进重点机构范围，支持紧缺技能人才落户，每年培育引进200名高水平技能人才，鼓励用人单位根据不同类型技能人才特点，开展技能等级认定。实施"产业菁英"高层次人才培养专项，加大人才激励、项目扶持力度。扩大产业人才奖励范围，优化奖励金额设置，对符合相关条件的企业核心团队成员，根据其个人贡献分级分段给予最高不超过50万元奖励。（责任单位：市经济信息化委、市人力资源社会保障局、市财政局）

25. 市、区协同加大创新政策支持力度。各区、各部门加大推进高端制造业发展的创新政策支持力度。结合产业发展实际，加强招商引资、企业培育、绩效提升、土地利用、市场开拓、放权赋能等，支持推动高端制造业发展壮大的各项工作探索。（责任单位：各有关部门、各区政府）

本文件自2022年10月1日起施行。

上海市人民政府办公厅印发《关于进一步降低制度性交易成本更大激发市场主体活力的若干措施》的通知

（2022年11月28日）
沪府办发〔2022〕22号

各区人民政府，市政府各委、办、局：

经市政府同意，现将《关于进一步降低制度性交易成本更大激发市场主体活力的若干措施》印发给你们，请认真按照执行。

关于进一步降低制度性交易成本更大激发市场主体活力的若干措施

为进一步深化"放管服"改革，持续优化营商环境，助力稳定宏观经济大盘，根据《国务院办公厅关于进一步优化营商环境降低市场主体制度性交易成本的意见》（国办发〔2022〕30号）、《国务院办公厅关于印发第十次全国深化"放管服"改革电视电话会议重点任务分工方案的通知》（国办发〔2022〕37号），结合实际，制定进一步降低制度性交易成本更大激发市场主体活力的若干措施如下：

一、深化准入准营改革，便利市场主体开业经营

（一）落实市场准入负面清单管理。做好市场准入负面清单事项与政务服务事项的关联衔接和动态管理，推动清单事项全部实现网上办理。2022年底前，完成浦东新区、青浦区市场准入效能评估试点，形成上海版市场准入效能评估指标体系，逐步将评估范围扩大到全市。积极推动制定浦东放宽市场准入特别措施清单，争取在科创、产业、人

才等领域进一步放宽准入限制。深入实施外资准入负面清单制度，抓好《上海市外商投资项目核准和备案管理办法》的实施，提升跨部门负面清单管理效率，持续推进外商投资便利化。（市发展改革委、市商务委、市市场监管局牵头，市相关部门和各区政府按照职责分工负责）

（二）优化市场主体登记服务。落实国家统一的企业设立、变更登记规范和审查标准，加快实现内外资一体化服务，2022 年底前，实现外商投资企业设立、变更“全程网办”。深化企业名称申报承诺制改革，优化企业名称智能化比对规则，动态归集企业名称资源并向社会开放自选名称库。支持各区将符合管理要求的非居住用房相关住所信息进行标准化管理，探索建立全市统一的企业住所标准化登记信息库，便利企业住所登记。优化企业异地迁移档案的移交工作，进一步做好企业跨区迁移登记服务。（市市场监管局牵头，市相关部门和各区政府按照职责分工负责）

（三）简化市场主体准营手续。深化“一业一证”“证照分离”改革，拓展行业综合许可覆盖面，扩大告知承诺实施范围，健全准入准营审管联动机制，进一步减环节、减材料、减时限、减费用。推广电子营业执照全国统一身份认证、电子签名服务能力应用，通过电子营业执照关联企业相关许可证照信息，实现电子证照移动端“一照通用”。2022 年底前，对客运车辆租赁服务经营、道路货物运输站（场）经营实施备案管理。将酒类商品经营许可整合纳入食品经营许可范围。（市政府办公厅、市市场监管局牵头，市相关部门和各区政府按照职责分工负责）

（四）降低市场主体存续成本。提升市场主体年报便捷性，进一步优化年报平台，主动导入注册登记信息、往年年报信息等，拓宽年报信息智能预填范围。对因受疫情影响未能按时完成年报的企业，免于行政处罚，审慎列入经营异常名录。进一步畅通信用修复渠道，及时将补报年报的企业移出经营异常名录。落实歇业备案制度，加强市场监管、税务、社保等部门间信息共享，根据企业需要“一口办理”歇业备案手续。（市市场监管局牵头，市相关部门和各区政府按照职责分工负责）

（五）畅通市场主体退出渠道。持续优化注销企业“一窗通”网上服务平台，实现企业注销全程电子化办理。支持浦东新区依法实施承诺制注销、强制注销等市场主体退出改革措施。2022 年底前，出台进一步提升办理破产便利度的措施，为市场主体加快出清与重整和解提供更加有力的制度供给。（市市场监管局、市税务局、市高院等部门、单位和各区政府按照职责分工负责）

二、优化项目审批手续，加快市场主体投资落地

（六）加强项目资源要素保障。强化重大工程资源性指标统筹配置，允许市重大工程推进实施所需的水面积、绿地、林地等指标按照相关规定跨年度统筹平衡。对确须分期建设的项目，可按照相关规定分期分段办理农用地转用和土地征收手续。深入实施产业用地弹性年期出让制度，鼓励市场主体采用先租后让或长期租赁方式使用产业用地。深化落实“用地清单制”改革，由出让人通过土地出让征询向行业主管部门获取区域评估结果，在土地供应时一并交付用地单位。优化用海用岛审批，允许先行开展用海用岛论证和专家评审等技术审查，推行项目用海与填海项目竣工海域使用验收一并审查。（市住房城乡建设管理委、市规划资源局、市水务局、市绿化市容局等部门和各区政府按照职责分工负责）

（七）提高投资和建设审批效率。全面实施“桩基先行”，对各类建筑工程推行桩基础工程施工许可单独发放，建设单位可先行开展桩基础工程施工。优化施工图设计文

件审查，精简审查要点和送审资料，推行容缺审查、分阶段审查。将“分期竣工验收”实施范围扩大至工业、研发、公共服务设施等项目，支持主体工程或单体建筑提前投入使用。持续完善工程建设领域网上中介服务超市功能，加强中介服务过程监管。对需要编制环境影响报告表的多个同类型市政基础设施类重大项目，探索环评“打捆”审批。研究优化固定资产投资项目节能验收方式，强化对节能审查意见落实情况的事中事后监管。（市住房城乡建设管理委、市交通委、市水务局、市生态环境局、市发展改革委等部门和各区政府按照职责分工负责）

（八）提供优质市政公用服务。2022年底前，在试点基础上全面实施水电气网联合报装“一件事”服务，由建设单位在施工许可环节“一表申请”，水电气网服务单位实现全程网办、限时接入。提升办电接电效率，创新主动对接早、线上联办早、配套建设早、接电投产早“四早”办电服务，以“电等客户”“极速接电”满足企业生产经营用电需求。优化燃气接入服务供给，为用户主动提供燃气器具和燃气报警器的配套及维护、安全检查等延伸服务。开展供水供电供气行业收费专项检查，加强商务楼宇宽带接入日常价格监管，坚决查处违法违规行为。（市经济信息化委、市住房城乡建设管理委、市水务局、市市场监管局、市通信管理局、国网上海市电力公司、上海燃气集团等部门、单位和各区政府按照职责分工负责）

（九）规范招投标和政府采购。深入推行“互联网+招投标”，实现项目招投标活动零跑动、可追溯。持续清查招投标领域的隐性门槛和壁垒，清理整合现有招投标制度规则，向社会公布并动态更新。推广招标计划提前发布制度，2022年底前，将实施范围扩展至市政道路养护工程。推动政府采购、建设工程招投标平台与电子营业执照系统对接，支持企业使用电子营业执照参与政府采购和招投标活动。开展长三角一体化示范区政府采购管理改革试点，推进制度体系共建、采购模式共创、监管结果互认、信用信息互享。（市住房城乡建设管理委、市财政局牵头，市相关部门和各区政府按照职责分工负责）

三、提升涉企服务水平，增强市场主体发展活力

（十）加强企业招聘用工服务。深化企业招用员工（稳就业）“一件事”改革，全面推进就业参保登记一体化，提升就业补贴事项办理便利度。常态化做好企业用工服务保障，通过招聘信息发布、人员推荐、共享用工对接等定制化服务，帮助企业解决“用工难”问题。优化上海公共招聘平台高校毕业生求职专区建设，方便企业吸纳更多高校毕业生就业。构建政策找人、信息确认、直补快办的“免申即享”模式，精准定位吸纳高校毕业生的企业，精准发放就业补贴。（市人力资源社会保障局牵头，市相关部门和各区政府按照职责分工负责）

（十一）推动物流运输高效畅通。深入开展多式联运示范工程建设，推进多式联运模式创新、示范。在上海铁路局管辖范围内，加快上海港码头箱货船舶信息互通，实现海铁联运线上统一放箱、统一预录进港，促进海铁联运业务发展。依托上海口岸电子设备交接单等口岸集疏运管理平台，试点集装箱洗修箱在线管理，加快集装箱周转和使用效率。落实2022年第四季度收费公路货车通行费减免10%、政府定价港口货物港务费收费标准降低20%等政策。研究完善载货汽车交通管理措施，优化城市物流配送车辆通行管理模式，探索扩大新能源货车通行权限，进一步便利货车在城市道路通行。（市交通委、市商务委、市公安局、中国铁路上海局集团、上港集团等部门、单位和各区政府按照职责分工负责）

（十二）提升跨境贸易便利度。做强区域全面经济伙伴关系协定（RCEP）企业服务

咨询站，指导企业提高协定优惠利用率，扩大与成员国间进出口贸易规模。对抵达海关监管作业场所且完整提交相关信息的RCEP成员国原产的快运和易腐货物，实行6小时内放行便利措施。优化上海国际贸易“单一窗口”服务功能，2022年底前，上线原产地规则查询系统，更新完善最优关税税率查询系统，便利企业查询享惠。进一步优化跨境电商直购进口退货监管流程，允许出口商品与退货复出口商品“合包”运输到境外。鼓励船公司和港口经营企业运用区块链技术开展无纸化换单，打通海运口岸物流环节全程无纸化“最后一千米”。（市商务委、上海海关等部门、单位和各区政府按照职责分工负责）

（十三）优化质量技术服务。加快上海市产品质量检验检测中心和产业计量测试中心建设，打造现代检验检测产业体系，健全产业计量测试服务体系。2022年底前，推进市、区两级质量基础设施“一站式”服务试点，整合计量、标准、认证认可、检验检测等技术优势，为企业提供系统化、规范化、集成化的质量基础综合服务。推行企业首席质量官和标准化总监制度，开展质量基础等公益培训，提高企业质量水平和标准化能力。对食品相关产品生产许可中有限量要求但无相应检验方法国家标准的检验项目，可以补充采用其他国家标准、行业标准或本市团体标准确定的检验方法进行测定。（市市场监管局牵头，市相关部门和各区政府按照职责分工负责）

（十四）强化金融信贷支持。实施普惠金融顾问制度，充分发挥“政会银企”四方合作机制、中小微企业“纾困融资”工作机制等作用，提升融资对接服务质效。推进融资周转“无缝续贷”方式增量扩面，帮助企业稳住“资金链”。引导政府性融资担保机构在可持续经营的前提下，适当降低担保费率，将平均担保费率降至1%（含）以下。引导辖内银行业金融机构规范服务收费行为，确保对小微企业、个体工商户等市场主体的减费让利措施落实到位。拓展国际贸易特色金融服务，2022年底前，在国际贸易“单一窗口”新增预付款项下的汇出汇款、货贸项下的汇入汇款功能，推出退税快贷、运费融资等专享金融产品，降低外贸企业融资成本。（市地方金融监管局、市财政局、市商务委、人民银行上海总部、上海银保监局、上海证监局等部门、单位和各区政府按照职责分工负责）

（十五）提高办税缴费服务质效。持续优化电子税务局企业所得税汇算清缴智能退税服务，推动企业所得税汇算清缴申报、退税等事项“全程网办”。对出口退税分类管理类别为一类、二类的出口企业，将办理正常退税时间从5个工作日压缩至3个工作日。优化增值税留抵退税办理流程，打造“轻松退”网办模式。探索数字人民币缴纳税费的新型支付方式，在社区事务受理服务中心开展“数字人民币缴纳社会保险费”试点。完善跨省签约纳税人信息定期核对机制，扩大跨省异地电子缴税合作银行覆盖面。推进E企融·长三角一体化示范区信易贷服务平台建设，融合多方数据，支持跨域授信，促进银企撮合。坚持执法与服务相统一，优化税务稽查方式，规范税务稽查行为，维护公平公正的税收法治环境。（市税务局牵头，人民银行上海总部、市商务委、市民政局等部门、单位和各区政府按照职责分工负责）

四、加强合法权益保护，激发市场主体创新动力

（十六）进一步规范涉企收费。依法依规从严控制新设涉企收费项目，动态调整公布行政事业性收费目录、涉企行政事业性收费目录、政府性基金目录、政府定价的经营服务性收费目录等。加大违规涉企收费治理力度，重点对交通物流、水电气、地方财经、金融、行业协会商会等领域开展涉企违规收

费专项整治行动。2022年底前，开展对涉企收费政策落实情况的专项检查。鼓励行业协会商会加大收费公示的范围和力度，减免经营困难会员企业的会费和其他收费。（市发展改革委、市财政局、市民政局、市市场监管局等部门和各区政府按照职责分工负责）

（十七）切实维护市场公平竞争。建立市、区两级重大政策措施公平竞争审查会审制度，加大督察考核力度，2022年底前，研究制定重点领域公平竞争审查规则。推进经营者集中简易案件反垄断审查工作，便利企业进行经营者集中申报，实现“就近商谈、就近审查”。2022年底前，开展年度反不正当竞争执法专项行动，重点查处社区团购、要素市场中的混淆行为等。2023年3月底前，编制经营者集中申报、横向垄断协议案件宽大制度等合规指引。（市市场监管局牵头，市相关部门和各区政府按照职责分工负责）

（十八）持续加强知识产权保护。在临港新片区开展数据知识产权保护试点，探索新领域、新业态知识产权保护制度。设立首批上海企业海外知识产权服务站，健全海外知识产权专家顾问制度，建立完善重点国家（地区）知识产权法律法规和政策库，引导企业依法合规开展海外贸易投资活动。在相关产业联盟、行业协会探索建立不少于5个公共专利墙，在专利密集型产业园区建立“中低价交易、高频次流转”的专利超市，更好推动专利技术向中小企业转化实施，降低企业技术获取成本和交易成本。发挥知识产权无形资产价值，支持商业银行建立符合知识产权质押融资特点的信贷审批制度。（市知识产权局牵头，人民银行上海总部等部门、单位和各区政府按照职责分工负责）

（十九）培育发展技术要素市场。支持上海技术交易所建设全国性知识产权和科技成果产权交易中心，推动长三角技术要素市场互联互通，提升技术交易效能。探索建立面向长三角区域的技术权益登记“一门式”综合服务平台，实现“一窗口统办、一平台登记、一链条保护、一站式管理、一体化服务”，提高技术交易便利性。开展科技成果市场化评价改革试点，探索建立“模型评价+市场询价+交易定价”的多元化科技成果市场化评价体系，增强技术交易精准性。加强资本要素融合，建立和完善多元化、多形式、多层次的技术创新投入机制，探索科技企业技术资本化有效路径。（市科委牵头，市相关部门和各区政府按照职责分工负责）

（二十）推进社会信用体系建设。2022年底前，探索建立破产重整企业信用修复机制，研究建立有别于正常经营状态的破产企业和自然人信用修复标准。合理调整失信信息认定和归集标准，探索建立因疫情不可抗力因素造成失信的豁免机制。2022年底前，出台以信用报告替代有无违法记录证明的实施方案，减轻市场主体开具合规证明负担。2023年3月底前，开展全市政务诚信评价，持续提升政府部门诚信履职意识和诚信行政水平。（市发展改革委牵头，市相关部门和各区政府按照职责分工负责）

五、强化精准综合施策，提升市场主体感受度

（二十一）提升在线为企服务能级。持续深化“一网通办”改革，2022年底前，整合为企服务入口，上线“随申办”企业云，设立“12345”热线企业专席，建立企业诉求快速响应机制。完善“一网通办”平台惠企政策专区，鼓励各级政务服务大厅设立惠企政策集中咨询、办理窗口，构建线上线下深度融合的惠企政策服务体系。健全惠企政策精准直达机制，提升“免申即享”覆盖面和主动服务精准性，实现惠企政策智能匹配、快速兑现。推进依申请企业高频事项接入“线上专业人工帮办”和“12345”热线三方通话，进一步降低企业学习成本。（市政府办公厅、市发展改革委、市经济信息化委、市大数据中心、市“12345”热线办等部门、单位和

各区政府按照职责分工负责）

（二十二）严格规范监管执法行为。制定《上海市行政执法监督办法》，拓展全市统一综合执法系统应用范围，严格落实行政执法“三项制度”。进一步完善安全生产、生态环境、农业农村、卫生健康等重点领域行政处罚裁量基准制度。全面推行轻微违法行为依法不予行政处罚制度，实现不予行政处罚清单全面覆盖相关行政执法领域。进一步清理调整违反法定权限设定、过罚不当等不合理罚款事项，坚决防止以罚增收、以罚代管、逐利执法等行为。（市司法局牵头，市相关部门和各区政府按照职责分工负责）

（二十三）创新实施精准有效监管。2023 年 3 月底前，选择一批涉及多个部门、管理难度大、风险隐患突出的行业领域，开展综合监管改革。健全以信用为基础的新型监管机制，2023 年 3 月底前，在市场监管、税收管理、司法鉴定、劳务派遣等领域推进信用分类监管。推进“双随机、一公开”监管常态化、广覆盖，依托“互联网 + 监管”系统开展跨部门联合抽查，实现“进一次门、查多项事”。充分运用非现场、物联感知、掌上移动、穿透式等新型监管手段，提升监管智能化水平。（市政府办公厅、市发展改革委、市市场监管局牵头，市相关部门和各区政府按照职责分工负责）

各区、各部门要对照上述任务分工，细化实化任务措施，加强组织实施，强化协同配合，做好政策衔接，依法规范履职，守住安全底线，扎实推动各项措施落地见效，为各类市场主体健康发展营造良好环境，更好服务经济社会发展大局。市政府办公厅要加强统筹协调和督促落实，及时总结推广经验做法，持续放大改革综合效应。

上海市人民政府办公厅印发关于支持本市相关行业和企业稳岗留工有序运行若干政策措施的通知

（2022 年 12 月 24 日）

沪府办规〔2022〕18 号

各区人民政府，市政府各委、办、局：

为确保本市疫情防控转段平稳有序，保障正常生产生活，针对当前部分行业和企业阶段性用工紧缺问题，聚焦相关行业和企业稳岗留工，鼓励一线人员返城返岗，进一步夯实企业稳岗稳产主体责任，加强政策激励和制度保障，发挥行业组织桥梁纽带作用，综合施策、点面结合、突出重点，现提出如下若干政策措施：

一、夯实企业稳岗稳产主体责任

企业是做好自身稳岗稳产工作的责任主体，要把确保用工规模基本稳定作为现阶段工作的重点，确保企业正常运行，确保不影响城市功能。要密切跟踪国家政策导向，及时研判岗位用工形势，制订相关工作预案，及时化解因一线人员缺失对企业平稳运行可能造成的风险和不利影响。（责任单位：各行业主管部门）

二、鼓励企业制定实施员工关心关爱激励措施

支持企业根据实际情况，制定实施有针对性的员工激励和服务保障措施，把关心关爱送达一线人员。鼓励电商平台和邮政快递企业增加佣金比例、设置跑单奖励，为快递员和外卖骑手提供必要的餐饮保障，发放防寒保暖工装及用品等。鼓励建设单位和施工单位合理提高建筑工人收入。继续扎实开展整治拖欠农民工工资问题专项行动，进一步加大对恶意欠薪行为的查处打击力度。企业要依法支付春节期间加班人员工资。（责任单位；各行业主管部门、市人力资源社会保

障局、各区政府）

三、阶段性发放稳岗补贴

鼓励电商平台和邮政快递企业持续提供快递、外卖服务，2022 年 12 月 25 日至 2023 年 1 月 27 日期间（以下统称“补贴期间”），对重点监测的电商平台和邮政快递企业，给予上岗工作的一线人员每人每天 60 元补贴；特别的，对元旦期间（2022 年 12 月 31 日至 2023 年 1 月 2 日）和春节期间（2023 年 1 月 21 日至 1 月 27 日）上岗工作的一线人员，给予每人每天 150 元补贴。鼓励重点工程建设施工项目不停工、少停工，在补贴期间，当日实际上岗人数达到 2022 年 11 月末实际上岗人数 80% 以上的重点工程建设施工项目，给予上岗工作的一线人员每人每天 100 元补贴。补贴经费由市、区两级财政共同保障。（责任单位：市商务委、市住房城乡建设管理委、市交通委、市邮政管理局、市财政局、市人力资源社会保障局、各区政府）

四、支持外来务工人员节后加快返岗复工

加强与劳务输出地的对接和协作，提供“点对点、一站式”返岗复工服务。实施春节返岗交通补贴，2023 年 1 月 28 日至 2 月 5 日期间，企业租用大巴车跨省“点对点”组织外来务工人员返岗，或劳务协作输出地包车输送市外务工人员返岗的，按照实际包车费用的 50% 给予补贴，每家企业最高不超过 30 万元。企业所在区政府结合实际自行制订返岗交通补贴操作方案，明确补贴范围，落实资金保障。组织开展“春风行动”，节后立即开展各类线上线下招聘活动。（责任单位：各区政府，市人力资源社会保障局、各行业主管部门）

五、鼓励引导外来务工人员留沪过年

积极开展外来务工人员留沪稳岗送温暖活动。各区、各行业主管部门要广泛开展慰问活动，鼓励企业和各级工会组织采取发放新春礼包等多种形式关心关爱留沪外来务工人员。积极开展文旅惠民活动，鼓励本市文旅企业，特别是国有企业向留沪过年的外来务工人员免费发放电影票、景区门票等。（责任单位：各行业主管部门、市总工会、市人力资源社会保障局、市文化旅游局、市国资委、市财政局、各区政府）

六、加强防疫物资供应保障

加强防疫物资统筹调度，抓好医疗物资生产调配，丰富医疗物资供给类型，畅通医疗物资物流渠道，切实做好生产保供工作。支持企业加强解热镇痛药、口罩、抗原试剂、消毒液等防疫物资储备，保障正常到岗一线人员合理物资需求和就医用药。（责任单位：市经济信息化委、市商务委、市卫生健康委、各行业主管部门、各区政府）

七、发挥行业协会和志愿者作用

各行业协会要加强常态化走访服务，梳理企业反映的问题和诉求，提供针对性指导意见，帮助企业和员工解决实际问题和困难。各行业主管部门要加强组织指导，及时回应行业关切。广泛组织发动志愿者参与快递配送和社区服务。（责任单位：各行业主管部门、各行业协会、团市委、市精神文明办）

八、加强一线人员健康服务保障

持续加强宣传引导，切实增强一线人员防护意识，当好自身健康的第一责任人。倡导“非必要不做核酸”。除养老院、福利院、托幼机构等特殊场所外，不再查验核酸阴性证明。一线人员感染新冠后，居家隔离满 7 天（自出现症状或核酸、抗原检测结果阳性之日起计）、症状明显好转或无明显症状的，无须进行核酸检测即可返岗复工。特殊行业、特殊岗位人员居家隔离和返岗要求，按照行业主管部门有关规定执行。在岗一线人员感染新冠，若无症状或症状轻微的，可根据身体状况和岗位需要，在做好防护的前提下上班从事适当工作。（责任单位：各行业主管部门，各区政府）

九、抓紧制定配套实施细则

市商务委、市住房城乡建设管理委、市交通委要抓紧牵头制定出台电商平台、邮政快递、重点工程建设等领域稳岗补贴实施细则，摸清行业底数，锁定补贴范围，细化操作流程，明确市、区两级财政资金，确保相关领域政策第一时间落地。各区政府要切实履行属地保障责任，及时动态掌握区域内稳岗稳产情况，牵头制订本地区返岗交通补贴方案，锁定补贴范围，细化操作流程，落实资金保障。各企业要配合政府落实相关政策，务必准确提供台账资料，相关补贴资金要第一时间直达一线人员，严禁挪用、非法侵占补贴资金。（责任单位：市商务委、市住房城乡建设管理委、市交通委、市财政局、各区政府）

十、加强市区专班协调保障机制

进一步发挥全市医药物资保供专班、重要功能性机构和企业运行保障专班等协调机制作用，加强防疫物资生产供应，及时调度重要机构和企业生产运营情况，协调解决防疫物资、就医用药、人员紧缺等实际问题。（责任单位：市发展改革委、市商务委、市经济信息化委、市卫生健康委、各区政府）

本政策措施自2022年12月25日起施行，有效期至2023年6月30日，具体政策措施明确执行期限的，从其规定。国家有相关规定的，从其规定。

上海市人民政府关于延长《上海市开展对部分个人住房征收房产税试点的暂行办法》有效期的通知

（2022年12月27日）

沪府规〔2022〕20号

各区人民政府，市政府各委、办、局：

2011年1月27日市政府印发的《上海市开展对部分个人住房征收房产税试点的暂行办法》（沪府发〔2011〕3号）经评估须继续实施，请继续按照执行。

特此通知。

上海市人民政府办公厅关于科学绿化的实施意见

（2022年12月28日）

沪府办发〔2022〕24号

各区人民政府，市政府各委、办、局：

为贯彻落实《国务院办公厅关于科学绿化的指导意见》（国办发〔2021〕19号），推动上海国土绿化高质量发展，全面推进生态之城建设，现提出以下实施意见。

一、总体要求

（一）指导思想

以习近平新时代中国特色社会主义思想为指导，全面贯彻党的二十大精神，深入贯彻习近平生态文明思想和习近平总书记考察上海重要讲话精神，践行绿水青山就是金山银山的理念，坚持山水林田湖草沙系统治理，优化城乡生态空间布局，全面推行林长制，提高国土绿化精细化管理水平，增强生态系统功能和生态产品供给能力，提高生态系统碳汇能力，探索超大城市国土绿化高质量发展新路径，为建设具有世界影响力的社会主义现代化国际大都市构筑坚实的绿色生态基础。

（二）工作原则

——坚持规划引领、系统治理。以本市生态空间专项规划及相关规划为引领，优化城乡生态空间布局，坚持按照规划实施绿化造林，促进各类生态要素保护与融合发展，推进生态网络结构优化和功能提升。

——坚持以人为本、量质并举。践行人

民城市重要理念，推进国土绿化共建、共治、共享。打造城市绿化景观精品，提升“绿化、彩化、珍贵化、效益化”水平。探索“公园＋”“生态＋”模式，营造生产、生活、生态相互融合的开放新空间，创新生态价值转化路径，满足人民群众对优美生态环境的需求。

——坚持节约集约、创新发展。坚持适地适树，加大科技支撑，实施低扰动施工、低成本维护，科学务实开展国土绿化。针对上海超大城市特点，进一步提高土地节约集约利用水平。

二、主要任务

（一）科学编制国土绿化规划。按照本市生态空间专项规划提出的“双环、九廊、十区”生态网络结构，结合第三次全国国土调查数据和“三区三线”划定成果，组织编制区级绿化相关规划，并与区级国土空间规划相衔接，实现多规合一。在城市开发边界内，结合控制性详细规划编制落实绿地空间布局，通过拆违建绿、留白增绿、见缝插绿、更新添绿等方式，应绿尽绿、积小成片，增加城市绿地总量。在城市开发边界外，组织编制造林专项规划，落实最严格的耕地保护制度，实现造林地块精准落地上图。市、区规划资源、水务、交通、教育、房屋管理、农业农村等部门，结合河道整治、市政（农村）道路建设及校园和居住区改造、高标准农田建设、农村土地综合整治等，协同推进城乡绿化。（责任单位：市绿化市容局、市规划资源局、市教委、市交通委、市农业农村委、市水务局、市房屋管理局，各区政府、临港新片区管委会）

（二）规范绿化造林建设管理。按照本市国土空间用途管制相关规定，规划绿地按照批准的控制性详细规划确定的绿线开展规划选址，实施造林按照批准的造林专项规划确定造林范围，并符合年度造林计划。严禁违规占用耕地绿化造林，确须占用的，必须依法依规严格履行相关手续。坚决制止耕地“非农化”，防止耕地“非粮化”。造林专项规划中确定的减量化地块完成减量后应当实施造林。绿化造林项目应征求规划资源主管部门意见后开展立项工作，项目建设单位组织编制作业设计，绿化主管部门会同相关部门对作业设计的用地、用水、技术措施等进行合理性评价，并监督实施。对社会普遍关心且政府主导的重点绿化项目，应当鼓励公众参与，广泛听取各方面意见。加强绿化造林施工管理，充分保护原生植被、野生动物栖息地、珍稀植物等，禁止毁坏表土、全垦整地等。（责任单位：市绿化市容局、市规划资源局、市发展改革委、市住房城乡建设管理委，各区政府、临港新片区管委会）

（三）科学务实推进绿化建设。鼓励实施屋顶绿化、垂直绿化、沿口绿化等多种形式立体绿化。加大力度，切实推进破墙透绿、拆墙退绿等单位附属绿地开放共享工作。鼓励农民通过栽植果木、花卉、乡土珍贵树种等，开展农村庭院“四旁”（水旁、路旁、村旁、宅旁）绿化。因地制宜选择优良树（草）种，加强外来入侵植物防控。提倡使用全冠苗和容器苗，严禁截干苗木用于绿化和天然大树进城。推广低维护成本的宿根开花地被应用，减少大规模草坪、整形色块的应用。提倡使用多种混交模式进行植物配置，营造近自然林草植被。对于绿化造林地块，根据需要实施土壤改良和微地形营建，可使用无害化处理后的建筑垃圾和达标的污泥制成品，鼓励使用园林绿化废弃物堆肥产品。（责任单位：市绿化市容局、市发展改革委、市教委、市规划资源局、市住房城乡建设管理委、市农业农村委、市体育局、市机管局，各区政府、临港新片区管委会）

（四）提升绿化造林质量和效益。充分利用绿化隔离带种植开花色叶树木，推广行道树新优树种，开展行道树附属设施综合整治，建设林荫道和绿化特色道路。完善绿化造林管护制度和投入机制，规范养护作业行为。完善“公园+”机制，加强公园与体育、文化、旅游等各类功能的有机融合，拓展公园主题功能。因地制宜改造绿地和林地，丰富林相，稳步提高乔木种植比例，积极提升绿化空间生态景观水平，实施森林质量精准提升工程。在确保林地面积不减少、林地质量不下降、林地管理水平不降低等前提下，鼓励开展多种形式的林地适度规模经营。加快推进开放休闲林地建设，因地制宜建设乡村绿道。着力调整优化经济果林品种结构，示范推广林下复合经营。完善重大有害生物监测预报网络，做好松材线虫病、美国白蛾等重大有害生物防治工作。增强森林与公园绿地火灾监测预警和应急扑救能力。开展林地分等定级工作，促进林地资源保护与合理开发利用。（责任单位：市绿化市容局，各区政府、临港新片区管委会）

（五）加强绿化资源精细化管理。组织开展生态综合监测评价工作。对接第三次全国国土调查成果底版，完善全市绿地、林地和湿地资源管理“一张图”“一套数”监测体系，逐步纳入各级城运中心“一网统管”平台，完善问题发现和处理机制，为强化国土绿化监督管理、考核评价等提供依据。完善生态功能监测评价与碳汇计量，强化对绿地和林地的土壤质量监测，加强对各类资源动态监测数据的评估分析和成果应用。研究建立生态空间指标体系，丰富和完善公园内涵界定，对开放且具有公共服务功能的绿地和林地逐步纳入城乡公园指标统计。研究完善森林资源目标责任考核指标，优化森林资源认定标准。（责任单位：市绿化市容局、市规划资源局，各区政府、临港新片区管委会）

（六）保护古树名木和城市树木。重大工程在规划选址和方案设计阶段，应优化选址和方案设计，尽可能做到不搬迁或少搬迁大树，最大限度保留大树资源。市政建设涉及现状乔木的，应充分听取绿化部门意见，道路拓宽改建应尽可能保留原有行道树，绿道建设、口袋公园改建及老公园改造过程中应做好大树保护。确须搬迁的，经过科学论证，广泛听取各方面意见后，严格按照规定程序办理行政许可，并加强事中事后监管，确保规范搬迁大树。严格保护修复古树名木、后续资源及其自然生境，做好古树复壮及建设期古树名木保护，严禁破坏古树名木及后续资源，将古树名木和古树后续资源位置、保护区范围作为规划管理要素在规划大机平台上标注，实行最严格的管控，避免城市开发建设挤占、破坏古树名木和古树后续资源生长环境。加强开发建设地块古树名木动态监管，积极抢救复壮濒危衰弱的古树名木。（责任单位：市绿化市容局、市规划资源局、市发展改革委、市住房城乡建设管理委、市交通委、市水务局、市通信管理局，各区政府、临港新片区管委会）

（七）强化资源保护和执法监管。更好发挥林长制牵引作用，坚决杜绝违规毁林（湿）占绿行为。完善生态资源保护制度和联合执法协调机制。加大执法力度，严肃查处破坏古树名木、乱砍滥伐林木、乱采滥挖野生植物、乱占滥用绿化用地等违法行为。严控生态资源减量，加强占补平衡管理。规划部门应加强对各类建设项目选址选线方案的审核，尽量不占或少占绿地、林地等生态资源，经论证确须占用的，建设单位应组织编制占补平衡方案。（责任单位：市绿化市容局、市规划资源局、市住房城乡建设管理委、市交通委、市城管执法局，各区政府、临港新片区管委会）

三、保障措施

（一）加强组织领导。全面推行林长制，明确各级领导干部保护发展森林资源目标责任。各区政府要切实履行科学绿化主体责任，各部门根据职责分工，协同推进科学绿化。各级绿化委员会要充分发挥组织领导、宣传发动、协调指导等作用，强化国土绿化管理、监督检查、考核评价等工作。广泛开展宣传教育，加强舆论引导，弘扬科学绿化理念，倡导节俭务实绿化风气，增强全社会爱绿植绿护绿意识。

（二）完善政策机制。滚动实施本市三年林业政策，充分用好绿化基金，稳定市对区重点绿化补贴政策等，不断完善公共财政支持绿化建设的政策措施，建立稳定的投入保障机制。各级财政资金加大对绿化造林、生态修复、资源管护、林地利用、灾害防控、监测评价、科研攻关等方面的投入力度。

（三）健全管理制度。推动完善公园、森林管理地方立法工作。探索公园绿地依法办理用地手续但不纳入城乡建设用地规模管理的新机制，支持浦东新区率先进行创新探索，条件成熟时，可以在全市推广。探索研究森林经营相关产业开发的土地和投融资支持政策。

（四）强化科技支撑。建设完善上海城市森林生态系统国家定位观测研究站、国家林草局城市困难立地生态园林重点实验室及上海城市植物资源开发应用工程技术研究中心等国家、省部级科研平台，加强行业科技攻关和成果推广应用。优化完善行业技术标准体系，推进行业数字化转型，提升养护作业机械化、智能化水平。

上海市气象灾害防御办法

（2022年12月29日上海市人民政府令第73号公布，自2023年3月1日起施行）

第一章 总 则

第一条（目的和依据）

为了加强气象灾害的防御，避免、减轻气象灾害造成的损失，保障人民生命财产安全，根据《中华人民共和国气象法》《气象灾害防御条例》等有关法律法规，结合本市实际，制定本办法。

第二条（适用范围）

在本市行政区域内从事气象灾害防御活动，应当遵守本办法。

本办法所称气象灾害，是指台风、暴雨、暴雪、寒潮、大风、龙卷风、低温、高温、雷电、冰雹、霜冻、大雾和霾等所造成的灾害。

第三条（基本原则）

本市气象灾害防御坚持以人为本、科学防御、政府主导、部门联动、社会参与的原则。

第四条（政府职责）

市、区人民政府加强对气象灾害防御工作的组织领导，将气象灾害防御工作纳入本级国民经济和社会发展规划，健全气象灾害防御议事协调工作机制，协调解决气象灾害防御工作中的重大问题。

乡镇人民政府、街道办事处应当按照上级人民政府及有关部门的要求，落实气象灾害防御措施。

第五条（部门职责）

市、区气象主管机构负责灾害性天气的监测、预报、预警及相关技术服务的组织管理工作，为本级人民政府组织气象灾害防御工作提供决策依据。

未设立气象主管机构的区人民政府应当指定有关部门或者安排有关人员配合市气象主管机构做好前款规定的相关工作。

市、区应急管理部门负责职责范围内的气象防灾减灾工作，指导、协调气象灾害救助，统筹气象灾害应急救援。

其他有关部门和单位应当按照职责分工，落实气象灾害防御措施，加强信息共享和部门联动，共同做好气象灾害防御工作。

第六条（工作考核和经费保障）

市、区人民政府将气象灾害预警能力、防雷减灾管理等气象灾害防御工作纳入灾害防治考核，并将气象灾害风险普查、监测预报预警、调查评估、应急处置、科普宣传等所需经费按规定列入本级财政预算。

第七条（社会责任）

自然人、法人和非法人组织有义务参与气象灾害防御工作，增强风险防范意识和提高避灾避险能力，在气象灾害发生后积极开展自救互救。

第八条（科技创新和人才建设）

本市鼓励开展气象灾害防御技术创新，加强气象科技创新平台建设，完善气象科技成果转化机制，开发气象科普资源，普及气象灾害防御知识，提高气象灾害防御能力。

本市加强气象灾害防御人才队伍建设，建立健全人才培养机制和激励机制。

第九条（长三角区域合作）

气象主管机构、应急管理等部门应当与长江三角洲区域的相关机构和部门加强在气象灾害防御信息共享、防御管理、科研科普等方面的协作联动，提高气象灾害防御能力。

第二章 预 防

第十条（灾害普查）

市、区人民政府应当建立气象灾害普查制度，组织开展气象灾害风险普查，建立气象灾害数据库，编制本行政区域气象灾害综合防治区划图，划定气象灾害风险区域。

第十一条（防御规划）

市、区气象主管机构应当根据上一级人民政府的气象灾害防御规划，结合本地气象灾害特点，组织编制本行政区域的气象灾害防御规划，报本级人民政府批准后发布。

气象灾害防御规划中涉及的国土空间安排，由气象主管机构会同规划部门按照本市有关规定组织编制，经批准后纳入相应的国土空间规划。

本市有关单位应当按照气象灾害防御规划，建设气象灾害防御工程设施，落实气象灾害防御措施。

第十二条（规划内容）

气象灾害防御规划应当包括下列内容：

（一）防御原则、目标和主要任务；

（二）气象灾害发生发展规律和防御工作现状；

（三）气象灾害易发区和易发时段；

（四）防御分区和防御重点；

（五）防御设施和工程建设；

（六）防御管理和保障措施；

（七）法律法规、规章规定的其他内容。

第十三条（应急预案）

应急管理部门、气象主管机构应当会同有关部门制订本行政区域的气象灾害应急预案，报本级人民政府批准后发布，并按规定报送备案。

本市有关单位制订的突发事件应急预案中涉及气象灾害防御的，应当与气象灾害应急预案相互衔接。

第十四条（基础防灾能力建设）

本市有关单位应当按照下列要求，加强基础防灾能力建设：

（一）区和乡镇人民政府、街道办事处及应急管理、民防、交通、农业农村、林业等部门应当在台风、大风、龙卷风多发区域、沿江沿海区域加强应急避难场所、避风港、避风锚地、防护林等建设。

（二）水务部门应当在易积水点完善排水设施，疏通河道、加固海塘、堤防等。

（三）经济信息化部门、电力企业应当针对高温、低温等灾害性天气，制订电网运营监控和电力调配方案。

（四）气象主管机构和交通、农业农村等部门应当按照相关标准，在机场、高速公路、城市快速路、跨江（海）大桥、轨道交通、航道、码头、渔港、渔场等交通要道和场所完善大风、大雾、霾、道路结冰的监测、防护设施建设。

（五）气象主管机构、相关行业管理部门应当加强对建（构）筑物、场所和设施的雷电防护装置的监督检查，发现存在雷电灾害安全隐患的，及时督促其消除隐患；雷电防护装置检测单位应当将相关检测信息录入雷电防护装置检测信息采集系统。

（六）经济信息化、住房城乡建设管理、水务、通信管理等部门应当指导、监督供电、供气、供水、排水、通信等企业加强公用设施防雨、防雪、防冰冻的维护管理，在制定、修订相关建设标准时，考虑气象灾害的风险性，提高公用设施的气象灾害防御能力。

（七）农业农村、林业部门应当加强对种植业、畜牧业、渔业、农机安全生产的指导，完善排灌设施，加固生产设施，优化种植养殖方式，储备必要的防灾物资，提高农业生产的气象灾害防御能力。

（八）其他部门应当在职责范围内做好基础防灾能力建设。

第十五条（区域评估）

产业基地、产业社区等区域管理主体在实施综合性区域评估时，应当开展区域气候可行性论证、区域雷击风险评估工作，评估结果向社会公开。气象主管机构应当对评估工作进行指导。

区域气候可行性论证和区域雷击风险评估结论应当作为设计单位、建设单位采取防御措施，降低气象灾害风险的依据。

第十六条（社区防御能力建设）

乡镇人民政府、街道办事处应当落实街镇气象灾害防御的工作机制、人员设施、应对措施等具体要求，加强综合减灾示范社区建设，依托城市网格化管理机制，提高气象灾害防御能力。气象主管机构应当会同应急管理等部门加强指导。

乡镇人民政府、街道办事处应当确定气象信息员，按照气象主管机构要求接收、传播灾害性天气警报和气象灾害预警信号，并协助气象主管机构、应急管理等部门开展气象灾害应急处置、灾情调查报告等工作。

第三章 重点单位灾害防御

第十七条（重点单位名录）

市应急管理部门、气象主管机构应当会同市经济信息化、教育、住房城乡建设管理、交通、水务、文化旅游、卫生健康、通信管理等相关行业管理部门，根据地理位置、建筑特性、行业特点、人员密集程度、单位规模等致灾敏感因素，确定气象灾害防御重点单位（以下简称“重点单位”）名录，并进行动态调整。

下列主体可以认定为重点单位：

（一）易燃易爆、有毒有害等危险化学品的生产、储存企业；

（二）通信、供水、供电、供气等公共企事业单位；

（三）大型生产、制造或者劳动密集型企业；

（四）学校、医院及火车站、轨道交通、民用机场、客运车站、码头、旅游景区等人员密集场所的经营管理单位；

（五）在建深基坑、超高层建筑等建筑施工单位或者施工总承包单位；

（六）高层及以上建筑的管理单位；

（七）重点文物保护单位；

（八）大型数据存储单位；

（九）其他因气象灾害容易造成较大人员伤亡、财产损失的单位。

第十八条（重点单位灾害防御职责）

重点单位应当履行下列气象灾害防御职责：

（一）制订、完善本单位气象灾害应急预案，对职工进行气象灾害防御培训，并定期组织应急演练；

（二）确定气象灾害应急管理人，组织实施本单位的气象灾害应急管理工作；

（三）确定气象灾害防御重点部位，记录并设置安全警示标志；

（四）定期巡查气象灾害防御设施设备运行情况、重点部位维护保养情况、风险防范措施落实情况，建立巡查记录，及时整改发现的问题；

（五）配备必要的救援装备，并根据需

要组建救援抢险队伍；

（六）根据气象灾害预警信号等级，开展气象灾害应急响应行动，及时向相关行业管理部门、气象主管机构报送本单位灾情。

第十九条（重点单位责任人、应急管理人）

重点单位主要负责人或者法定代表人是本单位气象灾害防御工作的责任人，对本单位的气象灾害防御工作全面负责。

单位人数超过300人或者生产经营场区分散的重点单位，应当确定2名以上气象灾害应急管理人。应急管理人履行下列职责：

（一）接收气象灾害预警信息并作出预警响应；

（二）在灾害性天气影响或者气象灾害发生期间，落实本单位气象灾害防御及救援措施；

（三）落实本单位气象灾害防御预案演练、设施维护、宣传培训等日常管理工作，保障气象信息接收与传播等设施正常运行；

（四）与气象主管机构、相关行业管理部门沟通灾害防御有关信息；

（五）开展其他与气象灾害防御相关的工作。

第二十条（重点单位档案）

重点单位应当建立气象灾害防御工作档案。档案应当包括以下内容：

（一）气象灾害防御制度、气象灾害应急预案；

（二）气象灾害防御设施、装置、器材清单及气象灾害防御重点部位清单；

（三）定期巡查及隐患整改记录；

（四）气象灾害防御培训和应急演练记录；

（五）气象灾害预警信号响应、应急处置记录；

（六）气象灾害发生情况；

（七）其他需要归档的资料。

第二十一条（对重点单位的服务）

气象主管机构、应急管理部门及相关行业管理部门应当按照职责分工加强对重点单位气象灾害防御工作的服务，指导重点单位制订气象灾害应急预案、开展气象灾害防御培训。

气象主管机构及所属气象台应当建立多种渠道，为重点单位提供气象灾害预报预警信息服务。

鼓励相关气象行业组织、气象信息服务单位为重点单位提供专业气象服务，提高气象灾害防御能力。

第二十二条（对重点单位的监督）

相关行业管理部门在职责范围内对重点单位履行气象灾害防御职责情况开展专项检查或者抽查，并加强信息共享。应急管理部门、气象主管机构可以与相关行业管理部门开展联合检查，对检查中发现的问题督促及时整改。

专项检查或者抽查包括以下内容：

（一）气象灾害防御制度、应急预案制定情况；

（二）气象灾害防御管理人员配置情况；

（三）气象灾害防御设施设备配置、重点部位警示标志设置、雷电防护装置定期检测情况；

（四）气象灾害防御巡查记录及风险点整改情况；

（五）气象灾害应急演练情况；

（六）灾害性天气发生时的气象灾害预警信号接收、传播、应急处置和预案启动情况等；

（七）法律法规、规章要求的其他内容。

第四章 监测、预报和预警

第二十三条（精密气象监测系统）

气象主管机构应当根据气象灾害防御的需要，在高层建筑、轨道交通、高速公路、跨江（海）大桥、输电、输油、输气管线及沿江沿海、港区等重点区域及气象灾害多发区域加强气象监测设施建设，增加应急移动监测设施，完善本市精密气象监测系统。

第二十四条（信息共享）

气象主管机构及水务、交通、应急管理、农业农村、生态环境、住房城乡建设管理、绿化市容、公安、消防救援等部门和机构应当按照城市运行“一网统管”建设要求和相关技术标准，依托市大数据资源平台，共享气象灾害数据资料和城市火险、农业灾害、环境污染、交通监控、城乡积涝等相关信息。

第二十五条（精准预报预警）

本市完善气象预报预警体系建设。

气象主管机构所属气象台应当运用人工智能、大数据、数值预报等技术，分区制作动态实时的灾害性天气警报和气象灾害预警信号，提升短时临近预报预警能力。

第二十六条（影响预报和风险预警）

气象主管机构应当会同水务、交通、生态环境、住房城乡建设管理、应急管理、公安、农业农村、绿化市容等部门，开展基于气象因素的影响预报和风险预警，引导部门和公众做好城市积涝、道路拥堵、火灾、航班延误、空气污染、健康损害、高空坠物、农作物损害等的科学防御与应对。

第二十七条（气象灾害预警信号制修订）

市气象主管机构应当根据国家气象灾害预警信号的有关规定，结合本市实际，设定气象灾害预警信号种类、级别，明确防御指引，并报国务院气象主管机构、市人民政府批准后实施。

市气象主管机构应当定期对本市气象灾害预警信号种类、级别、防御指引的实施效果进行评估，并及时根据评估结果开展修订工作。

第二十八条（风险预判通报）

本市实行灾害性天气风险预判通报制度。

台风、暴雨、雷电、大风、大雾、冰雹等灾害性天气可能对本市产生较大影响，但尚未达到气象灾害预警信号发布标准时，市气象主管机构应当将风险预判信息提前向应急管理、农业农村、水务、交通、公安、海事、住房城乡建设管理、绿化市容等部门及防汛指挥机构通报。有关部门应当提前采取预防措施，并做好应急预案启动准备。

第二十九条（统一发布）

气象主管机构所属气象台应当通过市和区突发事件预警信息发布中心等渠道，统一向本级人民政府及有关部门和广播、电视、报纸、网络等媒体发布灾害性天气警报和气象灾害预警信号。其他单位和个人不得向社会发布灾害性天气警报或者气象灾害预警信号。

第三十条（社会传播）

广播、电视、报纸、网络等媒体传播灾害性天气警报和气象灾害预警信号，应当及时、准确。台风橙色、红色或者暴雨、暴雪、道路结冰红色预警信号生效期间，广播、电视等媒体应当滚动播出灾害性天气实况和防御指引。

紧急情况下，电信运营企业应当按照本市有关规定，无偿向本地全网用户发送应急短信，提醒社会公众做好防御准备。

任何单位和个人在传播灾害性天气警报或者气象灾害预警信号时，不得擅自更改气象主管机构所属气象台发布信息的内容和结论，不得传播虚假的或者通过非法渠道获取的信息。

第五章　应急处置

第三十一条（应急启动）

气象主管机构所属气象台应当在发布灾害性天气警报和气象灾害预警信号时，向本级人民政府及有关部门报告预警原因、可能影响的范围和程度等信息。

市、区人民政府及有关部门应当在收到灾害性天气警报和气象灾害预警信号后，及时启动气象灾害应急预案，开展应急处置工作。

自然人、法人和非法人组织应当在收到灾害性天气警报和气象灾害预警信号后，按照防御指引和本办法的规定，及时采取应急处置措施，避免、减轻气象灾害造成的损失。

第三十二条（跟踪监测评估）

气象灾害预警信号发布后，气象主管机构应当组织对灾害性天气进行跟踪监测和评估，及时向本级人民政府及有关部门报告灾害性天气实况、变化趋势和评估结果。

市、区人民政府及有关部门应当根据灾害性天气发展趋势，适时调整气象灾害应急处置措施。

第三十三条（四类红色预警学生保障措施）

发布台风、暴雨、暴雪、道路结冰红色预警信号时，中小学校、幼儿园、托育机构、中等职业学校应当根据本市有关规定，采取停课措施；对已经到校或者要求到校避险的学生，学校应当灵活安排教学活动，并做好安全防护工作；为学生上学提供交通工具的，学校应当采取措施，保障学生交通安全。

第三十四条（四类红色预警劳动者保障措施）

发布台风、暴雨、暴雪、道路结冰红色预警信号时，用人单位应当为在岗工作人员提供必要的避险措施；对因前述灾害性天气发生误工的工作人员，不得作迟到或者缺勤处理。

发布台风、暴雨、暴雪、道路结冰红色预警信号时，举办户外活动或者进行除应急抢险外的户外作业的，应当立即停止；除政府机关和直接保障城市运行的企事业单位外，其他单位可以采取临时停工、停业、停运、停航、停园等措施。

第三十五条（高温、低温应对）

高温预警信号生效期间，用人单位应当减少或者不予安排户外作业；必须进行户外作业的，应当提供必要的防护装备或者采取限时轮岗措施。

低温、霜冻、寒潮、道路结冰等预警信号生效期间，车辆所有人、驾驶人应当采取防冻防滑措施，保证行驶安全；供水、消防设施的维护责任人应当加强对住宅小区供水管线、设施设备和消防设施的检查，落实供水、消防设施的防冻保暖措施。

第三十六条（台风、大风应对）

台风、大风预警信号生效期间，建（构）筑物、建筑工地、高空作业、港口码头等场所或者设施的维护责任人应当采取加固临时设施等防护措施，避免搁置物、悬挂物、附属物脱落、坠落，必要时采取停工停业、人员设备转移等措施。

第三十七条（大雾、霾应对）

大雾、霾预警信号生效期间，车辆驾驶人应当降低车速，遵守城市快速路、高速公路的限速、封闭等管理措施，保证行驶安全。

大雾、霾橙色以上预警信号生效期间，学校、幼儿园、托育机构应当停止户外教学活动；用人单位应当减少或者不予安排户外作业；必须进行户外作业的，应当提供必要的防护装备或者采取限时轮岗措施。

霾预警信号生效期间达到空气重污染预警信号标准的，涉及污染物排放的单位应当按照本市有关规定，采取限产、限污、停产等措施；高污染的运输工具应当按照本市有关规定采取限行措施。

第三十八条（紧急防御措施）

本市负有气象灾害防御义务的单位发现灾害性天气但尚未收到灾害性天气警报或者气象灾害预警信号的，可以参照本章的规定，采取必要的应急处置措施，并按照规定向有关部门报告。

第三十九条（灾情调查）

气象灾害应急处置工作结束后，市、区人民政府应当根据灾害影响情况，组织应急管理、气象、水务、交通、农业农村、住房城乡建设管理等部门进行灾情调查，制订恢复重建计划，完善应急预案，修复、加固气象灾害防御设施，并向上一级人民政府报告。

灾情调查内容，包括灾害性天气情况、

灾害原因和损失、预报预警情况等。

气象灾害发生地的单位和个人应当向调查人员如实提供情况，不得隐瞒、谎报气象灾害情况。

第六章 社会参与

第四十条（基层参与）

居民委员会、村民委员会应当采取多种形式，宣传普及气象灾害防御知识，协助组织居民、村民、社区志愿者等参与气象灾害应急演练，及时传播灾害性天气警报和气象灾害预警信号，配合做好应急处置工作，避免、减轻气象灾害造成的损失。

学校、幼儿园、托育机构、医院、机场、客运车站、码头、商场、体育场馆、旅游景区等公众聚集场所及建筑工地施工单位等应当指定专人，接收、传播灾害性天气警报和气象灾害预警信号。

第四十一条（公众参与）

鼓励法人和非法人组织宣传普及气象灾害防御知识，传播灾害性天气警报和气象灾害预警信号；在有关部门指导下参与应急处置工作，提供避难场所和其他人力、物力支持。

鼓励志愿者、志愿者组织根据其自身能力，参加气象灾害防御科普宣传、应急演练；在气象灾害发生后，有序参与医疗救助、心理疏导和灾后重建等活动。

第四十二条（行业组织参与）

气象灾害防御相关行业组织应当加强行业自律，制定行业规范，开展防灾减灾培训，提升专业技术能力和行业服务水平，配合有关部门做好气象灾害防御工作。

第四十三条（学校教育）

学校应当在教育部门、气象主管机构的指导下，把气象灾害防御知识纳入有关课程和课外教育内容，定期开展科普宣传、应急演练等活动，培养和提高学生的气象灾害防范意识和应对能力。

第四十四条（媒体宣传）

鼓励广播、电视、报纸、网络等媒体刊播气象防灾减灾公益广告及科普宣传节目。

第四十五条（灾害保险）

本市建立多层次巨灾风险分散机制，探索气象巨灾风险有效保障模式。

鼓励和支持保险机构开发各类气象灾害保险产品。

鼓励单位和个人通过保险等方式，减少气象灾害造成的损失，提高气象灾害风险抵御水平。

第七章 法律责任

第四十六条（指引条款）

违反本办法的行为，《中华人民共和国气象法》《气象灾害防御条例》等法律法规已有处罚规定的，依照其规定予以处罚。

第四十七条（行政责任）

违反本办法规定，各级人民政府及有关单位的工作人员有下列行为之一的，由有权机关责令改正；造成不良后果的，给予记过、记大过处分；情节较重的，给予降级或者撤职处分；情节严重的，给予开除处分。

（一）违反本办法第十四条规定，未按照规定做好基础防灾能力建设的；

（二）违反本办法第二十二条规定，未履行对重点单位的监督管理职责的；

（三）违反本办法第三十一条第二款规定，收到灾害性天气警报或者气象灾害预警信号后，未及时开展应急处置工作的；

（四）不依法履行职责的其他行为。

第四十八条（雷电防护装置检测单位法律责任）

违反本办法第十四条第（五）项规定，雷电防护装置检测单位未将检测信息录入雷电防护装置检测信息采集系统的，由气象主管机构责令限期改正；逾期不改正的，处3000元以上3万元以下罚款。

第四十九条（重点单位法律责任）

违反本办法第十八条、第十九条、第二十条规定，重点单位未按照要求履行气象灾害防御职责的，相关行业管理部门、应急管理部门、气象主管机构应当责令限期改正。

第八章 附 则

第五十条（施行日期）

本办法自2023年3月1日起施行。2017年1月23日上海市人民政府令第51号公布的《上海市气象灾害防御办法》同时废止。

CHAPTER FIFTEEN XV

区域建设

- 浦东新区
- 黄浦区
- 静安区
- 徐汇区
- 长宁区
- 普陀区
- 虹口区
- 杨浦区
- 宝山区
- 闵行区
- 金山区
- 嘉定区
- 松江区
- 青浦区
- 奉贤区
- 崇明区

（一）浦东新区

2022年，面对超出预期的多重压力挑战，浦东新区建交委在区委、区政府的坚强领导下，坚持以习近平新时代中国特色社会主义思想为指导，紧紧围绕迎接、宣传、贯彻党的二十大这条主线，团结带领全系统干部职工，奋发有为、迎难而上、只争朝夕，全面落实“疫情要防住、经济要稳住、发展要安全”重大要求，切实担起“勇挑大梁”政治责任，推动建设交通改革发展稳定各项工作取得来之不易的成绩。

一、全面压实安全生产责任，牢牢守住建筑行业安全底线

2022年，浦东新区建筑管理部门继续推进工程建设项目审批制度改革和建筑业综合改革示范区各项举措，坚定不移地推进工程建设领域体制机制创新，深入推进场景实战应用，认真落实建设项目监管和建筑市场的行政执法工作，充分发挥大数据优势，利用信息化手段和诚信体系建设的契机，强化事中事后监管，不断完善监管重点和程序，把握监管核心，严控监督重点，以美化居住环境，提高居住环境质量、降低建筑能耗为目标，不断呈现高质量的建筑产品，继续推进建筑节能、绿色建筑、装配式建筑、BIM技术发展，提升建筑绿色化和工业化水平。一是上半年打赢了“大上海保卫战”，下半年组织了常态化疫情防控；“国十条”后，工地是重点场所，防疫任务更重，推迟了工地感染高峰的到来，给疫苗接种、物质储备、阻止轻症变重症赢得了时间，建管条线特别是监督站做了大量的工作。二是市场规范有序，建筑业稳步增长。全面推广电子招标，施工监理远程开标，加大了市场整顿力度。三是设计、施工质量稳步提高，安全生产处于受控状态。开展建筑节能审查24.14万平方米；查出130条设计质量问题；强化工程质量管控和达标创优，印发了《住宅工程严重技术风险处置工作指引》等3个文件；扎实开展安全生产整治（7起7人）和防汛防台，转移7.5万人而无一问题。四是推进绿色生态城区和绿色社区建设。张江科学城成功创建成为市绿色生态城区三星级试点项目；推动913个、约89%的建成社区创建达标，超市级考核要求；落实超低能耗建筑超150万平方米，数量、面积居全市首位，首个零能耗建筑落地浦东；全年实施既有建筑节能改造59万平方米，较2021年实现翻番。五是BIM、CIM、建筑师负责制试点有了阶段性成果。形成无人机辅助监督检查工作方案，探索新的监管方式。丰富应用场景平台功能，提升了工作效率。

二、持续构建现代化基础设施体系，全面提速重大工程建设

2022年，浦东新区建交委重大条线围绕推进浦东引领区建设、实现高质量发展的目标，凝心聚力、抢抓机遇、聚焦项目建设全程发力，以实干实效推动党的二十大精神落地见效，为浦东引领区建设打下坚实基础。一是重大工程全年完成固定资产投资约206亿元，实现开工61个、竣工43个。东西通道、杨高路（龙阳路立交—高科西路、中环立交—金海路、罗山路立交—中环立交）等一批骨干道路建成通车；世博文化公园、海滨污水厂扩建工程等一批生态项目建成投用；沪通铁路浦东段、南汇支线、轨道交通21号线、崇明线完成年度腾地任务。二是“金色中环发展带”年度项目建设不断取得新进展，实现新开工61个，张江科学之门东塔、西塔、科学会堂等一批标志性项目建成或投用。为民办实事项目共计55个，全部在三季度提前完成。三是在创新驱动发展上锻长板，《浦东新区重大基础设施项目管理办法（试行）》8月31日印发，《浦东新区建设项目资源性指标统筹配置实施办法》12月15日正式施行。

四是在统筹方舱建设上扬优势，全市封控期间以最短时间最快速度完成25个方舱建设，交付床位10.68万张，为疫情防控提供了极大保障。

三、立足新阶段服务新格局，不断提高综合交通管理水平

2022年，浦东新区建交委综合交通管理处紧紧围绕市、区两级政府的战略部署和重大任务，积极践行“人民城市”重要理念，深刻把握新时代浦东打造社会主义建设引领区的新方向、新定位、新路径，凝心聚力、务实笃行。

一是加大交通基础设施建设。（1）全链条推进公共停车设施建设。全年完成9个停车治理先行项目，新增泊位902个；全年开工建设公共停车泊位3115个，完成率173%，其中P+R泊位750个，完成率150%；推进建设智慧停车场库9个，其中智慧化改造方案实施阶段两个，改造方案审核阶段两个，承诺改造5个；完成12处道路停车场智能化改造，完成率150%，均完成智能设备的安装调试和平台对接工作。（2）全方位加强新能源车辆更新及充电桩建设。新能源公交车已投入运营504辆，累计新建新能源充电桩3587个，完成率133%，其中公共桩2528个，专用桩1059个；新建8个出租车充电示范站并通过市级审核验收，完成率800%；前滩大道智能泊车储能快充项目已成功申报中央引导地方科技项目，其中充电桩建设项目已完成招标，并已完成充电桩施工设计图讨论和自动泊车及储能的方案可行性研究；惠南公交停车场、金葵路公交枢纽、前滩大道公交首末站、鹤沙航城公交枢纽充电桩项目完成投用。（3）高标准实施

内河港口标准化建设。按照“试点评估、统筹设计、阶段实施、逐步提升”的工作原则，制订《关于加快推进浦东新区内河港口标准化建设的工作方案》，以上海南信公路建设有限公司（惠新港）码头为推广样板，完成上海南信公路建设有限公司（大治河）码头标准化建设。

二是指导行业管理数字转型。（1）利用数字化手段丰富停车服务类型。经营性场库100%开通电子支付功能，其中560家实现无感支付；11家有条件的二、三级医院实现停车泊位线上预约，“十四五”期间累计已实现15家，指导并督促剩余医院及时完成相关软硬件改造并接入“上海停车”平台；指导11家公共停车场库开展泊位线上错峰共享，共计280个。（2）利用大数据技术试点智能多样化调度。根据公交IC卡数据、市民出行等大客流数据，通过智能调度系统形成多样化调度时刻表，为多样化调度运营提供信息技术支撑，先后在浦东79路、1109路、83路、浦东32路、636路及81路6条线路上实施多样化调度试点工作。

三是提升交通出行便民服务。（1）指导“一键叫车”设备进社区。完成84个“一键叫车”点位，其中区级单位5个，北蔡镇16个，川沙新镇1个，东明路街道3个，沪东新村街道13个，花木街道5个，金桥镇2个，金杨新村街道7个，陆家嘴街道6个，南码头街道12个，浦兴路街道1个，上钢新村街道4个，洋泾街道8个，周家渡街道1个。（2）加强公共交通三码融合。在市交通委统一协调下，积极会同市交通卡公司、浦东公交完成浦东新区域内地面公交线路的“随申码”“三码整合”应用工作。有效降低扫码乘车操作复杂度，方便市民便捷乘车。（3）持续开展公交线网优化。完成线网优化45条，其中新辟5条、调整29条、撤销5条、多样化调度6条；按照服务类型分，强化轨交接驳12条、提高营运效率16条、优化大居及重点地区优化11条、农村地区服务4条、减少安全隐患2条。

四、锐意进取担当作为，奋力打造市民满意的道路交通系统

2022年，浦东新区建交委道设条线对照市、区重点工作，奋勇争先、创新突破，资金计划执行有力，全面完成年度各项任务指标。

一是助力战“疫”，疫情防控成效显著。以高度的责任心和使命感投入防疫工作，把疫情防控作为最紧迫、最重要的政治任务和头等大事来抓。强化行业疫情管控，压实企业主体责任，指导养护企业做好疫情应急处置工作，加大场所（道班房、桥下空间等）检查和场所码、数字哨兵点位设置工作力度，堵住疫情防控盲点、漏点，保障城市运行。全行业防疫工作总体可控，未发生大规模疫情。

二是好事快办，率先完成人行天桥加梯。浦东共承担10座天桥21台电梯加梯任务（全市数量最多，占比26%）。在人行天桥加梯推进过程中，着眼于精细设计、人性服务，充分挖掘天桥“未尽之美”，实现“加梯+”，即加装一部电梯，美化一个街区，切实提升市民生活品质。

三是精细化推进“道路+”工程。（1）持续开展“道路+精品”工程。自2018年以来，浦东新区通过规划引领、聚焦打造和标准固化，奋力开展精品道路创建。在创建过程中，浦东围绕“三统一比”，合力创建精品示范路。2022年，创建了20条精品示范路（含临港地区8条），打造碧云社区、花木环世纪公园2个具有明显区域特色精品示范区。按照市级创建6条的任务指标，浦东超额233%完成任务目标。按照2025年创建100条精品道路目标，浦东已完成59条精品道路的创建。继续践行“抓常养、促常新、创精品”的工作理念，以点带面，提升管养能级，树立行业标杆。2022年完成“常养常新”39条（段）道路，约16.6千米，道路面积约23万平方

米。（2）创新开展“道路＋无人驾驶”。在柯桥路等3条道路上完成车路协同基础设施建设，并开展2022世界人工智能大会自动驾驶应用体验活动。（3）继续开展“道路＋美丽街区”建设。结合街镇需求、区生态局“美丽街区”建设和道路大中修计划，共同打造高品质、有温度、可漫步的街区。

四是加大“四好农村路”建设力度。112千米农村公路提档升级及安全隐患整治项目已全部完工，竣工率100%。“四好农村路”示范路（镇）创建工作按计划有序推进。川沙、宣桥、书院3镇争创示范镇，43条农村公路争创示范路，远超出市里5个示范路的任务指标。长达路等5条乡村公路进入“上海十大最美农村路”候选名单。（1）开展农村公路信息化试点。浦东新区作为全市3个试点区之一，初步完成农村公路管养平台和场景化系统开发，完善经费管理模块。完成“路长制”App小程序开发，初步实现公众参与系统评价；农村公路第三方检测完成，可导入系统进行养护评价。路况检测完成，绩效评价方案进入实战；20家镇管道路养护评价结果已出，整个系统建设基本完成。（2）探索形成“路长制”信息化管理机制。全面落实完善路长办公室、专管员队伍运行体制，研究编制“路长制”信息宣传App小程序，加强与沿线群众沟通联系。（3）借用各路媒体开展“四好农村路”宣传。“上海交通”“浦东发布”等多家市区级公众号及电视台有多篇相关报道，浦东新区另有2份稿件被市道运局推荐上报给交通部，参加人民网“2022年乡村振兴创新案例征集展示活动”。《中国公路》杂志刊登相关专题报道，积极展示“四好农村路”建设成果。

五是规范提升创新突破，勠力创造征收工作新面貌。2022年浦东新区建交委征收条线在区委区府和浦东新区建交委党组的坚强领导下，在相关部门、单位的大力支持下，积极践行人民城市理念，对标引领区战略定位，努力加快推进房屋征收及“两旧一村”改造工作。

（1）征收项目启动清盘提前超额完成年度目标任务。2022年实现征收清盘152个，全年清盘总量再创历史最好成绩，完成征收签约10156户，同比2021年大幅增加超46.1%，芦潮港农场环境整治，沪通铁路，轨交21号线、崇明线、南汇支线，农民集中居住，电力配套等市重大项目按期完成征收清盘。（2）中心城区旧改征收扫尾全面完成，结转城中村改造项目提速扫尾建设。城中村项目完成强制执行、以强促签42户，8个经营性地块完成出让，北蔡、周浦、惠南等4块安置房地块出让并开工，城中村安置房整体开工率91.7%，超额完成市民心工程目标。（3）“两旧一村”工作扎实有序推进。旧住房成套改造启动实施19个点位42幢1331户，沪东向东新村、南码头六里新村两个二十多年的“老大难”问题得到历史性解决；城中村点位启动改造38个10751户，其中启动拔点25个（含10+4点位）、受益居民5542户，完成提升治理13个、受益居民5209户，北蔡中界杨桥地块打响全市新一轮“城中村”拔点改造“第一枪”。

（二）黄浦区

2022年是党的二十大和市第十二次党代会的召开之年，也是深入实施“十四五”规划的关键之年，做好2022年工作意义重大。在黄浦区委、区政府的坚强领导下，黄浦区建管委严格对照年初确定的工作目标，聚焦“功能新高峰、品质新标杆”发展主线，勇担使命，主动作为，奋力夺取旧改攻坚战全面胜利，加快重大项目建设，推动民生实事项目落地见效，完善公共基础设施，加强静态交通监管和服务，优化营商环境，健全常

态长效监管机制，积极应对防疫情大战大考，全面保障城区安全运行，全力打造党的建设新高地，奋力书写黄浦高质量发展新篇章。

一、奋力夺取旧改攻坚战全面胜利

一是成片二级旧里以下房屋改造全面完成。三年来，累计实施 46 个旧改征收项目，受益居民总量超过 5.8 万户。尤其是 2022 年以来，紧紧聚焦剩余的 10 个成片旧改项目、1.1 万户居民，始终坚持一手抓疫情防控、一手抓项目推进，在坚决打赢“大上海保卫战”的基础上，及时调整计划，尽最大努力把因疫情耽误的时间抢回来。7 月 24 日，黄浦成片二级旧里以下房屋改造工作全面完成。

二是余留毛地项目全面处置完毕。截至 2019 年底，黄浦为全市存量毛地最多的中心城区。过程中，按照“尊重历史、依法合规、市级指导、以区为主”的总体原则，以“继续开发、合作转让、政府收回”等不同方式，想方设法推动项目启动实施。2022 年，在市、区两级的全力推动下，本区最后剩余的毛地项目正式启动生效，余留毛地项目全面处置完毕。

三是旧改基地管理全面落实。2022 年新启动旧改基地 10 个，完整交地 5 个，部分交地 8 个，目前在管旧改基地 60 个。为加强旧改基地安全管理，修订完善《黄浦区旧改基地管理办法（暂行）》等相关管理制度，督促管理单位加强自查排摸风险并及时整改，通过日常检查、联合检查、指导工程监理单位等多种方式开展监督检查，未发生安全责任事故。

二、重大工程呈现新亮点

一是全力保障市重大项目配套建设。2022 年度，我区有 5 个市重大项目 [泵站初期雨水调蓄工程项目（新延安东），黄浦江、苏州河两岸地区公共空间建设（外萃丰弄新建绿化，董家渡景观花桥），瑞金医院消化道肿瘤临床诊疗中心项目，排水系统改造工程（中央商务区），架空线入地和杆箱整治工程]，另有 1 个结转市重大项目（轨道交通 14 号线黄浦三站一井）。6 个项目全部进入施工阶段，轨交 14 号线“三站一井”配套工程（除豫园站北附属工程外）于年底前基本完成施工，实现还路、还绿于民。

二是加快协调区重大项目建设。排定22个区重大项目予以重点推进管理。其中，政府投资项目5个，国企投资项目11个，社会投资项目6个，总建筑面积约263万平方米，总投资约1780亿元。

三、不断提升城区精细化管理水平

（一）推进外滩“第二立面”城市更新

2022年，初步形成了“近、中、远”三个三年的任务框架；外滩源二期、190街坊、170街坊三个成片旧改项目均启动生效，32幢老大楼实现产权归集；推进中央商场、老市府大楼、国际医疗中心三个重大项目建设，8幢老大楼进入建设及运营阶段；五洲大楼、建设大楼、国拍大楼前期工作有序推进，市属国企产权的单体老大楼加快更新改造。

（二）提升“一江一河”公共空间品质

一是积极推进外萃丰弄绿地、董家渡景观花桥工程建设；二是配合推进苏州河黄浦段水上游览线路开通及旅游码头布点建设；三是协调推进外滩第二立面、南苏州路及北京东路沿线城市更新及商业业态调整提升；四是增设黄浦滨江健身苑等体育健身配套设施，满足全人群健身需求。

（三）推动民生实事项目落地落实

一是按计划完成重庆南路、徐家汇路下立交和徐家汇路3座人行天桥无障碍改造项目。二是重点聚焦外滩第二立面、衡复风貌保护区等重要片区，推进架空线入地和杆箱整治工程，全年竣工35条道路，长度19.26千米。架空线整治完成度、文明施工测评考核在全市中心城区中均名列前茅。三是完成老成都北路等11条精品示范路创建工作。重点消除人行、车行道、盲道、道路隔离设施等方面病害，微更新改造路面慢行系统、绿化及无障碍设施，进一步完善和提升道路交通设施。

（四）改善公共设施服务水平

一是打造慢行交通体系。在人行天桥无障碍改造中，融入“全龄友好”和“智慧化运用”要素；在董家渡CBD区域，建设空中连桥、建筑平台和地下通道，连接各商务、文化等功能地块。二是加快海绵城市建设，推进董家渡花桥项目、民防苑口袋公园改造项目等一批重点海绵城市建设项目落地。三是编制完成2021年黄浦区城市体检报告，对照国际、国内的先进指标标准查找差距，制订整治行动方案，提升城区精细化管理水平。

（五）推进河长制湖长制工作

一是开展区内节水型小区、学校的创建，水日水周节水宣传，引导全社会树立节水新风尚和文明新气象；二是积极推进中央商务区、新延安东排水系统控污提标工程；三是进行雨水附属综合改造；四是进一步加大黄浦区排水户监督管理力度；五是完成2处企事业单位和11个住宅小区雨污混接整治。

四、持续优化营商环境，完善常态长效监管机制

（一）推进工程建设项目审批制度改革

一是创新推动“一件事”改革。对“夜间施工一件事”开展优化，有效衔接“工程允许夜间施工的特殊工序申报”公共服务事项，实现表单式智能化填写和电子证照自动调取，方便办事企业和经办人在线申请，探索一网通办和一网统管的两网融合案例；实现“挖掘道路一件事”集成服务，办理时间从原先的21个工作日骤减为不超过7个工作日，极大提高了政务服务效率。

二是制定《关于做好本区建设和交通市场信用信息管理工作的通知》，进一步加强黄浦区建设和交通市场信用管理；扎实开展信用修复工作，完成2家企业的信用修复。

三是总结推广优秀案例获得表彰。积极总结有效做法，报送2个案例《“一个系统”串起多个部门，综合竣工验收再优化》《探索“容缺受理”新模式，助力重大项目加速落地》，入选“2021年优化工程建设领域营商环境改革建设优秀案例”，向全市推广。黄浦区工程建设项目审批审查中心获得2021

年度上海市“一网通办”“一网统管”先进集体。

（二）安商稳商为企服务

一是区建管委会同区统计局开展重大建设项目推进暨纳统工作座谈会，督促建设单位高度重视纳统和信息填报工作，按照“客观、及时、准确”原则，定时、保质完成纳统任务；走访调研区内重点建筑业企业，提振企业信心，助推高质量发展。二是处级以上领导带队走访浦发银行上海分行等103家企业，排查青浦集中隔离点等187处安全、社会稳定风险及疫情防控隐患。三是对交通行业开展稳就业补贴，支持企业稳定岗位，累计认定企业申请79家。

（三）推动建筑工地监管数字化转型

一是开发建设黄浦区“智慧工地”监管平台，建成机械设备安全预警等10余个应用场景，在123、124项目上试点，并推广运用至13个土建项目，全面提升工地监管效能；二是有序推进智慧工地信息决策系统建设，通过数据的收集、分析、运算，实现全区工地运行体征信息的集成和可视化展示，为科学研判工地安全风险、完善分级分类监管提供数据支撑。

（四）强化建筑绿色发展工作全流程管理

一是研究制订建筑领域碳达峰实施方案，明确阶段性节点目标及工作举措，在大规模城市更新中同步实现建筑绿色低碳转型；二是制定绿色建筑和建筑节能专项扶持资金申报指南，便于企业申请专项扶持资金；三是严格把好土地出让、规划方案征询、施工许可、竣工验收等环节关口，全过程推动装配式建筑、绿色建筑、超低能耗建筑、建筑节能、分项计量设计安装等各项政策和指标要求落实落地；四是推广装配式建筑、超低能耗建筑、智能建造等新政策、新技术；五是划定新天地一大会址周边2平方千米范围为第二轮绿色生态城区创建区域，推动重点片区率先实现绿色低碳发展。

五、全面落实静态交通管理

一是编制新一轮黄浦区公共停车设施建设规划，形成近期建设规划实施方案、建设计划。二是根据黄浦区停车难综合治理实施方案，开工新建200个泊位。三是完成6个共享停车项目，共计225个泊位，全部纳入“上海停车”App，提供网上签约服务；完成3个医院停车预约项目，香山医院、九院黄浦分院、瑞金医院卢湾分院已开通线上预约。四是完成针对医院停车难的香山医院与文化广场和针对居民小区停车缺口的海华小区与金玉兰广场2个停车治理先行项目。五是完成湖北路、太仓路、丽园路路段智慧停车场库改造上线；推动3个示范性智慧公共停车场改建、覆盖泊位823个，预计2023年完成。六是完成513根公共场库充电设施建设，4条道路停车场泊位充电设施改建。七是推进黄浦区综合交通管理和服务信息平台三期建设，形成以“黄浦区建设交通综合监管和服务系统”为基础的建设交通系统一网统管平台。

六、筑牢城区安全底线

（一）加强工程质量安全监管

一是持续深入开展建筑施工安全专项治理，督促企业切实加强对深基坑、高层外脚手架等易发生群死群伤的隐患排查整改；二是结合安全生产月的工作部署及夏季施工特点，开展高温施工、防汛防台等专项检查、工地自查、培训教育、应急演练等系列活动；三是通过“双随机、一公开”的检查方式，开展市场、安全、质量“三位一体”的综合性检查，督促参建各方认真履行疫情防控和安全生产主体责任；四是全面开展既有建筑玻璃幕墙安全排查整治，对全区517栋既有建筑玻璃幕墙完成两轮全覆盖排查。

（二）全面开展燃气安全隐患排查整治

黄浦区现有燃气用户21万户，其中管道燃气用户20.6万户，液化气用户约0.4万户。年内，按照市、区燃气安全排查整治实施方案的相关要求，全面开展燃气安全隐患排查整治工作。

一是设立燃气安全专业委员会，印发黄浦区处置燃气事故应急预案等工作方案，落实责任分工，并开展相应督查检查。二是完成9条市政道路老旧燃气管道改造，共计4550米；16个住宅小区地下燃气老旧管网改造，共计3399米。三是督导燃气企业对10.2万居民用户和0.6万非居民用户进行入户检查。四是建立无主钢瓶回收工作机制，回收无主钢瓶467个，消除无主钢瓶转入流通渠道的隐患。五是督促液化气企业落实“配送即安检”，开展液化气钢瓶溯源143次，共追溯气瓶571个，发现并整改隐患80处。六是全力落实餐饮行业可燃气体报警装置安装任务，355户液化气用户和2442户管道气用户全部按时完成。

（三）筑牢防汛防台安全防线

一是汛前充分准备。修订6个防台防汛工作预案和方案，足量配备防汛物资、防疫物资，强化应急队伍建设，加强堤防等水利设施的巡检维护。二是汛期主动应对。安排三家市政养护公司蹲点值守易积水路段，重点路段，按照预案开展“一江一河”巡查，重点检查建筑工地、市政工地，确保不发生险情。三是汛后查漏补缺。总结防台防汛工作中经验和不足，进一步细化防台防汛应急处置方案，并按照我区实际，推进牛庄路积水点改善工程，为防汛防台工作打下坚实基础。

（四）助力打赢“大上海保卫战”

一是完成方舱和隔离转运点建设。3月27日起，牵头开展世博电竞馆方舱、世博船舶馆方舱等6个方舱和4个集中隔离点建设，设置床位数近2万个。项目交付后，做好各项保障工作，累计撤离安置建设人员3866人。

二是保障交通运输。积极对接市级交通主管部门协调运力，调取30辆公交车转运阳性病人、10辆大巴车转运密接人员；协调大众交通（集团）股份有限公司为我区配备巡游出租车38辆，为居民解决就医、配药、特殊情况离沪等难题。

三是做好建筑工地联防联控。成立建筑工地疫情防控工作专班，协同解决建筑工地涉疫人员转运隔离，实名制排摸梳理人员信息，全面开展疫情防控监督检查，要求严格落实各项防疫要求。开展重点行业人员核酸应检尽检核查工作，工地检测率长期超过99.5%。协调解决工地药物、防疫物资需求，加强基本生活物资保障，确保72家工地、9800余名工人防疫物资不短缺、生活有保障。

四是抓实旧改基地疫情防控。牵头成立旧改基地疫情督导专班，全面实施旧改基地封闭管理，每日进行核酸抗原检测和场所消杀，检查日常保供等情况，做到旧改基地疫情“清零”不反弹。

（五）深入开展市域社会治理和扫黑除恶工作

一是进一步推进市域社会治理工作。定期进行涉稳风险排查，确保及时发现隐患风险，堵塞漏洞。积极落实《保障农民工工资支付条例》，组织开展宣传检查，协调解决农民工欠薪问题。接受国务院农民工工资专项督查，获全市第一。深入做好群众工作，抓好初信初访矛盾接待办理，认真落实领导干部接待制度，加大信访矛盾积案化解力度，组织开展人民建议征集工作，受理信访件555件、市民服务热线4081件，主要集中在旧改、架空线入地等民生工程，同时抓好初信初防，积极化解历史遗留矛盾。完成办理两会代表建议和政协提案52件，实现办复率、走访率、满意率三个100%。

二是深入开展扫黑除恶专项斗争。将《反有组织犯罪法》学习宣传纳入法治建设责任制范围和“八五”普法计划，作为扫黑除恶常态化工作的一项重要内容进行推进。结合日常行业监管执法，常态化开展重点行业领域的专项斗争，坚决打击整治恶意竞标、强揽工程、违章违建、强迫交易、恶意拖欠工程款等违法犯罪行为和行业乱象，切实维护建筑市场秩序。

（三）静安区

2022年是实施“十四五”承上启下的关键之年，静安区建设管理委紧紧围绕“建设卓越的现代化国际城区”这一目标，聚焦重点、突出特色，一手抓疫情防控、一手抓复工复产，具体落实情况如下：

一、锐意攻坚助力全区防疫

4月疫情期间，毫不动摇坚持“动态清零”总方针，以高度的责任意识和担当意识，积极投身到全区各领域疫情防控工作中，坚决打赢疫情防控阻击战。

（一）勇挑重担，组织推进方舱建设

4月，全区疫情防控形势异常严峻，接区委、区政府要求，为满足区内隔离设施需求，区建设管理委立即组织开展区级方舱的建设工作。在分管副区长的靠前指挥，和区教育局、区规划资源局、区卫生健康委、区商务委等部门的大力支持下，各区属国企主动请战、全员投入，化压力为动力，克服困难、争分夺秒，按时保质保量完成了任务。共建设区级方舱项目24个（利用学校13个、养老机构3个、收储用地2个、旧改基地1个、体育场馆1个、租赁住宅1个、商务楼宇1个、卫生机构1个、收治医院改造1个，床位共计15000余个），区级隔离板房项目3个（2305间、4133张床位）。

（二）共克时艰，织密社区防控网络

一是做好封控期间应急保障任务。提前做好与百姓生活相关的道路、水、电、燃气等应急抢预案，确保养护力量到位、物资物料储备到位、一线作业人员配备到位；二是配合做好常态化核酸采样点建设。5月初，为配合区发展改革委建设302个核酸采样点，第一时间为其办理涉及市政道路的270处占路许可，为该项目按时完工打下了基础。三是配合做好就医保障用车任务。为缓解疫情防控期间社区居民的就医交通需求，确保“出得来、回得去”，5月，区建管委先后协调落实38辆强生出租车作为缓解静安区居民全市就医“点到点”交通的运力补充。四是圆满完成机动队工作任务。根据区疫情防控领导小组部署，抽取10名同志参与机动队工作，24小时待命。3月底，投入防疫物资集中收运工作。4月，全力支援南京西路街道开展防疫防控各项工作。五是党员积极响应支援社区防疫。各党员同志第一时间到社区报道，参加到社区一线防控工作中。

（三）严防死守，落实行业防疫要求

1. 落实在建工地防控工作

一是做好底数排查。疫情期间，自3月14日起，对辖区内358个在建工地提出“封闭式”管理要求，并要求区内不具备封闭施工条件的工地、装饰装修工程、加装电梯工程于3月15日停工。4月1日，对38个“封闭式”管理工地中的所有人员（包括务工人员、后勤保障人员及参建各方管理人员）实施核酸筛查。前期的停工筛查对之后4月—5月封闭期间的抗疫工作起到了有效的基础保障作用。

二是做好工地巡查。成立30人工作队伍，在全域静态管理期间每日到重点工地巡查，与各项目联动召开视频会议宣贯市、区各级防控要求。要求在建工地严格做好抗原及核酸检测工作。

三是压实岗位责任。24小时全天候对接建筑工地，要求建筑工地的施工主要负责人到岗履职，驻场指挥。

四是督促整改问题。通过多轮次专项检查，及时在检查中发现问题及诉求，及时处

置上报，开具整改通知单，督促项目立即整改，并跟踪整改情况。深刻剖析疫情传播的原因，督促各工地细化防范措施。

五是加强专业消杀。各工地成立预防性消毒工作组，健全消毒管理制度，规范开展预防性消杀行动，认真组织消杀培训，要求所有工地自主、定时进行现场消杀，同时聘请专业消杀机构进行补充。

六是指导复工准备。督促指导各工地做实做细“一工地一方案”，切实把好“人”“物”的入口关；充分利用“场所码”“数字哨兵”，区内在建工地共申请305个“场所码”82个“数字哨兵”，已实现场所码已全覆盖。

2. 落实交通领域防控要求

一是全员发动，落实检测。3月，根据全市统一安排，全员发动开展区管交通运输系统风险人群核酸检测。按照市区职权分工，结合区域实际，确定区交通运输系统核酸检测范围为经营性公共停车场库（252家）、道路养护（2家企业）与道路工程（3个工地）、长途客运站（4家）及部分重点货运企业（3家）。区交通条线按照分工，分别联系所有涉及单位，排查出涉及人数共3588人。

二是排查场库，做好防疫。宣贯落实市道运局疫情防控工作要求，督促行业企业积极创造条件，为落实从业人员加密核酸检测频次的要求提供保障。同时，做好从业人员的健康监测，加强防疫知识宣传，督促员工在岗期间做好个人防护。做好场所通风消毒工作，对停车场（库）内卫生间、扶手栏杆及各收费岗亭等设施设备定期消毒。

三是做好“落地检”工作。7月之后，静安区内三家客运站（长途客运总站、沪太路客运站、中山北路客运站）已恢复正常运营，为确保疫情不在交通运输业领域传播扩散，区建管委积极配合市级部门，落实各项防疫政策，同时督促各客运站加强主体责任，切实做好各项防疫工作。指导各客运站通过硬件设施（如转门、蛇形通道等）及宣传工作，确保“落地检”工作平稳、有序开展。结合明察和暗访，对存在的问题当场指出并督促整改。同时通过信息上报方式，及时掌握各客运站运行信息和防疫落实情况。

3. 落实水务疫情防控

一是做好水务工地疫情防控工作。疫情防控期间，重点关注区4个在建的水务工程（含调蓄池项目）。共召开复工复产专题会8次，领导带队检查15人次，开展检查28次，相关区级工程涉及人员核酸检测均为阴性。

二是持续做好防台防汛工作。4月13日，上海中心气象台先后发布了大风蓝色、雷电黄色和暴雨黄色预警信号，第一时间按照预案启动应急措施，区养护公司开展放水作业，对积水路段的进水口落叶进行清理和开井排水作业，尽快排除积水，恢复道路通行顺畅。区建管委市政中心和区养护公司共派出应急工作人员105人次、应急车辆18台次。疫情期间，静安市政人始终坚守岗位，用实际行动兑现“暴雨就是命令，水不退、人不撤”的庄严承诺，全力以赴做好防汛工作，守护城市安全。

二、全力以赴推进旧区改造

2022年，启动7个零星旧改项目，其中，江宁路街道陕西北路昌平路地块和康定路陕西北路地块、芷江西路街道195街坊及宝山路街道153/155街坊、宝山路街道通阁路地块、静安寺街道华山路421弄地块等6幅地块达到了100%二轮征询签约率。北宝兴路基地、陕西北路昌平路地块、195街坊及宝山路街道153/155街坊、通阁路地块等5个地块完成收尾。

成立区城镇房屋征收拆迁矛盾化解专班领导小组，全面负责区域房屋征收拆迁矛盾攻坚化解工作。一方面，从源头“止新”控增量，落实重大决策社会稳定风险评估机制，确保实现“地收事了”；另一方面，全力“化旧”减存量，在529件的底数基础上，全年共化解113件存量矛盾。

三、凝心聚力推进重大项目建设

全年计划开竣工100万平方米，开工面积完成108万平方米；竣工面积完成103万平方米，完成年度工作目标。华兴新城、中兴路壹号（西块）、新中动力机厂（东块）、110kV寿阳路站、威海路500号（四季酒店）、彭一小区公建部分、大宁国际学校、山东能源大厦、申林木业、市北园区上勤地块等10个项目实现开工。彭三五期、63-66大统基地、皮肤病医院、苏河湾中心、市北园区18-01、18-03地块、闸北广场、甘肃路电站、张园城市更新西块、市北园区纺控租赁住宅、江宁路78号地块（3、4、5号楼）等11个项目实现竣工。

四、多措并举推进市政道路工程

北横通道工程静安段、安远路桥工程按年度节点推进。北横通道工程静安段高架主线已完工并投入使用，地面道路施工中。安远路桥已建成并正式开通。三泰路（福建北路—山西北路）、福建北路（天潼路—北苏州路）、寿阳路（江场路—北郊站大门）、云飞东路（共和新路—寿阳路）、国庆路（乌镇路—晋元路）已基本建成。百合桥（原M50桥）会同普陀区办理规划方案手续，已开工。南北二期北段（芷江西路—中山北路）已开工建设。长寿路桥下通道贯通提升已建成并投入使用。共和新路桥下公共空间品质提升已基本建成，计划2023年对外开放。北苏州路空间提升工程正结合北苏州路、防汛墙“一改二”同步施工中，计划2023年对外开放。

五、系统全面推进精细化管理

（一）建筑业管理

全区共有在建工程297个，其中土建工程63个，装饰工程234个，市政道路工程32个。发放施工许可证367张，竣工备案共计390个，完成招标项目140个。

一是开展巡查执法工作。监督专项抽查

计1150次，开具整改通知单443份，局部暂缓施工指令书54份、全面停止施工指令单9份，结案89件，已处罚金额185.5464万元。二是推进自建房安全整治工作。编制《静安区自建房安全专项整治工作方案》，牵头成立区自建房整治领导小组，协调各部门、各街镇推进专项整治。通过开展“百日行动”集中攻坚整治，及时消除经营性自建房重大安全风险隐患。排查出自建房（包括违章搭建）3栋，均位于汶水路180号，为企业违规搭建厂房，已拆除完毕。初步排查点位206处，疑似存在安全隐患44处（含一般损坏房等），推进第三方评估鉴定工作。三是试点开展绿色建筑验收工作。根据上海市《上海市绿色建筑管理办法》文件要求，对新竣工项目试点开展绿色建筑验收工作。督促建设单位将绿色建筑专项验收内容纳入综合竣工验收。已针对3个项目开展绿色建筑验收工作。四是推进建筑节能工作。围绕市住建委及区节能办2022年度节能减排工作任务，分解年度节能目标，落实专人负责，确保年度建筑节能目标按时完成。已完成既有公共建筑节能改造任务42.75万平方米。五是创建绿色生态城区。市北高新园区已获得三星级上海市绿色生态城市（试点）称号。积极开展第二轮绿色生态城区的创建工作，协同上海苏河湾投资控股有限公司推动苏河湾绿色生态城区的创建工作。六是提升能耗监测平台数据广度及精度。推进建筑全能源计量，完成12栋楼宇水计量试点安装及验收工作；加强新建建筑接入管理，督促3栋新建建筑针对数据问题进行修复，并开展4栋新建建筑分项计量专项验收。

（二）实事工程

一是道路大中修及架空线入地和合杆整治工程。完成28项道路大中修工程。累计开工架空线入地和合杆整治工程41个项目约23.34千米，完成25个项目，合计约14.21千米，顺利完成14千米的任务数。二是红色步道综合整治工程。结合红色经典步道建设完成延安中路、石门二路、北京西路、茂名北路、凤阳路、恒丰路、保德路、阳曲路、景风路、闻喜路和长安路共11条精品示范路的创建工作。三是雨污混接改造工程和排水隐患管网整治。计划完成50个沿街商户及企事业单位雨污混接点改造，已全部完成。根据市、区两级工作专班关于静安地下管网整治计划，完成5.24千米排水隐患管网整治工作。完成雨水口改造和加装截污挂篮7074只，基本完成全区雨水口挂篮全覆盖。

（三）燃气管理

一是完善燃气安全管理制度。会同区应急局制订《静安区燃气安全排查整治实施方案》，完善《静安区处置燃气事故应急预案》，建立区燃气应急联络通信录。二是持续推进老旧管道改造更新。督促市北、大众燃气公司做好隐患管网整治，已完成全部剩余64处隐患管道的整改工作，总共8.36千米已全部完成。三是大力推进燃气报警装置安装工作。根据市相关部门要求，区燃联办牵头区各行业主管部门、各街镇完善全区餐饮行业可燃气体报警装置安装工作的组织架构，建立责任明确、领导有力、齐抓共管的工作机制。会同两家燃气企业对全区天然气餐饮用户进行梳理排摸，全区总用户数3099户，按照90%年度目标全力推进，超额完成年度目标。四是整治管道占压，组织联合执法。在街道和相关部门的配合下，共完成凤阳路660弄等75处占压整改工作。同时不断加大燃气安全检查力度，结合燃气“百日行动”、安全生产月、“双随机、一公开”联合检查等专项检查，定期对辖区范围内所涉及的2家管道燃气企业、5家瓶装液化气供应企业、1家LPG加气站、1家瓶装液化气供应站及使用燃气的餐饮用户开展燃气安全专项检查，牵头各职能部门共开展13次专项检查，出动约110人次。

（四）静态交通管理

按照市级部门工作要求，2022年区“民心工程”停车难综合治理工程化任务指标分别是完成停车治理先行项目3个、开工建设公共停车泊位数530个、错峰共享停车项目9个、医院停车预约项目3个、示范性智慧公共停车场（库）3个和示范性智慧道路停车场项目3个。各项“停车难”综合治理指标均已完成。

2022年，分批次开展街镇、部门项目调研及座谈，探索针对老旧小区、医院等停车矛盾的有效治理措施，制订了《2022年静安区停车难综合治理工程工作方案》和《静安区停车难综合治理工程任务分工表》并印发给各成员单位；3个治理项目（三泉路693号空地、普善小区、华怡园愚谷村小区）已全部完成，通过周边资源共享、内部挖潜增建的方式，为周边“停车难”问题较为突出的小区，增加停车泊位共计201个，有效缓解了老旧小区停车供需矛盾；开工建设公共泊位方面，结合天目社区C070102单元44-01、46-01街坊公共绿地地下空间等，建设公共停车泊位共计834个；错峰共享停车项目方面，完成10处，共享泊位数140个；示范性智慧停车场（库）方面，完成3处示范性智慧停车场（苏河湾万象天地、皮肤病医院智慧停车场项目、大悦城）；示范性智慧道路停车场方面，2022年计划增补高位视频项目路段共13条，其中延平路、泰州路、汉中路、共和路等4条道路已完成建设并投入使用，泰州路（昌平路—康定路）已完成硬件建设，其余8条道路在建设中。医院停车预约方面，已完成华东医院、华山医院、眼科医院3个医院停车预约项目，共计上线预约泊位12个。

垂直掘进（盾构）地下智慧停车库项目是上海市、静安区停车治理示范先行项目和重大的“暖民心”工程，利用大宁街道058d-01地块地下空间，采用装配式竖井垂直掘进技术，共建设304个车位的两座智慧停车库，地面设置8个出入口，运用托盘式停车搬运、AGV自动存取车和手机App预约技术，单车平均存取车时间90秒，可满足潮汐存取车要求，已于10月28日正式开工。

2022年工作内容包括向市级公共停车信息平台接入80家公共停车场（库）的电子支付功能、新建350个公共充电桩，均已超额完成指标。完成249家场库电子支付功能（微信、支付宝）接入及815个公共（含专用）充电桩建设。共建设66个“一键叫车”点位，于9月底全部完成竣工验收。

（五）水务管理

1. 河道治理

一是推进河道水质提升。完成西泗塘—俞泾浦水质提升项目，正常开展浮岛设施及增氧设备的长效管理维养工作；实施并完成走马塘（先锋河泵闸段）水质改善项目主体工程。二是实施河道行政执法。累计开展行政执法巡查39次共计78人次，未发现河道管理范围内有建设妨碍行洪的建筑物、构筑物、倾倒垃圾、渣土、填堵河道等违法行为。清理地笼等捕鱼装置15件，对发现零星取水的行为进行教育劝阻。

2. 水资源管理

一是涉水项目建设。完成静安区彭越浦（汶水路—江场西路）两岸陆域贯通环境改造项目和苏州河迎水面项目，实施苏州河北岸（浙江路桥—福建路桥）防汛墙改建工程，完成主体工程；彭浦西系统初雨调蓄池已完成TRD围护施工，地连墙施工已完成过半，基本完成年初制定的进度目标。二是节水载体创建。节水型机关已累计创成34家、节水型单位30家，党政机关节水型机关创建率50%；完成6个节水型小区创建、推进32个节水型小区的复评工作；彭浦初级中学完成上海市节水型示范学校创建。完成3所学校的节水基础设施改造，初步建成了智慧节水信息化平台，并开展雨水利用试点工作，推进节水型学校创建。三是水务审批监管。2022年共受理设施验收报备6件，经查验，报备材料齐全，均予以报备通过。按照《静安区水土保持事中事后监管制度》针对区内所有在建项目开展随机抽查，现场检查3次，共抽查7个项目，对建设单位水土保持方案实施过程中的问题及时提出整改意见并督促落实。

（六）防台防汛

一是全面修订防汛应急预案。完成区级防汛预案，在历年基础上根据疫情防控要求增加了相应措施。二是做好暴雨和台风防御工作。全区落实防汛应急抢险队伍23支，落实19个防汛物资仓库及相关安置场所。根据市防汛指挥部发布的防汛防台预警信号，共启动Ⅳ级(蓝色)应急响应行动17次，Ⅲ级(黄色）应急响应行动7次，Ⅱ级（橙色）应急响应行动1次；完成11号台风“轩岚诺”和12号台风“梅花”防御工作。落实好区域内防内涝的措施，做好各项应急抢险准备，确保各项防御工作有序、有力、有效，并防止出现各类次生灾害。三是推进安全隐患整改。市防汛办通过第三方检查，发现我区高空坠物、排水口堵塞等隐患20处，经过积极协调推进，在规定时限内完成了整改。

（七）优化营商环境

年初以来，重大项目管理信息平台和区审批审查中心线上小程序进一步优化，进一步扩大知晓度和受益面，通过夯实咨询服务、协调申请和帮办代办功能，进一步提升项目推进效能，全力提速重大项目。

（四）徐汇区

2022年，徐汇区建管委在区委、区政府的坚强领导下，在市住建委、市交通委、市水务局等部门指导下，紧紧围绕“惠民交通、品质建设、活力水岸、精致道路”的工作基本面，全面推进市政、交通、水务、建设各领域工作，为开创“建设新徐汇、再造新徐汇”新局面打下坚实基础。

一、统筹协调，重大工程有进度

重大工程是提高城区能级、扩大有效投资的关键抓手。2022年，徐汇区重大工程严格按照“目标不变、任务不变”总体要求，以5月31日重大工程复工复产为号令，全力克服疫情影响，扎实有序推进。到年底，重大工程开工303万平方米（完成进度101%），竣工191万平方米（完成进度100%）。

北部徐家汇地区，紧盯“大徐家汇”格局构建，徐家汇中心T1塔楼完成综合竣工验收，T2塔楼有序推进；商业裙房、规划四路、徐家汇公交枢纽锚定6月完成加速推进；天桥连廊三期、五期推进前期手续办理，四期开工建设。

东部徐汇滨江地区，紧紧围绕“一港一谷一城一湾”，其中星扬西岸中心、星瀚广场梳理完成综合竣工验收；西岸金融城G街坊结构已全面封顶，D、E街坊顺利开工，整个项目全面施工；传媒港诺布大厦、游族大厦、国盛大厦及数字谷灿星大厦等有序推进；同时，着力优化滨江地区路网结构，完成云绣路等3条路立项、黄石路（丰谷路—云锦路）等3条路工可批复。

西部漕河泾开发地区，不断重塑产业载体、推动产业迭代、促进产城融合。航天科技城进入全面施工阶段；鑫耀中城一期年内完成综合竣工验收；二期4号A住宅及5号地块已封顶，4号B地块地下室顶板施工；三期已取得桩基施工许可；越界锦和尚城一期完成综合竣工验收。

南部华泾地区，重点推进加快北杨人工智能小镇、乐龄汇、南部职校等项目建设，着力以重大项目的全面建设拉升华泾热度，其中乐龄汇、南部职校分别锚定2023年9月、

6月竣工。同步，完善华泾地区路网结构，其中老沪闵路、孝民路已经纳入市级区区对接道路建设计划，推进前期手续办理；北杨5条道路推进立项手续。

二、守正创新，城市更新有突破

加快“两旧一村”改造是市委、市政府重大决策部署，是“防疫情、稳经济、保安全”的重要发力点，也是城市更新工作的重中之重。紧紧围绕“三旧”变“三新”，以儿女之心、儿女之情，攻坚零星旧改，守正创新，推进成片老旧小区更新改造。

（一）零星旧改拔点攻坚。围绕零星旧改“一年决战”目标，全面启动21个地块零星旧改工作（涉及居民约1000户、4.8万平方米）。截至年底，已完成4个地块签约平地；16个地块正在加快推进中；1个（乌鲁木齐中路280弄及周边地块）正在按市级部门要求，研究留人留房方案研究。其中风貌区内12个地块已完成第一轮意愿征询，征收与补偿方案正在集中公示；风貌区外，李家宅等4个地块已签约平地，瞿溪路1385号地块完成第一轮意见征询，其余地块研究征补方案。

（二）试点成片旧区改造。上半年的疫情中，老旧小区是社区防控难点、痛点，一些早年实施过成套改造但不彻底的老旧小区，疫情防控压力依然很大，原有的改造模式值得重新检视。依托市级部门，徐汇区积极申请政策、资金上的支持，同时结合区情认真研究、科学分析，计划东安一、二村，长桥新村为试点改造，推进成片老旧小区更新改造，已获得市领导及市“两旧一村”工作专班原则同意。已向市级专班正式提出旧改认定申请（正在批复过程中）。后续，东安一、二村，长桥新村将成为全市首批旧城区改建试点项目。

三、问题导向，交通建设有思路

锚定南北发展不均衡，南北交通“中梗阻”的现实难点问题，坚持交通优先战略，坚持问题导向，全面打响交通动脉、南北交通、区域路网三场硬仗，让居民出行更方便。

（一）畅通交通动脉。紧盯轨交23号线徐汇段征收腾地，发扬“打硬仗”的作风

和状态，已完成8个站点整站交地，部分站点进入施工阶段；同步与申通集团紧密联动，抓紧完成龙吴路功能提升前期手续办理，确保与23号线同步推进、同步建设。全力配合市交通委开展各类交通动脉方案研究，基本稳定轨交19号线华泾站、华泾西站方案及漕宝路东延伸徐汇段方案。此外，全力攻克龙南公寓居民工作，确保按期交地，保障龙水南路越江隧道有序建设；并有序配合推进银都路隧道建设。

（二）提升南北交通。锚定徐汇区南北向交通中梗阻、干道间距过大的现实问题，下真功夫、啃硬骨头，研究增设南北向交通。基本稳定泉江路下穿植物园方案，与市级部门紧密对接，推进规划调整；结合长桥新村片区更新，启动龙川路改建；结合滨江地区开发，全面启动天钥桥南路龙华西路—龙恒路段、龙耀路—黄石路段贯通工作，新增一条滨江区域内南北向通道；同时，加快推进龙腾大道南拓方案研究。

（三）活化区域路网。结合徐汇滨江、华泾等区域开发，罗城路等17条道路完成立项，漕东支路等10条道路开工，曲靖路等6条道路完工，区域路网结构不断完善、优化；同时，与闵行区紧密对接，抓紧启动老沪闵路拓宽、桂果路、孝民路等3条区区对接道路，已纳入市交通委区区对接道路计划。

四、精工细作，精细管理有实招

对标最高标准、最高水平，聚焦重点区域和关键措施，不断提升城区治理现代化水平。

（一）加速架空线入地。2022年，架空线入地重点围绕衡复风貌区内及徐家汇体育公园周边道路，全力打造衡复风貌区、“大徐家汇”无架空线示范区，年底完成30千米目标任务。

（二）打造区域亮点。配合徐家汇体育公园升级改造，全面启动徐家汇体育公园周边及国际文旅中心环境品质提升等配套精细治理工程。徐家汇体育公园周边环境品质提升工作已完成零陵路等4条道路架空线入地及精修，同步完成零陵路、天钥桥路等路段绿化市容景观提升，漕北大楼等周边大楼外立面改造正全速推进；国际文旅中心已全面完成环境品质提升，并向市民开放。

（三）加强市政精细养护。围绕路黑、线白的总体要求，持续推进市政道路精细治理及市政设施标准化、减量化，切实改善城市形象，提升市民出行感受度。完成车行道集中整治53048平方米、人行道整治27032平米、老旧人行道提标10813平方米；基本完成全区范围红白杆拆除及更换工作，累计拆除红白杆5560根，安装新型禁车柱1778根，维修禁车柱228根。

同时，以群众最盼、最急、最忧、最怨的问题为切入点，把群众满意不满意作为城区精细治理工作的标尺，持续开展“为群众办实事”项目。累计完成新增公共泊位4370个（完整计划的218%）、公共充电桩599个（完整计划的133%）、共享泊位305个（完整计划的102%）。完成寿祥坊，梅陇四村和田林五、六、七村3个小区的停车综合治理工程，挖掘桂林东街、西街路边停车资源，开发凌云壹街坊共享停车资源，全力缓解居民停车难；同时，紧盯人大代表建议及市民关切问题，推动实施5座过街人行天桥加装电梯工作，切实在一桩桩小事中体现“大民生”。

五、统筹协调，两水平衡有成效

坚持源头治理、水岸联动，统筹“水安全、水治理”，全力打造水清岸绿景美的水环境，守牢城市运行水安全底线。

（一）守牢“水安全”底线。滚动开展重大工程、重要区域、重点部位及薄弱环节等风险点隐患排查工作，紧盯落实整改。同时，与市级部门、区内条线部门、各街镇密切联动，做好上传下达、数据统计、防汛指挥等工作。2022年累计启动防汛防台应急响应行动16次，其中四级响应行动9次、三级响应行动6次、二级响应行动1次，成功应对“梅花”等3个台风影响，全区未发生重大灾情，城区运行总体正常。

（二）打造“水治理”名片。2022年，根据市水务局考核要求，完成9个小区的雨污混接改造，启动18个外部截流临时措施小区的混接改造，完成检测113千米、修复20千米供排水管网检测与修复，开工4个调蓄池建设。

（三）深化“河长制”。2022年，紧紧围绕“治反复优水质”的工作目标，持续深化完善河长制，坚持河长治水管水，扎实推进水质治理工作。50个断面按平均值计算优于Ⅲ类水断面为44个，占比为86%（考核要求为75.2%）。其中11个达到Ⅱ类水3个（上澳塘、西新港、机场河），达到Ⅲ类水7个，Ⅳ类水1个（蒲汇塘），全部达到考核水质目标；全区各级河长认真履行“巡、盯、管、督”职责，共进行巡河386次。其中，区级河长共巡河36次，街镇级河长巡河350次；持续深化落实“三查三访一通报”机制，组织开展“五查行动”，通过“致河长的一封信”等多种形式进行通报并督查督办。

六、底线思维，城区运行有保障

（一）抓实疫情防控工作。在“大上海保卫战”中，根据区委、区政府工作安排，区建管委牵头成立建筑工地专班、密接转运专班、环境消杀专班，分别牵头开展各对应条线疫情防控工作。建筑工地专班成立4个工作组，先后下发13份工作提示，督促、指导各建筑工地优化、编制“三区方案”“一工地一方案”，并通过“人防＋技防”相结合的方式，压实各建筑工地疫情防控主体责任，抓实抓细各项疫情防控措施。密接转运工作专班严格按照密接人员“点对点”送达的工作要求，与各兄弟省市及市级本市隔离点紧密对接，24小时连轴转，科学、准备、及时安排转运车辆，累计完成3万余人转运，驾驶员累计行车超60万千米。环境消杀专班按照“条到底、块托底”原则，组织建立四级17支消杀队伍，1000余人；开展线上线下精准培训1016次，近9.6万人；各类宣传105次；张贴各类海报近1.2万；同时，紧盯建筑工地、在营商超菜场等10大重点场所全覆盖环境消毒，日均出动近1万人；并健全街镇自查、专班及行业部门抽查、督察组督查的三级检查机制，累计开展检查1.5万余次，发现问题1135个，均已落实整改。

（二）建筑工地安全生产。结合“安全生产月”等专题活动，有序开展基坑工程、装配式等专项检查，一方面是夯实建筑工地四方责任，督促各参建单位落实安全生产各项措施；另一方面是通过安全生产检查及组织相关培训，提升建筑工人安全生产意识，全力避免安全生产事故发生。累计开具安全、质量、市场、消防相关整改通知书368份，局部暂缓指令书61份，停工单4份；累计立案83起，结案70起，共处罚款117.1万元。

（三）燃气安全领域排查。以燃气安全排查整治“百日行动”为抓手，狠抓管道、小区、用户及餐饮单位等“四个方面”燃气占压隐患排查整治工作。完成2.6千米隐患管（桃江路、吴兴路等）改造、984个小区燃气占压排查。同时，推进2000户餐饮单位安装报警器工作，全市排名第五，中心城区第一，全力预防燃气安全事故放生。

此外，坚持以重大工程为抓手，对标对表“两个免于提交”“一件事”“好办、快办”等工作要求，及时梳理相关的办理流程、办理时限、办理材料，推进工程建设审改流程全覆盖、项目类型全覆盖、事项全覆盖；持续加强项目审批审查中心综合咨询窗口的运用，开展“一站式”服务，并通过“金牌讲师团”集中开展工程建设相关政策宣讲，多措并举，持续优化营商环境。同时，按照稳增长职责分工，紧盯中交三航局、隧道工程2家头部企业，全力稳定建筑业产值，助力经济高速、平稳增长。

（五）长宁区

2022年是党的二十大和市第十二次党代会召开之年，是贯彻落实区第十一次党代会精神的开局之年。在区委、区政府的坚强领导下，区建管委始终坚持以习近平新时代中国特色社会主义思想为指导，积极践行“人民城市人民建、人民城市为人民”重要理念，坚决贯彻落实区第十一次党代会精神，积极推进“四力四城”建设，紧紧围绕区委、区政府重点工作目标，一手抓党风建设，一手抓疫情防控和城区建设管理。现将相关情况汇报如下：

一、注重科学统筹，坚决落实党委主体责任

1. 加强党的政治建设。以党的二十大精神为重点，以中心组学习、中心组联组学习、三会一课、红色建管党课为载体，分期分批举办党支部书记轮训班、新党员培训班、党支部委员培训班、党员轮训班，抓实抓细思想政治理论教育，引导系统广大党员拥护“两个确立”、增强“四个意识”、坚定“四个自信”、做到“两个维护”。以庆祝中国共产党101周年为契机，举办“七一”座谈会，激励基层党组织和广大党员不忘初心、牢记使命、接续奋斗。

2. 扎实推动基层党建高质量发展。从规范基层支部建设入手，对区建管委、区房管局和区规划资源局下属单位党组织设置进行调整，撤销联合党支部2个、党支部1个，新建联合党支部1个、党支部4个。梳理制定党员发展材料审查清单，提高党员发展规范性，2022年以来，按计划发展了13名党员；开展基层党建专项调研，着重查看党支部看落实“三会一课”、主题党日活动、党员领导干部双重组织生活、民主评议党员、组织生活会、谈心谈话等基本制度情况。在城区建设一线，聚焦架空线入地和合杆整治、停车难综合治理等重点工作、民生难点，开展“城建先锋”党建品牌示范点创建工作，深入推进“党建+”品牌项目建设，促进党建优势转化为建设管理优势，切实发挥党建引领保障作用。

3. 着力加强干部人才队伍建设。2022年以来，在委机关层面提任了两名正科级干部，进一步充实委机关内设机构领导力量。在直属基层事业单位方面，一方面加大选拔任用力度，具体包括：选优配强区交通中心班子，提任2名管理八级副主任，其中一名兼任党支部书记；提任区市管中心设施管理科科长1名（管理八级）。另一方面，加大岗位交流力度，具体包括：开展基层事业单位领导岗位交流，调整区市管中心、区河道所两家单位的主要领导；对市管中心1名管理八级领导干部进行岗位交流。此外，按照《公务员职务与职级并行规定》，对照晋升条件，严格按规定程序做好职级晋升工作，完成1人次职级晋升工作。

4. 严格落实意识形态工作责任制。注重宣传引导，在“长宁建管”微信公众号上开设“守‘沪’战‘疫’党旗飘扬”“城建人的战‘疫’日记”栏目，广泛宣传区建管系统广大党员干部群众在城区运行安全保障、人员转运、环境清洁消毒、社区志愿服务过程中涌现出的先进典型和感人事迹；自觉围绕中心、服务大局，宣传报道好长宁路1436号共享停车项目、长宁路架空线入地整治、临空核心四街坊建设、北翟路外环交叉口交通组织调整等城区建设管理经验做法和典型事例。

5. 全面落实区法治政府建设重点任务，助力全面法治政府示范创建。一是以习近平法治思想为根本遵循，组织开展法治政府建设全面自查，接受区委依法治区办法治督察，按照整改意见严格落实整改。二是积极学习《安全生产法》《反有组织犯罪法》等法律法规。三是严格执行重大行政决策法定程序，在充分调查研究、广泛征求意见的基础上作出行政决策，增强行政决策合法合理性和公信力，配合区政府完成《城市更新2022年—2024年行动计划》重大行政决策。3件检察建议和123件信访事项，均按时办结回复。四是严格贯彻落实行政执法“三项制度”，不断完善行政执法、审批委托制度，压实责任，进一步规范行政执法行为。五是自觉维护司法权威，不干预司法活动，2022年区建管委行政诉讼1件，行政负责人出庭应诉率为100%；民事诉讼2件，没有败诉情况发生。

6. 做好保密相关工作。成立长宁区建设和管理委员会保密工作领导小组，并下设办公室，做到保密工作主要领导抓，分管领导具体抓。按照“业务谁主管，保密谁负责”原则，强化各科室、各事业单位的责任落实。

二、狠抓疫情防控，全力保障城区运行安全

上半年，在疫情防控工作最吃劲、最关键的时期，区建管委承担了区疫情防控城市运行组办公室工作职责和区环境整治消杀工作专班日常工作职责。区建管委坚决贯彻区委、区政府决策部署，扛起疫情防控的政治责任，在抗疫工作中敢于担当，不惧困难，组织动员系统各级党组织和广大党员干部带头逆行，冲锋在前，400多名党员响应号召下沉社区，140多名干部职工日以继夜坚守抗疫一线，攻坚方舱建设、环境消杀、隔离人员转运、医废处置、专项执法检查、储备土地临时使用、租赁住房和物业管理等防疫重点任务。成立9个支援社区疫情防控临时党支部，由系统部门领导班子成员或基层党支部书记带队，充分发挥基层党组织战斗堡垒作用和党员先锋模范作用。

1. 圆满完成集中隔离收治场所建设任务。牵头成立建管系统隔离场所建设临时党支部，区建管委行政主要领导担任支部书记并亲自带队进驻工地，充分凝聚发挥党组织和党员干部攻坚克难、啃硬骨头的钢铁力量。科学制订方案，完善污水处理设施、医废处理设备和移动厕所淋浴等方舱硬件基础设施，有效做好建设与使用之间的衔接。积极克服疫情防控期间物资运输、人员紧张等困难，3天建成临空音乐公园方舱，7天建成绥宁路628号方舱，24小时完成延安中学、建滔中心和西郊学校等3个方舱建设任务，共建成6934张床位。音乐公园方舱因环境优良、设施齐备，得到了病患自媒体、社会媒体的良好反响；西郊学校方舱建设过程中，龚正市长现场察看建设情况给予了积极评价；长宁方舱建设情况总体上得到了较好的社会面反响，也得到了市住建委、市重大办等市级主管部门的高度认可。

2. 全力抓好区域内建筑工地疫情防控。依据市住建委发文166号《关于进一步加强本市建设工程疫情防控和应急处置工作的通知》文件精神，督促参建各方以高度的政治责任感完成好疫情防控各项任务。在疫情防疫期间，全区共有43个受监建筑工地7188名建筑工人和管理人员，涉疫人数在全市各区中数量最少。一方面，定期对区域工地发放相关工作提示473条，将疫情防控各项要求和措施传达到位，制订了《关于持续巩固长宁区建筑工地疫情防控成果筑牢夯实常态化疫情防控和复工复产基础的工作方案》，进一步压实企业主体责任、属地责任、行业主管责任和个人责任。另一方面，全力坚守履职践诺，封控前委班子领导兵分四路对43个建筑工地闭环管理落实情况进行巡查；疫情管控期间，委主要领导带队，定期开展工地巡查，严查在建工地防疫措施是否落实到位。通过线上线下多维度的督查方式，共开展工地督查787项次，现场联合检查15次，出动近1563督查人次，发现消除隐患问题804条，开具停工单16张，整改指令单301张。

3. 认真履行环境整治消杀工作专班日常工作职责。积极推进环境整治消杀工作，先后开展重点场所消毒专项行动、全面环境清洁消杀行动、“拔点”行动消杀工作，在巩固强化阳性感染者场所终末消毒、阳性楼栋消毒、快递物品消毒、出舱人员随身行李消毒、隔离点消毒等基础上，同步推进复工复产单位预防性消毒、公共场所环境清洁。6月1日后坚持常态长效与应急处置相结合，落实重点场所预防性消毒，开展爱国卫生运动和城市大清洁等专项行动。截至6月1日，全区共完成终末病家入户消毒数12717户，完成阳性楼栋环境消杀10286幢，完成无感染楼栋预防性消毒270738幢；共完成终末消毒效果评价143例，包含3个方舱撤舱消毒效果评价。

4. 有力保证了转运工作正常开展。与区民政局密切配合，委分管领导带领委内7名机关事业干部组成隔离人员、治愈出舱两个转运工作组，夜以继日投入转运工作。积极协调市交通委和久事公交等部门，共落实26辆公交车、5辆大客车及35名驾驶员参与转运工作，两个月来共转运阳性入舱（院）人员近7000名（约占全区转运量的40%），转运治愈出舱（院）人员近1.7万名（占全区转运量的95%），并多次参与了密接隔离和解离人员的转运任务，按时足量完成了包括“4·17”全区清零行动在内的每日转运任务，做到日清日结，圆满完成了阳性感染者转运任务。

5. 全力保障水、电、燃气、通信等正常运行。区建管委会同区城运中心、上水、电力、燃气、移动、联通、电信、铁塔、道路养护等12家企事业单位组建疫情期间长宁区城市运行安全保障工作小组，在服务全区疫情防控工作大局中拼搏担当、履职尽责，以不足日常员工十分之一的力量，实现了全区水、电、气、通信等城市保障安全有序运转。

三、聚焦软实力建设，着力落实长宁区两大战略

1. 推出东虹桥交通一张图。提出要打造“三个一刻钟”最虹桥交通可达圈，结合外环抬升，统筹谋划路网、水网、绿网、管网“四网合一”综合提升行动，构建四纵十八横路网体系。

2. 大力推动建管领域数字化转型。构建数字建管、数字市政、数字水务、数字交通“四位一体”数字城建平台，完成与区大数据中心、区城运中心的完整对接，实现了区建管委“一屏观全域，一网管全区”的数字大屏建设既定目标。数字孪生重点工作持续推进，开展重点区域排水管网数字孪生探索、新泾港数字孪生探索。

3. 优化营商环境推动建筑业加快恢复。抓好施工黄金期，以“快速落实到位、力度只增不减”为原则，持续开展建筑业重点企业走访服务，着力推动重点建设项目加快进度，全力以赴实现建筑业复产达产、提质增效。全年建筑业累计产值达295亿元，同比增速2%。完成税收落地约320万元、12家企业落户的服务（含2家重点企业），超额完成下达的年度招商目标（250万元税收和10家企业）。

4. 强化全流程在线办理和多渠道服务。在严格审批、规范受理的基础上，加大对区重点项目的服务指导，继续深化工程建设项目审批制度改革，“以线上牵引线下，以线下监督线上”，进一步实现“键对键”“零跑腿”。优化疫情后网办流程，采用线上预审、视频会议，电子材料流转等方式，同时开展远程开、评标工作，保证了西郊百联改建等区重大项目开评标的顺利进行，做好项目管控工作。截至11月，共受理发放建设工程施工许可证206份；受理竣工备案203项，其中综合竣工验收8项；完成公开招投标项目55项，其中勘察1项，设计招标4项，施工招标29项，监理招标10项，工程总承包招投标10项，一体化1项，应公开招标率达100%。

5. 推进区审批审查中心实体化运行。如

期完成区工程建设项目审批审查中心入驻区行政服务中心，以合并审批、分期审批、格式化审批、容缺后补等为抓手，精简项目审批流程。截至11月，办理交通行政审批事项123件，办理水务行政审批事项15件，完成工程初步设计审批2件，组织玻璃幕墙安全性论证4件，完成行政协助事项21个，做出掘路许可76项，占路许可41项，夜间施工备案247项。

四、聚焦精细化管理，牵头推动“好风景”添彩行动

1. 编制《长宁区城市更新2022年—2024年行动计划》。聚焦六个方面、实施六类更新，推进“东、中、西”整区域改造提升，重点开展虹桥经济技术开发区成片更新。形成“50+X”项目，其中产业发展类9个、空间环境类8个、功能均衡类8个、美好社区类9个、文化历史类11个、基础服务类5个；“X”项目为预备项目，现有9个，计划实施过程中可动态新增。目前已完成中山公园北侧万航渡路景观提升、新微智谷T2等5个城市更新项目。

2. 推进新一轮精细化三年行动。按照《长宁区城市管理精细化第二轮三年行动计划（2021—2023）》，目前8个专项行动、34项重点任务已实现时间过半、任务完成过半。研究虹桥商务区“十四五”城市管理精细化重点任务，更好地彰显长宁的优势和特色。

3. 新建一批主题特色“美丽街区”。对2021年已建成的4个新建街区（金钟路街区、程家桥路街区、泉口路街区、北临空街区）、2个示范街区（苏州河、内环线）做好拾遗补缺，完成2022年3个新建街区（伊犁路街区、天中路街区、紫云路街区）的设计方案

评审，力争年底前完成美丽街区创建任务。

4. 开展桥下空间形象提升工作。对全区高架道路、跨河桥梁的桥下空间使用情况进行了梳理，编制完成《长宁区桥下空间综合整治规划》，形成《长宁区桥下空间形象提升三年行动计划（2022—2024）》。年内建成新虹桥中心花园桥下空间、延安西路安西路桥下空间项目。

5. 严格落实河湖长制工作。全区 31 条河道，36 个河道考核断面平均水质全部达标，平均水质优Ⅲ比例达到 97.2%，9 个市考断面全部为优Ⅲ，水质在全市位居前列。朱家浜、午潮港获全市第一届“美丽河湖”系列典型选树活动“美丽河湖”称号，2022 年推荐申报许渔河参加全市第二届“美丽河湖”系列典型选树活动。开展水务执法监管，结合区检察院公益诉讼案件线索，联合市水务执法总队三支队，组成联合执法小组，对安顺路 83 号名都公寓西侧洗车经营场所开展了市区联合执法行动，并启动立案程序，实现了长宁区排水执法近年来立案“零”的突破。推进新一轮雨污混接整治工作，推进双“40”区域问题排查和整治工作，按要求编制排查方案，目前长宁区已完成全部 7 个双“40”区域的排查和整治工作。

6. 做好市政河道设施养护。至 11 月底，完成车行道养护 7.7 万平方米；完成人行道养护 11 万平方米，其中“人行道养护月”集中翻新人行道 1.7 万平方米。完成各类下水道养护疏通管道 1015 千米，清捞检查井 33331 座、清捞雨水口 69964 座，修复连管 10 千米，提升管道排水能力。各类下水道养护疏通管道 923 千米，清捞检查井 30301 座、清捞雨水口 63604 座，修复连管 10 千米，提升管道排水能力。完成禁车柱更新 259 根；完成护栏更换、新装 2313 米。完成堤防维修养护 17.64 千米、堤防保洁 83.9 千米，防汛通道维修养护 1682.65 平方米、防汛通道保洁 24.48 万平方米，河道绿化养护 85.48 万平方米，栏杆维修 2379 米、栏杆油漆 22983 米、栏杆清洗 221711 米，河道铭牌等清洗养护 502 套。

五、关注民心民生，全力推进民生工程

1. 推进中山公园与苏河华政段融合开放。打造中山公园地区无隔阂的区域慢行空间网络，实现百年校园、百年公园、百年古树、百年公交、百年道路、百年建筑无缝衔接。完成中山公园周边环境品质提升及万航渡路道路改造工程，协调解决 20 路公交站点改建。配合市交通委、久事旅游集团等部门，有序推进苏州河码头建设工作。

2. 推进苏州河民心工程项目。优化完善沿岸公共空间标志系统，根据《上海市黄浦江苏州河滨水公共空间条例》要求，移除、合并、调整和新增各类指示标志，以“苏州河华政段—中山公园”区域为试点，有序推进设置三级指示牌。全力推进建设苏州河服务驿站，集约化利用滨水公共空间的设施，在苏州河华政段增设直饮水点位，逐步设置满足公共活动需求的配套服务设施。积极践行人民民主的理念，参与居民对话等相关工作，努力推进苏州河华阳公寓段尽早实现贯通。

3. 推进架空线入地及杆箱整治。继续围绕落实“十四五”架空线入地总体方案，聚焦“内环”，启动“中环、两片区”（“两片区”为虹桥古北片区和程桥西郊片区），结合架空线入地推进隐患管线改造“一覆盖”整治，实现全年竣工 25 千米的目标任务。全区 168.11 千米市政道路，共有 118.56 千米完成架空线入地整治，完成率 70.52%，居全市第一。其中，北新泾街道已实现整区域架空线入地，成为全市第一个无架空线全要素整治示范街区。

4. 推进停车难综合治理。完成 7 个停车治理先行项目，开工建设 489 个公共停车泊位，新增居民错峰停车泊位 310 个，推动行政服务中心、新泾镇文化中心、工人疗养院等机关事业单位共享停车资源。完成电动汽车新能源充电桩建设450个，含快充充电桩52个。完成65个“一键叫车”适老服务设备安装调试工作，推进医院停车线上预约，长宁精卫中心、工人疗养院停车预约上线运营。

5. 推进“无碍城市”建设。根据施工点位清单，对老旧小区内老年人相对集中的楼栋，实施无障碍坡道、扶手等设施建设。推进人行天桥适老化改造工程，完成江苏北路、茅台路天桥加装电梯工程。推进盲童学校周边无障碍环境建设，通过采取隐形井盖等新技术、新工艺，完成盲童学校周边虹桥路盲道优化提升工作。按照盲童学校周边盲道整治标准，对全区范围内的盲道开展优化提升，进一步规范道路新改扩建、道路大修、架空线入地工程涉及盲道设置标准。同时，针对非机动车占用盲道停放问题，督促属地街道进一步加强非机动车停放管理，并形成长效常态机制。

6. 推进两会建议提案办理。2022年区建管委共承担区两会代表建议和政协提案46件，其中代表建议22件、政协提案24件。由区建管委主办的代表建议7件，政协提案11件。市里转来的两会建议提案7件。区建管委严格按照办理工作要求，全部按时完成了两会代表建议和政协提案主办件和会办件的办理工作。

7. 做好市民热线和网格化处置工作。建立例会机制，共同分析研判案件问题产生根源，查找问题短板，持续提升案件处置的及时性和实效性。建立疑难案件特办机制，针对发现的架空线入地、夜间施工噪声等疑难共性案件，按照特事特办原则，及时召集各相关部门和单位，共同商议解决对策，高效处置2022年“夏令热线”群众投诉案件。

六、聚焦重点难点，全力推进项目建设

1. 推进市、区重大工程项目建设。一是积极配合市重大项目建设，北横通道长宁路（定西路—江苏路）路面恢复和配套绿化建设按计划完成，配合推进江苏路二级匝道建设；配合市建设单位按年内完成建设目标推进真光路跨苏州河桥；加快推进15号线姚虹路站、红宝石路站出入口结建项目建设，全力做好2号线与15号线娄山关路站地下换乘通道巴黎春天征收工作；配合推进苏州河深隧施工。此外，积极配合市交通委开展外环抬升前期研究工作，开展长宁区外环线（长宁段）交通功能提升配套路网完善研究。二是编制《2022年长宁区重大建设项目清单》，全力推进区重点市政工程建设，实现福泉路地道、通协路人行天桥、临空核心四街坊地下勾连工程通道、协和路（通协路—北翟路）道路改建工程年内开工；紫云路道路改建工程年内竣工通车，临空核心四街坊地下勾连工程通道一、通道二和C型天桥年内完成开放。

2. 优化区域交通组织。完成9个隐患点改造项目，开展迎宾三路东延伸工程方案、北横通道中运量东、西延伸方案和东虹桥区域交通改善项目研究。完成临空经济园区交通现状调查分析报告，实施北翟路—外环交叉口改造工程，通过调整绿化区域、增加车道数量、规整车道布局完成交通改善，形成东虹桥区域交通改善方案研究报告，提出交通改善措施。完成《长宁区慢行交通建设规划》编制，系统评估长宁区慢行交通发展现状，确定规划目标、重点片区，制订具体规划方案，提出近期项目清单及保障实施的相关措施。

3. 推进初期雨水调蓄池建设。根据市级考核要求，长宁区2022年须推进北翟路车辆段、虹桥机场独立排水区等2个调蓄池项目开工任务。目前，区建管委立项实施的临洮路跨吴淞江桥梁南岸配套调蓄池工程（北翟路车辆段）已实现开工，完成年度开工任务。同时，推动机场集团编制《上海虹桥机场排水专项规划》，并完成市水务局组织的行业审查并获得正式批复，完成年度任务。

4. 推进排水管网提标和隐患整治。提标改造方面，实施茅台路、淮阴路等 7 条道路共 3.55 千米管道提标工程，完成年度开工建设任务。隐患整治方面，排水管网隐患整治完成 6.62 千米。

5. 推进经济楼宇建设。开工 4 个项目，即东航综管部项目、程家桥街道 250 街坊 39/1 丘 II–P–04 地块、天山路 680 弄地块和上生新所二期，总建筑面积 39.7 万平方米，完成原正式开工 24.6 万平方米的 162%。竣工 3 个项目，金地商置华东长宁新华路商办项目、文化大厦商办项目和程家桥街道 250 街坊 II–N1–05 地块，总建筑面积 18.4 万平方米，总建筑面积 18.4 万平方米。积极推进轨道交通北翟路基地和 31 号地块等重点项目光伏建设工作，2022 年完成了北翟路剑河路公交站屋顶光伏项目。

6. 推进海绵城市建设。推进四大类板块 8 个海绵示范工程和系统方案编制，并开展区内样板工程的自查整改。截至目前，2022 年长宁区海绵达标区域为 1.82 平方千米，占全面总面积的 4.9%，累计达标区域共计 12.08 平方千米，总占比 32.5%，达到市下达的区海绵城市建成区 30% 的建设要求。

七、聚焦隐患排查，严守城区安全底线

1、平稳完成年度防汛工作。印发《长宁区 2022 年防汛防台专项应急预案》，统筹做好 2022 年防汛防台和疫情防控工作，成功应对了多场暴雨和台风“轩岚诺”“梅花”的侵袭，共启动了四级（蓝色）应急响应行动 17 次，三级（黄色）应急响应行动 7 次，二级应急响应行动 1 次，平稳有序完成汛期各项工作，同时积极推进积水点改善项目，实施了天山西路外环辅道积水点改善工程。

2. 开展专项检查和日常巡查。结合党的二十大、重大节假日、进博会等重大活动保障工作要求，全面巡查在建工地、市政道路、所辖道班房、桥下空间、下立交泵站等设施，加强在建项目和设施养护作业的安全检查，同步做好防疫工作管理巡查，确保管理要求到位。及时处置违规工程，在日常检查和各类安全、质量专项检查整治活动中，实施行政处罚立案 17 起，完成处罚 13 起，完成处罚金额 6.8984 万元，还有 4 起案件正在办理中。共开具整改单、局部暂缓单、停工单共计 848 份，其中出具整改单合计 777 份，暂缓单合计 49 份，停工单合计 22 份。实施项目经理计分 13 次，累计 29 分；实施三类人员记分 8 次，累计 14 分。

3. 开展自建房安全专项整治。制订《长宁区自建房安全专项整治工作方案》，完成了自建房“百日行动”专项整治，及时消除本区经营性自建房重大安全风险隐患。排查出长宁区存在 3 处自建房，其中住宅类 2 处，经营性自建房 1 处，经初步判断，未发现安全隐患。各行业部门共排查 1070 余处房屋建筑，经核实，认定“两改房”共 195 栋。对照“百日行动”考评细则和“回头看”要求，组织各行业部门和街镇开展自建房安全专项整治工作情况的检查验收，动态跟踪房屋整治的后续情况，抓好整治工作落地见效。

4. 开展既有玻璃幕墙建筑安全隐患排查。重点检查各玻璃幕墙建筑的运行情况，正常进入检查楼宇共 501 栋，发现 17 栋楼宇存在安全隐患（11 栋玻璃面板破损开具整改单，6 栋较轻微可自行加固整改的楼宇给予口头整改通知），共计完成巡查 675 栋次，巡查比例达 122%，并对存在隐患须整改楼宇及未能进入检查楼宇进行复查。

5. 做好燃气安全管理。开展区燃气安全整治“百日行动”，推动天然气餐饮场所可燃气体报警器安装使用，力争全面完成市级清单中的用户安装。建立液化气餐饮用户检查机制，开展联合检查 15 次，督导安全隐患 16 个，整改完成 16 个，收缴钢瓶 4 个；开展大走访大调研燃气安全专项检查 5 次，督导安全隐患 4 个，全部完成整改。

（六）普陀区

2022年是“十四五”规划承上启下的重要一年。在区委、区政府的坚强领导下，区建管委（交通委、水务局）坚持以习近平新时代中国特色社会主义思想为指导，深入贯彻落实党的二十大和市第十二次党代会精神，围绕“写好五线谱，谱好两部曲，携手零距离，共画同心圆”奋斗目标，坚持稳中求进工作总基调，高效统筹疫情防控和经济社会发展，大力发扬“人靠谱（普），事办妥（陀）”工作作风，承接“十四五”良好开局，用实际行动助推普陀高质量发展。

一、攻坚克难，全力以赴做好疫情防控

面对严峻复杂的疫情形势，区建管委始终坚持人民至上、生命至上，毫不动摇地落实疫情防控工作部署。抢建泸定路方舱医院、金昌路临时隔离点和古浪路核酸检测实验室等多处重大防疫工程；紧急调集转运车辆，迅速建立运力调拨体系，及时转运密接、阳性病患等涉疫人员和防疫物资；并调派巡游出租车接送市民就医，为普陀区疫情防控阻击战贡献应有力量。

转入常态化疫情防控阶段，区建管委按照“应检尽检、落地即检”的原则，在铁路上海西站、交通大众长途客运站积极推动落实本区“落地检”工作。会同区防控办、区卫健委落实区内邮政快递行业防控工作，全力保障邮政快递行业安全运行。

抓牢抓实建筑工地企业主体责任，要求在建工地制订防疫方案和应急预案；积极协调各项生活和抗疫物资，落实从业人员“抗原+核酸”筛查和健康管理。成立专项检查组，对区内在建工地疫情防控工作开展多次专项检查，坚持工地生产防疫两手抓，全力筑牢建筑工地疫情防控“安全网”。

二、统筹推进，加快重大工程项目建设

（一）市属重大工程项目建设

协助推进苏州河深隧试验段、武宁路快速化改建工程、轨交20号线、桃浦污水处理厂初期雨水调蓄工程等项目建设。武宁路快速化改造工程实现年内地道主线通车，桃浦污水处理厂初期雨水调蓄工程基本完工。

（二）苏州河公共空间贯通提升

完成江宁路南、祁连湾、新泾湾等苏河驿站建设，进一步完善苏州河两岸公共服务设施。重点打造“苏河之冠”景观提升改造，加快推进跨苏州河桥梁前期工作。

（三）“美丽道路”建设

积极开展新一轮“美丽道路”建设，全年累计架空线入地和杆箱整治竣工20.86千米。加快区域内主次干道建设推进，着力在景观轴线上形成一定的规模效应。结合智创城、真如副中心等地区周边路网提升，同步开展乐创路、真南路等一批新建“美丽道路”建设，打造街区亮点。有序推进万里无架空线样板示范社区建设。

三、建管并举，全力改善市政基础设施

（一）区区对接道路建设

作为市“十四五”区区对接道路项目，全力推进武威路（区界—金迎路）道路新建前期工作，年内实现项目开工。

（二）市政府、区政府为民办实事项目

提前完成管弄路（华池路—华池路）道路积水改善工程。成功创建花溪路、棠浦路、枫桥路、枣阳路、金沙江路、长寿路等6条精品示范路和曹杨地区精品示范区域。累计完成3个公共停车泊位建设项目，建设620个公共停车泊位；新增525根公共（含专用）充电桩，新建2个出租车充电示范站。

（三）市政水务设施精细化养护管理

强化日常巡查、养护质量监管和考核，健全长效的管理机制，有针对性地对交通设施进行整治改造，加强下立交管理。开展人行道、道路检查井盖病害、禁车柱及分隔栏

杆专项整治，提升人行道路况整体水平。进一步完善下立交“应急三联动”行动方案，落实专项应急队伍和抢险设备，保障汛期安全度汛。启动新一轮内部道路排摸整治，对未纳入日常养护的内部道路分类研究确定接收和整治方案。

四、标本兼治，持续改善水生态环境

（一）进一步深化落实河长制

印发《2022 年普陀区河湖长制工作要点》，完善和提升本区各级党政河长设置，落实周暗访、月通报、季约谈、年考核工作机制，对街镇河长办开展长效监督。巩固标准化街镇和村居工作站建设成效。推进新一轮雨污混接综合整治工作，对雨污混接回潮和重点区域排查整改。

（二）巩固河道水环境质量

根据全年水质检测结果，市考水环境监测断面均达到考核要求，纳入市河长办考核的区管以上河道断面，水质均值全部达到Ⅳ类及以上，较 2021 年有较大改善。

（三）落实环境专项整治工作

根据《普陀区〈2021 年长江经济带生态环境警示片〉环境专项整治工作方案》要求，组织编制《区建管委 2022 年上海市生态环境警示片环境专项整治工作方案》，坚持标本兼治，着力建立健全生态环境风险隐患和突出问题自查自纠长效机制，进一步提升普陀区生态环境整体水平。

（四）有序推进水务重点工程建设

金昌河新建工程通过完工验收，西北物流调蓄池及通沟污泥站已基本建成，桃浦河—木渎港、西虬江、横港河、大场浦河道疏浚工程及新泾河（春光家园段）综合整治工程顺利开工。积极推进桃浦河水系及新槎浦水系生态清洁小流域建设、万里街道大场浦两岸提升工程、丽娃河及丽娃支河综合治理工程等前期研究项目落地。

（五）开展水资源管理相关工作

积极开展节约水源资源和环境保护的宣传工作，结合世界水日、中国水周、节水宣传周等进行节水宣传。利用上海普陀、文明普陀、普陀河长等微信公众号，推送一系列主题宣传信息；积极参与2022年上海市工业水重复利用及雨水综合利用案例评选。通过与各街镇河长办、区文明办、区教育局等单位联动，进一步扩大宣传覆盖面和影响力。

五、精准施策，促进建筑业高质量发展

（一）建筑业稳增长

主动对接市建筑业稳增长平台，积极学习并引用相关工作机制，结合区内审批审查中心实体化运作的优势，做好市区联动，确保相关政策落地，切实协调推动区内重点企业加快项目建设进程，实现早开工、早竣工、早释放产能。

（二）优化营商环境

牵头建设工程联审共享平台施工许可审批和综合竣工验收管理工作，进一步整合审批资源，提高审批效率，降低审批成本，全面优化营商环境，海纳工程院项目成为区内首个“拿地即开工”的成功案例。

（三）做好全区城市管理精细化牵头组织工作

牵头下发《2022年普陀城市管理精细化工作要点》《普陀区城市管理精细化提升运动计划2022年度重点任务分解表》，推进绿色社区创建行动，超额完成市级创建任务目标。积极开展铁路沿线安全隐患排查整治，提升铁路沿线安全。

（四）推进行业新技术发展与应用工作

落实装配式建筑16处，建筑面积约97万平方米。落实绿色建筑二星级10处，三星级7处。落实应用BIM技术项目22个。推进落实海绵城市理念，截至年底，本区海绵城市建设总面积达到17.18平方千米，占建成区总面积30.9%。全面推进和落实普陀区建筑节能工作，持续开展建筑节能宣传培训和课题研究工作，截至年底，普陀区级能耗监测平台接入楼宇数量达到185栋，开展楼宇能源审计10栋。

（五）开展自建房安全专项排查整治工作

根据《关于开展自建房安全专项整治“百日行动”》工作要求，摸排自建房底数，完成安全隐患鉴定，并结合“百日行动”回头看工作进一步进行核实核准，共排查自建房194处，圆满完成当年工作任务，获得市工作专班的肯定。

（六）落实城市体检、无障碍设施等工作

开展2022年城市体检工作，做好“一年一体检，五年一评估”的城市体检评估常态化工作机制。开展无障碍设施品质提升行动，完成本年度新建和设施验收工作。牵头组织真如副中心、桃浦智创城与中环集团等单位参展2022年城市博览会，全面展示普陀区的城市发展建设成果。

（七）不断提升建设行业规范化管理水平

强化深基坑和结构工程、装配式住宅质量全生命周期、勘察设计等质量监管，全面提升工程质量水平；全过程参与加装电梯监管，确保加装电梯成为老百姓放心的民心工程；抓实抓细消防验收工作，对设计文件、消防产品、施工质量实行日常监督。加强招标甄别，规范建筑工程市场秩序。常态化开展扫黑除恶行业乱象整治行动，加强事中事后监管核查，依托计价文件分析系统和市标办的大数据智慧系统，主动排摸围标串标违法行为线索。开展建筑市场专项整治，严厉打击违法分包、转包、挂靠、串通招投标等扰乱建筑市场等行为。

六、聚焦民生，优化完善交通管理

（一）强化静态交通建设管理

推进停车资源共享利用项目，完成10个停车错峰项目的签约。全力推进停车难综合治理工程，完成4个停车治理先行项目，增加小型机动车泊位306个，与周边公共停车场和道路停车场进行错峰共享停车泊位75个。大力拓展升级智慧停车服务效能，向市级公共停车信息平台接入162家公共停车场库电子支付及无感支付功能。深入推进探索停车预约，推进落实5家医院完成线上预约功能开放。开展关爱残疾人士停车难试点工作。

（二）完善便民化出行服务

协调公交线路优化调整，开通社区巴士2路，在区内社区巴士全部实现“随申码”一码乘车。配合市交通委推进在地面公交、地铁等市内公共交通工具实现一码乘车。“一键叫车”进社区已完成84个点位的设备安装，完成年度指标的168%，建设了全市首个多功能出租车候客示范站，成为展示智慧交通、智慧城市的重要窗口。加强共享单车管理，结合“创城”迎检工作，调整、复线及新增非机动车停放点位共计3780个。

（三）努力提升交通服务水平

圆满完成普陀区春运保障工作，统筹做好春运疫情防控和运输服务保障工作，保障春运期间交通大众客运站和上海西站客流组织有序、输运顺畅。落实铁路道口监护管理，根据铁路部门对绥德路铁路道口安全管理的要求，协调相关企业和单位，落实管理制度，加强值守人员，保障道口安全通过。

七、稳字当头，做实做细安全生产和信访工作

（一）落实安全生产管理及防汛防台工作

根据市、区两级相关部门的要求，坚持“三必须”原则，落实安全生产的长效常态化监管。开展安全大检查和专项整治活动，包括“今冬明春”专项检查、“安全月”综合大检查、安全生产专项整治等，把好安全文明施工管控关。扎实做好防汛防台工作，完成防汛预案修编，升级防汛防台指挥系统，开展防汛应急抢险演练和社会宣传。成功抵御“轩岚诺”“梅花”等台风及暴雨的侵袭，维护城市安全运行。推进天然气隐患和老旧管道整治更新工作，协同推进入户安检及地上超龄管道整治，完成普陀区城镇燃气安全整治“百日行动”。

（二）加强热线办理和信访工作

高度重视市民服务热线办理和信访工作。受理12345热线6499件，市水务热线197件，市交通热线3485件。登记、受理来信79件、来访32件、网信492件，接待上访群众718批/905人次。处理农民工欠薪36件，涉及人数240人，涉及金额526.43万元；疫情期间处理农民工补贴矛盾24件。办理市两会意见、提案6件；办理区两会意见、提案35件，其中区人大建议19件，区政协提案16件。办理“两代表一委员”联合接待事项18件。办理人民网（领导留言板）7件。

（七）虹口区

2022年是虹口在新的起点上全面开创高质量发展新征程的起始之年，也是围绕打造“上海北外滩、浦江金三角”战略目标，奋力谱写新时代“城市，让生活更美好”新篇章的关键之年。区建管委坚持以习近平新时代中国特色社会主义思想为指导，全面学习

贯彻落实党的二十大精神和习近平总书记考察上海重要讲话精神，在区委、区政府的坚强领导下，深入践行人民城市理念，坚持疫情防控和条线工作两手抓、两手硬，有力、有序推进各方面工作。

一、着力稳中求进，全力推进重大工程、重点项目

聚焦北外滩开发建设“三年出形象”目标任务，以重大工程、重点项目推进为主要抓手，克服新冠疫情带来的不利影响，全力推动计划项目快审批、新建项目快开工、在建项目快施工。

全力推进重大工程。全年共安排重大工程 65 项，其中商办楼宇 15 项、市政基础设施 19 项、公共服务及民生保障项目 11 项、住宅项目 18 项、其他 2 项，实现九龙宾馆改建、万安路城市更新、鲁迅公园改造、西宝兴路 949 弄 13-18 号成套改造、17 街坊住宅、117 街坊 HK366-01 地块新建学校（澄衷中学）、华昌路（青云路—恒业路）、西横浜路（青云路—恒业路）新建住宅市政配套工程等 7 个项目开工，开工总建筑面积 58.2 万平方米；实现广粤路 074-05 租赁住宅、和平公园改造、鲁迅公园改造、东沙虹港路（四平路—曲阳路）拓宽、提篮桥街道 HK314-05 号地块综合开发、上海中医药大学附属岳阳中西医结合医院门诊综合楼改扩建、百丽 167A 地块、海运大楼改造等 9 个项目竣工，竣工总建筑面积 86.9 万平方米。全年完成开竣工总建筑面积 145 万平方米目标任务。

有序实施重点项目。持续开展架空线入地和杆箱整治，全年完成 24 条道路、涉及 11.09 千米架空线入地。市政基础设施提标改善，完成梧州路（周家嘴路—海拉尔路）道路工程、凉城路（广中路—汶水东路）道路综合整治工程、沙泾港（曲阳路段）防汛墙改建工程、和平公园雨水调蓄项目；持续推进江杨南路（场中路—安汾路）道路拓宽改建、新建规划西安路（东汉阳路—旅顺路）道路、虹口港水系河道疏浚等工程。

二、着力提质增能，不断建设和完善城区基础设施

深入践行人民城市理念，围绕补短板、织网络，不断提升交通设施便捷化水平，不断补齐市政综合配套短板，构建以人为本、安全可靠的城区基础设施。

细化交通方案研究，对接规划建设落地。积极配合市相关部门开展轨道交通 19 号线（虹口段）、20 号线（虹口段）、南北通道（虹口段）前期工作，为主线、站点和附属设施等重要节点的方案比选提供支撑依据；牵头区相关部门推进周家嘴路海宁路沿线公共空间景观提升，对周家嘴路—海宁路沿线 32 个街坊城市公共空间及相交路段，分类开展全要素市政市容景观提升综合研究，完成整体概念方案初稿设计。

推进专项规划和课题研究。完成《虹口区慢行交通“十四五”专项规划》和《虹口区电力设施布局专项规划》初稿编制；推进大名排水系统海绵城市达标评估和广中排水系统（广中路以北区域）海绵城市系统方案编制。

完成民心工程实事项目。始终将以人民为中心的发展思想贯穿城区建设发展的方方面面，不断为市民群众营造良好出行环境。完成大连路控江路人行天桥无障碍设施改造；完成丰镇路（广粤路—新市北路）、花园路（水电路—东江湾路）、金山路（大名路—黄浦路）、南浔路（汉阳路—黄浦路）、塘沽路（吴淞路—大名路）等 5 条精品示范路创建；完成四川北路、东宝兴路人行道铺设红色经典步道专用标志，构建长度约 1 千米的步道游线，串联中共四大会址遗址、中共四大纪念馆和中共中央宣传部办公处遗址等多处红色景点。完成四平路物华路路口信号灯及标线调整、四平路曲阳路交叉口渠化等 6 处小改小革工程，有效缓解区域交通拥堵问题。新增机动车公共泊位 287 个、实施

居住小区停车难综合治理先行项目创建2个和公共停车场（库）线上错峰共享项目7个，新增公共充电桩294根，推进老年人“一键叫车”点位66个；推进凯德虹口商业中心和赤峰路地铁站周边慢行交通设施优化，总计新增非机动车停放量约750辆、增加互联网租赁自行车调蓄点5处。

三、着力加强监管，奋力打造宜居韧性城区

始终以高度的使命感和责任感做好行业管理工作，努力保障城区平稳运行，打造宜居、韧性的品质城区。

切实筑牢安全生产防线。以深入贯彻新《安全生产法》为指引，进一步防范化解常态化疫情防控下城区建设领域安全生产风险，以系统性防控守牢城区安全底线，推动安全生产形势持续向好。加强组织领导，全年主要领导、分管领导分别牵头召开安全生产会议7次、11次，就建筑施工、燃气行业安全管理、安全隐患排查等工作进行研究部署，建立良好的工作协调机制。加大监管力度，开展低温雨雪天气安全检查、质量安全巡查等各类安全生产大检查，不断督促各参建单位严格落实安全生产主体责任，严守安全生产底线。加强危大工程管控，定期统计工地重大危险源信息，并现场抽查施工单位对重大危险源的管理情况，隐患问题及时发现、及时整改。加强玻璃幕墙精细化管理，通过云幕墙平台、微信工作群等媒介督促各楼宇责任单位开展自查，发现问题及时整改，在此基础上，对区内531栋既有建筑玻璃幕墙开展全覆盖安全排查整治，开具整改单11份，整改安全隐患26处。开展隐患管网排查整治，完成16处新增雨污混接点位整改、110千米排水管道检测和3.06千米隐患管网修复；开展涵盖燃气经营及配送企业、各种类型燃气用户、涉及燃气管道的工程作业等各类检查，累计检查点位50个，督促完成隐

患整改 19 个。

持续开展市政水务管养。完成道路平整度整治 111835.3 平方米、人行道整治 51064.5 平方米；根据市道运局工作要求，对区内禁车柱和分隔栏杆开展整治，拆除原有红白杆 800 余根，新装新型禁车柱 1620 余根，更新、优化分隔栏杆 8200 余米。对区内高架桥孔开展专项排查整治，共排查桥孔 21 处，清退临时道班房做仓库 1 处，桥孔道班房品质提升装饰装修 1 处。持续开展河道养护工作，全年出动保洁船 2446 艘次、打捞人员 4892 人次，打捞各类垃圾 391.5931 吨、养护堤防护岸 167492.8 平方米、防汛通道 441246.7 平方米、驳岸绿化 4422 平方米、护栏 84406 米、铭牌 2380 块，累计处理浮床绿化问题 202548 平方米、检修曝氧设备 76 台次；牵头组织河道安全生产检查 36 次，出动检查人员 71 人次，完成隐患整改 41 个。

统筹做好防汛防台工作。认真贯彻市防汛指挥部、市防汛办的防汛部署和工作要求，强化责任落实，加强协同响应，提升应急能力。全年全市共启动防汛防台应急响应 25 次，其中Ⅳ级响应 17 次、Ⅲ级响应 7 次、II 级响应 1 次。与区应急局、各街道、各部门全力以赴，成功抵御超强降雨和梅花等台风侵袭，取得了防汛防台工作全面胜利。

深入推进绿色生态城区建设。研究编制《虹口区建筑领域碳达峰实施方案》；修订《虹口区建筑节能和绿色建筑示范项目专项扶持办法》及《虹口区建筑节能和绿色建筑示范项目专项扶持资金申报指南》；编制完成《2022 年虹口区城市体检工作报告》。以绿色生态理念为指导，围绕碳达峰碳中和目标，推进绿色生态城区创建，北外滩地区获评三星级上海市绿色生态城区（试点）称号、瑞虹新城获评二星级上海市绿色生态城区（试点），成为全市首个有两个绿色生态城区通过评审的行政区。积极推进标准化街镇创建，全区 8 个街道全部成功创建河长制标准化街镇；做好河道水质检测工作，动态掌握河道水质情况，及时采取针对性措施，市考断面优 III 类水体比例达到 75%。

四、着力履职尽责，持续加强服务型政府建设

把人民是否满意作为出发点和落脚点，全面提升治理现代化水平，推动政务服务质量更加优化、行政效能持续提升。

理顺机制深化“放管服”改革，更大力度推进工程建设项目审批制度改革，全力推进虹口区建筑业转型升级。区审批审查中心现有建筑工程施工许可等 84 项主线、辅线、市政公用服务、中介服务入驻中心。全年共 35 个项目（标段）实施电子化招标，新改扩建设项目发放施工许可 13 张，完成综合竣工验收项目 3 个。按照《关于加快本市建筑业恢复和重振的实施意见》，积极探索桩基先行和分期验收制度，对城虹万岸、17 街坊、117 街坊新建项目免于提交桩基建设工程规划许可证，先行发放桩基许可，支持建设项目早日开工。深化“多测合一”改革，完成虹口区 120、121 号街坊旧区改造项目综合竣工验收委托 1 次测绘，形成 1 份测绘成果。区领导、委领导在区审批审查中心窗口“陪办”完成 3 个项目。在 2022 年全市营商环境测评市住建委关于工程建设项目审批制度改革的评价中，位列全市第 4 名。

持续提升依法行政水平。将依法治区理念落实到本单位工作各方面和全过程。邀请同济大学教授为系统各级干部做题为《习近平生态法治思想的深刻内涵》的专题辅导；根据“谁执法、谁普法”的原则，积极为机关干部开展新修订的《行政处罚法》《安全生产法》《信访工作条例》等学习培训。做好各项行政审批事务，全年共受理行政审批 2904 件。高度重视“双随机、一公开”事中事后监管工作，开展抽查 46 次，涉及检查对象 51 户次。区建筑业管理中心受托执法，修订了《虹口区建筑业管理中心执法记录仪使

用和管理规定》，细化全过程记录制度、规范音像记录，对使用执法仪现场执法告知内容进行再培训。坚持公开为原则，不公开为例外，认真做好信息公开工作，全年主动公开109件，内容涉及人事任免、规划计划、重大行政决策事项等；依申请公开19件，全部办结。规范处理信息公开方面行政诉讼2件，无败诉；处理行政复议2件，得到维持。

积极回应社会关切，提高行政履职能力。高度重视人大建议、政协提案、“面对面”联系群众、来信来访来电等意见建议的办理工作，积极联系、妥善解决相关问题。2022年两会期间，收到人大代表建议46件（其中主办29件）；收到政协提案30件（其中主办11件）。内容主要涉及北外滩开发建设、基础设施完善、“停车难”治理等，主办件答复获得代表、委员100%满意度评价。全年收到区委组织部“面对面”案件52件（其中主办件32件），内容主要涉及市政道路管养、道路缓拥堵治理、公交站点设置等，办理过程中认真踏勘现场，妥善解决问题，及时将处理结果反馈居委负责人，获得居民们的好评。全年收到来信来访来164件，回访率、办结率100%；受理12345市民热线工单2017件，办结率、解决率达到较高水平。

五、着力担当作为，坚决筑牢建管领域疫情防线

坚定不移坚持“人民至上、生命至上”，坚决贯彻党中央、国务院有关决策部署，认真落实市、区疫情防控领导小组工作要求，统筹指导落实疫情防控各项要求。

全力以赴打赢“大上海保卫战”。上半年，面对空前严峻复杂的疫情防控形势，毫不动摇坚持“动态清零”总方针，始终保持思想上的高度警醒，从严从紧从细从实做好疫情防控各项工作。聚焦职责职能，做好工地防疫。及时发布疫情防控及安全生产相关通知，严格压实四方主体责任；召开视频会议，传达市、区最新防疫政策，督促建设单位项目负责人、施工总包单位项目负责人、项目总监等关键岗位人员到岗履职，驻场组织工地防疫工作；及时协调防疫物资和生活物资，惠及万余名外来务工人员；督促在建工地有序开展环境消毒工作；组建专项巡查组，委班子成员压实包保责任，分组、包片区，对全区在建工地防疫落实情况进行现场抽巡查。敢于攻坚克难，高效推进隔离点建设。积极对接协调设计、施工等单位，会同区相关部门，想尽一切办法、动用一切资源、采取一切措施，克服工期紧、任务重、人手少、材料缺等困难，按时按需完成场中路、纪念路、南湖职校、张桥路小学、长青学校、市五中学、上外东校等10个方舱（1.2万余张床位）和青浦区P24停车场、军体、90街坊、91街坊、93街坊、继光中学等6个隔离点板房（3500余间）建设工作，确保实现应收尽收、应隔尽隔。树牢大局意识，推进隔离管控。为做好疫情防控工作，虹口区向相关公交企业征调司机和车辆，用于区内核酸流动检测、医护人员运输、阳性及密接人员转运等，相关工作主要由区建管委负责，其间克服因部分司机阳性造成的人员短缺等困难，基本满足了虹口区人员转运的需求。以非常之举尽非常之责，会同区相关部门、街道，排摸制订方案，同步完成隔离管控所需物资筹集，推进落实楼栋物理隔离、区界及部分街道边界交通管控，为分时分级、逐步允许居民有序出行创造条件。

毫不松懈抓好常态化疫情防控。6月1日起全面有序复工复市后，全力以赴落实“疫情要防住、经济要稳住、发展要安全”的目标任务，统筹疫情防控和复工复产。12月，深入贯彻落实国务院联防联控机制《关于进一步优化落实新冠疫情防控措施的通知》的要求，根据市委市政府、区委区政府工作部署，优化调整建管领域疫情防控举措，非高风险区工地不停工，不限制工地人员流动，最大限度减少疫情对经济社会发展的影响，

支持交通物流、水电气暖等城市运行保障人员纳入“白名单”管理，尽力维护正常生产工作秩序。

（八）杨浦区

2022年杨浦区建管委深入贯彻落实党的二十大、市第十二次党代会精神，在区委、区政府的坚强领导下，全力以赴推进区委、区政府重大任务、重点工作、核心指标的全面完成，加快推进重大工程、“双十”工程等基础设施建设，正视疫情防控和经济社会发展两手抓常态化的现实，攻坚克难、持之以恒，为杨浦建设“四高”城区打下坚持基础。

一、守牢防疫屏障，全力打好“大上海保卫战”

1. 加强领导，确保疫情防控组织有序

牵头成立城市运行保障专班、口岸与交通专班、环境整治（消杀）专班、方舱（隔离点）建设专班、邮政快递专班等5大疫情防控工作专班。建立包保督查分片负责机制，依照“大走访 大排查 大调研”持续开展查漏补缺工作督查，形成常态化监督检查。处级领导带队累计检查70个点位，出动121人次，排查及消除防疫和安全隐患67个。

2. 从严管理，确保建筑工地风险受控

一是发挥行业监管力量。“防输入”，严格大门出入口设备管理，在监的建筑、市政、水务工地已按要求张贴场所码，完成数字哨兵安装并正常使用，设置视频监控装置，明确片区点位长，并根据区“场所码”专班要求，更新场所信息、建立底库，对接大数据中心将人员信息上传至重点行业人员健康监测系统。“防交叉”，临时隔离区与住宿区、办公区之间应有明显硬隔离，且应符合消防要求。“防外溢”，建筑工地实施封闭式管理，尽量减少人员的聚集和流动。强化核酸常态化检测，区域内工地均落实第三方上门“两天一测”做到全覆盖。二是加大对复工工地检查力度，加强疫情防控和施工现场安全管理，严禁盲目抢工期、赶进度，确保复工复产建筑工地疫情防控和安全生产稳定可控。累计检查工地930个，出动1910人次，开具行政措施单223份，排查及消除安全隐患617个，违规单位及个人行政处罚3起，处罚金额10.91万元。

3. 主动跨前，确保交通行业风险可控

一是建立杨浦区疫情防控口岸与交通组工作机制，配合督促交通行业从业人员核酸筛查“应检尽检”。二是按照市道路运输局的部署，落实封控期间区级就医出租车队的后勤保障和安全管理工作，累计服务1568车次，2626人次；制订交通常态化运行和道路管控方案，服务复工复产。三是成立区疫情防控邮政专班和专项整治行动检查组，联动邮政管理局、疾控、商务委、公安分局、市场监管局、城管执法局和各街道，持续开展本区邮政快递业疫情防控专项整治行动，进一步强化四方责任、摸清底数、明确检查标准、建立信息报送和长效联动执法机制。

4. 围绕大局，确保应急项目圆满完成

践行初心使命，以最快“速度”、最强“力度”、最暖“温度”快速推动方舱医院、隔离点建设工作，累计建设方舱医院3处、临时转运点7处、集中隔离点4处，合计提供床位10075张，同时，以消杀“广度”撑起防护屏障，按照“条到底，块拖底”原则形成合力，依托区爱卫办技术支撑，区疾控中心现场指导，做好环境整治与专业消杀。克服疫情影响，完成风险人群转运、保供物资配送、凤城一村供电应急抢修等，在“大上海保卫战”中交出合格答卷。

二、提升基础设施，推进“双十”等项目建设

1. 加快推进“双十”等重大项目建设

一是完成十大开工项目。年底前完成隆

昌路越江隧道、顺平路（爱国路—白洋淀小区）新建工程、通北路（周家嘴路—唐山路）改建工程、海安路（军工路—共青路）道路整治工程、排水泵站控污调蓄设施建设工程、规划双阳路（龙口路—平凉路）道路新建工程、通北路(平凉路—惠民路)道路新建工程、安浦路（双阳南路—平定路）道路新建工程、东走马塘（黄兴路—政本路）南侧防汛墙堤防加固维修、杨浦滨江平定路综合排水工程。二是完成十大竣工项目。年底前完成淞沪路（政通路—环岛）道路综合整治工程、政治路黑山路道路新建工程、绥芬河路（国江路—政涟路）道路新建工程、河间路（眉州路—兰州路桥）道路改建工程、杨浦滨江下穿渭南南路通道工程、东走马塘（黄兴路—政本路）南侧防汛墙堤防加固维修、滨江路网一期（丹东路）工程、眉州路（周家嘴路—九潭路）道路新建工程、顺平路（爱国路—白洋淀小区）新建工程、昆明路110千伏变电站。三是加快推进续建项目。年底前北横通道杨树浦港井—安国路井区间完成推进25%；军工路快速路杨浦段高架下部结构完成48%，上部结构40%。完成杨树浦水厂深度处理改造一阶段工程和调试运行；加快协调推进三门路—国顺东路电力隧道工程建设，年底前力争1号、3号、6号、7号工作井开工。四是配合市交通委统筹研究嫩江路越江隧道与跨铁路下立交等相关工程方案。配合市交通委和申通地铁集团深化轨道交通20号线方案，一期东段（杨浦虹口）专项规划方案力争年内公示。配合深化轨道交通24号线方案，稳定杨浦滨江南段线站位选址，同步比选研究杨浦滨江中北段军工路以东走向方案。

2. 保质保量完成民生实事项目

一是持续开展民心工程。（1）深入实施“五+X”停车难综合治理工程，编制发布《杨浦区公共停车设施建设规划（2021—2025）》。会同区地区办编制《杨浦区住宅小区停车难综合治理工作导图》及《杨浦区老旧小区停车治理工作手册》，指导各街道社区停车自治创新。2022年完成5个停车治理先行项目，开工500个公共泊位、新增7个错峰共享项目（错峰泊位387个）、3个医院停车预约项目、建设2个示范性智慧道路停车场、2个智慧公共停车场。配合江浦路街道积极创建十佳睦邻项目“街域共享停车”深化社区自治与停车“一网统管”形成合力，通过“hi大连路”小程序线上共享，数字赋能智慧治理。缓解学校门口停车难，提升校门口的安全，联动校方、公交企业和市政设施建设管理单位，实施怀德路一小校门口公交站点优化改造。杨浦区“5+X”举措缓解停车难案例荣获“上海市青年五四奖章（集体）”、入选杨浦区党建引领基层治理创新十佳案例。（2）推进架空线入地及合杆整治工程，计划年内完成剩余11.3千米，2022年共实施16.184千米。二是完成政府实事项目。会同房管局、民政局和各街道共同推进上海市2022年实事项目“一键叫车”适老服务设备进社区工作，完成30个点位建设；截至10月底累计新增609个公共充电桩，135%超额完成年度目标；完成国栋路（政府路—政治路）路段增设路灯；完成10000户居民住宅老旧燃气立管改造及智能燃气表安装；完成江浦路（平凉路—长阳路）、江浦路（平凉路—杨树浦路）、杨树浦路（大连路—怀德路）、杨树浦路（隆昌路—宁国路）、杨树浦路（宽甸路—宁国路）5条精品示范路；完成殷行路305弄，国和路611弄，翔殷路580号，江浦路1420弄，许昌路760、750弄，杨树浦路1455弄6个小区积水点改造；周家嘴路军工路交叉口缓拥堵工程，11月底主体工程完工；加快建设内环（四平路—政本路)桥荫公共空间建设工程，四季度完成主体施工。

3. 着力推进市政基础设施和管线安全整治

一是开展燃气安全整治工作。严格执法

行政，全区共组织燃气执法检查2516人次，警方拘留8人、查处涉案机动车8辆。开展燃气管道压排查整治，共整治占压管17处。继续开展餐饮行业安装可燃气体报警装置工作，并取得初步成效。二是开展地下管线工作专班工作。健全完善地下管线工作专班工作机制，督促协调水务、电力、燃气等管线权属单位完成本区范围内隐患整治和老旧管线改造工作，召开月度工作例会。加快推进，挂图作战，力争年底完成燃气13.10千米、上水1.77千米、排水7.49千米隐患管道整治工作。

4. 统筹推进街区品质提升

持续在市政道路、排水系统、环境提升等方面下苦功夫、狠抓落实。一是完成18号线平凉路站周边榆林路（汾州路—江浦路）、怀德路（平凉路—惠民路）、惠民路（汾州路—怀德路）、许昌路（平凉路—济宁路）、霍山路（许昌路—江浦路）附属设施及景观提升工程；完成怀德路（惠民路—霍山路）、许昌路（济宁路—长阳路）、霍山路（江浦路—齐齐哈尔路）主体工程，力争完成双阳路（控江路—永吉路）、双阳路（延吉中路—靖宇中路）主体工程。二是编制发布《杨浦慢行交通建设规划》；完成6个缓拥堵交通改善项目，包括4处公交站台港湾式车站改造；完成4个慢行交通优化项目，对人行道、非机动车道实施品质提升铺装、无障碍设施等优化，同步规范实施非机动车停放空间；推进市光路跨铁路人行天桥加装电梯，年底前基本完成主体工程。

三、助力复工复产，深化工程审批改革

1. 落实优化营商环境5.0版

一是对标上海市建筑许可营商环境改革5.0版新规，制定区5.0版，落实十二项工作举措，以企业和群众“高效办成一件事”为目标，高质量、高标准推动杨浦区优化建筑许可营商环境专项改革各项政策举措落地，加快改革惠企成果显现；二是优化区工程建设审批审查中心实体化运行水平，巩固“前台一窗收发、后台联合会审”的管理机制和企业办事“五个一”的服务路径，逐步扩大审批审查中心服务的范围；三是营造工程建设领域更优营商环境，通过线上审批、线上服务、线上帮办、电子证照应用、告知承诺办理、自动顺延许可证有效期限等方式，实现审批全流程优化；四是营造工程建设领域更优质的服务，解决企业在复工复产、开竣工过程中遇到的困难和问题；五是组织培训、政策宣贯，组织召开2次工程建设领域优化营商环境5.0版方案专题研究会，并针对已满足使用功能的单位工程开展单独竣工验收和区审批审查中心前台窗口建设两项工作进行了专题研究。

2. 推进建筑节能工作

一是推进绿色建筑创建、既有公共建筑节能改造、能源审计、能耗公示、可再生能源一体化应用，对能耗比较高的8栋建筑进行能源审计，并进行能耗公示；二是组织相关部门开展绿色建筑、建筑节能的相关技术与政策宣传培训会；三是继续完善分项计量能耗监测平台建设，针对新建建筑，在土地招拍挂环节通过合同约定要求安装能耗分项计量装置，在规划方案及总体设计文件审查环节明确安装要求，在竣工环节敦促建设单位及时与区平台维护单位对接，联网上传数据。

3. 抓实工程建设监管工作

一是进一步加大招投标监管力度，高压排查招投标围标串标行为，持续推进电子招投标的全面铺开，推进建设工程监理、施工项目远程开标；二是进一步开展建筑工地安全生产治理，加强工地常态化防疫及安全生产检查，确保工地防疫及安全生产平稳可控；三是稳步推进智慧工地建设，完成管理平台建设及工地试点运行；四是做好建设工程消防验收管理工作，根据新版《本市建筑装饰装修工程竣工验收办事指南》的要求，继续完善消防验收管理工作；五是持续抓好稽查信访工作，开展建设工程巡查工作和建筑工地市场行为监督检查，做好建筑工地扫黑除恶斗争工作的线索排摸，开展建筑工地保障农民工工资支付专项检查，加强对各工程项目的建设程序、招投标、承发包、从业人员到岗履职情况的检查。

4. 依托智慧监管提升安全效能

一是稳步推进杨浦区市政占地设施监管应用场景建设，利用先进的信息化技术手段和科学的信息化建设方法，对杨浦区架空线、杆、箱、井盖相关设施进一步完善丰富数据，接入一网统管，加大综合治理力度。二是推进杨浦区既有建筑玻璃幕墙管理场景建设和应用。通过网格化案件发现并且立案推送，玻璃幕墙责任主体（业主）须完成的应急避险措施、定期检查报告、安全性鉴定报告及时上传至平台。同时加强属地街道协作，实现对既有玻璃幕墙的全覆盖管理。三是全面推动杨浦区智慧工地监管平台建设，致力于实现全景远程监控、工地人员管理、特种设备管控、AI 智能识别管控等功能，提高监管效能，守牢工程建设的安全底线。

四、坚持协同高效，不断完善交通服务水平

1. 持续推进交通数字化转型

一是推动区交通信息平台向“一网统管”整合升级项目预计年内完成。通过将上海市杨浦区交通管理中心信息平台整体迁移上云，实现与区城运中心平台互通、数据共享，提升区交通“一网统管”治理效能。二是推广街道级智慧停车治理，区静态交通平台（含 3 个推广街道外场设施建设）项目完成方案设计和城运中心预审。试点街道控江路街道将于年内实现街道级智慧停车治理全覆盖，进一步为基层治理创新能力提供数据支撑和智慧手段。三是试点建设智慧道路停车场，通过综合利用高位视频、地磁设备等智能感知设备，实施“视频监管、人工巡查”的智能化管理模式及“电子缴费”的收费模式，年内建成 2 个路段。四是扩大医院停车预约覆盖面，新增 3 家区级医院停车预约，杨浦区范围可预约停车的医院总数达到 5 家，力争年内再新增完成长海医院、东方肝胆医院 2 家部队三甲医院接入医院停车预约服务。五是公共停车场（库）向市级信息平台新接入电子支付功能全覆盖。

2. 交通服务管理工作

一是协调提升公交服务水平，推进轨交、地面公交、慢行的三网融合，完成轨交 18 号线杨浦段 8 个车站的三网融合设置。配合市交通委推进北横通道中运量工程方案优化和立项工作。协调配合杨浦范围 28、25 路等无轨电车换新能源公交车工作。完成沪嘉专线 B 线终点站设置。推进三门路公交枢纽、爱国路公交枢纽的前期建设方案优化。完成 2 个出租车候客站示范站建设，新建项目 100% 完成出租车候客站配建要求。二是落实交通运输安全三年行动计划，牵头完成检查情况表 104 张，公共停车场（库）安全隐患排查 295 次，出动 168 人次；区管桥梁安全隐患排查 4806 次，修复养护 11371.54 平方米，修补桥身合计 2420 米，区下立交设施设备检查 58 次。三是按照市交通委的文件精神，鼓励停车场(库)对疫情封控期间滞留车辆减免停车费，道路停车场、国有企业停车场及部分非国有企业共计 68 家公共停车场(库)(含道路停车场)近 8000 次实行减免，减免停车费 220 余万元。四是建立区运输企业严重失信主体名单，落实交通建设市场信用管理要求，配合区人社局积极宣贯稳就业补贴政策，为 2 家企业完成行业资质信息反馈。

五、深化河湖长制，持续改善水环境水安全

1. 深化落实河长制

一是稳步推动全区初雨调蓄池建设，稳定了一批设计方案、推进了一批前期手续办理，年底实现开工一批调蓄池建设；二是在加强落实河长办各项制度的基础上，以“街道河长＋泵站排口企业河长＋河道养护单位河长＋水闸管理单位河长”协同治理为目标，探索“四长”协同联动治河新机制，提升河湖水环境改善响应速度，统筹推进责任河段的水环境治理工作。

2. 强化水环境治理

一是参与评价的28个考核断面评分在新的评价年度内较上年度提升，优于Ⅲ类水断面比例稳步提高，水质综合评价总体趋势向好。二是完成新江湾城保洁码头项目建设，加强了新江湾城水系河道水域保洁工作，持续维持水系河道水环境。三是加强了水质监测工作，采取在线监测与每月人工监测方式，提高了水质监测频次。杨浦区嫩江泵站断面河道水质监测项目设备全部完成安装，并投入使用。四是完成经一河河道贯通工程绿化搬迁工作并开展主体施工；力争完成新江湾城纬三河景观提升工程；开展小吉浦生态治理项目初期整治；杨树浦港（中山北二路—抚顺路段）疏浚工程完成项目前期。

3. 落实水资源管理

一是推进节水型社会载体建设，组织开展2022年度节水型小区、节水型学校评选工作；二是宣传推广非常规水源利用，鼓励学校、小区、新建项目等对非常规水资源进行开发利用；三是加强执法监督，开展水资源水环境管理执法工作，对1起违法取用水资源案件依法立案查处；四是在疫情防控期间开展“水韵杨浦”等多样化的线上节水宣传活动，营造“世界水日”“节水宣传周”的良好氛围；五是引入全国专业单位，开展杨树浦港—虬江水系水环境调度提升方案研究，通过泵闸联动，优化水资源调度模式、挖掘水资源调度潜力、加快缓解初期雨水对

河道造成的水质恶化问题。

4. 严守水安全底线

一是年内完成146千米排水管网检测、15.2千米排水管道维修、3.581千米排水管道改造、7.5千米隐患排水管网整治，协调配合市城投水务供水公司完成2.2千米隐患供水管网整治。二是加大排水设施更新改造，截至10月已完成雨水口改造1516套、新增截污挂篮安装11016套，道路排水提标改造工程开工。三是加强排水管网日常维养，截至10月底完成927489.61米管道疏通、清捞各类窨井82587座次、进水口66719座次、截污挂篮123254座次，累计清理通沟污泥5159.7吨。四是加强水利泵闸设施设备的维护保养和巡查值守工作，动态更新隐患清单，完成全部22个运行隐患销项工作，实施完成新虬江泵站电气维修改造，力争完成界泓浜水闸景观工程水下部分作业。五是按照《上海市黄浦江堤防设施日常巡查管理办法》等文件要求加强黄浦江一线防汛墙巡查，截至10月，已累计完成巡查25527千米。2021年堤防专项维修项目，完成项目主体工程；推进东走马塘北岸（空军上海基地）隐患防汛墙维修工程前期事宜。

5. 统筹推进全域海绵城市建设

新一轮海绵城市建设三年行动计划编制工作列入区政府重大决策目录，年内完成重大决策，强化海绵城市建设全域推进落实和全过程管控，统筹灰绿蓝海绵设施建设。开展海绵城市建设达标评估，2022年底杨浦区海绵城市建设达标率为30.73%，完成市下达的目标。

六、深化城市体检，推动城市有机更新

1. 城市更新工作

一是建立工作机制。对照市级工作机制，成立区城市更新领导小组，按《上海市城市更新条例》所明确的职责开展工作。二是起草行动计划，会同各成员单位共同起草《上海市杨浦区城市更新行动计划（2022—2025）（送审稿）》，并召开专家咨询会，邀请郑时龄院士等8位专家为城市更新出谋划策。三是组织杨浦区城市更新案例参选上海样本最佳案例。2022年世界城市日全球主场活动暨第二届城市可持续发展全球大会在杨浦滨江人民城市建设规划展示馆展出85个城市更新最佳案例，其中杨浦入选12个（2021年4个，2022年新入选8个）。

2. 城市体检工作

一是牵头召开2022年杨浦区城市体检工作会议，结合杨浦实际，明确特色指标体系，制定了《2022年杨浦城区体检工作报告》。二是落实杨浦区第一次自然灾害综合风险普查工作，完成灾害普查市政设施（桥梁）和市政（道路）设施、水务设施调查数据成果质检核查报告并上报市级部门审核通过。三是做好城区建设领域国家安全协调机制有关工作。每月定期梳理排查城区建设领域国家安全重大风险，为维护城区建设领域国家安全提供了支持保障，共上报汇报材料10期。

3. 精细化管理工作

加快推动城市管理体系现代化，实现城市管理“科学化、精细化、智能化”。一是研究制定了《2022年杨浦区城市管理精细化工作实施意见》，细化任务分解，确保按计划完成各项工作任务。二是协调推进绿色社区创建工作，研究制订本区2022年绿色社区创建方案，梳理汇总形成了《2022年杨浦区绿色社区创建清单》共计88个，到2022年底，力争全区80%以上的社区创建达标。三是加快推进101点位微更新工作。目前8个点位中已有3个点位完成改造，剩余5个点位计划年底前完成改造。四是加大桥下空间点位的建设进度。制订了《杨浦区桥下空间形象提升三年行动计划（2022—2024年）》。力争在2022年至2024年内实现高架桥下空间品质提升全覆盖。五是统筹推进城市运行应用场景集约建设，积极培育“观、管、防”智慧应用生态。六是开展普速铁路沿线环境整治。截至10月底共开展巡查、整治41次，清除菜地1000余平方米；清理铁路沿线垃圾和堆物约41车、约40吨。

七、坚持民本思想，推进全过程民主

1. 推进法治及信访热线工作

推进法治政府建设，按要求推进区政府重大行政决策，重大行政执法决定法制审核17件，推进落实本市统一综合执法系统使用。加强公益检察诉讼工作，办理完成检察建议书4件、磋商函1件。依法依规妥善处理行政复议2件。编制印发了区建管委“八五”普法规划和“八五”普法目标任务分工方案，修订印发了2022年度“谁执法谁普法”普法责任清单，采取多种形式开展了建管、水务、交通、燃气等方面法律法规规章的宣传。推进扫黑除恶工作，推进落实市域社会治理现代化试点工作。截至10月底，共受理153件信访件，按期回复率为100%、按期办结率为100%；信访机构满意率、参评率均为100%；职能部门满意率、参评率均为100%；网信公开率100%；初次信访办理联系率100%、重复信访率6.03%；重要交办信访事项共4件，已全部完成，化解率100%；27件存量矛盾化解5件（虹杨变电站、李正滨、易景明、张进林、朱玲琍），超过考核指标。制定《关于加强“12345”市民服务热线工作的若干机制》，系统总结近年来热线工作经验教训，形成超期联系预警机制、超期办结预警机制等7项工作机制，2021年11月—2022年10月，共受理处置各类工单4909件，其中主责办理4595，作为最后主责单位办理2762件，协办391件。

2. 做好两会办理工作及政务公开工作

认真落实两会办理工作要求，提高办理工作质量，2022年完成市、区两会建议、提案办理答复共81件，其中市4件、区77件。根据届末梳理工作要求，共牵头完成62件建议、提案梳理工作，以上答复件均已完成网上公开要求。发布政务公开年终报告和政务公开实施细则，推进政务公开标准化和成果创新性应用，完善了标准化目录、信息发布和超链接，举办了杨树浦路综合改造工程等3次公众开放活动。推进“双随机、一公开”工作，制定了年度部门联合抽查计划和本部门抽查事项清单并予以推进落实，依法依规办理依申请信息公开13件。完成公共信用信息“三清单”编制，审核处理信用修复申请18件，按时做好信用数据信息归集，报送信用承诺信息134条。

（九）宝山区

2022年，宝山区建设交通工作党委始终高举习近平新时代中国特色社会主义思想伟大旗帜，坚持党的全面领导，增强推进新时代党的建设的政治自觉。聚焦主责主业，巩固拓展党史学习教育成果，深化“我为群众办实事”实践活动，建立常态化、长效化制度机制，围绕宝山“科创中心主阵地”建设战略和“四个之城”建设任务，以打响“宝连灯”党建品牌体系为依托，狠抓政治引领、组织引领、干部引领、作风引领，实现党建工作全面进步、全面过硬，以高质量党建推动建设交通事业高质量发展。始终认真践行“人民城市”理念，统筹推进重大工程建设，深化优化行政审批改革，打造一流营商环境，提升管理精细化水平，守住疫情防控和安全生产底线，与宝山人民共建人民城市、共创美好生活。

2022年，市、区两级重大工程共130项，其中基础设施类39项，重点产业类35项，住房保障类38项。全年新开工43项，新竣工23项，涵盖交通、水务、基建、绿化、电力、重点产业项目、住房保障等领域。G1503B段于11月25日建成通车，铁城路—共富路基本完工，同济路高架、富锦路、宝钱公路等工程相继开工建设，精卫中心、文化馆、锦秋九年一贯制学校等8个项目顺利竣工，档案馆、新江湾社区九年一贯制学校开工建设，北上海枢纽门户重要节点高铁宝山站形成设计方案初步成果，轨交18号线二期腾地基本完成，南大、吴淞创新城等重点区域骨干道路加快建设，2022年宝山在全市重大工程考核中名列前三。

2022年，宝山区积极推进道路交通规划建设。（1）推动高铁宝山站“站城融合”。完成宝山站站房综合体暨站城融合核心区建筑概念设计方案征集工作。完成盘古路（蕰川路—同济路）道路专项规划公示及上报。（2）开展市级重大工程前期研究。S16完成工可批复；S5沪嘉快速路功能提升项目完成专项规划批复；深化外环普陀段抬升工程方案前期研究；开展长江西路快速路（西泗塘—逸仙路）工可评估，研究长江西路—江杨南路立交节点方案；稳定轨交19号线站点及线路方案研究；罗泾港区配套三川路完成项建书编制并上报。（3）完善重点区域路网规划建设。吴淞创新城范围内的总体道路红线在单元规划层面予以落实，在控规层面明确呼兰路（江杨北路—型钢西路）规划红线、呼兰路配套泵站规划用地、18号线主变规划用地。完成上海国际邮轮旅游度假区交通组织研究。

2022年，宝山区共有道路758条，长949.15千米，道路面积约2410.24万平方米(包含市、区及镇管道路)。其中，市管道路11条，长127.33千米，道路面积538.26万平方米；区管市政道路256条，长273.51千米，道路面积742.51万平方米；区管公路125条，长263.85千米，道路面积746万平方米；镇管道路214条，长91.03千米，道路面积100.6万平方米。全区桥梁582座，桥孔3197孔。2022年，宝山区完成7条“四好农村路”提档升级建设，共10.272千米，整治安全隐患14处。全区“四类设施”设备量共有33.94万平方米标线，8908块标牌，95块可变车道显示屏。区管公路绿地面积131.82万平方米，行道树5.961万株。全年实施29条道路大中修，总里程33.75千米。全年共完成45万平方米的道路移交接管目标。

（1）排堵保畅项目。2022年，宝山区完成交通缓拥堵项目共7个，包括2个增辟直行待行区项目（同济路/友谊路东进口、同济路/水产路东进口），2个渠化段延伸项目（潘泾路/友谊西路、铁山路/宝杨路南北进口），3个公交港湾车站（南大路/祁连山路、丰翔路/丰宝路、丰翔路/瑞丰南路），进一步提高道路特别是交叉口的通行效率，切实提升人民出行的便捷度与舒适度。（2）城市品质提升。2022年，宝山区实施城市品质提升二期工程，其中涂装工程90万平方米，覆盖重点区域共16处节点。城市家具工程包括6条道路和8座轨道交通站点的设施改造更新，以及非机动车停车区域改造、公交站点候车亭提标及架空线捆扎工程等。对吴淞大桥桥下空间进行整体改造，打造高品质市民公共休闲活动空间。（3）架空线和杆箱整治工程。2022年，宝山区共完成架空线入地和杆箱整治路段3.83千米，拆除电力线路1.26千米，拔除电杆40余根，清理挂置在电杆上无人认领的各类通信线缆共18路，长度约7千米。（4）人行天桥加装电梯。2022年，宝山区在区属蕰川路共祥路人行天桥、轨交1号线富锦路站人行天桥共2座天桥的东西两侧共完成安装4座垂直电梯，加强区属人行天桥无障碍化、适老化的改造，同步落实电梯的养护管理。

2022年内调整优化10条公交线路，公交线网密度1.73千米/平方千米。全区共有公交线路147条，运营公交车辆1863辆，公交站点1459个，比上年新增4个。全年新增更新公交候车亭100个，总数844个。宝山公共自行车共有1.5万辆，网点588个。共享单车数量估算约5.14万辆。2022年，宝山区共有汽车维修企业243家，机动车综合性能检测站5个，区域出租车620辆，区管铁路道口4个。道路货物运输企业2050户，累计减少406户。在册道路货运车辆5.56万辆，累计减少0.05万辆。2022年，宝山区内河码头40户（43个作业点），其中易扬尘码头20户。全区航道数6条，总里程57.76千米。

2022年，开展各类交通执法行动3262次，出动执法人员11407人次，出动执法车辆3282辆次，共检查各类交通营运车辆1173辆，出动巡逻艇1794艘次，检查船次782艘次，检查各类交通运输企业467户，共查处各类交通违法违章案件819件。治理交通顽疾，加强非法客运治，维护客运市场秩序，开展非法客运整治行动127次，出动交通执法人员1392人次，出动交通执法车辆580辆次，查扣非法客运车辆231辆，暂扣驾驶证203件，结案216件，罚没款240万元。创新执法方式，通过科技手段开展非法网约车非现场执法工作，共查扣非法网约车6辆。开展“七进”主题宣传活动，开展非法客运整治主题宣传3次，发放各类宣传品800件。

2022年，宝山区新增公共停车场泊位2552个，累计备案公共停车场泊位达5.15万个。新增2条道路停车场，泊位12个，累计104条道路停车场，泊位总数达5016个。协调完成昊元生活广场、美隆生活广场、吴淞医院北侧立体车库、罗店市民服务中心、天大文化娱乐广场、乾溪街坊通道、日升宝安公路停车错峰共享线上签约7个；完成16个社会公共停车场建设，提供公共停车泊位2552个；完成了吴淞中心医院、顾村卫生中心医院、罗店医院、宝山医院、华山医院宝山分院5家医院的停车预约项目，缓解医院停车难问题。

2022年，宝山区在监项目总数939个，建筑面积1356.1572万平方米，造价804.9179亿元。在建项目352个，建筑面积1031.5152万平方米，造价605.957亿元。全年累计开具行政措施单共480份，其中整改单累计385份，暂缓单累计61份，停工单累计34份。配合迎接上海市督察组对宝山区2022年度保障农民工工资支付工作开展督察，宝山区被评为上海市A级。年内召开“2022年度宝山区建筑节能论坛”和“2022年度宝山区‘质量月’建设工程观摩会”。2022年，已推荐11个建设项目评选市级创优（市文明工地7个、市优质结构工程2个单体、市市政工程金奖2个，预计2023年初正式出评定结果）；推荐26个建设项目评选区级创优。

2022年，宝山区累计完成招投标情况备案180个标段，其中勘察1个，设计21个，施工88个，监理24个，设计勘察一体化13个，工程总承包18个，暂估价15个；实施开标评标视频巡查382次；实施重标串标甄别工作100次；曝光招标代理从业人员不规范行为8起，评标专家不规范行为16起；开展施工评估7个标段。发出“建设工程招标投标活动异常函询单”2份。全面推广招标计划公告发布，试点完成设计电子化招标。先后制定《宝山区建设工程开标评标场所管理细则》《宝山区工程建设领域整治问题线索核查处理工作细则》《宝山区建设工程招标投标活动投诉处理细则（试行）》共3个文件，进一步规范招投标日常监管。年内被上海市建设工程招标投标管理办公室评为“招标投标监管工作先进集体”荣誉。

2022年，宝山区围绕工改5.0版持续优化工程建设项目营商环境。不断做强做细宝山区工程建设项目审批审查中心，大力推进“拿地即开工”“桩基先行”和“单体竣工提前验收”等改革举措，通过扩大政策覆盖面、加强部门协同办公、再造审批流程等手段形成长效工作机制，大大加快项目落地投产速度，全年12个项目实现“拿地即开工”，9个项目实现“桩基先行”，4个项目完成“单体竣工提前验收”。加快推进审批业务

“一网通办”，首创开设出入口“一件事”，深度融合线上线下帮办服务，加快“两个免于提交”常态化，提高全程网办率。2022年共完成各类政务服务79156件，其中审批类30066件（建管1602件，交通28464件），服务类49090件（建管316件，交通48774件），当场办结率93.68%，全程网办率64.82%。年内收到锦旗17面，获上海市优化营商环境工作先进集体。

2022年内累计受理区“12345”热线工单1342件，区热线工单满意率72%，实际解决率72.5%，比上年提升3.86%和3.76%。受理市“12345”热线工单2964件。全年办结来信来访574件，信访人数5684人。全年共承办人大代表建议和政协提案74件，其中主办45件，会办29件，全部在规定时间内办结，按期办结率100%，人大代表、委员对办理态度满意率100%，办理结果解决（正在解决）率82.22%，人大代表、委员对办理结果满意率95.56%。

2022年，宝山区共有燃气经营企业11家，燃气用户86万户，中高压燃气管道长度749.39千米，燃气场站13座，其中瓶装液化气供应站8座、储存充装站1座、瓶组气化站1座、车辆加气站2座、车辆加氢站1座。完成1万户老旧小区居民加装燃气泄漏报警器的民心工程、实事项目，建立“2+1+1+服务”机制。完成承插式隐患管道整治，排查和更换灰口铸铁管、30年以上等风险隐患管道，排查老旧隐患管道86.47千米，按计划逐步更换，2022年共更换老旧隐患管10.46千米。完成餐饮等生产经营单位燃气泄漏报警器安装率100%的市级任务，共排查用气餐饮单位7289户，其中管道天然气用户报警器安装3627户，瓶装液化气用户报警器安装3662户。完成管道燃气入户安检30.27万户，整改严重隐患1631户；完成液化气入户安检8.16万户，整改严重隐患38户。收缴非法液化气钢瓶208只，联合公安派出所、属地街镇清查违规用气场所43处，取缔“黑瓶黑气”窝点1处。

（十）闵行区

2022年以来，在区委、区政府的坚强领导下，区建管委深入贯彻落实人民城市重要理念，按照建设创新开放、生态人文的现代化主城区总体要求，坚持“疫情要防住、经济要稳住、发展要安全”的基本思路，坚持稳中求进工作总基调，以城市数字化转型为牵引，大力促进行业平稳健康发展。

（一）筑牢安全生产防线，消除安全隐患，加强城市运行安全管控能力

守好疫情防控责任田。在建筑工程、燃气两个领域督促责任主体严格落实防控措施、积极发动疫苗接种，保障全区101万燃气用户用气正常，下发40余份建筑领域疫情防控相关文件，结合防疫形势适时调整建筑工地管理措施，转入常态化管理，统筹抓好疫情防控、复工复产和安全生产。保障建筑施工领域生产安全。开展建筑工地全覆盖安全生产大整治，强化危大工程管控，严格落实企业主体责任，加强安全生产源头管控，加大事故工地的行业督查力度，制订《关于深入开展闵行区建筑施工领域安全生产隐患大排查大整治行动方案》。全年累计检查4869次，发现安全隐患5143项，开具安全隐患整改指令书465份，局部暂缓施工指令书52份，停工指令书296份。切实抓好燃气安全保障工作。2022年计划完成老旧燃气立管改造6795户，已完成7794户，超额完成999户；推动全区天然气餐饮用户实现燃气泄漏报警装置全覆盖安装；百日行动期间，全区累计出动4141人次，检查用户20407家次，收缴钢瓶72个，整治非标连接管、调压

器 182 个，发放宣传资料 4592 张，关停用户 42 户。督促燃气企业加大入户安全检查力度，对餐饮等非居用户开展一次入户安全检查，已入户安全检查 12059 户，覆盖率 100%；落实居民入户安全检查，2022 年累计入户安检 288524 户，累计整治隐患 6353 个。推进隐患管线整治工作。2022 年闵行区地下管线隐患管网整治共 51 个路段 35.9 千米（含街坊老旧地下燃气管道）已全部完成整治工作，其中老旧地下燃气管道更新年初计划改造 18.09 千米，实际完成 21.7 千米，超额完成 3.61 千米。加强地下空间安全管理工作。2022 年闵行区新增地下空间信息备案 29 个，涉及地下空间总面积 193.11 万平方米；地下空间总数达到 5564 个，涉及面积 1892.1 万平方米。牵头开展地下空间安全使用联合检查 10 次，指导督促街镇日常安全检查 2273 次，累计检查地下空间 5513 个，出动 7910 人次，发现问题 982 个，已整改完毕 977 个，全力督促相关使用单位整改剩余隐患问题。11 月在虹桥商务区核心区组织开展由 13 支专业队伍 100 余人参加的区级层面商业综合体地下空间应急演练活动，进一步提升了地下空间部门协同和应急处置能力。全年开展各类地下空间安全演练 45 次。推进自建房安全专项整治工作。牵头制订《闵行区自建房安全专项整治工作方案》，进行数据抽检复核工作，落实安全隐患整治工作，经阶段性总结验收，存在安全隐患农村自建房 25 栋，均已落实安全管控措施，并制订“一房一方案”。已完成整治 4 栋。落实既有建筑玻璃幕墙管理工作。闵行区既有玻璃幕墙建筑共 856 栋，安全专项检查做到 14 个街镇全覆盖，截至目前，有高坠隐患的 4 栋楼宇已完成整改。运用幕墙智能巡查，完成 3 栋无人机巡查；完成 602 栋安全码张贴，在上海市网格化玻璃幕墙排名得分 74.99 分，在全市 16 个行政区中排列第一。

（二）加快建筑业转型升级，持续优化建设领域营商环境，促进行业高质量发展

加强建筑领域绿色发展。创建绿色生态城区，南虹桥前湾核心区拟申报上海市三

星绿色生态城区；推动超低能耗项目建设，2022年通过市住建委超低能耗设计评审项目10个；完善装配式建筑、绿色建筑全过程管控机制，有力提高事中事后监管水平；建立区建筑能耗监测管理工作机制，出台管理办法。目前已完成62栋楼宇端分项计量修复工作，区级平台上线能耗数据建筑102栋；夯实既有建筑节能改造基础，建筑能源审计工作稳步推进，9个项目已完成专家评审；研究建筑领域节能降碳政策，已完成《闵行区建设领域碳达峰碳中和专项资金管理办法》讨论稿，并向相关单位征求意见。系统整合建设领域改革政策，推行工程建设项目审批全流程“一站式”服务。积极贯彻落实优化建设领域营商环境5.0版政策，推进闵行区工程建设项目审批审查中心建设，提供“一站式”施工许可及综合竣工验收审批和服务。推进“拿地即开工”，出台《关于加快闵行区建筑业恢复和重振的实施意见》及《闵行区重大项目实施项目分期竣工验收实施细则（试行）》，提升审批服务效能，全面实施“桩基先行”、分期竣工验收，加快项目建设，助力企业早开工、早投产。依托联审平台，实施“一站式”施工许可（新改扩）项目100个，平均用时1个工作日，较全市平均水平减时88%；“一站式”综合竣工验收项目105个，平均耗时2.99个工作日，较全市平均水平减时50.2%。严格规范招标人的集体决策报告。进一步规范招标人“三重一大”集体决策制度，在监管中统一要求招标人必须进一步明确集体决策的具体会议时间或会议名称，进一步明确决策结果抄送的纪检监察部门。

（三）推进民心工程建设，加强城市综合管理水平，推动城市品质提升

推进架空线入地和杆箱整治工作。全面完成2022年闵行区政府实事工程——20千米架空线入地和杆箱整治工作，进一步打造了有序、安全、干净、美观的高品质城市环境。全力推进住宅工程质量常见问题管控工作。针对近年来住宅工程中的质量通病，围绕关键节点优化设计工作要求，牵头成立专项课题组，形成了课题研究报告、《闵行区住宅工程质量常见问题管控措施》等研究成果，并通过区建管委及市住建委科技委组织的两轮专家评审。印发了《加强闵行区住宅工程质量常见问题管控的实施方案》《闵行区住宅工程关键节点优化设计及施工技术管控工作指引》及《闵行区住宅工程质量常见问题设计构造图例》，已在闵行区3个新开工项目中实施。推进海绵城市建设。修改完善《闵行区虹桥前湾重点建设区海绵城市建设系统方案》，分析区域需求、明确建设目标、落实建设项目，打造虹桥前湾2平方千米海绵城市建设样板区，最终达到以点带面、联动示范、全区推广的成效；划定闵行区海绵城市2022年计划完成区域和“十四五”计划完成区域范围，制定《闵行区海绵城市建设计划完成区域汇总表》；牵头各部门选取海绵城市四大类样板工程，通过具有代表性的样板工程以点带面提高全区海绵城市建设水平。深化绿色社区创建行动。2022年，组织创建社区共计202个，已达标、已申报社区共计453个，占社区总数的96%，超额完成年内70%的创建目标。

（四）加强统筹协调，建立长效管理机制，促进城市建设与管理持续健康发展

推进重大项目建设。紧盯堵点难点抓保障，紧盯落地落实抓推进。区重大办会同各板块牵头单位、相关职能部门及街镇(园区)，全力协调推进区重大工程项目建设。167个正式项目中，宁德时代、雅诗兰黛、东软上海科技中心、元江路TOD、前湾公园（一期）等22个项目顺利开工；金阂科技、新闵锻造、金效智慧健康产业基地等25个项目基本完工；其余项目按计划有序推进。加大城市管理精细化工作推进力度。区精细化办于2022年6月改设到区建管委，区建管委牵头完成

组织架构更新，建立区、镇两级精细化管理体系；开展调查研究，聚焦任务明确工作路径；积极引导公众参与，与闵行区“哈啰出行”等相关优秀企业密切合作，形成参与城市精细化管理工作的典型案例。推进城市更新工作。加强组织保障，统筹推进全区城市更新工作。江川街道旧住房成套改造、莲花路商业广场等项目入选2022年度上海市城市更新优秀案例。

（五）聚焦行业管理，加强依法行政水平，做好法治政府建设工作

全面提升行业管理。对在闵行区开展工程项目的企业市场经营行为和用工管理开展排查。加大对转包、违法分包、挂靠等承发包违法行为的查处力度。加强联动，妥善处置恶意欠薪、讨薪引发的信访事件。持续开展企业资质动态核查，对闵行区3家建筑企业，共计4项资质实施批后资质动态核查，根据要求上述企业已限期完成整改。完成施工企业资质审批301家企业，合计563项资质申请事项。完成施工企业安全生产许可证批后监管事项593项。加大“黑气”打击力度。加强与各街镇、公安等部门的沟通联动，查处、整治“黑气”乱象，全年共收缴“黑气”钢瓶131瓶。加强事中事后监管。推行“双随机，一公开”，采取本单位牵头、跨部门联合抽查模式，抽查在建建筑工程质量安全、燃气安全、市场行为等相关项目，加强抽巡查的统一化、制度化、规范化。规范行政执法行为。一是持续强化“谁执法谁普法”普法责任制。聚焦行业重点领域、重点普法对象、重点法律法规，持续把法治宣传教育融入法治实践全过程。二是深入推进行政执法“三项制度”。全面推行行政执法公示制度、行政执法全过程记录制度、重大行政执法决定法制审核制度。严格按照审核范围开展法制审核工作，共出具法制审核意见书44份。

（十一）嘉定区

2022年以来，在区委、区政府的坚强领导下，区建设管理委深入贯彻“人民城市人民建、人民城市为人民”重要理念，面对突如其来的新冠疫情，始终坚持疫情防控和城市建设发展“两手抓、两手硬”，围绕“防疫情、促建设、精管理、优环境、强监管、保安全”精准发力、攻坚克难，维护城市安全运行，全力推动区建管委各项年度工作任务落地落实。

（一）推进嘉定新城建设发展

1. 有序推进重大工程建设。2022年共确定区级重大工程40个，年度投资77.1亿元。截至12月底，完成投资额约75.8亿元，实现苏州河西闸、S5-嘉闵高架联络线、百胜中国供应链运营中心、上海市实验学校嘉定新城分校、联影医疗产业化示范基地二期（工业）等15个项目开工建设。马陆社区27-2地块九年学校等2个项目已建成，安亭污水厂三期扩建完成通水验收，中生复诺健南翔基地等3个项目已基本建成。同时，牵头推进2022年计划交付学校共17个，其中中小学6个、幼儿园11个。目前均已建成交付，其中15个已完成综合竣工验收。组织第三方单位开展四轮质量安全“飞行检查”，参建各方的质量意识进一步增强，2022年交付学校的建设品质明显提升。此外，还牵头推进防疫应急项目建设，市级项目涉及3种形式5个项目，均提前建成投运。其中2个改造项目是嘉荷新苑、南门社区53-01地块租赁住房，2个临时项目是市民体育公园隔离板房、上赛场方舱医院，1个新建项目是市公租房（二期）。区级项目涉及4种类型43个点，在疫情暴发期间督促按期建成投运，在进入常态化防控后组织开展带有探索性的建设费用结算和督促按期完成拆除。

2. 持续推进双智试点任务。强化“双

智”目标责任，制订工作计划，优化程序、并联推进，完成6个项目立项工作。执行周报、月报和区级例会制度，积极对接项目进度、建设难点、方案优化，并制定项目进度表细化到周。目前，“智算中心”“全息路口”“5G-MEC网络”项目建设完成，“车城网”“车路协同应用环境建设”进入试运行阶段。

3. 推进加氢站规划建设。进一步梳理完善本区加氢站建设程序和安全监管措施办法，理清建设基本流程。目前，中石化西上海站、中石化安智路站、内部站江桥站、汽车博览公园站已取得燃气经营许可和供气许可。重点推进嘉北郊野公园纯氢站建设，力争实现2023年上半年基本建成的目标任务。

4. 加快建设领域绿色低碳发展。《远香湖中央活动区绿色生态专业规划（送审稿）》经区新城规划建设协调推进领导小组审议通过后，上报市住建委进行形式审查。编制完成《嘉定区绿色生态城区建设管理办法（意见征询稿）》和《嘉定区城乡建设领域碳达峰实施方案（初稿）》。根据市住建委及相关部门修改意见，基本完成《远香湖中央活动区低碳试点建设方案》修改调整。正式启动嘉宝智慧湾未来城市实践区绿色生态城区试点创建工作。总计落实装配式建筑用地面积176.49万平方米，绿色建筑用地面积100.74万平方米，屋顶光伏建设项目71个，BIM技术应用项目68个。完成8个地块超低能耗建筑项目报批，总计落实超低能耗建筑计容面积54.75万平方米，其中7个地块项目已启动开工建设。1个项目获得AA级装配式建筑示范批复，总建筑面积8.6万平方米。初步制订嘉宝智慧湾未来城市实践区BIM应用试点方案，并完成2022年度建工程BIM应用项目情况专项检查调研。持续推进区能耗监测平台共计接入楼宇149栋，其中既有建筑47栋，新建建筑102栋，探索能耗监测平台向碳监测平台转型道路。

5. 推进海绵城市建设。开展远香湖中央活动区海绵城市系统方案的部门及专家意见征询，并向分管副区长、区新城办专题汇报并进一步修改完善。审查海绵城市设计方案117个，定期跟踪远香湖核心区范围内在建项目的海绵设施建设进展，组织专家进行10个示范项目现场踏勘，提出指导意见。会同市建科院编制海绵城市建设技术清单和样板案例合集，组织区各部门及参建单位近100人参加海绵城市培训会，提升嘉定区各参建单位海绵城市建设水平。组织编制了嘉宝智慧湾海绵城市系统方案及2022年度海绵城市达标区域自评估报告编制。

6. 协力推进老城更新发展。发挥老城办统筹协调督促推进作用，制定2022年嘉定老城发展重点工作任务分解表，协助推进西门和州桥历史风貌区重点项目实施，完成西门历史风貌区保护开发控详规调整、西门房屋征收意愿征询、护国寺一期框架结构安装工程、护国寺二期扩建配套用房立项，推进文保单位修复，督促王敬铭故居、高氏住宅、孔庙和法华塔等4个修缮项目前期手续办理。组织开展历史文化名镇名村保护专项评估，组建评估工作组，督促嘉定镇街道和南翔镇完成镇级自评估，形成区级评估报告征求意见稿，目前正在征求有关部门意见。

7. 配合推进北虹桥建设。为加强北虹桥区域市政配套项目与经营性用地的整体统筹，聚焦“项目清单、建设标准、实施路径、实施时序”等内容，编制完成《北虹桥“城中村”改造项目建设大纲（征求意见稿）》，为区域基础设施和公共服务设施开发建设提供依据。牵头开展北虹桥商务区市政市容综合养护工作，组建编制工作组，明确责任分工，制订工作计划，组织开展北虹桥市政市容养护情况调研摸底工作并赴青浦区调研学习先进经验，开始选取先行试点区域。

（二）提升城市精细化管理水平

1. 积极落实重点工作任务。对标本市

《2022年城市管理精细化工作要点》《上海城市管理精细化提升行动计划2022年重点任务分解表》工作要求，细化分解区级任务目标，积极发挥牵头协调作用，跟进工作进展，夯实工作成果，分别编制《嘉定区城市管理精细化2022年重点工作任务月报》和《嘉定区城市管理精细化工作简报》12期。督促指导各街镇开展绿色社区创建，截至2022年9月底，全区社区237个，累计额上报创建社区232个，抽样考评后，2021—2022年累计创建率超90%。

2. 打造城市最美空间。全面启动“品质点亮城市，打造最美空间”八美活动，梳理汇总各部门街镇共上报34个项目，督促指导项目推进，组织行业专家评选优秀案例。通过空间释放、景观提升等手段，年内完成南翔镇、马陆镇、江桥镇、真新街道6个有体验度的“桥荫新空间”，城市微更新项目环城河步道公园、真新街道桥下空间2处文旅新空间顺利完工。

3. 开展2022年城市体检工作。结合对市级部门和其他区城市体检工作经验的学习成果，编制完成2022年嘉定区城市体检工作方案与特色指标体系，并向各部门征询意见，努力实现科学、合理、全面、更具感受度的体检成果。为高标准高质量收集指标基础数据，与区城运中心对接，研究梳理指标数据归集方式和程序开发，以信息化手段赋能2022年嘉定区城市体检工作，2022年体检报告11月底完成。

4. 推进城市维护项目管理。完成《区级城市维护应急抢修项目管理办法》的意见征询和《区级城市维护项目工程类项目实施细则》的发文。持续推进2022年城市维护项目评审管理，完成8个项目概算核定和16个项目工可批复，推进3个项目工可评审。组织2023年城市维护项目储备计划申报，评估并建立2023年项目储备库，组织2023年度城市维护工程类拟实施项目的报送和评审工作，完成17个项目的工可评审，组织2023年城市维护项目年度实施计划申报，统筹平衡，制订2023年度新增工程类项目实施计划并报区政府常务会议审议通过。

5. 创新研究综合养护管理模式。牵头对远香湖中央活动区市政道路、公共绿地、河道水系等公共设施开展综合养护管理模式创新研究，打造人民城市精细化管理示范区。开展实地调研排摸，重点聚焦设施量梳理和行业管理部门意见征询，并多次组织研究综合养护实施办法并征询意见与建议。会同相关部门根据行业管理要求，制定远香湖中央活动区综合养护技术标准，规范养护作业，目前设施量梳理完成、养护标准编制完成，实施方案（送审稿）编制完成。

6. 加大基础设施建设力度。架空线入地工程2022年嘉定区开竣工12条道路，共计13.24千米，建成墅沟路、合作路2座电站，完工嘉新公路、迎园路、墅沟路等10条路（段）8.94千米。根据《嘉定区综合管廊建设规划》，选定马东地区、嘉宝智慧湾、安亭综合枢纽为管廊“十四五”建设重点片区，与嘉宝智慧湾片区规划对接，结合地块开发，基本落实综合管廊建设要求。

（三）优化建筑许可营商环境

1. 发挥审批审查中心牵头作用。深化双周例会机制，加强项目审批服务能级，实行双休日不间断审批，开展周末审批预约制工作方式，及时推进项目进展。聚焦重点推进开工建设，围绕市“两个一批”、区“四个一批”等重大工程项目，会同审批审查中心成员单位召开专题会议，研究优化审批流程，细化改革举措，跨前服务分类指导，协调化解推进难题。研究制定《嘉定区优化建筑许可营商环境文件汇编》，开展集中学习培训，提升审批服务质量。

2. 积极落实审批改革举措。根据市“50条”、区“46条”要求，研究制定“云招投标、云审批、云验收”等措施办法，探索实施“桩基先行、区域评估、容缺后补”等优化举措，2022年以来，共核发施工许可304个，竣工验收备案117个。深入推进“水电气网联合报装”一件事试点改革，创新水电气通报装业务各部门协作模式，提升用户体验，助力工程建设项目早落地。在施工许可办理过程中，及时告知安全生产责任保险、住宅工程质量潜在缺陷保险要求，强化工程项目风险保障机制。

3. 强化建筑市场管理。为保障疫情防控常态化下，建设工程招投标市场环境平稳有序，积极推进电子招投标场所布设，加快远程电子开评标，截至10月底，共完成远程电子开标173个，其中云开标53个。制定下发《关于开展2022年嘉定区政府投资建设工程招投标专项检查的通知》，会同纪检、发改、财政、审计等部门开展嘉定区招投标专项检查工作，重点围绕公开招标项目、政府采购小型工程等违法违规行为，采取自查和抽查相结合、全面检查和重点检查相结合、材料检查和实地核查相结合的方式进行，进一步净化和规范嘉定区建筑市场环境和秩序。持续开展建筑企业资质管理，受理10批次209家建筑施工企业的资质设立、增项、延续申报（新办114家、增项27家、延期68家），其中批准企业152家（新办66家、增项20家、延期66家），57家企业因未达资质标准而未予通过，同比减少68.14%。

4. 提升施工图设计文件质量。优化消防设计征询范围，积极协调对接规划部门，明确对十二大类特殊建设工程以外的项目，免于消防设计征询，加快项目推进效率。开展消防设计跨前服务，围绕重大产业项目，试点探索附条件通过方式，加强事中事后抽查，确保消防安全。针对难点项目，一事一议组织专家沟通交流，有效化解疑难问题。通过消防设计审核50个项目，抗震审查4个项目，房屋建筑工程“多图联审”59个项目，装饰装修工程审查89个项目，完成正面清单及低风险免审项目施工图质量检查16个，为企业减免费用119.52万元。

（四）强化建设工程监督管理

1. 统筹推进疫情防控和复工复产。根据《进一步加强本区集中隔离点和方舱医院安全管理防范化解安全风险方案》，组织开展了为期三天的督导检查工作，重点围绕违规改扩建、私搭乱建、随意加层、擅自变动建筑主体承重结构等问题进行督查，保障集中隔离点和方舱医院有序安全运行。配合市住建委开展“三色工地”监督检查，发现部分工地人员离场未在实名制系统退出，个别工地人员核酸检测超过48小时，以及施工现场安全防护措施不到位和文明施工管理较差等共性问题，督促参建各方加强整改。成立建筑工地疫情防控专项督导检查组，对全区在建工地疫情防控常态化管理工作情况开展专项督导检查，发现建筑工地疫情防控问题114条，主要存在临时隔离区设置不合规、防疫物资储备不足量、工地出入口管理不到位等问题，共开具督办单45份，已落实整改闭环22份，自年初至10月中旬，区建管委持续开展疫情防控检查，累计出动检查人员2705人次，检查工地852次，开具疫情防控整改通知单381份，局部暂缓施工指令单63份，推进嘉定区建筑工地疫情防控和复工复产“两手抓、两手硬”。

2. 不断加强工程安全质量监管。制定《关于限额以下建设工程安全生产监督管理办法》（嘉建管理〔2022〕23号），已起草完成《关于村民建房质量安全监督的指导意见》《关于加强建筑工地扬尘污染防治管理的通知》《关于加强本区建设工地文明施工监督执法协作的实施意见》《关于加强政府投资类房屋建筑工程项目质量管理的实施意见》《嘉定区建设行业管理联席会议制度》等制度文件。实施日常监督检查工地1289次，开具整改指令单163份，局部暂缓施工指令单3份；材料抽检250组，其中不合格4组；实体抽检386组，其中不合格8组；一户一验抽检15项目438户，其中不合格3户；灌浆密实度抽检23项目690构件，其中不合格13构件。开展二级巡查27次、三级巡查2次，检查工地29个，开具暂缓施工指令单14份、整改单指令单29份，共开具整改问题400余条。本年度评选嘉定区优质结构项目共计19个，单体共计28个。推荐市优质单体个数为5个。本年度评选上海市文明工地共计11个，嘉定区文明工地共计15个。立案48件，结案31件，处罚金额410952元，处罚单位15起，处罚个人16起。完成消防验收项目40个，消防备案项目105个，抽查消防备案项目6个，开具整改单19份，安装工程实施日常监督581次，开具整改单73份，局部暂缓施工单1份。

3. 持续开展建筑工地专项检查。进一步加强施工过程专项监管，督促参建各方落实主体责任。组织开展房屋建筑和燃气工程专项检查、基坑工程全面纳管排查、安全生产治理行动、建设工程消防产品及施工质量监督检查、安全生产许可证批后检查、创城复评迎检督查、防台防汛等一系列专项检查，积极开展“质量月”活动，制订相应活动方案并开展宣传工作，其间，组织开展迎住建部2022年全国房屋市政工程安全生产质量行动专项检查、预拌混凝土质量、结构工程、外立面施工防坠等专项检查整治工作，进一步提升本区建筑工程质量安全水平。

4. 落实建设领域生态环境保护工作。配合跟进环保第八轮三年行动计划、清洁空气行动计划、秋冬季大气污染综合治理、建筑垃圾（工程渣土）规范处置管理等多项工作，确保嘉定区建筑领域相关环保工作有序进行。同时，配合完成生态环保督察“回头看”工作，过程中共接督导组转办问题线索单16件，截至目前均已办结。

5. 全力处置房地产风险隐患矛盾。为坚

决贯彻落实中央关于房地产项目“保交楼、保民生、保稳定”的精神，根据区委、区政府的工作部署和区领导指示要求，全力推进本区房地产风险项目加快建设，成立委房地产风险项目“三保”工作专班，集中办公、实体化运作，建立风险项目“三保”工作包保制，实行委党政班子成员、区监管中心班子成员、风险项目联络专员三级包案机制，坚决采取有效措施防范和化解逾期交房的矛盾风险，维护人民群众合法权益，确保社会和谐稳定。

（五）保障城市安全稳定运行

1. 确保燃气行业安全稳定。扎实开展城镇燃气安全隐患整治百日行动，燃气场站安全检查83站次，检查餐饮场所、学校、医院等燃气用户94处，发现安全隐患88处，已整改完成80处。餐饮用户天然气报警器安装情况抽查126户，发现未安装报警器商户51户，下发责令整改通知书51份。已完成燃气泄漏报警器安装818户，安装受理用户43户。对区内LNG、CNG点供用户安全用气情况开展安全检查，检查用户4家。对区内管网公司开展天然气加臭抽查，共检查站点4个。发现管道占压67处，已整治完成17处，其余占压正在协调整改中。完成智能表具更换完成8.97万户。已完成地下老旧支管改造535根，涉及长度2514米，正在施工中278根，涉及长度1251米；已完成地上明支管改造1215户，涉及长度3888米。开展万事红樊家村瓶组气化站安全隐患督办整改推进工作，目前整改已完成。

2. 持续提升农村风貌环境。一是牵头开展全区自建房安全专项整治。根据《嘉定区自建房安全专项整治工作方案》，落实综合专班面上督导协调和信息化保障，督促指导农村房屋专项整治工作。截至目前，全区共排查自建房25515栋，其中农村自建房25133栋、城镇自建房382栋；发现初判严重损坏房223栋、疑似危房34栋，均落实管控措施，经鉴定，存在C级房屋103栋、D级房屋29栋。组织开展全区经营性自建房“百日行动”阶段性总结验收和“回头看”工作。迎接住建部实地督察，并根据专家组意见进行整改。组织开展农村房屋异常图斑销项。二是推进破损路桥改建修复。完成改建严重破损道路35.7千米、危桥21座，组织村内道路薄弱镇完成镇域村内道路自查，结合市住建委对两个示范村的抽查问题，制订整治计划。会同区农委对照前期道路问题清单抽查和建设完成情况，对2022年度美丽乡村示范村创建村进行复核。三是推进乡村振兴重点配套项目建设。每月梳理统计村内路桥“两库一计划”项目推进情况，制定2023—2025年村内道路三年滚动投资计划。四是开展农房绿色建筑技术试点。推进徐行伏虎村乡村振兴示范村、安亭镇方泰村农房翻建两个农房现代化试点项目。五是推进乡村建筑师和乡村工建设工匠制度实施。组织各街镇参加2022年度乡村建筑工匠培训，共计45人次。落实1个乡村建筑师项目（工业区）。

3. 扎实推进综合设施安全管理。按照“条块结合、分类管理”的原则，进一步压实联席会议成员单位日常检查工作责任。围绕春节前冬令防火、夏季防汛、国庆节前安全检查、疫情防控等关键时点、关键事项，组织开展联合检查、专项检查，形成群防群治的地下空间安全使用长效监管机制。截至目前，区地空联办和各成员单位累计完成地下空间自查2388个次，累计发现问题592个，整改完成585个，整改完成率达98.8%，剩余问题正在整改落实中。组织开展区管道路照明设施月度检查10次、专项检查13次，共检查灯盏数19832盏，亮灯率平均为99.91%，设备完好率平均为99.85%，及时修复率100%，月运行考核平均分为95.58分，达到优秀等级。推进嘉定区管道路照明设施节能改造工程工作和安亭新镇综合管廊改造工程工作。

4. 推进地下安全隐患排查整治。6月、10月分别开展江桥、真新地区地下病害第一、二轮复测，重点监测Ⅱ、III和Ⅳ级病害体。根据复测报告，跟踪隐患修复整改情况，汇总各权属单位处置方案，并督促整改养护。会同区级相关部门成立市地下管线安全排查和整治工作专班，制订印发《嘉定区地下管线安全排查和整治工作方案》，根据市级工作任务计划，积极发挥综合协调作用，推进落实隐患整治任务。

5. 积极响应防台防汛应急要求。坚决守牢防风险、保安全的底线，针对2022年以来“轩岚诺”“梅花”等台风险情，跨前准备防御措施，修订完善应急预案，成立三支应急救援队伍，组织开展建筑工地、地下空间等重点领域防台防汛应急演练，结合疫情防控要求，提前协调属地街镇落实撤离点位和转移方式，台风期间运用建筑工地智慧管理平台信息化监管手段，委党政领导班子24小时值守巡查，“人防＋技防”相结合，全力消除风险隐患，确保安全度汛。

（十二）金山区

2022年，是党的二十大和市第十二次党代会的召开之年，是实施“十四五”规划的关键之年。2022年以来，在市住建委的坚强领导下，区建管委坚持围绕中心、服务大局，统筹推进城市建设和管理领域各项任务，坚决打赢新冠疫情防控阻击战，取得了较好的工作成效。

一、坚持狠抓落实，全面加强建筑行业综合监管

（一）建筑工地专项整治全面开展

一是持续提升建筑工地文明施工水平。印发《金山区建设工程文明施工提升实施方案》，研究制定文明施工提升指导手册，以图文并茂的方式，进一步聚焦重点环节，大力推广标准化大门、新型装配式围挡、自动化冲洗装置、定型化防护等先进设施。开展工地围挡美化升级，推动工地采用轻钢结构等装配式围挡，统一设计制作围挡公益广告模板，展现上海湾区文明特色。建立金山区建设领域文明施工联席会议制度，健全文明施工问题的发现、移交、执法、整改、通报机制，完成第一轮滨海地区两镇一街道专项联合检查。二是推动智慧工地建设。研究制定智慧工地管理模式，以建设行业安全质量管理为重点，同步提升人员和文明施工管理水平，将传统的线下监管模式向线上拓展，推动实现监测数据实时分析、施工动态实时掌握、危大工程全过程监管新模式，制订金山区建设工程智慧工地实施计划。推进智慧工地试点项目建设，完成塔吊监测、吊钩可视化、视频AI识别、智能广播、临边防护监测智能设备安装及应用。开发建设金山区智慧工地监管平台，已完成智慧安监、智慧质监、危大工程、从业人员、文明施工等各类版块，实现基础数据自动分析、安全隐患自动预警、违章作业自动处置等功能，与市住建委小程序管理平台进行数据对接，实现数据互联共享，同步推进“一网统管”应用场景接入建设。三是推进建设者小镇建设。在“十四五”重点建设区域内推进建设者小镇建设，2022年重点推进新城区和乐高乐园建设者小镇，建成后最高可分别容纳3500名、4000名建筑工人的同时入住，实现共用共享、拎包入住、错峰使用，做到土地资源节省、投资建设节省、建设时间节省，初步形成了《金山区建筑工人集中居住临时设施建设方案》《金山区建设者小镇宿舍组团建设标准》《金山新城区建设者小镇运营方案》和《乐建小镇运营建设方案》。其中，新城区建设者小镇公共服务组团已完成建设；宿舍组团方面，G10、G1项目组团已经入驻；B22项目组团正在施工中，河道提升工程正在施工

中。枫泾乐建小镇已正式授牌，即将施工。

（二）工程质量安全水平持续提升

一是加强勘察设计质量源头管控。严格落实勘察设计质量承诺书，加强对审查机构和审查人员监管，推进施工图电子化、智能化审查，源头把控工程质量。实施质量监督抽查446次，开具质量整改单192份，局部暂缓施工指令单10份，出具竣工监督报告108份，开展质量专项检查6次。二是落实建设单位工程质量首要责任。全面实行住宅工程质量潜在缺陷保险制度，推进业主预看房制度，开展竣工阶段住宅工程实体质量功能试验比对检测。将质量安全承诺事项履行情况纳入企业信用记录，实行差异化监管。对11个住宅工程质量进行分户验收抽检。三是推进装配式住宅的高质量发展。推广预制外墙、门窗、外饰面砖、保温体系一体化预制技术，推进一体化智能灌浆机，灌浆视频记录仪等智能化施工管理措施，加大工程实体、结构性材料、预制构件、套筒灌浆质量监督抽检，抽检墙体、砂浆、钢筋、防水、灌浆料等原材料50组。四是完善施工现场安全管理体系。加强安全生产许可条件事后监管，强化现场危大工程、施工机械设备管理。加强企业负责人及项目负责人施工现场带班制度，落实项目关键岗位人员配备和考勤管理。全面推进安全生产责任保险。持续开展新版《安全生产法》等法律法规法制宣传和教育培训。五是加强安全风险管控和隐患排查。加强建设工程安全风险识别，制定风险管理清单，实行分级分类管控。健全应急联动网络，强化应急队伍和物资配备，提高风险应急能力。深入开展防高坠隐患、基坑工程安全隐患、施工机械安全隐患全面排查整治。出动监督人员1718人次，检查工地528个次，排查消除安全隐患1141条。开具安全整改指令单170张、暂缓施工指令单14张、全面停工单4张，各类人员诫勉谈话62人次。

（三）建筑行业监管体系不断完善

一是加强建设工程消防审验监管。持续优化建设工程消防申报流程，全年累计办结建设工程消防验收工作87件，其中消防竣工

验收22件、消防验收备案65件，会同技术服务机构开展建设工程消防现场查看54次，排查出462个消防安全隐患。强化公安、消防等部门联动合作和信息共享，打破消防信息孤岛。持续开展厂房、仓库建设工程消防审验专项整治。二是完善限额以下小型建设工程监管体系。制定出台《金山区限额以下小型建设工程管理办法》，按照分级分类管理原则，压实相关职能部门及属地政府各项职责。同时，建设完成金山区限额以下小型建设工程管理系统，实现限额以下小型建设工程网上办理和数据留档。三是强化招投标监管。根据相关规定暂停招标项目29个；对180个项目（标段）进行招标代理行为的记录评分，对其中37个项目进行了扣分。实行监管人员项目负责制及书面招投标情况报告备案三级审核制，全面推行函询制度和风险警示制度，对全部施工电子招标项目进行了围串标系统甄别，对其中出现系统预警的1个项目进行立案调查并完成行政处罚。狠抓招投标领域专项整治，对存在非正常投标行为的10个项目涉及19家单位及其责任人进行约谈，累计查处6起违法承发包行为，处罚金额30.8228万元。

（四）绿色建筑行业发展有序推进

一是加强绿色建筑源头引领。进一步加强绿色建筑实施要求，土地出让建设征询阶段要求所有公共建筑按照绿色一星级及以上要求建设，15个住宅、商业办公项目落实绿色建筑二星级要求；要求23个项目在设计施工阶段要求落实BIM技术应用。二是持续深化海绵城市建设。以《金山区海绵城市建设规划（2018—2035）》为基础，完成滨海地区城区等10.28平方千米面积区域的实施方案编制，形成建设指引。以土地出让合同为约束，推进各类海绵工程建设，其中铂翠廷住宅项目经市住建委认可为全市宣传项目，形成海绵城市建设示范效应。利用数字化信息技术、监测手段开展实施情况监测评估以及建设区域评估，结果表明整体海绵城市建设完成情况较好。三是既有建筑效能提升情况。本年度开展了西林中学分项计量安装工作，落实用电、用水、用气全用能分项计量安装工作，进一步指导学校开展用能分析和节能工作。完成目前金山区建筑能耗平台中53栋楼宇的修复和维保工作，建立形成了平台管理、楼宇验收和维保制度，对所有楼宇维保形成闭环。加强用能监测拓展应用情况，制定周报、月报、年报制度，对数据质量进行评估，督促运维单位对故障楼宇进行维保，对监测数据进行分析，为楼宇业主提供节能建议。四是加强建筑行业污染管控。全区11个混凝土搅拌站和154个建筑工地点位安装扬尘在线监测设备并数据联网，扬尘管控水平始终处于可控状态。开展环保督查“回头看”，联合相关区级部门和属地政府对上海晨新贸易有限公司问题整改情况开展现场督察检查，落实现场设备拆除清运和场地平整工作。牵头开展无证搅拌站专项整治，对信访举报的3个无证搅拌站开展联合排查整治，其中东粮库路275号两家机器已拆除；万枫公路255号在拆除中。在后续工作中，将持续与朱泾镇等单位对接，确保彻底完成取缔。

二、坚持统筹协调，有序推进重大工程项目建设

（一）重大工程实事项目推进有序

2022年，在金市级重大工程12项，其中涉及区级建设任务的2项，涉及区级配合任务10项；上海市政府为民办实事项目共10项30个项目，金山区涉及其中23个项目。2022年金山区计划实施重大工程和实事项目合计47项，其中重大工程37项（78个项目），新开19项（42个项目）、上年度续建18项（36个项目），其中年内计划完工项目21个。实事项目共10项。建设进度方面：在金市级重大工程中，区级承担建设任务的2项和承担配合任务的10项均在建设中；市政府为民办实事项目中，23个项目已全部完成；区

重大工程计划新开工项目中，35个已开工，1个暂缓开工，6个处于前期阶段；计划完工项目中，18个已完工，3个加快建设中。实事项目中，8项已全部完成，2项基本完成。动迁腾地方面：计划2022年完成签约的8户中，2户已完成，1户已调整销项，剩余5户协议动迁商谈中。投资完成情况：区重大工程累计完成投资190亿元，约占年度计划投资的73%；实事项目累计完成年度计划投资4.4亿元。

（二）美丽湾区建设行动全面启动

《金山区推进高效能治理建设“美丽湾区”行动计划（2022—2023年）》已正式印发实施。同时，区委研究决定成立金山区推进高效能治理建设“美丽湾区”工作协调小组，下设办公室（设在区建管委）及专项行动指挥部，组建工作专班负责统筹协调推进。建立形成“1+3+1”运作机制，即1个行动方案（含子方案）、3张清单（任务清单、推进清单、问题清单）、1份简报。累计下发“美丽湾区建设”工作提示12次，参与专项行动各类调研、会议或检查等13次，累计收集难点、堵点问题12条，报送简报6期。截至目前，8个专项行动28个子专项推进总体有序，其中危险化学品集中区域安全整治及提升行动：完成风险监测预警系统、四项清零、“工业互联网＋危化安全生产”双重预防机制试点建设等4项企业安全提升工作，以及高危细分领域整治等8项企业分类整治重点任务。区环境综合整治行动：市生态环境保护督察“回头看”交办133项问题整改和销项任务完成132项；12项整改任务中11项已经完成或序时推进；全部完成2022年度23项环境综合整治任务。“两廊”整治提升行动：拆违、消除环境管理盲区、死角基本完成，完成134个点位修缮美化工作，整体概念性设计方案已确定；管线入地工程、建设及奖补方案进一步细化完善中。全区省际道口及高速出口周边环境综合整治及提升行动：启动省际道口环境专项整治，已完成环境整治清单工程量的95%。农户宅前屋后人居环境整治及提升行动：持续开展村庄清洁行动，完成推进全区39个村项目建设和环境整治提升工作；完成“美丽乡村—幸福家园”示范创建第二轮区级复审并发放创建奖补资金3615万元。建筑工地整治及提升行动：印发并落实建设工程文明施工提升实施方案及相关标准；智慧工地监管平台指挥中心页面和功能已基本完成建设；制定建筑工人集中居住大临设施管理办法及建设者小镇宿舍组团建设标准，完成金山新城建设者小镇，并入驻产业工人2000人。建筑垃圾整治行动：关停建筑垃圾临时分拣点3处（张堰镇、山阳镇、金山卫镇），持续加强运输过程监管工作，累计开展专项巡查147批次。清洁能源替代行动：已完成新增纳入规模光伏发电超过5.77万千瓦；启动漕泾镇130兆瓦渔光互补项目本体建设。

（三）农民相对集中居住稳步开展

一是按时完成签约工作。2022年金山区农民相对集中居住市级签约目标为年底前完成1800户，金山区已于9月30日全部完成签约，共完成签约1810户，其中上楼安置1148户、平移建房安置417户、宅基地有偿退出245户。二是稳步开展工程建设。上楼安置共涉及623户，其中现房安置52户，已全部完成安置；期房安置571户，涉及3个新建上楼安置点，均已开工。平移建房安置共涉及945户，涉及16个平移建设项目，3个项目竣工，5个房屋竣工，3个房屋结构封顶，5个房屋结构施工中。三是加快完成实施方案报送。2021年共涉及上报审批7个实施方案，已全部完成上报，目前已获市级批复的5个。四是推进宅基地退出拆旧工作：2021年项目共涉及232户宅基地退出项目，已全部完成拆旧复垦。

（四）建设项目审批效能持续提升

持续深化工程建设项目审批制度改革，

推进区审批审查中心实体化运行，切实提升政务服务效能。区审批审查中心各单位进驻事项合计办结1500余件，接待人数2500余人次，开展各类一站式综合服务300余次。项目审批方面，办结施工许可179件、竣工验收备案130件合同信息变更88个。企业资质方面，共审批新办建设工程企业资质126家，增项企业25家。

一是分阶段采取分类管理服务措施，在复工复产及常态化管理阶段，助力全区经济发展大局。复工复产阶段，灵活调整内部管理机制，以现场驻守人员和居家人员结对的方式，确保审批渠道通畅，健全完善重大工程和重点产业项目审批协调机制。创新试点工程“云验收”，在市级政策及区级工作支持下，实现了“1+1>2”的效果。通过视频会议的方式完成了厂房分期验收，助力防疫物资保供单位及时投入生产，服务抗疫大局。推广远程开标、远程评标，在市级部门指导下，自主完成了乐高项目在内的4个区级项目的远程开标及远程评标，优化专家抽取方式，加快政府民生工程建设进度。常态化管理阶段，形成“推广远程开标、远程评标实施细则”和“云验收实施细则”，延续惠企政策的长期效益；主动跟进、协调重大工程、重点产业项目和“两个一批”项目，持续做好一站式审批服务工作，加快审批效率。二是依托区审批审查中心综合服务，在落实全市工程建设领域改革基础上，拓展创新项目服务机制。服务项目投产加速，研究发布《金山区建设工程项目分期竣工验收实施方案》，为重大工程及工业、研发、公共服务设施等项目提供部分先行竣工验收的渠道，支持装修、设备提前进场，在确保整体工程质量安全的基础上，尽早产生社会经济效益。服务项目市政接入加速，以加装电梯项目为起点，组织形成“水电气网”4家市政接入服务公司协调体系，开展管线综合迁移服务30次。以B22地块商品房项目为试点，升级为“4+3”服务，掘路、占路、占绿审批部门共同参与现场踏勘、确定接入方案，“一口气”完成了原本需要多次对接、多方奔走的事项。三是落实建筑业企业扶持政策，在提升企业产能方面，助力建筑业企业产值稳增长。持续与市住建委对接了解核心惠企政策，结合优质企业、防疫工程参建单位加分政策，协助中核五建等8家企业获取信用分加分。把握政策红利期，为全区有业绩、有前景、有信誉的“三有”企业背书，向市级部门争取了2家一级施工总包资质的获取。持续关注建筑业产值增长工作，专题调研金岭等4家优质公司，了解企业发展情况和难题，结合企业复工复产的碰到实际困难，为企业提供个性化服务，助力企业产值增长。

三、坚持多措并举，着力提升城市精细治理水平

（一）城市精细管理工作深入推进

一是启动金山区城市管理精细化提升行动计划。根据市级文件和区级实际，制订《金山区城市管理精细化提升行动计划（2022—2023年）》，并参照市级重点工作任务清单涉及的29大类36项重点工作，细化完善区级相关重点工作任务。二是落实“三个美丽”长效管理考核奖补工作。根据《金山区城市管理精细化暨“三个美丽”考核评价工作方案》文件要求，对已考核达标的路段、小区、行政村进行长效管理考核工作。目前，已组织区农业农村委、区绿化市容局及区房管局三家牵头单位完善考评办法细则，并按照计划落实推进相关工作，预计落实剩余考核奖补资金的50%（5695.426万元）转移支付工作。三是开展绿色社区创建工作。金山区已有5家单位成功入选2021年度市级绿色社区创建示范单位。2022年金山区参与绿色社区创建行动的社区91个（2022年新增9个），参与率为83%（全区110个社区）；创建达标社区77个（2022年新增27个），达标率为70%，顺利完成绿色社区创建行动三年目标总要求确保2022年全区力争实现参与创建70%以上，城市社区创建达标65%以上的总目标。四是开展金山区城市体检相关工作。制订《金山区城市体检工作方案》，启动金山区2016—2020年城市体检指标数据收集汇总工作，收集87项指标数据，完成《2020年度金山区城市体检报告》编制。9月开启金山区2022年度城市体检指标数据收集汇总工作，发掘金山特色指标，巩固基础指标数据，组织第三方进一步完善金山区城市体检年度报告。截至目前，已明确69（中央指标）+44（市级指标）+7（区级指标）共计120项指标，并完成编制《2021年度金山区城市体检报告（初稿）》。五是推进金山区城市更新行动。依据市级相关政策、文件，结合金山区实际情况与区房管局的工作建议，形成了《金山区城市更新工作职能方案（征求意见稿）》，明确领导小组成员单位及职能分工。根据泽龙区长专题会相关工作要求，进一步完善职能方案，征求各单位意见，提交区委、区府审议。

（二）城镇燃气平稳运行

一是加强燃气业安全监管。开展重要燃气设施日常检查和专项检查，累计检查燃气设施站点93次，发现问题81个，开具责令整改单12张，约谈企业8家。组织城镇燃气安全专项整治、燃气安全“百日行动”等，持续开展非居燃气安全联合检查。持续推进可燃气体报警装置安装工作。加强燃气管道排查整治，完成金山区涉及市53千米燃气隐患管道改造的全部任务0.83千米；区内燃气企业共计巡检燃气管线超5万千米，泄漏隐患发现320余次，全部完成处置。区安委会挂牌督办的新天鸿社区燃气安全隐患120处，已全部完成整改并顺利摘牌。二是全力做好燃气保供工作。上半年，历经元旦、春节的冬季用气高峰，又逢上海疫情封控，全区燃气行业统一行动、科学调配，全力确保燃气稳定供应服务。截至12月底，金山区累计天然气供气量超3.4亿立方米，居民用户液化

气配送超53万瓶，燃气供应基本稳定正常。三是加强社会面燃气安全宣传。加强社会面燃气安全宣传，持续开展燃气安全宣传“五进”活动，发放各类宣传资料超2万份，切实增强村居民安全用气意识。联合燃气企业、属地村居为孤寡、高龄老人免费更换切断式调压阀和金属软管，惠及80余户。四是推进老旧小区天然气改造。开展《金山区老旧住宅区天然气入户改造工作方案》《金山区老旧住宅区天然气入户改造奖补实施办法》编制工作，确定改造范围、改造经费及相关的奖补办法。目前正会同山阳镇、金山天然气公司等，先行推进山阳镇碧海云居和宏阳小区约700户用户的改造转换工作，已完成立管及地下管施工。

（三）道路照明行业建设管理有序

一是加强照明设施运行管理。持续做好区管道路照明设施日常养护、投诉处理和应急处置等，2022年度平均亮灯率为99.68%，较去年有所提升。二是实施既有道路路灯新建工程。2022年，金山区道路路灯新建工程涉及吕巷镇8条道路11个路段，目前已完工并实现亮灯，共新建909盏路灯，总长度21309米。三是推进道路照明设施节能改造。根据市级节能减排文件要求，2022年完成25%设施量改造目标，制定本区2022年度区管设施约4706盏、石化地区951盏，总计6171盏改造任务，约占改造总量的28.6%。项目目前正积极推进，争取年内开启更新工作。四是石化地区照明设施整体改造。目前已完成政府采购，预计2023年初进场启动第一批951盏的整体改造工作，同时正抓紧制订剩余设施量改造方案。

（四）城市基础设施领域监管到位

一是加强既有建筑玻璃幕墙安全监管。建立属地联络员制度和区幕墙安全管理微信群，利用云幕墙平台及时下达整改、预警等各项管理指令功能，完成一轮全覆盖检查，重点加强防汛防台期间安全管控。组织玻璃幕墙工作布置会，落实既有建筑玻璃幕墙楼宇公示码张贴和幕墙平台镇级账号开通相关工作。二是加强地下空间安全使用管理。制订《2022年金山区地下空间安全使用管理检查计划》，督促指导行业管理部门、属地政府全面排查地下空间安全运作突出问题，组织开展地下空间安全使用管理日常检查、消防安全、防汛专项检查及联合检查，排查整治各类问题隐患52处。三是加强地下管线综合管理。持续做好地下管线数据更新维护，开展管线数据在线共享104次，开展金山区地下管线数据汇交并初步形成地下管线“一张图”，出台《关于进一步强化金山区城市地下管线建设管理的实施细则》，做好管线施工线上交底管理，做好管线损害事故协调处置和统计上报，完成水电气通信等14条共计3.593千米隐患管线整治工作。

四、坚持防微杜渐，始终筑牢行业发展安全防线

（一）行业安全运行总体平稳受控

2022年以来，本区建管领域安全生产形势总体平稳。坚持常态化研究部署安全生产工作，印发《区建管委2022年安全生产和消防安全工作要点》及重点任务清单，定期召开安全生产专题会议和工作例会。扎实做好行业安全监管，相继组织开展冬春火灾防控、“促发展、保安全”大走访、大排查、建筑工地复工复产、安全生产、疫情防控暨高坠隐患排查整治、“控风险 遏事故 护安全 促发展”百日攻坚行动、安全生产大检查等，强化安全风险管控。持续推进城市建设、城镇能源供应、高空坠物等领域安全生产专项整治三年行动，完成安全生产专项整治三年行动。动态更新问题隐患和制度措施“两张清单”，截至12月底，城市建设专项方面（牵头推进）：组织各行业主管部门累计排查整治安全隐患4291个，出台制度措施5项；成立检查组172个，开展督导检查1292次，检查单位1850个，督导问题721个；做出行

政处罚 279 次，罚款金额 751.6525 万元，责令停产整顿 19 家，约谈警示 132 家；组织企业自查自纠安全隐患 3678 个。配合区安委办迎接市安全生产和消防工作巡查及国务院安委会对省级政府安全生产和消防工作考核。完成金山区建设安全专业委员会更名工作，牵头制订机构职责、运行规则、工作要点等。根据区经济动员潜力统计调查要求，对本区建筑企业专业设备进行排摸统计。完成全区农村经营性自建房及非住宅类房屋的信息采集及隐患排查，共排查点位数 14166 个，其中基本完好房点位 6833 个，一般损坏房点位 7178 个，严重损坏房点位 121 个，疑似危房点位 34 个，全部完成落实隐患告知、限制经营、警示公告张贴及警戒线设置等管控措施，13 个点位已完成工程措施。

（二）疫情防控防线始终扎紧筑牢

3 月以来，区建管委在区委、区政府的坚强领导下，闻令而动、应势而为，全力以赴做好建筑工地疫情防控工作。一是加强疫情防控组织协调。3 月 12 日，区建管委第一时间成立建筑工地疫情防控指挥部，组成 30 个派驻指导组通过“线上指导 + 线下督导”，对全区建筑工地进行驻点监督指导，联系各街镇（高新区）成立 11 个镇级建筑工地疫情防控专班，实现条块结合。二是快速处置工地突发疫情。本轮疫情以来，全市工地发生了多起集聚性疫情，总计感染率 5% 以上。金山区有 4 个工地发现阳性感染者，累计感染人数 22 人，感染率 0.1% 左右，其间快速妥善处置朱泾镇 B18 工地疫情，圆满完成 805 人转运和安置任务，指导其他涉疫工地有效落实人员隔离安置，防止工地疫情聚集感染和外溢。三是积极参与应急防疫项目建设。区建管委发扬连续作战的顽强作风，先后牵头建设御府区级方舱医院和沙柘路隔离板房项目建设，配合参与华东理工大学红码酒店改造和漕泾天华路市级方舱建设，为全区疫情防控做出了突出的贡献。四是有序推进建筑工地复工复产。制订《金山区建筑工地疫情防控复工复产方案》，5 月 4 日推进和辉光电和阿里园区纳入全市第一批复工项目，成立复工复产派驻指导组，驻守工地现场进行疫情防控和安全生产指导检查，6 月 1 日起全面推动建筑工地加快实现复工复产。五是持续做好常态化疫情防控。成立 27 个派驻指导组、2 个区级工地督导组、4 个建筑工地督导组下沉工地，领导带队深入一线，监督指导各项防疫措施落实。制定疫情防控必查清单内容要求，及时下发各类工作提示，要求工地对照开展自查，切实加强建筑工地出入口管理、核酸检测、分区管理、环境消杀等管理、对疫情防控措施不到位的立即督促整改，始终筑牢疫情防控防线。

（三）信访维稳工作扎实高效推进

一是不断夯实信访基础业务。建立完善信访定期研究制度，每月编撰《信访维稳工作简报》分析信访形势，疫情期间每日编撰《建筑工地信访维稳工作日报》，有效将信访矛盾化解在基层，解决在萌芽状态。2022 年已累计受理信访 2136 件，较 2021 年（1036 件）增长 106.2%，其中主要信访增量来源涉疫投诉（174 件）、欠薪（1127 件）和窝工工资（362 件）。国家信访系统连续四年满意率、参评率均为 100%。二是切实保障群众合法权益。封控期间，工地派驻组就疫情防控、物资保障、工资发放等 26 个事项，每天电话连线一线工人了解真实诉求，累计排摸问题 193 个，均按照统一口径沟通解释，有效缓解工人情绪问题。针对排查出的诉求和困难，通过发放工作提示、指令督促落实各方责任，如五一期间为农民工争取提供免费餐食和慰问礼包。三是扎实开展欠薪治理。至 12 月底，累计受理农民工工资 1127 起，涉及人数 6020 人，核实金额 3126.3 万元。其中，欠薪投诉 765 件（不包含窝工工资），涉及 4409 人，核实金额 3074.7 万元，化解金额 2533.8 万元；疫情期间窝工补贴纠纷362批次，涉及56个项目，1611人，834万元。贯彻迎接根治欠薪“国考”各项工作部署，组建迎工作专班，定期开展全覆盖检查，及时提出有针对性的整改建议。7月29日，国务院根治欠薪国考检查组来金开展实地督查，区建管委监管的金一东路391号改建工程等5个项目顺利通过核查并获得A等。四是做好涉稳风险处置化解。开展春节前欠薪风险处置，11月16日起区建管委开展为期66天的建筑工地根治欠薪问题专项整治工作，一阶段项目自查133个，已提交自查报告133个，完成率100%。针对存在资金缺口的项目，区建管委已结合近3个月的信访数据比对，通过“红橙绿”三色管理，对在建项目进行了分类梳理；做好突出矛盾的协调处置，会同属地山阳镇有效稳控了海浒新村瞰海苑邻避矛盾，针对枫泾镇中冶枫郡二期业主集中反映的各类因“预看房”环节产生的问题，督促建设单位尽快落实房屋质量缺陷的维修工作，确保信访矛盾不上行。

（四）行业应急管理体系不断健全

全力协调处置“2·28”阿里巴巴上海金山飞天园区项目高坠事故，并依法依规完成事故行业调查，配合市住建委、区应急管理局做好后续事故处理工作。加强委系统应急值守，制定节假日、重大活动等期间领导带班值班及专人值班表，及时报送值守信息，妥善处置行业各类突发公共安全事件，确保建管系统各时段安全运行平稳可控。加强防汛准备工作，组织建筑、燃气、路灯等重点行业企业建立抢险救援队伍、落实应急物资设备储备，梳理深基坑等建筑工地防汛安全隐患点位9处，定期跟踪整改落实情况，持续加强风险管控。做好台风防御工作，根据区防汛办工作要求做好人员转移安置，台风“轩岚诺”“梅花”期间，建筑工地、燃气、地下空间、道路照明设施等重点领域未发生险情、灾情。

（十三）松江区

2022年，在区委、区政府的坚强领导下，在市建交工作党委和市住建委的悉心指导下，区建管委坚决贯彻落实“疫情要防住、经济要稳住、发展要安全”指示要求，坚持以人民为中心，忠实践行“两城”理念，立足行业管理职责，毫不松懈抓好建设领域工作，全面高质量完成年度各项目标任务。

（一）聚情“疫情防控”，不惧风雨请长缨

建筑工地疫情防控实现“三个率先”：一是率先实施工地封闭式管理。对全区报监建筑工地实施网格化管理、全覆盖排查，督促参建单位做好疫情防控和应急处置工作，严格落实工地封闭式管理。二是率先实现工地“动态清零”。4月21日（先于市里要求的4月25日节点提前4天），实现建筑工地“动态清零”。三是率先谋划部署推进工地复工。5月初制订下发复工复产工作方案，要求参建方按照“一工地一方案”编制复工复产方案。6月开始按照市区两级文件要求，全面推进建筑工地复工复产。此外，为区级方舱和隔离点建设共协调区内36个建筑工地1086人员（包括各类机型设备）驰援项目建设，未发生一例疫情异常事件。

（二）聚焦“主责主业”，精准发力稳增长

截至目前，全区在建工地345个，建筑面积约1270万平方米，工作量约550亿元。成立建筑业稳增长工作专班，紧盯区域龙头企业和重大项目，开展“大走访、大排查”活动，破解企业难点问题，推动重点企业多增产。前三季度，克服新冠疫情的影响和持续高温的挑战，全区建筑业总产值实现142.38亿元，同比下降7.6%，较前二季度近26%的降幅收窄了18个百分点，超额完成市下达的松江建筑业三季度增长15%的

目标，位列全市增长18%第一梯队。全年建筑业企业纳统预计产值221.75亿元，较去年（217.94亿元）同比增长1.7%，实现转正目标；8家建筑业重点企业全年预计完成产值90.92亿元，较去年（84.28亿元）同比增长7.89%。

（三）聚力“三项任务”，齐头并进抓推进

一是对标要求扎实推进建筑许可5.0版改革。牵头实体化运作松江区工程建设审批审查中心，完成松江区34个主线、38个辅线审批及17个行政审批中介服务的授权入驻，推进“前台一窗收发、后台联合会审”的审批服务模式。会同区规划资源局，出台《松江区工程建设项目分期竣工验收实施方案（试行）》。关键领域改革不断深化，持续推动产业类项目费用减免，试点开展减免新出让工业用地产业类项目地质勘察费用，不断降低施工成本。

二是高标准完成农民相对集中居住签约任务。2022年是本轮农民相对集中居住的收官之年，在全市率先完成年度签约1900户的任务；全年共完成签约2056户，年度完成率105.5%。此轮（2019—2022）农民相对集中居住松江连续四年均超额完成任务指标，共完成签约6664户，超额完成市下达给松江的5000户目标任务，完成率133.28%，在全市名列前茅。

三是坚持底线思维高质量完成专项整治任务。农民自建房专项整治方面，制订《松江区自建房安全专项整治工作方案》，按照“百日行动”集中攻坚要求，松江作为全市两个试点区之一，9月底前全面完成了5223栋农村房屋的隐患排查和信息录入，并通过了10月国务院派出的专家组“回头看”督察验收。燃气安全专项整治方面，严格实施燃气建设项目分类管理，强化燃气供应保障，推进餐饮行业安装可燃气体报警装置，天然气和液化气餐饮用户报警器覆盖率均达100%。

（四）聚神“党建引领”，深耕细作强基础

以党组书记“领航工程”深化“六表率”党建品牌，孵化“建筑许可‘店小二’”“照亮松江”“安燃松江”“强质量、安民心”等党建特色“一支部一品牌”。与政府投资项目总包单位临时党支部围绕政策解读、共听党课、廉政教育等开展党建联建“主题党日”，与道路照明设施运维单位组建“照亮松江”党建联盟，以“组织联建、活动联办、经验联学、党政联抓”，不断拓展机关党建引领辐射力。深化“老青结对”品牌，抓实青年骨干培养，建强青年思想宣传队伍，在学习强国平台、搜狐网、松江组工、"1号先锋"等网络媒体发表信息文章30余篇。强化典型示范引领，推荐并获评市五一劳动奖章1名、市工人先锋号1个，推荐1名全国住房和城乡建设系统先进工作者。推荐获评"茸城美丽家庭"2户、妇联最美执委1名，另外还有2个基层党支部和20名个人上榜区级机关工作党委"1号先锋榜"。

此外，在海绵城市建设推进方面，完成了市住建委关于松江新城国际生态商务区海绵城市建设规划（实施方案）批复，国际生态商务区内五龙湖生态景观项目荣获2021年度上海市海绵城市建设示范性样板工程。在韧性城市建设推进方面，在2021年首次开展城市体检的基础上，2022年以绿色低碳为路径，围绕指标体系，从8个方面开展数据分析与研究评估，综合评价全区城市发展状况和运行水平，诊断城市发展特征，形成一份体检报告、一张指标评价总表、一份行动计划清单的核心成果。在城市可持续发展方面，牵头组织编写《落实联合国2030年可持续发展议程自愿评估报告（区级层面）》。10月31日，上海市政府、住房和城乡建设部与联合国人居署在上海举办2022年世界城市日全球主场活动暨第二届城市可持续发展全球大会，其间发布重要成果《落实联合国2030年可持续发展议程上海自愿评估报告2022》，该报告除市级报告外，仅遴选松江区和奉贤区开展区级层面分报告编写。《松江报告2022》已在11月1日世界城市日全球主场活动"人民城市主题论坛"正式推介，向国际社会提供推动全球城市可持续发展的松江智慧和松江方案。

二、关于2023年工作打算

2023年，区建设管理委将继续深入学习贯彻党的二十大精神，以奋发有为、不负人民的担当，守正创新，踔厉奋发，着力开创建管工作新局面，助力推动"科创、人文、生态"现代化新松江持续实现更高质量发展。

在全面履行好部门职责，做好建筑、燃气两大行业监管，以及城市地下管线监察、地下空间使用、道路和公共区域照明设施综合管理的同时，重点在以下四方面持续用力：

（一）持续优化建筑许可营商环境改革

进一步做实区建设工程审批审查中心，通过完善和出台区级费用减免相关政策，将社会投资低风险产业类项目减免模式拓展至全部产业类、规模以下的公共建筑、低等级市政道路、小型泵站工程、绿化工程管理用房等项目，助力建筑业恢复重振，确保建筑业稳增长，服务松江经济更高质量发展。

（二）持续系统推进农民相对集中居住

合理制定2023—2025年农户签约计划和工程建设周期，始终把握工作的五项核心指标，即"当年启动项目抓签约、上年上楼项目抓开工、现房项目抓交付、平移项目抓竣工、退出项目抓拆旧"的工作要求，根据上一轮签约情况，紧盯各镇上楼和平移建设进度，系统推进农户签约、项目建设、安置拆旧、地块验收等工作。

（三）持续规范净化建筑市场秩序环境

纵深推进四个100%（即实名制信息录入、人脸识别门禁系统覆盖率、考勤数据上传、银行数据对接），保持高压态势，加大对规范开设及使用农民工专用账户监管力度。通过全面落实"纪、刑、监"三方合作机制、智慧甄别、第三方技术鉴定、招标人函询和风险警示、全面实施电子招标等措施手段，持续规范净化建筑市场秩序环境。

（四）持续高效推进各项民心实事项目

一是加快推进架空线入地和合杆整治工作。全力协调推进，挂图作战，紧扣时间节点，确保完成三年工作总任务。

二是有序推进道路照明设施节能改造三年行动计划。按照实施方案时间节点，督促各街镇（园区）尽快完成，实现松江区道路照明高质量发展。

三是拓展推进浦南地区镇属集资房小区

和自建小区的天然气接装。在全面完成浦南天然气二级管网项目建设，确保浦南四镇政府动迁安置小区、平移归并中心村用上天然气的基础上，拓展推进浦南地区镇属集资房小区和自建小区的天然气接装，全面完成浦南四镇集资房小区（自建小区）燃气管道敷设和6517户的天然气入户接装工作，让更多的浦南用户受益。

（十四）青浦区

2022年是党的二十大胜利召开之年，是实施“十四五”规划的中坚之年，是建设“新时代幸福青浦和现代化枢纽门户”的开局之年。一年来，在区委、区政府的正确领导下，区建设管理委坚持以习近平新时代中国特色社会主义思想为指导，贯彻落实区委、区政府的决策部署，深入践行“人民城市人民建、人民城市为人民”的重要理念，坚持常态化疫情防控，认真履行城市建设管理职责，全面落实推进国家战略、重大工程、重点工作、实事工程，奋力谱写新时代青浦建设事业发展的崭新篇章。

一、党建统领、思想铸魂，着力锻造干部职工队伍

（一）学深悟透，活学活用，加强思想政治建设。专题学习《习近平谈治国理政》第四卷、《习近平在上海》《当好改革开放的排头兵——习近平上海足迹》等内容，引导党员读原著学原文、悟原理知原义。开展领导干部、基层党支部书记讲党课活动13次。分别与区委巡察组、生态环境局党组开展联学联建。组织开展“学用新思想 奋进新征程”微党课征集暨主题宣讲、“红心向党 书香建管”读书月、线上红歌会、党章在线测试、微感悟征集、好书推荐等系列活动。召开庆祝中国共产党成立101周年座谈会暨疫情防控志愿服务工作交流会。

（二）瞄准靶心，增强动能，强化为民服务意识。组建战“疫”支援队、党员突击队，累计参加区级层面志愿服务近百人次；全委系统干部职工主动前往居住地社区报到，协助做好核酸检测各项工作；开展“促发展、保安全”大走访活动、疫苗接种宣传工作、自建房安全隐患排查、进博“365”行动和志愿服务活动；设立委核酸检测点，积极参与“善行·暖心”认领微心愿公益活动、“爱心冰柜”提供夏日清凉饮品活动；多次开展联合执法，发挥长三角交通运输联合执法先锋队作用。

（三）注重规范，强化标准，夯实基层党建基础。制定全面从严治党主体责任清单，落实三个责任制。完成各基层支部换届选举和年度组织生活会、年度基层党组织书记抓党建述职评议会。扎实落实“三会一课”、主题党日、政治生日等制度，严肃党内政治生活。把学习贯彻习近平新时代中国特色社会主义思想作为中心组学习、支部学习“第一议题”。本年度发展5名党员，完成5名党员转正。开展“魅力建管”党建品牌创建工作，形成各基层支部相应“一支部一品牌”。组织开展为期3天的书记轮训及年轻干部廉洁从政专题培训。强化干部队伍建设，完成机关事业单位干部职务职级晋升工作。完成公务员、行政执法类公务员、事业单位等人员的招聘，考试招录10人、退休12人。加大干部人事监督管理力度。

（四）抓住关键，突出重点，加强党风廉政建设。严格执行重大问题集体研究制度，重大事项通报和报告制度，党员干部外出活动报告等制度；将“廉动一刻”作为每月主题党日固定内容，将廉政教育、法治专题作为党组中心组必学内容；建立科级以上干部廉政档案，宣传并落实廉洁过节要求；开展廉政风险点排查及防控工作，梳理职责清单，排查廉政风险点，并作出廉政承诺；召开党

风廉政建设会议，建立领导班子党风廉政责任项目，强化对重点部门和关键岗位干部、基层单位领导班子的监管。

（五）凝聚力量，营造氛围，强化意识形态教育。落实意识形态工作责任制，明确党组书记第一责任人，建设多层次网络评论员队伍，健全信息发布“三审制度”、论坛讲座管理办法等制度，开展两次意识形态专题学习研究，各基层党组织学习意识形态有关论述；做好党的二十大网上宣传引导和舆情服务保障工作，在“青浦建设交通”公众号上推送“喜迎二十大”专题。加强正面舆论宣传，推广运用好“学习强国”平台，5篇供稿被平台录用；打造职工活动室，组织环城水系徒步活动，开展青年大学习、建团百年青年线上交流会、“强基层、创品牌”学习分享会等活动。

二、安全至上、守牢底线，全力打赢疫情防控战役

（一）全力以赴做好建设交通领域疫情防控和复工复产工作。疫情防控督促有力推进。加强对道路旅客运输、公交、出租、普通货物运输（冷链）、危险货物运输、港口等重点行业企业疫情防控措施落实情况的检查。9月21日起至12月8日零时，每天对区内21个高速公路收费站及6个等级道口、3个等外道口入沪返沪人员疫情防控查验工作情况进行不定时全覆盖“落地检”督查，同时每天排查各个停泊区船舶状况，核查所有船上人员的核酸码，督查、核查情况做到一天一报。开展疫情常态化工作，目前委系统内应用“场所码”单位共680家，“场所码”数量共2239张，“数字哨兵”数量1227个。行业服务保障持续稳定。道路运输行业：成立区新冠密接人员转运专班，7家交通运输行业相关企业承担转运任务从4月3日到5月31日，共安排密接转运900多车次、转运17000多名密接人员、4000余名阳性治愈人员和解离人员。水路运输行业：制定下发《青浦区港航行业常态化疫情防控工作指引》（青肺炎防控办〔2022〕75号）。建筑行业：成立建筑工地疫情防控专班，落实建筑工地疫情防控措施，从严从紧落实工地疫情防控各项闭环管理措施，全力以赴推动全区建筑工地动态清零；成立4个巡查组，采用“四不两直”的方式对工地疫情防控工作落实情况进行线上线下联动检查；加强“三色工地”管理，全力推进红色工地、橙色工地闭环清零，全力推动绿色工地复工复产，在严守疫情不反弹的前提下努力实现在建工地应复尽复。燃气行业：全力保障居民用气，在4月封控期间提前做好区域管控前的液化天然气保供工作，保障市民用气稳定。重大项目复工复产全力落实。根据市住建委发布的复工复产“白名单”，涉及青浦区的6个重大工程，均在6月1日前全部复工复产。疫情防控期间，为保证重大防疫工程正常推进，积极协调防疫人员进出，共计协调重大工程人员援建方舱1540人，协调方舱工人返乡（返回原驻地）共计1363人。编制青浦区建筑工地疫情防控复工复产工作方案。

（二）全力以赴确保城市运行安全顺畅。落实安全生产主体责任，围绕道路、公交、水运、建筑、燃气、地下空间及路灯照明六大领域加强隐患排查治理，确保城市行业安全稳定。抓好安全生产及消防工作，落实安委会工作机制，年内召开会议19次。建立健全突发事件应急预案体系，推进1个综合预案、6个突发事件专项预案的编制和修订工作。加强道路运输、航道码头、地下空间、路灯等各领域安全生产监督检查，开展安全生产专项整治三年行动。召开以“遵守安全生产法，当好第一责任人”为主题的建设与交通领域“安全生产月”活动。年内，重点推进经营性自建房安全隐患整治，目前房屋排查工作已完成，排查出的177个隐患点位已移交区综合整治办落实整治。推进燃气安全隐患百日整治行动，加强燃气企业及管道

企业检查和瓶装液化气入户安检，持续保持高压态势，坚决扭转燃气事故多发势头。开展自然灾害普查，形成本区市政道路桥梁普查成果质检核查报告及普查技术总结。

（三）全力以赴加强施工安全质量管理。推进质量安全管理创新，加大工程质量安全巡查力度，严格落实“五方”主体责任，明确建设方首要责任制。加强诚信体系建设，实行更加严格的考核和责任追究制度，推进实施建设工程安全生产责任保险和住宅工程质量缺陷保险。试点住宅工程“预看房”制度，实现房屋建设与销售联动管理。编制青浦区建筑工地围墙建设与管理标准相关文件。为遏制违法掘路行为，保护交通设施及地下管线，区建管委制定并下发了《青浦区违法涉路施工监管办法（试行）》。

三、服务大局、奋楫扬帆，助力实现高质量发展

（一）重大工程建设蹄疾步稳。重大交通工程研究。完成青浦新城综合交通规划专家评审、部门意见征询工作，已上报市交通委征询行业意见；对接执委会，完成水乡客厅金商公路南延及浦港路东延的专项规划取得批复。加快打通区区对接断头路，推进省市对接道路建设，完善对外联系通道。配合推进示范区线、G15抬升扩容、G50扩容、G318改扩建、油墩港航道整治工程等相关工作。全区重大项目建设持续推动。年内共安排正式区重大项目171项（市在青重大项目26项）。其中新列项目106项（含部分2021年已开工项目），结转项目65项；年内计划开工96项，计划竣工53项，全年计划完成投资约552亿元。截至12月底，实际已开工74项，开工率77%，实际已竣工37项，竣工率70%，实际已完成投资额约423亿元，投资完成率77%。截至12月，共增补区重大项目65项，计划年内开工65项，计划竣工16项，计划完成投资额约225亿元。截至

12 月底，实际已开工 47 项，开工率 72%，实际已经竣工 10 项，实际已完成投资额约 151 亿元，投资完成率 67%。正式项目、增补项目及转正项目共计 237 项，已完成投资额共计约 574 亿。

（二）重点区域建设稳步实施。服务保障第五届进博会。保障停车场配套供应，对进博会专用停车场开展前期排摸、现场踏勘，挖掘停车位资源、场地修缮扩建维修、配套设施设置。大力整顿国展中心周边交通行业秩序，确保公交、出租等重点行业秩序，严厉打击出租汽车拒载、绕道多收费等顽症，及时启动各级水上交通管控措施。开展以进博会重点区域项目为检查重点的建筑起重机械专项检查、建筑工地防高坠专项检查和秋冬季建设工程火灾隐患监督检查等。推进长三角一体化发展。在区建管委长三角一体化党建工作的平台基础之上，形成交通运输领域长三角一体化联合执法机制。2022 年共参与浙江嘉善、江苏吴江、昆山和上海市交通委执法总队等多家交通执法部门举行的 7 次水陆联合执法。

（三）政府性投资项目有序推进。2022 年，建管委政府性投资项目共 99 项，总投资 2802273 万元，2022 年计划资金 392014.45 万元。其中新开项目 28 个，涉及六个类别，总投资 896935 万元，2022 年计划资金 196800 万元；完工未结算项目 42 个，涉及五个类别，总投资 866469 万元，2022 年计划资金 10000 万元；结转项目 29 个，涉及六个类别，总投资 1511382 万元，2022 年计划资金 185214 万元。投资额较大的项目包括：水乡客厅重点项目 [浦港路东延（青浦段）、金商公路南延—嘉善大道（青浦段）新建工程]、新太公路（青赵公路—省界）新建工程、沪苏湖铁路下穿道路、香大路东大盈港人民桥改建工程、外青松公路功能提升等。

（四）农村人居环境建设加快推进。农民相对集中居住：2022 年度农民相对集中居住计划签约 500 户，目前已累计完成签约 505 户。“四好农村路”建设：完成纳入 2022 年民心工程的农村公路提档升级项目共 31 项，总长 51.07 千米；青浦区争创全国“四好农村路”示范县，赵巷镇获得“四好农村路”市级示范镇，完成 29 条农村公路创建市级示范路、10 条市政道路创建精品示范路、5 条区管公路创建“四好农村路”；开发建设“农村公路路况自动化检测”智慧管养平台，被交通运输部评定为上海唯一的优秀案例予以宣传推广。村内道路桥梁改造：2022 年完成村内严重破损道路维修 59.94 千米、村内危旧桥梁改建 48 座，圆满完成三年改造任务。农村低收入户危旧房改造：共完成农村低收入户危旧房改造任务 16 户，其中 3 户翻建，13 户修缮，主要涉及练塘镇、朱家角镇、金泽镇、白鹤镇及重固镇，均于 11 月底前完成。

四、挂图作战、锚定目标，奋力决战年度重点工作

（一）区级挂图作战任务紧抓不懈（3 项）

外青松公路（城中东路—新科路）功能提升改造工程现场已完成开工段东侧钻孔桩 100%，SMW 工法桩 100%，地墙 100%。沪苏湖高铁练塘站完成站台基础及站台前后端连接准备工作，完成站台土建标挂网招标。崧泽高架西延伸工程地面道路及相关匝道全部完成。

（二）部门级挂图作战任务稳健推进（15 项）

道路建设项目（3 项）：推进汇金路、胜利路、青昆路等骨干路网建设。汇金路完成上达河北侧绿化搬迁和崧泽大道以北段施工便道；胜利路完成施工重新招标，已恢复施工，完成总工程量的 26%；青昆路施工便道完成。北青公路拓宽工程深化工程方案研究，专项规划已批复，项建书完成编制已上报。外青松公路北段完成建设总形象进度 80%。

交通建设项目（3 项）：三线换乘综合

交通枢纽站主体结合示范区线和外青松公路提升改造工程先行段开工建设进行统筹建设，深化完善三线换乘综合交通枢纽规划方案，基本完成枢纽本体及配套设施规划设计要求。中运量示范线方案已形成，中运量网络及示范线方案研究成果初步汇报、站点意见征询工作、中运量示范线工可方案均已完成。轨交2号线、13号线、17号线西延伸：轨交2号线西延伸目前进行D区基坑开挖，已完成2块底板浇筑，同步进行徐泾东端头井地下连续墙施工。13号线西延伸开展前期配套施工，进行蟠秀路道路施工及联美地块内管线改排加道路施工。17号线西延伸桥梁主体桩基完成92%，车站桩基完成100%。

市政设施建设项目（4项）：公园路、青安路、复兴路架空线入地和杆箱整治工程有序推进，公园路架空线整治项目年内完工。停车难综合整治完成4个先行项目章浜小区、浦汇、城东和庆华新村通过美丽家园改造，内部挖潜，已完成停车位新增209个。小区周边道路停车位已设置，新建公共停车位项目已开工，总计新增680个泊位。“四好农村路”31个列入市政府民心工程的提档升级项目全部完成，总长51.07千米。农村低收入户危旧房改造共16户，其中翻建3户、修缮13户，于11月完成。

其他项目（5项）：华为研发中心建设4个标段主体结构全部完成封顶。优化调整公交线路全年制订二批二级公交线路调整方案，分批完成13条线路调整。农民相对集中居住工作已累计完成签约505户签约，完成市级年度考核任务。新建民用建筑100%创建绿色建筑在土地出让征询、方案审核等环节源头把控，并在建设过程中监督落实。保障建筑服务增值税税收落地，至12月底，青浦区完成外建预缴税额约为5.03亿元。

五、优化环境、协同治理，大力深化法治政府建设

（一）建筑领域营商环境持续优化。深入推进“一网通办”改革，落实青浦好办、线上线下帮办等机制。协调推进“两个一批”项目进度、加快推进建筑业恢复和重振、全面实施桩基先行。继续推进工程建设项目审批审查中心一站式施工许可、一站式联合监督检查和一站综合竣工验收工作；推进工程建设类项目审批提速，将施工许可、竣工备案环节提速压缩至1个工作日，为全区开、竣工项目做好保障；落实低风险产业项目勘察、监理费用补贴和免审图工作，扩大免审图范围。实施项目提前竣工验收和投用举措。配合完成疫情隔离房源安全质量认证工作。推进青浦区政府投资重大项目“七票”机制应用，逐步扩大试点覆盖面，通过适度超前储备、综合调配，确保政府性投资项目工可报批前，相关资源性指标得到落实。

（二）法治政府建设深入推进。梳理明确部门权责事项清单，落实行政执法“三项制度”。制定行政执法公示制度，共报送行政处罚案件390件，累计收缴罚金496.83万元；推进行政执法全过程记录制度；落实重大案件法制审核制度。推动跨领域部门联合执法，制订“双随机、一公开”联合监管计划。做好行政复议工作。2022年共收到2件，均按规定要求进行办理，经与当事人协调均已撤回复议申请，未收到行政诉讼案件。

（三）行政执法力度不断加大。坚决打击建筑工程领域违法行为，累计立案51起，已结案34起，罚款金额83.6569万元。17起未结案案件中有8起已开具行政处罚决定书。上述已结案34起案件中，建设程序违规案件（无证施工）4起；个人行为案件7起；质量行为（材料检测）案件3起；经营行为案件10起；安全案件6起；以不正当手段取得建筑企业资质案件1起；不按招标文件订立合同案件2起；未实行劳动用工实名制管理1起。另外17起未结案案件涉及安全行为、承发包行为、质量行为、超执业规模置业等，7起已送达行政处罚决定书，近期即将结案。

严厉打击水陆交通运输行业违法违规行为，保障交通运输市场安全有序。年内，共开展执法检查4477次，出动执法人员13230人次、执法车辆1162辆次、执法船艇3341艘次，实施日常巡查公路、航道10.7076万千米；检查道路运输企业498户次，港口企业168户次，水路运输企业6户次；检查行业车辆923辆次、船舶4318艘次，立案378件，其中查获非法客运173件，出租汽车、道路旅客运输、危险货物运输、港口等重点监管行业违法案件205件。

六、民生为本、靶向施策，精心打造宜居美好家园

（一）市民信访投诉妥善处理。共收到国家信访信息系统信访件480件，其中涉及交通运输类143件，城乡建设类125件，劳动保障类168件，生态环境类22件，其他22件；共受理区12345市民服务热线工单1407件，其中市政道路类532件、停车管理91件、崧泽高架隔音屏351件、讨薪154件、房屋质量安全交付149件、其他130件；共受理交通热线3220件，退回1285件，完成审核1928件，待处理7件，其中反映路政管理1204件，道路货物1135件，出租汽车297件，地面公交218件，汽车维修110件，停车管理81件，驾驶培训57件，港口航运33件，其他85件。

（二）区级实事项目按期完工。道路积水点改造。华腾公路（嘉松中路–A5跨线桥东侧）积水点改造、纪鹤公路（陈章路—赵重公路）积水点改造、外青松公路（千新公路—油墩港路段）积水点改造、赵重公路（新丰支路—沪常高速段）积水点改造工程，年内全部完工。农村低收入户危旧房改造。年度目标不少于10户，实际立项16户，于11月底完工。

（三）市级民心工程成效初显。停车难综合整治。小区先行示范项目任务数3个，已完成4个小区（章浜小区、浦汇、城东和庆华新村）；建设公共停车泊位任务数400个，完成680个；完成错峰共享停车任务数3个（青浦大厦、白玉兰和青浦体育场），226个停车位；医院预约停车任务数2个（青浦中山医院和青浦中医医院）；智慧停车场库建设任务数2个场库（蟠龙天地和中建企业天地），1个道路停车（青龙路）。架空线入地和杆箱整治。2022年，青浦区架空线入地工程共涉及道路11条（11.18千米），其中列入民心工程6千米。青浦区架空线入地工程整体推进有序，疫情防控措施有力，文明施工监管到位，年内完成8条路（7.34千米）架空线入地整治。

（四）市级为民办实事项目加速建设。天桥加装电梯。青浦区涉及新建蟠龙路人行天桥一座，跨越崧泽大道。该项目于2022年11月底完工并开通电梯使用。

七、精细管理、夯基垒台，努力提升城市功能品质

（一）建筑建材领域

1. 强化工程安全质量监督。全区在建工程269项（包括装饰工程55个），总建筑面积1155.6万平方米，总工程量771.9亿元。其中，住宅工程58项，建筑面积378.6万平方米，工程量189.6亿元；其他项目211项（包括市政37项），建筑面积777万平方米，工程量582.3亿元。建设工程监管情况：累计检查项目964个次，开具质量整改单83份，安全隐患整改单262份，暂缓施工指令单34份，停工指令单2份。移交执法查处案件5起。累计巡查项目29个，巡查面积275.75万平方米，开具整改通知单29份，局部暂缓施工指令书9份，暂停施工指令书1份，行政处罚建议书2份。创优情况：参与评审区级优质结构工程18个，区级文明工地25个；评审推荐市文明工地13个。

2. 做好建设项目服务审批。施工许可：完成施工许可项目288个，总建筑面积460.7425万平方米，其中社会投资项目平台

审批项目281个，线下审批项目7个。竣工备案：完成竣工备案项目213个，总建筑面积374.23万平方米。资质申请：新申请资质审批企业275家，增项36家。抗震咨询：受理并完成3个项目。综合竣工验收：牵头完成98个建设工程竣工验收，其中综合验收88个，低风险项目验收5个，低风险产业类项目验收5个。消防设计审查、验收、备案及抽查：完成85个方案征询项目，138个竣工备案项目，58个竣工验收项目。安全生产许可证：建筑施工企业通过告知承诺制电子化审批系统完成安全生产许可事项申请444项，正常延期192项，重新申请2项，总计638项。对上年度16家批后监管不通过的企业进行了撤销安全生产许可证处理。

3. 有序开展建设工程招标投标管理。施工公开招标：完成备案项目237标段，中标价合计158.1154亿元。勘察招标5标段，设计招标60标段，监理招标47标段。评标专家抽取工作：全部为电脑随机抽取语音自动通知程序，共计抽取勘察、设计、施工、监理、经济专家合计2707人次，累计发出《暂停通知单》16份，其中4个项目终止招标并重新招标。

（二）道路运输领域

1. 积极推进道路养护工作。区管公路：养护计划13628万元，其中日常养护7592万元，大中修工程4959万元，专项经费1077万元，年内完成13580万元，资金执行率99.65%。市政道路：养护计划4922.4万元，其中日常养护4460万元，大中修192万元，综合管理180万元，单项维修90.4万元，年内完成4440.4002万元，资金执行率99.56%。农村公路：养护计划29579万元，其中日常养护16797万元，大中修工程12004万元，管理项目778万元，年内完成29491万元，资金执行率99.7%。

2. 完成道路大中修和排堵保畅工程。采取错峰作业、防尘降噪等措施，完成市政排堵保畅项目体育场路（外青松公路—浦仓路）、体育场/外青松公路交叉口东进口、三元路（吊桥—城中北路）3个点位和2021年8个大中修项目，并通过竣工验收及2022年新开大中修项目按期完工。

3. 有序推进农村公路建设。全面落实“路长制”，已完成路长信息公示牌区管道路521块，农村公路815块。建立了全区132处下立交“一处一档”电子基础数据库，实现了下立交视频监控及积水监测全覆盖，建立7家区管道路、11个街镇农村公路、6家客运企业抢险队伍。提高台风“轩岚诺”“梅花”应急处置能力。

4. 提升公交服务质量。制订2022年公交线网调整计划，年内优化调整13条公交线路；推动公交、出租车辆新能源化发展，已更新和新增164台纯电动公交车和50台纯电动出租车并投入使用；推进新能源车辆充电桩建设，在青赵路停保场、漕盈路公交枢纽，投入建设100根充电桩。新增港湾式停靠站7处，新增和立杆更换候车厅46处。调整研究公交补贴实施细则，形成《公交成本规制》和《公交补贴办法实施细则》初稿；开展区级公交品牌线路和优秀从业人员评选活动，评选出12条青浦区公交品牌线路和50位优秀客运从业人员。

5. 提高货运服务水平。共新增货运业户118户、新增货运车辆2672辆、注销货运业户172户（其中批量注销134户）、注销货运车辆1498辆。共年审货运车辆11904辆，登记查验了外省市278户危险品运输企业的911辆危险货物运输车辆。新增机动车维修业户47户，其中二类机动车维修业户28户、三类机动车维修16户、汽车快修1户、二类摩托车维修1户。新增备案公共停车场（库）13家，总场库197家，总泊位数约63864个。

（三）港航领域

1. 严把水域行政审批。开展10项工程9条航道的航道通航条件影响评价审核工作，完成14项工程10条航道水上水下施工作业审批，完成审核换发岸线许可证19家，港口经营证26家。检验船舶158艘次。其中，换证检验11艘次、年度检验147艘次。

2. 强化水域巡航制度。围绕重点水域、重点时段、重点航段、水上旅游区等内容，加强对港口码头、渡口渡船、水上旅游和在建水工项目等单位的安全监管。年内，检查水工项目108户次；开展水上搜救行动48次，出动巡逻艇51艘次，抢险人员145人次，救助遇险船舶63艘、遇险人员133人；基层站网格化巡航累计3814小时，出动巡逻艇3136艘次，出动检查人员7217人次。

3. 打好污染防治攻坚战。采取“四不两直”检查方式，对辖区码头企业进行了重点检查，对存在环境问题的码头、明确关闭取缔的码头和节后复工复产的码头，分别提出不同工作要求，巩固码头生态环境整治成果。开展水环境突出问题专项检查，对船舶和码头环保污染违法行为进行执法查处，共检查船舶560艘，码头137户次。划分码头陆域范围，建立综合监管长效机制，完善港口经营许可证附载内容，确保码头环保整治各项工作落到实处。

4. 推进码头标准化建设。稳步推进码头岸电建设工作，已完成低压岸电签约，目前正在有序进行安装调试。开展码头标准化建设，对青浦区码头排摸并实施分类整治，推广经验和做法，有序推进青浦区码头标准化建设，全面提升港口码头污染防治水平。加强码头常态化监管，共检查码头817户次，出动巡逻艇998艘次，出动检查人员2098人次。

（四）燃气领域

1. 加大燃气站点检查力度。组织开展安全隐患排查，检查液化气站点50座次，天然气加气站、压缩天然气母站10座次，天然气门站8座次，储配站5座次，出动检查人员255人次。

2. 开展城镇燃气隐患治理。开展“百日攻坚”行动，加强燃气企业及管道企业检查，加强瓶装液化气入户安检，共计检查居民用户140092次，发现一般安全隐患34008项，整改20570项；严重安全隐患1345项，整改1345项。非居民用户入户安检累计8495户，严重安全隐患875项，整改875项。

3. 加强老旧立管排查整改。实施地上白铁立管（厚白漆）改造，共计立管3202根，涉及小区64个，完成施工累计3487根（19886户）；计划引入管大弯改造2264根，年内完成施工累计2259根。推进燃气站桩管违章封闭整治，将部分点位并入引入管大弯改造工程。推广餐饮等场所安装报警及切断阀，已完成2074家天然气商户和228家液化气商户安装工作。

（五）城市综合管理领域

1. 提升地下空间监管效能。继续对全区的存量地下工程、新增地下工程和轨道交通设施开展基本信息核查工作，核查292个，已将全部工程信息录入“上海市地下空间综合管理信息系统”，新增新建工程信息16条。全区依法办理普通地下室使用备案的共有62个。

2. 做好道路照明日常管理。加强维护巡查，发出业务指令4份，维护巡查合计4818人次，车辆1629车次，巡查灯盏数95万余盏，处理故障2180起，处理撞杆案件41起。接收报修工单407起，及时处置率达100%。管辖设施的亮灯率均保持在99%以上。对商城路、青松公路辅道、新胜路、龙联路4条路段开展路灯新建工作，共加装路灯88基。加大老旧设施改造力度。

3. 开展架空线和飞线整治。2022年，架空线入地整治项目共涉及11条11.187千米，年内竣工8条，结转3条。成立区级专班，开展地下管线安全排查和整治，制订《青浦区地下管线安全排查和整治工作方案》。开展道路管线普查，累计完成普查道路213公里，普查管线工作量 1782 千米。

同时，还做好非重大项目审计、全国文明城区迎复检、防汛防台、组织、人事、宣传、统战、财务、人大代表建议和政协提案办理、督查、网格化、信息、政务公开、数字化、档案、保密、国防交通、市域社会治理、扫黑除恶等各项工作，为中心工作发挥了有力保障作用。

（十五）奉贤区

2022 年，面对严峻复杂的疫情防控形势，区建设管理委在区委、区政府的正确领导下，坚持以习近平新时代中国特色社会主义思想为指导，全面贯彻落实党的十九大和十九届历次全会精神，认真学习贯彻党的二十大精神，紧紧围绕“四新四大”战略目标，坚持“人民至上”工作理念，统筹推进建设交通行业发展和疫情防控工作，全力以赴助推经济恢复和重振，成功举办 2022 年世界城市日全球主场奉贤活动，坚持以更大力度、更实举措推进“稳增长、扩投资”，圆满完成年度各项重点目标。

（一）全力打通交通动脉，书写“交通强区”新篇章

一是启动南上海综合交通枢纽研究。配合推进轨交 15 号线南延伸、南枫线、奉贤线等轨道规划研究；完成奉贤新城“十四五”公交枢纽首末站规划等综合规划 5 项；形成奉贤区“十四五”综合交通规划、S4 功能提升规划等中期成果 2 项，奉贤新城枢纽研究初步成果 1 项；完成西闸公路等 2 项红线专项规划。二是保障市属项目推进。重点协调 S3 和 G228 腾地事宜，实现 S3 和奉浦东桥交地率 100%，G228 交地率 98%；浦星公路南延伸民房签约率 100% 。三是推进区建项目建设。完工金海南南段等 3 项；新开工金钱公路大居段等 5 项；续建大叶公路（环东—金闸）等 3 项，累计工程量过半。四是加快储备项目尽早落地。正式启动 7 项，重点储备 13 项。沿港河路地下停车库取得工可批复，停保场二期等 8 项完成立项，金庄公路等 5 项项建书上报待批复。

（二）用心听民声办实事，建设“宜居宜业”新奉贤

一是推进道路提档升级。全年启动 104 条 168 千米“四好农村路”建设，2022 年完工 63 千米，入选四好农村路全国示范县创建单位，启动开工村内道路达标改建项目建设 100.2 千米及 59 座危桥；实施通阳路南亭公路口等 9 个道路交通缓拥堵项目，完成 3 个道路慢行系统完善项目；创建精品示范路 7 条。二是改善农村人居环境。完成 382 户农村危房重点整治，推进 2306 户一般损坏房整治工作，完成农民相对集中居住农户签约 1119 户；启动船舶碰撞桥梁隐患治理，完成全区 68 座桥梁自查、评估及启动治理举措。三是提升客运服务水平。优化调整全区 5 条公交线路；启动“海湾快线”建设；建设完成 381 个公交电子站牌；更新各类新能源公交车 97 辆、出租车 107 辆。四是加强静态交通管理水平。推进停车难综合治理，实施 3 个先行示范项目，新增公共停车泊位 439 个；推动充电基础设施建设，新增充电桩 513 个；完成 1 处新能源出租车充电示范站建设。

（三）重塑工程审批流程，打造“一次办好”新品牌

一是持续改善建设交通领域营商环境。2022 年，区建管委共受理行政许可及备案事项 10956 项（其中建筑建材业 2913 项；设计文件管理类 110 项；招投标管理 255 项；交通运输类 7656 项。撤销安全生产许可证 22 家企业、22 项行政许可审批事项）。二是破解复工复产项目难点。实行“云招标”“云审批”“云服务”，持续优化帮办服务机制，推行“一企一案”帮办，开展“24 小时不间

断云审批”，聚焦奉贤新城重点区域和重大项目，完成帮办服务项目30个，解决企业痛点、难点、堵点问题49个。三是深入解读分析工程建设项目审批流程。完成起草《关于推行工程建设项目分期竣工验收的通知》（沪奉建发〔2022〕44号）；推进“水电气网联合报装”一件事服务，实现水电气网服务单位全程网办；实施“桩基先行”政策，实现项目早开工、早竣工、早受益，全年办结“一站式”施工许可171个，其中21个为“桩基先行”。四是探索正式项目审批机制优化。重塑审批空间，“能并不串”“能解则解”“能调则调”，加快项目前期手续办理。同时，开辟“容缺受理＋承诺制度”新路径，事前承诺事后补，加快项目施工许可证审批时效。

（四）提升行业管理手段，开创“安全发展”新局面

一是完善建筑工地监管体系。2022年，奉贤区受监房建项目共332个，总造价约677亿元，立案查处94件，立案金额245.5万元；强化高处作业管理，推进安全管理制度创新；加强对工程建设领域的全周期智慧监管，推进建设工艺新技术的研究和实施；提升住宅质量监管，着重装配式建筑管理质量；提前排摸欠薪、窝工费发放情况，受理窝工费信访件320件，涉及约1951人次，金额约1010.6万元，目前已解决210件，涉及1510人，金额782.2万元。二是保障交通运输行业稳定发展。开展交通运输企业上户指导检查380余户次，车辆404辆、码头105次，完成机动车维修备案12件，现场勘查审核停车、集运开户和危运车办证120余件，加强交通执法上户检查，开展各类专项整治104次，开展联合执法75次。三是提升综管业务管理水平。强化燃气行业监管能力，完成19个老旧小区的安全隐患排查整治工作，完成20处燃气管线违章占压整治，推进5567家餐饮企业安装可燃气体泄漏报警装置；完成416栋玻璃幕墙建筑排查，完成24处隐患应急处置；推进8000余盏区管路灯的节能改造

工作；推动地下空间管理数字化转型，完成1471个点位普查；加强本区地下管线排查整治工作。四是落实法治政府建设。提升依法行政水平，做好复议应诉工作，推进法制部门联动、法治宣传教育，加强事中事后监管，理顺信用管理。

（五）推进重大项目建设，夯实“经济发展”新基石

一是抓实对接梳理动态研判。聚焦年度计划任务，紧密对接、高频“体检”，积极协处、抓实推进；同步抓好复工复产对接筹划、指导推进，全年推进的70个重大工程正式项目至年末完成投资152.2亿元，百分之百完成全年计划量。二是拓展协调模式督导挖潜。采取视频会、微信群、多方复核、一项一组等方式抓实重点工作落实、跟踪服务推进，对难处事项专设“云协调”群督导推动，保障31个项目办结证照开工、16个项目完工或基本建成。三是突出问题导向定向破题。探索多方“会诊”模式，群策群力谋求解题方案，保障S3、G228、S4奉浦东桥、浦星公路等市重大工程在奉项目稳步推进建设；统筹推动本区重大工程资源性指标统筹相关工作落实、落地。四是全力以赴奋战筑牢堡垒。全速推进零号、二号方舱基地、四团公租房改造、金汇临时隔离房、奉城医院分院和五四社区卫生服务中心改造、中心医院发热门诊扩建等项目建设；全力以赴抓好民政应急项目督导协调工作；确保疫情防控重点项目高质高效推进到位。

（六）压实疫情防控责任，贯彻“动态清零”总方针

一是做好交通保障专班工作。统筹区内骨干道路客运、货运企业，组建由300余名驾驶员、200余辆车组成的应急车队，做好医护、涉疫、后勤等人员和各类防疫、生活物资的转运工作。建立工作机制，明确责任分工，为医护人员通勤、“满天星”核酸采样点样本转运等提供运输保障服务。截至12月底，累计出动车辆1.82万余车次，累计运送5.74万余人次。二是推进方舱隔离场所建设。完成两处方舱建设，建设床位数七千余张，完成改造并通过验收12处场所，共提供1321间房间投入使用；落实隔离点位18处，累计筹措4828间房间，新建1050套临时隔离用房（板房）。三是牵头区道口防疫查验。自9月1日起全面开展24小时全覆盖道口查验，对奉贤区16个高速公路入奉道口累计查验车辆59.65万辆，查验人员90.12万人，落地检核酸检测62.89万人。四是统筹区内道路客运企业兼顾城市运行保障、疫情防控保障及核酸检测。严格落实公交场站和车辆运行期间防疫措施，严格做好从业人员健康管理；全面落实建筑工地防控工作，落实封闭管理、防疫物资储备、隔离安置等相关要求；根据疫情防控工作要求，编制完善所属行业应急预案，并积极开展演练；在全区交通场站、燃气网点、建筑工地范围内推进场所码、数字哨兵应用。

（十六）崇明区

2022年，在市住建委的指导支持下，在区委、区政府的坚强领导和各乡镇、各委办局的大力配合下，崇明区建设和管理委员会坚持“生态立岛、安全为先、管理为重”的方针，全力以赴配合打赢了“大上海保卫战”，全面有序推动了重点任务的落实，妥善完成了区委区政府赋予的光荣使命，基本实现了年度工作目标任务。

（一）全力以赴打赢“大上海保卫战”

一是注重顶层设计。先后成立了委系统疫情防控工作专班、临时隔离用房建设协调专班、临时隔离用房项目道口管控专班、信息核查专班等4个工作专班，有规划有重点地指导推动各方面疫情防控工作，顺利保障

了方舱和隔离板房的顺利交付使用、妥善统筹了援建工人的隔离安置、有力保障了重要地区疫情不外溢的底线。二是把住民生主旨。对保供一线人员落实“抗原＋核酸”一天两测的防疫要求并实施闭环管理，对工作场所及流转的钢瓶和车辆进行全面消杀并严格执行“场所码”和“数字哨兵”，同时及时有效应对燃气配送员涉疫事件，将范围控制在最小范围，消除了疫情扩散的可能。“大上海保卫战”期间，协调各燃气企业安全平稳地供应了3938.04万立方米天然气和110.45万瓶液化气，满足了全区居民用户、政府机关、医疗和养老机构及各类防疫抗疫保障点的燃气需要。三是力推复工复产。坚持建筑工地疫情防控和安全生产工作两手抓，研究制定《崇明区建筑工地复工复产疫情防控工作指引1.0版》《崇明区建筑工地平战结合工作方案》，形成近期和中期、战时和平时、突发和常态全覆盖的工作体系，进一步理顺平战转换模式。持续对复工复产建筑工地逐一开展现场检查，将疫情防控和应急演练作为必查项，对存在重大安全隐患、疫情防控不到位的坚决停工整改，严防“带病”施工酿成事故恶果，持续抓细抓实各项常态化防控措施。

（二）保持强大动力推动经济增长

一是有序推动重大项目。制订《2022年崇明区重大工程建设计划》《2022年崇明区重大工程投资计划》《2022年崇明区重大工程市政配套计划》，做到进度节点安排更精细，收集情况更精确、问题梳理分析更精准。目前39项区级重大工程项目正常推进项目29项、滞后项目10项。从项目开竣工情况看，已完工项目4项、已开工项目23项、前期准备项目12项。二是精准增强跟踪督办。对照项目进度要求，对前期准备阶段项目、实施项目进行分类指导督办。在跟踪督查工程形象进度的基础上进一步延伸督查，加强对项目配套单位实施配套工程情况的督查，加强对项目资金落实情况的督查，特别是对社会投资类项目。在区委、区政府督查室的统筹下，逐月通报项目整体进展。三是加大协调力度。对督查中发现的问题，主动召集相关部门，开展协调工作，助力重大工程项目建设。针对问题，快速协调。根据项目责任单位提出的协调要求，会同有关职能部门、项目责任单位及相关单位，召开专题协调会，共同商议，协调解决。重大问题，分层协调。重大项目推进中的突出问题或重大事项由区重大办提交联席会议讨论。四是提升工程审批效率。依托区审批审查中心，以项目为中心，提前介入、专人对接、全程跟踪，通过减环节、减时限、减费用，确保项目早开工、早建设、早投产。一方面，实施“桩基先行”。对上海市实验学校东滩高级中学新建工程、上实东颐疗养院工程二期等项目实施“桩基先行”，指导企业先行办理桩基工程施工许可证，加快项目开工建设；另一方面，优化验收流程。结合“大走访、大排查”工作，对上海外国语大学贤达经济人文学院崇明新校区二期项目进行分期、分单体验收现场指导，采用告知承诺的方式，加快项目建成交付。

（三）提升服务效能优化营商环境

一是发挥区审批审查中心统筹牵头作用。逐步形成“前台一窗收发、后台联合会审”的管理机制，为企业做好审批服务托底。2022年以来，共颁发施工许可证55张（其中5个处理意见）；综合竣工验收合格通知书59张；完成1个一站式审批项目发证。二是落实费用减免。发布《关于进一步减免本区新出让工业用地产业类项目勘察费用和加强施工图设计文件免审项目事中事后监管等工作的通知》，通过优化地质勘察服务、正面清单项目免施工图审查、监理购买服务等一系列工程建设项目减免政策，并将“社会投资低风险产业类项目工程监理费用减免”纳入新增区级“免申即享”政务服务事项，让企业享受到“看得见”的实惠。目前已有4个项目享受了该政策，预计减免费用40万元。三是探索实施项目分期验收制度。区工程建设项目审批审查中心印发《崇明区建设工程项目分期竣工验收实施方案（试行）》，从分期竣工验收实施范围、基本流程、过程监管等方面指导建设单位顺利完成分期竣工验收，并落实事中事后监管，确保建设工程质量安全。四是深化“一网通办”改革。区建管委目前共有事项情形总数40件，即办件占比80%，减时间比例93.76%。新增区级“免申即享”政务服务事项“社会投资低风险产业类项目工程监理费用减免”，完成办事指南校核修订，新增电子证照“目视确认”场景3项，压缩部分事项的承诺时限并将1项承诺件转为即办件。五是发挥区建筑业联合会协会纽带作用。召开区建筑业联合会理事会会议及全体会员大会和全区建筑企业培训班，正式成立区建筑业联合会混凝土分会，号召崇明区建筑企业以改革创新为动力，转变发展理念和方式，不断研究自身发展的能力和潜力，提高企业竞争力。

（四）坚持生态理念推动绿色建筑

一是积极推动绿色生态城区发展。按照“1+3”发展模式，在东平小镇获得绿色生态城区二星试点后，启动陈家镇国际生态社区和城桥镇东区单元的绿色生态专业规划编制工作。目前城桥镇东区单元正在开展试点申报准备，陈家镇国际生态社区已完善形成二次意见修改稿。年底前力争完成《崇明区陈家镇国际生态社区绿色生态专业规划》编制和城桥镇试点区域绿色生态城区的申报工作。二是全面推进新建建筑绿色化。对标世界级生态岛的高标准、高要求，新建民用建筑全部按照绿色建筑标准进行设计建造。截至目前，在土地出让环节对8个拟出让地块提出了绿色建筑具体星级要求；在施工许可环节落实绿建二星级项目5个，建筑面积约12.7万平方米，二星级及以上占比100%。三是继续开展既有建筑节能改造。对崇明区新华崇明分院内科病房楼进行节能改造，建筑面积2.36万平方米，项目于2023年2月底完成竣工验收。区建管委定期对改造过程中楼宇是否存在施工质量问题进行抽查，重点监督工程使用的建筑节能材料。四是有序推进海绵城市建设。进一步在规划、立项、土地、设计、建设验收移交、运营管理等各个环节落实海绵城市建设全过程管控体系，持续跟踪海绵城市建设示范项目进度。目前3个示范项目已竣工，2个项目力争年底竣工，其余5个项目受疫情影响竣工时间预计推迟至2023年。五是开展超低能耗建筑试点。已落实超低能耗建筑标准的在建项目1个。《崇明区碳中和示范区建筑领域实施方案》已形成阶段成果，在陈家镇国际实验生态社区范围内开展超低能耗建筑集中示范。在集中示范区内，2022年起全部新建居住建筑执行超低能耗建筑。六是开展2022年城市体检工作。建立“69+N+X”的城市体检指标体系，开展2022年本区城市体检工作，编制体检评估报告，建立“一年一体检，五年一评估”的城市体检评估常态化工作机制。目前已完成2022年崇明区城市体检工作方案编制。

（五）秉持为民初心助力乡村振兴

一是深入推进本区农村住宅类房屋隐患整治工作。按照《崇明区农村房屋安全隐患排查整治工作方案》要求，指导、督促各相关乡镇根据房屋专业检测机构出具的评估结论，结合房屋的实际情况制定“一房一方案”整治措施。目前115栋隐患房屋已有11栋落实了工程性措施，剩余104栋后续将结合本区农村集中居住、乡村振兴示范村建设、农村低收入户危旧房改造、城中村改造及其他项目动拆迁等，有计划、分步骤彻底消除房屋安全隐患，计划在两年内全面完成115栋存在安全隐患房屋的整治工作。二是圆满完成本区经营性自建房“百日行动”专项整治工作。全面启动农村经营性自建房“百日行

动”专项整治工作，共排查目标点位 14229 个，其中经营性自建房 6610 栋，其他自建房 7619 栋。初步判定存在安全隐患的房屋 962 栋，其中经营性自建房 247 栋，其他自建房 715 栋。247 栋存在安全隐患的经营性自建房中，176 栋处于长期闲置、荒废废弃等状态，经市农房专班确认免于房屋安全鉴定。71 栋房屋委托专业第三方机构开展房屋安全鉴定，其中 42 栋鉴定为 C 级，3 栋鉴定为 D 级，其余 26 经鉴定后确认无安全隐患。目前存在安全隐患的 962 栋房屋均制订了“一房一方案”，并分别落实了暂停营业、停止使用、人员撤离、封闭警示等管理性措施。组建联合检查队伍，对 247 个经营性农村自建房点位逐一进行了现场检查和销项验收，检查发现 8 个点位存在疑似经营行为，已落实乡镇结合“回头看”工作进行整改。三是研究制定本区农村房屋修缮管理办法。根据《上海市自建房安全专项整治工作方案》《崇明区自建房安全专项整治工作方案》工作要求，会同区农业农村委、区规划资源局等相关部门对本区农村房屋现状进行了全面调研。在此基础上制定《崇明区农村房屋修缮相关工作口径》，拟为房屋危险等级鉴定为 C 级（建造时间早于 1992 年且承重结构为空斗墙）、D 级的房屋开辟原址翻建等绿色通道，彻底消除房屋安全隐患。目前正在港沿镇、庙镇、陈家镇开展农房修缮试点工作，经初步测算，该政策将惠及全区约 4200 户农村村民。四是探索推动农房领域乡村振兴。对接区农业农村委将乡村建筑师引入市级乡村示范村项目设计规划中，积极做好乡村建筑师制度的宣贯工作。结合农村个人建房、农房房屋修缮、危旧房改造及乡村振兴示范村建设等项目，进一步提升乡村建筑师参与度，继续推动乡村建筑师进村入户。印发《关于开展 2022 年度崇明区乡村建设工匠培训的通知》，共组织 144 名工匠参加了共计 16 个课时的线上培训并进行考试。确定建设镇富安村为 2022 年农房和村庄建设现代化试点项目，围绕“共建共治共享”打造乡村建设现代化样板，引导富安村借助“瀛佳快乐百户联盟”开展村庄环境改造及农户小三园建设工作。

（六）加大监管力度维护建筑领域秩序

一是不断加大项目监管力度。在监在建项目数98个，其中建筑类项目61个，面积381.71万㎡，总工作量187.21亿元，其他类项目37个，总工作量7.28亿元。共开具安全隐患整改单125份，局部暂缓施工指令书8份，停工通知单7份；对4个工地、3名企业负责人、4名项目经理、10名安全员、3名总监进行了记分处理；开具质量问题整改单90份，局部暂缓施工指令书26份，停工单2份；开具市场行为整改单42份，局部暂缓施工指令书4份；对109个项目经理进行了记248分处理。共立案查处各类违法违规案件43起，结案40起，罚款金额151.0796万元。二是强化建材质量事中事后监管。对崇明区19家预拌商品混凝土企业、2家预拌商品砂浆企业、12家新型墙材生产企业开展动态监管，半年一次委托第三方检测机构对其备案产品和原材料进行质量抽检，抽样覆盖率达100%，发现并跟踪处理了存在问题的混凝土试块和原材料1组。将海砂专项检查变成常态化检查，每次季度动态监管将搅拌站使用的原材料黄沙例为必检项目，对辖区内所有搅拌站做到100%覆盖，抽检未发现使用含有氯离子超标的黄沙。牵头对混凝土搅拌站厂开展绿色环保提升改造现场检查验收，加大对非正规混凝土搅拌站的整治力度，督促发现的13家非正规混凝土搅拌站落实整改并开展了30余次“回头看”检查，确保整治真实到位。目前已有11家完成了整治工作，2家目前正在处理中。三是扎实开展新墙材宣传推广应用工作。以“发展绿色建材、建设生态崇明”为主题，延伸触角加大宣传，到镇、村、居转变农民对新型墙体材料的传统概念，到建筑施工现场对建筑单位、施工单位负责人进行多角度讲解，利用建筑业受理窗口及服务网站对具体对象、潜在对象进行宣传，多方面着力提高社会的认知度和节能意识。四是不断加强建材绿色环保管理。在日常监管中把企业扬尘污染的治理作为专项检查的重点，针对检查中存在运输车辆的“跑冒滴漏”，厂区内场地上扬尘大，原材料露天堆放，料场未进行全覆盖等现象的企业，要求企业限期整改，增强绿色环保意识。

（七）坚守安全理念严格燃气管理

一是加强燃气行业安全监管。制订《崇明区燃气行业安全排查整治专项方案》《崇明区城镇燃气安全整治“百日行动”工作方案》，重点聚焦影响公共安全的场所，着重燃气经营、输送配送、燃气使用和燃气具生产销售4个环节，围绕15个方面的典型问题开展“清单式”排查整治。督促使用燃气的餐饮行业安装可燃气体报警装置，督促燃气经营企业及时为管道天然气餐饮等行业生产经营单位配套联动切断阀。截至目前，液化气报警器和管道气报警器的安装率为100%。285户管道气非居民餐饮用户和1603户瓶装气非居民用户已全部安装。完成新河镇新中路小区，堡镇虹宝苑、博园、向阳一村、二村、三村、城桥镇崇安路西侧老小区的燃气管道改造。在上海天然气管网公司对本区天然气高压管道每天巡检的基础上定期开展抽查，在上海燃气崇明公司对城市管网定期巡查的基础上不定期抽查巡查情况，目前全区管网运行正常受控，区建管委在此基础上探索建设城市管网数字化管理平台，汇集本区城市综合管网基础、监测、巡查等数据，进一步织密燃气管线安全网。二是推进崇明区高压天然气管道占压整治工作。崇明区高压天然气管道占压隐患点位共12个，目前已完成10处点位的隐患清除工作，还剩余2处涉及主房搬迁点位正在积极沟通中。三是推进南门路液化气储配站更新改造和迁建工作。崇明燃气南门储配站改造分两步走：一是对南门储配站基地的设备进行更新改造或者进行相关维护；二是进行异地新建。目前，储配站改造已验收并使用交付。异地迁建的选址已完成，待光明集团同意出让该土地。

（八）围绕集约目标推进架空线入地

一是提速增效。在积累花博周边通信架空线入地项目的成功经验后，有序推进老北沿公路和南门路架空线入地相关工作，区建管委在全市范围内率先完成既定目标。定期召集相关委办局和权属单位开展整治推进会，按照时间进度计划逐项推进，采取非开挖顶管工艺，减少对周边道路及绿化破坏。严格落实现场监督，采取销项管理，研判各通信运营商在撤线拔杆施工中可优化步骤，整合资源齐头并进，争分夺秒抢工期，在全市范围内率先完成年度整治任务。二是协同治理。按照能入则入、集约利用原则，实行“多杆合一”“多箱合一”“资源共享”，将影响道路运行安全和行人的各类杆件、箱体进行综合利用。保质保量完成老北沿公路（建设公路—东平河）5.3千米的整治目标。对老北沿公路主要路口进行杆箱整治，拆除老旧路灯112盏，更换LED路灯51盏，综合减杆率48.91%。三是跟踪管理。落实长效跟踪机制，通过定期巡逻，清理周边无主架空线、拔除废弃杆件，共计拆除通信缆线总长度27.45千米，拔除多余杆件106根，有效解决了各类通信架空线“蛛网盘踞”的面貌。实现了节约空间、优化资源，提升道路美化度的成效，进一步为本区环境提质升温。

（九）树牢底线思维抓好安全生产

一是做好市安委会2021年安全生产和消防工作巡查迎检及整改工作。在各建筑工地自查的基础上开展抽查，严格落实企业安全生产主体责任。针对市安委会发现的问题隐患，督促相关企业进行整改，同时配合区政府督查室“回头看”检查，现场进行问题整改核销，并将督查范围扩大至全区在建建筑工地，严防类似问题再次发生。二是发挥区建设安全专委会牵头指导作用。统筹做好建设工地疫情防控和安全生产工作，切实开展隐患排查整治，摸清风险底数，建立隐患清单。推进燃气安全排查整治工作，牵头专委会相关成员单位严格履职，督促燃气企业严格履行主体责任开展全覆盖隐患排查，切实加强燃气安全风险管控。强化城乡房屋安全治理，聚焦房屋结构安全和使用安全等风险隐患，统筹城镇房屋与农村房屋、居住与非居住、存量房屋与新建房屋，有序推进本区城镇房屋和农村房屋安全隐患排查整治工作。做好安全生产专项整治三年行动迎检工作，牵头相关部门共同梳理工作汇报、资料台账，全力做好安全生产专项整治三年行动的收官工作。三是开展建设工程质量安全巡查工作。制订《2022年建设工程质量安全巡查工作方案》，在疫情好转后立即由委领导带队开展巡查，织密安全网络。其间，结合疫情防控、安全生产大检查、高层建筑消防审验和建设工程领域火灾防控、国庆假期及前后专项检查等，牵头多次开展联合巡查，在减轻企业迎检负担的同时增强联合执法合力。共检查了24个工地，开具整改通知单10份，局部暂缓施工指令书2份，实施行政处罚立案1起，对11名项目经理实施记分处理。四是牵头做好防汛防台各项工作。建立完善灾害风险研判、灵活快速预警、迅速应急处置等体制机制。于3月重新编制《区建设管理委防汛防台专项应急预案》，使应急预案更具针对性和可操作性。5月底，由委主要领导带头开展了汛前安全生产检查，防御台风“轩岚诺”“梅花”期间，印发做好台风防御的工作提示，督促有关企业严格落实安全生产主体责任，确保城乡建设领域不留死角、不留盲区。其间，共检查工地125个，消除隐患84条；地下空间40个，消除隐患12处；燃气场站7个，消除隐患3处；顺利完成74个工地共计10097名人员的撤离工作，保障了崇明区城乡建设领域平稳度汛。

五是推进房屋建筑和燃气工程安全生产治理行动。累计发现一般隐患100条，所有项目均已整改完成，并已形成专项总结上报市住建委。六是开展既有建筑玻璃幕墙巡查。7月，市玻璃幕墙整治办巡查组对崇明区开展建筑玻璃幕墙专项巡查并抽取了6幢建筑，巡查发现百联万达广场的玻璃幕墙上有11块玻璃破损，当场开具整改通知单。截至9月底，百联万达广场已按要求采取了应急避险措施并完成整改。8月，区建管委委托第三方检查机构对本区人员密集场所、沿街面的28幢既有建筑玻璃幕墙开展抽查，检查情况良好，未发现安全隐患。

CHAPTER SIXTEEN XVI

附录

⊙ 大事记

⊙ 上海市住房和城乡建设管理文件选编目录

大事记

1月4日

白龙港污水处理厂扩建三期工程开工。

同日，白海连通管工程在浦东新区举行开工仪式。

1月6日

本市嘉定、松江、青浦、奉贤和南汇五个新城建设正式拉开序幕，“新城发力”工作从规划政策设计转入大规模开发建设实施阶段。

1月11日

本市召开住建领域安全隐患排查整治暨燃气安全专项工作会议，部署建筑施工安全隐患排查整治、房屋安全隐患排查整治、燃气安全隐患排查整治、疫情防控和应急保障等工作。

1月12日

为贯彻落实城市管理精细化工作现场推进会精神，市建设交通工作党委、市住房城乡建设管理委召开城市管理精细化工作座谈会，听取专家学者和代表委员对城市管理工作的意见建议。

1月25日

本市举行2021年度上海市重点工程实事立功竞赛表彰大会。市委书记李强指出，过去一年来，市重点工程实事立功竞赛活动坚持以习近平新时代中国特色社会主义思想为指导，积极践行“人民城市人民建、人民城市为人民”重要理念，充分发挥城市建设管理助推器、人才培育孵化器、科技创新加速器、“两个文明”建设催化器的作用，取得显著成绩。市委副书记、市长龚正在讲话中指出，今年城市建设管理任务艰巨而繁重，要深入贯彻落实习近平总书记考察上海重要讲话精神和对上海工作的重要指示要求，在市委的坚强领导下，全力以赴抓好重大工程、民心工程和实事项目建设。会上，市住房和城乡建设管理委主要领导作汇报，在重大工程和实事项目建设中做出突出贡献的一批先进集体和个人受到表彰。

2月23日

本市召开工程建设项目审批制度改革工作领导小组年度会议，开启工程建设领域新一轮改革。以国家开展营商环境改革创新试点和世行宜商环境评标指标试评估为契机，在努力高标准完成国家“规定动作”的同时，有针对性地做好本市特色“自选动作”，高起点、高质量、高效率推动5.0版改革。

2月24日

市住房城乡建设管理委（市重大办）与奉贤区人民政府签订关于“生态优先、绿色低碳，赋能奉贤新城高水平发展战略协作”框架协议，双方将以奉贤新城建设为关键发力点，聚焦新城重大工程、重点项目，推陈出新、精准施策，市区联动、合力推进，共同将奉贤打造成更高质量、更大格局、引领潮流的未来之城，建设人性化、人文化、人情味的人民城市。

2月24日

市绿化市容局召开2022年度上海市古树名木保护管理工作会议，局相关处室和直属单位、市城市管理行政执法局执法总队、各区绿化市容局和古树名木管理部门负责人，以及古树名木保护市级志愿者代表参加会议。

3月2日

本市召开2022年住房和城乡建设管理领域民心工程总结推进会，会议高度肯定过去一年住建领域六项民心工程取得的成绩。会议指出，六项民心工程的有力推进，在推动城市高质量发展、创造市民高品质生活方面发挥了重要作用，充分体现了住建人的责任和担当。

3月28日

市政府召开专题视频会议，部署本市建筑工地疫情防控工作。市住房城乡建设管理委、市卫生健康委有关负责同志，各区政府相关负责同志和建管部门主要负责同志参加会议。

4月9日

市疫情防控工作新闻发布会介绍，世博展览馆、新国际博览中心、花博会复兴馆、临港洋山特保区4个市级集中隔离救治场所已交付投用。上海规模最大的国家会展中心隔离集中收治场所3号馆同时启用。

5月7日

《上海市重大工程建筑工地复工复产“白名单”》（第一批）发布，重大工程复工复产进入“加速跑”状态。

6月13日

国铁上海局集团公司与闵行区通过视频连线“云签约”形式，签订《莘庄综合交通枢纽项目建设开发合作协议》。

6月15日

长三角生态绿色一体化发展示范区执行委员会、上海市住房公积金管理委员会、苏州市住房公积金管理委员会、嘉兴市住房公积金管理委员会联合印发《关于长三角生态绿色一体化发展示范区试点异地租赁提取住房公积金的通知》，进一步提升区域一体化发展服务水平，服务长三角区域内人才流动、产业发展，支持职工租房需求，落实长三角一体化国家发展战略。

6月17日

本市召开迎接“党的二十大”“第五届进口博览会”市容环境优化提升工作部署视频会议，各委办局、各区及重点企业等39家相关单位在分会场出席会议。

7月1日

《上海市数字经济发展“十四五”规划》出台，智能快件箱等“新终端”建设内容被纳入全市数字经济发展工作，《规划》要求加大智能快件箱在社区、商务楼宇、医院、学校、机关和园区等场所的布设力度。

7月6日

嘉定区举行潮涌浦江·重大功能性事项导入新城发布活动。市委副书记、市长龚正发布导入“五个新城”的25个重大功能性事项，涵盖市属国企、央企、民企、外企、科研院所、要素平台、教育、文体旅等方面。会上介绍了《关于推动向新城导入功能的实施方案》。

7月15日

本市举行第七届“上海城管执法系统7·15公众开放日”，活动主题为“新时代·新城管·新征程”，首次采取全线上模式开展，各会场以线上形式开展云上展播活动。活动公布“最美城管人”、开通在线投诉、发布优化营商环境措施。

7月25日

黄浦区建国东路68街坊及67街坊东块旧改生效，标志着历时30年的上海成片二级旧里以下房屋改造收官。

7月27日

市住房城乡建设管理委员会举行《上海市志·建筑业分志（1978—2010）》和《上海市志·城乡建设分志（1978—2010）》中的《综述卷》《城乡道路卷》《房地产业卷》四部志书的首发仪式。

7月23日

中共上海市委宣传部、上海市邮政管理局、中国邮政集团有限公司上海分公司、中共静安区委联合主办"第一部《中国共产党章程》通过一百周年"纪念邮票首发活动。

7月31日

本市首座全地下MBR（膜生物反应器）污水处理厂——嘉定安亭污水处理厂三期扩建工程取得进展，全地下箱体结构封顶。

8月5日

虹口区欧阳街道祥东小区首批30台加装电梯集中开工，是今年全市首个启动的整小区加装电梯项目。

8月15日

水利部会同国家发展和改革委员会等9部门，对31个省（自治区、直辖市）2021年度实行最严格水资源管理制度情况完成考核，考核结果经国务院审定，上海考核结果优秀。

9月16日

市委书记李强在调研城市公共空间开发开放工作时指出，要深入贯彻落实习近平总书记考察上海重要讲话精神，认真践行人民城市理念，坚持高标准引领、高起点规划、高水平管理，持续用力推进城市高品质公共空间开发开放，把最好的资源留给人民，用优质的供给服务人民，将民心工程办实办好，让城市的空间更可亲近、记忆更好延续、魅力更加彰显，奋力谱写"城市，让生活更美好"的新篇章。

9月22日

新修订的《上海市市容环境卫生管理条例》在本市十五届人大常委会第四十四次会议表决通过，于2022年12月1日起施行。

9月26日

市委书记李强分别前往上海东站综合交通枢纽工程现场和奉贤新城，调研重特大项目规划建设情况和新城功能布局及建设进展。李强指出，重特大项目和"五个新城"建设是上海面向未来发展的重大战略决策，对于进一步优化提升城市空间布局有着重大意义。要深入贯彻落实习近平总书记考察上海重要讲话精神，认真践行人民城市理念，面向全球、面向未来，对标国际最高标准、最高水平，全力打造标杆性项目、实现高质量发展，为加快建设具有世界影响力的社会主义现代化国际大都市提供有力支撑。

9月28日

市建设交通人才工作会议举行，会上发布《上海市建设交通人才发展"十四五"规划纲要》。

9月29日

市委外宣办举行"奋进新征程建功新时代"党委专题系列新闻发布会第六场，市建设交通工作党委主要领导围绕"建设人民城市共创美好生活"主题，介绍党的十八大以来上海城市建设和治理进展成效的有关情况。

10月31日

以"行动，从地方走向全球"为主题的2022年世界城市日全球主场活动暨第二届城市可持续发展全球大会开幕式，在位于上海北外滩的世界会客厅举行。国家主席习近平向 2022 年世界城市日全球主场活动暨第二届城市可持续发展全球大会致贺信。市委书记陈吉宁宣读贺信并讲话。联合国秘书长安东尼奥·古特雷斯发来贺信。住房和城乡建设部部长倪虹，上海市委副书记、市长龚正，联合国副秘书长、人居署执行主任麦慕娜·谢里夫，联合国副秘书长李军华分别致辞。

11 月 1 日

2022 世界城市日人民城市主题论坛在奉贤新城·金海湖畔举行。论坛以“践行人民城市理念，打造新城新典范”为主题，邀请国内优秀专家、学者集聚，探讨人民城市建设的新实践，奋力谱写“城市，让生活更美好”的新篇章，为世界超大城市建设和治理提供中国理念、中国方案。

11 月 1 日

2022 中日（上海—东京）城市管理精细化研讨会举行。专家学者线上线下齐聚，围绕“城市公共空间精细化管理”，探讨分享各自的研究和实践，为提升超大城市管理精细化水平建言献策。

11 月 1 日

“长三角植物园科普联盟”揭牌活动在辰山植物园举行，市科协和市绿化市容局签署合作框架协议。

11 月 2 日

市委书记陈吉宁，市委副书记、市长龚正到青草沙水库调研抗咸潮保供水情况，对短期、中期、长期三阶段供水安全做出重要指示。9 月 5 日，青草沙水源地遭遇咸潮入侵，至 12 月 12 日历时 97 天 8 小时，是本市长江口水源地建库以来历时最长一次咸潮。

11 月 10 日

市建设交通工作党委组织开展“学习党的二十大精神践行人民城市理念提升服务管理水平”建设交通系统三委五局机关“处长大讲堂”活动。

11 月 27 日

静安区张园西区重新开放。张园始建于 1882 年，是上海现存规模最大、最完整、种类最多的中后期石库门建筑群，也是上海首个保护性征收改造的城市更新项目。

11 月 27 日

2022 上海国际城市与建筑博览会在上海展览中心开幕。本届展会由联合国人居署、市住房城乡建设管理委联合主办，上海市绿色建筑协会承办。

11 月 29 日

市政府举行“两旧一村”改造工作推进会。市委副书记、市长龚正指出，要深入学习贯彻党的二十大精神和习近平总书记考察上海重要讲话精神，在市委的坚强领导下，以更高站位、更大力度、更强合力加快推进“两旧一村”改造，更好改善市民群众居住条件，不断开创人民城市建设新局面。

11 月 30 日

“上海快递发展指数发布会暨‘快递业绿色发展’高峰论坛”在沪举办。市邮政管理局与青浦区商务委共同启动指数发布，市快递行业协会发布 2021 年度和 2022 年第三季度上海快递发展指数，国家邮政局发展研究中心对编制思路进行了解读。

12 月 9 日

市绿化市容局代表上海市参展的上海展园（室外），荣获第十三届中国（徐州）国际园林博览会室外展园综合竞赛最佳展园等

6个奖项，其中最佳展园奖项排名第一。

12月18日

本市举办首届住房和城乡建设行业科技大会暨第九届上海市住房和城乡建设管理委员会科学技术委员会第二次委员代表会议。住房和城乡建设部领导和市建设交通工作党委领导为大会致辞。

上海市住房和城乡建设管理文件选编目录

一、综合管理

1. 住房和城乡建设行政处罚程序规定

2. 国务院办公厅关于进一步优化营商环境降低市场主体制度性交易成本的意见

3. 住房和城乡建设部办公厅关于印发部2022年信用体系建设工作要点的通知

4. 上海市人民政府办公厅关于印发《上海市电子证照管理办法》的通知

5. 上海市住房和城乡建设管理委员会关于印发《上海市建设工程行政处罚裁量基准（2022年版）》的通知

6. 上海市住房和城乡建设管理委员会关于印发《上海市住房和城乡建设管理委员会2022年数字化转型工作要点》的通知

7. 上海市住房和城乡建设管理委员会关于印发《上海市住房和城乡建设管理委员会关于加快推进本市住房和城乡建设管理领域科技创新的实施意见》的通知

8. 上海市住房和城乡建设管理委员会关于印发《上海市建设领域重点推广应用新技术目录管理办法》的通知

二、疫情防控

1. 关于推动阶段性减免市场主体房屋租金工作的通知

2. 上海市人民政府办公厅关于印发《上海市全力抗疫情助企业促发展的若干政策措施》的通知

3. 上海市住房和城乡建设管理委员会关于印发《关于新冠疫情影响下建设工程履约及工程造价相关事项的指导意见》的通知

4. 关于发布本市建设工程疫情防控专项费相关事宜的通知

5. 关于进一步加强本市住建领域疫情防控工作的通知

6. 关于进一步加强本市建设工程疫情防控和应急处置工作的通知

7. 关于进一步统筹做好本市建设工程疫情防控和安全生产工作的通知

8. 上海市住房和城乡建设管理委员会关于坚决打赢本市建筑工地疫情防控阻击战的紧急通知

9. 上海市住房和城乡建设管理委员会关于进一步落实本市建筑工地疫情防控工作有关要求的通知

10. 上海市住房和城乡建设管理委员会关于全面统筹做好建筑工地常态化疫情防控复工复产和安全生产工作的通知

11. 关于切实加强本市限额以下建设工程和装饰装修（含住宅装修）工程疫情防控工作的通知

12. 关于印发《市级方舱医院和隔离用房建设项目结算指引》的通知

13. 上海市住房和城乡建设管理委员会办公室关于进一步加强本市住建系统窗口服务单位疫情防控和服务保障工作的通知

14. 关于印发《上海市建筑工地疫情防控工作指南1.0版》的通知

15. 上海市房屋管理局关于加强物业服务企业疫情防控工作要求的通知

16. 关于印发修订后的《关于新冠疫情影响下本市新建住宅交付的指导意见》的通知

三、建筑建材业管理

（一）建筑市场管理

1. 上海市人民代表大会常务委员会关于

修改《上海市公共场所控制吸烟条例》等5件地方性法规和废止《上海市企业名称登记管理规定》的决定

2. 住房和城乡建设部、人力资源和社会保障部关于修改《建筑工人实名制管理办法（试行）》的通知

3. 住房和城乡建设部办公厅、人力资源社会保障部办公厅关于印发《建筑工人简易劳动合同（示范文本）》的通知

4. 住房和城乡建设部关于印发《“十四五”建筑业发展规划》的通知

5. 住房和城乡建设部办公厅关于进一步做好建筑工人就业服务和权益保障工作的通知

6. 住房和城乡建设部办公厅关于建设工程企业资质有关事宜的通知

7. 关于完善建设工程价款结算有关办法的通知

8. 上海市住房和城乡建设管理委员会关于印发《上海市建设项目工程总承包招标评标办法》的通知

9. 关于进一步规范本市工程建设领域农民工工资专用账户管理工作的通知

10. 上海市住房和城乡建设管理委员会关于印发《上海市建设工程竣工结算文件备案管理办法》的通知

11. 上海市住房和城乡建设管理委员会关于进一步完善本市建筑工程拖欠农民工工资管理工作的通知

12. 上海市住房和城乡建设管理委员会关于延长《上海市建设工程企业资质动态监督管理办法》有效期的通知

13. 关于2021年度本市既有建筑装饰装修在建工程专项整治情况的通报

14. 上海市住房和城乡建设管理委员会关于延长《上海市建筑工程施工许可管理实施细则》和《上海市建设工程合同信息报送管理规定》有效期的通知

15. 上海市住房和城乡建设管理委员会关于印发《关于加快本市建筑业恢复重振的实施意见》的通知

16. 上海市住房和城乡建设管理委员会关于印发《关于加快本市建筑业恢复和重振的实施意见》的通知

17. 上海市住房和城乡建设管理委员会关于本市进一步推广工程建设项目勘察、设计、施工电子招标投标的通知

18. 上海市住房和城乡建设管理委员会关于进一步加快推进本市工程建设项目开工建设的通知

19. 上海市住房和城乡建设管理委员会关于进一步做好本市工程建设领域信用信息修复工作的通知

20. 上海市住房和城乡建设管理委员会关于印发《上海市工程勘察设计大师培育选树管理办法（试行）》的通知

21. 上海市住房和城乡建设管理委员会关于调整本市建设工程企业资质有关事项的通知

22. 上海市住房和城乡建设管理委员会关于延长《关于加快本市建筑业恢复和重振的实施意见》有效期的通知

23. 上海市住房和城乡建设管理委员会关于延长《关于进一步加快推进本市工程建设项目开工建设的通知》有效期的通知

24. 关于印发《加大本市建筑业援企稳岗力度进一步关心关爱建筑工人群体的指导意见》的通知

25. 关于进一步加强本市住房和城乡建设行业职业技能提升工作的通知

26. 关于印发《贯彻〈工程建设领域农民工工资保证金规定〉实施办法》的通知

27. 关于深化新城区域建筑信息模型技术应用的通知

（二）工程质量和安全管理

1. 建设工程质量检测管理办法

2. 住房和城乡建设部关于印发《房屋市政工程生产安全重大事故隐患判定标准

（2022版）》的通知

3.住房和城乡建设部关于开展房屋市政工程安全生产治理行动的通知

4.住房和城乡建设部办公厅关于开展建筑施工企业安全生产许可证和建筑施工特种作业操作资格证书电子证照试运行的通知

5.住房和城乡建设部办公厅关于开展建筑施工企业安全生产管理人员考核合格证书电子证照试运行的通知

6.关于阶段性缓缴工程质量保证金的通知

7.关于印发《农房质量安全提升工程专项推进方案》的通知

8.上海市住房和城乡建设管理委员会关于印发《建设工程施工现场关键岗位人员到岗履职人脸识别考勤管理办法》的通知

9.上海市住房和城乡建设管理委员会关于延长《关于印发〈上海市政府投资房屋建筑、市政基础设施和公路工程建设项目检测收费管理规定〉的通知》等8件文件有效期的通知

10.上海市住房和城乡建设管理委员会关于印发《本市新建住宅工程“业主房屋质量预看房”制度（试行）》的通知

11.关于印发《上海市建筑施工安全生产标准化考评实施细则》的通知

12.关于延长《上海市建设工程安全生产事故行业调查办法（试行）》有效期的通知

13.上海市住房和城乡建设管理委员会关于印发《上海市工程建设工法管理办法》的通知

14.关于公布2019—2020年度上海市工程建设市级工法名单的通知

15.上海市住房和城乡建设管理委员会关于加强本市密室剧本杀文化业态项目建设工程消防审验工作的通知

16.上海市住房和城乡建设管理委员会关于深刻汲取江苏镇江建筑工地“3·8”火灾事故教训进一步加强施工现场消防安全管理工作的通知

17.上海市住房和城乡建设管理委员会关于印发《上海市房屋建筑工程施工现场技能工人配备标准（试行）》的通知

18.上海市住房和城乡建设管理委员会关于2021年度上海市建设工程质量安全监督机构业绩评价情况的通报

19.上海市住房和城乡建设管理委员会关于切实做好本市建筑工地夏季高温安全防范工作的通知

20.上海市住房和城乡建设管理委员会关于加强本市高层建筑消防审验和建设工程领域近期火灾防控工作的通知

21.上海市住房和城乡建设管理委员会关于做好本市企业投资技术改造项目建设工程消防审验工作的通知

22.上海市住房和城乡建设管理委员会关于2021年度上海市建设工程质量安全监督机构和人员考核情况的通报

23.上海市住房和城乡建设管理委员会关于开展本市建筑施工和城镇燃气今冬明春安全隐患专项排查整治行动的通知

24.关于印发《关于进一步强化住建领域安全生产责任落实坚决防范遏制重特大事故的具体措施》的通知

25.上海市建设安全专业委员会关于印发《2022年上海市建设安全生产工作要点》的通知

26.上海市建设安全专业委员会关于深入推进本市房屋市政工程安全生产治理行动的通知

（三）建筑节能和建筑材料管理

1.住房和城乡建设部关于印发《“十四五”建筑节能与绿色建筑发展规划》的通知

2.住房和城乡建设部国家发展改革委关于印发《城乡建设领域碳达峰实施方案》的通知

3. 住房和城乡建设部办公厅关于印发《装配式建筑发展可复制推广经验清单（第一批）》的通知

4. 关于印发《建材行业碳达峰实施方案》的通知

5. 上海市住房和城乡建设管理委员会关于印发《上海市装配式混凝土建筑工程质量管理规定》的通知

6. 上海市住房和城乡建设管理委员会关于2021年度本市建筑废弃混凝土回收利用情况的通报

7. 上海市住房和城乡建设管理委员会关于印发《进一步加强本市建设用砂管理的意见》的通知

8. 上海市住房和城乡建设管理委员会关于印发《配套机制及任务分工表》的通知

9. 上海市住房和城乡建设管理委员会关于在本市民用和工业建筑中进一步加快绿色低碳建材推广应用的通知（试行）

10. 上海市住房和城乡建设管理委员会关于印发《加强本市装配式建筑混凝土预制构件管理的实施意见》的通知

11. 上海市住房和城乡建设管理委员会关于印发《关于规模化推进本市既有公共建筑节能改造的实施意见》的通知

12. 上海市住房和城乡建管理委员会关于印发《关于加强超低能耗建筑项目管理的相关规定》的通知

13. 关于加强幼儿园、中小学校、托育机构、养老机构、医疗机构装饰装修工程室内空气质量管理的通知

（四）标准定额管理

1. 住房和城乡建设部关于印发《国家城乡建设科技创新平台管理暂行办法》的通知

2. 住房和城乡建设部关于撤销部强制性条文协调委员会的通知

3. 住房和城乡建设部关于印发《2022年工程建设规范标准编制及相关工作计划》的通知

4. 上海市住房和城乡建设管理委员会关于印发《上海市工程造价管理“十四五”规划》的通知

5. 关于印发《长三角区域工程造价管理一体化发展工作方案》的通知

6. 上海市住房和城乡建设管理委员会关于开展2022年度上海市工程建设地方标准（标准设计）复审工作的通知

7. 上海市住房和城乡建设管理委员会关于印发《2022年上海市工程建设地方标准宣贯培训计划》的通知

8. 上海市住房和城乡建设管理委员会关于印发《2022年上海市工程建设规范编制计划（第二批）》的通知

9. 上海市住房和城乡建设管理委员会关于印发《2023年度上海市工程建设及城市基础设施养护维修定额编制计划》的通知

10. 上海市住房和城乡建设管理委员会关于公布2022年度上海市工程建设规范复审结果的通知

四、城乡规划和管理

1. 国务院办公厅关于印发全国自建房安全专项整治工作方案的通知

2. 住房和城乡建设部、国家发展改革委关于印发《“十四五”全国城市基础设施建设规划》的通知

3. 住房和城乡建设部、财政部关于做好2022年传统村落集中连片保护利用示范工作的通知

4. 住房和城乡建设部办公厅关于印发《设计下乡可复制经验清单（第一批）》的通知

5. 住房和城乡建设部办公厅关于印发《实施城市更新行动可复制经验做法清单（第一批）》的通知

6. 住房和城乡建设部办公厅关于进一步明确海绵城市建设工作有关要求的通知

7. 关于印发《本市地下管线安全排查和整治工作方案》的通知

8. 上海市住房和城乡建设管理委员会关于印发《上海市村内路桥建设养护“十四五”规划》的通知

9. 上海市住房和城乡建设管理委员会关于印发《本市历史文化名镇名村保护专项评估工作实施办法》的函

10. 上海市住房和城乡建设管理委员会关于印发《上海市乡村建筑师名录动态管理实施细则》的通知

11. 关于印发《关于开展上海城市信息模型（CIM）底座建设的指导意见》的通知

12. 上海市住房和城乡建设管理委员会关于印发《上海市城市网格化综合管理标准》的通知

13. 上海市住房和城乡建设管理委员会关于印发《上海市住房和城乡建设管理委员会防汛防台工作预案（2022年版）的通知》

14. 关于印发《上海市市级政府投资重大工程建设涉及资源性指标统筹使用实施办法（试行）》的通知

15. 关于印发《上海市优秀历史建筑调查评估工作操作指南（试行）》的通知

16. 关于做好既有多层住宅加装电梯管线搬迁配套相关工作的意见

17. 关于上海市既有住宅外墙高坠隐患检查工作的通知

18. 关于上海市既有住宅外墙高坠隐患处置的通知

五、房屋管理

1. 上海市住房租赁条例

2. 住房和城乡建设部关于修改《房地产开发企业资质管理规定》的决定

3. 最高人民法院、住房和城乡建设部、中国人民银行关于规范人民法院保全执行措施确保商品房预售资金用于项目建设的通知

4. 住房和城乡建设部办公厅关于印发《城镇老旧小区改造可复制政策机制清单（第五批）》的通知

5. 住房和城乡建设部办公厅关于印发《城镇老旧小区改造可复制政策机制清单（第六批）》的通知

6. 住房和城乡建设部办公厅关于加强保障性住房质量常见问题防治的通知

7. 住房和城乡建设部办公厅、国家发展改革委办公厅、财政部办公厅关于做好发展保障性租赁住房情况年度监测评价工作的通知

8. 中国银保监会、住房和城乡建设部关于银行保险机构支持保障性租赁住房发展的指导意见

9. 中国银保监会办公厅、住房和城乡建设部办公厅、中国人民银行办公厅关于商业银行出具保函置换预售监管资金有关工作的通知

10. 上海市人民政府关于延长《上海市开展对部分个人住房征收房产税试点的暂行办法》有效期的通知

11. 关于印发《关于加强本市农村宅基地房屋租赁管理的指导意见》的通知

12. 关于印发《做好农村低收入户住房安全保障工作的实施意见》的通知

13. 关于印发《上海市保障性租赁住房专项规划“十四五”实施方案》的通知

14. 关于印发《上海市保障性租赁住房项目认定办法（试行）》的通知

15. 关于印发《上海市保障性租赁住房租赁管理办法（试行）》的通知

16. 关于修订《上海市征收安置住房管理办法》的通知

17. 上海市房屋管理局关于保障性租赁住房免缴城市基础设施配套费的通知

18. 关于印发《关于贯彻执行〈上海市国有土地上房屋征收与补偿实施细则〉的若干意见》的通知

19. 上海市房屋管理局关于延长《上海市国有土地上房屋征收评估管理规定》和《上海市国有土地上房屋征收评估技术规范》有效期的通知

20. 关于印发《上海市旧住房更新有关行政调解和决定的若干规定》的通知

21. 上海市房屋管理局关于印发《上海市共有产权保障住房申请户排序工作规则》的通知

22. 上海市房屋管理局关于印发《上海市共有产权保障住房申请户选房工作规则》的通知

23. 上海市房屋管理局关于做好本市常态化疫情防控阶段房屋白蚁防治工作的通知

24. 上海市房屋管理局关于做好本市保障性租赁住房项目市场租金评估工作的通知

25. 上海市经济信息化委、市规划资源局市房屋管理局关于印发《产业园区产业类项目配套建设保障性租赁住房建设指引（试行）》的通知

六、燃气管理

1. 上海市石油天然气管道保护办法

2. 住房和城乡建设部办公厅、国家发展改革委办公厅关于印发《城市燃气管道老化评估工作指南》的通知

3. 住房和城乡建设部办公厅、国家发展改革委办公厅关于进一步明确城市燃气管道等老化更新改造工作要求的通知

4. 国务院办公厅关于印发《城市燃气管道等老化更新改造实施方案（2022—2025年）》的通知

5. 关于印发《上海市燃气行政处罚裁量基准（2022年版）》的通知

6. 上海市住房和城乡建设管理委员会关于印发《上海市房屋建筑和燃气工程安全生产治理行动工作方案》的通知

7. 关于印发《上海市燃气行业安全排查整治专项方案》的通知

8. 上海市住房和城乡建设管理委员会关于印发《本市地下燃气管线安全排查和整治工作方案》的通知

9. 上海市住房和城乡建设管理委员会关于开展使用天然气的餐饮用户安装燃气报警装置的通知

10. 上海市住房和城乡建设管理委员会关于印发《上海市城镇燃气安全整治“百日行动”工作指引》的通知

11. 关于印发《上海市燃气发展“十四五规划”》的通知

12. 上海市住房和城乡建设管理委员会关于本市非居民用户天然气销售价调整后天然气销售企业结算价相应调整的通知

13. 上海市住房和城乡建设管理委员会关于天然气销售企业结算价的通知

14. 上海市住房和城乡建设管理委员会关于印发《上海市处置燃气事故应急预案》的通知

15. 关于印发《上海市石油天然气管道保护行政处罚裁量基准》的通知

七、园林绿化市容环卫管理

1. 上海市市容环境卫生管理条例

2. 上海市人民代表大会常务委员会关于修改《上海市环境保护条例》的决定

3. 关于进一步加强农村生活垃圾收运处置体系建设管理的通知

4. 上海市人民政府关于同意《上海市户外广告设施设置规划（2023年—2027年）》的批复

5. 关于印发《长三角生态绿色一体化发展示范区跨省毗邻区域城管执法协作指导意见（试行）》《长三角生态绿色一体化发展示范区跨省毗邻区域城管执法协作若干规定（试行）》的通知

6. 关于印发《上海市绿化市容（林业）

领域轻微违法行为不予处罚清单》的通知

7. 关于印发《上海市口袋公园管理指导意见》的通知

8. 关于加快景观照明建设工作有关事项的通知

9. 关于进一步优化营商环境完善本市户外广告设施设置阵地实施方案编制工作的意见

10. 关于进一步加强本市户外招牌设置管理的指导意见

11. 上海市 2022 年生活垃圾分类工作实施方案

八、水务管理

1. 住房和城乡建设部关于修改《城镇污水排入排水管网许可管理办法》的决定

2. 上海市人民政府关于废止《上海市合流污水治理设施管理办法》的决定

3. 国家发展改革委办公厅、住房和城乡建设部办公厅关于组织开展公共供水管网漏损治理试点建设的通知

4. 住房和城乡建设部办公厅、国家发展改革委办公厅关于加强公共供水管网漏损控制的通知

5. 住房和城乡建设部办公厅、国家发展改革委办公厅国家疾病预防控制局综合司关于加强城市供水安全保障工作的通知

九、行政审批改革

1. 国务院关于加强数字政府建设的指导意见

2. 国务院办公厅关于加快推进电子证照扩大应用领域和全国互通互认的意见

3. 国务院办公厅关于扩大政务服务“跨省通办”范围进一步提升服务效能的意见

4. 国务院办公厅关于印发《第十次全国深化“放管服”改革电视电话会议重点任务分工方案》的通知

5. 国务院办公厅关于印发《全国一体化政务大数据体系建设指南》的通知

6. 住房和城乡建设部办公厅关于进一步简化一级注册建筑师、勘察设计注册工程师执业资格认定申报材料的通知

7. 上海市人民政府办公厅关于印发《2022 年上海市深化“放管服”改革工作要点》的通知

十、住房公积金管理

1. 住房和城乡建设部办公厅关于印发《全国住房公积金服务标志使用管理办法》的通知

2. 住房和城乡建设部、财政部、人民银行关于实施住房公积金阶段性支持政策的通知

3. 住房和城乡建设部关于加快住房公积金数字化发展的指导意见

4. 关于 2022 年度上海市调整住房公积金缴存基数、比例及月缴存额上下限的通知

5. 关于本市实施住房公积金阶段性支持政策的通知

6. 关于本市提取住房公积金支付保障性租赁住房房租的通知

7. 上海市住房公积金个人贷款受托机构管理办法

8. 关于印发《〈关于本市实施住房公积金阶段性支持政策的通知〉实施细则》的通知

9. 关于印发《〈关于本市提取住房公积金支付保障性租赁住房房租的通知〉操作细则》的通知

10. 关于长三角生态绿色一体化发展示范区试点异地租赁提取住房公积金的通知